KB235665

기독교 교양

기독교 교양

J. I. 패커, 유진 피터슨, 리처드 포스터 외 지음
미국 YFC 엮음 | 이용복 · 전의우 옮김

규장

이 책의 사용법

이 책에서 당신은 여러 기독교 지도자들의 지혜를 만날 것이다. 이 책을 만들기 위해 우리는 백여 개의 구체적인 주제들을 정한 후에, 기고자들에게 거기에 맞는 글들을 쓰게 하였다. 사람들이 기독교 신앙을 더욱 정확히 이해하고 성숙한 신앙으로 하나님과 동행하는 삶을 살도록 도와주는 것이 이 책의 목적이다. 그러므로 이 책은 지식을 제공할 뿐만 아니라 신앙과 생활의 문제들을 해결하기 위한 지혜를 담고 있다. 무엇보다 독자들은 여기서 성경의 원리들을 생활에 적용하고 실천하는 방법들을 알게 될 것이다.

이 책을 더욱 효과적으로 사용할 수 있는 방법들을 소개하면 다음과 같다.

첫째, 독자는 자신의 문제나 관심 분야와 관계가 있는 세부적인 주제를 뒷부분에 수록된 '주제어 색인'에서 찾은 다음, 해당 항목을 읽으면 된다.

둘째, 독자는 (예를 들면, '기도' 같은) 큰 주제를 선택한 다음, 혼자 혹은 그룹으로 깊이 있게 연구할 수 있다.

셋째, 독자는 이 책을 처음부터 끝까지 통독할 수 있다. 통독을 하게 되면 '그리스도인의 본질에 대한 이해'에서 출발하여 '신앙 성장의 방법'을 거쳐 '성숙이 나타나야 할 구체적인 분야들'에 이르기까지 순차적으로 읽어나갈 수 있을 것이다.

어떤 방법을 택하든 간에 당신은 이 책이 하나님과 당신의 관계를 깊고 성숙하게 만드는 데 큰 도움이 된다는 것을 깨닫게 될 것이다.

_미국 YFC(Youth for Christ)

J. I. 패커(J. I. Packer)
영국 옥스퍼드대학에서 박사학위를 받았으며 리젠트 신학교(Regent College)의 역사신학 및 조직신학 교수이다. 대표저서 「하나님을 아는 지식」, 「견고한 크리스천」.

유진 피터슨(Eugene Peterson)
전 매릴랜드 '그리스도 우리 왕 장로교회'의 목사. 리젠트 신학교 영성신학 명예교수이다. 대표저서 「현실, 하나님의 세계」, 「이 책을 먹으라」.

리처드 포스터(Richard Foster)
영성신학자들의 모임인 '레노바레'(Renovare)를 설립한 세계적 영성신학자. 대표저서 「리처드 포스터의 기도」, 「심플 라이프」.

게리 콜린스(Gary Collins)
트리니티복음주의 신학대학교의 기독교 상담학 교수. 「크리스천 코칭」 외에 신학과 심리학을 통합하는 60권 이상의 책을 썼다.

데이빗 씨맨즈(David Seamands)
인도 선교사로 16년간 사역했고 「상한 감정의 치유」라는 책을 썼다. 애즈베리 신학대학원 명예 교수이다.

로버트 슐러(Robert Schuller)
방송설교자이자 긍정적인 사고방식의 주창자로서 캘리포니아 가든 그로브의 '수정교회' 목사이다. 대표저서 「불가능은 없다」, 「미래를 여는 힘」.

R. C. 스프롤(R. C. Sproul)
녹스 신학원의 조직신학 및 변증학 교수이며 성경과 신학에 대한 실제적인 자료를 제공하는 '리고니어 미니스트리즈'의 설립자. 대표저서 「R. C. 스프롤의 구원의 의미」.

찰스 콜슨(Charles Colson)
닉슨 대통령의 법률고문이었으며 워터게이트 사건으로 복역하는 가운데 회심했다. 교도소선교회를 설립했다. 대표저서 「러빙 갓」, 「이것이 교회다」.

루이스 스머즈(Lewis Smedes)
용서의 문제를 실제적으로 연구한 전 풀러신학교 기독교 윤리학 교수. 대표저서 「용서의 미학」, 「용서의 기술」.

루이스 팔라우(Luis Palau)
아르헨티나 출신으로 미국을 중심으로 활동하는 세계적인 전도자. 루이스팔라우전도협회 대표.

빌 브라이트(Bill Bright)
25억 부 이상 배포된 전도 소책자 '사영리'의 저자이며 전 세계 197개국에 퍼져 있는 국제대학생선교회(CCC)를 설립했다.

제임스 보이스(James Boice)
'필라델피아 제10장로교회' 목사로 세계적인 강해설교가이다. 대표저서 「제임스 몽고메리 보이스 로마서」.

캘빈 밀러(Calvin Miller)
지적인 사유와 풍부한 영적 감수성이 균형 잡힌 크리스천 작가이다. 대표저서 「포기하는 삶의 즐거움」, 「격려―사람을 일으키는 가장 큰 힘」.

월터 트로비쉬(Walter Trobisch)
독일 출신의 아프리카 선교사로 가정사역에 관한 책을 많이 썼다. 대표저서 「나는 너와 결혼하였다」.

하워드 스나이더(Howard Snyder)
교회론으로 유명한 신학자. '자유감리교회' 목사이자 애즈베리 신학대학원 선교신학 교수. 대표저서 「새 포도주는 새 부대에」, 「참으로 해방된 교회」.

하워드 헨드릭스(Howard Hendricks)
달라스 신학교 교수이며 기독교 리더십 센터의 회장이
다. 대표저서 「삶을 변화시키는 성경연구」, 「멘토링으
로 성장하는 법」.

베키 티라배시(Becky Tirabassi)
로버트 슐러 선교회 소속으로 '베키 티라배시의 삶을
변화시키는 사역 센터'의 설립자이자 대표.

제이 케슬러(Jay Kesler)
십대선교회(YFC) 총재와 테일러대학의 총장을 역임했
다. 대표저서 「십대와 함께하는 우리 가정」.

게리 도시(Gary Dausey)
목사. 그의 저서 「Youth Leader's Source Book」(십
대 지도자 자료집)은 50만 부 이상 판매되었다.

길버트 비어스(Gilbert Beers)
성경출판사(Books for Living, Inc.) 설립자. 대표저
서 「아장아장성경」.

노만 가이슬러(Norman Geisler)
'서부복음주의교회'의 담임목사이며 달라스 신학교
의 교수이다.

데이브 비어맨(Dave Veerman)
미국 십대선교회(YFC)의 대표 사역자로 성경 연구에
관한 저술가로 유명하다.

데이빗 매케나(David McKenna)
스프링 아버 대학교(Spring Arbor University)의 총
장을 역임한 켄터키 애즈배리 신학교의 교수.

데이빗 애스피, 셰릴 애스피(David Aspy, Cheryl Aspy)
매사추세츠 소재 휴먼테크놀러지 연구소(Carkhuff
Institute of Human Technology)의 설립자 부부.

디트리히 본회퍼(Dietrich Bonhoeffer)
나치 독일에 저항한 독일의 목회자. 대표저서 「옥중
서신」.

딘 메릴(Dean Merrill)
뉴욕 크리스천헤럴드 소속이며 짐 심발라 목사와 「신
선한 능력」(Fresh Power)을 공동 저술했다.

라본느 네프(LaVonne Neff)
일리노이의 십대선교회 사역자. 어린이를 위한 성경
이야기를 다수 저술했다.

래리 워드(Larry Ward)
국제기아대책기구의 설립자.

래리 크레더(Larry Kreider)
십대선교회(YFC)의 성인 사역 담당으로 미국 전역에
서 남성 사역 운동을 일으키고 있다.

래리 크리스텐슨(Larry Christenson)
미네소타 소재 국제루터교갱신센터 소장으로 기독교
가정에 관한 책을 다수 저술했다.

로버트 웨버(Robert Webber)
휘튼 대학교 교수이며 예배학과 예배 갱신에 관한 영
성신학자이다.

리처드 러블레이스(Richard Lovelace)
크리스천 작가.

리처드 오웬 로버츠(Richard Owen Roberts)
작가 겸 연설가.

리처드 핼버슨(Richard Halverson)
워싱턴 국회의사당의 채플 목사.

마틴 마티(Martin Marty)
시카고 대학 신학부 명예 교수.

버논 그라운즈(Vernon Grounds)
말씀 묵상지 '오늘의 양식' 집필자. 미국 덴버 신학교
명예학장이며 교육자, 상담자, 목회자, 부흥사.

베치 엘리엇(Betsy Elliot)
작가. 어린이그림성경을 다수 집필했다.

스튜어트 브리스코, 질 브리스코(Stuart Briscoe, Jill Briscoe)
위스콘신 엘름브룩교회 목사 부부.

아드리안 로저스(Adrian Rogers)
테네시주 벨리뷰침례교회 목사. '사랑의 가치 발견하
기'(Love Worth Finding) 단체 설립자.

아지스 페르난도(Ajith Fernando)
스리랑카 십대선교회(YFC) 대표.

얼 윌슨(Earl Wilson)
오레곤의 레이크심리학상담소 소장.

에블린 크리스텐슨(Evelyn Christenson)
미네소타 에블린 크리스텐슨 미니스트리의 대표.

오스왈드 호프맨(Oswald Hoffmann)
33년간 '루터란 아워' 선교방송을 진행한 방송설교자.

이사벨 앤더스 트룹(Isabel Anders Throop)
크리스천 작가.

잉그릿 트로비쉬(Ingrid Trobisch)
선교사, 가정사역자. 월터 트로비쉬의 부인.

자넷 오크(Janette Oke)
캐나다의 작가로, 북미주 여성의 삶을 소재로 한 작품
으로 유명하다.

제임스 헤플리(James Hefley)
크리스천 작가. 대표저서 「위대한 그리스도인의 간증」.

조시 맥도웰(Josh McDowell)
대학생선교회(CCC)와 협력하는 '조시 맥도웰 미니스
트리'의 대표.

조안 영(Joan Young)
미시간주 서부해안의 십대선교회(YFC) 대표.

존 크로스비(John Crosby)
크리스천 작가.

존 트룹(John Throop)
오하이오주 그리스도성공회교회의 목사.

존 퍼킨스(John Perkins)
화해와 개발을 위한 재단 대표.

존 페어렐(John Pearrell)
애틀랜타의 십대선교회 대표.

존 폴록(John Pollock)
영국 '로즈 애쉬 하우스'(Rose Ash House)의 목사.

캐시 칼라한-하웰(Kathy Callahan-Howell)
오하이오 엡워드 자유감리교회 목사.

켄 스타인켄(Ken Steinken)
크리스천 작가.

클라크 피녹(Clark Pinnock)
온타리오 맥마스터 신학교 교수.

테리 프리스크(Terry Prisk)
십대를 위한 사역단체인 '현대 커뮤니케이션'(Con-
temporary Communication)의 설립자.

톰 배스포드(Tom Bassford)
캔사스의 십대사역 봉사기관(Youth Ministry Services)
대표.

트렌트 부쉬넬(Trent Bushnell)
미시간의 십대선교회(Greater Lansing Youth for
Christ) 대표.

한나 허나드(Hannah Hurnard)
크리스천 작가. 대표저서 「나의 발을 사슴과 같게 하사」.

해롤드 마이러(Harold Myra)
「크리스처니티 투데이」 잡지의 대표.

허드슨 아머딩(Hudson Armerding)
휘튼 대학교의 교수.

차례

너희가 가서 강보에 싸여 구유에 누인 아기를 보리니 이것이 너희에게 표적이니라 하더니(눅 2:12).

1장
그리스도인의 첫걸음

그리스도인은 거듭나서 하나님의 가족이 된 사람이다. 우리가 육신적으로 태어나서 우리 가족의 일원이 되었듯이, 우리는 또한 영적으로 태어나서 하나님의 가족의 일원이 되어야 한다. 그분의 가족이 될 수 있는 길은 우리의 마음을 그리스도께 열고, 그분을 믿고, 그분을 우리의 마음 안에 모시는 것이다.

1 우리는 어떻게 그리스도인이 되었는가?

+ 루이스 팔라우

Luis Palau

언젠가 나는 페루의 수도 리마(Lima)에서 설교를 한 일이 있다. 청중 속에는 한 여인이 있었는데, 그녀는 경찰관들과 민간인들을 죽인 경험이 있는 게릴라 전사였다. 그날 밤 말씀을 들은 그녀는 그 다음날 아침 해가 뜨기 전에 침대 옆에서 무릎을 꿇었다. 그리고 성경 지식은 거의 없었지만, 예수님을 그녀의 구주로 영접했다.

그 후 예수님은 그녀의 삶을 완전히 바꾸어놓으셨다. 이제 그녀는 아침마다 2,000명의 가난한 아이들에게 아침 식사를 제공하는 일을 하고 있다. 그녀는 페루의 빈민가에 학교들을 세우고 교회들을 개척했다.

내가 아는 또 다른 여성이 있다. 그녀는 영국에서 부유한 여성들 중 한 사람이다. 그녀는 훌륭한 가정교육과 학교교육을 받았음에도 불구하고 오컬트 (occult. 점성술, 마법, 사탄 숭배, 영매와의 상담 등을 통해서 초자연적인 힘을 얻으려는 시도 및 그와 연관된 여러 가지 현상들)와 죽음을 두려워했다. 그러나 이제 그녀는 그런 두려움에서 해방되어 평안한 삶을 살고 있다. 왜냐하면 예수님을 믿고 의지하기 때문이다. 그녀는 지금 많은 사람들을 그리스도께로 인도하고 있다.

라틴 아메리카의 비참한 빈민가에서든, 영국의 가장 부유한 지역에서든 오늘날 많은 사람들은 오늘의 소망이요 미래의 약속인 영생을 체험하고 있다.

구원과 거듭남, 그리고 영생

수백만의 사람들이 예수님을 믿은 후 "나의 삶에 변화가 일어나고, 깊은 마음의 평안을 느꼈으며, 미래에 대하여 확신을 가질 수 있게 되었습니다"라고 말한다. 사람들은 찬양을 부르면서 죽음을 맞이하고, 확신을 가지고 영원 속으로 들어간다.

이런 설명하기 힘든 평안과 확신을 가지게 된 사람들 중 어떤 사람들은 "나는 구원 받았습니다"라고 말하고, 또 어떤 사람들은 "나는 거듭났습니다"라고 말하며, 또 어떤 사람들은 "나는 영생을 얻었습니다"라고 말한다. 이 세 가지 표현은 생명과 관계가 있다는 점에서 동일한 의미를 가진다. 구체적으로는 과거의 죄로부터 구원 받은 것, 현재의 사고방식들에서 건짐 받는 것, 그리고 미래와 영원에 대해 확신을 얻게 된 것을 의미한다. 우리가 그리스도인이 되었다는 것은 이 세 가지가 우리에게 모두 주어졌다는 것이다.

그리스도인은 거듭나서 하나님의 가족이 된 사람이다. 우리가 육신적으로 태어나서 우리 가족의 일원이 되었듯이, 우리는 또한 영적으로 태어나서 하나님의 가족의 일원이 되어야 한다. 모든 인간이 하나님에 의해서 그분의 피조물로 창조되었지만, 그분의 가족이 될 수 있는 길은 우리의 마음을 그리스도께 열고, 그분을 믿고, 그분을 우리의 마음 안에 모시는 것이다.

"영접하는 자 곧 그 이름을 믿는 자들에게는 하나님의 자녀가 되는 권세를 주셨으니 이는 혈통으로나 육정으로나 사람의 뜻으로 나지 아니하고 오직 하나님께로서 난 자들이니라"(요 1:12,13).

또한 그리스도인에게는 영생이 있다. 영생의 약속은 우리가 죽을 때 완전히 실현되지만, 지금 이 땅에서도 우리는 부분적으로 영생을 누릴 수 있다. 지금 우리의 마음속에는 영생이 있다. 그러므로 우리는 외로움과 허무함을 느낄 필요가 없다. 예수님은 "내가 온 것은 양으로 생명을 얻게 하고 더 풍성히 얻게 하려는 것이라"(요 10:10)고 말씀하셨다. 영생의 확신을 가질 수 있는 것은 그리스도가 우리 마음속에 살아계시기 때문이다. 위대한 종교개혁가 존 칼빈은 이것을 '성령의 내적 증거'라고 불렀다.

그리스도인이 되는 세 단계

우리는 각자 그리스도인이 되었던 시기와 체험이 다르지만 공통적으로 세 단계를 거쳐 그리스도인이 되었다.

첫 번째 단계는 나의 죄가 나를 하나님에게서 멀어지게 만든다는 사실을 인정하는 것이다. 성경에 의하면, 우리 모두가 범죄하여 하나님의 완전함에 이르지 못했다고 한다(롬 3:9-23). 그러므로 죄인이라는 점에서 우리 모두는 아무런 차이가 없다. 어떤 사람들은 자기들에게 죄가 없다고 주장할지 모르지만, 사도 요한은 이렇게 분명히 밝힌다.

"만일 우리가 죄 없다 하면 스스로 속이고 또 진리가 우리 속에 있지 아니할 것이요… 만일 우리가 범죄하지 아니하였다 하면 하나님을 거짓말하는 자로 만드는 것이니 또한 그의 말씀이 우리 속에 있지 아니하니라"(요일 1:8,10).

두 번째 단계는 예수님이 우리를 하나님께 다시 인도하기 위해 십자가에서 죽으셨다는 사실을 믿는 것이다. 우리가 이것을 다 이해하려고 애쓸 필요는 없을 것이다. 그러나 이해하지 못한다 하더라도 우리는 이것을 믿어야 한다. 전기나 무선전신이 어떻게 작용하는지 자세히 몰라도 그것들이 제공하는 편리함을 누리듯이, 그리스도의 죽음과 부활의 신비를 다 이해할 수 없다 하더라도 우리는 그것을 믿고 그것이 주는 구원과 축복을 누려야 한다. 사도 바울은 그리스도의 죽음과 부활에 대해 다음과 같이 분명히 증거한다.

"내가 받은 것을 먼저 너희에게 전하였노니 이는 성경대로 그리스도께서 우리 죄를 위하여 죽으시고 장사지낸 바 되었다가 성경대로 사흘 만에 다시 살아나사"(고전 15:3,4).

세 번째 단계는 개인적 결단을 통해 주 예수님을 구주로 영접하는 것이다. 각각의 개인은 믿음의 발걸음을 내디뎌야 한다. 다시 말해서 그분을 믿고 영접해야 한다. 그러나 단지 믿는 것만으로는 부족하다. 우리는 영생의 선물을 받아들여야 한다. 내가 여행을 마치고 집에 오면서 아내를 위한 선물을 사왔다고 가정해보자. 아내는 어떻게 해야 그 선물을 가질 수 있는가? 그것을 고맙게 받으면 된다. 예수 그리스도를 영접하는 것, 즉 받아들이는 것도 이와 유사하다. 믿음으로써 당신은 "주님, 감사합니다. 저는 주님을 저의 삶 속에 영접합니다"라고 말하면 된다. 이렇게 말하는 순간, 하나님의 선물 곧 그리스도 안에 있는 영생은 당신의 것이 된다.

개인적 결단은 의지의 행위이다. 왜냐하면 우리는 그리스도를 거부하든지 아니면 영접하든지 둘 중 한 가지를 해야 하기 때문이다. 참신앙 없이 부모가 믿으니까 혹은 친구 따라 교회에 다니는 사람들이 너무나 많다. 그러나 오직 참신앙만이 우리를 영생으로 인도할 수 있다.

2 '그리스도인이 된다는 것' 은 어떤 의미인가?

+ 찰스 콜슨
Charles Colson

그리스도인이 된다는 것은 어떤 의미에서는 '무국적자'(無國籍者)가 된다는 것을 의미한다. 만일 당신이 진정으로 그리스도께 순종한다면, 성경 말씀을 마음에 새기고 그것에 따라서 산다면, 당신은 세상과 갈등을 일으킬 수밖에 없다. 당신이 그리스도인이라면 당신은 오직 그리스도께만 속한다. 반면 세상 사람들은 그리스도가 아닌 다른 것들과 밀착되어 있다. 즉, 부와 명예를 우상 삼거나 다른 사람들에게 충성을 바친다. 그리스도인이 된다는 것은 이 세상에 살면서도 세상에 속하지 않는 삶, 즉 세상 사람들과 다른 삶을 산다는 것을 의미한다. 그리스도인이라면 모든 것들을 성경의 눈을 통해 보게 될 것이고, 그럴 때 그것들은 다르게 보일 것이다.

세상에서의 성공이란 권력, 영향력, 경제력, 명성 등을 의미한다. 그러나 기독교에서 성공적인 삶이란 '하나님을 기쁘게 해드리는 것'이다. 하나님에게 순종하기 위해 노력하는 사람은 종종 세상이 원하는 것이나 세상이 보답해주는 것과는 정반대되는 것들을 해야 한다. 종종 세상의 가치관은 부패한다. 이럴 때 기독교는 그것을 지적한다. 많은 사람들은 세상의 잘못된 가치관에 동조함으로써 큰 불편을 느끼지 않고 잘 살아가지만, 그리스도인들은 그것에 저항한다. "너희는 이 세대를 본받지 말고 오직 마음을 새롭게 함으로 변화를 받아 하나님의 선하시고 기뻐하시고 온전하신 뜻이 무엇인지 분별하도록 하라"(롬 12:2)고 가르친다. 이 가르침을 실천할 때 우리는 어려움을 겪거나 다른 사람들과 충돌을 일으키거나 그들의 잘못을 지적해야 할 때도 있다. 그러나 바로 이런 과정을 통해 사회를 올바른 방향으로 이끌어가야 할 책임을 지게 된다.

예수님은 '마음과 뜻과 정성을 다해 하나님을 사랑하고 이웃을 내 몸과 같이 사랑하는 것'이 그리스도인의 삶의 본질이라고 말씀하셨다. 그렇다면 우리는 어떻게 하나님을 사랑할 수 있는가? 바로 이 질문에 대답하기 위해서 나는 「러빙 갓」(Loving God. 홍성사 역간)이라는 책을 썼다. 어떤 사람들은 "하나님을 사랑하는 것은 따뜻한 마음을 갖는 것, 교회에 다니는 것, 선한 일을 하는 것, 그리고 성경을 읽는 것이다"라고 말한다. 그러나 이것은 예수님이 말씀하신 것이 아니다. 그분은 그저 "너희가 나를 사랑하면 나의 계명을 지키리라"(요 14:15)고 가르치셨다.

순종의 결심

그분의 계명을 지킨다는 것은 성경을 읽고 이해하고 성경의 교훈에 따라 철저히 살겠다고 결심하는 것이다. 하지만 나는 아무도 이렇게 할 수 없다고 믿는다. 왜냐하면 일상생활 속에서 이 세상의 풍조에 휘말리지 않는 것은 거의 불가능하기 때문이다. 그러나 우리는 성경의 교훈에 따라 살려고 노력할 수는 있다. 이렇게 노력하는 과정에서 성화(聖化)가 일어난다. 하나님께 순종하는 법을 배우고 우리의 삶을 향한 그분의 명령들이 무엇인지를 알기 위해 그분의 말씀에 귀를 기울일 때 성화가 일어난다. 성화를 위해 우리는 성경을 읽고 그 말씀에 잠겨야 한다. 성화를 위해 우리는 하나님의 계명의 요구사항들이 무엇인지를 배워야 하며, 그것들에 따라 우리의 행동들을 점점 더 확실히 통제해야 한다.

성화는 하나님과 우리 사이의 협동적 과정이라고 말할 수 있다. 하나님은 우리에게 자유 의지를 주셨기 때문에 우리는 우리가 옳다고 믿는 것을 받아들일 수도 있고 거부할 수도 있다. 그러나 하나님은 우리가 옳은 것을 받아들이도록 성령님을 통해 도우신다. 그렇다고 해서 우리가 뒤로 물러나서 아무것도 하지 않으면서 하나님이 성령님을 통해서 우리를 거룩하게 만드시도록 기다리라는 말은 아니다. 반면, 옳은 일이라고 여기면 무조건 결정을 내리고 행동으로 나서라는 말도 아니다. 하나님이 우리의 삶 속에서 일하시기 때문에, 우리는 그분이 하시는 일에 협력하기 위해서 최선을 다해야 한다.

우리가 하나님께 순종하는 일에 번번이 실패하는 가장 큰 요인은 '하나님의 시간'에 대한 오해 때문이라고 할 수 있다. 다시 말해서 성경공부 시간, 개인기도 시간, 기도회 시간, 주일 대예배 시간만이 하나님의 시간이고 다른 시간들은 우리의 시간이라는 오해가 우리의 신앙을 왜곡시켰다. 우리의 삶의 모든 순간들이 하나님의 시간이다. 성경공부 시간이나 교회에서 보내는 시간은 우리의 삶의 모든 순간들을 위해 우리를 준비시켜줄 뿐이다. 그리스도께 순종하는 것은 하루 24시간 지속되어야 한다. 마치 원하는 때에 양복을 입고 또 원하는 때에 양복을 벗고 하듯이 그분을 대우해서는 안 된다. 우리는 언제나 하나님을 위해서 살아야 한다. 비유적으로 말해서 우리가 그분을 24시간 입고 있다면 우리의 순종은 반사적 행동이 될 것이다.

이것을 실제 생활에 적용해서 말하자면, 우리는 하루를 열 때 "오늘 하루의 제 삶을 통해 하나님이 뜻이 이루어지기를 원합니다"라고 말함으로써 하루를 시작해야 한다. 하루를 살면서 순간순간 그분이 나를 통해 무엇을 이루려고 하시는지를 깊이 생각해야 한다. 이렇게 하면서 기도하고 성경을 읽으라. 그러면 하루의 생활 동안 우리는 그분을 옆으로 밀어놓는 잘못을 범하지 않을 것이다. 아침의 30분을 그분께 드리고 나머지 시간을 나의 것으로 삼겠다는 생각은 잘못된 것이다. 하나님이 나의 하루 전부를 통제하셔야 한다. 아침 10시쯤 되면 우리의 마음은 아마도 그분에게서 어느 정도 떠나 있을 것이다. 그러면 우리는 걸음을 멈추고 "주여, 지금 저를 인도하소서"라고 기도해야 한다. 하나님께서 그리스도께 복종하고 그분의 교훈을 생각할 수 있는 마음을 우리에게 주셨다면, 우리는 이 마음을 굳게 붙들어야 한다. 그러면서 동시에 우리는 순간순간 하나님의 인도와 도우심을 구해야 한다. 날마다 윤리적인 문제에 직면하는 경우들이 많은데, 그때마다 우리는 "예수님이라면 어떻게 행동하셨을까?"라고 물어야 한다. 순간순간 닥치는 문제들에서 그분이 우리의 생각들에 임재하셔서 완전히 통제해주시도록 훈련한다면, 그분은 점점 더 우리의 의사 결정에 근본적으로 영향을 끼치실 것이다.

하나님이 이루신 일

당신이 자신의 고집을 버리고 하나님을 신뢰할수록 그분은 그만큼 당신을 도와주실 것이다. 그리하여 예전 같으면 당신의 혼자 힘으로 도저히 이룰 수 없는 일도 이룰 것이다. 예수님이 말씀하셨듯이, 자기의 생명을 지키려는 자는 그것을 잃을 것이고, 그분을 위하여 생명을 버리는 자는 그것을 다시 찾을 것이다.

나의 삶을 돌이켜볼 때 나는 하나님이 분명히 실패를 통해서 큰일을 이루신 것을 깨닫는다. 세상 사람들의 눈으로 볼 때에는 분명히 실패였던 것이 그분의 손에 의해 사용될 때 많은 사람들을 살리는 것이 되었다. 내가 섬기는 재소자 선교회 '프리즌 펠로우십'(Prison Fellowship)은 미국의 수백 개의 감옥을 비롯한 수십 개의 국가에서 활동하고 있는데, 35,000명 이상의 자원봉사자들이 이 선교회를 돕고 있다. 이것은 하나님의 능력이 역사하고 있음을 보여주는 좋은 예라고 생각된다. 그러나 나는 이것을 자랑할 수 없는데, 왜냐하면 내가 이 단체를 조직하지 않았기 때문이다. 더 정확히 말하자면, 나는 이 단체를 만들지 않으려고 의식적으로 애썼다. 그러나 하나님이 나의 삶을 통해서 이 단체를 만드셨으며, 전 세계에서 필요한 사람들을 보내주셨다.

더욱 놀라운 것은 하나님은 그분의 주권적 방식에 따라 일하신다는 것이다. 그분이 내게 원하시는 것은 오직 내가 그분의 뜻에 따라 사용되기를 원하면서 순종하는 것이다. 이것은 우리 모든 그리스도인들의 경우도 마찬가지이다. 그분이 그분 백성을 통하여 큰일을 이루려고 하실 때 요구하시는 모든 것은, 우리가 그분의 뜻에 따라 사용되기를 원하면서 순종하는 것이다.

3 그리스도인의 특징은 무엇인가?

+ 캘빈 밀러

Calvin Miller

기독교 지성 프랜시스 쉐퍼는 「그리스도인의 표지」(the mark of a Christian)라는 그의 책에서 '사랑'을 그리스도인의 표지(특징)라고 불렀다. 이 놀랍고 간단한 진리는 교회 안에서 발생할 수 있는 모든 관계들을 서로 묶어주는 유대의 끈이다. 그렇기 때문에 요한은 "어느 때나 하나님을 본 사람이 없으되 만일 우리가 서로 사랑하면 하나님이 우리 안에 거하시고 그의 사랑이 우리 안에 온전히 이루느니라"(요일 4:12)고 말한다. 하나님이 우리 안에 살아계실 때 우리는 그분을, 그리고 서로를 사랑하지 않을 수 없다.

우리가 그리스도 안에서 살아간다는 것을 보여주는 첫 번째 특징이 사랑이라면, 그리스도 안에서의 우리의 삶을 보여주는 또 다른 특징이 있는데, 그것은 우리의 마음 안에서 일어나는 성령님의 내적 통제이다. 그러므로 그리스도인과 비그리스도인을 구분할 수 있는 아주 중요한 기준은 "성령님의 내적 통제와 인도가 있느냐?"이다. 하나님의 영이 우리를 통제하실 때 우리는 그분이 관심을 가지시는 것들에 관심을 갖게 된다. 그렇다면 그것들은 어떤 것들인가?

성령님의 최우선 관심사는 그리스도를 높이는 것이다. 예수님은 "보혜사 곧 아버지께서 내 이름으로 보내실 성령 그가 너희에게 모든 것을 가르치시고 내가 너희에게 말한 모든 것을 생각나게 하시리라"(요 14:26), "그가(성령이) 내 영광을 나타내리니 내 것을 가지고 너희에게 알리겠음이니라"(요 16:14)고 말씀하셨다. 성령님이 우리 개인들 각자의 직업이나 생활을 인도하실 때 그것은 그 개인들 각자에 따라서 다를 것이다. 하지만 큰 틀에서 볼 때 결국 그분은, 우리 각자의 삶이 그리스도를 영화롭게 하는 쪽으로 나아가도록 이끄신다.

다른 사람들이 우리를 볼 때 그들은 물론 우리 안에서 이렇게 우리를 인도하시는 분을 보지 못할 것이다. 왜냐하면 그분은 눈에 보이는 분이 아니시기 때문이다. 그러나 얼마간의 시간이 흐른 후에 그들은 우리의 가치관, 윤리의식 및 의지력보다 더 큰 힘이 우리의 삶을 이끌고 나간다는 것을 보게 될 것이다.

사랑과 성령님의 통제, 그리고 열망

그리스도인의 이 두 가지 특징, 즉 '사랑'과 '성령님의 통제'라는 두 특징은 서로 함께 역사한다. 성령님이 우리의 삶을 인도하실 때, 우리는 다른 사람들에게 더한 사랑으로, 덜 가혹하게 대할 수 있다. 우리의 삶이 성령님의 영향력 아래 있을 때 사람들은, 그들이 우리에게 가까이 다가와 우리를 신뢰하며 평안을 얻을 수 있다는 것을 깨닫게 된다. 또한 그들은 우리와 함께 있는 것을 좋아하고, 우리에게 비밀을 털어놓는 단계까지도 발전할 수 있다. 이렇게 될 때, 우리 안에 계신 그리스도는 그분의 지혜의 말씀과 사랑을 갈망하는 자들에게 우리를 통하여 가까이 가셔서 그들을 도우실 수 있게 된다.

그리스도인의 세 번째 특징은 그리스도를 기쁘게 해드리려는 강한 열망이다. 예수님은 이 땅에서 성부 하나님을 기쁘게 해드리려는 열망을 가지셨다. 그분은 "나를 보내신 이가 나와 함께하시도다 내가 항상 그의 기뻐하시는 일을 행한다"(요 8:29)고 말씀하셨다. 그리고 그분이 요단강에서 세례를 받고 물에서 나오실 때 하나님은 자신이 예수님을 기뻐하신다는 것을 분명히 밝히셨다.

"너는 내 사랑하는 아들이라 내가 너를 기뻐하노라"(막 1:11).

이렇게 성부와 성자는 서로를 기뻐하신다. 성부와 성자의 사랑을 받은 우리는 그리스도를 기쁘게 해드리는 삶을 추구해야 한다. 사도 바울은 "우리는 거하든지 떠나든지 주를 기쁘시게 하는 자 되기를 힘쓰노라"(고후 5:9)고 말했다. 그렇다면 그리스도를 기쁘게 해드리려는 열망은 어떻게 표현되는가? 그것은 하나님의 뜻에 복종하고 날마다 자신의 십자가를 지고 그분을 따르려는 지속적인 의지로 표현된다(눅 9:23). 그리스도를 기쁘게 해드리려는 열망은 우리의 모든 삶의 방식에 영향을 미칠 수밖에 없다.

그리스도를 기쁘게 해드리는 삶은 하나님의 구원 계획에 기쁜 마음으로 동참하는 형태로도 나타난다. 바울은 "이는 하나님께서 그리스도 안에 계시사 세상을 자기와 화목하게 하시며 저희의 죄를 저희에게 돌리지 아니하시고 화목하게 하는 말씀을 우리에게 부탁하셨느니라"(고후 5:19)고 말한다. 그리스도께서 그분의 영을 통하여 우리 안에 계시기 때문에 우리는 하나님의 놀라운 '화목의 사역'에 동참하게 되며, 사랑 가운데 사람들을 그분께 이끌려고 애쓰게 된다.

기쁨의 삶

그리스도인의 세 가지 특징이 우리에게 생길 때 사람들이 우리에게서 무엇을 보게 될 것인가? 무엇보다도, 그들은 우리가 기쁨의 삶을 산다는 것을 알게 될 것이다. 어떤 순교자는 "기쁨은 하나님이 우리와 함께 계시다는 가장 확실한 증거이다"라고 말했다. 사람들은 우리 그리스도인들을 보고 우리의 삶에서 행복을 보기를 원한다. 우리가 성령 충만한 가운데 풍성한 영적 열매를 맺으며 긍정적으로 살아가는 모습을 보기를 원한다. 그리스도인이 늘 슬픈 모습을 하고 있다면, 그것은 하나님이 그 사람 안에 충만히 거하시지 않는다는 증거이다. 예수님은 하나님나라를 '밭에 감추어진 보물'(마 13:44)에 비유하셨다. 그 비유를 통해 우리는, 하나님이 우리의 기쁨을 충만하게 하시려고 우리 안에서 활동하신다는 것을 깨닫게 된다.

스트레스를 많이 받는 현대인들은 누구나 마음의 평안을 갈망한다. 종종 그리스도인들조차 스트레스에서 자유롭지 못하다. 그러나 이사야는 "주께서 심지가 견고한 자를 평강에 평강으로 지키시리니 이는 그가 주를 의뢰함이니이다"(사 26:3)라고 말한다. 우리가 그리스도인의 특징을 소유할 때 사람들은 우리의 개인적 삶이 안정된 모습을 보게 될 것이다. 우리가 실패하고 고난을 당할 때조차 사람들은 우리가 좌절과 어려움을 극복하는 모습을 보게 될 것이다. 그렇다면 우리는 어떻게 극복할 수 있는가? 그 답은 "어떠한 형편에든지 내가 자족하기를 배웠다"(빌 4:11)는 사도 바울의 고백에서 찾을 수 있다.

사람들은 우리가 그리스도의 이름으로 행하는 선한 일들을 보기를 좋아할 것이다. 산상수훈에서 주님은 "이같이 너희 빛을 사람 앞에 비취게 하여 저희로 너희 착한 행실을 보고 하늘에 계신 너희 아버지께 영광을 돌리게 하라"(마 5:16)고 가르치셨다. 우리가 우리의 필요를 채우는 데 급급한 모습에서 탈피하여 이웃에게 관심을 돌리고 그들을 도울 때 사람들은 하나님께 영광을 돌릴 것이다. 사람들은 우리가 억울하게 악한 일을 당하는 이웃에게 어떻게 반응하는지를 지켜볼 것이다. 그들은 우리가 다른 그리스도인들에게 어떻게 대하는지를 살펴볼 뿐만 아니라, 비그리스도인들에게 어떤 관심을 보이는지를 지켜볼 것이다.

우리 주위의 사람들은 섬김을 받는 것보다는 섬기는 일에 더욱 관심을 갖는 사람들을 찾을 것이다. 그리스도인들은 남들에게 보이기 위해 선을 행하면 안 된다. 그러나 그리스도인들이 세상 사람들과 다르게 살 때 사람들은 그것을 자연히 알게 된다. 예수님은 "그의 열매로 그들을 알 수 있다"(마 7:16)고 말씀하셨다. 바울이 지적했듯이, 성령님의 열매는 죄악된 본성의 열매와 완전히 다르다(갈 5:19-24).

성장하면 자연스러워진다

만일 우리가 그리스도인으로서 부정적 특징들을 보인다면 사람들은 "당신이 그런 행동을 하는 것을 보니 그리스도인답지 않군요"라고 말할 것이며, 우리의 증거는 치명적인 손실을 입을 것이다. 우리는 우리가 아닌 어떤 다른 존재인 척 해서는 안 된다. 즉, 우리는 위선자가 되어서는 안 된다. 우리는 항상 기쁨이 넘치고 긍정적인 그리스도인의 특징을 나타내도록 온 힘을 다해 노력해야 한다. 만일 사람들이 우리의 문제들이나 어려움에 대해 묻는다면 우리는 솔직하게 그런 것들이 있다고 인정해야 한다. 그렇게 하는 동시에 또한 우리는 끊임없이 자신을 깨끗케 하면서 더 나은 단계로 올라가도록 힘써야 한다.

"우리가 온 힘을 다해 열심히 일한다"는 것은 무슨 말인가? 사랑이 많고 평안이 넘치는 척한다고 해서 우리가 그리스도인의 특징을 나타내는 것은 아니다. 그리스도를 기쁘게 해드리려고 힘쓸 때 우리의 인격은 자연히 변하게 마련이다. 그리스도께 순종하려고 힘쓸 때, 그것은 결국 다른 사람들을 섬기는 형태로 나타날 수밖에 없다. 왜냐하면 그리스도께서는 우리가 남을 섬기도록 이끄시고 우리에게 감동을 주시기 때문이다. 선한 열매들을 맺으려고 의도적으로 애쓰는 것도 나쁘지는 않겠지만, 그것보다는 우리의 삶을 변화시키는 것이 더 좋은 방법일 것이다. 왜냐하면 선한 열매들은 우리가 새로운 사랑의 대상을 찾아서 충성할 때 자연스럽게 생기는 결과이기 때문이다.

만일 한 남자와 한 여자가 사랑에 빠진다면 그들은 작은 행동들 하나하나까지 예의를 차리려고 신경쓰지는 않을 것이다. 그들은 서로에게 친절하게 대하려고 굳이 애쓰지 않는다. 상대방을 기쁘게 해주려는 열망이 너무 강하기 때문에 자연히 서로를 사랑하고 섬기게 된다. 이와 마찬가지로, 그리스도를 알게 된 모든 사람들은 마음에서 우러나와서 그분을 섬기게 된다. 다시 말해서 그리스도인의 인격이 성장하게 되면, 그는 자연스럽게 그분을 섬기게 된다. 일단 그리스도께서 우리의 마음속에 들어오시면 우리는 스스로 영적인 목표를 세우고 기도하며 연구하게 된다. 이렇게 하는 것은 그분을 사랑하기 때문이다.

열심히 노력한다고 해서 그리스도인의 특징이 자동적으로 생기는 것은 아니다. 하지만 절제와 훈련을 통해서 노력할 때, 신앙적으로 성숙할 수 있다. 우리가 성숙할 때 성령님은 우리의 삶을 변화시키실 것이고, 우리의 삶을 통해서 하나님의 영광이 드러날 수밖에 없다.

로마서 12장에서 바울은 우리가 이 세상을 본받지 말고 그리스도의 형상을 본받아 살아야 한다고 가르친다. 우리는 하나님의 뜻에 따라 변화되어야 한다. 우리가 매 순간마다 복종할 때 그분은 우리를 그리스도의 형상으로 변화시키실 것이다. 이렇게 매 순간마다 복종할 때 우리의 모습에서 그리스도인의 특징은 점점 더 늘어날 것이다.

4 그리스도인과 비그리스도인은 어떻게 다른가?

+ J. I. 패커
J . I . P a c k e r

우리가 그리스도인이 되는 과정을 이해하는 것은 어렵지 않다. 그것은 A, B, C를 통해서 쉽게 정리할 수 있다. A는 '인정하는 것'(Admit), 즉 모든 인간이 죄를 지었다는 것을 인정하는 것이다. 물론 여기에는 나의 죄도 포함되기 때문에 나는 그리스도인이 되기 위해서 나의 죄를 인정해야 한다.

B는 '믿는 것'(Believe), 즉 주 예수 그리스도를 믿는 것이다. 나는 그분의 이름을 부르고, 그분을 영접하고 믿고 경배해야 한다. 또한 나는 그분이 하나님의 아들이요 구주이심을 인정하고, 그분이 나를 위해 하신 일을 인정해야 한다.

C는 '고백하는 것'(Confess), 즉 부활하신 그리스도를 나의 주님과 구주로 고백하는 것이다. 이것은 바울이 우리에게 요구하는 것이다.

"네가 만일 네 입으로 예수를 주로 시인하며 또 하나님께서 그를 죽은 자 가운데서 살리신 것을 네 마음에 믿으면 구원을 얻으리니"(롬 10:9).

이렇게 고백하는 것은 하나님과 우리 사이의 계약서에 도장을 찍는 것과 같다. 내가 나의 죄를 인정하고 예수 그리스도를 믿고 그분을 나의 구주로 고백하면 나는 그리스도인이다. 이렇게 그리스도인이 된 나는 우리 주 곧 예수 그리스도의 은혜와 저를 아는 지식에서 성장할 수 있다(벧후 3:18).

그리스도인과 비그리스도인의 결정적 차이

그리스도인과 비그리스도인은 두 가지 중요한 점에서 차이가 난다. 하나는 충성의 대상이고, 다른 하나는 마음의 변화이다.

우선, '충성'에 대해 논의해보자. 내가 이 단어를 사용한 이유는 우리가 현재 사용하고 있는 다른 어떤 단어도 이 단어만큼 강한 의미를 갖지 못하기 때문이다. 중세 시대에 만일 어떤 사람이 왕에게 충성을 맹세했다면 그는 왕을 위해 절대적으로 헌신하겠다고 약속하는 것이었다. 그는 자신을 완전히 왕의 처분에 맡기는 것이었다. 그리스도와 우리 사이의 관계도 이런 충성의 관계가 되어야 한다고 나는 말하고 싶다.

충성을 맹세한다는 것은 당신의 헌신의 대상이 되는 사람이 당신을 그의 뜻대로 완전히 지배하고 사용할 수 있다는 뜻이다. 현대인들은 이런 개념을 이해하기 힘들 것이다. 오늘날 심지어 부부 관계에서도 헌신의 개념이 너무 희박하기 때문에 부부 관계도 충성의 좋은 예가 되지 못한다. 오늘날 그리스도인들이 보여주는 예수 그리스도를 향한 헌신은 현재의 부부들 사이의 헌신보다 강하지만, 이상적인 부부간의 헌신보다는 약하다.

그리스도인은 예수 그리스도와 결합되어 떨어질 수 없는 사람이다. 이것이 충성의 핵심 개념이다. 예수님이 갈릴리에서 사역하실 때부터 이제까지 줄곧 이 개념에는 변함이 없다. 제자들은 주님을 따라다녔다. 그분이 어디로 가시든지 그들은 따랐다. 그분은 가난하셨다. 그러므로 그들은 매일 밤마다 잠을 어디서 자야 할지를 모를 정도로 어려웠지만, 그것을 받아들여야만 했다. 그분을 향한 충성심 때문에 그들은 불평하지 않고 어디든지 그분을 따랐다.

제자들은 그리스도인이 된다는 것이 예수님과 어떤 관계를 맺는 것인지를 잘 보여주는 모범적 예를 제시했다. 그리스도인으로서 당신은 그분이 능력이 많으신 분임을 잘 안다. 당신은 당신의 영혼을 그분께 맡길 수 있다. 그분이 당신을 위해 무엇을 하실 수 있는지를 잘 알기 때문에 당신은 당신 자신을 그분의 손에 맡긴다. 바로 여기에서 충성심이 생기는 것이다.

우리 그리스도인들은 그분의 명령에 복종해야 하는 사람으로서 살아간다. 우리의 헌신은 사랑과 감사에서 우러나와야 한다. 우리는 그분이 우리를 사랑하시는 것을 잘 안다. 우리는 그분이 우리의 죄 때문에 죽으신 것을 잘 안다. 우리가 자신을 그분의 손에 맡겨드리면 그분이 사랑 가운데 우리의 죄를 용서하고, 우리를 책임지고 지켜주고 영화롭게 하실 것임을 우리는 잘 안다. 그러므로 우리가 그분께 충성하는 일은 즐겁고 기쁜 일이 될 것이다.

그리스도인과 비그리스도인 사이의 두 번째 차이점은 우리가 그리스도인이 될 때 새로운 마음을 갖게 된다는 것이다. 성경에 따르면, '마음'은 인간의 모든 동기와 목적과 욕구의 근원이요 자아의 중심이다. 그렇기 때문에 성경은 "무릇 지킬 만한 것보다 더욱 네 마음을 지키라 생명의 근원이 이에서 남이니라"(잠 4:23)고 가르친다. 우리 의식의 차원에서 말하자면, 그리스도인은 하나님의 사랑과 자신의 개인적 부족함을 깨달을 때 하나님을 향한 충성심을 갖게 된다. 한편 무의식의 차원에서 말하자면, 하나님이 역사하셔서 우리의 마음을 바꾸어주신다.

마음에 변화가 생기면, 그에 따른 가시적인 변화가 뒤따르게 마련이다. 예수님은 니고데모에게 "바람이 임의로 불매 네가 그 소리를 들어도 어디서 오며 어디로 가는지 알지 못하나니 성령으로 난 사람은 다 이러하니라"(요 3:8)고 말씀하셨다. 우리는 바람이 불고 있다는 것을 알 수 있는데, 왜냐하면 그로 인하여 생기는 결과들을 보거나 느낄 수 있기 때문이다. 그러나 그것이 어디서 오며 어디로 가는지는 우리에게 미스터리이다. 이와 마찬가지로, 성령으로 난 사람들은 누구나 인생의 새로운 방향과 목적을 갖게 된다. 불신자들에게는 이것이 미스터리일 뿐이다.

마음의 변화는 그리스도인이 되는 데 필수적인 사항이다. 믿음을 고백하면서도 참신자가 아닐 수 있다. 만일 어떤 사람이 스스로 그리스도인이라고 주장하면서도 과거와 전혀 달라진 점이 없이 생활한다면, 나는 그의 신앙고백이 참된 것이 아닐 수도 있다고 믿는다. 생명의 중심인 마음이 변화되었다면, 그 변화의 결과가 반드시 나타나게 마련이다.

다섯 가지의 변화

그리스도인의 삶에서 나타나는 첫 번째 변화는 그가 새로운 성품들을 갖게 된다는 것이다. 바울은 "오직 성령의 열매는 사랑과 희락과 화평과 오래 참음과 자비와 양선과 충성과 온유와 절제니 이 같은 것을 금지할 법이 없느니라"(갈 5:22,23)고 분명히 밝힌다. 이것들은 주 예수님의 성품들인데, 신자들에게서도 이런 것들이 나타나야 한다. 이 각각의 성품들은 그리스도인이 부딪히는 상황들에 따라 거기에 맞게 적절히 나타나기 마련인데, 만일 마음의 변화가 생기지 않았다면 이런 성품들이 나타날 수 없다.

마음이 새로워진 그리스도인의 두 번째 변화는 행동의 동기가 새로워지게 되는 것인데, 이것이 그리스도인의 또 다른 변화이다. 바울은 "너희가 먹든지 마시든지 무엇을 하든지 다 하나님의 영광을 위하여 하라"(고전 10:31)고 가르친다. 비그리스도인이 이기적이고 자기도취적인 마음으로 오직 자기중심적인 동기에 따라 행동하는 반면, 그리스도인은 하나님을 찾고 예배와 찬양을 사모하며 하나님의 사람들과 함께 있으면서 그분의 일들에 대해 이야기를 나누기를 원한다. 하늘 아버지이신 하나님의 자녀로서 정상적인 자녀라면 누구나 그렇듯이, 그리스도인은 그의 아버지께서 하시는 일에 관심을 갖는 것이다.

그리스도인의 세 번째 변화는 성경의 진리를 발견하는 데 흥미를 느낀다는 점이다. 그는 하늘 아버지에 대해 최대한 많은 것을 배우기를 원한다. 그는 성경이 하나님의 말씀이라는 것을 마음속으로 알기 때문에 성경을 읽고 연구하는 데서 큰 기쁨을 느낀다. 회심하지 못한 그의 친구는 그의 이런 모습을 보고 '이 친구가 무엇 때문에 이렇게 성경을 좋아하는 거야?'라고 의문을 가질 것이다.

그리스도인의 네 번째 변화는 동료 그리스도인들을 사랑하는 것이다. 그리스도인이 되면 우리의 마음에 새로운 사랑이 생기는데, 그것은 하나님을 향한 사랑의 연장이다.

"우리가 형제를 사랑함으로 사망에서 옮겨 생명으로 들어간 줄을 알거니와 사랑치 아니하는 자는 사망에 거하느니라"(요일 3:14).

그리스도인의 다섯 번째 변화는 주님을 알리기를 원한다는 것이다. 그리스도인은 그분을 증거하기를 갈망한다.

이와 같이 그리스도인과 비그리스도인의 차이는 눈에 보일 정도로 확연하다. 그리스도인의 충성심은 자신을 향하지 않고 하나님을 향한다. 그의 마음에 변화가 일어났다. 그에게는 새로운 성품들, 동기들, 성경에 대한 관심, 다른 그리스도인들을 향한 사랑, 그리고 복음 증거의 열정이 생긴다. 그의 삶의 모든 것들은 그의 삶의 새로운 중심이신 그리스도를 구심점으로 하여 새로운 형태로 재편된다.

"형제들아 나는 아직 내가 잡은 줄로 여기지 아니하고 오직 한 일 즉 뒤에 있는 것은 잊어버리고 앞에 있는 것을 잡으려고 푯대를 향하여 그리스도 예수 안에서 하나님이 위에서 부르신 부름의 상을 위하여 좇아가노라"(빌 3:13,14).

바울은 많은 일들을 행했지만, 그 일들을 모두 그리스도를 위하여, 그리스도 중심적으로 행하였다. 이 점에서 그는 모든 신자들의 모범이다. 우리 역시 그리스도 중심적인 삶을 살 수 있다. 다시 말해 우리도 우리가 하는 모든 일들에서 그분을 사랑하고 기쁘게 해드리고 그분께 영광을 돌릴 수 있다.

누구를, 그리고 무엇을 믿어야 하는가?

그리스도인은 성경의 내용을 모두 믿어야 한다. 왜냐하면 성경은 하나님의 말씀이며, 그분이 성경의 참저자이시기 때문이다. 성경은 하나님이 그분의 백성에게 주시는 교훈이다. 이 교훈의 적용은 변할 수 있지만, 그것의 본질적 진리는 언제나 동일하다. 우리는 성경뿐 아니라 교회, 친구들, 그리고 책들에서도 기독교적 교훈들에 대해 들을 수 있다. 그러나 이런 교훈들에 대해 우리는 "범사에 헤아려 좋은 것을 취하라"(살전 5:21)는 바울의 가르침을 적용해야 한다. 이 말은 우리가 듣는 모든 것들을 성경, 즉 하나님의 말씀에 비추어 확인해야 한다는 것이다. 그것들이 성경의 말씀을 충실하게 반영하는 것인지를 확인해야 하며, 만일 그렇지 않다면 우리는 그것들을 믿지 말아야 한다.

성경의 기본적 진리들을 믿기만 하면 누구나 그리스도인이 될 수 있다. 즉, 죄를 인정하고 예수 그리스도를 믿고 그분이 자신의 구주라고 고백하면 누구나 그리스도인이 될 수 있다. 그렇게 그리스도인이 된 사람은 반드시 성경의 권위를 인정하고 성경 말씀을 양식으로 삼아야 한다. 그것은 그리스도인들의 영혼의 양식이기 때문이다.

만일 그렇게 하지 않는다면, 당신의 무지와 잘못된 견해는 그리스도인으로서의 삶을 약화시킬 것이다. 그러므로 당신에게 오직 해를 끼칠 뿐인 무지와 잘못된 견해가 당신의 마음에 뿌리를 내리지 못하도록 성경 말씀에 푹 잠겨라.

그리스도인이 되기 위해서 우리는 예수 그리스도의 구원의 능력을 믿어야 한다. 그러나 이것이 곧 특정한 교리들에 대한 정확한 지식과 동일한 것은 아니다. 예수님이 지상에서 사역하실 때 사람들은 아주 적은 지식을 가지고도 그리스도인이 되었다. 그들은 예수님이 하나님께로서 오신 분임을 믿었다. 그들은 그분이 자기를 따르는 자들을 영광으로 이끄시는 분임을 알았고, 그분을 사랑했으며, 그분의 백성이 되기를 원했다. 그분에 대하여 모든 것을 다 알지는 못했지만 그들의 삶은 그분과의 관계 때문에 변했다. 그러므로 우리는 사람들에게 "당신이 모든 교리들을 다 알기 전에는 그리스도인이 될 수 없습니다"라고 말해서는 안 된다.

다만 우리는 예수님이 우리를 대신하여 하나님께 심판을 받으셨기 때문에 우리가 죄사함을 얻을 수 있다는 명백한 진리를 알아야 한다. 예수님의 대속(代贖)의 죽음이 없다면 우리는 영원히 멸망할 수밖에 없다는 것을 알아야 한다. 그리스도의 대속의 죽음을 보시고 하나님이 우리를 받아들이셨다는 것을 분명히 깨닫지 못한다면 우리는 결코 자신을 그리스도께 맡길 수 없다. 그리스도가 없으면 자신이 죄악되고 부패하고 무력하다는 것을 아는 사람들만이 그분을 전심으로 의지할 수 있다.

5 나는 그리스도인이 된 후 무엇이 바뀌었는가?

+ 조안 영
J o a n   Y o u n g

나는 그리스도인이다. 그러므로 나는 천국에 갈 것이다. 그러나 이런 사실이 오늘 내게 어떤 차이를 낳는가? 성경은 이렇게 말한다.

"그런즉 누구든지 그리스도 안에 있으면 새로운 피조물이라 이전 것은 지나갔으니 보라 새것이 되었도다"(고후 5:17).

그러나 그리스도인들과 비그리스도인들이 똑같아 보일 때가 너무나 많다. 그래서 우리는 또 하나의 질문을 하게 된다. 그리스도인이라는 사실이 어떤 차이를 낳는가?

우리가 예수님을 영접하고 그분의 죽음으로 우리의 죄값이 지불되었다는 사실을 믿은 후, 하나님은 우리의 삶에서 그분의 길을 강요하지 않으신다. 그분은 우리가 그분을 인정하는 만큼만 우리 안에서 일하실 것이다. 그리스도인이라는 사실이 우리의 태도와 행동을 완전히 바꿔놓아야 한다. 그렇다고 하더라도, 우리가 성경이 말하는 삶의 원리들을 따르기로 선택하지 않는다면 외적인 차이는 전혀 없을 것이다.

야고보는 그리스도인이 된 후 자신의 태도와 행동에서 하나님이 일하시도록 허락하지 않는 사람들에 대해 할 말이 많았으며, 그 가운데 칭찬은 한마디도 없었다. 그는 여러 가지를 말했는데 그 가운데 이런 말도 했다.

“내 형제들아 만일 사람이 믿음이 있노라 하고 행함이 없으면 무슨 이익이 있으리요”(약 2:14).

사랑이 목표가 된다

예수님은 두 개의 기본적인 계명이 있다고 말씀하셨다. 하나는 자신의 전체를 다해 하나님을 사랑하는 것이며, 다른 하나는 이웃을 자기 몸처럼 사랑하는 것이다(마 22:37-39). 대부분의 사람들에게 최고의 우선순위는, 일류가 되거나 개인적인 이익을 구하거나 인정받거나 인기를 얻거나 심지어 개인적인 복수를 하는 것이다.

우리의 태도에서 일어나야 할 가장 큰 변화는 ‘사랑’이 우리의 첫 번째 목표가 되는 것이다. 그리스도의 태도가 우리의 마음을 채우고 지배하게 하지 않는다면, 이것은 전혀 불가능한 목표이다. 인간의 본성은 이기적이다. 사랑하기 위해서는 하나님의 본성이 필요하다. 그러나 놀라운 소식은 하나님이 그분의 본성을 우리에게 주겠다고 – 우리가 그분이 그렇게 하도록 내맡길 때 – 약속하신다는 것이다. 이것은 우리가 간과할 수 있는 사소한 주제가 아니다.

“오직 심령으로 새롭게 되어 하나님을 따라 의와 진리의 거룩함으로 지으심을 받은 새 사람을 입으라”(엡 4:23,24).

그 다음 절은 우리의 태도와 행동이 구체적으로 어떻게 바뀌어야 하는지 열거한다. 이러한 목록을 거의 다 읽은 후 이 모든 것을 다 할 수 있을 만큼 선한 사람은 있을 수 없다는 느낌이 들 때 바울은 이 편지를 끝내려고 준비하면서 이렇게 말한다.

“종말로 너희가 주 안에서와 그 힘의 능력으로 강건하여지고 마귀의 궤계를 능히 대적하기 위하여 하나님의 전신갑주를 입으라”(엡 6:10,11).

어떤 인간의 본성도 충분히 선하지 못하다. 그러나 우리 속에는 하나님의 능력이 있다. 우리는 그 능력을 의지하지 못하고 자주 변명한다.

“우리가 옳은 것을 하도록 돕는 힘이 얼마나 되는가? 우리가 힘든 상황에서 기꺼이 옳은 것을 하려 할 때 너무 힘들지 않은가?”

그러나 바울은 이미 앞에서 분명히 진리를 지적한 바 있다.

"그의 힘의 강력으로 역사하심을 따라 믿는 우리에게 베푸신 능력의 지극히 크심이 어떤 것을 너희로 알게 하시기를 구하노라 그 능력이 그리스도 안에서 역사하사 죽은 자들 가운데서 다시 살리시고 하늘에서 자기의 오른편에 앉히사"(엡 1:19,20).

변명에 대해서는 이 한 구절로 충분하다. 그런데도 우리는 이 문제를 교묘히 피하기 위해 또 다른 방법을 사용한다. 바로 자신과 다른 사람들을 비교하는 것이다. 우리는 이렇게 생각한다.

"저 사람이 하는 걸 좀 봐. 나는 그렇게 나쁘지 않아!"

그러나 이것은 사탄의 위험한 속임수이다. 우리는 언제나 우리를 우리의 삶을 향한 하나님의 기준과 비교해야 하며, 다른 사람들의 기준과 비교해서는 안 된다. 바울은 이와 같은 사람들에 대해 이렇게 말했다.

"우리가 어떤 자기를 칭찬하는 자로 더불어 감히 짝하며 비교할 수 없노라 그러나 저희가 자기로서 자기를 헤아리고 자기로서 자기를 비교하니 지혜가 없도다 그러나 우리는 분량 밖의 자랑을 하지 않고 오직 하나님이 우리에게 분량으로 나눠주신 그 분량의 한계를 따라 하노니 곧 너희에게까지 이른 것이라"(고후 10:12,13).

이것이 우리의 목표라고 말할 수 있는가? 이사야와 다니엘 같은 위대한 선지자들도 하나님의 기준을 보고 땅에 엎드렸고 자신들이 얼마나 불완전한지 깨달았다(사 6:5 ; 단 10장). 그러나 하나님은 둘 가운데 어느 하나도 티끌 속에 누워 있도록 내버려두지 않으셨다. 하나님은 다니엘을 일으켜 세우셨고 천사를 통해 말씀하셨다.

"하나님이 당신을 아주 많이 사랑하십니다."

이사야에게는 이렇게 말씀하셨다.

"네 죄가 사하여졌느니라"(사 6:7).

이것이 바로 하나님이 예수 그리스도를 통해 당신과 내게 하고 계시는 말씀이다. 그러면 우리가 그리스도인이 될 때 우리의 태도와 행동이 어떻게 바뀌어야 하는가? 넘치는 사랑의 동기가 우리의 새로운 태도여야 한다. 사랑이 우리의 목표라면, 우리의 행동이 변할 것이다. 우리는 거의 성경 어디서나 하나님이 추천하시는 구체적인 행동을 발견할 수 있다. 그러나 우리는 결코 자신의 본성이나 능력으로 이것을 이루지는 않을 것이다. 우리는 하나님의 본성이 우리의 본성이 되게 해야 한다.

"그리스도 예수의 사람들은 육체와 함께 그 정과 욕심을 십자가에 못 박았느니라 만일 우리가 성령으로 살면 또한 성령으로 행할지니 헛된 영광을 구하여 서로 격동하고 서로 투기하지 말지니라"(갈 5:24-26).

당신의 행함의 동기는 무엇인가?

노예 상인에서 찬송가 작사가로

_'나 같은 죄인 살리신'(Amazing Grace)의 작사가 존 뉴턴(John Newton) 이야기

_존 폴록 John Pollock

오래되어 낡은 배 그레이하운드(Greyhound)가 물속으로 가라앉았다가 다시 떠오르다 하였다. 배의 돛은 이미 떨어져나갔고, 뱃전은 함몰되었으며, 바닷물이 갑판 위로 쏟아졌다. 선원들 대부분은 곧 배가 북대서양 속으로 가라앉을 것이며, 모두가 익사할지 모른다는 두려움에 떨고 있었다.

선원들 중 한 명인 존 뉴턴은 배에 들어온 물을 퍼내기 위해 양수기 옆에서 작업을 하고 있었다. 무신론자였던 그조차 "내가 경멸했고 거부했던 하나님이 만일 살아계시다면 나는 심판을 면할 수 없을 것이다"라는 생각에 사로잡혔다.

그는 누구를 만나든지 하나님을 모독하면서 상대방의 신앙을 파괴하려고 했다. 이런 과거의 죄를 뉘우치면서, 그는 그가 그토록 외면했던 하나님께 용서를 구했다. 폭풍우가 잠잠해지고 모두가 목숨을 건졌을 때 그는 하나님이 자기의 기도를 들어주셨을지도 모른다고 믿기 시작했다. 죽을 때까지 평생 그는 죽음의 위기를 면했던 날, 1748년 3월 10일을 가리켜 "나 같은 죄인을 구원하신 놀라운 은혜를 주신 날, 내가 처음 하나님을 믿은 날"이라고 기념했다.

예정보다 몇 주 늦게 이 낡은 배가 아일랜드의 한 항구에 닻을 내렸을 때 뉴턴은 이미 하나님께 무릎을 꿇은 상태였다. 즉, 이미 그는 예수님이 자기를 위해 죽으셨다는 것을 믿고 있었다.

그러나 그가 그리스도인으로서 성장하는 과정은 고통스러울 정도로 느렸다.

이 장은 과거와 현재의 다양한 사람들에 대하여 언급한다. 그들은 모두 영적으로 성장하는 방법을 발견한 사람들이다. 그들이 성장한 방법은 다양했다. 즉, 어떤 사람은 다른 사람들을 통하여, 어떤 사람은 체험을 통하여, 또 어떤 사람들은 사상(思想)을 통하여 성장했다. 그러나 그들에게는 공통점이 있었는데, 그것은 그들 모두 하나님의 뜻대로 살기 위해 헌신했다는 것이다.

당시 노예 상인이었던 그는 후에 자신이 술회했듯이 "노예매매라는 직업이 노예 상인들의 도덕을 타락시킨다"는 사실을 의식하지 못하고 있었다.

브라운로우(Brownlow)라는 배를 타고 서아프리카의 '노예 해안'에 도착했을 때 이미 그는 욕을 하지 않는 것을 제외하면 거의 회심 이전의 상태로 돌아갔다. 노예들이 배 위로 올라오고 호색한 다른 선원들이 겁탈할 흑인 소녀들을 고르는 것을 볼 때 그의 피가 끓어올랐으며 그리스도인으로서 부끄럽지 않게 살겠다는 그의 선한 결심은 무너졌다. 그는 나중에 이렇게 회상했다.

"나는 불과 몇 달 전만 해도 내가 도저히 범하지 않을 것이라고 생각한 악한 행동을 다시 시작하여 그 길로 달려갔다."

유혹 앞에서 그리스도를 향한 충성심도, 그의 양심도 무너졌다. 그 후 그의 배가 어떤 섬에 머무는 동안 그는 열병에 걸렸다. 그는 자기가 곧 죽을 것이라고 체념하였다. 그러면서 구원 받은 것에 대해 감사했던 일과 자신의 굳은 맹세를 기억하자 양심의 가책을 느꼈다. 자신이 하나님의 아들을 다시 십자가에 못 박았다고 생각한 그는 스스로 소망의 문을 닫아버렸다고 괴로워했다. 그러나 그는 하나님이 또한 무한히 긍휼이 많으신 분임을 기억해냈다. 그는 십자가에 못 박히신 구주께 소망을 두고 그분께 의지하였다. 곧 그는 평안을 얻었으며, 이틀이 지나지 않아 다시 건강해졌다. 이런 경험은 그에게 결정적 영향을 미쳤다. 그 후 평생 그는 자기가 얼마나 자주 주님을 실망시켜드렸는지를 의식하면서 살게 되었고, 자신의 영적 성장을 진정으로 갈망하게 되었다.

1754년 5월, 29세의 존 뉴턴은 리버풀에 본사를 둔 노예선 '아프리칸'(African)의 책임을 맡게 되었다. 그의 배는 아프리카에서 노예들을 싣고 대서양을 건너와 서인도 제도의 작은 섬 '세인트 키츠'(St. Kitts)를 향했다. 그는 흑인들을 불쌍히 여기는 인도적인 입장을 취하려고 애썼지만, 당시 노예매매를 반대하는 목소리는 아무 데서도 들리지 않았다. 오히려 노예매매는 필요한 일로, 심지어 자랑스러운 일로 간주되었다. 후에 뉴턴은 "만일 당시 내가 노예매매의 사악함을 알았다면 나는 당장 그 일을 그만두었을 것이다"라고 회상하기도 했다. 그는 노예매매업이 단지 감옥을 지키는 간수처럼 '유쾌하지 못한 직업'이라고 느꼈을 뿐이었다. 그런데 세인트 키츠로 가면서 그는 두 가지를 위해 집중적으로 기도하게 되었다. 첫째는 그가 하기 싫은 노예매매업에서 손을 떼게 해달라는 것과, 둘째는 하나님을 더 잘 알게 해달라는 것이었다.

세인트 키츠 섬에 도착했을 때 그는 농부들의 저녁 식사에 초대되었고 거기서 30대 후반의 선장을 한 명 만나게 되었다. 그와 대화하는 가운데 서로가 하나님을 사랑하는 그리스도인이라는 것을 알게 되었다.

그 선장을 통해 뉴턴은 신앙에 대한 이해가 깊어졌고 성경을 새로운 눈으로 보게 되었다. 그때까지 그는 두려움과 겸손과 감사의 마음으로 하나님을 섬겼지만, 그분에 대한 친밀한 감정이나 기쁨이 없이 그분을 섬겼다. 그러나 이제 하나님이 그의 친구가 되어 곁에서 동행해주신다는 것을 깨달았다. 그는 후에 "나를 향한 그분의 사랑을 알게 되자 나의 마음에 그분을 향한 사랑이 싹텄다. 이제 나는 그분을 존경하며 사모할 수 있게 되었다"라고 회상했다.

몇 주 후에 다시 영국에 돌아온 뉴턴은 갑자기 병에 걸렸다. 그리하여 그는 다시 항해를 시작하는 배의 책임을 맡을 수 없게 되었다. 그 후 그는 리버풀의 세관에서 좋은 직책을 맡게 되었고 거기서 그의 신앙은 급속히 성장했다. 그 후 조지 휫필드(George Whitefield, 1714~1770. 영국의 유명한 설교가로서 18세기 신앙의 부흥에 큰 영향을 끼쳤다)가 리버풀로 와서 복음을 전하면서 유창한 설교로 많은 사람들을 사로잡았을 때, 뉴턴은 그의 남은 생애를 '놀라운 은혜'를 전하는 데 바치겠다고 결심했다. 10년 후 뉴턴은 안수를 받고 성직자가 되었다. 그는 사랑받는 찬송가 작사가들 중의 한 사람이 되었을 뿐만 아니라, 당대의 사람들에게 큰 영향을 끼칠 수 있는 사람이 되었다.

어느 날 뉴턴은 그의 친구 존 웨슬리(John Wesley, 1703~1791. 영국의 탁월한 설교가로서 감리교의 창시자)가 쓴 글을 읽던 중 노예매매가 얼마나 악한 것인지를 깨달았다. 그리고 자기가 노예매매업에 종사했었다는 사실을 매우 부끄럽게 여겼다. 그로부터 몇 년이 흐른 뒤 노예제 폐지 운동이 본격적으로 시작되었을 때 뉴턴은 노예제의 끔찍한 내막을 잘 아는 '노예제 폐지론자'로 활동하였다.

노예제 폐지를 둘러싼 정치적 및 사회적 갈등은 약 25년 동안 지속되었다. 하나님의 자비하신 섭리 가운데 노년의 뉴턴은, 과거에 그가 노예들을 잔뜩 태우고 왕래했던 대서양의 연안에서 노예제가 폐지되는 것을 볼 수 있었다.

어린아이들의 내게 오는 것을 용납하고 금하지 말라 하나님의 나라가 이런 자의 것이니라…
누구든지 하나님의 나라를 어린아이와 같이 받들지 않는 자는 결단코 들어가지 못하리라(막 10:14,15).

2장

믿음

기독교 신앙의 기초는 사상이나 이론이 아니라 살아계신 예수 그리스도이시다. 나의 구원의 기초는 예수 그리스도의 인격과 그분의 십자가의 공로이다. 예수님이 바로 나의 구원의 초석이시다.

6 믿음의 기초는 무엇인가?

+ 조시 맥도웰

Josh McDowell

기독교 신앙의 기초는 사상이나 이론이 아니라 살아계신 예수 그리스도이시다. 바로 이 점에서 기독교는 다른 종교들과 다르다. 대부분의 종교들은 어떤 철학적 사상을 받아들이고 믿는 데서 출발한다. 반면 기독교는 예수 그리스도와 그분의 부활이라는 역사적 사건에 기초한다.

불교에서 석가모니를 제거해도 불교는 존재하며, 유교에서 공자가 빠져도 유교는 건재하다. 왜냐하면 불교와 유교는 윤리 사상의 체계이기 때문이다. 이슬람교에서 모하메드를 제거해도 이슬람교는 살아남는데, 왜냐하면 이슬람교는 모하메드가 아닌 '알라'에 의존하기 때문이다. 그러나 기독교에서 예수 그리스도가 없어진다면 기독교는 존재할 수 없다. 왜냐하면 예수 그리스도가 곧 기독교이기 때문이다.

만일 자신이 하나님의 아들이라는 그리스도의 주장이 거짓으로 드러난다면 그분의 가르침은 완전히 무너지고 만다. 즉, 그리스도가 가르치신 모든 것의 진정성은, 자신에 대한 그분의 주장에 기초한다. 그리스도의 교훈과 그분의 인격은 분리될 수 없다. 대부분의 종교 지도자들에게서는 이것이 가능하지만, 그리스도에게서는 이것이 불가능하다. 그분의 가르침이 성립하려면 그분이 하나님의 아들이셔야 한다.

"왜 당신의 삶은 다른 사람들의 삶과 다르지요? 당신은 어떻게 항상 기쁨의 생활을 하지요? 무엇이 당신을 그토록 평안하게 만드나요? 절망적인 이 세상에서 당신 안에는 어떻게 그토록 희망이 넘쳐요?"라고 묻는 사람들에게, 우리는 베드로전서 3장 15절의 교훈에 따라 "그것은 바로 예수 그리스도 때문입니다"라고 대답해야 한다. 내게 기쁨과 평안과 소망이 넘치는 이유는 예수 그리스도가 그분의 주장대로 하나님의 아들이시기 때문이다.

예수님과 바리새인들 사이에 그토록 갈등이 심했던 이유는 자신이 하나님의 아들이라는 그분의 주장 때문이었다. 바리새인들은 율법을 지키는 것이 가장 중요하다고 생각했지만, 예수님의 견해는 달랐다. 그분이 볼 때 가장 중요한 것은 사람들이 그분과 어떤 관계를 맺느냐였다. 그리고 그 관계에서 가장 중요한 부분은 바로 그분이 누구이냐의 문제이다.

예수님은 "사람들이 인자(人子)를 누구라 하느냐?"고 물으셨다. 이 질문에 대해 제자들이 전하는 대답은 그분을 실망시켰다. 그분은 다시 "그렇다면 너희의 생각은 어떠냐? 너희는 나를 누구라 믿느냐?"고 물으셨다. 예수님의 이 질문을 듣고 시몬 베드로는 "주는 그리스도시요 살아계신 하나님의 아들이시니이다"(마 16:16)라고 대답했는데, 이것은 그분이 듣기를 원하셨던 대답이었다.

하나님의 은혜

당신이 얼음이 언 호수 앞에 서 있다고 가정해보자. 그 얼음의 두께는 약 0.2센티미터이다. 당신이 얼음 위를 걸으면 얼음은 깨질 것이다. 얼음 위를 걸어서 호수를 건널 수 있다고 당신이 굳게 믿는다고 해서 얼음이 깨지지 않는 것은 아니다. 반면 얼음의 두께가 60센티미터인데, 당신에게 믿음이 아주 적다고 가정하자. 당신의 믿음은 적지만 얼음은 믿을 만하다. 그렇기 때문에 당신은 얼음 위를 걸어서 호수를 건널 수 있다.

이 비유는 깊은 교훈을 가르쳐준다. 예수님이 자신의 주장대로 하나님의 아들로서 인간이 되신 분이라면, 그리고 내가 그분을 주(主)와 구주(救主)로 믿는다면 나는 구원 받고, 하나님과 관계를 맺게 된다. 나의 구원의 기초는 예수 그리스도의 인격과 그분의 십자가의 공로이다. 예수님이 바로 나의 구원의 초석이시다.

신앙은 어떤 마술적 공식이 아니다. 우리가 믿는다고 할 때 그 믿음이 마치 마술사의 주술처럼 작용하여 우리를 구원에 이르게 하는 것은 아니다. "그렇다면 도대체 어떻게 구원을 얻는가?"라고 묻는 사람에게 나는 이렇게 대답하겠다. "나는 내가 성경이 말하는 방법으로 구원 받았다고 믿는다. 나는 '은혜를 인하여 믿음으로 말미암아'(엡 2:8) 구원을 얻었다. 즉, 나는 '은혜로써, 그리스도를 믿는 신앙을 통하여' 구원 받았다. 나를 구원한 것은 하나님의 은혜였다. 그리스도께서 나의 죄를 용서하기 위해 십자가를 통해 이루신 것이 나의 구원의 기초이다. 그분의 죽음과 장사(葬事)와 부활이 나의 구원의 기초이다."

하나님의 은혜는 그분이 '값없이 베풀어주시는 호의'이다. 나의 믿음은 그분의 은혜를 받으려고 팔을 뻗는 것이다. '나에게 주어진 하나님의 은혜'는 곧 '하나님의 의(義)'이다. 우리의 창조주 하나님과 인격적인 관계를 맺기 위해 우리에게는 '하나님의 의'가 필요하다. 사도 바울은 이 의를 "예수 그리스도를 믿음으로 말미암아 모든 믿는 자에게 미치는 의"(롬 3:22)라고 부른다.

믿음의 대상 예수 그리스도

'믿는다는 것'은 '어떤 대상을 믿는 것'이기에, 신앙은 그것의 대상을 갖지 않을 수 없다. 구원의 문제에서 그 대상은 물론 예수 그리스도이시다. 그리스도가 없다면 구원도 없다. 우리의 신앙이 의미를 갖는 것은 그 신앙의 대상이신 그리스도 때문이다. 그런데 신앙에서 중요한 것은 '믿는 사람'이 아니라 '믿음의 대상'이다. 신앙의 본질은 믿음의 대상의 신실성이다. 즉, 예수 그리스도의 신실성이다. 만일 어떤 사람이 "나에게는 구원 받기에 충분한 믿음이 없는 것 같다"라고 말한다면, 나는 이렇게 말해줄 것이다.

"자기의 믿음이 충분하다고 느끼는 사람은 없다고 나는 생각한다. 다행히, 당신에게 충분한 믿음이 있느냐 없느냐 하는 것이 중요한 것이 아니다. 중요한 것은 '예수님이 그분 자신의 주장대로 하나님의 아들이시며 우리의 구주라고 당신이 믿느냐?'이다. 중요한 것은 '그분이 이룰 수 있다고 주장한 것을 실제 이룰 능력이 그분에게 있다고 당신이 믿느냐?' 이다. 만일 당신이 그렇게 믿는다면 이제 그분을 신뢰하라. 이것이 그분이 원하시는 모든 것이다."

그리스도인이나 비그리스도인을 막론하고 대부분의 사람들은 "신앙은 어떤 것이 사실이든 아니든 간에 그것을 믿는 것이다"라고 말한다. 그러나 이런 생각은 완전히 성경의 교훈에 위배된다. 예를 들면 예수님은 "진리를 알지니 진리가 너희를 자유케 하리라"(요 8:32)고 말씀하셨다. 그분은 "무엇이 옳은지 그른지를 따지지 말고 덮어놓고 믿으라"고 말씀하지 않으셨다. 다시 말해 그분은 맹목적인 신앙을 가르치지 않으셨다.

한 율법사가 예수님께 "선생님이여 율법 중에 어느 계명이 크니이까?"라는 질문을 던졌다. 이에 대해 예수님은 "네 마음을 다하고 목숨을 다하고 뜻을 다하여 주 너의 하나님을 사랑하라"고 대답하셨다(마 22:34-40). 그분은 "모든 지성적 판단을 중지하고 단지 사랑하라"고 말씀하지 않으셨다. 우리는 "너희 속에 있는 소망에 관한 이유를 묻는 자에게는 대답할 것을 항상 예비하라"(벧전 3:15), "네가 진리의 말씀을 옳게 분변하며 부끄러울 것이 없는 일꾼으로 인정된 자로 자신을 하나님 앞에 드리기를 힘쓰라"(딤후 2:15)는 말씀을 명심해야 한다.

기독교는 사실에 기초를 둔 종교이다. 이 점에서 다른 종교들과 완전히 구별된다. 기독교는 예수 그리스도라는 역사적 인물과 그분의 부활이라는 역사적 사건에 뿌리를 박고 있다. 내 경험으로 볼 때, 내가 나의 신앙에 대해 지적(知的)으로 더욱 많이 알수록 성령님은 내게 더 많은 믿음을 주신다.

맹목적 믿음은 아니다

내가 신앙에 관하여 100퍼센트의 확실성에 도달할 수 없다 할지라도 신앙이 불합리한 것은 아니다. 비행기가 추락하지 않을 것이라는 100퍼센트의 보장이 없지만 그래도 나는 비행기를 타고 여행한다. 우리는 무슨 일이 일어날지 모르는 세상에서 살고 있다. 이 우주에서는 우리가 예상하지 못하는 변화들이 일어나고, 때때로 일들이 잘못될 수도 있다. 아마도 수학의 세계를 제외하고 다른 모든 분야에서 100퍼센트의 확실성은 없을 것이다. 그러나 100퍼센트의 확실성을 증명할 수 없다고 해서 전혀 연구해볼 필요조차 없다고 말할 수는 없다.

내가 학생들에게 그리스도의 신성에 대해 강의할 때 때때로 어떤 학생들은 "선생님은 그리스도가 하나님의 아들이시라는 것을 저에게 의심의 여지 없이 증명하실 수 있습니까?"라고 묻는다. 내가 "증명할 수 없네"라고 대답하면, 그는 "역시 선생님은 그것을 믿음으로 받아들이시는군요"라고 말한다(이때 그가 말하는 믿음은 '맹목적 믿음'을 가리킨다). 그러면 나는 "맞아. 믿음이야. 하지만 맹목적 믿음은 절대 아니지"라고 대답한다.

내가 그리스도의 부활에 대해 이야기할 때 어떤 교수는 "잠깐만요. 선생님은 부활을 100퍼센트 증명할 수 있습니까?"라고 묻는다. 내가 "증명할 수 없습니다"라고 대답하면, 그는 웃으면서 "역시 선생님은 그것을 믿음으로 받아들이시는군요"라고 말한다(이때의 믿음도 '맹목적 믿음'을 의미한다). 그러면 나는 "그렇습니다. 믿음입니다. 하지만 맹목적 믿음은 절대 아닙니다"라고 대답한다.

비행기를 조종하려고 할 때 나는 내 비행기가 절대 추락하지 않을 것이라고 증명할 수 없다. 그러나 그렇다고 해서 나는 "어차피 알 수 없는 것! 무엇하러 비행기를 점검하겠는가?"라고 말하지 않는다. 맹목적 신앙의 소유자는 비행기를 점검하지 않고 즉시 비행기에 올라타 이륙할 것이다. 그러나 이것은 믿음이 아니고 어리석음이다. 비행기를 이륙하기 전에 나는 압력, 연료 등을 확인한다. 비행기가 안전할 것이라고 99퍼센트 확신할 때 나는 비행기를 이륙시킨다.

믿음도 이와 같다. 나는 내가 왜 믿는지를 안다. 예수 그리스도에 관한 역사적 증거를 보라. 그분이 행하신 기적들, 그분의 교훈과 부활을 보라. 성경의 증거들을 살펴보라. 무조건적으로, 맹목적으로 믿지 말라. 당신이 믿을 사람이 어떤 분이신지를 알라. 사도 바울은 "믿음은 들음에서 나며 들음은 그리스도의 말씀으로 말미암았느니라"(롬 10:17)고 말했다.

우리로 하여금 알고 믿도록 돕기 위하여 성령님은 성경적 증거와 역사적 증거를 모두 사용하신다. 우리의 신앙은 맹목적 신앙이 아니다. 우리의 신앙은 '알고 믿는 신앙'이다. 내 머리가 거부하는 것을 내 마음이 기뻐할 수는 없다. 내가 믿기에, 하나님은 사랑할 수 있는 마음과 선택할 수 있는 의지와 알 수 있는 머리를 우리에게 주셨다. 하나님과 깊은 관계를 맺는 신앙을 가지려면 이 세 가지가 다 온전히 작용해야 한다.

7 참신앙은 무엇인가?

＋ 자넷 오크

J a n e t t e   O k e

예수님은 신앙에 대해 많은 것들을 말씀하셨다. 그분은 믿음이 있는 사람들의 병을 고쳐주셨고(막 2:5 ; 10:52 ; 눅 5:20 ; 7:50), 충분한 믿음이 없는 사람들을 꾸짖으셨다(마 6:30). 믿음이 없는 곳에서는 기적이 일어나지 않았다. 그분은 "너희가 만일 믿음이 한 겨자씨만큼만 있으면… 못할 것이 없으리라"(마 17:20)고 말씀하셨다.

성경은 믿음이 없으면 안 된다고 가르친다. 하나님은 우리에게 믿음을 요구하시며, 또한 그것을 주신다. 구원을 얻는 데 필요한 신앙은 눈을 감고 어두움 속으로 뛰어드는 것 같은 모험이 아니다. 신앙은 우리가 절대적으로 확신할 수 있는 것, 즉 우리를 향한 하나님의 사랑 위에 굳게 서는 것이다.

그리스도인의 삶을 시작하려면 신앙이 필요하다. 우리는 믿음으로 하나님께 나아간다. 믿음으로 우리는 우리의 죄를 고백하고 용서를 구한다. 하나님은 우리의 모든 죄들을 도말하고 깨끗케 하여 우리를 죄에서 구원해주시겠다고 약속하셨다. 우리는 그분이 약속을 지키실 것임을 온전히 믿고 의지해야 한다. 추호도 의심해서는 안 된다.

그리스도와 동행하는 삶을 계속 사는 데에도 역시 신앙이 필요하다. 믿음으로 구원을 얻은 후에도 우리는 종종 어려운 결정을 내려야 하는 상황에 빠지게 된다. 우리가 어떻게 그리스도를 믿고 영접해야 하는지에 대해 성경이 너무나 분명히 가르치는 것은 사실이지만, 일단 믿은 사람이 삶을 살아가면서 부딪히는 많은 문제들을 어떻게 처리해야 하는지를 성경이 일일이 다 지시하지는 않는다. 그러므로 우리는 하나님이 우리를 지켜주시고 우리의 영적 성장을 도와주시며 우리를 천국으로 이끌고 가신다는 것을 믿으면서 날마다 신앙으로 살아야 한다.

때때로 우리는 '지금이 신앙으로 행동해야 할 때인가, 아니면 하나님께 맡기고 기다려야 할 때인가?'라는 고민에 빠질 수 있다. '구원하는 신앙'과 '신앙의 길을 계속 걸어가게 해주는 신앙'을 구별하지 못할 때 우리는 혼란에 빠질 수 있다. 종교개혁가 마르틴 루터(1483~1546)의 인생을 완전히 바꾸어놓은 저 유명한 말씀, 즉 "의인은 그 믿음으로 말미암아 살리라"(합 2:4)는 말씀은, 신앙이 우리의 구원의 문제뿐만 아니라 우리의 날마다의 삶의 문제들도 해결해준다는 것을 분명히 가르친다. 우리는 하나님을 믿는 믿음으로 날마다 살아야 한다.

신앙의 척도

하나님이 우리를 사랑하시기 때문에 우리가 원하는 것은 무엇이든지 우리에게 주신다고 믿는 사람들이 있다. 그러나 그렇지 않다. 그분은 우리를 너무 사랑하시기 때문에 때로는 우리의 요청을 거절하실 수도 있고, 심지어는 시련을 주실 수도 있다. 성경에 나오는 많은 경우들은 이 진리를 증거해준다. 예를 들면, 사도 바울은 '육체의 가시'가 있었다(고후 12:7-10). 위대한 '믿음의 장(章)' 히브리서 11장은 흔들리지 않는 굳센 믿음으로 큰일들을 이룬 신앙의 용사들을 소개한다. 그 신앙의 용사들 중에는 사랑하는 사람들이 죽었다가 다시 살아나는 기적을 체험한 사람들도 있는 반면, 고문과 채찍질과 조롱을 당하거나 돌로 맞고 심지어 죽임을 당한 사람들도 있다. 박해를 받은 그리스도인들의 믿음은 상을 받은 사람들의 믿음만큼 강했다. 그 박해를 받은 자들은 장차 상을 받을 것이다.

우리에게 참신앙이 있다 할지라도 하나님이 언제나 우리의 소원을 다 들어주시는 것은 아니다. 신앙은 온갖 시험과 고난 속에서도 하나님의 사랑과 보호하심을 믿고 그분을 의지하는 것이다.

하나님을 믿는 신앙은 겸손과 순종과 성숙을 의미한다. 신앙이 좋다고 해서 반드시 성공, 건강, 인기, 명예, 그리고 물질적 부를 누리는 것은 아니다. 훌륭한 신앙의 가장 뚜렷한 특징은 성령의 열매를 맺는 것이다(갈 5:22,23). 그러므로 신앙을 판단하는 척도는 우리가 얼마나 많이 가졌느냐가 아니라, 우리가 어떤 존재이냐이다.

하나님이 우리에게 가장 큰 관심을 가지시는 부분은 우리의 구원이다. 즉, 그분은 우리가 깨끗해져서 천국에 무사히 들어가는 것에 최고의 관심을 갖고 계시다. 그분은 이 목적을 이루는 데 가장 좋은 길을 찾아 우리를 인도하신다. 참신앙은 "세상과 사탄이 어떻게 하든 나는 하나님을 믿는다. 내가 어떤 상황에 처해 있든 간에 나는, 그분이 나를 구원하셨고 나를 사랑하시고 장차 나를 영광에 이르게 하실 것임을 믿는다"라고 말하는 것이다.

고난을 받아들이는 신앙

사드락과 메삭과 아벳느고는 풀무불에 떨어질 위기에 처했을 때 "만일 그럴 것이면 왕이여 우리가 섬기는 우리 하나님이 우리를 극렬히 타는 풀무 가운데서 능히 건져내시겠고 왕의 손에서도 건져내시리이다"(단 3:17)라고 말했다. 이렇게 말한 다음 그들은 곧 "(그러나 하나님께서) 그리 아니하실지라도 왕이여 우리가 왕의 신들을 섬기지도 아니하고 왕의 세우신 금 신상에게 절하지도 아니할 줄을 아옵소서"(단 3:18)라고 말했다. 이 세 사람은 그들을 구할 능력이 하나님께 있다는 것을 절대적으로 믿으면서도, 일의 결과를 철저히 그분의 손에 맡겨드렸다. 왜냐하면 그들은 어떤 결과든 간에 결국 하나님의 영광을 드러내고 그들에게 유익이 될 것이라고 믿었기 때문이다.

고난에서 건짐 받는 것보다 오히려 고난을 받아들이는 것이 참신앙일 수 있다. 성숙한 신앙인은 고난에 맞서면서도 하나님을 의지하여 힘을 얻는다. 그는 "하나님! 저의 계획, 저의 미래, 저의 사역, 그리고 저의 일을 모두 하나님의 손에 맡겨드립니다. 그것들을 취하사 하나님의 영광과 저의 이웃의 유익과 저의 성숙을 위하여 사용하시옵소서"라고 기도한다. 그는 단지 하나님의 복이 자기의 계획 위에 임하기를 기도하는 데 머물지 않는다. 그는 그분이 그분의 기쁘신 뜻대로 그의 계획을 사용하시기를 원한다.

조니 에릭슨 타다(Joni Eareckson Tada)는 이런 신앙의 소유자였다. 그녀는 다이빙 사고로 목을 제외한 전신마비 상태가 된 후 신앙적으로 매우 성숙해졌다. 그러나 강한 믿음의 소유자임에도 불구하고 그녀는 여전히 완쾌되지 않은 채 살고 있다. 하나님은 그녀의 육체적인 어려움을 제거해주신 것이 아니라, 오히려 그 어려움을 통해서 그녀가 복음을 전하는 길을 활짝 열어주셨다.

코리 텐 붐(Corrie Ten Boom)은 그리스도의 유익한 종이 되기 전에 신앙적으로 큰 시련을 겪었다. 그녀는 나치의 강제수용소에서 건짐 받지 못하고 고문과 고통을 견뎌야 했다. 결국 수용소에서 풀려났을 때 그녀는 하나님과 그분의 나라를 위해 더욱 유용하게 사용될 수 있는 종으로 변해 있었다.

때때로 사람들은 "하나님이 나를 치료하시고 재정적 압박에서 구해주시고 나의 사업을 번창하게 하실 수 있다고 나는 믿는다. 그러므로 그분은 그렇게 하실 것이다"라고 말한다. 그러나 참신앙을 소유한 사람들은 "나는 하나님을 믿는다. 그러므로 나는 그분이 그분의 뜻대로 행하시도록 그분께 모든 것을 맡긴다"라고 말한다.

나의 신앙은 성숙한 신앙인가?

"내가 믿기만 하면 하나님은 내가 부탁하는 것을 무엇이든지 다 주실 것이다"라고 말하는 그리스도인들이 있다. 그러나 이것은 성숙한 신앙이 아니다.

내 아이들이 어릴 적에 내게 마실 것을 달라고 하면 나는 그들의 부탁을 들어주었다. 그러나 그들이 성장하여 20대가 된 지금, 나는 그렇게 할 필요가 없다. 하나님은 우리가 성장하기를 원하신다고 나는 믿는다. 신앙이 어릴 때에는 우리가 하나님께 "주십시오"라고 계속 부탁하는 단계를 거칠 수는 있다. 그러나 늘 그 단계에 머물러서는 안 된다. 하나님은 우리가 이 단계를 지나 계속 성장하기를 원하시고, 또한 그렇게 되도록 도우신다. 그분은 우리가 다른 사람들을 위해 사용될 수 있도록 마음의 문을 열기를 원하신다. 즉, 우리는 언제나 내 문제에만 몰두하는 미성숙한 단계에서 벗어나 남들을 위해 봉사하는 성숙한 단계로 나아가야 한다.

'자기의 신앙을 믿는 신앙'은 "하나님이 약속하셨으므로, 나는 구할 것이고 그분은 내게 주시지 않을 수 없을 것이다"라고 말한다. 반면, '하나님을 믿는 신앙'은 모든 것을 그분께 맡긴다. 우리가 하나님과 동행할 때 우리의 힘은 그만큼 강해진다. 왜냐하면 그분과 동행하면서 뒤를 돌아볼 때 우리는 "그분의 계획이 나의 계획보다 훨씬 더 좋았다. 내가 그분께 구했던 것을 그분이 주지 않으셨기 때문에 내가 이만큼 성장했으므로 감사한다"고 말할 수 있기 때문이다.

'어린아이 같은 신앙'이란? – 래리 워드(Larry Ward)

"내가 진실로 너희에게 이르노니 누구든지 하나님나라를 어린아이와 같이 받들지 않는 자는 결단코 들어가지 못하리라"(막 10:15).
예수님의 이 말씀은 무슨 뜻인가? 우리의 생물학적 나이와 상관없이 우리는 어린아이 같은 믿음으로 하나님께 나아가야 한다.

- 어린아이같이 신뢰하는 사람은 두려움을 모른다. 예수님은 어린아이가 믿고 의지하는 마음으로 아버지에게 가듯이 우리가 하나님께 나아가야 한다고 가르치셨다. 아이들은 외부에서 영향을 주는 대로 영향을 받는다. 그들이 그들의 아버지와 좋은 관계를 맺고 있다면 그들은 아버지의 말을 전부 믿는다. 하나님은 우리가 바로 이렇게 그분과 관계를 맺고 그분을 믿기를 원하신다.
- 어린아이처럼 믿는 것은 징계와 교정(矯正)을 기꺼이 받아들인다. '너희가 참음은 징계를 받기 위함이라 하나님이 아들과 같이 너희를 대우하시나니 어찌 아비가 징계하지 않는 아들이 있으리요'(히 12:7)라는 가르침대로, 어린아이처럼 하나님을 의지하고 믿으려 한다면 우리는 그분의 징계를 기꺼이 받아들여야 한다.
- 어린아이 같은 믿음은 자신의 생각이나 감정을 표현하는 데 익숙하다. 아이들은 그들의 신뢰감을 표현할 때 그것을 억제하지 않고 자발적으로 표현한다. 하나님이 우리를 훈련하시고 우리의 신앙을 성장시키신다는 믿음이 필요하다. 또한 그것은 하나님이 우리의 마음에 주신 기쁨을 감추지 않고 잘 표현하는 것이다.

8 민음을 양으로 측정할 수 있는가?

+ 유진 피터슨

Eugene Peterson

신자들은 믿음의 양을 측정해서는 안 된다는 것이 기독교 역사의 교훈이다. 신앙을 우리의 마음대로 늘렸다 줄였다 할 수 있는 양으로 인식하는 것은 신앙의 본질에 위배되는 것이다. 신앙은 '반응'이다. 즉, 그것은 우리에게 찾아오시는 하나님께 반응하는 것이다. 신앙은, 우리가 하나님을 향하여 적극적으로 활동하는 것보다 훨씬 더 적극적으로 우리를 향해 활동하시는 하나님을 향한 반응이다. 우리가 우리의 신앙의 양을 측정하기 위해 그것을 바라보는 순간 우리의 관심의 초점은 하나님에게서 우리 자신에게로 옮겨진다. 신앙의 주인은 우리가 아니고 하나님이시다. 우리의 믿음을 늘려달라고 하나님께 기도하는 것은 정당하지만, 우리의 방법으로 신앙을 증가시키려는 시도는 위험하다.

예수님은 우리에게 겨자씨만한 믿음이 있다면 산을 명하여 여기서 저기로 옮기라 하여도 옮길 것이라고 말씀하셨다(마 17:20). 이 말씀은 무슨 뜻인가? 하나님이 우리를 향해 활동하실 때 우리가 지극히 작은 반응이라도 보인다면 일단은 그것으로 충분하다. 콘크리트 벽처럼 단단한 우리의 의지에 지극히 작은 균열이 생긴다면 하나님은 그것을 이용하여 우리에게 개입하신다. 하나님이 주도하시고 우리가 반응하는 신앙의 과정에서 우리의 역할은 겨자씨처럼 작지만, 하나님은 우리의 작은 것을 사용하셔서 산을 능히 옮기신다.

신앙은, 우리가 스스로 할 수 없는 것을 하나님이 우리를 위해 이루시도록 허락하는 것이다. 즉, 그분이 우리를 온전하고 성숙한 상태로 끌어올리시도록 허락하는 것이다. 죄는 우리를 산산이 부수고, 우리 삶의 균형과 조화를 깨뜨린다. 그러나 하나님은 본래 창조에서 의도하셨던 균형과 조화를 회복시켜주기를 원하신다. 신앙 성장은 우리의 삶이 얼마나 균형과 조화를 이루는가에 비례한다.

다시 말하지만, 자신의 감정을 북돋우고 스스로의 기준에 의해 신앙의 양을 측정하는 방법으로는 흐트러지고 조각난 삶을 통합할 수 없다. 우리의 삶을 회복하는 것은 우리가 스스로 이룰 수 있는 것이 아니고 그분이 우리 안에서 이루시는 것이다. 이 사실을 깨달은 사람은 성령님께 마음을 열어야 한다. 왜냐하면 그분은 우리 안에서 하나님의 일을 이루기를 원하시기 때문이다. 우리는 우리의 삶에 대한 통제권을 성령님께 드려야 한다.

우리 안에서 일하시는 분

그리스도인의 신앙의 균형과 조화를 방해하는 큰 장애들 중의 하나는 도덕주의이다. 도덕주의는 자신의 방법과 노력으로 성숙함에 이르려는 시도이다. 도덕주의자들은 무엇이 옳은 것인지를 알고 자신을 채찍질하여 행동을 개선하면 자신들이 실제로 좋아질 수 있다고 믿는다. 그러나 그들의 생각은 잘못되었다. 오히려 그들은 더 나쁜 상태로 떨어진다. 우리 인간은 우리의 조각난 삶을 통합하여 영적인 온전함을 하나님 앞에서 이룰 수 없고, 하나님만 이것을 하실 수 있다.

기독교 교사는 "영적 생활의 본질은 하나님이 우리 안에서 이루시는 것이지 우리가 그분을 위하여 행하는 것이 아니다" 라고 사람들에게 가르쳐야 한다. 그리스도인의 삶은 창조적 행위이다. 그것은 목수가 하는 일보다는 예술가가 하는 일에 가깝다. 하나님은 예술가이시다. 나는 신령한 생활을 망치로 두드려서 억지로 만들어낼 수 없다. 나는 하나님이 내 안에서 창조적인 일을 하시도록 기꺼이 내맡겨야 한다. 그러면 그분은 내 안에서 새 일을 이루실 것이다.

신령한 생활에 대해 가르치는 사람들은 '초연함' 을 강조한다. 성숙한 신앙인은 초연한 태도를 배운 사람이다. 그는 자신의 영적 수준을 판단하고 싶은 유혹에 넘어가지 않는다. 그는 자기의 신앙을 자기의 힘으로 이끌고 나가려는 잘못을 범하지 않는다. 초연함을 유지할 때 우리는 우리에게 닥치는 일들을 기쁨으로 받아들일 수 있다. 어두운 밤이 찾아와도, 당황스러운 일에 처해도, 따분하고 지루한 일상이 반복되어도 우리는 이겨낼 수 있다. 왜냐하면 하나님은 이런 부정적인 것들까지 이용하셔서 우리를 온전하게 만드시기 때문이다.

"누가 나의 영적 생활을 책임지고 있는가?"라는 질문은 중요하다. 만일 내가 책임을 지고 있다면 나는 불안한 마음 때문에 표적을 구할 것이며, 또한 내게 필요한 만큼의 믿음이 있는지를 확인하기 위해 초조하게 나의 신앙의 양을 측정할 것이다. 그러나 하나님이 책임을 지고 계시다면 나는 편히 안식을 누릴 수 있다. 이때의 안식은 무감각이나 게으름과는 전혀 상관이 없다. 오히려 그 안식에는 에너지가 넘친다. 왜냐하면 우리는 영원히 우리 안에서 역동적으로 일하시는 하나님 안에서 안식하기 때문이다.

신앙의 양을 재지 말라

'우리의 신앙이 얼마나 많은가' 또는 '우리에게 신앙이 얼마나 더 필요한가'라는 문제에 대하여 논하는 것은 바람직하지 못하다. 왜냐하면 이런 문제를 논할 때 실상 우리는 '신앙'이 아니라 '감정'에 대해 말하기 때문이다. 신앙을 감정으로 착각하면, 우리는 신앙의 양을 측정한다고 하면서 실상 감정의 양을 측정하게 된다. 신앙은 감정이 아니다. 신앙은 진리를 받아들이고 하나님을 향해 마음을 여는 것이다. 사실 종종 신앙은 아무런 감정도 불러일으키지 않는다. 신앙은 하나님이 하시는 것과 관계가 있지, 우리가 느끼는 것과는 관계가 없다.

내가 신앙의 양을 재기 시작하면 나는 나의 관점에서 그렇게 하게 된다. 그러면 나는 항상 잘못된 판단을 내리게 된다. 반면, 내가 하나님이 하시는 일에 관심을 쏟고 주의를 기울이면, 그분이 하시는 일이 더 많이 눈에 보일 것이다. 성경은 "하나님의 보내신 이는 하나님의 말씀을 하나니 이는 하나님이 성령을 한량없이 주심이니라"(요 3:34)고 말한다. 하나님은 성령을 주시는 데 인색한 분이 아니시다. 그분은 성령을 주시되 너무나 풍성하게 부어주신다. 그러나 자기의 관점에서 자신을 평가하고 측정하는 사람은 이 진리를 이해할 수 없을 것이다.

9 신앙을 방해하는 것은 무엇인가?

+ 래리 크레더
Larry Kreider

신앙을 방해하는 것들을 정리하면 다음과 같다.

- 신뢰를 무너뜨리는 것 같은 모순된 증거
- 믿음을 산산조각 내는 인생의 경험
- 신앙의 생명을 마르게 하는 어떤 행동 또는 게으름

이 세 가지 '넘어지게 하는 것들'이 씨 뿌리는 자의 비유에 묘사되어 있다(마 13:3-9). 여기서 '씨'는 믿음의 근원이 되는(롬 10:17) 하나님의 말씀을 상징한다.

신앙을 방해하는 세 가지 씨앗

첫 번째 씨는 뿌리를 내리기도 전에 새들이 와서 먹어버린다. 아이들이나 청소년들이 복음에 관심을 갖기 시작할 때 종종 어른들이 그들의 관심을 비웃는다. 그리하여 그들의 신앙이 뿌리를 내리기 전에 사라져버린다. 복음을 처음 접한 어떤 어른들은 복음을 정당화해줄 충분한 증거가 없다고 결론 내리기도 한다. 그리하여 그들에게서도 믿음의 뿌리는 내리지 못한다. 또 어떤 사람들은, 그들을 믿음으로 인도한 사람들의 표리부동(表裏不同)을 보고 실망한다. 그리하여 그들은 눈에 보이는 모순된 현상을 보고 "그들이 주장하는 것이 중요하고 참된 것이라면 그들은 왜 자기들의 믿음에 따라 살지 않는가? 그러므로 그들의 주장이 잘못된 것 같다"고 말하면서 신앙을 부정한다.

두 번째 씨는 흙이 얇은 땅에 떨어져서 즉시 싹이 나오지만, 해가 뜬 후에 타버려 뿌리가 없으므로 말라버린다. 1959년 여름, 고등학생으로서 청소년 수련회에 참석한 나는 나의 삶을 그리스도께 드렸다. 그로부터 정확히 1주일 후에 9살짜리 남동생 단(Don)이 자전거를 타다가 시멘트 트럭에 치여 숨졌다.

나의 연약한 신앙은 시험을 받았다. 나는 많은 질문들에 시달렸다.

"어찌하여 이런 일이 단처럼 착한 아이에게 일어났는가? 그 시멘트 트럭이 단을 향해 돌진할 때 하나님은 어디에 계셨는가? 나의 신앙은 어디에 뿌리를 내리고 있는가?"

나의 영혼의 눈은 내 신앙의 뿌리를 찾아 땅속 깊은 곳을 보았다. 그것은 연약한 모습으로 떨고 있었으나, 그것보다 더 큰 뿌리인 그리스도에게 연결되어 있었다.

물과 영양분이 없으면 식물은 죽는다. 새로운 식물은 정원에서든 온실에서든 자상한 관리를 필요로 한다. 그리스도인의 성장에 필요한 요소는 동일한 마음을 가진 신자들과의 교제, 성경공부, 그리고 정기적인 기도 시간이다. 이런 요소가 없으면 성장이 불가능하다.

세 번째 씨는 가시떨기 위에 떨어졌기 때문에 가시가 자라서 기운을 막아버린다. 말씀의 씨를 파괴하려고 기다리고 있는 가시떨기들은 많다. 말씀의 씨는 명예, 지위, 돈, 성공 또는 권력에 대한 욕심 때문에 파괴되거나 죽을 수 있다. 또한 그것은 성령님을 근심하게 하거나 소멸할 때 무력해질 수 있다(엡 4:29-32 ; 살전 5:19).

열매 맺는 씨앗

신앙을 방해하는 것들은 많다. 그러나 그것들이 우리의 신앙을 방해하도록 우리가 허락하지 않는다면 그것들은 결코 방해할 수 없다. 더욱이 우리는 부정적인 것들을 오히려 긍정적인 것으로 바꿀 수도 있다.

- 모순된 것으로 보이는 증거들을 오히려 연구의 계기로 삼아 신앙에 대해 더욱 정확하고 깊게 이해할 수 있다.
- 인생의 극심한 고난과 시험을 그리스도의 능력으로 이길 수 있다.
- 우리의 자세와 행동을 살펴서 신앙에 방해가 되는 것들을 제거할 수 있다.

신앙은 의심, 문제, 갈등이 없는 것이 아니다. 그것은 그 신실하심이 증명된 분께 적극적으로 헌신하고 따르는 것이다. 그분은 우리에게 그분의 선하심을 맛보고 시험해보라고 말씀하신다(시 34:8 ; 말 3:10). 의자가 있다 할지라도 우리가 사용하지 않으면 아무 소용이 없듯이, 우리가 하나님을 신뢰하지 않으면 그분이 준비하신 선물들이 아무 소용이 없게 될 것이다.

우리가 모든 무거운 짐을 하나님께 맡겨드리면 그분은 그것을 다 처리해주실 것이다. 그리스도를 의지하고 따른다면, 우리는 신앙의 방해 요소들을 극복하고 네 번째 씨앗, 즉 "좋은 땅에 떨어져서 혹 백 배, 혹 육십 배, 혹 삼십 배의 결실을 맺는 씨앗"(마 13:8)처럼 열매를 맺을 수 있다.

우리집은 하나님의 백성을 언제나 환영한다!

_하나님의 백성을 돕고자 기꺼이 목숨을 내건 코리 텐 붐(Corrie ten Boom) 이야기

_제임스 헤플리 James Hefley

코리 텐 붐은 네덜란드의 할렘(Haarlem)에서 그녀의 아버지, 언니와 함께 시계 가게를 하면서 살았다. 그녀의 집안은 그 가게를 100년째 운영해오고 있었으며, 그 지역 사회에서 기둥과 같은 역할을 해왔다.

2차 세계대전이 일어난 후 그녀의 가족은 독일에서 유태인들이 박해를 받고 있다는 소식을 듣게 되었다. 그들은 마음이 아팠지만, 너무 먼 곳에서 일어나는 일이라 어떻게 해볼 도리가 없었다. 그러나 그 후 네덜란드가 독일에게 점령당 했을 때 그들은 자신들이 하나님의 뜻을 따라서 그분의 백성을 보호해야 한다고 믿었다. 그녀의 아버지는 "우리집은 하나님의 백성을 언제나 환영한다"는 말로 써 그들의 결심을 표현했다.

그러나 유태인들을 숨겨주는 것은 쉽지 않았다. 네덜란드의 지하 운동 조직 은 건물 안전검사 요원을 코리의 집으로 보냈다. 그 안전검사 요원은 사실 유럽 에서 유명한 건축가들 중의 한 사람으로, 코리의 침실의 일부를 '비밀의 방' 으 로 만들기 위하여 그녀의 집을 찾은 것이었다. 그는 위장을 위해 가짜 벽을 세워 골방을 만든 후 미닫이문을 달았다. 이렇게 해서 '비밀의 방' 이 준비되었다.

그녀의 가족은 유태인들을 받아들이기 시작했다. 7명의 유태인들이 늘 거주 했으며, 다른 사람들은 잠깐 동안 머물곤 했다. 그들은 코리의 집에서 편하게 지 낼 수 있었다. 독일군 병사들이 유태인 색출을 위해 찾아올 때마다 그들은 그 방

에 숨어서 위기를 넘기곤 했다. 독일군 병사들이 보기에 그 집은 초로(初老)의 시계수리업자와 그의 딸 두 명이 사는 평범한 집으로 보였다.

그러나 결국 코리와 그녀의 아버지, 언니는 (아마도 누군가의 제보에 의하여) 체포된 후 유태인 수용소로 보내졌다. 다행히 그녀의 집에 숨어 있던 유태인들은 그 '비밀의 방'에 있었기 때문에 체포되지 않았다.

코리와 그녀의 언니는 아버지와 떨어져 독일의 중심부에 만들어진 '라벤스브뤼크'라는 여성집단수용소에 갇히게 되었다. 그곳에서 그들은 상상을 초월하는 고통을 겪었고 하루 11시간씩 노동을 해야 했다. 그것도 추위와 더위, 벌레들, 오물, 모욕, 구타에 시달리며 몇 시간씩 서서 일해야 했다. 언젠가 한 번 이미 약해질 대로 약해진 언니가 작업 도중 쓰러졌다. 독일군이 다가와 채찍을 내리쳤다. 코리는 아무것도 할 수 없었다. 이때 언니는 단지 "코리! 나를 쳐다보지 마. 오직 예수님만 바라봐"라고 소리쳤다.

한편 독일군은 죄수들이 너무 피곤하고 낙심하여 예배를 드릴 수 없을 것이라고 판단했던 탓인지 막사에서 그들이 예배드리는 것을 허락했다. 코리는 고통당하는 수용소 내 여자들을 모아 성경을 읽어주었다. 그들이 네덜란드 말로 성경을 읽으면 중간에서 다른 사람들이 여러 나라 말로 통역을 해주었다. 그들의 이런 수고 때문에 막사의 많은 여자들이 예수님을 알게 되었다. 그 후 코리의 언니는 수용소에서 숨을 거두게 되고 사무 착오 때문에 코리는 결국 석방되었다. 그녀가 석방된 지 1주일이 못 되어 그녀 나이 또래의 여자들이 모두 처형되었다.

코리의 가족이 보여준 큰 용기는 오늘날 우리에게 깊은 감동을 준다. 그들은 그들이 옳다고 믿는 것을 행동으로 옮겼다. 결과를 두려워하지 않고 실행했다. 그리고 그 결과가 아무리 끔찍한 것이라 할지라도 결코 하나님에 대한 신뢰를 포기하지 않았다.

태초에 하나님이 천지를 창조하시니라(창 1:1).
태초에 말씀이 계시니라 이 말씀이 하나님과 함께 계셨으니 이 말씀은 곧 하나님이시니라(요 1:1).

3장

하나님

나는 피조물이고 하나님은 창조주이시다. 창조주의 인도와 도우심이 없다면 나는 아무것도 할 수 없다. 내가 하나님을 더 잘 알아야 하는 이유는 내가 누구인지, 그분이 누구이신지를 깨닫기 위함이다. 그분을 알게 될 때 나는 소망과 평안과 행복을 얻을 것이다.

10 하나님의 존재를 증명할 수 있는가?

+ R. C. 스프룰

R .   C .   S p r o u l

'하나님 인식'이 가능한 것은 근본적으로 그분의 '자기 계시' 때문이다. 다시 말해, 우리가 하나님을 알 수 있는 것은 그분이 자신을 먼저 계시하셨기 때문이다. 성경은 그분이 자연 속에서 자신을 확실히 계시하셨다고 분명히 밝힌다. 자연을 통한 그분의 계시가 너무나 분명하기 때문에 누구도 그분의 존재를 부인할 수 없다. 바울은 "이는 하나님을 알 만한 것이 저희 속에 보임이라 하나님께서 이를 저희에게 보이셨느니라 창세로부터 그의 보이지 아니하는 것들 곧 그의 영원하신 능력과 신성이 그 만드신 만물에 분명히 보여 알게 되나니 그러므로 저희가 핑계치 못할지니라"(롬 1:19,20)고 증거한다.

그런데 때때로 우리에게 문제가 발생한다. 왜냐하면 이렇게 하나님의 존재에 대한 증거가 분명함에도 불구하고 우리의 확신이 때때로 흔들리기 때문이다. 하나님에 관하여 종종 이런저런 의문들이 우리에게 찾아올 때 우리는 의심에 사로잡히곤 한다. 그러나 문제는 하나님의 존재에 대한 증거가 부족한 것이 아니라, 너무나 분명한 증거를 부정하려는 우리의 죄악된 성향이다.

우리의 타락한 본성은 본능적으로 하나님의 존재를 믿으려고 하지 않는다.

본능적으로 우리는 하나님 없이 우리 자신의 뜻대로 살기를 원한다. 그러나 하나님의 존재를 보여주는 증거는 너무나 분명하기 때문에 만일 우리가 정직해진다면 그 증거를 부인할 수 없을 것이다. 완벽한 객관적 증거를 들이대면 그 증거를 인정하고 승복해야 하는 것이 당연함에도 불구하고 종종 사람들은 그 증거를 인정하지 않는다. 왜냐하면 그들은 이미 어떤 편견이나 적대감을 가지고 있기 때문이다. 이런 사람들은 아무리 많은 증거를 제시해도 자신의 선입견을 버리지 않는다. 그들은 그들의 선입견과 다른 결론에 도달하는 것을 두려워한다.

기독교 변증가들의 논리

하나님이 존재하지 않는다는 선입견을 가진 사람들을 설복시키기 위해 기독교의 변증가들은 자연에 호소했다. 즉, 그들은 자연이 하나님의 존재를 증명해 준다는 논리를 폈다. 가장 오래된 형태의 변증은 이런 논리를 폈다.

"우주가 존재한다는 것은 반드시 원인이 있기 때문이다. 우주의 법칙을 만들고 우주에 질서를 부여한 지성적 존재가 없다면, 현재와 같은 우주가 존재할 수 없다. 우주의 창조자이신 하나님이 없다면 우주는 설명되지 않는다."

우주의 존재를 설명하기 위해 어떤 사람들은 "우주는 무(無)에서 생겼다"는 설명을, 또 어떤 사람들은 "우주는 본래부터 있었던 것이다"는 설명을 들고 나왔다. 하지만 성경은 이런 설명들을 전혀 지지하지 않는다. 우리가 받아들일 수 있는 것은 "우주는 스스로 존재할 수 있는 능력이 있는 분에 의해서 창조되었다"는 설명뿐이다. 그렇다면 '스스로 존재할 수 있는 능력'을 지닌 분은 누구인가? 그분이 누구이신지를 증명하기 위해 우리는 다음과 같은 논리를 펼 수 있다.

"나는 인간이다. 인간으로서 나는 역사(歷史)를 가지고 있다. 역사를 가진다는 것은 그 역사 이전에는 내가 존재하지 않았다는 것을 의미한다. 내가 존재하지 않았던 때가 있었다는 것은 내가 스스로 존재의 능력을 가지고 있지 않다는 것을 의미한다. 다시 말해서, 나는 다른 어떤 존재에 의하여 만들어진 존재라는 말이다. 그렇다면 나의 존재를 가능하게 한 다른 존재가 있어야 하는데, 그 존재가 바로 하나님이시다."

신의 존재를 부인하는 어떤 회의주의자들은 "스스로 존재할 수 있는 능력, 즉

'자존적(自存的) 능력'이 우주 자체에 있다"고 주장한다. 그러나 만일 우주의 어떤 부분에 그런 자존적 능력이 있다면 우주의 나머지 부분은 그 부분에 의존하는 존재일 수밖에 없다. 이렇게 되면, 우주는 '자존적 부분'과 '의존적 부분'으로 나뉘게 된다. 그렇다면 여기서 자존적 부분이 바로 '신'(神)이라고 불릴 수 있을 것이다. 그러므로 회의주의자들의 주장을 일단 인정하고 그들의 논리를 따라간다 할지라도 결국 유신론(有神論)으로 귀착된다.

나무의 존재 증명

하나님의 존재를 증명할 수 있는 또 다른 방법에 대해 생각해보자. 여기에 일상적으로 볼 수 있는 나무가 있다. 이 나무의 존재를 설명할 수 있는 방법은 네 가지라고 생각된다. 첫째, 나무는 존재하지 않는데 사람들이 환상을 보는 것이다(환상설). 둘째, 나무는 본래 스스로 존재하기 때문에 영원하다(자존설). 셋째, 나무가 나무 자신을 창조했다(자기 창조설). 넷째, 나무는 어떤 다른 자존적 존재에 의해서 창조되었다(타자 창조설).

첫 번째 가능성, 즉 환상설에 대해 생각해보자. 나무에 대한 경험이 환상이라 할지라도 그 환상을 경험하는 사람이 있어야 한다. 다시 말해서 인간이 존재하지 않는다면 환상 자체도 존재할 수 없다. 그러므로 확실한 것은 인간이 존재한다는 사실이다. 그런데 앞에서 논증했듯이, 우리 인간이 존재한다는 것은 인간을 지으신 하나님이 존재하신다는 것을 증명해주고 만다. 그러므로 소위 이 '환상설'은 결국 하나님의 존재를 인정하는 결과를 가져온다.

두 번째 가능성, 즉 자존설에 대해 생각해보자. 만일 나무가 본래 스스로 존재하기 때문에 영원하다면, 나무가 곧 하나님이라는 말이 된다. 왜냐하면 본래 스스로 존재하는 영원한 존재는 하나님이시기 때문이다. 그러나 나무는 전혀 신적 속성들을 가지고 있지 않다. 그러므로 나무는 신적 존재가 아니며, 본래 존재하는 것도 아니다.

세 번째 가능성, 즉 자기 창조설을 살펴보자. 어떤 것이 자기를 창조하려면 그 창조 이전에 이미 자신이 존재해야 한다. 만일 자기를 창조하기 이전에 존재했다면, 그것은 동시에 존재하기도 하고 존재하지 않기도 해야 한다. 이것은 논리적으로 모순이다. 자기 창조설을 믿는 것은 이성적 사고를 포기하는 행위이다. 그런데도 오늘날 많은 철학적 이론들은 자기 창조설을 받아들여 '자발적 발생' 또는 '우연히 생겼다' 등의 개념으로 그럴듯하게 포장한다.

이제 우리에게 남은 가능성은 네 번째 가능성, 즉 타자 창조설뿐이다. 다시 말해, 나무의 존재를 제대로 설명할 수 있는 이론은 그것이 어떤 다른 자존적 존재에 의해 창조되었다는 이론뿐이다. 나는 이 자존적 존재가 하나님이시라고 믿는다.

삼위일체 하나님

삼위일체에 대해 말한다는 것은 신비에 대해 말하는 것이다. 하나님이 본질적으로는 한 분이면서도 성부, 성자, 성령의 세 분이라는 것은 기독교 진리의 큰 신비들 중의 하나이다. 하나님은 한 분이시지만 성부, 성자, 성령의 세 위격(位格)으로 존재하신다. 그러므로 우리는 삼위일체의 진리를 완전히 다 이해할 수는 없다.

우리가 한 하나님이 세 위격으로 존재하신다고 말한다고 해서 모순과 비논리와 비이성의 잘못을 범하는 것은 아니다. 삼위일체의 신비는 다른 어떤 것과 비교되어 설명될 수 없다. 왜냐하면 우리 인간들은 각각 단일한 존재들이기 때문이다. 한 사람은 단지 하나의 위격만을 갖는다. 피조물 중에는 '세 위격으로 존재하는 하나의 존재'가 없다.

사람들은 삼위일체의 신비를 설명하기 위해 여러 가지 비유들을 사용하기도 했다. 예를 들면, 어떤 사람들은 "여기에 한 남자가 있다. 이 남자는 한 사람이지만, 그는 그의 부모에 대해서는 아들이요, 그의 자식들에 대해서는 아버지요, 그의 형제들에 대해서는 형제이다. 삼위일체도 바로 이런 것이다"라는 설명을 내놓았다. 그러나 성경이 의미하는 삼위일체 하나님은 이런 의미가 아니다. 성경에서 하나님은 자신이 한 분이면서도 세 위격으로 존재하신다고 분명히 밝히신다.

성경은 한 하나님의 세 위격, 즉 성부, 성자, 성령에 대하여 증거한다. 우리는 "어떻게 이것이 가능한가?"라는 의문을 품게 된다. 왜냐하면 이것이 논리적으로 이해되지 않기 때문이다. 그러나 우리는 다음과 같은 두 가지를 명심해야 한다. 첫째, 논리는 "어떤 것이 이성적으로 가능하거나 아니면 불가능하다"는 것을 증명할 수는 있지만, "무엇이 존재한다"는 것을 증명할 수는 없다. 다시 말해, 논리는 논리의 타당성을 검증할 수는 있지만, 존재의 유무를 증명할 수는 없다. 어떤 것이 존재한다면, 논리적으로 설명 또는 증명되든 말든 그것은 이미 존재하는 것이다. 삼위일체 하나님도 우리의 이성적 이해나 증명과 관계없이 존재하는 분이시다. 둘째, 삼위일체는 비이성적 개념이 아니다. "하나님은 한 분이면서도 세 분이다" 또는 "하나님은 세 위격이면서도 한 위격이다"라는 주장은 논리적으로 모순이기 때문에 성립될 수 없다. 그러나 '세 위격을 가진 하나의 존재'라는 개념은 결코 논리적으로 모순이 아니다. 그러므로 삼위일체는 논리적으로 존재할 수 있다.

삼위일체라는 신비로운 존재를 받아들였다면, 우리는 성부, 성자, 성령의 세 위격들을 어떻게 구분하는 것이 좋은가? 때때로 성경은 각각의 위격들이 행하시는 사역들을 기준으로 위격들을 구분하기도 한다. 구속 사역을 감당하도록 성자 하나님을 이 세상에 보낸 분은 성부 하나님이시다. 십자가를 통하여 하나님과 우리가 화목할 수 있는 길을 여신 분은 성자 하나님이시다. 성자의 사역을 우리에게 적용하시는 분은 성령 하나님이시다.

성부의 사역, 성자의 사역, 그리고 성령의 사역을 볼 때 우리는 삼위일체의 위격들을 어떻게 구별하고 이해해야 할지에 대해서 힌트를 얻을 수 있다. 모든 일을 주권적으로 정하신 위격을 생각하게 되면 나는 성부 하나님을 생각하게 된다. 속죄의 사역을 감당하신 위격을 생각하게 되면 나는 성자 하나님을 생각하게 된다. 나의 영혼을 살려서 나를 사망에서 생명으로 옮겨주신 위격을 생각하게 되면 나는 성령 하나님을 생각하게 된다.

이런 창조와 구속의 다양한 사역들에서 어떤 한 위격이 강조될 수는 있지만 근본적으로 이 모든 사역들은 삼위일체 하나님의 일이다. 우리는 삼위일체의 신비를 다 알 수는 없다고 겸손하게 고백해야 할 것이다.

하나님은 이런 분이시다! –테리 프리스크(Terry Prisk)

파스칼(Pascal, 1623~1662, 프랑스의 철학자이며 수학자)은 인간에게는 하나님이 만들어놓으신 '빈 공간'이 있다고 말했다. 나는 피조물이고 하나님은 창조주이시다. 창조주의 인도와 도우심이 없다면 나는 아무것도 할 수 없다. 내가 하나님을 더 잘 알아야 하는 이유는 내가 누구인지, 그분이 누구이신지를 깨닫기 위함이다. 그분을 알게 될 때 나는 소망과 평안과 행복을 얻을 것이다.

- **하나님은 빛이시다(요일 1:5)** : 그분은 나를 인도하신다. 어디로 가야 할지 모를 때 빛은 우리에게 방향을 지시해주는 고마운 존재이다.
- **하나님은 사랑이시다(요일 4:8)** : 가장 위대한 사랑의 모범은 예수님이 십자가에서 보여주신 모범이다. 채찍에 맞고 조롱당하고 몸에 상처가 난 채 십자가에 달리신 예수님은 "아버지여 저희를 사하여 주옵소서 자기의 하는 것을 알지 못함이니이다"(눅 23:34)라고 기도하셨다.
- **하나님은 영(靈)이시다(요 4:24)** : 그분은 초월적 명상가 같은 분이 아니시다. 그분은 시간과 공간의 제약에 갇히지 않는다는 의미에서 영이시다. 그분은 나와 함께 계시면서 나를 돕고 위로하고 사랑하고 평안을 주신다.

11 하나님은 우리에게 어떻게 말씀하시는가?

+ 제임스 보이스
J a m e s   B o i c e

오늘날 하나님은 우리에게 어떤 식으로 말씀하시는가? 성경은 하나님이 우리에게 네 가지 방법으로 말씀하신다고 가르친다.

첫째, 하나님은 자연을 통해서 자신을 계시하신다.

"하늘이 하나님의 영광을 선포하고 궁창이 그 손으로 하신 일을 나타내는도다"(시 19:1). "창세로부터 그의 보이지 아니하는 것들 곧 그의 영원하신 능력과 신성이 그 만드신 만물에 분명히 보여 알게 되나니"(롬 1:20).

자연을 본 사람은 하나님을 모를 수 없다. 그러므로 그가 그분을 찾기만 하면 얼마든지 그분을 알 수 있다. 자연에 나타난 하나님의 계시는 그분이 존재하신다는 것을 선포할 뿐만 아니라, 우리가 그분의 뜻에 따라서 살아야 한다는 것을 가르친다. 하지만 자연 속에 나타난 계시는 한계가 있다. 그것은 하나님의 도덕적 성품이나 하나님의 사랑에 대해서 우리에게 아무것도 가르쳐주지 않는다. 무엇보다 그것은 그 누구도 신앙으로 이끌어주지 못한다.

둘째, 하나님은 역사(歷史) 속에서 자신을 계시하신다.

구약 시대에 하나님은 사람들에게 직접 말씀하셨으며, 자연의 법칙을 바꾸는 초자연적인 방법을 통하여 사람들의 일에 개입하기도 하셨다. 예를 들면 이스라엘 민족을 애굽에서 건져내실 때 하나님은 자신의 성품과 도덕적 법을 계시하셨다. 그분이 그들을 속박에서 구하신 것은 그들이 그분을 따르며 그분의 계명들을 지키도록 만들기 위함이었다. 그런데 역사 속에 나타난 하나님의 최고의 계시는 바로 예수 그리스도이시다.

"옛적에 선지자들로 여러 부분과 여러 모양으로 우리 조상들에게 말씀하신 하나님이 이 모든 날 마지막에 아들로 우리에게 말씀하셨다"(히 1:1,2).

우리는 자연을 통하여 배울 수 없는 하나님에 관한 사실들을 예수 그리스도를 통해 배울 수 있다. 그리스도를 통해 우리는 하나님이 사랑이 많으신 인격적 존재라는 것을 배울 수 있다. 무엇보다 그리스도에게서 우리는, 우리가 그분의 죽음과 부활을 통해 구원 받는다는 진리를 배울 수 있다.

셋째, 하나님은 성경에서 자신을 계시하신다.

하나님의 기록된 계시인 성경은 너무나 중요하다. 왜냐하면 우리가 하나님에 대해 아는 것은 모두 성경에 나타난 그분의 계시에서 나오기 때문이다. 성경은 하나님이 이루신 일에 대한 기록이다. 그리고 이 기록의 중심은, 하나님이 예수님을 통해 이루신 일이다. 구약은 그리스도가 오실 것을 예언한다. 신약의 사복음서는 그분의 지상(地上) 사역을 자세히 기록하고 있다. 우리가 하나님을 찾도록 이끌어주는 데 있어서 성경은 자연이나 역사보다 훨씬 탁월하다.

넷째, 하나님은 성령님을 통해 자신을 계시하신다.

성령님의 조명(照明)을 통해 우리는 거듭남을 체험한다. 성령님은 하나님의 계시를 개인들 각자에게 나타내신다. 그러므로 하나님의 계시가 가장 개인적인 형태로 나타나는 것이 바로 성령님을 통한 계시이다. 성령님이 없다면 우리는 영적인 일들을 이해할 수 없기 때문에 그것들이 ‘어리석은 것들’로 느껴질 뿐이다(고전 2:14). 성령님의 조명이 없다면, 우리는 자연과 역사와 성경에 나타난 하나님의 계시를 이해할 수 없다. 성령님은 우리를 그리스도 안에서 다시 살리시며, 우리에게 새 본성을 주신다. 성령님이 도와주시기 때문에 우리는 성경을 읽고 이해하며 자연과 역사에서 하나님을 볼 수 있다.

성령님의 조명

어떤 비그리스도인이 성경공부 모임에 참석한다. 그러나 그는 아무것도 이해하지 못한 채 그냥 앉아 있다. 그러던 중 갑자기 깨달음이 찾아오고, 성경 말씀의 의미가 이해된다. 왜냐하면 성령님께서 그에게 예수님이 하나님이시요 구주이신 것을 개인적으로 계시하셨기 때문이다. 이제 그는 전에 볼 수 없었던 것을 볼 수 있다. 이 사람은 성경의 진리를 분명히 깨닫도록 도우시는 성령님의 활동을 통해서 거듭난 것이다.

성령님의 조명이 어떤 것인지를 잘 보여주는 좋은 예는 바로 누가복음 24장이다. 그리스도의 부활 사건 후에 예수님의 두 제자가 엠마오로 돌아가고 있었다. 그때 예수님이 그들에게 나타나셔서 왜 낙심하고 있냐고 물으셨으며, 그들은 그때까지 있었던 일들을 모두 말씀드렸다. 그들은 자기들에게 나타나신 분이 예수님인 것을 모른 채 이렇게 말했다.

“큰 선지자인 나사렛 예수라는 분이 계셨는데 그분이 죽임을 당하셨어요. 그때 우리는 예루살렘에 있었습니다. 그런데 그분의 무덤에 가본 어떤 여자들과 남자들이, 무덤이 비어 있다고 말했지요. 심지어 그들 중 일부는 그분이 죽은 자들 가운데서 살아나셨다고 말했습니다.”

엠마오로 가던 제자들은 부활의 목격자들의 증언을 들었지만 깨닫지 못했다. 그들은 그것을 믿지 않았다. 그리하여 예수님이 그들에게 “모세와 및 모든 선지자의 글로 시작하여 모든 성경에 쓴바 자기에 관한 것을 자세히 설명하셨다”(눅 24:27). 그런 다음 그분은 그들의 눈을 열어주셨고, 그들은 그분을 알아보았다(눅 24:31). 이것이 바로 ‘조명’이다. 지금 우리가 성경을 연구할 때 성령님이 우리를 위해 해주시는 일을 예수님이 엠마오 도상에서 제자들에게 개인적으로 해주셨던 것이다. 결국 그분은 그들의 마음을 열어주셨다(눅 24:45). 그분의 말씀을 성경의 여러 구절들과 관련지어 생각할 때 그들의 마음이 열렸고, 그들은 다른 사람이 되었다. 엠마오로 가던 제자들에게 일어났던 일이 오늘날도 일어나고 있다. 하나님을 알기를 원하는 사람은 성경을 읽고, 성령님께 그가 읽은 것들에게 빛을 비추어주시기를 기도하면 된다. 그러면 성령님이 성경과 그의 눈과 그의 마음을 열어주실 것이고, 그는 하나님을 더욱 잘 이해하게 될 것이다.

성령님의 인도와 성경 말씀

종교개혁가 마르틴 루터는 성령님의 임재를 강하게 느꼈으며, 그분이 우리를 가르치고 인도하실 수 있다고 확신했다. 동시에 하나님이 성경을 통해서 말씀하신다고 확신했다. 그는 성령님의 인도와 성경의 교훈이 서로 조화를 이룬다고 믿었다. 그는 "성령님이 없는 성경은 죽은 책이다. 반면 어떤 사람이 하나님이 주신 객관적 안내서인 성경을 무시하면서 성령님의 특별한 인도를 받는다고 주장한다면, 그는 오류에 빠질 수 있다"고 주장했다.

어떤 사람이 루터에게 와서 성경의 면지(책의 앞표지와 뒤표지 안쪽의 백지)에 서명을 해달라고 부탁했다. 단지 서명을 하는 대신 루터는 "저희가(유대인들이) 말하되 네가 누구냐 예수께서 가라사대 나는 처음부터 너희에게 말하여 온 자니라"(요 8:25)는 성경구절 하나를 적어 넣었다. 그리고 루터는 이 성경구절 다음에 이런 메시지를 남겼다.

"유대인들은 예수님의 말씀에는 관심이 없고, 단지 그분이 누구이신지를 알기를 원했다. 하지만 예수님은 그들이 먼저 그분의 말씀에 귀를 기울일 것을 원하셨다. 왜냐하면 그렇게 할 때 그들은 그분이 누구이신지를 알게 될 것이었기 때문이다. 여기서 우리는 깊은 교훈을 배우게 된다. '먼저 들어라. 하나님의 말씀에서 시작하라. 그러면 진리를 알게 될 것이다' 라는 것이 예수님의 방법이다. 먼저 듣지 않는다면 결코 진리를 알 수 없다. 오직 하나님의 말씀을 통하지 않고는 그분을 보거나 알거나 이해하는 것이 불가능하다. 이것이 하나님의 법칙이다. 하나님의 말씀을 떠나서 구원에 도달하려는 시도는 모두 사상누각(砂上樓閣)이다. 하나님은 이런 시도에 응답하지 않으신다. 그분은 말씀을 떠난 노력을 용납하지 않으신다. 그러므로 그분의 책인 성경을 마음속 깊이 품어라. 그분은 성경에서 당신에게 말씀하신다. 그분은 우리가 성경책에 먼지가 쌓이도록 내버려 두는 것을 좋아하지 않으신다. 왜냐하면 성경책은 벤치 아래로 다니는 쥐들이나 설교단 위를 날아다니는 파리들을 위한 것이 아니기 때문이다. 우리는 성경을 읽고 연구해야 하며, 그것에 대해 생각하고 말해야 한다. 성경에서 말하는 존재는 천사나 짐승이 아니고 바로 하나님이시다."

성령님의 인도와 성경 말씀은 서로 조화를 이루면서 함께 우리를 이끌어가신다. 성령님의 인도와 성경 말씀에 우리의 눈이 떠질 때 우리의 삶도 올바른 방향으로 나아갈 것이다.

12 하나님이 주권적으로 일하시면 우리는 로봇이 되어야 하는가?

+ J. I. 패커
J. I. Packer

하나님의 주권과 우리의 회심에 대해 말할 때, 두 가지를 강조하는 것이 중요하다. 먼저 그리스도께 나아오는 것은 우리의 결정이고 우리의 책임이고 우리의 행동이다. 그러나 일단 우리 자신을 주 예수님께 맡기고 그분을 구주로 영접했다면, 우리는 무릎을 꿇고 하나님이 우리를 결신(決信)으로 인도하신 것에 대해 감사해야 한다. 그리스도를 영접하자마자 우리는 하나님의 주권을 인정해야 한다. 우리가 그분께 돌아갈 수 있었던 것은 그분이 우리를 그분께로 이끄셨기 때문이다. 모든 그리스도인들은 자신의 지혜나 훌륭한 판단 때문에 믿음을 갖게 된 것이 아님을 잘 안다. 그들은 하나님의 인도 때문에 결신이 가능했다는 것을 믿는다. 그러므로 우리는 그분을 찬양해야 한다.

'하나님의 주권'이라는 말이 어떤 사람들에게는 딱딱한 신학적 주제로 보일 지도 모른다. 하지만 우리의 일상생활을 자세히 살펴보면 그분의 주권적 의지가 아주 실제적인 부분들에서 실현되고 있음을 알 수 있다. 우리는 그분의 주권적 의지가 실현되어가는 중에 그것을 알아챌 수도 있고, 아니면 그것이 실현된 지 몇 년 후에 그것을 깨달을 수도 있다.

내가 리젠트 신학교(Regent College)의 교수가 된 것은 전적으로 하나님의 주권 때문이라고 말할 수 있다. 브리스톨(영국 서부의 항구)에 있는 트리니티 신학교(Trinity College)의 내 서재에 앉아 있을 때 나는 리젠트 신학교의 학장에게서 전화 한 통을 받았다. 캐나다의 밴쿠버에서 전화를 한 그는 나에게 그의 대학에서 가르쳐달라고 말했다. 사실 그때까지만 해도 대서양을 건너가서 살 생각이 없었던 나는 리전트의 교수 자리가 나를 위한 것이라고 생각하지 않았다. 그러나 그가 그 교수 자리에 대해 좀 더 자세히 설명했을 때 나는 그것이 나에게 딱 맞는 자리인 것 같다는 생각이 들었다. 나는 하나님이 이런 상황이 벌어지도록 주권적으로 인도하셨음을 깨달았다. 왜냐하면 리전트 대학이 원하는 것과 나의 평소의 비전이 서로 맞아떨어졌기 때문이다. 뿐만 아니라 그들이 원하는 것을 채워 주는 데 내가 적임자라는 생각도 들었다. 하나님의 주권적 의지는 이렇게 분명히 나의 삶 속에서 실현되었다.

그 후 나는 그분의 주권적 손길을 다시 한 번 깨닫게 되었다. 나의 아내는 집을 구입하기 위해 나보다 먼저 밴쿠버로 오게 되었다. 그녀가 그렇게 하려고 했던 이유는 밴쿠버에서 좋은 집이 기다리고 있을 것이라는 예감 때문이었다. 사실 나는 그렇게 생각하지 않았지만, 결국 그녀의 예감이 적중했다. 그녀는 밴쿠버에 와서 정말 우리에게 이상적인 집을 사게 되었으며, 우리는 아직도 그 집에서 살고 있다.

영국에서의 생활을 정리하고 캐나다로 오는 일은 거의 모든 면에서 완벽하게 진행되었다. 단 하나의 문제라면 그것은 교회의 선택이었다. 우리가 살려는 지역에서 우리에게 적합한 교회를 찾는 것이 쉬울 것 같지 않았다. 그런데 우리가 캐나다로 이사 오기 6개월 전에 캐나다의 복음주의적 성직자들 중 가장 오래 사권 나의 친구가 전혀 뜻밖에 밴쿠버의 큰 교회로 청빙되었다. 그 교회는, 하나님이 우리를 인도하신 그 이상적인 우리의 집에서 자동차로 5분도 걸리지 않는 곳에 있었다. 그 교회는 모든 면에서 우리에게 영적으로 가정과 같은 곳이 되었다. 이 과정에서 우리는 하나님의 주권적 섭리의 손길을 또 다시 확인할 수 있었다.

이것은 하나님의 주권이 어떻게 현실 속에서 실현되는지를 보여주는 좋은 예이다. 그분은 결정을 내려야 하는 우리의 책임을 박탈하지 않으면서도 우리에게 개입하셔서 우리의 필요를 채워주신다. 주권적 하나님은 우리에게서 멀리 떨어져 계신 것이 아니라, 우리 각자의 삶 속에 깊숙이 개입하신다. 그분의 개입을 눈으로 볼 수 있을 때뿐만 아니라 그것을 눈으로 볼 수 없을 때에도 그분은 늘 우리의 삶 속에서 그분의 뜻을 이루어가신다.

기계적인 하나님?

하나님이 주권적으로 개입하신다고 해서 우리가 로봇처럼 되는 것은 아니다. 그분의 주권이 작용한다 할지라도 우리는 자유롭게 결정하고 그 결정에 대해 책임을 지게 된다. 하나님이 주권적으로 개입하신다고 해서 우리가 우리의 책임 하에 다른 사람들과 관계를 맺을 수 없다는 말이 아니다. 사람들이 하나님의 주권에 대해 오해하는 이유는 '주권적인 하나님'을 '기계적인 하나님'으로 오해하기 때문이다.

하나님의 주권이라고 할 때 그것은 그분이 언제나 통제하신다는 것, 즉 그분의 뜻을 떠나서는 어떤 일도 일어나지 않는다는 것을 의미한다. 그분은 우리에게서 멀리 떨어져서 우리에게 관심이 없는 분이 아니시다. 우리에게 사랑을 요구하시는 하나님은 또한 우리를 돌보시는 하나님이다. 우리를 만드실 때 하나님은 결정을 내릴 수 있는 능력, 그리고 다른 사람들과 사랑의 관계를 맺을 수 있는 능력을 우리에게 주셨다. 우리를 다루실 때 그분은 우리의 인간으로서의 속성들을 무시하지 않으신다. 그분은 우리를 막대기처럼 다루거나 그분의 뜻대로 이곳저곳으로 마구 끌고 다니지 않으신다. 그분은 우리를 인격 대 인격으로 대하신다. 그분은 그분의 말씀을 통해 우리의 마음에 말씀하신다. 그분은 우리에게서 사랑의 반응을 이끌어내신다.

13 하나님이 주권적이시라면
왜 우리가 성가시게 결정을 내려야 하는가?

+ 클라크 피녹
Clark Pinnock

"하나님이 주권적이시라면 왜 제가 성가시게 결정을 내려야 합니까?"

이런 질문을 하는 사람들은 '주권'을 자신이 결정을 내리는 데 문제를 일으키는 식으로 정의하고 있는 게 분명하다. 이들은 하나님의 주권이 모든 것이 일어나는 방식 그대로 일어나게 하며, 따라서 다른 어떤 대리자도 여기에 대해 아무것도 할 수 없다고 생각하는 게 틀림없다. 이렇다면, 자신의 결정이 실제로 차이를 낳는 중요한 행위자인 체할 이유가 어디 있겠는가? 우리의 결정은 중요하지 않을 것이다. 모든 것은 되어야 하는 그대로 될 것이다.

너무나 많은 그리스도인들이 자신의 중요성에 절망을 느낄 정도로 하나님의 주권의 진정한 성격을 많이 오해하고 있다는 사실은 슬픈 일이다. 모든 게 하나님이 정하신 대로 이루어질 거라면 우리가 결과를 바꾸기 위해 할 수 있는 일이라고는 아무것도 없다. 하나님의 주권을 이런 식으로 정의한다면, 소위 우리의 결정이라는 것도 백 퍼센트 운명이나 하나님에 의해 이루어진다.

그러나 주권은 이러한 결정론을 의미하지 않는다. 성경은 하나님이 창조자이며 세계의 주님이라고 가르친다. 그러나 이것은 그분이 꼭두각시를 조종하는 분이라는 뜻이 아니다. 하나님은 자유로운 선택의 능력을 가진 사람들이 거하는 곳으로 세상을 지으셨다. 그리고 어느 정도의 특권과 책임을 우리에게 주셨다. 예를 들면, 누군가 잔혹 행위나 절도와 같은 사건들을 일으킬 때 그 일은 온전히 그 당사자에게 책임을 물을 일이라는 것이다.

그러므로 가장 중요한 것은 하나님의 주권을 잘못 정의하지 않는 것이다. 실제로 그런 경우가 많지만, 하나님의 주권은 어떤 종류의 결정론과도 혼동되어서는 안 된다. 하나님은 인간이 땅에서 책임 있는 지배권을 행사하도록 인간을 그분의 형상대로 창조하셨다. 하나님은 우리를 지으실 때 그분을 사랑할 수 있고 그분과 관계를 가질 수 있는 존재로 지으셨다. 물론, 하나님은 우리와 같은 자유로운 피조물을 창조하는 위험을 감수하셨다. 하나님이 단순히 우리가 언제나 옳은 일만 하도록 우리를 만드셨다면 훨씬 더 수월했을 것이다. 그러나 하나님은 이러한 위험이 감수할 만한 가치가 있다고 생각하셨던 게 분명하다. 그분은 기계처럼 움직이는 인간을 창조하실 수도 있었지만 그렇게 하지 않기로 결정하셨다. 그분은 피조물인 인간들과 인격적인 언약을 맺기를 원하셨고 그러기 위해서는 자유가 반드시 필요했을 것이다. 사랑의 관계는 강요를 통해 이루어질 수 없기 때문이다.

주권은 결정론이 아니다!

나는 하나님의 주권이 결정론을 의미할 수 없는 가장 분명한 증거는 인간의 '죄' 라고 생각한다. 하나님은 우리에게 진짜 자유를 주셨으며, 우리는 이 선물을 이용하여 우리를 향한 하나님의 계획을 거부하거나 그분에게 등을 돌렸다. 주권이 결정론을 의미한다면, 하나님은 우리가 죄를 짓기를 원하신 게 되며, 따라서 그분이 죄의 조성자가 되실 것이다. 그러나 이러한 신성모독은 결코 성경의 시각이 아니다.

이와는 반대로, 하나님은 우리가 자유라는 선물을, 죄를 짓는 데 사용하는 것을 슬퍼하신다. 하나님은 우리가 짓는 죄를 결정하시기는커녕 오히려 죄를 미워하신다. 분명한 것은 하나님이 그분의 피조물들에게 진정한 자유를 어느 정도 허락하셨으며 그들이 이러한 자유를 사용하도록 허락하신다는 것이다.

마치 세상이 시작되기도 전에 하나님이 모든 것을 꼼짝달싹 못하게 정해놓으신 것처럼, 하나님의 주권에 대해 일어날 모든 일을 미리 결정하는 청사진으로 생각하지 않는 게 중요하다. 성경적 의미의 주권이란 역사 속에서 그분의 목적을 이루어가고 계시는 그분의 통치를 가리킨다. 목적 자체는 변할 수 없지만 하나님이 그 목적을 이루시는 방법은 유연하며 일어나는 일에 민감하다. 세상은 하나님이 예정하신 것만 일어나는 통제된 상황이 아니다. 그렇다면 세상은 참으로 다스리기 편한 곳일 것이다. 오히려 세상은 자유로운 대리자들이 있는 곳이며, 따라서 유연한 주권을 갖고 다스려야 하는 곳이다.

이제 첫 질문에 답해야 할 때가 되었다. 하나님이 주권적이라면 왜 우리가 성가시게 결정을 내려야 하는가? 하나님의 주권은 가장 작은 부분까지 통제하는 형태가 아니며 우리에게 미래의 실현을 위해 협력하라고 요구하는 유연한 주권이다.

우리는 이것을 기도에서 아주 분명하게 볼 수 있다. 하나님은 그분과 함께 우주를 경영하자며 우리를 초대하신다. 그분은 실제로 우리의 기도를 그분이 이렇게 행동하는 대신에 저렇게 행동하도록 이끄는 요인으로 받아들이신다. 우리가 주권에 대한 결정론적 정의를 거부하지 않는다면 기도가 변화를 일으킨다고 말할 수 없다. 우리의 결정은 중요하다. 왜냐하면 하나님은 그분이 미래를 빚으시는 상황에서 우리의 결정을 존중하시기 때문이다. 하나님이 우리에게 진정한 자유를 주셨다는 것을 우리가 인정할 때, 하나님의 주권은 축소되는 게 아니라 확대된다. 우리가 하나님이 우리의 결정을 얼마나 중요하게 여기시는가를 깨달을 때 우리의 존엄은 더 없이 커진다.

"내가 생명과 사망과 복과 저주를 네 앞에 두었은즉 … 생명을 택하고"(신 30:19).

14 나의 결정이 하나님의 뜻에 맞는지 어떻게 알 수 있는가?

+ 래리 크리스텐슨
Larry Christenson

믿음과 순종은 거의 서로 바꿔쓸 수 있는 용어이다. 하나님의 뜻이 나의 뜻이 되게 하면서 하나님께 순종하며 살 때 나의 믿음이 드러난다. 때로 순종은 진리를 받아들이는 것을 의미한다. 때로 순종은 하나님이 원하시는 것을 하는 것을 의미한다. 순종은 내가 하나님의 주권에 "예"라고 말하는 방식이다. 나는 순종할 때 "당신은 주권자이시며, 당신의 뜻이 이루어지도록 나의 삶을 당신께 드립니다"라고 말한다. 신자들이 자신의 삶에 대한 구체적인 방향을 발견하기 전에 순종해야 하는 일반적인 것들이 있다. 이것은 피아노를 치는 것과 같다. 우리는 협주곡을 치고 싶다면 음계를 연습하고 손가락 연습도 해야 한다. 모든 신자는 하나님의 법에 순종하고, 다른 그리스도인들과 교제하며, 말씀을 연구해야 한다. 우리는 이러한 일반적인 부분에서 하나님께 순종할 때 이렇게 말하게 된다.

"주님, 제 삶을 당신께 드립니다. 저도 모든 그리스도인들이 순종해야 하는 부분에서 순종하겠습니다. 제가 순종할 때, 당신께서 제 삶을 더 구체적으로 인도해주시리라 믿습니다."

하나님의 뜻에 순종하는 것은 그분의 기록된 말씀에 순종하는 것과 관련이 있다. 우리는 하나님의 말씀에 순종할 때 그분의 뜻에 순종하고 있는 것이다. 그러나 성경이 일반적으로 말하는 곳에서 우리의 삶을 향한 그분의 뜻은 구체적이다. 성경은 일반적인 원칙을 제시한다. 예를 들면, 우리는 우리의 삶으로 하나님을 섬겨야 하며, 우리의 직업이 무엇이든지 우리의 직업으로 하나님을 섬겨야 한다. 그러나 우리가 어떤 직업을 선택해야 하느냐는 질문은 구체적이다. 우리가 고려하는 모든 직업이 하나님의 일반적인 원칙에 적합할 수 있다면, 우리는 어떤 특정한 직업이 우리를 향한 하나님의 뜻인지 알아야 할 것이다.

나의 선택이 옳다면

하나님은 다양한 방법으로 우리에게 말씀하신다. 먼저 하나님은 성경을 통해 말씀하시는데, 성경은 어떤 문제에 대해서는 아주 구체적이다. 또한 하나님은 환경을 통해 말씀하신다. 하나님은 우리를 알고, 우리의 처지를 알며, 하나님의 뜻을 아는 다른 그리스도인들의 조언을 통해 말씀하신다. 하나님은 성령의 내적인 증거를 통해 말씀하신다. 하나님은 예언이나 지식이나 지혜의 말과 같은 영적 은사를 통해 말씀하신다. 하나님은 우리가 처한 삶의 자리를 통해 말씀하신다(예를 들면, 가장으로서 나는 아침에 일어나 출근하는 게 하나님의 뜻인지 고민할 필요가 없다. 나의 가족을 돌보는 것은 내가 처한 삶의 자리가 요구하는 것이다).

일단 내가 결정을 내렸다면, 나의 선택이 옳은지 어떻게 알 수 있는가? 하나님이 우리의 결정을 확증하시는 한 가지 방법은 그분의 뜻을 구하고 있는 사람들 사이에 일치가 이루어지게 하는 것이다. 예를 들면 어느 가정에서, 하나님은 남편과 아내 사이에 일치가 이루어지게 함으로써 그분의 뜻을 확증하실 수 있다. 교회에서, 주님의 뜻은 신자들 사이의 일치를 통해 확증될 수 있다.

이와는 반대로, 내가 하나님의 뜻 안에 있지 않다는 것을 어떻게 알 수 있는가? 그분이 내게 말씀하시는가? 하나님의 음성을 '듣기' 위해, 나는 하나님이 그분의 방법으로 말씀하시게 하면서 들음의 기술을 기를 필요가 있다. 하나님은 나단을 사용하여 다윗에게 하셨듯이(삼하 12장) 다른 사람을 사용하여 내가 잘못된 길을 가고 있다고 내게 말씀하실 수 있다. 또는 하나님은 그분의 다른 방법들 가운데 어떤 것이라도 사용하여 나와 교통하실 수 있다. 나는 정신을 바짝 차리고 귀를 기울여야 하며, 그렇지 않으면 그분의 메시지를 놓칠 것이다.

하나님은 받아들이기 어려운 통로나 상황을 통해 말씀하실 때가 많을 것이다. 누가 말하든 간에 책망을 받아들이기란 결코 쉽지 않다. 책망은 수치심을 일으키지만, 책망을 받을 때 우리는 부인할 게 아니라 회개해야 한다. 그러면 나의 수치는 겸손이라는 긍정적인 품성이 될 수 있다. 우리가 살아갈 때, 믿음과 순종은 늘 함께한다. 우리의 믿음은 순종으로 표현되며, 우리가 하나님의 인도하심을 믿을 때 하나님은 우리에게 순종의 방향을 제시하신다.

하나님의 뜻을 삶에 구체적으로 적용하기

내 여동생이 어렸을 때였다. 그 애는 설교 시간에 귀를 막고 어머니에게 꽤 큰 소리로 말했다.

"끝나면 말해주세요."

예배가 끝난 후, 어머니는 동생에게 왜 그렇게 했느냐고 물으셨다. 동생은 이렇게 말했다.

"목사님이 계속 '하나님은 여러분을 사랑하십니다, 하나님은 여러분을 사랑하십니다, 하나님은 여러분을 사랑하십니다' 라는 말씀만 되풀이하시잖아요. 그런 말은 처음에 다 들었거든요."

많은 그리스도인들이 처음에 기본적인 메시지를 듣는다. 이들이 그 후에 들을 필요가 있는 것은 자신의 삶을 위한 구체적이고 개인적인 적용이다. 그리스도인의 삶을 흥분시키는 것은 바로 이것이다.

우리는 하나님의 말씀에 순종할 때마다 그분의 뜻에 순종하고 있는 것이다. 그분의 뜻은 구체적인 적용으로 이어져야 한다. 예를 들면, 성경은 온 세상에 복음을 전하라고 말한다. 이것은 교회를 위한 일반적인 원칙이다. 그러나 내 삶에서 이 원칙을 구체적으로 어떻게 적용하느냐는 문제의 해답은 다음과 같은 질문에 대한 답변에서 찾을 수 있다.

- 나는 내가 살고 있는 지역에서 무엇을 하는가?
- 하나님은 내게 어떤 사람들을 붙여주실 것인가?
- 내가 더 넓은 범위에서 하고 있는 사역이 있는가?
- 하나님은 그분의 지상명령에서 내게 어떤 역할을 어떻게 맡기시겠는가?

하나님의 뜻을 분별하는 7가지 – 데이브 비어맨(Dave Veerman)

① 하나님께 초점을 맞추라(마 6:33,34) : 물론 하나님은 개인적인 일에 개입하신다(시편 139편). 그러나 그분은 관심의 초점을 개인의 삶보다 훨씬 큰 것에 맞추고 계신다. 당신의 초점을 자신에게 맞추는 대신 "세상을 향한 하나님의 뜻은 무엇인가?", "내가 그 뜻에 얼마나 부합하고 있는가?" 라고 물어라.
예수님은 충만한 삶을 사는 비결은 "먼저 그의 나라와 그의 의를 구하는" 것이라고 가르치셨다(마 6:33).

② 하나님이 당신에게 이미 말씀하신 것에 순종하라(롬 13:8) : 하나님께서 당신이 행하기를 원하신다는 것을 당신은 이미 알고 있는 일(예를 들면 아주 나쁜 습관을 버리는 것, 형제를 용서하는 것)이 있을 것이다. 모르는 부분에서 순종하기 전에 이미 알고 있는 부분에서 순종하라.

③ 기도하라(빌 4:6) : 하나님이 말씀을 통해, 다른 사람들을 통해, 당신의 마음을 통해 일하시면서 그분의 뜻을 보여주시도록 기도하라.

④ 성경을 연구하라(딤후 2:15 ; 3:16,17) : 하나님은 그분의 말씀인 성경을 통해 우리에게 말씀하신다. 규칙적으로 성경을 묵상하라.

⑤ 조언을 구하라(잠 20:5,18) : 당신의 문제를 성경을 잘 알고 있는 사람들과 나누라. 당신을 잘 아는 비그리스도인들에게서도 귀중한 통찰을 얻을 수 있다.

⑥ 생각하라(롬 12:2 ; 약 1:5) : 당신의 우선순위를 적어보라. 과거의 경험과 현재의 목표를 분석하라. 가슴이 아니라 머리를 사용하면서 결정의 득실을 생각해보라.

⑦ 확신을 갖고 행동하라(약 1:6-8) : 이상의 여섯 단계를 밟았다면, 당신은 결정을 내리고 하나님의 인도하심을 확신할 수 있다. 그리스도인의 삶은 바로 믿음으로 행하는 것이다. 기억하라. 믿음이 없이는 하나님을 기쁘시게 할 수 없다(히 11:6).

성경은 하나님의 뜻을 우리에게 전해줄 것이다. 때로는 자연적으로(우리는 성경을 읽을 때 무엇을 해야 하는지 알게 된다), 때로는 초자연적으로(하나님이 성령의 내적인 증거를 통해 우리 삶의 필요에 대해 말씀하신다) 전해줄 것이다. 하나님은 또한 환경, 성숙한 그리스도인의 상담, 어떤 사람과의 대화를 통해서 말씀하실 것이다. 우리는 이런 방법을 통해 조언을 얻으면서 하나님이 우리에게 말씀하고 계신다는 것을 느낀다.

하나님은 다른 사람들을 통해 우리에게 말씀하실 수 있다. 가정에서 가족 모두가 하나님의 뜻을 구하며 하나님이 누구를 통해서든 말씀하실 수 있음을 인정할 때, 우리는 훨씬 더 큰 조화 가운데 살게 될 것이다. 하나님은 자녀를 통해 부모에게 말씀하실 수 있다. 나는 자녀들의 말에 정중하게 귀를 기울이려고 노력한다. 이것은 단지 우리의 관계 때문이 아니라 자녀들 하나하나가 특별한 경우 하나님의 말씀을 내게 전해줄 수 있는 하나님의 자녀이기 때문이다. 아이들은 경험이 제한되어 있다. 그러나 나는 하나님이 아이들 가운데 하나를 통해 우리 가족에게 말씀하신 구체적인 경우들을 기억할 수 있다. 하나님의 인도하심을 구할 때, 모든 게 성경에 맞춰져야 한다는 것을 기억하는 게 중요하다. 하나님의 뜻은 결코 그분의 말씀과 어긋나지 않는다.

받은 대로 사는 법

하나님의 이끄심을 하나의 수단으로 삼으려 한다면 곁길로 나갈 수 있다. 예를 들면, 당신이 시편 23편을 읽은 후 15분 동안 기도를 하고 마지막 순간에 응답을 받았다면, 다음에도 하나님이 똑같은 방법으로 응답하실 거라고 기대하지 말라. 당신이 하나님의 뜻 발견하기를 하나의 수단으로 삼는 순간 당신은 율법 아래에 있으며 살아계신 하나님과 동행하고 있지 않은 것이다. 하나님은 친숙한 것들을 사용하여 당신에게 말씀하실 수 있다. 그러나 당신은 하나님이 당신에게 주시려는 것과 당신이 하나님을 조종하려는 것 사이의 엄청난 차이에 민감해야 한다.

느낌이 하나님의 뜻을 우리에게 전달할 수 있는가? 성령에 조율된 느낌, 우리 자신의 내적인 욕망이나 동기로부터 자유로운 느낌은 우리가 하나님의 뜻을 발견하고 따르는 데 도움이 될 수 있다. 예를 들면, 우리는 새로운 직장에 대한 하나님의 뜻을 구하고 있는데 그분이 "안 돼"라고 말씀하시는 것으로 보일 수 있다. 성령께서 "이 직장은 네게 맞지 않으니 다른 곳을 찾아봐라"고 말씀하고 계실 수 있다. 그러나 또한 성령께서 "나는 네가 믿음으로 인내하기를 원한다"고 말씀하고 계실 수도 있다.

성경은 두 가지 가능성을 모두 지지한다. 성령께서는 이 상황에서 "안 돼"라는 응답을 받아들여야 하는지 아니면 어쨌든 그 직장에 들어가야 하는지를 말씀해주셔야 한다. 주먹구구식의 결정이란 있을 수 없다. 성령께서 우리를 위해 분명히 해주셔야 하며, 우리는 그분의 인도하심이라고 이해되는 것을 따르기로 결정해야 한다. 모든 신자들은 하나님의 말씀에 매인다. 그러나 각자를 향한 하나님의 구체적인 뜻은 다를 것이다. 사람마다 그분의 뜻을 개인적으로 구하며 그분이 인도하시는 대로 따라야 한다. 기독교는 일반적인 게 구체적인 것으로 바뀔 때 살아난다.

"당신은 구원 받았습니다. 하나님은 당신을 사랑하십니다. 하나님은 당신을 용서하십니다."

사람들은 이런 말을 계속 듣지만 정작 이러한 진리가 개개인의 삶에 적용되는 것을 보지 못할 때 무관심한 상태에 빠질 수 있다.

우리 각자에게는 직장이 있고, 이루어야 할 소명이 있으며, 그리스도께서 주신 은사에 따라 개인마다 매우 다른 그리스도와의 파트너십이 있다. 우리가 하나님으로부터 받은 대로 살 때 하나님의 뜻을 따르는 것은 정말 흥분된 일이다.

비극을 이겨낸 승리

_한결같은 믿음을 붙들고 사는 순교한 선교사들의 미망인들 이야기

_제임스 헤플리 James Hefley

1956년 에콰도르(Ecuador. 남미 북서부의 공화국)의 서부 지방의 정글에서 아우카 인디언들이 미국의 젊은 선교사들을 살해한 사건이 있었다. 이 비극적 사건은 작가이자 「라이프」(Life) 잡지의 사진기자인 사람에 의해 널리 보도되었다.

이 이야기가 그토록 많은 사람들의 마음을 울렸던 이유들 중의 하나는 이 다섯 명의 선교사들이 모두 기혼자이며 일부는 자녀들을 두었기 때문이었다. 이 비극적인 사건이 일어난 지 25년 후에 나는 아내와 함께 그 선교사들의 미망인들을 찾았다.

그들 중 가장 처음 만난 피이트(Pete) 선교사의 아내였던 올리브 플레밍(Olive Fleming)은 이렇게 말했다.

"나는 그 사건을 겪고 분노나 원한의 감정을 느끼지 않았습니다. 그 주된 이유는 하나님이 그 사건에 대비하여 나를 준비시키셨기 때문이라고 나는 믿습니다. 피이트는 결혼 전에 에콰도르에서 선교사로 일할 때 일기를 계속 썼습니다. 나는 팜 비치(Palm Beach. 에콰도르에서의 선교사들의 활동 지역)로 가기 전에 이미 그 일기를 읽을 기회를 가졌습니다. 피이트는 아우카 인디언들을 위해 자신의 목숨이라도 내어놓을 것이라고 일기에 썼으며, 나는 그 점에 대해 그에게 묻기도 했습니다. 그는 하나님이 자기에게 순교를 요구하시지는 않을 것이라고 생각했지만, 나는 그럴 가능성을 늘 염두에 두고 있었습니다. 하나님이 왜 그런 사건이 일어

나도록 허락하셨는지 나는 아직도 모릅니다. 다만 내가 확신하는 것은 하나님이 그 사건을 통하여 온 세상 사람들 앞에서 영광을 받으셨다는 것입니다."

피이트의 죽음 후에 올리브는 일리노이주(州)의 트리니티 복음주의 신학교의 교수인 월터 리펠드(Walter Liefeld)와 재혼하여 세 자녀를 두었다.

에드(Ed) 선교사의 아내 매릴로 맥컬리(Marilou McCully)는 그 사건으로 남편을 잃은 모든 여자들의 심정을 대변하여 이렇게 말했다.

"우리는 남편들의 희생의 결과에 감사합니다. 우리는 하나님께서 그 사건을 통하여 무엇을 이루셨는지를 알고 싶습니다. 하나님께서 그 다섯 사람의 희생을 통해서 아우카 인디언들의 마음 문을 여시고 더 많은 미국인들을 선교지로 파송하시려는 것 같습니다. 하지만 우리는 왜 그분이 그들의 죽음을 허락하셨는지를 알지 못합니다. 그것은 그분의 신비에 속할 것입니다."

매릴로는 재혼하지 않고 시애틀 부근에 살면서 교외의 한 병원에서 일하고 있다. 그녀는 자신의 생활에 대해 이렇게 말한다.

"주님은 언제나 자기의 사람들을 돌보십니다. 그분은 내가 쓸 것들을 공급해 주셨습니다. 나는 그분을 의지하여 도움을 받는 법을 배웠습니다."

그녀는 그녀의 죽은 남편의 두 형제가 그녀의 세 아이들을 돌봐주면서 이끌어주는 것에 대해 감사하고 있다.

로저(Roger) 선교사의 아내이며 두 아이의 엄마인 바바라 유더리언(Barbara Youderian)은 그 사건 이후 줄곧 에콰도르에 머물고 있다. 그녀는 에콰도르의 수도 퀴토(Quito)에 있는 '복음선교사연합'(the Gospel Missionary Union)의 방문객 숙소를 운영하고 있다. 나는 그 숙소를 방문하여 그녀를 만난 적이 있었는데, 그때 그녀는 이렇게 말했다.

"나는 봉사에 대해 많이 배웠습니다. 전에 나는 내가 이곳에서 일하게 될 것이라고 예상하지 못했었습니다. 그러나 하나님은 선교사들의 문제와 필요를 세심하게 살펴서 도와주는 일을 할 수 있는 기회를 저에게 주셨습니다. 정말로 기쁜 일입니다."

또한 그녀는 과거에 대해 회상하면서 "나는 남편과 다른 선교사님들이 하나님의 뜻을 이루기 위해 아우카 인디언들에게 선교 활동을 한 것에 대해 후회하지 않습니다. 하나님은 그때 그들과 함께 계셨고, 그 사건 후에도 역시 우리와 함께 계셨습니다. 왜 그 사건이 일어났는지 지금은 다 이해할 수 없지만 언젠가는 온전히 알 수 있을 것입니다"라고 말했다. 그 사건을 통해 바바라는 천국을 더욱 확신하게 되었다고 한다. 그녀는 먼저 주님에게로 간 그녀의 사랑하는 사람들을 다시 만날 날을 기대하며 살고 있다.

네이트(Nate) 선교사의 아내였던 마지 세인트(Marge Saint)에게는 세 아이들이 남겨졌다. 바바라처럼 그녀도 에콰도르에 몇 년 머물렀다. 그녀는 이렇게 말했다.

"이런 비극적인 일을 당했을 때 낙심하여 주저앉는다면 가장 최악의 선택을 하는 것입니다. 나는 그리스도인으로서 그런 선택을 할 권리가 없다고 믿습니다. 그러므로 나는 주님이 나를 위해서 행하신 일을 살피고 내가 그분을 위해 무엇을 할 수 있는지를 찾아야 한다고 믿습니다. 남편의 죽음 때문에 내 인생의 방향이 달라진 것은 없습니다. 오히려 그 사건은 내가 이미 달려가고 있던 방향에 대한 나의 확신을 더 굳게 해주었을 뿐입니다. 그 사건을 통해 나는 내 인생에서 진정으로 중요한 것들이 무엇인지, 그렇지 못한 것이 무엇인지를 분명히 깨달았습니다."

지금 그녀는 전에 '세계 라디오 선교회'의 사장이었으며 지금은 라디오 선교 프로그램 '성경으로 돌아가라'의 진행을 맡고 있는 에이브 반 더 푸이(Abe Van Der Puy)와 결혼하여 살고 있다.

선교사들의 비극적인 죽음 후에 남겨진 다섯 명의 미망인들 중 가장 이름이 알려진 사람은 아마도 엘리자베스 엘리엇(Elisabeth Elliot)일 것이다. 짐(Jim) 선교사의 아내였던 그녀는 그 사건에 관하여 「전능자의 그늘」(복있는사람 역간)이라는 책을 썼다. 그녀는 이렇게 말했다.

"나의 책에서 나는 우리의 믿음의 주인이신 하나님이 누구이신지를 말하려고 애썼습니다. 당신은 하나님이 당신을 위해 이루실 일들 때문에 그분을 믿습니까, 아니면 그분이 어떤 분이신지를 알기 때문에 그분을 믿습니까? 세례 요한은 옥에 갇힌 후 목 베임을 당했습니다. 이것이 하나님의 뜻입니까, 아닙니까? 우리가 하나님을 잘 모르는 것이 우리의 문제입니다. 진정으로 그분을 안다면 우리는 그분을 상자 안에 넣거나 그분을 변호하기 위해 애쓰지 않을 것입니다. 이 것은 권위의 문제입니다. 우리는 진정 그분의 권위에 복종합니까?"

엘리자베스 엘리엇은 또 한 번 비극을 겪었다. 그녀의 두 번째 남편 애디슨 리이취(Addison Leitch)는 암으로 사망했다. 이제 세 번째 남편 라스 그렌(Lars Gren)과 살고 있는 그녀는 이렇게 말한다.

"하나님은 자신이 에콰도르에서 무슨 일을 하시는지를 정확히 알고 계셨다고 나는 이제까지 믿어왔으며, 또한 지금도 그렇게 믿고 있습니다. '모든 것이 합력하여 선을 이룬다'(롬 8:28)는 말씀에서 알 수 있듯이, 하나님은 모든 일들을 주관하십니다. 그 다섯 사람의 선교 활동에도 불구하고 하나님이 아우카 인디언을 단 한 명도 구원하지 않으셨다 할지라도, 그 다섯 사람의 희생을 보시고 하나님이 그곳으로 더 이상 선교사를 보내지 않으셨다 할지라도, 나는 그들의 죽음이 '모든 것이 합력하여 선을 이루게 하시는' 그분의 계획의 일부라는 것을 결코 의심하지 않습니다. 이런 믿음은 이제까지 전혀 흔들리지 않았습니다. 나는 하나님의 주권을 절대적으로 받아들입니다. 이것이 나의 신앙의 뿌리입니다."

다섯 명의 주(主)의 종들의 피가 뿌려진 그 땅에서 현재 말 그대로 수백 명의 선교사들이 활동하고 있는 것은 결코 우연이 아닐 것이다. 실제 나는 아내와 함께 그곳을 여행하면서 많은 선교사들을 만나보았다. 그리고 25년 전 다섯 사람의 선교사들을 창으로 찔러 죽인 아우카 인디언들이 모두 그리스도인이 되어 아우카 교회의 지도자들이 되어 있는 모습을 목격하였다.

나는 부활이요 생명이니 나를 믿는 자는 죽어도 살겠고 무릇 살아서 나를 믿는 자는 영원히 죽지 아니하리니 이것을 네가 믿느냐(요 11:25,26).

4장

예수 그리스도

하나님과 인간 사이에서 화목의 사역을 감당하기 위해 예수님은 하나님이시며 동시에 인간이셔야 한다. 즉, 우리는 하나님으로서의 예수님과 인간으로서의 예수님을 모두 믿고 인정해야 한다. 예수님은 인간의 육체로 오신 하나님이시다.

15 예수님은 누구신가?

⁺ 노만 가이슬러
Norman Geisler

예수님에게는 하늘의 아버지와 땅의 어머니가 계셨다. 그분은 완전한 인간이셨다. 왜냐하면 그분은 인간으로 태어나서 인간으로 사셨기 때문이다. 그분은 성장하고 음식을 먹고 잠을 자고 죽으셨다. 또한 그분은 완전한 하나님이시다. 왜냐하면 그분은 신의 본질을 가지셨으며, 영원히 성부 하나님 및 성령 하나님과 동등하시기 때문이다.

그러므로 예수 그리스도 한 분에게는 두 본질, 즉 인간의 본질과 하나님의 본질이 있다. 성부, 성자, 성령의 세 위격(位格)이 한 하나님이시다. 위대한 교부(教父) 아타나시우스(Athanasius. 295?~373)는 "예수님이 인간이 되셨을 때 그분의 신성이 줄어든 것이 아니라, 그분이 인성을 더 취하신 것이다"라고 말했다. 그렇다. 인간이 되셨을 때 예수님은 '무엇인가 부족한 하나님'이 되신 것이 아니라, 완전한 하나님이면서도 완전한 인간이 되셨다. 그분은 본래 영원 전부터 그분에게 없었던 본질, 즉 인간의 본질을 취하신 것이다.

삼위일체 하나님이 '성부와 성자와 성령의 세 분이 하나의 본질을 가진 존재'를 의미한다면, 그리스도는 '두 개의 본질을 가진 하나의 존재'를 의미한다.

예수님이 인간의 본질을 취하실 때 그분은 본래의 신적 본질을 버리신 것이 아니라 두 개의 본질을 갖게 되신 것이다.

삼각형의 비유를 통해 삼위일체와 그리스도의 양성(兩性)을 이해하면 좋을 것이다. 삼각형의 꼭대기 각(角)은 성부를, 아래의 두 각들 중 왼쪽의 각은 성자를, 오른쪽의 각은 성령을 나타낸다고 하자. 그리고 왼쪽 아래의 각에 원이 하나 붙어 있는데, 이 원이 그리스도의 인성을 상징한다고 하자. 예수님은 하나님이시기 때문에 삼각형의 본질을 갖고 계시며, 또한 인간이시기 때문에 원의 본질을 갖고 계시다.

인간이 되신 예수님

예수님이 인간이셨다는 증거들이 성경 곳곳에서 발견된다. 먼저 그분의 탄생에 관한 모든 성경 구절들은 그분이 인간이심을 증명한다. 성경은 그분이 여자에게서 나셨고(갈 4:4) 성장하셨으며(눅 2:52) 눈물 흘리셨다(요 11:35)고 기록한다. 그분은 배고픔을 느끼셨고 시험 받으셨으며 십자가에서 죽으셨다. 또한 네 복음서들은 모두 그분이 감정을 느끼셨다고 증거한다. 한편 성경은 예수님이 참하나님 되심을 증거한다.

"태초에 말씀이 계시니라 이 말씀이 하나님과 함께 계셨으니 이 말씀은 곧 하나님이시니라 그가 태초에 하나님과 함께 계셨고"(요 1:1,2).

예수님은 구약의 주인이시다. "외치는 자의 소리여 가로되 너희는 광야에서 여호와의 길을 예비하라"(사 40:3)는 구약의 예언은, 예수님을 위한 길을 예비하기 위해서 광야로 나갔던 세례 요한에 의해 성취되었다(마 3:1-17 ; 막 1:1-8 ; 눅 3:1-17 ; 요 1:19-28).

다윗은 하나님에 대하여 "여호와는 나의 목자이시다"(시 23:1)라고 말했는데, 예수님은 "나는 선한 목자이다"(요 10:14)라고 말씀하셨다.

"그들이 그 찌른바 그를 바라보고"(슥 12:10)라는 말씀은 "저희가 그 찌른 자를 보리라"(요 19:37)는 말씀에서 예수님에게 적용되었다. 또한 "이스라엘의 왕인 여호와, 이스라엘의 구속자인 만군의 여호와가 말하노라 나는 처음이요 나는 마지막이라 나 외에 다른 신이 없느니라"(사 44:6)는 말씀은 예수님이 요한에게 "두려워 말라 나는 처음이요 나중이다"(계 1:17)라고 말씀하신 내용과 연관된다.

예수님이 우주의 창조주이심을 증거하는 구절들이 많이 나온다(요 1:3 ; 골 1:16). 예수님은 자신에게 죄를 사하는 신적 능력이 있다고 주장하셨다(막 2:1-12). 예수님은 자신이 죽은 자들에게 생명을 줄 수 있다고 말씀하셨고(요 5:21), 여러 번 사람들의 경배를 받아들이셨다(요 20:24-29). 그리고 "나의 주 나의 하나님"이라는 도마의 고백을 받아들이셨다.

그러므로 우리는, 예수님이 자신에게 하나님의 속성들이 있으며 자신이 하나님으로서 행동한다고 주장하셨다는 것을 알 수 있다. 그분은 오직 하나님만이 받으실 수 있는 경배를 받으셨다. 그분은 말씀과 행동들을 통해 자신이 누구인지를 분명히 주장하고 밝히셨다.

예수님이 인간이 되신 이유

예수님이 두 가지 본질을 가지신다는 교리, 즉 그리스도의 양성의 교리는 매우 중요하다. 왜냐하면 만일 그렇지 않다면 우리가 구원 받을 수 없기 때문이다. 만일 그분이 하나님이 아니시라면 그분은 우리를 대신하여 하나님께 나아갈 수 없으며, 만일 그분이 인간이 아니시라면 우리에게 오실 수 없다. 성경은 "하나님은 한 분이시요 또 하나님과 사람 사이에 중보도 한 분이시니 곧 사람이신 그리스도 예수라"(딤전 2:5)고 증거한다. 하나님과 인간 사이에서 화목의 사역을 감당하기 위해 예수님은 하나님이시며 동시에 인간이셔야 한다. 우리는 예수님의 두 가지 본질을 모두 받아들여야 한다. 즉, 우리는 하나님으로서의 예수님과 인간으로서의 예수님을 모두 믿고 인정해야 한다. 그분은 "나를 본 자는 아버지를 보았다"(요 14:9)고 말씀하셨다. 예수님은 인간의 육체로 오신 하나님이시다.

종종 사람들은 "그 아이는 아버지를 꼭 닮았다"는 말을 하는데, 이는 그 아이의 말과 행동이 그의 아버지와 똑같을 때 하는 말이다. 이것처럼 예수님은 하나님을 꼭 닮으신 분, 즉 하나님의 형상이시다. 성경은 "이는(아들은) 하나님의 영광의 광채시요 그 본체의 형상이시라"(히 1:3)고 말한다. 사도 바울은 "그는 보이지 아니하시는 하나님의 형상이요"(골 1:15)라고 말한다.

예수님은 하나님이시며 인간이시다. 그분은 다른 인간들과 마찬가지로 먹고 자고 죽으셨으며 동시에 하나님의 속성들을 보여주셨다. 그분이 높으신 하나님의 보좌를 버리고 이 낮은 땅에 오셨기 때문에 우리는 그분과 일체감을 가질 수 있다. 예수님이 계시기 때문에 하나님은 더 이상 우리와 동떨어진 천상적(天上的) 존재가 아니시다. 그러므로 예수님이 '임마누엘'("하나님이 우리와 함께 계시다"는 뜻. 마 1:23)이라고 불리시는 것이 당연하다.

16 '그리스도를 아는 것'은 무엇을 뜻하는가?

+ 리처드 핼버슨
Richard Halverson

몇 년 전 나는 노스 캐롤라이너 주(州)의 윈스턴-살렘(Winston-Salem)에서 열리는 회의에 참석하기 위해 비행기를 탔다. 마침 내 옆에는 세계적 기업 IBM의 한 중역이 앉았다. 그에게 그리스도를 증거할 수 있는 기회를 얻었다고 판단한 나는 '그리스도를 아는 것'에 대해 언급했다. 결국 약간의 좌절감을 느끼면서 그는 나에게 "선생님은 그리스도를 아신다고 자꾸 이야기하시는데, 그리스도를 안다는 것은 무엇을 뜻합니까?"라고 물었다.

그에게 설명하려고 노력하는 중에 나는 방금 전에 그가 한 말이 생각났다. 그는 "나는 지금 옛날 친구를 만나려고 가는 중입니다. 그 친구와 나는 최근 20년 동안 서로 만나지 못했습니다. 하지만 우리는 다섯 살 때부터 알고 지낸 친구 사이입니다"라고 말했었다. 그의 말을 일종의 비유로 삼아 설명하는 것이 좋겠다고 판단한 나는 이런 질문을 던졌다.

"선생님은 윈스턴-살렘에서 친구를 만날 것이라고 말씀하시면서, 그의 이름까지 언급하셨습니다. 그렇다면, 선생님은 그 분을 압니까?"

"물론 나는 그를 압니다. 이미 말씀드렸듯이 우리는 다섯 살 때부터 친구였습니다. 비록 20년 동안 서로 보지 못했지만 나는 그를 압니다."

"그 분의 머리카락 색깔이 무엇입니까?"

그는 잠시 생각하더니, "글쎄요. 잘 생각이 나지 않는데요"라고 대답했다.

"그 분의 눈은 무슨 색입니까?"

침묵이 흘렀다.

"그 분은 어디에서 태어났습니까?"

"그가 윈스턴-살렘에서 태어난 것 같지는 않은데, 아무튼 우리는 다섯 살 때 처음 만났습니다."

"하지만 선생님께서는 그 친구 분을 안다고 말씀하셨지 않습니까?"라고 내가 다소 강하게 질문하자 그는 그런 경우에 으레 나올 법한 대답을 내놓았다.

"글쎄요. 나도 나 자신이 잘 이해가 가지 않습니다만… 내가 그를 아는 것은 분명합니다."

그는 그의 친구에 관한 사실들을 다 아는 것은 아니었지만, 그 친구를 안다고 말했다. 이 단순하면서도 깊은 진리에 착안하여 나는 그리스도를 안다는 것이 어떤 것인지를 그에게 설명할 수 있었다. 나는 그리스도를 안다는 것이 그분에 관한 사실들을 다 아는 것이 아니라, 그분과 인격적 관계를 맺음으로써 그분을 아는 것이라고 설명했다.

아는 것은 곧 반응하는 것

내게는 한 살짜리 손녀가 있다. 그 아이는 자신의 부모, 자매들, 할아버지, 그리고 할머니를 안다. 그 애는 아내와 나를 보면 낯선 사람들을 대할 때와는 다르게 즉시 반응한다. 그 아이가 우리를 '얼마나 많이' 아는지를 측정할 수는 없지만 적어도 그 아이는 우리를 알아보고 반응한 것이다.

우리가 그리스도인의 삶을 시작하는 순간부터, 즉 그분과 관계를 맺기 시작하는 순간부터 우리는 마치 어떤 사람을 알듯이 그분을 알 수 있다. 그리고 그리스도인으로서 성장해가면서 우리는 그분을 더욱 더 잘 알게 된다.

여기서 '그리스도에 대해서 아는 것'과 '그리스도를 아는 것'은 서로 다르다. 나는 아브라함 링컨에 대해 많은 것을 알 수 있다. 열심히 연구한다면, 당시 그

 개인적 친구들보다 더 많이 알 수 있을 것이다. 그러나 내가 그에 대해 아는 것은, 그의 친구들이 그를 알았던 것과는 질적으로 다르다. 안타깝게도, 오늘날 뛰어난 신학자들 중에는 예수님의 제자들보다 그분에 대해 더 많은 것을 알지만 정작 그분을 모르는 사람들이 있다.

그렇다면 우리는 어떻게 그분을 알 수 있는가? 이 질문에 답하기 전에 먼저 우리는 하나님의 은혜가 선행되지 않으면 아무도 그리스도께 반응할 수 없다는 것을 기억해야 한다. 나는 하나님의 주권, 선택, 예정, 그리고 그분의 부르심을 믿는다. 즉, 나는 세계의 기초가 놓이기 전에 하나님이 우리를 그분 자신에게로 부르셨다고 믿는다. 하나님은 그리스도를 알고 싶어하는 마음을 우리 속에 심어 놓으신다. 하지만 우리 편에서도 그분의 부르심에 반응해야 한다. 그러므로 결론적으로 말해서, '그리스도를 안다는 것'은 그리스도인의 삶을 시작할 때, 그리고 그 후의 날마다의 삶 속에서 그분의 부르심에 반응하는 것이다.

17 나와 그리스도는 어떤 관계를 갖는가?

+ J. I. 패커
J. I. Packer

우리는 하나님의 형상으로 창조되었지만, 죄 때문에 그 형상은 망가졌다. 창세기 1,2장에 따르면, 인간은 하나님의 형상으로 창조되었기 때문에 본래 의롭고 이성적이고 창조적이고 사랑이 많았다. 그러나 아담이 범죄했을 때 그는 이 모든 것들을 잃어버렸다. 그 결과는 우리에게까지 이어졌기 때문에 우리도 하나님의 형상을 상실했다. 타락의 결과, 인간은 하나님과 다른 인간들을 향해서 관계를 맺을 때 자기중심성과 이기주의에서 벗어나지 못한다. 우리는 하나님에게서 멀리 떠나 있다. 그렇다면 우리는 어떻게 해야 하는가? 우리는 바뀌어야 한다. 다시 말해서 우리는 그리스도의 형상을 본받아야 한다(롬 8:29). 그리스도의 형상을 본받는다는 것은 그분의 성품들을 닮아가는 것을 의미한다. 그것은 날마다의 삶 속에서 성령의 열매들을 맺는 것을 의미한다.

"오직 성령의 열매는 사랑과 희락과 화평과 오래 참음과 자비와 양선과 충성과 온유와 절제니"(갈 5:22,23).

하나님과 타인들을 향한 관계가 변한다는 것은 하나님과 사람들 앞에서 겸손해져서 하나님을 섬기고 경배하며 사람들을 섬기는 것을 의미한다. 그러나 이것은 우리 각자의 개성과 특징들이 사라지고 우리가 다른 모든 그리스도인들과 똑같이 된다는 것을 의미하지는 않는다. 개인의 특징들과 개성은 모든 그리스도인들의 삶에서 계속 존재하게 된다. 다만 그리스도의 형상을 닮는다는 것은 그분의 마음과 태도를 품고 살아간다는 것이다.

성경은, 그분의 영(靈)이 우리를 변화시켜서 그분처럼 되도록 만드신다고 가르친다. 그분의 영은 우리의 마음을 새롭게 하시고(롬 12:2), 우리를 그분의 형상으로 변화시키신다(고후 3:18).

'그리스도의 마음을 갖는 것'(고전 2:16)도 그리스도의 형상을 본받는 것의 일부이다. 그리스도의 마음을 갖는다는 것은 그리스도의 눈으로 모든 것들을 바라보는 것이다. 성경공부, 기도 및 교회 생활을 통해서 우리의 새로운 본성을 더욱 신장시킬 때 우리는 더욱 더 그리스도의 마음을 가질 수 있다. 또한 충성스럽게 복음을 증거하고 이웃 사랑을 실천하면서 주님을 섬길 때 우리 속에 그리스도의 마음이 더욱 강해진다.

어떤 사람들은 "우리가 변해야 하는가, 아니면 그리스도께서 우리를 변화시키시는가?"라고 물을지도 모른다. 대답은 "둘 다!"이다. 성경은 "너희는 하나님을 본받는 자가 되라"(엡 5:1)고 가르친다. 그러므로 우리는 그리스도처럼 되기 위해서 그분에 대해 배워야 한다. 한편 "오직 마음을 새롭게 함으로 변화를 받으라"(롬 12:2)고 가르친다. 헬라어 성경에서는 "변화를 받으라"(be transformed)는 말이 수동태로 표현되어 있는데, 이는 그리스도께서 우리의 마음을 변화시키신다는 것을 의미한다. 그러므로 결론적으로 말해서, 우리가 그리스도를 닮으려고 노력할 때 그리스도께서 우리를 '그분처럼' 만드신다.

나는 왜 계속 죄를 범하는가?

우리 안에 거하는 죄, 즉 내주(內住)하는 죄가 우리의 삶 속에서 반복적으로 나타날 때가 있다. 이럴 때 우리는 실망하게 되는데, 왜냐하면 우리가 그것을 영원히 제거했다고 믿었기 때문이다. 나쁜 습관을 끊었다고 생각할 때, 그것을 죽었다고 믿고 있을 때, 갑자기 우리는 그것을 반복하는 자신, 적어도 그렇게 하기를 원하는 자신을 발견한다. 그러면 우리는 그것을 끊기 위해 싸웠던 싸움을 다시 시작해야 한다.

"육체의 소욕은 성령을 거스리고 성령의 소욕은 육체를 거스리나니 이 둘이 서로 대적함으로 너희의 원하는 것을 하지 못하게 하려 함이니라"(갈 5:17).

우리는 모든 일들에서 주님을 사랑하며 섬기기를 원하지만 종종 좌절한다. 우리의 행위는 우리의 소원을 따라가지 못한다. 육신은 우리에게 반격한다. 간절히 원했음에도 불구하고 우리는 하나님을 온전히 섬기는 데 실패한다.

그러나 우리가 이 육신을 떠난 후에는 우리 안에 내주하는 죄가 더 이상 우리를 따라오지 못할 것이라고 하나님은 약속하신다. 바울은 우리가 육신에서 건짐받을 것이라고 말하면서, 우리가 몸 밖으로 나가면 더 이상 내주하는 죄와의 싸움은 없을 것이라고 우리를 위로한다(고전 15:42-58). 부활의 몸을 입을 때 우리의 마음은 오직 주님만을 바라볼 것이다. 그렇게 될 때 우리는 아무 갈등 없이, 전심으로 그분을 사랑하게 될 것이다.

그리스도께서 원하시는 삶을 살기 위해서 우리가 알아야 할 것들이 모두 성경에 기록되어 있다. 어떤 상황에서든 간에 그분이 원하시는 대로 살 수 있는 가장 좋은 방법은 성경에서 지식뿐만 아니라 지혜까지 얻는 것이다.

지혜는 자신의 목적지를 정확히 파악하여 그곳에 도달하는 가장 좋은 길을 찾을 수 있는 능력이다. "너희 중에 누구든지 지혜가 부족하거든 모든 사람에게 후히 주시고 꾸짖지 아니하시는 하나님께 구하라 그리하면 주시리라"(약 1:5)는 말씀처럼, 지혜를 달라고 하나님께 기도하라.

주님을 위해 살려고 할 때, 계획을 잘 세워야 한다. 여러 가지 대안들을 잘 살피면서, 발걸음을 옮길 때마다 가장 좋은 방향으로 나아갈 수 있도록 도와달라고 주님께 기도하라. 우리는 항상 "주여, 이 상황에서 제가 주님께 영광을 돌리고 다른 사람들에게 유익을 줄 수 있는 가장 좋은 방법이 무엇입니까?”라고 물으면서 한 걸음씩 나아가야 한다.

주님께 이 질문을 드릴 때 우리는 또한 “주여, 만일 제가 잘못된 길로 가고 있다면 양심을 찌르시고 제 마음에 깨달음을 주소서. 제가 지금 가장 좋은 길로 가지 않는다면 저를 책망하소서”라고 기도해야 한다. 우리가 옳은 길로 가지 않는다면 우리 안에 내주하시는 성령님이 우리의 마음을 불편하게 하실 것이다. 그분은 우리가 다시 생각하고 잘못된 길에서 돌이키고 다른 명령을 기다리도록 만드실 것이다. 물론 이렇게 하실 때 그분은, 성경이 제시하는 한계 안에서 그렇게 하실 것이다.

주님이 주시는 지혜를 따른다면 항상 당신은 하나님이 당신을 위하여 예비하신 가장 좋은 길로 가게 될 것이다. 그리스도의 말씀을 듣는다면 당신은 그분이 원하시는 삶을 사는 법을 배울 것이다.

그리스도 안에서 산다는 것

예수님은 어떻게 내 안에서 사시는가? 나는 어떻게 그리스도 안에서 사는가?

이 질문들에 답하기 위해서 우선 우리는 그리스도와 우리의 관계에 대한 오해부터 바로잡아야 한다. 그분이 우리 안에 사시고 우리가 그분 안에 산다고 말할 때, 그것은 그분과의 어떤 융합을 통해 우리의 개인적 정체성이 사라지는 것이 아니다. 또한 그것은 우리가 수동적으로 가만히 있는데도 어떤 외부적 힘에 의해서 우리의 몸과 마음이 움직이는 신비한 현상도 아니다. 다시 말해서 그것은 일종의 ‘신들림’ 같은 현상이 아니다.

예수님이 당신 안에 사시고, 당신이 그분 안에 산다는 말은 그분이 당신에게 연합되어 있고, 당신이 그분에게 연합되어 있다는 뜻이다. 이런 연합에 근거하여 그분은 당신에게 힘을 주셔서 그분의 뜻대로 행하게 하신다. 그분은 당신이 무엇을 해야 할지를 보여주신다. 또한 그분은 그분의 영을 보내셔서 당신 안에 거하게 하신다. 그분이 우리 안에 거하실 수 있는 것은 바로 우리 안에 거하시는 성령님을 통해서이다. 그분은 개인적으로, 그리고 육체적으로 하늘에 계시지만, 그분의 영은 어디에나 계신다. 그분은 그분의 영으로서 모든 신자들 안에 거하신다.

그러나 그렇다고 해서 우리 모두가 똑같다는 말은 아니다. 그리스도의 영이 우리 안에 내주하신다 해도 우리 각자는 자신의 정체성과 독특한 재능과 은사를 갖는다. 하나님은 우리 모두를 다르게 만드셨다. 그러므로 그분이 우리 안에 거하신다 할지라도 그분은 여전히 우리가 서로 다른 존재가 되도록 하신다. 그분은 다양성을 존중하신다. 우리 각자에게 다양한 은사들과 재능들을 주신 그분은 우리를 통해 일하기를 기뻐하신다. 이 은사들과 재능들이 그리스도 안에 있는 우리의 생명을 표현하는 수단으로 사용될 때 이것들은 거룩해지는 것이다. 우리가 그리스도인이 되기 전에 이것들은 그리스도를 표현하는 수단으로 사용될 수 없었는데, 왜냐하면 우리 안에 그리스도가 계시지 않았기 때문이다. 그러나 이제 이것들은 그분을 나타내는 귀한 수단으로 사용된다. 그리고 우리가 이것들을 사용할 때 사람들은 우리 안에서 그리스도를 본다.

우리가 그리스도 안에서 살 때 우리에게는 다음과 같은 네 가지 일들이 반복적으로 일어나는 경향이 있다.

첫째, 우리는 하나님의 말씀과 성령님의 감동을 통해서 그분의 뜻을 깨닫고 그것을 우리의 사명으로 받아들인다.

둘째, 우리는 예수님에게 가서 "주님의 도우심과 능력이 없으면 저는 제 사명을 조금도 감당할 수 없습니다. 저 혼자 내버려두시면 저는 아무 능력이 없습니다"라고 고백한다. 우리는 발걸음을 내디딜 때마다 그분을 바라보고, 새로운 사명을 받을 때마다 그분께 능력을 구한다.

셋째, 도움을 구하는 우리의 기도가 응답받을 것이라고 믿으면서 우리는 큰 기대감을 가지고 일을 시작한다. 우리는 그분이 우리를 도우실 것임을 확신하기 때문에 담대히 일을 시작한다.

넷째, 우리의 사명을 감당했을 때 우리는 그 일을 돌아보며 감사한다. 비록 실수와 부족함이 있다 할지라도 우리는 범사에 그분의 도우심에 대해 감사한다. 우리의 잘못을 용서해달라고 그분께 기도할 때 우리는 또한 다음에는 더 잘할 수 있도록 도와달라고 기도한다.

이런 네 가지 유형이 반복적으로 나타나는 중에 우리의 삶을 살아가는 것이 곧 '그리스도 안에서 사는 것'이다.

그리스도와 함께 십자가에 못 박혔다

그리스도와 함께 십자가에 못 박혔다는 것은 그분의 죽음과 부활에서 그분과 연합되었다는 것이다. 예수님은 하나님의 아들로서 시간과 공간을 초월하신다. 그분의 십자가의 죽음과 부활은 분명히 역사적 사건이지만, 단순히 역사적 사건으로 끝나는 것은 아니다. 그것들은 그분 시대의 사람들에게 의미가 있었던 것만큼 현재의 우리에게도 의미가 있다.

"그리스도와 함께 십자가에 못 박혔다"는 말은 갈라디아서 말씀에서 유래한다. 바울은 "내가 그리스도와 함께 십자가에 못 박혔나니 그런즉 이제는 내가 산 것이 아니요 오직 내 안에 그리스도께서 사신 것이라"(갈 2:20)고 말한다. 이 구절은 "우리 옛 사람이 예수와 함께 십자가에 못 박힌 것은 죄의 몸이 멸하여 다시는 우리가 죄에게 종노릇하지 아니하려 함이니"(롬 6:6)라는 구절과 연관된다. 여기서 '우리 옛 사람'은 그리스도인이 되기 전의 사람, 즉 내주하는 죄에 지배를 받는 사람을 의미한다. '십자가에 못 박힌다'는 주제와 관련 있는 또 다른 구절은 "그리스도 예수의 사람들은 육체와 함께 그 정과 욕심을 십자가에 못 박았느니라"(갈 5:24)는 말씀이다.

그리스도와 함께 십자가에 못 박혔다는 것은 더 이상 내주하는 죄의 종이 아니라는 의미이다. 그런데 그리스도와 함께 십자가에 못 박혔다는 것과 그리스도와 함께 부활했다는 것은 마치 동전의 양면처럼 서로 뗄 수 없는 관계를 맺는다. 다시 말해서, 그리스도와 함께 십자가에 못 박혔다는 것은 부활 사건에서 그리스도와 하나가 되었다는 말이다. 이제 그분의 본능은 우리의 본능이 되었다. 그러므로 그분이 하늘 아버지를 사랑하고 기쁘게 해드렸듯이, 우리도 주(主)를 사랑하고 기쁘게 해드리고 영화롭게 하기를 지극히 갈망한다. 우리가 그리스도인의 삶을 살수 있는 것은 우리가 그리스도의 죽음과 부활에 연합되었기 때문에 가능하다.

"내가 그리스도와 함께 십자가에 못 박혔다"라는 갈라디아서 본문은 헬라어에서 '완료 시제'로 기록되어 있다. '완료 시제'는 과거에 일어난 일이 현재에 어떤 결과를 남겼을 때 사용되는 시제이다. 그러므로 나의 옛 자아는 그리스도와 함께 십자가에 못 박혔으며, 나는 그분과 함께 새 생명으로 부활했다. 나는 내면이 변화된 사람으로서 이제 십자가에 못 박히고 부활한 사람답게 살아야 한

내 안에서 역사하시는 그리스도 - 루이스 팔라우(Luis Palau)

"내가 그리스도와 함께 십자가에 못 박혔나니 그런즉 이제는 내가 산 것이 아니요 오직 내 안에 그리스도께서 사신 것이라 이제 내가 육체 가운데 사는 것은 나를 사랑하사 나를 위하여 자기 몸을 버리신 하나님의 아들을 믿는 믿음 안에서 사는 것이라"(갈 2:20).

이 말씀은 그리스도인의 삶의 본질을 말해준다. 왜냐하면 기독교의 기초는 바로 예수 그리스도의 십자가와 부활이기 때문이다. 너무나 놀라운 사실은 예수님이 신자 안에서 사시고, 그분과 신자가 영적으로 하나가 된다는 것이다. 바울은 "우리가 항상 예수 죽인 것을 몸에 짊어짐은 예수의 생명도 우리 몸에 나타나게 하려 함이라"(고후 4:10)고 말한다. 나의 의지와 하나님의 의지가 서로 충돌할 때 내 뜻보다는 그분의 뜻을 선택한다면, 이것이 바로 그리스도의 죽음이 내 안에서 역사하는 것이다. 이것이 바로 내 십자가를 지고 그분을 따르는 것이다.

다. 다시 말해서, 나는 정과 욕심으로 가득한 육체를 부정하고 날마다 하나님과 함께 사는 기쁨 속으로 들어가야 한다. 이것이 바로 그리스도와 함께 십자가에 못 박혔다는 말의 의미이다.

18 '그리스도를 닮는 것'은 무엇인가?

+ 길버트 비어스
Gilbert Beers

'그리스도를 닮는 것'은 단순히 그분을 모방하는 것이 아니라, 그분이 우리 안에 거하시는 것이다. 우리는 온갖 종류의 사람들을 모방하려고 노력할 수는 있겠지만, 그렇다고 해서 우리가 그들이 되는 것은 아니다. 이것은 예수님에 대해서도 마찬가지이다. 복음의 본질은 무엇인가? 그것은 우리가 그리스도를 모방하려고 애쓸 필요가 없다는 것이다. 왜냐하면 자신의 놀라운 계획에 따라 하나님께서는 예수님이 우리 안에 거하실 수 있는 방법을 마련하셨기 때문이다. 우리 안에 사시는 예수님 자신이 우리로 하여금 그분을 닮도록 만드신다.

매년 졸업식 때마다 휘튼대학의 졸업생들은 "나의 구주 그리스도의 마음이 날마다 내 마음속에 거하게 하옵소서. 그분의 사랑과 능력이 나의 모든 언행을 주관하게 하소서"라고 노래한다. 졸업식에 참석한 모든 사람들은 이 젊은이들의 노래를 듣고 크게 감동을 받는다. 왜냐하면 이 젊은이들이 사회에 나가서 그리스도의 인도에 따라 직업과 배우자를 선택하고 날마다의 생활에 충실할 것이 눈에 선하기 때문이다.

그리스도의 마음을 받아들이는 방법

그리스도께서 우리 안에 사시면서 우리의 모든 언행을 주관하시도록 그분의 마음을 받아들이는 방법은 무엇인가?

우선 가장 좋은 출발 방법은 복음서들을 읽고 그분이 어떤 일을 하셨는가, 그분이 왜 그런 일을 하셨는가를 배우는 것이다. 또 다른 방법은 소위 '붉은 글자 성경'(신약에 나오는 예수님의 말씀들을 붉은 글자로 인쇄한 성경)을 구입하여 그분의 말씀들만을 읽는 것이다. 어떤 사람의 말을 들으면 그 사람이 어떤 사람인지를 알 수 있다. 이것은 예수님의 경우도 마찬가지이다. 여행을 다닐 때에도 '붉은 글자 성경'을 가지고 다니면서 계속 그분의 말씀들을 읽으면서 당신의 마음을 그 말씀들로 채우라. 놀랄 만한 효과가 있을 것이다. 그 다음에는 성경을 읽을 때 다음과 같은 질문들을 던져보아라.

- 이 문맥에서 예수님은 무엇을 말씀하시는가?
- 이 말씀은 1세기에 그것을 듣는 사람들에게 무엇을 의미했는가?
- 이 말씀은 21세기를 살아가는 우리에게 무엇을 의미하는가?
- 이 말씀은 나에게 개인적으로 무엇을 의미하는가?

그리스도를 닮는 것이 어떤 것인지를 잘 가르쳐주는 전형적인 성경 구절은 빌립보서 2장 5-11절이다. 이 구절은 "너희 안에 이 마음을 품으라 곧 그리스도 예수의 마음이니"(5절)라는 아름다운 말로 시작한다. 이렇게 시작한 이 구절은 자신이 사랑하는 자들을 위하여 기꺼이 모든 것을 내어주신 그리스도의 마음이 어떤 것인지를 잘 묘사한다. 이 구절은 우리가 그 의미를 충분히 마음에 새길 때까지 읽고 또 읽어야 할 말씀이다. 여행을 할 때 이 보석을 가지고 다녀라. 주말에 이 말씀을 50번 읽도록 노력하라. 그리고 이 말씀에 대해 다른 사람들과 이야기를 나누어라. 조용한 호텔 방이나 비행기 안에서 또는 약속 장소에서 사람을 기다릴 때, 심지어 교통 신호가 바뀌기를 기다릴 때 이 말씀을 묵상하라.

그리스도를 닮는 것이 단지 그분의 언행을 흉내내는 것이 아니듯이, 그것은 그분의 사고방식들을 프로그램으로 만들어서 우리의 머릿속에 집어넣는 것이 아니다. 이런 것들도 나름대로의 의미가 있겠지만, 그리스도를 닮는 것은 무엇보다도 내부에서 시작되는 것이다. 그것은 그분이 우리 안에 거하시면서 우리를 통해서 사시도록 허락하는 것이다.

우선 우리는 그분이 우리의 구주로서 우리 안에 거하시도록 초대해야 한다. 그 다음 우리는 그분의 삶과 말씀을 연구하여 그분의 마음이 어떤 것인지를 배워야 한다. 끝으로, 우리는 그분이 우리를 통해 그분의 삶을 사시도록 맡겨야 한다. 이렇게 할 때 우리 안에 거하시는 그리스도께서 우리의 삶을 통해 나타나실 것이며, 이것이 바로 '그리스도를 닮는 것' 이다.

그리스도인의 '자기 부정' – 아지스 페르난도(Ajith Fernando)

성경은 우리의 자아를 그리스도께 맡기고 그분이 주인 되시도록 허락하라고 가르친다. 자신을 포기하고 그리스도께 맡긴 사람은 그분과의 온전한 연합을 방해하는 모든 것들을 포기한다(갈 2:20). 성경의 표현대로 말하자면, 그런 모든 것들을 "죽인다"(롬 8:13 ; 골 3:5).

우리는 더 이상 우리의 삶을 통제하지 않는다. 더 이상 우리는 우리의 생각에만 근거하여 어떤 결정을 내리지는 않는다. 왜냐하면 이제 우리의 삶의 주인은 그리스도이시기 때문이다. 그러나 우리 각자의 정체성과 개성은 구속(救贖)된 형태로 여전히 존속한다. 우리는 한편으로 우리의 주님이신 그리스도와의 관계를 즐기면서도 여전히 완전하게 우리 자신인 것이다.

'그리스도에게 바쳐진 삶'에는 어느 정도 '자기 부정'의 요소가 있게 마련이다. 이 '자기 부정' 이라는 것은 우리의 삶을 파괴하는 해로운 것들을 죽이는 부정으로, 우리의 삶을 그리스도께 바치는 것은 해로운 길이 아니라 온전한 삶을 살 수 있는 유일한 길이다.

19 그리스도의 주(主) 되심은 희생을 요구하는가?

+ 스튜어트 브리스코
Stuart Briscoe

나는 나를 처음 그리스도께 인도한 여인에게 중요한 질문을 했었다. 그녀가 나에게 제시한 복음은 아주 매력적이고 멋있었다. 하지만 나는 "내가 그리스도 인이 되기 위해서는 무엇을 포기해야 합니까?"라고 물었다. 잠깐 침묵이 흐른 후 그녀는 "오직 당신의 죄입니다"라고 대답했다.

그녀는 "하나님께서 죄의 회개를 요구하실 것입니다. 당신은 당신에게 해를 끼치는 것들로부터 돌아서야 합니다. 그것이 그리스도인에게 합당한 일입니다"라고 말했다. 나는 그녀가 하는 말의 의미를 이해했다.

만일 그녀가 "당신은 테니스, 당신의 친구들, 삶의 즐거움을 포기해야 합니다"라고 말했다면, 나는 그리스도인이 되는 것에 대하여 어쩌면 다시 생각해보았을지 모른다. 그러나 그녀가 "당신은 당신에게 해를 끼치는 것, 즉 당신의 삶을 망치는 것을 포기해야 합니다"라고 말했기 때문에, 나에게 '희생'은 부정적 의미가 아니라 긍정적 의미로 다가왔다.

그리스도를 위해서

그리스도인으로서 살아가기 위해서 나는 무엇을 해야 하는가? 이 질문에 대답하기 위해서 우리는 두 가지에 대해 논의해야 한다. 즉, '그리스도인이 되는 것'(becoming a Christian)과 '그리스도인인 것'(being a Christian)에 대해 살펴보아야 한다.

그리스도인이 될 때 나는 무엇을 희생해야 하는가? 이에 대해 성경은 우리가 희생해야 할 것을 말하지 않고, 그리스도께서 우리를 위해 희생하신 것을 말한다.

"그는 근본 하나님의 본체시나 하나님과 동등됨을 취할 것으로 여기지 아니하시고 오히려 자기를 비워 종의 형체를 가져 사람들과 같이 되었고 사람의 모양으로 나타나셨으매 자기를 낮추시고 죽기까지 복종하셨으니 곧 십자가에 죽으심이라"(빌 2:6-8).

그분의 희생이 얼마나 큰 것인지를 깨닫는 사람은 그분이 우리의 죄를 대속하기 위해 그런 희생을 치르셨다는 사실 때문에 마음에 동요를 일으킬 것이다. 그리고 그분을 사랑하게 된 사람은 그분의 생명을 희생하도록 만든 것들을 미워하게 된다. 그리스도를 사랑하는 사람은 자기가 얼마나 많이 희생해야 하느냐를 놓고 고민하지 않는다. 다만 그는 자기의 죄들을 버리기를 원한다.

그리스도인이 되기 위해서 당신은 당신의 삶에서 하나님의 은혜의 사역을 방해할 수도 있는 것들을 희생(포기)해야 한다. 그렇다면 이미 그리스도인이 된 사람은 무엇을 포기해야 하는가?

그리스도인은 그리스도께서 주님이심을 인정하고, 그분을 섬기는 종의 삶을 받아들인 사람들이다. 그러므로 그에게 있어서 이제 삶의 우선순위가 달라지는 것은 당연하다. 사도 바울은 이것을 아주 생생하게 묘사한다.

"그러나 무엇이든지 내게 유익하던 것을 내가 그리스도를 위하여 다 해로 여길뿐더러 또한 모든 것을 해로 여김은 내 주 그리스도 예수를 아는 지식이 가장 고상함을 인함이라 내가 그를 위하여 모든 것을 잃어버리고 배설물로 여김은 그리스도를 얻고 그 안에서 발견되려 함이니"(빌 3:7-9).

자신이 모든 것들을 잃어버린 이유는 바로 "그리스도를 위해서"라고 그는 분명히 밝힌다. 그러나 그는 그것을 큰 희생이라고 생각하지 않았다. 그는 그리스도를 아는 것이 가장 귀했기 때문에 다른 모든 것들을 배설물로 여길 수 있었다. 우리가 그리스도에게 더욱 사랑을 느낄수록, 그분의 제자가 되는 것이 얼마나 큰 특권인지를 알면 알수록, 우리는 우리의 포기를 희생으로 여기지 않게 될 것이다.

삶의 방식이 달라진다!

그리스도를 위해 자신의 것을 포기하려는 사람은 우선 시간 사용부터 그리스도 중심으로 바꾸어야 한다. 진정으로 하나님을 예배하고 섬기려고 한다면 우리는 빈둥거리면서 시간을 보내서는 안 된다. 심지어 때로는 돈을 버는 시간까지 제한해야 한다. 경건 생활은 거저 주어지는 것이 아니다. 규칙적으로 시간을 내어 노력할 때 경건 생활이 이루어진다.

교회의 일에 동참하려면 우리는 돈을 제대로 사용하도록 훈련받아야 한다. 다시 말해서 우리는 하찮은 것들이나 사치스러운 것들에 돈을 사용해서는 안 된다. 심지어 때로는 필수품으로 간주했던 것들조차 포기해야 한다.

자신의 삶을 바쳐서 그리스도를 섬기고자 하는 사람은 자신의 힘을 지혜롭게 사용해야 한다. 다른 일들에 우리의 힘을 실컷 사용하고 나서 남은 힘을 가지고 하나님을 섬기려는 것은 잘못된 것이다. 경건 생활을 제대로 하려면 육체적 힘도 반드시 필요하다. 다른 일들에 육체적 힘을 다 써버린 다음 경건 생활을 하려는 것은 잘못이다.

'그리스도인으로서 살아간다는 것'은 라이프-스타일(lifestyle), 즉 삶을 살아가는 방식이 달라진다는 것을 의미한다. 그것은 우리에게 적절한 삶의 기준을 세워서 살아갈 것을 요구한다. 다시 말해서 그것은 우리의 시간과 돈과 힘을 하나님을 위해 사용할 것을 요구한다. 오늘날 많은 사람들은 소위 '출세 지상주의'에 빠져 있다. 예를 들어 진급의 기회가 주어진다면 그들은 차분히 앉아서 '내가 진급하면 우리 가족에게 어떤 변화가 생길까? 그것이 나의 교회 봉사에 어떤 변화를 초래할까? 내가 하나님을 섬기는 일에 어떤 영향을 미칠까?'를 생각하지 않고 무조건 진급을 받아들인다. 그러나 때때로 우리는 더 중요한 영적인 일들을 위해 진급을 포기할 수도 있어야 한다.

어떤 사람들은 희생을 부정적으로 생각한다. 그들은 그들이 소중히 여기는 것들을 포기하는 것을 달갑지 않게 여긴다. 그들은 그것들을 계속 추구할 때 어떤 결과가 찾아올 것인지에 대해 깊이 생각하지 않는다. 그러나 그리스도인들은 그들과 달라야 한다. 그들에게 있어서 희생은 그들이 선택한 그리스도인으로서의 삶을 살 수 있게 해주는 '자기 절제'이다. 희생 곧 자기 절제는 이 세상의 삶을 풍요롭게 살게 해주고 영원한 상급을 받게 해준다. 사실, 우리가 포기하는 것들도 알고 보면 바울의 말대로 '배설물' 같은 것에 지나지 않는다.

종으로 부름 받은 사람

_하나님의 위대한 종으로 사셨던 나의 어머니 이야기

_래리 워드 Larry Ward

세상에서 가장 아름다운 단어는 '종'(servant)이라는 단어이다. 이렇게 말하면 과장이라고 느낄지 모르겠지만 나는 진심으로 하는 말이다.

주님 자신이 종의 모습으로 우리에게 찾아오심으로써 종의 모범을 우리에게 보여주셨다. 그분은 "자기를 비어 종의 형체를 가져 사람들과 같이 되셨다"(빌 2:7). 그분은 종으로 섬기는 일을 하셨다. 그렇다면, 우리가 너무 중요한 존재이기 때문에 종노릇을 할 수 없다고 말할 수 있겠는가?

'섬김'(service)은 성경에서 아주 중요한 주제이다. 성경에서 명사 '섬김' 과 동사 '섬기다'(serve)는 약 500번 나온다고 한다. 이 땅에서의 우리의 삶이 다 끝날 때가 되어서야 비로소 우리는 성경에서 이 단어들이 왜 이렇게 많이 나오는지를 이해할 수 있을 것이다. 그때 가서 삶을 되돌아볼 때, 하나님을 섬기며 살았던 인생만이 가치 있는 인생으로 여겨질 것이다.

내가 알게 된 위대한 종들 중의 한 사람은 나의 어머니이다. 그녀의 삶은 전부 섬김의 삶이었다. 무슨 일이 닥치면 어머니는 우선 다른 사람들을 배려하셨다. 이런 행동은 그 분의 본능처럼 되어버렸다. 이런 모범을 통하여 그 분은 인생의 모든 일들을, '내가 어떻게 하면 남들을 섬길 수 있을까?' 라는 관점에서 보도록 가르치셨다. 그리하여 우리도 친구를 볼 때 항상 내가 도와야 할 사람으로 보게 되었다.

어머니는 돌아가시기 전 11일 동안 혼수 상태로 있으셨다. 그 기간 동안 나는 거의 그 분의 병상을 떠나지 않았다. 그 분의 병상을 지키면서 나는, 몇 년 전에 그 분이 어떻게 예수님을 믿게 되었는지를 회상했다. 수줍고 비사교적인 성격의 소유자인 그 분은 앞에 나서서 남들을 지도한다거나 무엇을 가르치는 일을 하지 못하셨다.

어머니가 주일학교 개회식에 참석해야 했을 때마다 그 분과 나는 진땀을 흘렸다. 무엇을 낭독할 때 메모지를 든 그 분의 손은 덜덜 떨렸다. 남들 앞에 나서서 무슨 말을 한다는 것은 그 분에게는 거의 불가능했다. 그러나 그 분이 하나님의 품에 안기기 전에 의식을 잃고 병원에 누워 계실 때 그 분을 찾아온 사람들은 거의 똑같은 말을 했다.

"당신의 어머니는 내가 본 가장 위대한 그리스도인입니다."

어떤 한 여자분은 이렇게 말했다.

"내게 문제가 생기면 나는 참으로 마음 편하게 당신의 어머니에게 전화를 하곤 했습니다. 심지어 새벽 3시나 4시에 전화를 하기도 했습니다. 그런데도 그 분은 전혀 개의치 않는 것 같았습니다. 전화로 내 말을 다 들어주고 조언을 해주고 기도까지 해주었습니다."

어린 아이 둘을 데리고 찾아온 어떤 부부는 이렇게 말했다.

"당신의 어머니 때문에 우리는 주님을 알게 되었습니다. 그 분이 우리 집에 찾아와 교회에 가자고 초대했었습니다. 사실 우리는 교회에 가는 것에 관심이 없었지만, 그 분이 너무나 친절하게 초대하셨기 때문에 언젠가 한번은 교회에 가야 한다고 느꼈습니다. 주일 아침에 교회에 도착한 우리는 약간 멋쩍었고 어디로 가야 할지 몰랐습니다. 그러던 중 그 분이 미리 나와서 우리를 맞이해주셨습니다. 그 분은 우리의 이름을 불렀고, 우리의 아이들이 어디로 가야 할지를 가르쳐주셨습니다. 우리는 교회에서 다른 사람들도 알게 되었고, 그것이 너무 좋았습니다. 그로부터 몇 주 후 우리 가족은 모두 주님을 영접했습니다. 이 모든 것이 당신 어머니의 배려와 섬김 때문에 가능했습니다."

나는 어머니를 다시 쳐다보았다. 수줍은 성격 때문에 남들 앞에 나서서 하는 일을 전혀 못하셨던 분! 그러나 하나님은 남들을 돌보고 섬기는 지극히 중요한 은사를 그 분에게 주셨다. 그리고 그 분은 하나님의 종으로서 그 은사를 잘 활용하셨다.

"사절(使節)의 역할을 감당하라고 부름을 받았다면, 비굴하게 왕(王)이 되지 말라"는 역설적인 속담이 있다. 나는 '사절'을 '종'으로 바꾸어서 이 속담을 읽고 싶다. 사실 최고의 왕, 최고의 대통령, 최고의 지도자는 자기가 종이라는 것을 아는 사람이다.

시편에서 다윗 왕은 거듭 자신을 가리켜 '종'이라고 부른다. 그는 "주의 종을 노하여 버리지 마소서"(시 27:9)라고 간청하며, "주의 얼굴을 주의 종에게 비취소서"(시 31:16)라고 부르짖는다. 다윗은 왕이었지만, 무엇보다도 먼저 자신을 하나님의 종으로 여겼다. 우리 자신을 종으로 생각한다면 다른 사람들을 볼 때 "이들을 섬기기 위해 무엇을 해야 하는가?"라는 관점에서 볼 것이다. 다시 말해서, 무슨 일을 하든 우리는 "이들을 어떻게 하면 도울 수 있는가?"라고 묻게 될 것이다. 이것이 바로 종의 삶의 자세이다.

홀연히 하늘로부터 급하고 강한 바람 같은 소리가 있어 저희 앉은 온 집에 가득하며
불의 혀같이 갈라지는 것이 저희에게 보여 각 사람 위에 임하여 있더니 저희가 다 성령의 충만함을 받고(행 2:2-4).

5장
성령님

성령님은 삼위일체 하나님의 제3위인 분이시다. 그분은 생각하고 느끼며 의지를 갖고 행동하신다. 우리는 그분이 인격적 존재의 모든 속성들, 즉 지성과 감성과 의지를 가진 분임을 알 수 있다. 그분은 우리가 성경 말씀을 읽거나 들을 때 그 말씀을 깨닫도록 빛을 비추어주신다.

20 성령님은 누구신가?

✝ 노만 가이슬러
Norman Geisler

성령님은 삼위일체 하나님의 제3위인 분이시다. 그분은 생각하고 느끼며 의지를 갖고 행동하신다. 그분은 지성적 존재로서 우리를 가르치고 인도하며 지시하는 독립적 존재이시다. 성경은 우리가 그분의 마음을 아프게 만들어 슬퍼하시게 만들 수 있다고 말한다. 그분은 자신의 의지에 따라 은사들을 주신다고 한다. 그러므로 우리는 그분이 인격적 존재의 모든 속성들, 즉 지성과 감성과 의지를 가진 분임을 알 수 있다.

성령님은 성경에 영감을 불어넣으셨다. 그분은 우리가 성경 말씀을 읽거나 들을 때 그 말씀을 깨닫도록 빛을 비추어주신다. 또한 우리가 그 말씀을 삶에 적용하도록 도우신다.

그분은 삼위일체의 한 위(位)이시며, 성부 및 성자와 동등하시다. 삼위의 사역은 구별되는데, 성부는 계획하시고 성자는 성취하시며 성령은 적용하신다. 세 분이 각각 자기의 사역을 감당하심으로써 하나님의 뜻을 이루어내신다.

예수님은 "그가(성령님이) 와서 죄에 대하여, 의(義)에 대하여, 심판에 대하여 세상을 책망하시리라"(요 16:8)고 말씀하셨다. 성령님은 우리의 죄를 깨닫게 하시고 우리를 거듭나게 하시고 하나님의 생명을 주신다. 우리가 거듭난다는 것은 우리가 성령으로 난다는 말이다. 거듭난 사람 안에는 성령님이 거하신다. 우리가 그분께 순종할 때 그분은 가르치고 지시하며 충만케 하신다.

성령님과 그리스도의 차이는 무엇인가? 그리스도는 몸을 가지시지만, 성령님은 몸을 갖지 않으신다. 성령님은 영이시기 때문에 신성만을 가지신다. 우리는 그분을 만지거나 볼 수 없으며, 느낄 수도 없다. 다시 말해, 우리는 오감(五感)을 통해 그분을 알 수 없다. 그러나 그렇다고 해서 우리가 그분을 전혀 알 수 없다는 말은 아니다.

성경이 말하는 성령님

우리는 성경을 통해 성령님에 대해서 알 수 있다. 성경은 "성령이 친히 우리 영으로 더불어 우리가 하나님의 자녀인 것을 증거하신다"(롬 8:16)고 말한다. 어떤 사람들은 감정적 흥분이나 몸의 떨림을 성령님의 임재라고 믿지만, 이런 것들은 그분의 임재의 결과일 수도 있고 그렇지 않을 수도 있다. 요한일서 4장 1절의 교훈에 따라 우리는 "영들이 하나님께 속하였나 시험해야" 한다. 때때로, 성령님 임재의 결과가 아닌 것들이 그분 임재의 결과처럼 보일 수도 있다. 분별력을 갖기 위해서 우리는 우리에게 보이는 것들을 세심하게 살펴야 한다.

바울은 "술 취하지 말라 이는 방탕한 것이니 오직 성령의 충만을 받으라"(엡 5:18)고 가르친다. 술을 마시면 술에 취하게 된다. 사람들은 술의 유혹에 넘어가 의지적으로 술을 마신다. 알코올이든 아니면 어떤 종류의 약물이든 간에 그것을 마시거나 먹으면 그것들의 통제를 받게 된다.

그러나 우리가 우리의 삶에 대한 통제권을 성령님께 넘겨드리면 우리는 그분으로 충만하여 그분의 통제를 받게 된다. 누군가 "성령으로 충만하다는 것은 우리가 그분을 더 많이 갖는 것을 의미하지 않고, 그분이 우리를 더 많이 갖는 것을 의미한다"고 말했다. 우리는 그분의 한 부분을 소유할 수 없다. 그분은 영이시기 때문에 작은 조각들로 나뉠 수 없다.

에베소서 5장 18절에 사용된 동사의 시제는 현재 시제이다. 그러므로 "성령의 충만을 받으라"는 말은 "계속적으로 성령의 충만을 받으라"는 말이다. 성령 충만은 한 번 충만해지고 더 이상 일어나지 않는 일이 아니다. 그것은 날마다 우리의 삶에 대한 통제권을 그분께 넘겨드리는 것을 의미한다.

21 성령님이 하시는 일은 무엇인가?

+ 데이빗 매케나
David McKenna

성령님의 사역에 대해서 논할 때 우리는 그분이 위로하시고 인도하시고 능력을 주시고 은사를 주시고 깨끗케 하시고 거룩하게 하시는 사역에 대해 강조한다. 물론 이런 것들은 모두 그분의 필수적인 사역들이다. 하지만 요한복음 16장에서 예수님은 성령님이 담당하시게 될 특정한 사역들에 대해서 말씀하셨다.

첫째, 성령님은 우리를 가르치신다.

예수님은 "진리의 성령이 오시면 그가 너희를 모든 진리 가운데로 인도하실 것이다"(요 16:13)라고 말씀하셨다. 성령님이 그리스도인들을 모든 진리 가운데로 인도하시는 방법은 그리스도께서 말씀하신 것들을 생각나게 하는 것이다.

성령님의 인도하심은 우리 각 사람의 삶 가운데 인격적 관계 속에서 점진적으로 이루어진다. 그분은 우리의 영적 성장을 위해 개입하시는데, 그분의 개입은 우리의 영적 성장에 필수적이다. 그분이 우리에게 진리를 가르치시는 것은 우리가 그 진리대로 살도록 하기 위함이다. 그분은 단지 한 가지 영역에만 개입하시는 것이 아니라 우리 삶의 모든 영역들에 개입하신다. 그리하여 그분의 사역은 우리의 삶이 온전한 삶이 되도록 만드신다. 온전한 삶에 도달할 때 우리는 이 악한 세상에서 그리스도인의 삶을 성공적으로 살아갈 수 있다.

둘째, 성령님은 우리를 책망하신다.

요한복음에서 예수님은 "그가(성령님이) 와서 죄에 대하여, 의(義)에 대하여,

심판에 대하여 세상을 책망하시리라"(요 16:8)고 말씀하신다. 이렇게 말씀하신 후 그분은 이 말씀에 대하여 다음과 같이 하나하나 설명하신다.

"죄에 대하여라 함은 저희가 나를 믿지 아니함이요 의에 대하여라 함은 내가 아버지께로 가니 너희가 다시 나를 보지 못함이요 심판에 대하여라 함은 이 세상 임금이 심판을 받았음이니라"(요 16:9-11).

먼저 성령님은 우리가 죄인임을 깨닫게 하신다. 성령님은 찌르는 막대기처럼 우리의 양심을 찔러서 죄를 깨닫게 하신다. 세속적 의미에서든 영적 의미에서든 간에 인간의 죄의 본질을 과소평가하는 사람은 누구나 복음을 왜곡시키는 것이다. 왜냐하면 자신이 죄인임을 깨닫지 못하는 사람은 구원 받을 수 없기 때문이다. 성령님은 예수 그리스도 안에서 나타난 하나님의 은혜를 통하지 않고는 누구나 죄에서 벗어날 수 없다는 것을 깨닫게 하신다. 성령님은 우리의 행위 때문이 아니라 하나님의 은혜 때문에 우리의 삶에 변화가 일어난다는 사실을 늘 우리에게 상기시키신다.

그리고 성령님은 오직 그리스도 안에서만 의가 발견된다는 것을 우리에게 깨닫게 하신다. 성령님은 그리스도의 삶의 모범을 우리에게 늘 제시하신다. 예를 들면 우리가 윤리적 문제나 직업 선택의 문제에서 고민할 때 성령님은 그리스도의 모범을 생각나게 하신다. 그분은 우리로 하여금 '그리스도라면 이런 상황에서 어떻게 하셨을까?'라고 생각하도록 도우신다.

또한 성령님은 이 세상과 세상의 모든 일들이 하나님의 심판 아래에 있다고 깨닫게 하신다. 우리가 세상에서 하나님의 일을 해야 하는 것은 사실이지만, 그렇다고 우리 자신을 과대평가해서는 안 된다. 왜냐하면 이 세상의 구원이 우리 손에 달린 것은 아니기 때문이다. 우리가 하나님의 일을 해야 하는 것은 사실이지만 어디까지나 항상 성령님의 통제 아래서 해야 한다.

셋째, 성령님은 우리에게 소망을 주신다.

"그가(성령님이) 장래 일을 너희에게 알리시리라"(요 16:13)는 말씀에 나와 있듯이, 성령님은 가르치고 깨닫게 하실 뿐만 아니라 미래의 일들을 알려주신다. 이기적이고 자기도취적인 이 세대의 가장 큰 죄는 인생을 자기중심적인 근시안(近視眼)으로 본다는 것이다. 이 세대 사람들은 "지금 내게 가장 좋은 것이 무엇인가?"라는 행동 기준에 따라서 산다.

그리스도인들은 낙천주의자가 될 수밖에 없는데, 왜냐하면 성령님께서는 주 권자이신 하나님이 우리를 위하여 모든 것이 합력하여 선을 이루게 하신다고 가르쳐주시기 때문이다. 여호와께서는 바벨론에서 종살이하는 이스라엘 사람들에게 예레미야 선지자를 통하여 이렇게 말씀하셨다.

"나 여호와가 말하노라 너희를 향한 나의 생각은 내가 아나니 재앙이 아니라 곧 평안이요 너희 장래에 소망을 주려 하는 생각이라"(렘 29:11).

그분은 우리의 삶을 온전한 단계로 끌어올리신다. 그분은 우리의 죄를 깨닫게 하시고, 그리스도의 의를 보여주시며, 이 세상이 심판을 받았다는 것을 상기시켜주신다. 이렇게 그분은 우리에게 소망을 주신다.

22 '성령을 받는 것'의 의미는 무엇인가?

✝ 래리 크리스텐슨

Larry Christenson

'성령을 받는 것'이라는 주제는 모든 그리스도인들이 마땅히 관심을 가져야 할 중요한 주제이다. 하지만 이 문제에 관하여 많은 오해들과 엇갈린 주장들이 난무하는 것이 현실이다. 성령을 받아야 한다는 것에는 모든 그리스도인들이 동의한다. 그러나 우리가 언제 성령을 받는가, 어떻게 받는가, 그리고 성령을 받으면 어떤 일들이 일어나는가에 대하여 여러 견해들이 엇갈린다.

신약성경의 기자들은 '성령을 받는 것'에 대하여 언급하지만, 그들이 그것을 언급하는 맥락은 서로 다르다. 사도 바울은 "너희는 다시 무서워하는 종의 영을 받지 아니하였고 양자의 영을 받았으므로 아바 아버지라 부르짖느니라"(롬 8:15)고 말한다. 여기서 그는 우리를 하나님의 가족의 일원이 되도록 만들어주시는 성령님에 대하여 언급한다. 한편, 누가는 "성령이 너희에게 임하시면 너희가 권능을 받을 것이다"(행 1:8)라는 예수님의 말씀을 기록해놓았다. 그는 '성령을 받는 것' 또는 '성령으로 충만해지는 것'에 대해 언급하는데, 그것을 '사역을 감당하기 위한 능력'이라는 관점에서 언급한다.

그런데 우리는 바울이 그의 문맥에서 사용한 '받다'라는 말의 개념을 누가의 글에 그대로 적용해서는 안 된다. 만일 그렇게 한다면 누가가 말하려고 하는 본래의 의미가 왜곡될 것이며, 그 결과 우리는 성령님이 누가를 통해서 드러내고자 하는 독특한 강조점을 놓치게 된다.

'성령을 받는 것'과 '그리스도를 영접하는 것'은 동일한 것인가? 이 두 가지를 동일한 것으로 보는 것이 바울의 기본적 시각이지만, 그렇다고 그가 '은사적 능력을 받는다'는 의미에서 '성령을 받는 것'을 부정하지는 않는다. 그는 갈라디아 교인들에게 "너희가 성령을 받은 것은 율법의 행위로냐 듣고 믿음으로냐 … 너희에게 성령을 주시고 너희 가운데서 능력을 행하시는 이의 일이 율법의 행위에서냐 듣고 믿음에서냐"(갈 3:2,5)라고 묻는다. 갈라디아 교인들은 성령님의 능력이 은사적으로 임하는 것을 경험했는데, 바울은 그들에게 자신들의 이런 경험에 주목하라고 상기시키면서 "너희에게 이런 경험이 있다는 것은 그리스도를 영접한 너희의 신앙이 구원의 참신앙이라는 증거이다"라고 말한다. 결국 바울은 은사적 성령의 임재를 인정하면서도 "그리스도를 영접할 때 우리는 성령을 받는다"는 기본적 시각을 갖고 있다. 한편, 누가는 강조점을 조금 달리하는데 그에게 있어서 '성령을 받는 것'은 이미 그리스도를 믿은 자들이 그분을 더 잘 섬기도록 능력을 받는 것을 의미한다.

어떤 사람들은 다소간 자기도 모르게 성령을 받는다. 또 어떤 사람들은 아주 의도적이며 의식적으로 성령을 받는다. 어떤 사람들은 성령의 극적인 나타나심을 체험하며, 또 어떤 사람들의 경우 성령의 나타나심이 다소 차분하다. 사람들이 성령을 받는 방식은 상황이나 개인의 성격, 연령, 환경 및 교회 분위기에 따라 달라진다. 그러나 성령을 받는 방식보다 더 중요한 것은 성령을 받은 후에 어떻게 행하느냐이다. 결혼에 비유하여 설명해보자. 큰 교회에서 결혼식을 올리는 사람도 있고, 가족끼리 조촐하게 결혼식을 치르는 사람도 있다. 어떻게 결혼식을 치렀느냐가 그 후의 결혼 생활을 결정하는 것은 아니다. 중요한 것은 결혼식 후에 어떻게 결혼 생활을 영위하느냐이다.

날마다 성령 충만

그리스도인의 삶을 제대로 살기 위해서는 성령을 받는 것이 중요하다. 우리는 누가의 메시지를 분명히 이해하고 받아들여야 한다. '성령을 받는 것'은 단 한 번만 일어나는 사건이 아니고 평생에 걸쳐서 일어나야 하는 일이다. 그것은 날마다 필요하다. 어떤 경우들은 특히 성령 충만을 필요로 한다(행 4:31 ; 7:55). 성령 충만은 극적인 형태로 나타날 수 있으며, 초자연적 표적을 동반할 수도 있다. 그것은 복음 증거와 복음 사역을 위한 새로운 영역을 열 수 있다. 또한 그것은 성령의 열매의 조용한 성장으로 나타날 수 있다. 성령님이 우리를 통제하신다는 것은 그분이 우리를 움직이셔서 하나님의 일을 하나님의 방법으로 성취하게 만드신다는 것이다.

오늘날 30억의 사람들이 아직도 복음에 대해 듣지 못하고 있다. 이런 엄청난 선교적 도전 앞에 처한 오늘날의 교회 현실을 볼 때, 누가처럼 우리도 하나님의 일을 효과적으로 감당하기 위해 능력을 받는다는 의미에서 '성령을 받는 것'의 중요성을 강조해야 한다. 우리는 성령님에 관한 과거의 오해들을 바로잡고 복음 증거의 사역을 계속적으로 충실히 수행해야 할 것이다.

나는 그리스도가 나의 구주이신 것을 알고, 그분에 관해 완전히 정통적인 교리를 믿는다. 그러나 만일 그분이 내 안에 살아계시지 않는다면 이런 지식과 믿음은 의미가 없다. 성령님의 사역의 결과, 내 안에는 두 가지 본질이 존재한다. 즉, 그리스도의 살아계신 임재와 나의 인성(人性)이 연합되어 있다. 성령 안에서 산다는 것, 즉 성령 충만한 삶을 산다는 것은 그리스도의 살아계신 임재가 내게 권위를 갖는다는 것을 의미한다. 육신적으로 산다는 것은, 내가 권세를 갖고 그리스도는 내 안에서 활동하실 수 없다는 것을 뜻한다.

성령 충만한 삶을 사는 법, 즉 내 안의 그리스도의 임재를 활성화시키는 법은 무엇인가? 나는 다음과 같은 두 가지 방법이 있다고 믿는다.

먼저 성령님께 "예"라고 말씀드려야 한다. 그분을 인정하고 그분께 도움을 구해야 한다. 이렇게 할 수 있는 가장 자연스러운 방법은 날마다 기도하는 것이다. 우리가 성령님을 인정할수록 그분은 더욱 우리를 위해 활동하신다. 그러면서 성령님을 날마다 인정해야 한다. 그래야 그분은 내 안에서 더욱 더 자유롭게 일하실 수 있다. 그러므로 나는 매일매일의 생활 속에서 이렇게 기도한다.

"주님, 저는 저의 상황에서 이렇게 행동합니다. 저의 행동이 주변 사람들의 삶과 저의 내적 생명에 어떤 영향을 미칠지 저는 잘 모릅니다. 그러하오니 주님이 저의 행동을 통하여 주님의 영원한 뜻을 이루시옵소서."

내 안에 계신 성령님이 활동하시도록 하는 또 다른 방법은 육신을 단호히 이기는 것이다. 우리의 육신은 자기의 잃어버린 권세를 되찾으려고 끊임없이 시도한다. 그러므로 우리는 육신에게 그런 기회를 주면 안 된다. 바울은 "너희는 성령을 좇아 행하라 그리하면 육체의 욕심을 이루지 아니하리라"(갈 5:16)고 가르친다.

바울은 "육체의 욕심을 갖지 말라"고 말하지 않는다. 모든 사람들에게는 육체의 욕심이 있다. 그러므로 육체의 욕심이 없다고 말한다면 그것은 위선일 것이다. 중요한 것은 육신에게 내 삶의 운전대를 내주면 안 된다는 것이다. 우리는 육신에게 "너는 내 생활의 운전석에 앉을 수 없다"고 말해야 한다. 육신적 욕구가 있다 할지라도 우리는 그것에 따라서 행동해서는 안 된다. 육신에게 "노"(No)라고 말할 때 우리는 성령님께 선택권을 드릴 수 있게 된다.

더 이상 논쟁하지 말라

얼마 전 나는 아내와 함께 유럽 여행을 하고 있었다. 어느 날 아침 나는 아내와 심하게 의견이 대립되었다. 나는 그녀에게 매우 화가 났다. 왜냐하면 그녀가 완전히 잘못 생각하고 있다고 느꼈기 때문이다. 마침 우리는 기차를 탈 예정이었기 때문에 나는 속으로 "침대 열차에서 독방을 얻게 되면, 아내의 잘못된 생각을 완전히 고쳐주겠다"고 생각했다.

호텔에서 퇴실 수속을 하기 위해 승강기를 타고 내려오는 중에 나는 성령님이 내게 "아내와 더 이상 논쟁하지 말라"고 말씀하시는 것을 느꼈다. 성령님의 말씀은 너무나 분명했다. 나는 짜증이 났다. 마음속으로 성령님께 내 주장을 펴려고 했지만, 그분은 "안 돼. 쓸데없는 짓 하지 마. 시간 낭비야"라고 말씀하셨다. 그분의 말씀에 따라 나는 더 이상 아내와 논쟁하지 않았다.

그때 문제의 해결은 내가 전혀 예상하지 못했던 방식으로 찾아왔다. 우리는 기차에서 독방을 얻게 되었다. 나는 우리의 논쟁거리에 대해 아내에게 한마디도 말하지 않았다. 아내는 우리의 아이들 중 한 아이의 문제를 위해 기도하자고 제안했다. 우리는 함께 열심히 기도했다. 두세 시간 후에 기차에서 내릴 때 호텔에서 내 마음을 무겁게 했던 아내와의 문제는 완전히 사라지고 없었다. 그것은 더이상 전혀 중요한 문제가 아니었다.

성령님은 우리가 우리의 아이를 위해 기도하기를 원하셨다. 나는 아내의 잘못을 고쳐주겠다는 육신적 생각에 사로잡혀 있었지만, 내가 그런 육신적 욕구를 거부했을 때 성령님은 활동하셨다. 그분이 나의 주인이 되셔서 주도권을 취하시자 문제가 자연히 해결되었다. 그분이 상황을 주장하시도록 하려면 우리가 육신의 욕구를 거부해야 한다. 육신에게 "노"(No)라고 말할 때 우리는 성령님이 어떻게 행하실 것인지를 정확히 알지 못할 수도 있다. 그러나 일단 우리가 그분께 길을 열어드리면 그분은 나중에 우리에게 깨달음을 주실 것이다.

오늘날 대부분의 사람들은 개인주의적 태도를 갖고 살아간다. 나름대로 사회적 관계를 맺고 살지만 무엇보다도 자신들을 고독한 개인으로 여긴다. 그러나 그리스도인들은 달라야 한다. 그리스도인이 되었다는 것은 고독한 삶에서 관계적 연합의 삶으로 바뀌었다는 것이다. 이런 연합의 삶은 날마다 깊어져야 한다. 날마다 우리는 우리 안의 그리스도의 임재를 더욱 깊이 느껴야 한다. 이렇게 되려면 날마다 육신을 거부하고 성령님을 따라야 한다.

전진할 때와 머물 때

때때로 성령님은 "나는 네가 지금 쉬기를 원한다. 지금은 네가 무엇을 할 때가 아니다"라고 말씀하신다. 성령님이 원하시는 것이 우리의 휴식이라면 휴식은 신앙의 완벽한 표현이 된다. 그러나 때때로 성령님은 "너는 이제 충분히 쉬었다. 이제는 일어나 전진할 때이다"라고 말씀하신다.

이스라엘 민족이 광야를 통과할 때 구름 기둥이 그들을 인도했다. 어떤 때에는 구름 기둥이 그들을 휴식으로 인도했고, 또 어떤 때에는 그들을 전진하게 했다. 그들은 구름 기둥의 인도를 받기 위해서 늘 그것을 바라보아야 했다. 이것을 우리에게 적용하여 말하자면, 우리는 늘 성령님을 바라보아야 한다. 그분이 언제 우리에게 전진하라고 하시는지, 언제 우리에게 진을 치라고 말씀하시는지를 알기 위해서 우리는 늘 그분의 인도에 민감해야 한다.

23 어떻게 성령 충만을 받을 수 있는가?

+ 빌 브라이트
Bill Bright

'성령으로 충만하다'는 것은 그리스도에 의해 통제를 받는 것을 의미한다. 하나님의 성령은 그리스도를 영화롭게 하려고 오셨다. 내가 성령으로 충만할 때 예수 그리스도는 그분의 모든 부활의 능력 가운데 나를 통하여 그분의 삶을 사시며, 내 몸 안에서 행하시며, 내 마음으로 사랑하시며, 내 머리로 생각하신다. 우리가 믿음으로 그리스도를 영접하듯이, 우리는 믿음으로 성령 충만을 받는다. 사도 바울은 "술 취하지 말라 이는 방탕한 것이니 오직 성령의 충만을 받으라"(엡 5:18)고 가르친다. "성령의 충만을 받으라"는 표현을 본래 신약성경이 기록된 헬라어 원전에서 찾아보면 "계속적으로 성령의 충만을 받으라"고 표현되어 있다. 성령 충만은 그리스도인의 삶의 방식이 되어야 한다. 아침에 일어나서 밤에 잠들 때까지 그리스도인은 늘 성령 충만해야 한다.

하나님은 어떤 일을 행할 수 있는 능력을 주시지 않으면서 그 일을 하라고 말씀하시지는 않는다. 우리가 하나님의 뜻대로 구하면 그분이 들으시고, 그분이 들으시면 우리에게 응답해주신다고 가르친다(요일 5:14,15). 우리가 성령 충만한 것이 하나님의 뜻이라는 것을 우리는 잘 안다.

그리스도를 영접할 때 우리는 성령으로 충만해지며, 인(印)침을 받아 그리스도의 몸의 일부가 된다. 세례를 받아 그리스도의 몸 안으로 들어가는 것은 한 번 일어나지만, 성령 충만은 여러 번 일어난다. 그렇기 때문에 "계속적으로 성령의 충만을 받으라"(엡 5:18)고 가르치는 것이다.

우리 안에 거하시는 성령님

우리가 영적으로 태어날 때 성령님은 우리에게 찾아오셔서 충만케 하시고 우리 안에 거하신다. 그리고 그분은 결코 우리를 떠나지 않으신다. 그러나 우리가 그분이 감동을 주실 때 그것을 거부하거나 그분의 마음을 아프게 하면 그분은 더 이상 우리를 인도하거나 어떤 지시도 주시지 않는다. 만일 우리가 거짓말을 하거나 교만하거나 성령님을 근심하게 만들거나 하나님의 법을 어기는 방법을

성령 충만 받는 법 – 조시 맥도웰(Josh McDowell)

- 성령 충만을 갈망해야 한다. 예수님은 "의에 주리고 목마른 자는 복이 있나니 저희가 배부를 것임이요"(마 5:6)라고 말씀하셨다.
- 우리의 모든 죄들을 고백해야 한다. 성경은 "만일 우리가 우리 죄를 자백하면 저는 미쁘시고 의로우사 우리 죄를 사하시며 모든 불의에서 우리를 깨끗케 하실 것이요"(요일 1:9)라고 가르친다. 하나님이 우리의 죄들을 용서하신 것에 대해 우리는 믿음으로 감사해야 한다(골 2:13-15 ; 히 10:11,12).
- 우리는 성령님께 우리를 충만하게 해달라고 기도해야 한다.
  "그를 향하여 우리의 가진바 담대한 것이 이것이니 그의 뜻대로 무엇을 구하면 들으심이라 우리가 무엇이든지 구하는 바를 들으시는 줄을 안즉 우리가 그에게 구한 그것을 얻은 줄을 또한 아느니라"(요일 5:14,15).
  우리가 성령으로 충만하여 믿음으로 행하는 것이 하나님의 뜻이다. 그분은 "술 취하지 말라 이는 방탕한 것이니 오직 성령의 충만을 받으라"(엡 5:18)고 말한다. 하나님은 우리에게 내주하시는 성령님의 능력에 의지하여 살라고 명령하신다. 그러므로 우리가 그분께 구하기만 한다면 그분은 우리를 성령으로 충만하게 하시고 능력을 베풀어주실 것이다.
- 우리는 성령으로 충만하게 해주신 것에 대해 하나님께 감사하면서 순간순간 믿음으로 살아야 한다. 성령으로 충만해졌을 때 나는 이렇게 기도했다.
  "사랑하는 하늘의 아버지시여, 저에게는 하나님이 필요합니다. 저는 저의 삶을 제가 주장하면서 죄를 지은 것을 고백합니다. 그러나 하나님이 그리스도의 십자가의 죽음을 통하여 저의 죄들을 용서하신 것을 감사합니다. 이제 저는 그리스도께서 저의 인생의 보좌에 앉으시기를 기도합니다. 주님은 성령으로 충만하라고 명령하셨으며, 믿음으로 구하면 성령 충만을 주시겠다고 약속하셨습니다. 그러하오니 저를 성령으로 충만하게 하옵소서. 저의 믿음이 표현으로써 저는 이제 주님이 제 인생을 주장하시고 성령으로 충만하게 하신 것에 대해 감사합니다. 예수님의 이름으로 기도합니다. 아멘."

사용한다면 우리는 우리의 힘에 의지하는 것이다. 이렇게 되면 육신이 우리를 지배하게 된다. 이렇게 되면 매사에 우리는 성령님의 감동의 불을 끄게 된다. 이것은 남편과 아내의 관계에 비유될 수 있다. 결혼할 때 남편과 아내는 "죽음이 갈라놓을 때까지" 서로에게 복종하겠다고 다짐한다. 그들은 서로를 사랑하면서 살아간다. 그러나 어느 날 남편은 아내를 화나게 하는 일을 행한다. 또는 아내는 남편을 모욕하는 일을 행한다. 이렇게 되면 그들의 관계는 껄끄럽게 변한다. 그들은 여전히 부부이고 여전히 한 집에 살지만, 더 이상 소통하지 않는다.

성령님과 그분의 사역에 대해 무지하기 때문에 그분이 자기 안에 살고 계신지 아닌지를 모르는 사람들이 있다. 오죽하면 "만일 성령님이 교회에서 떠나신다 할지라도 대부분의 사람들은 그것을 느끼지 못할 것이다"라는 말이 나왔겠는가? 그러므로 우리는 세 가지를 명심해야 한다. 첫째, 우리가 영적으로 태어날 때 성령님은 우리에게 찾아오셔서 거하신다. 둘째, 그분은 결코 우리를 떠나지 않으신다. 셋째, 죄 때문에 우리가 그분을 슬프게 하거나 그분의 능력의 불을 끈다면 그분의 능력은 더 이상 우리 안에서 활동하지 않는다. 성령님과의 관계를 회복하는 길은 우리의 죄들을 자백하고 그리스도의 주되심을 인정하고 의(義)를 갈망하는 것이다. 예수님은 "의에 주리고 목마른 자는 복이 있나니 저희가 배부를 것임이요"(마 5:6)라고 말씀하셨다.

우리가 진정으로 영적인(신령한) 사람이 되려면 우리는 절대적으로 그리스도를 우리 삶의 주님으로 모셔야 한다. 왜냐하면 성령님에 의해 통제를 받는다는 것은 "그리스도는 주님이시다"라고 선언하는 것을 의미하기 때문이다. 그런데 슬픈 사실이 있다. 대부분의 그리스도인들이 구원 받은 것에 대해 처음에 얼마 동안 기뻐하다가 어느덧 로마서 7장에 묘사된 그런 육신적 그리스도인으로 바뀐 후에는 여생을 '어린아이 그리스도인'으로서 살아간다는 것이다. 그들은 성령님이 어떤 분이신지, 그분이 어떻게 활동하시는지를 이해하지 못한다. 그들은 죄의 문제를 어떻게 처리해야 할지를 모르기 때문에 주님의 기쁨을 맛볼 수 없다.

감정이 아닌 믿음으로 살라!

성령님에 의해 통제받는 사람과 육신적 사람 사이에는 큰 차이가 있다. 성령님은 그리스도를 영화롭게 하기 위해 오셨다. 성령으로 충만할 때 우리는, 마음으로 주께 노래하며 찬송하며 범사에 우리 주 예수 그리스도의 이름으로 항상 아버지 하나님께 감사하면서 그리스도를 영화롭게 한다(엡 5:18-20). 육신의 능력을 사용하여 억지로 기쁨과 사랑을 만들어내는 것은 불가능하다. 반면 성령님은 우리 안에서 열매를 맺으시기 때문에 우리의 삶 속에서는 사랑, 희락, 화평, 오래 참음, 자비, 양선, 충성, 온유 및 절제가 나타나게 된다.

하나님과의 관계에서 믿음에 의존하지 않고 감정에 의존할 때 문제가 생긴다. 의인(義人)은 감정으로 사는 것이 아니라 믿음으로 산다. 감정은 때로 위험한 것이 될 수 있다. 오늘날 교회의 큰 비극들 중의 하나는 객관적인 것보다는 주관적인 것을 강조한다는 것이다. 오늘날의 그리스도인들은 하나님과 그분의 말씀에 의지하기보다는 감정에 의지해서 살아간다. 그리하여 그들은 자신이 신령하다고 느끼지 못할 경우, 자기에게 무엇인가 문제가 있다고 믿는다. 그러나 이것은 잘못된 생각이다.

우리의 삶 속에 죄가 있다면 그것을 고백해야 한다고 성경은 가르친다. '고백한다'는 것은 하나님의 판단에 동의한다는 것을 의미한다. 그분의 판단에 동의할 때 우리는 몇 가지 일들을 하지 않을 수 없다. 첫째, 성령님을 슬프게 하거나 그분의 감동의 불을 끄는 행위는 무엇이든지 죄라는 것을 인정해야 한다. 하나님 없이 자기의 힘으로 살 수 있다는 태도, 은근히 교만한 것, 속이는 것도 성령님을 근심하게 하는 죄이다. 둘째, 예수님이 내 죄에 대한 대가를 십자가에서 지불하셨다는 것을 인정해야 한다. 셋째, 회개해야 한다. 회개한다는 것은 하나님의 영광을 가리는 나의 행위를 버리고, 그분의 명령을 따른다는 것을 의미한다. 성령님이 나의 삶을 주장하실 때 나의 사고방식, 말, 태도, 욕구 및 행동이 그리스도를 높이고 영화롭게 하게 된다.

그리스도의 막노동꾼

_중국 선교를 위해 기꺼이 중국인을 자처한 허드슨 테일러 이야기

_존 폴록 John Pollock

막노동꾼들은 그들이 들고 가던 바구니들을 내려놓았다. 할 일이 많은 여인들조차 조심스럽게 다가오기 시작했다. 인근의 매점들을 지키던 가게 주인들도 가게를 내버려둔 채 몰려들었다. 23세의 허드슨 테일러는 다른 모든 개신교 선교사들과 마찬가지로 신사복 정장 차림이었다. 이 모습은 길고 헐거운 겉옷을 즐겨 입는 중국의 교사들이나 신사들의 모습과는 확연히 대조되었다. 사람들은 이 '외국에서 온 희한한 사람'에 대한 호기심으로 그의 주변에 몰려들었던 것이다.

우선 테일러의 신사복이 그들의 눈길을 사로잡았다. 말씀을 선포하기 전에 먼저 이 젊은 테일러는 그의 바지의 주름과 상의의 단추와 그의 땋은 머리에 대해 쏟아지는 질문들에 대답해야 했다. 드디어 그는 예수님을 증거하기 시작했다. 그의 말은 단순했지만 열정이 넘쳤다. 설교를 하던 중 한 남자가 가까이 다가왔고 설교는 잠시 중단되었다.

그 남자는 "외국인 양반, 한 가지 질문을 해도 되겠습니까? 옷에 단추를 다는 것은 비가 오거나 바람이 불 때 사용하라고 옷의 앞에 다는 것인데, 어찌하여 선생님의 이 멋진 옷에는 단추들이 뒤쪽에 달려 있습니까?"라고 물었다.

순간 무리는 웅성거리기 시작했고 설교 본문이고 뭐고 다 날아갔다. 빅토리아 시대(1837~1901)의 신사복의 뒤쪽 허리 부분에 단추 세 개가 달렸다는 이유 때문에….

테일러는 자신을 중국인처럼 만들겠다고 결심했다. 그러나 길고 헐거운 옷을 사고 대부분의 머리털을 밀고 남은 엷은 갈색 머리털을 검게 물들여서 길게 땋아 늘일 경우 또 다른 문제가 발생할 것이 뻔했다. 즉, 그가 그렇게 하면 다른 선교사들이 혐오감과 두려움을 느낄 것이고, 주중(駐中) 영국 영사(領事) 및 중국에서 활동하는 영국인 사업가들이 분노할 것이었다. 왜냐하면 그들은 서양식 복장이야말로 그들의 우월성을 나타내는 아주 좋은 표시라고 믿었기 때문이다. 영국에 계신 테일러의 부모도 충격을 받을 것이 뻔했다. 그러나 테일러는 하나님의 분명한 소명을 받은 자로서 자기가 믿음으로 그렇게 하지 않으면 안 된다고 느꼈다.

그가 머리를 염색하기 위해 염료를 혼합하는 실험을 하는 중 암모니아 병이 폭발하는 바람에 산(酸)이 그의 얼굴에 쏟아졌다. 그의 두꺼운 고급 안경이 그의 눈을 보호해주었다. 한 시간 전에 큰 빗물 통에 물을 가득 채워놓지 않았었다면 그는 산 때문에 질식사했을 것이다.

그 후 그는 머리를 미는 수치를 잘 견뎌냈으며, 남은 머리털을 땋았다. 1855년 8월 그는 상하이를 빠져나오는 즉시 새로운 자유를 느꼈다. 그가 전도할 때 사람들은 대개 그가 외국인인 것을 알아보았지만, 그것을 개의치 않았다. 왜냐하면 그들의 눈에는, 그가 '서양 도깨비'의 경멸스러운 옷 대신 품위 있는 중국 옷을 입은 점잖은 손님으로 보였기 때문이다. 다른 서양 사람들의 분노와 혐오감은 그의 내적 기쁨에 비하면 아무것도 아니었다. 그는 부모에게 이렇게 편지를 썼다.

"미래가 아무리 미로처럼 얽혀 있을지라도 저는 걱정하지 않습니다. 왜냐하면 이제까지 저의 길을 한 걸음 한 걸음 평탄하게 이끌어주신 하나님이 함께 계시기 때문입니다. 저는 지금 하나님을 전보다 더 사랑합니다. 앞으로도 그분을 더욱 사랑하기를 원합니다. 그분의 뜻에 따라 그분을 섬길 것입니다."

다른 선교사들과 마찬가지로 그는 1년에 네 번 적은 액수의 봉급을 받기로 선교회와 계약한 후 파송을 받아 중국으로 왔었다. 그러나 '중국복음화협회'라는 선교회는 재정 상태가 취약했기 때문에 종종 봉급을 보내지 않았고, 때로는 봉급을 삭감하여 보냈다. 그 결과 테일러는 중국에서 궁핍하게 살 수밖에 없었다.

홍수나 산적 때문에 보급품이 전달되지 못할 때 그는 기도했고, 하나님은 놀라운 방법으로 그의 필요를 채워주셨다.

물건을 도둑맞은 며칠 후 영국의 사업가 버거 씨에게서 손실액수에 상응하는 기부금을 받은 체험을 한 테일러는 결국 소속 선교회와 결별하고 오직 믿음으로 살기로 결심했다.

그는 깃발들을 만들어서 구약의 유명한 두 장소의 이름들을 한자(漢字)로 써 넣었다. 그것들은 '에벤에셀'('도움의 돌'이라는 뜻. 블레셋 사람들을 쳐부순 사건을 기념하기 위해 사무엘이 기념석을 세웠던 장소. 삼상 7:12)과 '여호와이레'('하나님이 준비하신다'는 뜻. 하나님께서 이삭을 대신하여 바칠 수양을 준비하여 주신 장소에 아브라함이 붙인 이름. 창 22:14)였다. 그는 이 두 말의 깊은 뜻을 체험을 통해 배운 사람이었다. 결국 그는 "하나님의 일을 하나님의 방법으로 하는 자들에게는 하나님이 모든 것들을 채워주신다"라는 믿음으로 '중국내지선교회'(the China Inland Mission)를 창설하게 되었다.

예수는 그 지혜와 그 키가 자라가며 하나님과 사람에게 더 사랑스러워 가시더라(눅 2:52).

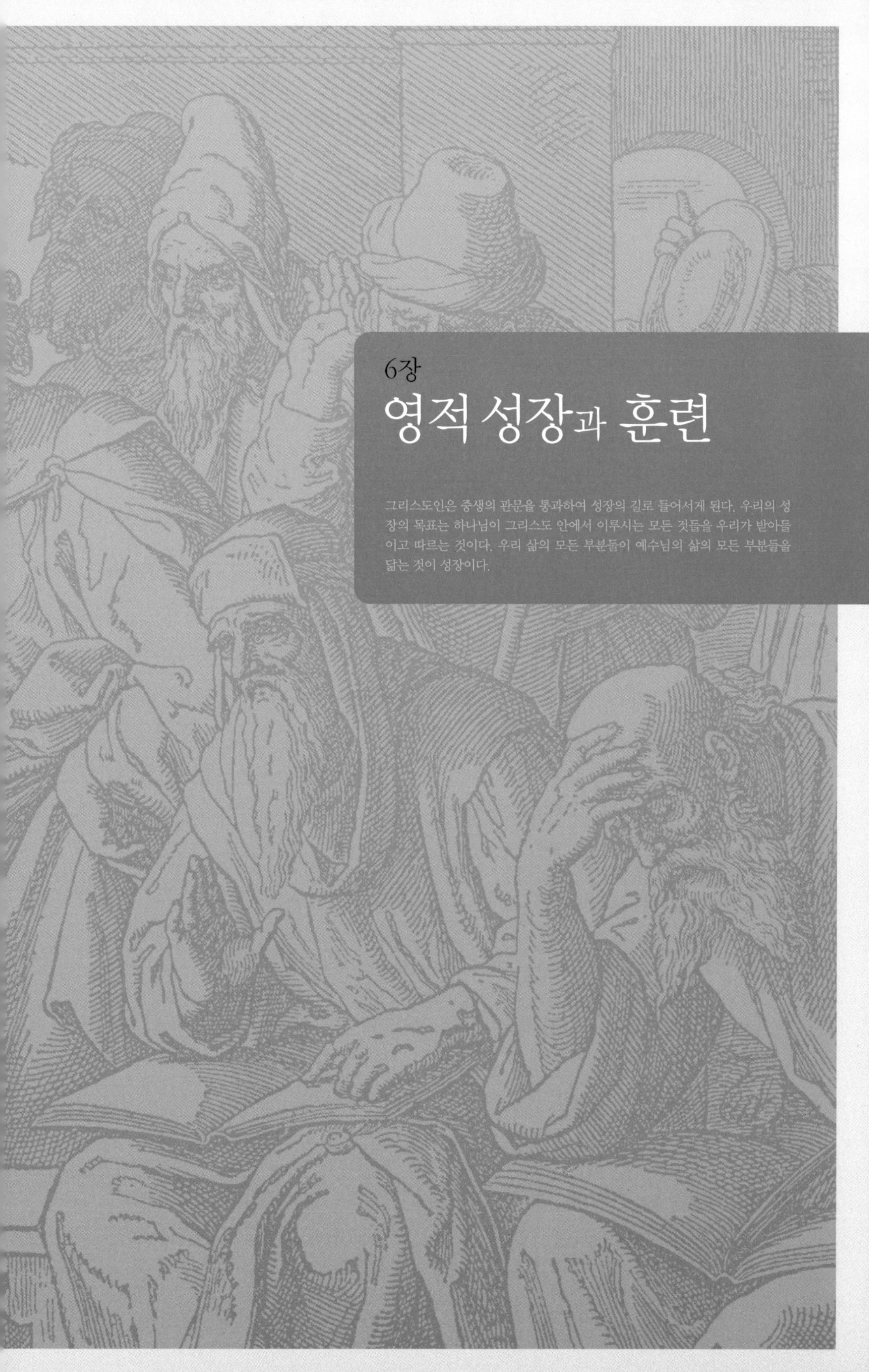

6장
영적 성장과 훈련

그리스도인은 중생의 관문을 통과하여 성장의 길로 들어서게 된다. 우리의 성
장의 목표는 하나님이 그리스도 안에서 이루시는 모든 것들을 우리가 받아들
이고 따르는 것이다. 우리 삶의 모든 부분들이 예수님의 삶의 모든 부분들을
닮는 것이 성장이다.

24 영적 성장이 필요한 이유는 무엇인가?

+ 유진 피터슨
Eugene Peterson

어떤 사람이 회심한 것을 보고 기뻐하는 것은 지극히 당연한 일이다. 회심은 인생에서 가장 중요한 일이기 때문이다. 그것은 그리스도 안에서 새로운 피조물로 태어나는 것이다. 그러나 기뻐하는 것으로 끝나서는 안 된다. 그 후에는 성장이 뒤따라야 한다. 그러므로 '영적 성장'이라는 복잡한 과정에 대해 무지하거나 무관심한 것은 용납될 수 없다. 모든 그리스도인은 중생의 과문을 통과하여 성장의 길로 들어서게 된다. 성장의 과정은 많은 시간과 훈련과 인내와 지식을 필요로 하기 때문에 많은 사람들은 성장을 외면하고 회심에만 관심을 쏟는다. 그것은 회심이 일순간에 도달할 수 있는 사건이기 때문이다. 전도를 강조하는 것은 좋지만, 전도를 너무 강조하느라고 영적 성장을 소홀히 하는 것은 잘못이다.

성경이 말하는 '성장'

성경은 그리스도인의 성장과 성숙에 대한 언급들로 가득하다. 예를 들면 누가복음은 예수님과 세례 요한이 성장하였다고 말한다. 세례 요한은 "자라며 심령이 강하여졌다"(눅 1:80). 예수님은 "그 지혜와 그 키가 자라가며 하나님과 사람에게 더 사랑스러워가셨다"(눅 2:52). 신약에서 세례 요한과 예수님의 공적(公的) 사역에 대한 기록들이 나타나기 직전에 제시되는 마지막 묘사는 바로 '자랐다(성장했다)'는 것이다. 가장 위대한 선지자인 요한과 유일한 메시아이신 예수님은 성장한 후에 사역을 감당하셨다.

사도 바울은 신자들에게 성령 충만한 생활을 하도록 권할 때 '성장에 관한 어휘들'을 종종 사용했다. 그는, 우리의 신앙이 성숙할 때 우리가 더 이상 어린아이가 되지 않고, 범사에 머리이신 그리스도에게까지 성장할 것이라고 말했다(엡 4:14,15). 그는 데살로니가 교회의 신앙이 성장한다고 칭찬하였다(살후 1:3).

베드로는 신자들에게 "오직 우리 주 곧 구주 예수 그리스도의 은혜와 저를 아는 지식에서 자라가라"(벧후 3:18)고 권했다. 그들을 새로 태어난 아기에게 비유하면서 또한 그는 "갓난아이들같이 순전하고 신령한 젖을 사모하라 이는 이로 말미암아 너희로 구원에 이르도록 자라게 하려 함이라"(벧전 2:2)고 말했다.

성장은 우리에게 하나님나라에 동참하라고 권하는 몇 가지 비유들에서 기본적 은유로 나타난다. 가장 극적인 성장의 은유는 요한복음의 중간쯤에 나타난다(요 12:24). 여기서 예수님은 씨앗이 땅에 떨어져 죽으면 성장하게 되고, 그렇지 않으면 성장할 수 없다고 말씀하신다. 요한복음 전체는 성장의 은유가 나타난 구절을 중심으로 해서 두 부분으로 나뉜다. 성장은 요한복음의 중요한 주제이다. 요한에 의하면, 우리의 성장의 목표는 하나님이 그리스도 안에서 이루시는 모든 것들을 우리가 받아들이고 따르는 것이다. 우리 삶의 모든 부분들이 예수님의 삶의 모든 부분들을 닮는 것이 성장이다.

성장이 고통일 수 있다

우리가 성경의 교훈에 따라서 신앙생활을 하면 성장은 당연한 결과로 주어진다고 말할 수 있다. 어린아이가 자라는 것은 지극히 당연한 것이다. 그러나 안타깝게도 때때로 어떤 부모들은 그들의 자녀들이 평생 미성숙한 상태에 머물도록 만들고 만다. 심지어 어떤 기독교 지도자들도 그렇게 한다. 그러나 그들이 그런 행위를 중단하고 성령님께서 활동하시도록 길을 연다면 성장이 시작되고, 신자들은 그들 속에서 활동하시는 성령님의 은사들을 소유하게 될 것이다.

하나님이 우리 안에서 활동하실 때 성장이 이루어지는 것은 자연스러운 일이
다. 그러나 이것이 자연스럽다고 해서 아무 고통 없이 이루어지는 것은 아니다.
우리의 마음과 감정과 행동이 동참할 때 비로소 성장이 일어난다. 그러므로 성
장의 과정에서 우리는 고통스럽다고 느낄 수도 있다. 사실 우리는 영적 성장을
위해 노력하는 일에 익숙하지 못하다. 하지만 실망할 필요는 없다. 어떤 것이든
새로운 것을 시도할 때에는 어려움과 고통을 느끼기 마련이다. 운동선수들은 훈
련을 시작하면 근육에 통증을 느낄 수 있다. 그리스도께 헌신하고 그분의 명령
에 복종할 때 우리의 능력 이상으로 노력을 해야 하고, 따라서 그것이 고통을 줄
수도 있다. 그러나 이런 고통은 형벌이나 고뇌 때문에 생기는 고통과는 다르다.
성장을 위한 고통은 우리가 나중에 후회하게 될 고통이 아니다. 그것은 질병이
나 노이로제가 아닌 건강을 가져다준다.

대부분의 성장은 우리가 의식하지 못하는 가운데 진행된다. 이 점에서는 생
물학적 성장과 영적 성장이 서로 유사하다. 이런 성장들은 눈에 보이지 않는다.
다만 그 결과가 눈에 보일 뿐이다. 더욱이, 가까이 있는 사람일수록 이런 성장들
을 몰라보게 된다. 성장 그 자체는 신비로운 것이다. 성장과 관련하여 우리가 행
하는 모든 것들이 의미 있는 것이기는 하지만, 그럼에도 불구하고 결정적 역할
을 하지는 못한다. 그리스도인의 성장은 성령님의 일이다. 그분이 성장의 방향
과 형태를 결정하신다. 때때로 그리스도인 공동체는 신자의 성장 과정에서 나타
나는 혼란과 불편 때문에 불평하기도 하지만 그래도 그의 성장을 보면서 놀라움
의 탄성을 지르지 않을 수 없다.

영적 성장을 위한 예배

자신의 영적 성장의 상태를 확인하기 위해서 자신의 내면을 자꾸 들여다보는
것은 지혜로운 방법이 아니다. 자기의 영적 체온을 자꾸 재보는 것은 오히려 건
강에 해롭다. 왜냐하면 성장은 말없이 조용히 진행되기 때문이다. 영적 성장은
관찰을 불허한다. 자꾸 내면을 들여다보는 사람은 사실 자기의 감정 상태를 들
여다보는 것이다. 감정 상태를 확인해보았자 얻는 것은 없다. 왜냐하면 감정은
특히 신앙 문제에서 우리를 너무나 자주 속이기 때문이다.

영적 성장에 세심하게 신경을 쓰다보면 자칫 지나치게 자기 자신을 들여다보는 내성적 신경증에 빠질 수 있는데, 이렇게 되지 않는 유일한 방법은 예배 공동체에 참여하는 것이다. 건강한 영적 성장을 얻기 위해서는 다른 사람들, 즉 형제, 자매, 목회자, 교사를 필요로 한다. 교만한 마음 때문에 고립적인 생활을 하는 사람은 영적으로 성장할 수 없다. 그리스도의 이름으로 모인 두세 사람은 서로를 건강하게 만들어줄 수 있다.

하나님은 우리에게 다양한 성장의 방법들을 허락하신다. 예를 들면 기도, 성경, 침묵, 고독, 고난 및 봉사 같은 것들이다. 하지만 기본적으로 가장 중요한 방법은 공적(公的) 예배이다. 혼자 고립된 상태에서는 영적 성장이 이루어지지 않는다. 영적 성장은 하나님과 신자 사이의 은밀한 문제가 아니다. 예배는 내가 하나님께 나아가는 것이다. 내가 이렇게 나아갈 때 하나님은, 그분이 사랑하시는 다른 신자들이 있는 곳에서 나에게 사랑을 베푸신다. 다른 어느 시간보다 예배 때에 나는 하나님의 행하심과 나의 이웃의 어려움에 관심을 갖고 마음을 열 수 있다. 이렇게 관심을 가질 때 나는 하나님이시며 사람이신 그리스도의 장성한 분량까지 성장하게 된다. 성장하는 어린아이에게 의식주가 필요하듯이, 성장하는 그리스도인에게는 정기적인 경건한 예배가 필요하다. 예배는 영적 성장을 가능하게 하는 빛과 공기이다.

낙심의 때를 지나

신앙의 성숙의 과정을 통과하고 있는 사람은 누구나 그 과정이 평생의 과정이라는 것을 곧 알게 될 것이다. 그는 낙심이 성장을 위한 한 고통임을 깨달을 것이다. 신앙적으로 성장하는 사람은 누구나 낙심의 때를 거치지 않을 수 없다. 낙심은 그리스도인의 생활에 이질적인 것이 아니라, 신앙생활의 한 부분이다.

우리의 삶을 평가하되 그것을 하나님이 하시는 일의 관점이 아니라 우리가 하는 일의 관점에서 평가한다면 낙심할 수밖에 없다. 우리는 하나님께서 그분이 원하시는 일을 하시도록, 그분이 충분한 시간을 갖고 그 일을 하시도록 그분께 맡겨야 한다. 하지만 안타깝게도 우리는 우리의 계획표를 그분 앞에 내민다. 우리는 우리의 스케줄에 따르기를 시도한다. 그러다가 나름대로 성공했다고 판단하면 교만과 자기만족에 빠진다. 그러나 하나님은 이것을 용납하지 않으신다. 우리가 잘못된 방향으로 나아갈 때 그분은 도와주지 않으신다. 그러므로 일이 꼬여서 우리가 낙심하게 되는 것은 당연하다. 이럴 때 낙심은 우리를 성장 정지 상태에서 벗어나게 하는 자극제로 작용할 수도 있다. 낙심은 마치 찌르는 막대기처럼 작용하여 우리를 자꾸 성장의 길로 몰아넣을 수 있다. 쾌활한 표정으로 낙심을 감추거나 오락거리 등으로 도피하는 사람은 영적으로 성숙할 수 없다.

우리가 낙심할 수밖에 없는 상황에 대해 분개하거나 아니면 그 상황 자체를 인정하지 않으면서 자신을 속일 때 사탄은 교묘하게 파고들어 우리를 그리스도를 향한 신앙에서 멀어지게 만든다. 그러나 이런 상황을 성령님의 훈련 과정이라고 믿고 환영한다면 우리는 영적으로 깨어나게 된다. 그리고 우리는 자신이 성장을 거부하면서 잘못된 방향으로 가고 있음을 깨달을 것이고, 성령님이 우리 안에서 시작하시려는 일에 마음의 문을 열게 될 것이다.

영적 성장의 중요성 – 게리 도시(Gary Dausey)

- 영적 성장은 우리가 생활 속에서 받게 되는 스트레스에 대항할 수 있는 영적 능력을 향상시킨다. 하나님은 그리스도인들이 이 세상에서 아무 문제없이 평안하게 살 것이라고 약속하지 않으셨다. 다만 그분은 삶의 문제들에 맞설 수 있는 능력을 우리에게 주실 뿐이다.
- 영적 성장은 우리를 죄로부터 막아줄 수 있는 벽을 우리 주위에 쌓아준다. 그리스도께서는 광야에서 사탄에게 시험을 받으실 때(마 4장) 하나님의 말씀을 사용하셔서 그의 공격을 성공적으로 물리치셨다. 하나님의 말씀에 깊이 믿음의 뿌리를 내린 사람은 날마다 그 말씀에 의지하여 승리의 삶을 살 수 있다.
- 영적으로 성장한 사람은 다른 사람들에게 모범을 보이기 때문에 그리스도의 영광을 드러낸다. 영적으로 성장할 때 우리 주님은 우리 삶의 모든 부분들을 통제하시며, 그분의 도우심에 힘입어 우리는 다른 사람들에게 좋은 모범을 보일 수 있다.

25 "나는 너무 부족하다"고 느끼고 있는가?

+ 리처드 핼버슨
Richard Halverson

다른 그리스도인들을 보면서 "나는 너무 부족하다"고 말한 적이 있는가? 그런 적이 있다면 축하할 만한 일이다. 당신에게 필요한 하나님의 은혜가 예수 그리스도 안에서 제공된다는 것을 안다면 당신은 실로 부유한 자이다. 자신의 부족함을 느끼는 것은 약점이 아니라 장점이다.

하나님이 용납하지 못하시는 것은 '부족함'이 아니라 '미지근함'이다. 주님은 라오디게아 교회에게 "네가 이같이 미지근하여 더웁지도 아니하고 차지도 아니하니 내 입에서 너를 토하여 내치리라"(계 3:16)고 말씀하셨다. 하나님은 자신의 부족함을 정직하게 인정하는 사람을 내치지 않으신다. 그분은 이것도 아니고 저것도 아닌 어중간한 사람을 싫어하신다. 아무 부족함을 느끼지 못하는 사람이 있다면, 그는 죽은 사람일 것이다. 배고프고 목마르고 휴식을 원한다는 것은 살아 있다는 증거이다.

그리스도인의 삶도 마찬가지이다. 당신의 영적 생활이 살아 있다면 당신은 성장해야 할 필요성을 느낄 것이고, 적극적으로 영양분을 섭취할 것이다. 죽은 사람은 의식주가 필요 없다. 마찬가지로, 영적으로 죽은 사람은 자기가 영적 영양분을 섭취해야 한다는 것을 모른다.

부족함을 느낀다면 그리스도를 의지하라

부유한 라오디게아 교회는 물질적으로는 넘쳤다. 그래서 자기들에게 하나님이 필요하다고 느끼지 못했다. 그들은 모세가 약속의 땅으로 들어가려던 이스라엘 백성에게 경고한 말을 기억했어야 했다.

"네 하나님 여호와께서 … 너로 배불리 먹게 하실 때에 너는 조심하여 너를 애굽 땅 종 되었던 곳에서 인도하여 내신 여호와를 잊지 말라"(신 6:10-12).

하나님의 은혜가 필요하다는 것을 알고 그것이 예수 그리스도 안에서 제공된다는 것을 깨닫는 것이 성장의 필수 조건이다. 이제 69세가 된 나의 가장 큰 소망은 하나님의 은혜 안에서 살아가는 것이다. 내 인생의 가장 큰 소원은 그리스도의 뜻을 헤아리고 따르는 것이다. 나는 내가 가난한 것을 늘 느낀다. 내가 소유한 유일한 생명은 바로 그리스도라는 것을 나는 잘 안다. 이것을 나는 종종 나의 실수와 범죄를 통해서 새롭게 깨닫는다. 그럴 때면 나는 그분이 내 안에서 사시도록 허락한다. 그분이 계시지 않다면 나는 아무것도 할 수 없다.

그리스도께서 당신 안에서 사시도록 진정 허락하기를 원한다면, 그분이 원하시는 방식대로 살아야 한다. 베드로는 최후의 만찬 자리에서 크게 소리쳤다. 그는 주님을 결코 버리지 않겠다고 말했으나, 조금 후에 저주하면서 주님을 부인했다. 그리고 그는 자신의 잘못을 깨닫고 나가서 울며 회개했다. 그는 자신의 약속을 지키지 못했음을 깨달았다. 그는 자신의 힘으로는 자기의 결심을 지키면서 살 수 없다는 것을 배웠다.

후에 예수님이 베드로를 회복시키실 때(요 21장) 그분은 "네가 나를 사랑하느냐?"고 물으셨다. 베드로는 "주여, 내가 주를 사랑하는 줄을 주께서 아십니다"라고 대답했다. 그의 말 속에는 "주여, 저는 제가 약속을 지키지 못했음을 압니다. 저의 행동은 주님을 향한 저의 사랑을 입증하지 못했습니다. 그러나 주님은 제 마음을 아십니다"라는 뜻이 담겨 있다. 우리는 외적 행동을 우리의 내적 확신과 일치시켜야 한다. 이것은 오직 그리스도의 능력을 통해서만 가능하다.

아무리 좋은 의도를 갖는다 해도 우리 모두는 베드로처럼 실패한다. 그러나 실패할 때마다 우리는 우리 자신, 즉 육신을 신뢰할 수 없다는 것을 배운다. 그리고 실패할 때마다 하나님은 우리가 그분을 믿고 의지하도록 인도하신다.

오스왈드 챔버스(Oswald Chambers. 1874~1917. 영국의 성경 교사이며 복음적 신비주의자)는 "그리스도를 신뢰하지 않는 사람은 거듭 환멸에 빠질 뿐이다"라고 말했다. 자신에 대해 환멸과 회의를 느끼고 자신의 부족함을 깨닫는 것이 영적 성숙 과정의 한 부분이다. 이런 과정을 통해서 우리는 베드로처럼 예수님께 돌아가게 된다.

당신이 부족함을 느낀다면 그리스도를 의지하라. 당신의 부족함을 고백하고,

그분의 은혜를 통해 회복의 단계로 들어가라. 이것이 그분의 구속(救贖)의 핵심이다. 그분은 우리를 치유하시고 새 생명을 주신다.

날마다 서재를 떠나기 전 나는 "하나님, 저를 옷처럼 입으세요"라고 말씀드린다. 나의 옷은 그 자체로서 아무것도 아니다. 그것은 생명이 없다. 내가 옷을 벗으면 내 옷은 자신의 힘으로는 일어서거나 걸을 수 없다. 바닥에 떨어질 뿐이다. 나는 그리스도를 향하여 바로 이런 옷과 같은 존재가 되고 싶다. 나는 오직 그리스도께서 나의 생명이 되시기를 원한다. 왜냐하면 그분은 내 안에 사시며, 나를 통해 그분의 뜻을 이루고 사랑을 나타내시기 때문이다(갈 2:20).

26 나의 성격 자체가 변화되어야 하는가?

+ J. I. 패커
J . I . P a c k e r

고대 그리스인들은 네 가지 기본적인 체질이 있다고 믿었다. 명랑하고 낙천적인 '다혈질', 정열적이고 감정의 기복이 심한 '담즙질', 차가운 기질의 '점액질', 그리고 우울해지기 쉬운 '우울질'이 그것이다.

당신의 성격은 그리스도인으로서의 당신의 성장에 영향을 미칠 것이다. 왜냐하면 당신을 늘 괴롭히는 당신의 약점, 죄, 문제들이 당신의 성격에서 나온다고 생각되기 때문이다. 다혈질은 낙천적 성격 때문에 무책임한 사람이 되기 쉽다. 담즙질의 사람은 항상 참을성이 부족하다. 당신이 점액질이라면 당신은 아마도 남들을 멀리하고 거부하는 죄에 자주 빠질 것이다. 우울질의 사람은 의심과 불평과 분노에 빠져서 기쁨과 평안이 없는 생활을 할 가능성이 아주 높다. 그러나 우리가 그리스도께 나아갈 때 그분은 우리의 이런 약점들을 처리해주시고 우리에게 더 긍정적인 태도와 습관을 심어주실 것이다.

영적 성장은 인격의 변화

영적 성장은 당신과 주님의 관계의 문제이다. 바울은 "우리가 다 수건을 벗은 얼굴로 거울을 보는 것같이 주의 영광을 보매 저와 같은 형상으로 화하여 영광으로 영광에 이른다"(고후 3:18)고 말한다. 다시 말해서 우리는 우리가 바라보는 대상을 닮아간다는 말이다. 우리가 주 예수님을 볼 때 그분을 닮는 습관이 우리 안에 형성된다. 이것이 바로 인격의 변화이다.

하나님과 함께 많은 어려움을 헤쳐나온 사람들은 그렇지 못한 사람들보다 더 성숙할 수 있다. 그들은 은혜 안에서 성장했으며, 그들의 신앙은 더 확고한 기초 위에 세워진다. 그들은 흔들리는 신앙을 가진 사람들보다 신앙적으로 더 성숙해져 있다.

다른 때보다도 특히 어려움을 당할 때 영적 성장의 정도가 드러나기 마련이다. 시련 속에서 주님은 그들에게 도전하시고, 그들은 그 도전에 어떻게 반응할 것인가를 결정해야 한다. 이런 반응의 과정에서 두 가지가 드러나는데, 하나는 그들이 은혜 안에서 성숙했는지의 여부이며, 또 하나는 그들이 어떤 방향으로 성장해야 하는지의 문제이다. 만일 그들이 성격적 기질이나 주변 친구들 때문에 나쁜 습관들에 젖어 있다면 시련의 시간이 그것을 드러낼 것이다. 자신의 나쁜 습관들을 발견한 사람은 주님께 그것들을 뿌리뽑아달라고 기도해야 할 것이다.

우리 모두는 전부 체질적(기질적) 약점들을 가지고 있다. 하지만 나는 어떤 특정한 기질이 다른 기질보다 더 영적 성장에 방해가 된다고 보지는 않는다. 성장을 가로막는 것은 부주의, 죄, 타협에 빠져서 첫사랑이 식어지는 것이다. 다시 말해서 영적인 문제이지 체질이나 성격의 문제가 아니다.

예를 들어 완고한 성격의 소유자가 있다고 해보자. 이 사람은 본래 생각과 의심이 많기 때문에 어떤 새로운 것을 받아들이기 전에 요모조모로 따져본다. 그러다보니 그는 주님의 부르심에 반응하는 데도 느릴 수밖에 없다. 그는 늘 자기 방식에 집착하는 성격이다.

완고함을 특정 체질들과 연관지을 수도 있지만, 기본적으로 그것은 정신적 습관의 문제이다. 이것은 타락한 인간의 교만의 표출이다. 하지만 하나님은 이를 처리하는 방법을 아신다. 우리가 어떤 상태에 있든 그분은 우리를 다루는 법을 아시기 때문에 우리를 점진적으로 순종의 길로 인도하신다. 그분은 완고함에 빠진 사람을 가르치셔서 마음을 열고 그분의 말씀을 듣게 하신다.

우리는 때때로 너무 완고한 것 같다. 그리고 우리는 이런 사실을 대부분 잘 인식하고 있다. 그러나 우리가 "내가 완고한 것은 사실이지만 과거보다는 덜 완고한 것이 감사하다"라고 말할 수 있다면, 그것은 우리가 은혜 안에서 성장했다는 표시이다.

중요한 것은, 우리가 뒤를 돌아보면서 "내가 아직도 가야 할 길이 먼 것은 사실이지만, 그래도 과거보다는 많이 좋아졌다"라고 말할 수 있다는 것이다. 우리는 우리가 변한 사실을 적극적으로 증거해야 한다. 하나님이 은혜 가운데 당신에게 행하신 것에 대해 감사하라. 당신을 다른 사람들과 비교하지 말라. 그것은 당신을 낙심하게 만들 수도 있기 때문이다. 주님이 당신을 바꾸신 것만을 기억하라. 그렇게 할 때 당신은, 그분이 당신의 다른 죄들과 문제들과 심지어 완고함까지 처리해주실 것이라는 믿음을 가질 수 있다.

바꾸어야 할 습관이나 태도는?

우리의 감정을 정직하게 살피고 바꾸어야 할 습관을 찾아내고 주님께 도움을 구하는 것이 중요하다. 그분은 성실하시기 때문에 틀림없이 우리를 도우실 것이다. 바꾸어야 할 습관이나 태도가 없는 사람은 없다. 어떤 사람들은 습관적으로 다른 사람들을 향해 분노심을 품는다. 또 어떤 사람들은 거의 감사할 줄 모른다. 그리스도인의 삶을 시작한 사람은 누구나 자기의 잘못된 점들을 찾아내어 주님께 그것들을 바꾸어달라고 기도해야 한다. 이렇게 하는 사람은 남들에게 귀한 간증을 제공할 수 있을 것이다. 즉, 그는 주님이 그를 위해 이루신 일을 증거함으로써 그분께 영광을 돌릴 것이다.

서로 다른 체질들 때문에 서로 다른 문제들이 생길 수 있지만, 모든 그리스도인들은 예수님과의 관계 안에서 믿음과 소망과 사랑을 성장시켜야 한다. 그렇게 할 때 우리의 다른 갈등들이 사라질 것이다.

어떤 체질이든 간에 성장하려는 사람은 은혜의 방편들을 사용해야 한다. 은혜의 방편으로는 기도, 성경 연구, 교인들과의 교제, 성찬 참여를 들 수 있다. 기도는 늘 주님과 교제하는 것이다. 공기가 육신의 생명을 위해 필수적이듯이, 기도는 그리스도인의 생활에 필수적인 것이다. 성경을 읽고 연구하는 것 역시 필수적이다. 성경은 우리 영혼의 양식이다. 신자들 간의 교제도 필수적이다. 우리 각자는 서로의 도움과 격려를 필요로 하는데, 왜냐하면 신앙의 길을 혼자서 잘 갈 수 있는 사람은 아무도 없기 때문이다. 또한 예수님의 사랑과 능력을 가장 잘 깨달을 수 있는 때는 바로 성찬에 참여할 때이다.

우리의 체질이 어떻든 간에, 우리가 그리스도인으로서 어느 정도 성장했든 간에, 우리는 우리에게 일어나는 상황을 받아들이고 그것을 성숙의 기회로 활용해야 한다. 왜냐하면 언제나 새로운 상황이 벌어지고, 여러 가지 다른 모양으로 우리가 스트레스를 받기 때문이다. "우리가 알거니와 하나님을 사랑하는 자 곧 그 뜻대로 부르심을 입은 자들에게는 모든 것이 합력하여 선을 이루느니라"(롬 8:28)는 말씀에 용기를 얻어 우리는 좋은 때나 나쁜 때 모두 하나님과 성실하게 동행하는 법을 훈련해야 한다. 다시 말해서 우리는 어떤 상황이 닥치든 간에 그것을 통하여 하나님이 우리에게 무엇을 가르치시려는 것인지를 헤아려야 한다. 성장하기 위해서는 날마다 "주님, 저와 동행하시고 오늘 저에게 닥치는 상황 속에서 저의 체질을 통제하여 주십시오"라고 기도해야 한다. 이렇게 기도한 사람은 또한 날마다 하나님을 의식하면서 동행하기를 힘써야 한다.

성경의 원리들은 우리 모두에게 똑같이 적용되지만 각각의 사람의 경험은 서로 다른 방식으로 형성될 수 있다. 왜냐하면 하나님은 각자에게 맞는 성장 프로그램을 가지고 계시기 때문이다. 그분은 내가 특히 어떤 부분에서 약한지를 아신다. 그분은 나의 체질이 어떤 점에서 나를 곤경에 빠뜨릴지를 아신다. 그분은 나의 가장 약한 부분이 보완되도록 일들을 전개시키신다. 그분의 성장 프로그램은 마치 체육관에서 선수 각자의 상태와 수준에 맞게 맞춤 처방한 훈련 프로그램과 같다. 감독은 선수들의 어떤 근육이 약한지를 우선 파악할 것이다. 그런 다음 그는 그 약한 근육을 강화시키기 위해 훈련 프로그램을 짤 것이다. 그러므로 선수 각자의 훈련은 서로 조금씩 다를 수밖에 없다.

우리의 체질이 우리의 영적 성장을 방해해서는 안 된다. 하나님은 우리 각 사람들을 독특하게 창조하셨다. 그러므로 그분은, 각각의 사람이 그에게 합당한 독특한 방법으로 성장하도록 인도하실 것이다.

영적 성장을 위한 지침 10가지 — 한나 허나드(Hannah Hurnard)

① 이제까지 포기할 수 없다고 여긴 것들의 목록을 적고 전부 포기하여 하나님께 맡겨드려라.

② 이른 아침 경건의 시간(QT)을 가짐으로써 하나님과 교제하라. 이 시간에 그분의 음성을 들어라.

③ 하나님께 당신의 모든 사랑을 바쳐라. 그렇게 할 때 하나님의 사랑이 당신에게 부어질 것이고, 그 사랑에 힘입어 당신은 그분의 사랑의 능력으로써 모든 사람들을 사랑할 수 있을 것이다.

④ 다른 사람들을 당신 자신처럼 사랑하는 법을 배워라. 당신 자신에게 행하는 대로 다른 사람들에게도 행하라.

⑤ 다른 사람들이 당신에게 행한 악한 일들을 용서하고 잊는 법을 배워라. 당신이 용서한 일들에 대해 말하지 말라.

⑥ 날마다 당신에게 일어난 일들에 대해 감사하면서 그분을 찬양하라. 좋은 일에 대해서뿐만 아니라 나쁜 일에 대해서도 그렇게 하라.

⑦ 부정적 생각들을 버리고 입술을 깨끗하게 하라. 그러면 오직 선하고 사랑스럽고 참되고 유익한 것들만을 생각하고 말하게 될 것이다. 빌립보서 4장 8절을 외워라.

  "종말로 형제들아 무엇에든지 참되며 무엇에든지 경건하며 무엇에든지 옳으며 무엇에든지 정결하며 무엇에든지 사랑할 만하며 무엇에든지 칭찬할 만하며 무슨 덕이 있든지 무슨 기림이 있든지 이것들을 생각하라."

⑧ 진정으로 회개하라. 이것은 당신의 잘못된 행위를 미워하고, 다시는 그런 행위를 하지 않도록 하나님의 은혜에 의지하는 것을 의미한다.

⑨ 다른 사람들을 위한 중보 기도를 드려라. 성경은 순종하는 믿음으로 하나님의 능력을 받아, 그 능력을 필요로 하는 사람들에게 전해주라고 가르친다. 이 과정에서 중보 기도가 필요하다.

⑩ 예수님과 함께 사는 것을 항상 머릿속에 그려라. 그분이 언제나 눈에 보이게 당신 곁에 계신 것처럼 행동하고 말하고 생각하라.

27 '성화'란 무엇인가?

+ 제임스 보이스
J a m e s   B o i c e

거룩함(성결)은 중요하고 또한 실제적이다. 거룩함이 중요한 이유는 하나님이 거룩하시기 때문이다. 거룩함이 실제적인 이유는 하나님이 우리에게 거룩하라고 명령하시기 때문이다. 그러나 많은 그리스도인들은 거룩함이 무엇인지 모른다. 대부분의 그리스도인들은 이렇게 말한다.

"거룩하지 못한 사람들은 맨 밑바닥에 있다. 평균적인 사람들은 중간쯤에 있다. 선한 사람들은 꼭대기 근처의 상위권에 있다. 그러나 예수님을 제외하고는 누구도 100퍼센트 거룩하지 못하다."

그러나 이런 설명은 잘못된 것이다. 도덕성이 '성결'에 포함되는 것은 사실이지만, 그것들이 성결의 본질은 아니다. 성결의 본질은 '구별되는 것'이다.

하나님은 유일무이한 분이시다. 그분은 다른 모든 존재들과 무한히 구별된다. 거룩한 하나님 같은 존재는 아무도 없다. 하나님의 거룩함에는 여러 측면들이 있다. 빛은 하나이지만 그 빛이 프리즘을 통과하면 동시에 많은 빛들이 생긴다. 마찬가지로 하나님의 거룩함은 하나이지만 거기에는 많은 요소들이 있다.

거룩함의 네 요소

첫 번째 요소는 '위엄'이다. 왕좌에 앉아 있는 왕처럼 하나님은 위엄이 있으시다. '영광'이라는 말은 거룩함의 바로 '위엄'의 요소를 표현하기 위한 말이다. 하나님의 위엄을 본 사람들은 자신들의 부족함을 뼈저리게 느끼게 된다. 그분은 위대하시지만 우리는 그렇지 못하다. 그분은 거룩하시지만 우리는 죄인들이다. 하나님의 거룩함을 표현하기 위해 성경은 '거룩하다'는 말을 세 번 사용했다.

"거룩하다 거룩하다 거룩하다 만군의 여호와여"(사 6:3).

두 번째 요소는 그분의 '의지'이다. 그분은 추상적 개념이나 수학적 공식 같은 분이 아니시다. 그분은 의지를 갖고 계신데, 그 의지에 따라 일들을 성취하신다. 무엇보다 그분은 자신을 거룩한 하나님으로 선포하고, 하나님으로서 행동하시고, 하나님으로 인정받기를 원하신다. 그러므로 그분은 사람들이 그분에 대해 어떤 마음을 품고 있는지를 주의 깊게 살피신다.

세 번째 요소는 '진노'이다. 그분의 진노는 변덕스러운 분노가 아니라 거룩한 하나님이 죄에 대해서 보이시는 정당한 반응이다.

네 번째 요소는 '의'(義)이다. 이 세상에서 그분의 뜻이 실현될 때 그분의 의가 이루어진다. 그분은 이 세상이 그분의 도덕적 성품에 따라서 살도록 만들겠다는 의지를 가지고 활동하신다. 하나님의 율법은 그분의 도덕적 의(義)의 훌륭한 표현이다.

하나님의 거룩함의 네 요소들을 이해한 사람은 자신이 어떻게 해야 거룩해질 수 있는지를 이해하게 될 것이다. 하나님은 "너희는 거룩하라 나 여호와 너희 하나님이 거룩함이니라"(레 19:2)고 말씀하셨다. 이 말씀은 "내가 하나님인 것처럼 너희도 하나님이 되라"는 뜻이 아니다. 이 말씀은 그분의 위엄과 영광에 대해서 말하는 것이 아니다. 심지어 이 말씀은 "내가 도덕적으로 의로운 만큼 너희도 도덕적으로 의로운 존재가 되라"는 뜻도 아니다. 우리는 '하나님만큼' 거룩하게 될 수 없다. 다만 우리는 '하나님처럼' 거룩하게 될 수 있다. 그분이 거룩하시듯이 우리도 거룩해야 하고, 그분이 '구별되시듯이' 우리도 '구별되어야' 한다. 이것이 바로 성화(聖化)이다.

'성인'(saint)이나 '거룩하게 하다'(sanctify)라는 영어 단어들은 로망스어(라틴어에서 유래한 프랑스어, 이탈리아어, 스페인어 등을 가리키는 말)에서 유래하였다. '거룩한'을 뜻하는 '홀리'(holy)라는 영어 단어는 고대 게르만어(독일어, 영어, 네덜란드어, 스웨덴어 등을 가리키는 말)에서 유래하였다. 어원적 배경이 어떻든 간에 이 단어들에 담긴 의미는 모두 동일하다. '거룩함'과 마찬가지로 '성화'도 '구별되어 하나님께 바쳐지는 것'을 뜻한다.

이스라엘 사람들이 광야에서 가지고 다녔던 성막을 모세가 하나님께 바칠 때 그는 "그것에 기름을 발라 거룩히 구별하고 또 그 모든 기구와 단과 그 모든 기구에 기름을 발라 거룩히 구별했다"(민 7:1). 다시 말해 그는 그것들을 거룩하게 했다. 그가 단(壇)의 돌이나 금속의 성질을 신비롭게 변화시킨 것이 아니었다. 다만 그는 그것들이 거룩한 목적에 사용되도록 구별했을 뿐이다.

구별되는 세 단계

'거룩하다는 것'은 '거룩하게 된다는 것'이고 '거룩하게 된다는 것'은 '성인(聖人)이 된다는 것'이다. 십자가에서 죽기까지 스스로를 내어주신 예수님은 하나님의 거룩한 일을 위하여 구별되신 것이었다. 예수님은 우리가 그분처럼 구별된 존재가 되기를 원하시며 우리의 성화를 위하여 기도하셨다.

"저희를 위하여 내가 나를 거룩하게 하오니 이는 저희도 진리로 거룩함을 얻게 하려 함이니이다"(요 17:19).

구별되는 데에는 세 단계가 있다. 첫 단계는 우리의 죄를 깨닫는 것이다. 하나님이 우리의 삶 속에서 활동하기 시작하실 때 우리는 우리의 죄를 의식하게 된다. 즉, 우리는 하나님과 우리를 갈라놓는 것들을 깨닫게 된다. 두 번째 단계는 '거듭나는 것'이다. '거듭남'이 없이는 누구도 구별될 수 없다. 예수님은 니고데모에게 "진실로 진실로 네게 이르노니 사람이 거듭나지 아니하면 하나님나라를 볼 수 없느니라"(요 3:3)고 말씀하셨다. 세 번째 단계는 '회개에 합당한 열매를 맺는 것'(마 3:8), 즉 '죄에서 돌이켜서 믿음을 향하는 것'이다. 하나님은 우리가 눈을 떠서 그분의 진리를 볼 수 있도록 우리 속에서 활동하신다. 그분이 우리로 하여금 죄를 깨닫게 하실 때 우리는 처음으로 죄를 회개할 수 있다. 죄를 회개할 때 우리는 구주가 필요하다는 것을 깊이 느끼게 되고, 결국 믿음 안에서 우리의 마음을 예수님께 향하게 한다.

그러면 이제 우리의 주인은 더 이상 우리가 아니며, 예수님은 하나님의 일을 위하여 우리를 구별하신다. 그리하여 우리의 삶은 그분을 위하여 열매를 맺기 시작한다. 이렇게 되면 우리는 성결(거룩함)의 길을 걷고 있는 것이다.

28 '성결'(거룩함)에 이르는 길은 무엇인가?

✝ 리처드 오웬 로버츠

Richard Owen Robert

어떤 사람들은 '금지된 것들을 하지 않는 것'을 성결이라고 믿는다. 그러나 이것은 본질에서 가장 멀리 벗어난 생각이다. 성결을 위한 요구 사항은 개인들에 따라서 서로 다를 수 있다는 것을 우리는 알아야 한다. 어떤 한 사람에게 해당되는 것이 다른 사람에게는 전혀 해당되지 않을 수 있다. 왜냐하면 하나님의 뜻은 아무리 사소한 경우라 할지라도 결코 획일적이지 않기 때문이다. 하나님의 뜻이라면 무엇이든지 행하는 것이 참성결이다.

온전한 순종이 성결

그리스도인으로서 우리의 목표는 하나님이 요구하시는 모든 일에서 완전히 순종하는 것이다. 우리는 범사에 신앙으로 살면서 하나님께 순종하기를 원한다. 온전한 순종의 생활이 곧 성결(거룩함)이다.

사람들은 '성결'이라는 말을 두려워한다. 그렇기 때문에 대부분의 그리스도인들은 그것을 피한다. 그러면서 그들은 성결이 특별한 교파들에 속한 사람들의 일이라고 여긴다. 많은 사람들은 성결이 어떤 극단적 상태라고 여긴다. 그래서 우리가 성결하게 되는 것은 거의 불가능하다고 믿는다.

나는 여러 사람들과 대화를 나눈 경험이 있는데, 은연중에 그들은 성결의 상태에 도달하는 것이 불가능하다고 암시했다. 언젠가 나는 외도(外道)를 하는 남자와 이야기를 나눈 적이 있었다. 나는 그의 죄를 지적하면서 그를 회개로 이끌려고 노력했다. 그러나 그는 "나는 사실 이성(異性)에 약합니다. 하나님이 이해하실 것입니다. 그분은 당신보다 더 이해심이 많으십니다"라고 대답했다.

정직하지 못한 사람들은 자기들의 잘못을 덮으려고 이런 식으로 말한다. 정직한 사람들 중에도 일부의 사람들은 이런 식으로 말하는데, 그 이유는 그들이 거듭 패배했기 때문이다. 자기들의 죄를 이길 방법이 없다고 생각하기 때문에 그들은 죄에 익숙하게 되었다.

하나님의 교훈은 너무나 명백하다. 성경은 성결을 '선택 사항'이 아닌 '필수 사항'이라고 가르친다. 하나님은 "너희는 거룩하라 나 여호와 너희 하나님이 거룩함이니라"(레 19:2)고 거듭 말씀하신다. 예수님은 그분 자신이 거룩하셨으며, 자기를 따르는 자들에게 거룩하라고 요구하셨다. 팔복(八福)의 말씀은 그분의 뜻을 분명히 드러낸다. 예수님은 "마음이 청결한 자는 복이 있나니 저희가 하나님을 볼 것임이요"(마 5:8)라고 선언하셨다. 이 말씀에서 마음의 청결은 단순히 '불순한 생각들이 없는 상태'를 의미하지 않고, '마음이 나누어지지 않은 상태'를 말한다. 그리스도인이 자기의 마음이 둘로 나누어지도록 허락하고 악에 굴복할 때 죄가 생긴다. 승리의 신앙생활을 하려면 오직 하나님의 영광만을 추구하는 마음으로 살아야 한다. 예수님은 이 진리를 이렇게 표현하셨다.

"눈은 몸의 등불이니 그러므로 네 눈이 성하면 온 몸이 밝을 것이요 눈이 나쁘면 온 몸이 어두울 것이니 그러므로 네게 있는 빛이 어두우면 그 어두움이 얼마나 하겠느뇨 한 사람이 두 주인을 섬기지 못할 것이니 혹 이를 미워하며 저를 사랑하거나 혹 이를 중히 여기며 저를 경히 여김이라 너희가 하나님과 재물을 겸하여 섬기지 못하느니라"(마 6:22-24).

거룩하다는 것은 충성심이 나뉘지 않고 오직 하나님만을 위해 산다는 것이다. 예수님은 그 누구 못지않게 깊이, 그리고 철저히 시험을 받으셨지만, 결코 죄를 짓지 않으셨다. 그분이 죄를 짓지 않으실 수 있었던 것은 그분의 신성(神性) 때문이 아니라, 목표를 향한 그분의 '나누어지지 않은 마음' 때문이었다. 그분은 오직 하나님의 뜻을 행하겠다는 한 가지 목표만을 가지셨다. 그분은 이것 이외의 어떤 다른 목표도 용납하지 않으셨다. 그렇기 때문에, 악에게 시험을 받으실 때 조금도 흔들리지 않으셨다. 이것이 진정한 성결이다. 목표를 향한 '나누어지지 않은 마음'이 바로 거룩함이다.

예수 그리스도가 곧 우리의 거룩함

신자의 성화가 발전하려면 그는 목표를 가져야 한다. 이 목표는 다름 아닌 예수님이 품으셨던 목표이다. 즉, 하나님의 뜻을 행하겠다는 목표이다. 이 한 가지 목표에 집중한다면 우리는 성경의 진리를 깨닫고 성령님의 도우심을 얻어서 더욱 거룩해질 수 있다.

하나님은 거룩하시다. 그리고 우리를 향한 그분의 뜻은 거룩함이다. 우리는 그분처럼 거룩해져야 한다. 그분의 거룩함을 깊이 묵상할 때 우리는 더욱 놀라지 않을 수 없다. 나는 이 땅에서 약 50년을 살아왔지만 단 한 해도 온전히 거룩했던 적이 없다. 한 해 정도가 아니라, 한 달도, 한 주도, 아니 단 하루도 거룩한 적이 없었다. 그러나 하나님은 50년도 아니고, 100년도 아니고, 1,000년도 아닌 영원 전부터 살아계시지만 단 한 순간도 거룩하지 않으신 때가 없다.

내가 하나님처럼 거룩한 것이 그분의 뜻이다. 그분은 나에게 불가능한 것을 원하지 않으실 것이다. 어떤 사람들은 "화를 잘 내는 것이 나의 약점이니까 하나님이 이해해주실 것이다" 또는 "내가 이런 죄에 자꾸 빠질 수밖에 없으니까 하나님이 이해해주실 것이다"라고 말하기도 한다. 이런 사람들은 도대체 하나님에 대해서 무엇을 배운 것인가? 그분이 죄를 용납하시면서 "그래, 너의 경우는 괜찮다"라고 말씀하신다고 성경 어디에 기록되어 있는가? 그분은 "내가 거룩하니 너희도 거룩하라"고 말씀하신다. 은혜롭고 자비하고 사랑과 긍휼이 무한하신 하나님은 우리가 거룩하기를 원하시기 때문에 우리가 그렇게 될 수 있도록 준비를 해놓으셨다. 만일 그분이 우리의 성결을 불가능하게 하셨다면 그분은 우리에게 그것을 요구하지 않으셨을 것이다.

성경은 성결이 우리에게 가능하도록 하나님이 어떻게 준비해놓으셨는지를 가르쳐준다. "너희는 하나님께로부터 나서 그리스도 예수 안에 있고 예수는 하나님께로서 나와서 우리에게 지혜와 의로움과 거룩함과 구속함이 되셨다"(고전 1:30). 우리는 본래 스스로 거룩해질 수 없다는 것을 잘 안다. 그러나 우리는 이 한 가지 진리, 즉 예수 그리스도가 우리의 거룩함이라는 것을 굳게 붙든다.

그리스도께서 십자가에서 죽으신 것은 단지 나를 죄의 결과들에서 구하기 위해서만은 아니었다. 그분은 또한 죄 자체로부터 나를 구하기 위해 돌아가셨다. 그리스도의 십자가는 '죄로부터의 구원'에 관한 모든 것들을 다 성취했다. 즉, 의(義), 칭의, 성화, 그리고 영화를 모두 성취했다. 그리스도의 십자가는 구원의 모든 것을 제공한다. 이것이 십자가의 가장 중요한 개념이다. 그런데 안타깝게도 많은 사람들은 이것을 모른다. 그들은 그리스도께서 그들을 의롭게 하기 위해 돌아가셨다는 것을 믿는다. 그러면서도 그들은 성결 곧 성화의 책임이 자기들에게 있다고 믿는다. 다시 말해서, 칭의는 그리스도께서 주시는 선물이지만 성화는 그들이 이루어야 할 일이라고 그들은 믿는다. 그러나 고린도전서가 분명히 밝히듯이 우리를 거룩하게 하시는 분도 그리스도이시다.

나 자신을 거룩하게 만들려고 애쓰는 것만큼 나를 낙심하게 만든 것도 없다. 자신을 거룩하게 만들려고 노력해본 사람은 그것이 얼마나 좌절감을 안겨주는지를 알 것이다. 당신은 "나는 절대 앞으로 그렇게 하지 않겠다. 그것은 죄이다.

하나님을 기쁘게 해드리는 것이 아니다. 나는 정말로 옳게 살고 싶다"라고 말한다. 그러나 그 후 얼마 안 되어 똑같은 죄를 범한다. 이런 일이 반복되면서 사람들이 "이것은 나의 약점이다. 나는 내 약점에 익숙해진 것이다. 하지만 하나님이 나를 여기서 구해주실 것이라고 나는 믿는다. 지금은 조금 참으면 된다"고 말하는 것은 놀랄 만한 일이 아니다. 이런 일은 전부 우리가 우리 자신을 거룩하게 해야 한다는 생각 때문에 생기는 현상이다.

거룩함을 향한 선택

에베소서 1장에서 바울은 그리스도 안에서 우리에게 선물로 주어진 것들을 분명히 밝힌다. 그는 "하나님 곧 우리 주 예수 그리스도의 아버지께서… 창세 전에 그리스도 안에서 우리를 택하사 우리로 사랑 안에서 그 앞에 거룩하고 흠이 없게 하시려고 그 기쁘신 뜻대로 우리를 예정하사 예수 그리스도로 말미암아 자기의 아들들이 되게 하셨으니"(엡 1:3-5)라고 말한다. 하나님은 우리를 거룩하게 하시려고 우리를 택하셨다. 우리가 거룩하게 되는 것이 그분의 뜻이다. 그분이 우리를 택하신 것은 우리를 거룩하게 만들겠다는 분명한 목적 때문이었다.

내가 하나님의 뜻을 따르기 전에는 결코 성결의 문제에 있어서 발전이 있을 수 없다. 하나님이 나를 거룩하게 만들려고 선택하셨다는 것을 받아들일 때, 나에게 남은 유일한 선택은 거룩해지는 것뿐이다. 만일 다른 선택을 한다면 나는 그리스도인처럼 행동하는 것이 아니라 비그리스도인처럼 행동하는 것이다.

바울은 "이와 같이 너희도 너희 자신을 죄에 대하여는 죽은 자요 그리스노 예수 안에서 하나님을 대하여는 산 자로 여길지어다"(롬 6:11)라고 말한다. 킹 제임스 버전(King James Version: 흠정영역 성경. 1611년 영국의 왕 제임스 1세의 명령에 의하여 만들어진 영어 성경 역본)은 '여길지어다'를 '레컨'(reckon '~로 간주하다, ~로 판단하다')으로 번역하였다. 그러므로 '나 자신을 죄에 대하여 죽은 자로 여긴다'는 말에는 확고한 내적 결심이 포함된다고 보아야 한다. 나는 나 자신에게 "하나님이 나를 거룩하게 하시려고 선택하셨다"라고 말해야 한다. 나는 그리스도와 함께 십자가에 못 박혔기 때문에 옛 본성에 대하여는 죽은 것이다. 나는 나의 옛 본성에게 길을 열어주어서는 안 된다. 나는 내가 죄에 대하여 죽고 새로운 생명으로 부활했다는 것을 사실로 받아들이고 그에 따라 행동해야 한다.

'거룩함을 향한 선택'은 우리를 압도하는 '위기 체험'이 아니다. 그것은 날마다 우리에게서 일어나야 하는 일이다. 날마다 우리는 우리가 거룩함을 위해 선택되었으며, 그리스도 안에서 죄에 대하여 죽었다는 것을 명심해야 한다. 날마다 나는 이미 죽은 옛 사람에게 길을 열어주기를 거부해야 한다. 그리고 날마다 나는 새 사람이 그리스도를 위해 살도록 믿음의 선택을 해야 한다. 이런 날마다의 선택이 바로 성결의 비결이다.

성결을 위한 능력

에베소서 1장에서 바울은 그의 놀라운 기도를 이렇게 끝맺는다.

"너희 마음 눈을 밝히사 그의 부르심의 소망이 무엇이며 성도 안에서 그 기업의 영광의 풍성이 무엇이며 그의 힘의 강력으로 역사하심을 따라 믿는 우리에게 베푸신 능력의 지극히 크심이 어떤 것을 너희로 알게 하시기를 구하노라 그 능력이 그리스도 안에서 역사하사 죽은 자들 가운데서 다시 살리시고 하늘에서 자기의 오른편에 앉히사 모든 정사와 권세와 능력과 주관하는 자와 이 세상뿐 아니라 오는 세상에 일컫는 모든 이름 위에 뛰어나게 하시고 또 만물을 그 발아래 복종하게 하시고 그를 만물 위에 교회의 머리로 주셨느니라 교회는 그의 몸이니 만물 안에서 만물을 충만케 하시는 자의 충만이니라"(엡 1:18-23).

이 기도에 나타난 영광스러운 진리는 성결의 위대한 원리를 잘 말해준다. 하나님은 그리스도를 죽은 자들 중에서 다시 살리시는 데 그분의 무한한 능력을 사용하셨다. 마찬가지로 그분은 나를 영적 사망의 무덤에서 다시 살리기 위하여 똑같이 무한한 능력을 사용하셨다. 이 기도에서 바울은 우리의 성결과 관련된 몇 가지 진리들을 말한다.

- 그리스도를 죽은 자들 가운데서 다시 살리시는 데 큰 능력이 사용되었다.
- 그리스도를 땅에서 올리셔서 하늘에서 성부 하나님의 우편에 앉히시는 데 역시 큰 능력이 사용되었다.
- 모든 정사와 권세와 능력과 주관하는 자와 모든 이름 위에 그리스도를 뛰어

나게 하시고 그분을 만물 위에 머리로 세우시는 데 큰 능력이 사용되었다.

이 세 가지 진리들은 우리의 삶에도 그대로 적용된다. 내가 죄와 허물 가운데 죽었을 때, 그리스도를 무덤에서 다시 살리신 성령님이 나를 영적 죽음에서 다시 살리셨다. 예수님을 하나님의 오른편에 앉히신 능력이 나를 위해 사용될 수 있는데, 이는 심지어 지금도 나로 하여금 영적 영역에서 그리스도와 함께 살면서 통치하도록 하기 위함이다. 모든 다른 능력들을 그리스도의 발아래 꿇게 만든 능력이 역시 나의 삶 속에서 모든 적대적 세력을 내 발아래 꿇게 만들 수 있는데, 이는 내가 그리스도와 함께 승리하면서 다스리도록 하기 위함이다.

성결을 위해 우리를 선택하셨을 때 하나님은 단순히 "네가 성결해지도록 너를 선택했다. 그러므로 열심히 노력해라"고 말씀하지 않으셨다. 오히려 그분은 "내가 너에게 능력을 주었다. 그리스도의 십자가를 통해 내가 너의 성결을 샀다. 성령의 능력을 통해 나는 네게 거룩한 삶을 사는 데 필요한 모든 것을 네게 주었다"라고 말씀하신다.

날마다 우리는, 성령님이 무덤에서 그리스도를 일으키신 것처럼 우리를 죄의 무덤에서 일으키신다는 것을 깨달아야 한다. 성령님이 그리스도를 땅에서 들어 올려서 하늘의 보좌에 앉히신 것처럼 또한 성령님은 우리를 땅에서 끌어올리셔서 그리스도와 함께 승리의 삶을 살게 하신다. 성령님이 모든 능력들을 그리스도의 발아래 꿇게 하고 그분을 승리자가 되게 하신 것처럼 또한 성령님은 우리의 모든 적들을 우리의 발아래 꿇게 하신다. 그러므로 그리스도인들에게 있어서 '오늘'은 성령님의 능력 안에서 승리의 날이 될 수 있다.

극심하게 시험(유혹)을 당하지만 내 안에 그것을 이길 힘이 없음을 깨닫는 경우가 종종 있다. 그럴 때마다 나는 "예수님을 죽음에서 살리신 그 능력이 지금 나를 죄의 무덤에서 살릴지어다. 그리스도를 하나님 우편에 앉히신 능력이 지금 나를 하늘의 영역으로 옮길지어다. 그리스도를 승리의 통치자가 되게 한 능력이 지금 나를 승리자로 만들지어다"라고 말한다. 이런 식으로 나는 이 영광스러운 진리들을 붙든다.

하나님은 우리를 거룩하게 만드시려고 우리를 택하셨으며, 그 성결이 가능하도록 자신의 능력을 우리에게 주셨다. 우리는 이제 그 능력을 사용하기만 하면 된다.

29 '영적 훈련'이란 무엇인가?

+ 리처드 포스터
Richard Foster

영적 훈련에 대해 제일 먼저 알아야 할 점은 영적 훈련이 우리를 의롭게 만들지 못한다는 것이다. 영적 훈련을 한다고 해서 하나님을 섬기는 일이 저절로 풀리는 것은 아니다. 영적 훈련이 어마어마한 영적 능력을 주는 것도 아니다. 그것은 조나단 에드워즈가 '은혜의 방편'이라고 부른 것을 우리에게 제공할 뿐이다.

그렇다면 영적 훈련은 무엇인가? 그것은 하나님이 우리 안에서 그분의 일을 시작하실 수 있도록 우리를 그분께 드리는 훈련이다. 전통적으로 영적 훈련의 활동에는 기도, 묵상, 금식, 연구, 소박한 생활, 고독, 봉사, 복종, 고백, 상담 등이 포함된다. 이런 훈련의 방법들은 성경 전체에 걸쳐서 이런저런 모양으로 언급된다. 또한 그것들은 기독교 세계에서 여러 세기에 걸쳐 위대한 경건의 대가(大家)들에 의해 발전되어왔다.

훈련이 잘된 사람은 필요할 때 필요한 것을 행할 줄 아는 사람이다. 훈련에 의한 생활이 습관으로 굳어졌다고 해서 자발성이 줄어드는 것은 아니다. 사실, 자발성이 활성화되어 순기능을 발휘하게 만들 수 있는 것은 오직 훈련뿐이다. 훈련이 제대로 되어 있지 않은 사람은 자유를 즐기기 힘들다. 예를 들면, 피아노를 치는 훈련을 하지 않은 사람은 자유롭게 피아노를 칠 수 없다. 악기 연주는 본능적 습관의 일부가 아니다. 콘서트에 나와서 피아노를 아름답게 연주하는 사람은 자신을 절제하며 훈련을 쌓았기 때문에 아름다운 음악을 즐길 자유가 있는 것이다.

영적 훈련을 쌓은 사람은 성령 안에서 의(義)와 평강과 희락을 누릴 수 있으며, 그 결과 시시각각 일어나는 상황에 대해 적절한 방식으로 반응할 수 있는 자유를 누린다. 이것이 가능한 것은 그 사람 안에 하나님의 능력과 생명이 있기 때문이요, 또한 그가 하나님을 체험했기 때문이다. 예를 들면, 시간과 노력을 바쳐 건전한 방법으로 성경을 연구한 사람에 대해 생각해보자. 어떤 문제가 생겼거나 어떤 결정을 내려야 할 때 그는 성경 연구를 통해 정립한 가치관과 인생관에 따라 말하고 행동할 수 있다. 그러나 만일 성경 연구의 훈련을 하지 않았다면, 어려운 상황에서 자발적으로 행동할 수 있는 자유를 갖지 못할 것이다.

영적 훈련을 강요해서는 안 된다. 때때로 영적 훈련은 힘든 일일 수 있지만, 그렇다고 해서 부자연스러운 것은 아니다. 300년 전 쟝 삐에르 드 꼬사드(Jean-Pierre de Caussade)라는 훌륭한 그리스도인은 "영적 훈련을 받은 영혼은 떠다니는 풍선처럼 매 순간의 은혜에 반응한다"고 말했다. 그의 말은 영적 훈련이 무엇인지를 완벽하게 표현해준다.

영적 훈련의 생활화 6가지 – 하워드 스나이더(Howard Snyder)

① 날마다 경건의 시간을 가져라.

② 정기적으로 시간을 내어 조용한 곳을 찾아 경건에 힘쓰라. 아무리 바빠도 하루 또는 반나절 정도의 시간을 내어 평소의 일을 중단하고 기도원, 산 또는 휴양관을 찾으라. 깊이 기도하며 자신을 살피는 과정은 생활의 리듬을 잡는 데 큰 도움이 된다.

③ 꾸준히 일기를 쓰라. 일기 쓰기는 하나님과 대화를 나누는 한 가지 방법이기도 하다. 그분께 드릴 말씀을 일기장에 적고 묵상한 다음 그분이 들려주시는 말씀을 듣는다. 일기는 개인의 주관적 기록이면서 영적 성장을 평가하는 객관적 자료로 활용될 수도 있다. 우리는 "전에는 그런 문제로 고민했지만, 이제는 그것이 더 이상 문제가 되지 않는다. 하나님의 도우심에 감사한다"고 말하거나 "과거의 문제가 아직도 문제가 되는 것을 보니 이 부분에서는 내가 성장하지 못했다"라고 말하게 될 것이다.

④ 성경공부 그룹에 참여하라. 매주 몇 시간의 시간을 내어 그리스도 안에서 형제들과 자매들을 만나는 것은 아주 좋은 영적 훈련 방법이다. 이런 소그룹 모임을 통하여 우리가 기도 생활과 성경공부에 얼마나 진전이 있었는지를 서로 간에 확인할 수 있다.

⑤ 영적 훈련을 위해 가족의 시간을 활용하라. 이것은 각자가 처한 가정적 상황에 따라 달라지기 때문에 획일적으로 말할 수는 없다. 하지만 한 지붕 아래서 사는 부모, 다른 친척 또는 친구와 함께 정기적으로 가정에서 기도하고 묵상하고 성경을 연구하면 경건에 큰 도움이 될 것이다. 만일 집안에 아이들이 있다면 그들이 경건회에서 소외되지 않도록 배려해야 한다.

⑥ 정기적으로 다른 교인들과 함께 예배를 드리라.

영적 훈련의 목적

우리는 영적 훈련 자체를 높게 평가해서는 안 된다. 영적 훈련은 더 큰 선(善)을 이루기 위한 수단일 뿐이다. 그것의 목적은 하나님과 동행하고 그리스도와 교제를 나누며 하나님의 능력에 의해 변화되는 법을 배우는 것이다.

모든 그리스도인들은 하나님과 함께 걷는 법을 배워야 한다. 모든 신자들은 그리스도의 친구가 되기를 원한다. 예수님은 "너희가 나의 명하는 대로 행하면 곧 나의 친구라"(요 15:14)고 말씀하셨다. 우리 모두는 하나님과 교제를 나누는 삶, 즉 그분의 말씀을 듣고 순종하는 삶을 살기를 원한다. 우리는 사랑, 희락, 평안 같은 성령의 열매들이 우리의 삶 속에서 열리기를 원한다. 그러므로 우리는 그렇게 되는 데 도움이 되는 것이라면 무엇이든지 행하기를 원한다.

우리의 영적 훈련의 채점표를 만들어 사용하는 것은 좋은 방법이 아니다. 다시 말해서, "이제까지 나는 이 세 가지를 행하였다. 이제는 네 번째 것을 행해야 할 차례이다"라고 말하는 것은 바람직스럽지 못하다. 영적 훈련들을 실행함에 있어서 그것들을 자신에게 의무 사항으로 부과하여 자신을 얽어매는 것은 잘못이다. 영적 훈련을 율법주의로 변질시키는 것은 '마음은 없이 몸만 하나님과 동행하는' 셈이다.

"나는 어떻게 영적 훈련을 성공시킬 수 있을까?"라고 묻는 것도 바람직하지 못하다. 만일 내가 경건의 훈련을 성공적으로 만들 방법이 무엇인지를 궁리한다면 나는 경건의 훈련을 잘못된 방향에서 접근하는 것이다. 내가 할 일은 하나님을 향해 마음의 문을 열고 순종하는 자세를 갖는 것이다. 성공적인 영적 훈련은 나의 소관사항이 아니고 그분의 일이다. 나는 그분께 충실하면 된다. 그 다음의 모든 것은 그분이 맡으신다. 그분이 맡으시는 것이 곧 은혜이다.

영적 훈련의 목적은 하나님과 교제하며 즐거워하기 위함이다. 경건의 훈련은 우울한 의무가 아니다. 우리는 이를 갈면서 하나님을 따르는 것이 아니다. 그분의 친구가 되어 그분과 함께 사는 것은 기쁨이다. 그분은 우리가 영성적 삶을 즐기기를 원하시는데, 이 영성적 삶을 가능하게 하고 재미있게 하는 것이 바로 경건의 훈련이다. 당신이 일단 하나님의 임재 안에서 큰 축복을 맛본다면, 이 축복을 또 체험하기 위해서 어떤 어려움들도 감수할 것이다. 이런 축복은 영광이요 천국의 기쁨이다.

물론 영적 훈련을 한다고 해서 항상 기쁨만 있는 것은 아니다. 하나님의 임재를 즐기기 위해서는 많은 날들을 힘겹게 노력해야 할 때도 있다. 피아노 연주를 즐기기를 원하는 사람은 많은 세월 동안 단조롭고 힘든 피아노 연습을 계속해야 한다. 그러므로 우리는 항상 영적 체험의 열매가 있는 것은 아니라 해도 늘 경건의 훈련을 계속해야 한다. 그러면 때가 되어 깊은 영적 체험이라는 열매가 주어질 것이다.

영적 훈련은 힘든 일이지만, 하나님을 기뻐하는 사람은 그것을 즐거운 마음으로 할 수 있는 힘을 얻는다. 느헤미야는 "여호와를 기뻐하는 것이 너희의 힘이니라"(느 8:10)고 말했다. 기쁨은 힘을 준다. 감정은 훈련을 통해 통제되어야 하지만, 일단 훈련된 감정은 나름대로 자유롭게 본래의 기능을 다해야 한다. 감정의 본래의 기능은 우리에게 활력을 주고, 우리의 일을 즐겁게 만드는 것이다.

예를 들어 설명해보자. 사람들을 섬길 때 우리는 단지 그들을 향한 감정 때문에 그들을 섬기는 것은 아니다. 만일 감정에만 기초하여 남들을 섬긴다면, '우리 같은 사람들' 만을 섬기게 될 것이다. 예수님은 원수를 사랑하라고 가르치셨다. 우리와 다른 사람들을 섬기도록 우리를 변화시켜주는 것이 바로 경건의 훈련이다. 우리로 하여금 경건의 훈련을 시작하도록 만들 수 있는 힘이 감정에게 없는 것은 사실이지만, 일단 경건의 훈련을 시작하면 감정은 그것을 즐거운 것으로 변하게 한다.

영적 훈련의 목적은 우리에게 습관을 형성시켜주는 것이다. 우리의 삶이 훈련을 받아서 변화될수록, 습관은 제2의 천성이 된다. 일단 습관이 견고하게 형성되면, 영웅적 노력을 하지 않고도 어려운 일들을 전보다 쉽게 처리할 수 있게 된다.

위대한 신학자 어거스틴(Augustine. 354~430)은 "그리스도인은 머리끝부터 발끝까지 할렐루야로 가득해야 한다"고 말했다. 경건의 훈련은 하나님의 친구가 되는 법을 가르쳐준다. 다시 말해서 그것은 토마스 아 켐피스(1380~1471. 영적 생활의 지도자로서 큰 명성을 얻었으며 「그리스도를 본받아」를 저술하였다)가 말했듯이 "예수님과 친밀한 우정을 나누는" 법을 가르쳐준다. 예수님과 깊이 교제하는 것이 영적 훈련의 핵심이다.

금식에 대하여

세상 사람들이 금식을 하는 것은 주로 두 가지 이유 때문이다. 자기 주장을 사람들에게 극적으로 나타내기 위한 목적이거나 아니면 살을 빼기 위해서이다. 물론 이런 목적들 때문에 금식하는 것이 반드시 나쁘다는 것은 아니다. 그러나 분명한 것은 이런 금식들이 경건의 훈련은 아니라는 것이다. 이것들은 자신의 금식을 통해서 사람들을 움직이려는 금식이거나 외모나 건강을 위한 금식일 뿐이다.

경건의 훈련으로서의 금식은 어디까지나 하나님 중심적인 금식이다. 신앙적 금식은 하나님이 정하신 것이며, 그분이 주도하시는 금식이다. 존 웨슬리는 "금식을 하려거든 오직 하나님만을 바라보며 금식하라. 우리의 금식의 목적은 오직 하늘에 계신 아버지께 영광을 돌리는 것이어야 한다"고 말했다.

다시 말하지만, 금식의 첫째 목적은 오직 하나님께 영광을 돌리는 것이다. 금식은 우리를 지배하고 있는 교만, 분노, 원한, 시기 등을 드러내기도 한다. 이런 것들이 우리 안에 있다면 금식 기간 중에 표면으로 떠오를 수 있다. 이것은 예수 그리스도의 형상을 닮기 원하는 사람에게 영적으로 큰 유익을 준다. 우리의 약점들이 드러날 때 우리는 기뻐해야 하는데, 그 이유는 그리스도께서 이렇게 드러난 거짓 주인들을 우리 밖으로 몰아내시기 때문이다.

금식이 주는 또 다른 유익들이 있다. 금식은 인간적 욕망을 억제하는 효과를 준다. 금식은 다른 사람들을 위한 중보 기도를 집중적으로, 효과적으로 할 수 있게 해준다. 그것은 하나님의 인도를 더 민감하게 느끼게 해준다. 그것은 신체적 건강에도 도움이 된다. 다른 경건의 훈련들의 경우와 마찬가지로 금식의 경우에도 하나님께서는 그분을 찾는 자들에게 상을 주실 것이다(히 11:6).

금식할 때 굳이 혼자서 외롭게 할 필요는 없다. 경건의 훈련이 잘 되어 있는 사람들과 함께 금식하는 것은 좋은 방법이다. 이렇게 할 때 서로에게 힘이 될 수 있다. 경우에 따라서는 금식에 참여하는 사람들의 규모가 훨씬 커질 수도 있다. 교회, 교파, 심지어 국가 전체가 특정한 목적을 위해 금식에 동참할 수 있다. 그리스도인들이 이렇게 연합하여 금식할 수 있다면, 그것은 참으로 아름다운 일이다. 심각한 문제로 어려움을 겪는 교회가 있다면 집단적 기도와 금식을 통해 치유를 얻을 수 있다. 1756년 존 웨슬리는 그의 일기에 이렇게 썼다.

"프랑스의 임박한 공격에서 건짐 받기 위해 영국의 모든 그리스도인들이 연합하여 기도했다. 결국 전쟁이 일어나지 않았으며, 겸손한 마음으로 기도하던 영국인들은 기쁨으로 가득하게 되었다."

금식을 해서는 안 되는 사람들이 있을 것이다. 예를 들면 임신이나 수유(授乳) 중인 여성 또는 특정 질병에 시달리는 사람들은 금식을 피해야 할 것이다. 아무튼, 금식이라고 할 때 그것은 흔히 음식을 먹지 않는 것을 의미한다. 그러나 단순히 음식을 먹지 않는 것이 금식은 아니다. 금식은 모든 그리스도인들이 참여할 수 있는 영적 훈련의 한 방법이다.

우리는 금식의 의미를 보다 더 확대하여 이해할 수 있다. 즉, 그것은 집중적인 영적인 활동을 위하여 일상적인 것들을 자발적으로 포기하는 것이다. 현대 사회를 살아가면서 우리는 때때로 대중매체를 스스로 삼가야 할 필요도 있다. 우리는 극심한 소비주의에서 벗어나서, 그리스도께서 특히 사랑하시는 사람들 곧 상처받은 자, 파산자, 억눌린 자 등과 함께 시간을 보낼 필요가 있다. 이것은 그들에게 무엇을 가르치기보다는 그들에게서 배우기 위함이다. 우리의 시간을 너무나 많이 빼앗아가는 전화를 삼가야 할 때도 있다. 어떤 사람들은 때때로 삶의 균형을 맞추기 위해서 일을 삼가야 한다. 때로는 어떤 사람들과 어울리기를 삼가야 하고, 또 때로는 말을 너무 많이 하는 것을 삼가야 한다. 우리가 생활의 어떤 부분에서 균형을 잡아야 할 것인지를 하나님께 물으면, 그분이 가르쳐주실 것이다. 우리가 마음의 문을 열 때 그분이 인도하신다는 것은 참으로 놀라운 일이다.

성경은 금식에 대해 많은 것을 가르쳐준다. 성경에 의하면, 모세, 다윗, 엘리야, 에스더, 다니엘, 바울, 그리고 예수 그리스도께서 금식하였다. 산상수훈에서 예수님은 베푸는 것, 기도 및 금식에 대해 가르치실 때 그것들을 거의 잇따라 언급하셨다. 그분은 사람들이 당연히 금식할 것이라고 전제하시고 그것을 어떻게 하면 제대로 할 것인지에 대해 가르치셨다(마 6:1-18). 종교개혁가 마르틴 루터(1483~1546), 존 칼빈(1509~1564), 존 녹스(John Knox. 1510?~1572) 및 존 웨슬리 같은 역사상 위대한 신앙인들도 금식을 했다. 어떤 다른 방법으로도 풀리지 않는 영적인 문제들이 금식을 통해 풀릴 수 있다. 금식은 하나님의 은혜와 축복이 우리에게 전달되는 통로이므로, 소홀히 취급되어서는 안 된다.

성실성에 대하여

'성실성'이란 두 마음을 품지 않고 전심으로 하나님을 향하는 것이다. 실존주의 철학자 키에르케고르는 "성실성이란 단 한 가지만을 원하는 것이다"라고 말했는데, 그의 말에는 "성실성이란 선한 분 곧 하나님을 따르는 것이다"라는 뜻이 담겨 있다. 무엇보다도 성실성(순전함)은 영적이고 정신적인 것인데, 이것은 외부적 행동으로 나타나게 마련이다.

"네 눈이 성하면(순전하면) 온 몸이 밝을 것이요"(마 6:22)라는 예수님의 비유적 표현에서 '순전한 눈'은 성실성을 가리킨다고 볼 수 있다. 이 성실성이 외형적으로 나타나는 것이 바로 성실한(순전한) 삶이다. '순전한 눈'은 하나님께 집중하여 그분을 중심으로 삶의 모든 것들을 계획하고 실천하는 것이다. 이렇게 할 때 그분은 우리의 삶의 중심이 되신다.

성실성에 도달하기 위해서는 무엇보다 그것의 중요성을 깨달아야 한다. 하나님의 임재를 체험하고 그분의 백성과 교제하고 성경을 연구할 때 우리는 그리스도인의 성실성이 바람직하고 참되고 가능하다는 것을 믿게 된다. 그리고 이렇게 믿게 될 때, "주 예수님, 저는 주님이 저의 삶의 중심이 되시기를 원합니다. 주님과 저의 교제 가운데 모든 삶의 결정들이 내려지기를 원합니다. 그리고 그 결정들이 현실로 이루어지도록 무슨 일이든 할 용의가 있습니다"라고 말하게 된다. 이렇게 온전한 헌신의 자세를 취할 때 하나님은 그분이 원하시는 방향으로 우리를 인도하신다.

성실성이란 하나님의 뜻에 충실한 삶이며, 겉으로는 아무리 선하고 매력적으로 보이는 것들이라 할지라도 그분의 뜻에 맞지 않으면 거부하는 삶이다. 그리스도의 뜻과 관계없이 그것들을 행하는 것은 불순종이다.

내가 성실성을 추구하는 삶을 살기 시작하자 전에는 중요하게 느껴지지 않았던 것들이 오히려 중요하게 느껴졌다. 무엇보다도 나는 아내와 함께 시간을 보내는 것이 중요하다고 느껴졌다. 심지어 내가 "주여, 제가 무엇을 하기를 원하십니까?"라고 주님께 물을 때마다 그분이 "가족과 함께 시간을 보내라, 특히 아내와 함께 시간을 보내라"고 말씀하시는 것 같았다. 내가 "하지만, 주님 그렇게 하면 이 좋은 기회들에게 '노(No)'라고 말해야 할 것입니다"라고 주장하면, 그분은

“너는 네 중심적인 삶을 살려고 하느냐, 아니면 내게 순종하겠느냐?”라고 계속 말씀하시는 것 같았다.

성실성의 훈련을 할 때 이처럼 우리의 시간 관리에 변화가 올 수밖에 없다. 시간 관리처럼 변해야 하는 것이 또 있는데, 그것은 돈에 대한 태도이다. 우리 시대의 큰 우상들 중 하나는 바로 돈이기 때문에 사람들은 돈을 위해서라면 상상을 초월하는 짓도 서슴지 않는다. 돈은 ‘정사와 권세’(엡 6:12)가 사람들을 지배하는 영적 수단이 되어버렸다. 그리스도의 이름으로 ‘돈’이라는 우상을 이기지 못하면, 그것의 노예가 될 수밖에 없다.

물론 그렇다고 해서 그리스도인은 돈을 소유해서는 안 된다는 말은 아니다. 다만 우리의 마음이 돈에 지배당하지 않고 오히려 돈을 이기고 그것을 하나님나라를 위해 사용해야 한다는 말이다. 다시 말하면, 우리는 돈의 노예가 되지 않고 돈을 사용하는 법을 배워야 한다. 이것은 말처럼 쉽지 않은데, 왜냐하면 돈은 단순히 ‘물질의 교환 수단’이 아니라, 우리의 정신을 지배하는 힘을 가졌기 때문이다. 다시 말하지만 돈 자체가 문제가 아니라 돈을 사랑하는 것 곧 물질적 탐욕이 잘못된 것이다. 성실성은 돈 문제에도 적용이 되는데, 내게 모든 것이 있다 할지라도 나의 소유는 아무것도 없다. 내가 모든 것을 가질 수 있어도 그것에 대한 지배권은 내게 없다. 우리는 하나님에게서 값없이 돈을 받았던 것처럼 값없이 그것을 베풀어야 한다. 돈을 포함하여 모든 것이 우리의 소유가 아니고, 하나님의 소유이다.

성실성은 모든 그리스도인들에게 언제나 요구되는 영적 훈련의 덕목이다. 이것이 구체적인 삶에 어떻게 적용되느냐 하는 것은 사람들에 따라 다를 수 있다. 예를 들어 돈 문제의 경우, 어떤 사람들은 다른 사람들보다 더 많은 돈을 필요로 한다. 집 문제를 말하자면, 나의 경우 큰 집이 필요 없다. 우리 가족은 네 명이 전부이기 때문이다. 하지만 대가족을 거느린 사람, 대규모로 손님을 접대해야 할 사람, 숙박을 해야 할 손님들이 끊이지 않는 사람에게는 나보다 큰 집이 필요하다. 나는 이런 사람들에게 나처럼 작은 집에서 살라고 말해서는 안 된다.

물질의 문제에 있어서 외형적 행동보다 내면적 자유와 성숙이 더 중요하다. 물질의 노예가 되지 않고 자유로운 사람은 사도 바울처럼 성숙하게 될 것이다.

그는 "내가 비천에 처할 줄도 알고 풍부에 처할 줄도 알아 모든 일에 배부르며 배고픔과 풍부와 궁핍에도 일체의 비결을 배웠노라"(빌 4:12)고 말했다. 돈이 있든 없든 우리에게 필요한 것은 하나님의 은혜이다. 풍부하면 풍부한 대로, 궁핍하면 궁핍한 대로 살아갈 수 있는 은혜가 우리에게 필요하다.

독거(獨居)에 대하여

때로는 매우 활동적일 필요가 있지만, 때로는 조용히 있을 필요도 있다. 사도 바울은 회심 후 13년 동안 조용히 지내다가 안디옥에서 사역을 시작했다. 추측하건대 그는 광야에서 3년을 보낸 다음 그의 고향 다소에서 약 10년을 보낸 것 같다. 이 기간 동안 그는 혼자 지냈던 것 같다. 그러나 그 후 이방인 선교를 위해 매우 활동적으로 일했다. 그에게 독거와 활동이 모두 필요했던 것처럼 우리에게도 그것들이 모두 필요하다.

사람들은 영적 훈련으로서의 독거 곧 '홀로 있음'에 대해 종종 오해한다. 하나님께 우리의 마음을 집중하기 위해 혼자 조용히 지내는 것이 독거이다. 그것은 치열한 생존경쟁의 사회로 다시 뛰어들어 성공하기 위한 힘을 얻기 위한 시도가 아니다. 그것은 치열한 생존경쟁 자체에 대해 초연한 태도를 취하는 법을 배우는 것이다.

혼자 있을 때 나는, 하나님께서 나에 대한 다른 사람들의 평가와 나의 본능적 욕구에서 나를 해방시켜주실 수 있다는 것을 배운다. 독거의 훈련을 할 때 나는 나에 대한 다른 사람들의 평가를 무시해야 한다. 왜냐하면 대부분의 사람들은 독거를 이해하지도, 그것의 가치를 알지도 못하기 때문이다. 독거의 훈련을 할 때 나는 또한 어떻게든 세상에서 성공해보려는 나의 뿌리 깊은 본능을 무시해야 한다. 그러므로 독거는 나를 다른 사람들과 나 자신으로부터 해방시킨다.

독거는 다시 사람들에게 돌아와서 그들을 위한 봉사의 삶을 살 수 있는 힘을 준다. 예수님도 독거의 훈련을 하셨는데, 이는 하나님과 교제하고 다른 사람들을 위해 봉사하기 위함이었다. 그분은 광야에서 40일 동안 혼자 계심으로써 그분의 사역을 시작하셨다(마 4:1-11). 열두 제자를 선택하기 전에 광야의 산에서 혼자 온 밤을 지새우셨다(눅 6:12). 5천 명을 먹이는 기적을 베푸신 후 "기도하러 따로 산에 올라가셨다"(마 14:23). 열두 제자가 전도와 치료의 사역을 마치고 돌아왔을 때 "너희는 따로 한적한 곳에 와서 잠깐 쉬라"(막 6:31)고 말씀하셨다. 자신의 가장 거룩한 사역, 즉 십자가를 지는 사역을 앞두고 겟세마네 동산에서 혼자 지내셨다(마 26:36-46). 우리 역시 그분의 모범을 따라야 할 필요가 있다.

현대사회는 워낙 바쁘고 복잡하게 돌아가기 때문에 의식적으로 시간을 내어 혼자 있어야 독거의 훈련이 되고, 하나님께 집중할 수 있다. 그리스도인들이 한적한 곳으로 가서 수련회나 야영 훈련을 하는 것도 다 이런 목적을 위해서이다. 중요한 것은 일상생활에서 벗어나서 충분한 독거의 시간을 가짐으로써 하나님의 말씀에 귀를 기울일 수 있다는 것이다. 우리가 성경공부나 기도를 통해 '혼자 있음'의 훈련을 할 때 하나님은 우리의 삶에서 일하신다.

우리는 혼자 조용한 시간을 내어 하나님과 교제하는 법을 배우기 위한 시간을 마련해야 한다. 열왕기상 19장 11,12절은 하나님께서 엘리야에게 어떻게 나타나셨는지를 잘 말해준다.

"여호와께서 가라사대 너는 나가서 여호와 앞에서 산에 섰으라 하시더니 여호와께서 지나가시는데 여호와의 앞에 크고 강한 바람이 산을 가르고 바위를 부수나 바람 가운데 여호와께서 계시지 아니하며 바람 후에 지진이 있으나 지진 가운데도 여호와께서 계시지 아니하며 또 지진 후에 불이 있으나 불 가운데도 여호와께서 계시지 아니하더니 불 후에 세미한 소리가 있는지라."

이 세미한 소리를 듣는 훈련을 하겠다는 의지가 우리에게 있다면 그분은 세미한 소리를 통해 말씀하신다. 그런데 사실 혼자 있는 것이 쉬운 것은 아니다. 많은 사람들은 이것을 아주 힘들어한다. 그 이유는 무엇인가? 왜 우리는 침묵을 좋아하지 않는가? 왜 항상 떠들썩해야 하는가? 왜 항상 TV를 켜놓아야 하는가? 이런 질문에 답할 수 있을 때 우리는 역설적으로 독거의 필요성을 깨달을 것이다. 우리가 다른 사람들과 미디어를 통해서 자꾸 다른 데로 생각을 돌리는 것은 생각하기를 두려워하기 때문이다. 우리 자신에 대해 생각하고 우리 자신이 어떤 존재인지를 발견하는 것이 두려워서 자꾸 사람들이나 미디어로 향하는 것이다. 어떤 의미에서 현대인은 TV 소리, 다른 사람들의 소리에 속박되어 살고 있다고 말할 수 있다.

한편, 혼자 있는 것을 좋아하는 사람들이 있기는 한데, 건강하지 못한 방법으로 그렇게 한다. 다른 사람들과 너무 오랜 기간 동안 떨어져 있는 것은 위험하다. 우리는 상처받고 고통당하는 이웃에게서 너무 오랫동안 떨어져 있어서는 안 된다. 우리가 혼자 있는 훈련을 실행하는 목적은 거기에서 힘을 얻은 후 이웃을 위해 봉사하기 위함이다. 독거가 반사회적인 성격으로 변질되어서는 안 된다.

우리가 독거의 훈련을 할 때 주님이 우리를 인도하실 것이다. 그분은 우리를 돌보시는 목자이시기 때문에 만일 우리가 길을 잃으면 우리에게 깨닫게 하실 것이다. 우리의 삶 속에서 성령의 열매들이 나타나서 사람들에게 유익을 준다면, 우리의 독거는 선한 열매를 맺는 균형 잡힌 독거로 평가될 것이다.

혼자 있는 훈련을 제대로 하기 위한 단계들은 무엇인가? 우선 우리가 할 수 있는 것은 일상생활 속에서 어차피 혼자 있게 되는 시간들을 잘 이용하는 것이다. 아침에 다른 식구들이 일어나기 전에 먼저 잠에서 깬 사람은 자기의 침대에서 혼자 조용한 시간을 가질 수 있다. 하루의 일을 시작하기 전에 마시는 모닝커피 시간도 비록 짧지만 혼자 있을 수 있는 시간이다. 러시아워 때에 고속도로에서 차량 정체로 인하여 기다릴 때도 역시 혼자 있는 시간이다. 이런 시간에 눈길을 돌려 길가의 꽃과 나무를 바라보는 것도 심신의 피로를 풀어주는 작은 휴식이다. 식사 전에 소리를 내어 기도하는 것도 물론 좋지만, 식탁에 모인 사람들이 모두 침묵의 기도를 짧게 드리는 것 또한 참신한 방법이 될 것이다. 지하철에서 내려서 집까지 걸어가는 시간도 나름대로 의미와 기쁨으로 충만한 시간이 될 수 있다. 잠자리에 들기 전에 잠깐 밖으로 나가서 조용한 밤을 느껴보라.

이런 작지만 충만한 시간들을 놓쳐버리는 것은 참으로 안타까운 일이다. 우리는 이런 시간들을 되찾아야 한다. 이런 조용한 내면의 시간들은 마치 나침반의 바늘처럼 우리의 삶을 올바른 방향으로 돌려놓는 역할을 한다. 이것들은 비록 작은 시간이지만 우리의 현재의 의미를 놓치지 않게 해준다.

독거와 공동체 – 디트리히 본회퍼(Dietrich Bonhoeffer)

혼자 있을 수 있는 능력이 없는 사람이 공동체를 경계한다면, 그는 자신과 공동체에게 해를 끼칠 뿐이다. 하나님이 당신을 부르셨을 때 당신은 그분 앞에 혼자 서야 했고, 혼자 그분의 부름에 응답해야 했고, 혼자 몸부림치며 기도해야 했다. 앞으로 당신은 혼자 죽을 것이고 혼자 하나님의 심판대 앞에 설 것이다. 당신은 자신에게서 도망할 수 없는데, 왜냐하면 하나님께서 당신을 선택하셨기 때문이다. 혼자 있기를 거부한다면, 당신을 향한 그리스도의 부름을 거부하는 것이며, 부름을 받은 사람들의 공동체에 동참할 수 없다.

그런데 방금 얘기한 논리와 정반대되는 논리도 또한 성립한다. 공동체에 속할 수 없는 사람은 혼자 있기를 경계할 것이다. 당신은 공동체 안으로 부름을 받았는데, 그 부름은 오직 당신만을 위한 것이 아니다. 부름 받은 자들의 공동체에서 당신은 자신의 십자가를 지고 몸부림치며 기도한다. 심지어 죽을 때조차 당신은 혼자가 아니며, 최후의 심판 날에도 당신은 예수 그리스도의 큰 회중(會衆)의 한 구성원일 뿐이다. 형제들의 교제를 비웃는 사람은 그리스도의 부름을 거부하는 것이며, 그의 독거는 그에게 해(害)가 될 뿐이다.

결론적으로 말해서, 공동체 안에 있을 때에만 비로소 우리는 혼자 있을 수 있고, 혼자 있을 수 있는 능력이 있는 사람만이 공동체 안에 있을 수 있다.

30 자발성 없는 훈련이 의미가 있는가?

+ 유진 피터슨
Eugene Peterson

이 세상에 갓 태어난 아기는 이 땅에서 가장 발전되지 못한 존재라고 말할 수 있다. 인간과 달리 동물들은 출생 직후 아비와 어미를 잃는다 해도 살아남을 수 있을 정도로 잘 발달된 본능을 가지고 태어난다. 하지만 인간은 다르다. 인간은 인간이 되기를 배워야 하는 존재이다. 갓 태어난 인간은 엄마의 젖가슴에서 젖을 빨아먹을 수 있는 본능을 가지고 태어난다. 하지만 그 이후의 삶의 많은 단계들이 이 본능 하나만으로 해결되는 것은 아니다. 나이가 듦에 따라 아이는 나이프, 포크, 그리고 스푼을 가지고 식사하는 법과 컵을 가지고 물을 마시는 법을 배워야 한다. 자식을 길러본 많은 부모들이 체험하듯이, 이런 배움의 과정은 길고 힘든 과정이다. 그렇기 때문에 자식을 키우는 부모는 자식이 삶에 적응하기 위해 배워야 할 것을 가르치는 데 대단한 인내심을 발휘해야 한다.

방금 이야기한 육체적 출생과 양육에 관한 이야기는 영적 출생에도 그대로 적용된다. 다시 말해서, 그리스도 안에서 새 생명으로 태어나서 살아가는 것에도 그대로 적용된다. 영적으로 다시 태어나는 것, 즉 중생(重生)은 너무나 놀라운 사건이다. 하지만 중생으로 모든 것이 해결되는 것은 아니다. 중생 다음에는 성장의 과정이 뒤따라야 한다. 그렇기 때문에 하나님은 그리스도 안에서 새로 태어난 사람에게 믿음 안에서 부모, 형제 및 자매를 붙여주신다. 물론 그 목적은 그들이 새 신자의 영적 성장을 돕도록 하기 위함이다. 그런데 이런 영적 성장은 한번에 또는 단시일 내에 이루어지지 않기 때문에 나름대로 훈련의 과정이 반드시 필요하다. 어린아이가 밥이나 국을 쏟지 않고 식사하는 법을 배우고 넘어지지 않고 걷는 법을 배우듯이, 우리도 영적 성장을 위해 배워야 한다.

훈련이 자발성을 말살할지도 모른다고 두려워하는 그리스도인들이 있다. 그러나 포크를 사용할 줄 모르는 사람을 가리켜 자발성으로 충만한 사람이라고 말하지 않는다. 그런 사람은 단지 훈련이 안 되었을 뿐이다. 운동선수나 음악가들은 여러 해 동안 반복적이고 때로는 지루한 훈련 과정을 거치지만, 경기나 연주 중에는 매우 자발적으로 경기하고 연주한다. 즉, 경기나 연주 중에 그들의 근육과 감정과 생각은 매우 자발적으로 움직인다. 이와 마찬가지로 영적인 문제들에서도 우리는 훈련의 중요성을 인정해야 한다. 영적 훈련이 잘 되어 있는 사람은 유혹의 순간에, 순종해야 할 순간에, 찬양해야 할 순간에, 증거해야 할 순간에 자발성이 발동하여 신앙적 선택을 하게 된다.

자발성을 위한 전제 조건

훈련 자체가 자발성을 갖는 것은 아니지만, 훈련은 자발성을 위한 전제 조건이다. 그리스도인들이 기도 생활, 성경 읽기, 예배, 금식 및 구제의 훈련을 하는 것은 그때그때의 변덕스러운 기분 때문이 아니라 의지적 결단 때문이다. 훈련을 거부하는 사람들은 자발적이기 때문에 그런 것이 아니라 자기 마음대로 살려고 하기 때문에 그런 것이다. 자발성을 소중히 여기는 그리스도인은 오히려 평생 영적 훈련을 실행한다. 왜냐하면 훈련은 그가 자발적 삶을 사는 데 필요한 기술을 제공하기 때문이다.

물론 훈련을 통해 습관화된 행동들이 신앙과 아무 관계없이 인위적인 것으로 전락하여 타성에 빠질 가능성이 얼마든지 있기 때문에 우리는 조심해야 한다. 우리는 하루 종일 푸시업(push-up)만 하면서 결코 링(ring, 체조 경기의 한 종목)에 오르지 않는 체조 선수처럼 될 수도 있다. 당신은 그가 왜 '링'에 오르지 않는지를 아는가? 그것은 그가 사고의 위험이 없는 기초체력 운동을 하는 데 아주 익숙해져서 편하게 기초체력 운동만을 하려고 하기 때문이다. 그러나 일단 '링'에 올라 힘차게 창공을 가르며 마음껏 재주를 펼치는 사람은 사고의 위험성을 잊어버리고 체조의 스릴을 즐길 수 있다. 그렇기 때문에 운동선수들은 혼자서 훈련하지 않고 단체로 훈련하는 것이다. 단체로 훈련하면, '링'에 오르기를 두려워하는 사람을 서로 독려할 수 있기 때문이다. 신앙의 문제에 있어서도, 우리를 지켜보다가 "친구여, 어찌하여 더 이상 '링'에 오르지 않는가?"라고 말해줄 친구들이 우리 주위에 필요하다.

훈련과 자발성의 유기적 관계를 시험해볼 수 있는 기준은 사랑의 행동이다. 사랑의 문제에 대하여 깊은 교훈을 가르쳐주는 사도 요한은 "우리가 이웃을 사랑하는가? 만일 그렇다면 그들이 우리의 사랑을 체험하는가?"라고 묻는다. 그의 물음은 우리가 진정으로 사랑하는지를 판단할 수 있는 좋은 잣대이다. 사랑은 세상에서 가장 자발적인 행위이다. 그러므로 사랑을 하도록 만들어주는 프로그램을 우리의 뇌에 삽입함으로써 사랑하도록 만들 수는 없는 노릇이다. 하지만 그렇다고 해서 자발성에만 의존해서 사랑을 하려고 하는 것은 아주 비현실적인 사고방식이다. 현실적으로 볼 때, 오랜 세월 사랑을 실천해온 사람들은 끈질긴 훈련과 노력 없이는 사랑의 실천이 제대로 이루어지지 않는다는 것을 잘 안다. 사랑하고 싶은 마음은 있지만 사랑의 훈련이 제대로 되지 않은 사람들은 발렌타인데이에 초콜릿을 사주는 수준의 사랑에서 벗어나지 못할 것이다.

훈련과 습관 사이에는 큰 차이가 있다. 습관은 게으름의 결과로 생긴다. 아무 생각 없이 행동을 반복하다보면 습관이 생긴다. 습관이 형성되는 데 노력이 거의 필요하지 않다. 습관은 하나님이나 이웃을 만날 수 있는 장(場)이 아니다. 우리는 습관을 버리기를 아주 싫어하는데, 왜냐하면 습관에 따라 판에 박힌 생활을 하는 것이 편하기 때문이다. 피상적으로 볼 때 훈련과 습관은 똑같은 것으로 보인다. 그러나 문이 열리고 우리 앞에 우리가 찬양해야 할 하나님이 서 계시거나 우리가 사랑해야 할 원수가 서 있을 때 훈련과 습관의 큰 차이가 확연히 나타난다. 훈련이 제대로 된 사람은 문 밖으로 뛰어나가지만, 습관적으로 살아온 사람은 몸을 돌이켜 따뜻한 침대로 향한다. 기도와 성경 읽기와 예배를 통하여 훈련을 쌓은 그리스도인들은 갑자기 닥친 상황에서 순종의 결단을 내려야 할 때 우물쭈물하지 않을 것이다.

신령한 생활을 방해하는 무서운 적은 바로 이기심, 즉 나 자신을 하나님처럼 섬기는 것이다. 습관에만 얽매여 있는 사람은 자신의 문제만을 생각한다. 반면 영적 훈련이 되어 있는 사람은 자기중심적인 생활방식을 과감히 깨어버린다. 영적 훈련은 게으름의 습관을 깨어버리고 우리를 하나님이 주인이신 큰 세상으로 인도한다. 이 큰 세상에서 우리는 우리 자신만을 생각하는 좁은 시야에서 벗어나 다른 사람들을 볼 수 있게 된다.

교회의 의식들은 영적 훈련의 좋은 경우들이다. 그렇기 때문에 기독교 공동체는 의식의 중요성을 강조한다. 주일마다 정해진 시간에 우리는 각자의 개인적 세계에서 빠져나와 예배의 세계로 들어간다. 1년 중 정해진 때가 되면 우리는 판에 박은 듯이 반복되는 세상의 일들에서 벗어나 하나님의 역사(歷史)를 상기시키는 절기들의 세계로 들어간다. 지혜로운 그리스도인들은 날마다의 생활 속에서 영적 훈련을 위한 작은 의식들을 실천하는데, 이는 이런 의식들을 통해서 하나님을 경배하고 자신을 돌아보기 위함이다.

영적 훈련이 지루하게 느껴질 때

신자들은 영적 훈련이 대부분의 경우 단조롭고 지루하게 느껴지는 것이 정상이라는 것을 알아야 한다. 무엇인가를 오래 기다려야 할 때 우리는 참지 못한다. 어떤 훈련에 즉시 강한 흥미를 느끼지 못하면, 즉각적으로 그것에 대해 부정적

평가를 내린다. 그러나 우리가 그 훈련의 가치를 깨닫는 데 더디기 때문에 그것이 지루하고 단조롭게 느껴지는 경우들이 종종 있다. 이럴 때에는 인내심을 가지고 훈련을 계속해야 한다. 그리스도인으로서 우리가 더 충만한 영적 상태를 갈망한다는 것은 우리에게 생명이 있다는 확실한 증거이다. 그러므로 인내심을 갖고 기다려라. 성령님이 일하실 것이다. 우리를 그분께 맡겨드리면 그분이 우리 안에서 하나님의 뜻을 온전히 이루어주실 것이다.

정치가에서 개혁가로

_하나님을 의지하며 노예제 폐지에 앞장선 정치인 윌리엄 윌버포스(William Wilberforce) 이야기

_존 폴록 John Pollock

프랑스 혁명이 일어나기 몇 해 전, 역마차 한 대가 프랑스의 도로를 덜거덕거리며 달리고 있었다. 역마차 안에는 하원의원 윌리엄 윌버포스도 타고 있었는데, 그는 비록 25세의 젊은이였지만 부유한 정치적 거물이었다. 왜냐하면 그는 최근에 요크셔의 선거에서 승리하여, 그가 잘 아는 젊은 수상 피트(Pitt)에게 공을 세웠기 때문이다.

윌버포스의 어머니는 딸과 함께 프랑스 남부 지방에서 허약한 조카 베시 스미드와 겨울을 보내기를 원했다. 윌버포스는 가족을 위하여 역마차를 준비했고 그 역마차를 함께 타고 여행할 사람을 찾던 중 우연히 과거에 그의 모교 교장을 지냈으며 지금은 캠브리지대학교의 교수인 아이작 밀너(Isaac Milner)를 만났다.

윌버포스는 모르는 사실이었지만, 밀너는 복음주의적 그리스도인이 되어 있었다. 어릴 적에 윌버포스는 아버지의 죽음 후에 그의 삼촌 및 외숙모와 함께 생활하면서 그리스도를 열심히 따랐다. 그의 삼촌과 외숙모는 휫필드의 설교를 듣고 개종한 사람들로서 존 뉴턴(노예 상인이었지만 회심 후 위대한 찬송 작사가요 설교자가 된 사람)의 친구들이었다. 그런데 시간이 지나면서 윌버포스는 매주 형식적으로 교회를 나갔고 유니테리언(Unitarian. 삼위일체를 믿지 않는 그리스도인)이 되어 있었다.

윌버포스가 타고 있던 역마차에서 종교 문제가 화제가 되었다. 윌버포스는

유니테리언적 주장을 쏟아냈고, 밀너는 복음주의적 기독교를 설명하려고 애썼지만, 윌버포스는 거의 관심을 보이지 않았다. 그러나 밀너와의 인연은 계속되어 그 다음 해(1785년) 여름에 윌버포스는 어머니와 누이를 다시 영국으로 데려오기 위해 프랑스 남부를 향할 때 밀너와 동행하게 되었다. 프랑스 남부를 향해 가는 중 그 두 사람은 줄곧 신약성경을 읽으며 토론을 거듭했다. 그리하여 전에는 예수 그리스도가 하나님의 아들이요 인류의 구주라고 지적(知的)으로만 동의하던 윌버포스에게 "회개하여 그리스도를 의지하지 않으면 영원히 멸망할 것이다"라는 확신이 생겼다. 그러나 당시의 시대적 분위기는 복음주의적 그리스도인들이 경멸과 조소의 대상이 되던 때였다. '내가 만일 신자가 되었다고 공개하면 나의 정치 생명은 끝날 것이다. 정치에서 손을 떼고 성직자가 되어야 하는가?'라는 생각이 윌버포스를 사로잡았다. 그는 자기의 고집스러운 의지를 꺾으려고 발버둥치느라 우울하고 슬퍼졌다. 그의 갈등은 계속되었다. 결국 그는 영적인 상담자에게 자신의 고민을 털어놓지 않으면 미칠 것이라고 느꼈다. 그는 그의 상류 사회 친구들 모르게 은밀히 존 뉴턴을 찾았다. 존 뉴턴은 오랜 세월에 걸쳐 호색가(好色家) 노예 상인에서 겸손한 그리스도인으로 변화한 사람이었기 때문에 윌버포스의 심정을 잘 이해해주었다. 뿐만 아니라 그는 윌버포스에게 하나님이 그를 들어서 국가적으로 크게 사용하실 것이라고 확신시켰다.

그 다음 해 부활절, 윌버포스는 구주께서 그의 죄값을 모두 치러주셨기 때문에 그가 죄의 속박에서 구속되었다는 확신을 가질 수 있었다. 그는 즉시 정치의 분야에서 하나님을 섬기기 시작했다. 즉, 그는 18세기 영국의 모순들을 바로잡기 위해 나름대로 노력했다. 그러던 중 윌버포스는 젊은 선교사 트로베(Trobe)를 방문하면서 그에게서 노예 무역의 잔혹함에 대해서 낱낱이 알게 되었다. 그 즈음에, 그리스도인이 된 후에도 노예 무역의 사악함에 대해서 아무도 지적해주지 않았기 때문에 몇 년간 노예 무역에 종사했던 경험이 있는 존 뉴턴은, 자신의 과거에 대해 깊이 부끄러움을 느끼면서 윌버포스에게 노예제 폐지에 앞장서줄 것을 줄곧 재촉했다. 윌버포스는 '여론을 바꾸고 소극적인 의회 사람들을 설득하여 노예제 폐지를 관철시킬 수 있는 능력과 신앙이 나에게 있는가?'라는 의문을 가졌다. 그는 망설였다. 그러다가 어느 날 밤 가물거리는 양초 불에 의지하여 많은 서류들과 통계 자료들을 자세히 검토하던 중, 그는 노예 무역선에서의 흑인 사망률이 너무 높다는 것을 발견하게 되었다. 그는 훗날 이렇게 회상했다.

"그때 노예 무역의 사악함이 너무나 끔찍하고 두렵게 느껴졌기 때문에 나는 노예제 폐지를 위해 노력해야겠다고 결심했다. 나의 노력이 성공할지 아니면 실패할지를 개의치 않았다. 단지 노예제가 폐지되는 날까지 쉬지 않겠다고 굳게 결심했다."

그 후 얼마 안 되어 그의 노예제 폐지 운동은 많은 사람들을 분노하게 만들었다. 그는 의회에서 그의 주장을 성공적으로 제시하기 위해 많은 준비를 해야 했다. 뿐만 아니라 그는 영국의 다른 도덕적 개혁을 위한 프로그램들을 진행하느라 매우 바빴다. 몸이 허약했던 그는 매우 힘들어했다. 결국 1788년 2월 그는 쓰러졌다. 너무 위독했기 때문에 그가 죽을 것이라고 판단한 그의 정적(政敵)들은 보궐 선거에 대비하여 활동할 정도였다. 그는 하나님께 "하나님, 이 땅에서 저를 회복하셔서 평안과 위안을 얻게 하소서. 아니면 저를 데려가셔서 저곳에서 평안과 행복을 누리게 하소서"라고 부르짖었다.

몸은 회복되었지만 육체적으로 많이 약해졌다. 그러나 영적으로는 성경 말씀을 사모하며 더욱 강해진 윌버포스는 하원으로 돌아갔다. 1788년 5월 11일 세 시간 반에 걸친 연설에서 그는 의원들에게 노예제 폐지에 찬성표를 던질 것을 호소했다. 그러나 그의 호소는 거부되었다.

그 후 18년 동안 노예제 폐지를 둘러싼 의회에서의 싸움이 계속되었다. 이 길고 고통스러운 기간 동안 그는 하나님의 사랑을 더욱 깊이 배우게 되었다. 드디어 1807년 2월 하원은 상당한 표 차이로 노예제 폐지를 가결했다. 그 순간 하원 의원들 거의 모두가 자리에서 일어나 윌버포스에게 갈채를 보냈다. 머리를 숙이고 자리에 앉아 있는 그의 얼굴에는 뜨거운 눈물이 흘러내렸다. 그날 밤 그는 노예 해방의 주역이 되었을 뿐만 아니라, 서방 세계의 도덕적 지도자가 되었다.

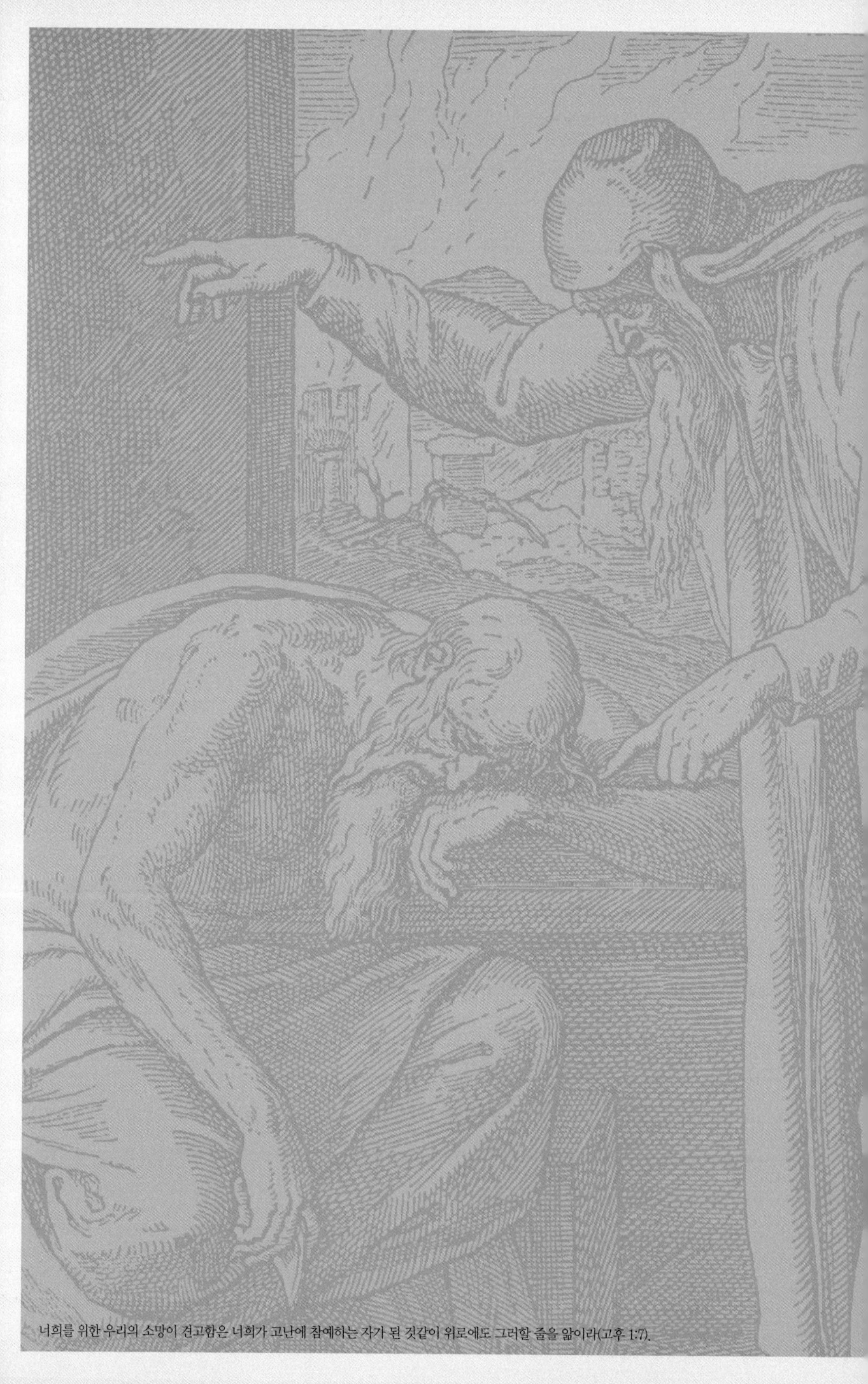

너희를 위한 우리의 소망이 견고함은 너희가 고난에 참예하는 자가 된 것같이 위로에도 그러할 줄을 앎이라(고후 1:7).

7장

고난과 소망

하나님은 고난보다 더 강한 것이 있음을 세상에 보여주기 위하여 우리를 부르신다. 고난보다 더 강한 것은 우리로 하여금 두려움 없이 고난에 맞설 수 있는 힘을 준다. 고난보다 더 강한 것은 바로 변하지 않는 영원한 하나님과의 관계이다.

31 그리스도인은 왜 고통을 당해야 하는가?

+ 아지스 페르난도
Ajith Fernando

우리는 종종 "그리스도를 따르기 시작한 후부터 우리에게는 고난이 사라졌어요"라고 말하는 사람들을 볼 수 있다. 하지만 성경에 나오는 하나님의 택한 종들의 삶을 살펴볼 때 우리는 그들이 어디로 가든지 고난에서 벗어나지 못한 것 같다는 인상을 받는다.

이것이 이상한 일이 아닌 이유는 그리스도를 따르는 사람들에게는 고난이 필수적인 것이기 때문이다. 그렇기 때문에 복음서들은 "자기 목숨을 잃을 각오를 하는 사람만이 그것을 얻을 수 있다"는 제자도의 원리를 제시한다. 다시 말해, 그리스도께서 약속하신 충만한 생명을 체험하려면 먼저 고난을 당해야 한다. 그리스도를 따르는 사람들에게 왜 고난이 중요한 의미를 갖는지를 설명해주는 이유들이 있다. 그중 몇 가지 이유가 욥기에 나온다.

욥기에 나타난 고난의 이유

욥이 여러 가지 면에서 극심한 고난과 고통에 빠졌을 때 그를 찾아온 세 친구는 그의 고난이 죄에 대한 형벌이라고 주장했다(욥 4-25장). 물론 죄 때문에 고난이 찾아오기도 한다. 그러나 적어도 욥의 고난은 죄 때문이 아니었다.

욥이 고난을 당하는 이유는 그가 순결하게 단련되도록 하기 위함이라고 젊은 사람 엘리후가 주장했다(욥 32-37장). 우리의 더러운 것들을 태워서 깨끗하게 만들기 위해서 하나님께서 고난을 허락하신다는 사상이 성경에 나오는 것은 사실이지만(롬 5:3,4 ; 약 1:2-4), 이것도 욥이 고난을 받는 1차적인 이유는 아니었다.

욥기의 처음 두 장에 따르면, 욥의 고난은 어둠의 세력과 빛의 세력 사이의 싸움의 일부라고 한다. 하나님께서는, 욥이 육신적 복들을 모두 잃어버려도 끝까지 하나님께 충실할 것임을 보여주시기 위하여 사탄에게 그를 치도록 허락하셨다. 사탄은 욥을 쳤지만 욥은 하나님을 향한 충성심을 버리지 않았다. 결국, 신자와 하나님 사이의 신실한 관계는 이 세상의 어떤 고난도 이길 수 있다는 것이 사탄과 세상의 눈앞에서 증명되었다. 이런 과정에서 볼 때 하나님이 고난을 허락하시는 이유는 그분을 향한 우리의 성실성을 증명하기 위한 것이다.

이 세상에는 많은 고난이 있다. 사람들은 고난을 피하려고 애쓰지만, 그것은 불가능하다. 그들은 고난을 당할지도 모른다는 불안감 속에서 살다가, 실제 고난을 당하면 극심한 절망감에 빠진다. 하지만 하나님은 고난보다 더 강한 것이 있음을 세상에 보여주기 위하여 우리를 부르신다. 고난보다 더 강한 것은 우리로 하여금 두려움 없이 고난에 맞설 수 있는 힘을 준다. 고난보다 더 강한 것은 바로 변하지 않는 영원한 하나님과의 관계이다.

하나님이 고난을 허락하시는 이유들

하나님이 고난을 허락하시는 또 다른 이유는 골로새서 1장 24절에 나온다. 거기서 바울은 "내가 이제 너희를 위하여 받는 괴로움을 기뻐하고 그리스도의 남은 고난을 그의 몸 된 교회를 위하여 내 육체에 채우노라"고 말한다. 그의 말 속에는, 복음이 이 세상에서 열매를 맺기 위해서는 어느 정도의 고난이 불가피하다는 뜻이 내포되어 있다. 그는 이런 의미의 고난을 기꺼이 당하겠다는 의지를 표현했다. 같은 맥락에서 그는 "우리가 항상 예수 죽인 것을 몸에 짊어짐은 예수의 생명도 우리 몸에 나타나게 하려 함이라"(고후 4:10)고 말했다. 우리의 고난은 복음을 모르는 사람들에게 복음의 문을 활짝 열어주는 역할을 한다.

인도의 한 힌두교 마을에서 한 가족이 그리스도에게 돌아왔다. 그들의 회심 직후에 그 가족의 아이가 심하게 아팠다. 이것을 보고 힌두교를 믿는 이웃 사람들은 그 가족이 종교를 바꾸었기 때문에 신들이 그들을 저주했다고 말했다. 그 가족이 아이의 회복을 위해 열심히 기도했지만, 그 애는 결국 죽고 말았다. 하지만 그 애의 장례식을 계기로 그 마을의 많은 사람들이 복음에 대해 눈을 뜨기 시작했다. 그들은 복음을 거부하던 자세를 버리고 그리스도에게 돌아왔다.

한편 어두움의 세력이 빛의 세력을 미워하기 때문에 고난이 찾아오기도 한다. 이 미움은 종종 '박해'라는 형태로 나타나곤 한다. 바울은 "무릇 그리스도 예수 안에서 경건하게 살고자 하는 자는 핍박을 받으리라"(딤후 3:12)고 말한다. 우리를 핍박하는 자들은 우리에게 많은 고통을 줄 수 있다. 예수님은 사탄이 심지어 우리의 몸을 죽일 수도 있다고 말씀하신다. 그러나 그분은 사탄이 영혼까지 죽일 수는 없다고 말씀하신다(마 10:28).

악한 일을 당해도 하나님께 충실하면 그분은 악한 것을 선한 것으로 바꾸어 축복의 통로가 되게 하신다. 이 진리를 배운 사람은 요셉이었다. 그는 형제들에게 악한 일을 당하여 큰 고난을 당했지만 여러 해가 지났을 때 이 진리를 배웠다(창 50:20). 이 진리를 믿었기 때문에 초대 교회 신자들은 박해 받는 것을 영광으로 알았다. 이 진리를 알았기 때문에 바울은 쓸쓸한 로마의 감옥에서 에베소의 교인들에게 보낸 편지에서 "너희에게 구하노니 너희를 위한 나의 여러 환난에 대하여 낙심치 말라 이는 너희의 영광이니라"(엡 3:13)고 말했다.

하나님은 고난이 우리를 주 예수님과 연합하도록 만드는 신비로운 방법이라는 이유로 고난을 허락하기도 하신다. 바울은 그리스도의 고난에 참예함을 알려고 한다고 말했다(빌 3:10). 이사야는 예수님에 대하여 "그는 멸시를 받아서 사람에게 싫어 버린 바 되었으며 간고를 많이 겪었으며 질고를 아는 자라"(사 53:3)고 말했다. 그분의 고통을 이해하려면 그분과 함께 고난을 당해야 한다.

하지만 이것이 전부는 아니다. 성경에 의하면, 우리가 고난당할 때 그리스도께서도 우리를 위해 고난을 당하신다고 한다. 그분은 교회를 핍박하는 사울에게 "네가 어찌하여 나를 핍박하느냐"(행 9:4)고 물으셨다. 사울이 교회를 괴롭게 했을 때, 그것은 곧 그리스도에게 고통을 준 것이었다. 고난 속에서 나누는 교제는 다른 어떤 경우에 나누는 교제보다 더 강하고 깊은 법이다. 오늘날 교회의 큰 문제들 중 하나는 깊은 신앙적 체험이 없다는 것이다. 고난 속에서 맛볼 수 있는 그리스도와의 깊은 연합을 체험하지 못하고 있다.

물론 그리스도인이 불필요한 고난을 자초할 필요는 없다. 다만 살아가면서 고난은 찾아오기 마련이다. 그때 우리는 놀라거나 실망해서는 안 된다. 고난을 예상하지 못했던 많은 사람들은 실제 고난이 찾아오면 절망하거나 그것을 피하기 위해 불순종의 길을 걷기도 한다. 야고보는 시련이 선한 결과를 만들어낼 수 있기 때문에 온갖 종류의 시련을 기뻐해야 한다고 말한다(약 1:2-4).

고난을 통과할 때 우리는 낙심하여 쓰러질 수도 있다. 하지만 바울의 교훈을 명심하자. 그는 고난이 "지극히 크고 영원한 영광의 중한 것"을 이루기 때문에 그것은 "잠시 받는 경한 것"이라고 가르친다(고후 4:17).

32 내가 고통당할 때 하나님은 어디에 계시는가?

✛ 존 페어렐

John Pearrell

그리스도인이 살아가면서 겪는 고난과 고통의 문제는 세대에서 세대로 이어지면서 늘 우리를 괴롭혀왔다. 아주 오래 전에 욥은 "내가 어찌하면 하나님 발견할 곳을 알꼬 그리하면 그 보좌 앞에 나아갈 것이라"(욥 23:3)고 부르짖었다. 이렇게 부르짖는 사람은 단지 욥뿐만은 아니다. 표현은 다르지만 많은 사람들이 고난과 고통 속에서 절규하고 있다.

"하나님이 사랑의 하나님이시라면 어찌하여 이런 일을 허락하십니까?"

"하나님이 내게 관심을 갖고 계시다면 왜 이렇게 행하시는가?"

"고통의 순간에 하나님은 어디에 계시는가?"

"왜 하나님은 나를 떠나셨는가?"

내가 아는 한 젊은 그리스도인 여성은 암에 걸린 교회 목사님이 완쾌되도록 몇 달 동안 기도했으나, 결국 목사님이 돌아가시자 이렇게 말했다.

"온 교인이 기도에 매달려 부르짖었지만, 하나님은 그 젊은 목사님을 고쳐주지 않으셨어요. 그래서 저는 이런 종류의 부탁을 함으로써 하나님을 귀찮게 해드리는 일을 다시는 하지 않으려고 해요. 제가 왜 그렇게 해야 하죠? 저는 또 실망하기 싫어요."

이 젊은 그리스도인처럼 느껴본 적이 있는가? 당신이 어떤 것을 위해 기도하면서, 하나님께서 당신의 기도대로 행하실 것이라고 믿었다. 하지만 결과는 그렇지 않았다. 이럴 때 우리는 어떻게 해야 하는가?

불행하게도, 우리가 이 세상을 떠나기 전까지는 이 물음에 대한 충분한 답을 찾을 수 없을 것 같다. 이해하기 힘든 상황이 계속되더라도 우리가 진리라고 믿는 것을, 이를 악물고 굳게 붙들어야 하는 때가 있다. 나는 이해하기 힘든 고난의 문제에 대하여 모든 답을 제시할 수 있다고 감히 주장하지 않는다. 다만 나 자신이 고통과 슬픔의 문제로 몸부림치면서 깨달은 실제적인 지혜들을 제시할 뿐이다.

하나님은 주권적인 분이시다!

우선 우리가 받아들여야 할 것은 하나님이 주권적인 분이시라는 사실이다. 그분이 모든 것들을 통제하신다. 그러므로 그분의 예상을 뒤엎는 일이 일어나서 그분을 놀라게 하는 경우는 없다. 반면 우리는 주권적 존재가 아니기 때문에, 예상치 못한 일을 당하면 놀라게 된다. 이럴 때 우리는 하나님도 나처럼 놀라셨을 것이라고 생각하기 쉽다. 그러나 이런 생각은 잘못된 것이다. 그럼에도 불구하고 우리는 하나님이 통제권을 잃어버리신 것처럼 살아간다. 우리는 그분이 저 먼 우주 밖으로 나가시고 우주가 저절로 돌아가도록 내버려두셨다는 착각 속에서 살아간다. 아니면 우리는 그분이 '무슨 부탁이든 다 들어주는 마음씨 좋은 아저씨' 정도로 생각하는 경향이 있다. 그리하여 우리가 "한번 뛰어보세요"라고 말하면 그분이 "얼마나 높이 뛸까?"라고 물으실 것이라고 생각한다. 우리가 그분에 대해 오해한다면, 그분께 실망하는 것은 당연하다. 그러나 오해하지 말자.

그분은 주권적인 분이시지만, 우리는 그렇지 않다.

하나님은 모든 것을 통제하시며, 우리의 기도에 응답하신다. 우리가 기도할 때 종종 그분은 논리적으로는 설명되지 않는 방법으로 개입하신다. 그러나 그분의 개입은 우리의 변덕스러운 기분이나 편의성에 따른 것이 아니고, 그분의 주권적 선택과 선하심과 은혜에 따른 것이다. 그분은 우리에게 개입하시는 방법을 자신의 기쁘신 뜻에 따라 정하신다.

예수님은 세례 요한에 대해 "여자가 낳은 자 중에 요한보다 큰 이가 없도다"(눅 7:28)라고 말씀하셨다. 하지만 세례 요한은 감옥에 갇히는 가혹한 현실에 처해 있었다. 그리하여 요한은 자기의 제자들을 보내어 예수님께 "오실 그이가 당신이오니이까 우리가 다른 이를 기다리오리이까"(눅 7:19)라고 묻게 했다. 이런 질문에 대해 예수님은 "너희가 가서 보고 들은 것을 요한에게 고하되 소경이 보며 앉은뱅이가 걸으며… 가난한 자에게 복음이 전파된다 하라 누구든지 나를 인하여 실족하지 아니하는 자는 복이 있도다"(눅 7:22,23)라고 대답하셨다. 요한은 메시아가 행할 것이라고 기대했던 일들을 예수님이 행하시지 않자 그분이 메시아가 아닐지도 모른다고 의심하기 시작했던 것이다.

기도할 때 우리는, 하나님이 꼭 우리가 예상하는 그런 방식으로 일하시는 것은 아니라는 사실을 명심해야 한다. 주권자는 우리가 아니라 그분이시다. 고난과 슬픔이 찾아올 때 우리에게는 두 가지 선택 중 한 가지가 있을 뿐이다. 원한을 품고 우리의 처지를 한탄하거나, 아니면 좋은 일이든 나쁜 일이든 인생의 모든 것이 주권적인 하나님의 은혜로운 선물임을 인정하고 감사하는 것이다.

원하는 것만 받는 게 신앙인가?

신앙은 단지 우리가 원하는 것만을 하나님에게서 받는 것이 아니라, 그분이 주시는 것이라면 좋은 것이든 나쁜 것이든 의심 없이 받는 것이다. 간혹 일부 신자들은 모두 건강하고 부유한 것이 하나님의 뜻이라고 믿는 경향이 있다. 그러나 성경은 "그리스도께서 십자가에서 죽으셨기 때문에 그리스도인들은 고난과 시련을 면제 받는다"고 약속하지 않는다. 오히려 성경은 그 반대의 것을 때때로 약속한다. 예수님은 제자들에게 "세상에서는 너희가 환난을 당할 것이다"(요

16:33)라고 말씀하셨다. 사도 바울도 "내가 그리스도와 그 부활의 권능과 그 고난에 참예함을 알려 하여 그의 죽으심을 본받아 어찌하든지 죽은 자 가운데서 부활에 이르려 하노니"(빌 3:10,11)라고 말했다.

그리스도는 고난의 면제를 약속하신 것이 아니라, 고난 중에도 돌보아주겠다고 약속하셨다. 진정으로 그리스도를 닮기를 원한다면, 그분을 닮는 과정에서 반드시 거쳐야 하는 고난을 환영해야 할 것이다. 우리는 주권적인 하나님께서 우리 안에서 일하시는 것이 바로 그분의 영광을 위한 것임을 깨달아야 한다. "하나님, 제가 아무 해도 당하지 않고 복을 누리도록 이런저런 것들을 주시옵소서"라고 기도하는 것은 어렵지 않다. 어려운 것은 겟세마네 동산에서 기도하신 예수님처럼 "내 아버지여 만일 할 만하시거든 이 잔을 내게서 지나가게 하옵소서 그러나 나의 원대로 마옵시고 아버지의 원대로 하옵소서"(마 26:39)라고 기도하는 것이다.

예수님처럼 기도하는 것이 왜 어려운가? 우리는 우리에게 좋은 것을 구하느라고 너무 바빠서 하나님의 선(善)을 구하지 못한다. 고난이 찾아올 때 우리는 우리 안에서 그리스도의 형상을 이루기 위해 그것이 찾아왔다고 생각하지 못한다. 오히려 하나님의 선하신 뜻을 의심하며 분노와 원한에 사로잡힌다.

고통의 순간에 나는 어디에 서 있는가?

언제나 신앙은 우리를 궁극적 승리로 이끈다. 그리스도인들은 근본적으로 승리자의 편에 서 있다. 하늘이 어두워지고 그리스도께서 십자가에 달려 고통을 당하시는 중에 하나님마저 그분에게서 등을 돌리셨다. 만일 당신이 그 자리에서 이것을 목격했다면, 그분이 궁극적으로 승리하실 것이라고 믿기 힘들었을 것이다. 그러나 패배처럼 보이는 이 사건을 통해 하나님께서 사탄에 대하여 승리하셨고, 우리의 구속이 성취되었다. 장차 하나님의 통치가 이 땅 위에 온전히 실현될 것이며, 고통과 눈물이 영원히 끝날 것이다. 그때까지 우리는 타락하여 고통에 빠진 세상에서 살 수밖에 없다. 그리스도 안에서 우리가 죄로부터 해방된 것은 사실이지만, 여전히 우리는 주위에 널린 죄의 결과들과 더불어 살아야 한다. 우리가 고난을 피할 수 없지만, 적어도 혼자서 고난을 당하는 것은 아니다. 우리는 소망 없이 고통당하거나 슬퍼하는 것이 아니다. 사도 바울은 "자기 아들을 아끼지 아니하시고 우리 모든 사람을 위하여 내어주신 이가 어찌 그 아들과 함께 모든 것을 우리에게 은사로 주지 아니하시겠느냐"(롬 8:32)라고 말했다.

나는 감히 제안한다. "고통의 순간에 하나님은 어디에 계시는가?"라고 묻지 말고, "고통의 순간에 나는 어디에 서 있는가?"라고 묻자! 성숙한 그리스도인의 징표는 '고통이 없는 것'이 아니라 '고통 중에도 하나님을 온전히 신뢰하는 것'이다. 이것이 쉽지는 않지만, 그렇다고 불가능한 것은 아니다. 이것이 없다면, 은혜와 진리 안에서 계속 성장할 수 없다. 이것 때문에 우리는 힘을 얻어 사역을 감당할 수 있는 것이다.

"그러므로 우리가 낙심하지 아니하노니 겉사람은 후패하나 우리의 속은 날로 새롭도다 우리의 잠시 받는 환난의 경한 것이 지극히 크고 영원한 영광의 중한 것을 우리에게 이루게 함이니 우리의 돌아보는 것은 보이는 것이 아니요 보이지 않는 것이니 보이는 것은 잠깐이요 보이지 않는 것은 영원함이니라"(고후 4:16-18).

33 소원과 소망을 구별할 수 있는가?

+ 유진 피터슨
Eugene Peterson

소원과 소망을 구별하는 것은 매우 중요하다. 왜냐하면 이 두 가지는 결코 동일하지 않기 때문이다.

소원은 우리 모두가 가질 수 있는 것이다. 소원은 우리가 원하는 것이나 필요하다고 느끼는 것을 미래로 투사하는 것이다. 종종 우리는 "내가 이렇게 선하고 거룩한 것을 원하므로 나의 원함(소원)이 곧 소망이다"라고 말하지만, 이것은 잘못된 생각이다. 거룩하거나 선한 것을 원한다고 해서 그것이 소망이 되는 것은 아니다. 소원은 우리의 자아를 미래로 투사하는 것이고, 소망은 우리가 아직은 잘 모르지만 하나님이 행하시려는 것을 원하는 것이다.

소원과 소망의 차이

소원은 우리의 자아로부터 나오지만, 소망은 신앙으로부터 나온다. 소원은 우리가 행하는 것을 향하지만, 소망은 하나님이 행하시는 것을 향한다. 소원은 내가 이 세상과 사람들과 하나님께 원하는 것과 관계가 있지만, 소망은 하나님께서 나와 세상과 내 주변 사람들에게 원하시는 것과 관계가 있다.

소원은 미래로 투사된 나의 의지이고, 소망은 미래로부터 찾아오는 하나님의 의지이다. 마음속에 그림을 그려보자. 소원은 나에게서 선(線)이 나와서 미래를 향한다. 소망은 선(線)이 미래로부터 하나님에게서 나와서 나를 향한다.

소망은 '놀라는 것'이다. 왜냐하면 우리는 우리에게 가장 좋은 것이 무엇인지 모르며, 우리의 삶이 어떻게 완성될지 모르기 때문이다. 소망을 갖는다는 것은 소원의 유혹에 빠지지 않는 것을 의미한다. 왜냐하면 소원은 자칫 몽상에 빠지게 만들 수 있기 때문이다. 소망은 몽상이 아니라, 하나님이 이루실 일을 기대하면서 사는 것이다.

사람들이 "소망이 사라졌다"라고 말할 때, 실제 그 말은 "나는 소원을 포기했다"라는 뜻이다. 다시 말해서 자신이 소원했던 것을 이루지 못했을 때, 그것을 이루었다 할지라도 애당초 원했던 것이 아닐 때 사람들은 "소망이 사라졌다"고 말한다. 이와 달리 소망은 결코 부끄럽게 하지 않는다(롬 5:5).

소망은 그리스도인이 기대감을 갖고 활기차게 살도록 만들어준다. 미미한 소망을 갖고 사는 사람들은 따분하고 고역스러운 삶을 사는데, 왜냐하면 미래에 대해 별로 기대하는 것이 없기 때문이다. 그들은 자기 딴에는 하나님과 주위 사람들과 자신들에 대해 정확한 판단을 내렸다고 믿으면서, 미래도 현재와 별로 달라지지 않을 것이라고 속단한다.

그러나 소망의 사람은 미래에 대해 다 아는 것처럼 말하지 않는다. 그들은 신실하신 하나님이 선한 미래를 준비하고 계심을 믿는다. 고난이 닥친다 할지라도 소망의 사람은 하나님이 어떻게 악을 선으로 바꾸실 것인지를 살핀다.

소망의 사람은 하나님께서 주시는 감동에 민감하다. 소망은 능력을 주며, 가슴 설레는 미지의 것을 추구하도록 자극한다.

아름다운 미지의 세계로

우리가 훌륭한 그리스도인이 되겠다는 목표를 품고 향후 5년 동안의 계획을 세운다고 가정해보라. 우리는 완벽한 계획을 짜고 게시판에 스케줄을 붙이는 것에 초점을 맞춘다. 그러나 이렇게 한다면 결국 우리는 '훌륭한 바리새인'이 되고 말 것이다. 해야 할 일과 하지 말아야 할 일의 목록을 작성하고 프로그램을 만든다고 해서 '훌륭한 그리스도인'이 되는 것은 아니다. '훌륭한 그리스도인'이 되려면 참소망을 가져야 한다. 왜냐하면 참소망의 힘은 너무나 크고 놀랍기 때문이다.

하나님이 우리에게 미래의 문을 천천히 열어주실 때 우리의 마음은 소망 중에 설렌다. 그분이 우리를 아름다운 미지의 세계로 인도하시기 때문이다. 소망이 있는 사람은 새로운 변화를 두려워하지 않고 오히려 기대감 속에 환영한다. 하나님은 우리에게 가장 좋은 것들을 주려고 하신다. 그것을 받을 수 있는 사람은 인간적으로 용기 있는 사람이 아니라, 그분을 의지하는 소망을 가진 사람이다.

34 '기쁜 소식'(예수님의 재림)을 기다리는가?

+ 라본느 네프
LaVonne Neff

기독교에는 인간의 본질적인 두려움을 극복하고 소망을 주는 것이 있다. 그것은 바로 기쁜 소식이다. 이 기쁜 소식은 죽음과 부활을 통해서 사망을 이기신 예수님이 신자들로 하여금 불사(不死)의 영원한 나라에서 살도록 해주신다는 것이다. 대부분의 그리스도인들은 "이 영원한 나라는 그리스도의 재림이라는 격변적 사건에 의해 시작될 것이다"라고 말한다.

그런데 나의 그리스도인 친구는 이렇게 의문을 제기한다.

"우리는 어차피 언젠가 죽을 것이고, 우리가 죽을 때 그분이 우리를 맞아주신다면 굳이 그분의 재림이 필요할까?"

그러나 나는 다음과 같은 이유 때문에 주님의 재림이 절대적으로 필요하고 중요하다고 믿는다.

그리스도의 재림은 역사가 하나님의 장중(掌中)에 있음을 말해준다

우리 주변에는 지구의 종말에 대한 이야기들이 종종 등장한다. 어쩌면 북극과 남극의 만년빙이 녹기 시작할지도 모른다. 기온이 1, 2도만 높아져도 해안 도시들이 물속에 잠길 수도 있을 것이다. 반대로 기온이 조금만 떨어져도 농토가 황무지로 둔갑할 것이다. 기온이 변하지 않고 안정된 상태를 유지한다 할지라도 인구 폭발 때문에 10~20년 내에 식량이 바닥날 수도 있다. 아니면 성경에서 말하는 세 가지 재앙, 즉 기근, 지진 및 전쟁이 많은 사람들을 죽일 수도 있다. 아니, 이 모든 이야기가 무의미할 수도 있다. 왜냐하면 일각에서 예측하듯이, 핵전쟁이 한 세대가 지나가기 전에 지구를 황폐화할 수도 있기 때문이다.

이런 비관적인 전망에 접할 때 사람들은 이 세상을 더 선한 세상으로 만들려는 시도를 포기하고 단지 덧없는 자기만족을 추구하기 쉽다. 그러나 그리스도의 재림을 믿는 그리스도인들은 하나님이 모든 나라들과 자연만물을 주관하시기 때문에 세상이 이런 비관적인 방법으로 종말을 맞도록 허락하지 않으실 것이라고 믿는다. 그분은 이 세상을 위한 계획을 갖고 계시며, 아무리 우여곡절이 있다 할지라도 결국 자신의 계획을 이루겠다고 약속하셨다. 그분은 주권자이시다. 그분은 가장 적합하다고 판단될 때에 다시 오실 것이다. 그리고 그때까지 이 세상을 보존하실 것이다. 최후의 승리자는 우리가 믿고 의지하는 그분이시기 때문에 우리는 영적으로뿐만 아니라 물질적으로도 이 세상을 구원하기 위해 노력한다.

그리스도의 재림은 하나님이 악의 원인이 아니심을 말해준다

사랑하는 가족의 일원이 죽었을 때 종종 이웃 사람들은 남은 가족을 위로하기 위해서 "이렇게 된 것이 하나님의 뜻임에 틀림없습니다"라고 말한다. 태풍이 어떤 도시를 황폐화시켜서 많은 가정들을 망하게 만들었을 때 보험회사들은 이 것을 '하나님의 행하심'이라고 부른다. 정말 이들의 표현이 맞을까? 과연 하나님은 이런 식으로 일하시는가?

종려 주일(부활절 직전 예수님의 예루살렘 입성을 기념하는 주일)에 예수님은 예루살렘에 멸망이 닥칠 것임을 예상하면서 우셨다(눅 19:41). 또한 그분은 나사로의 무덤 앞에 서서 눈물을 흘리셨다(요 11:35). 하나님의 마음은 예수님의 마음과 같으시다. 그렇다면, 이런 하나님이 이 세상에 보낼 태풍과 같은 재해의 수를 정해놓고 그것에 따라 날마다 그것들을 보내신다고 상상하는 것이 과연 옳은 생각인가?

그리스도의 재림을 부정하는 것은 실상 "하나님은 현재의 세상을 좋아하시기 때문에 그리스도의 재림 없이 이 세상이 현재처럼 영원히 돌아가도록 허락하실 것이다"라고 말하는 것과 다를 바 없다. 물론 그리스도의 재림을 통하지 않고도 그리스도인들의 극한적 문제들이 해결될 수 있는 것이 사실이다. 다시 말해서 개인적 죽음을 통해서 하나님은 그들을 자기 곁으로 부르셔서 그들 각자의 문제들을 해결해주실 수 있다.

그러나 개인의 문제들이 죽음을 통해 해결된다 할지라도 악은 계속 존속할 것이다. 이 악을 종식시키는 것이 바로 그리스도의 재림이다. 바꾸어 말하면, 재림이 없다면 악의 종식도 없다. 그러므로 하나님이 재림을 거부하신다면 그것은 그분이 악을 좋아하시거나 아니면 그것을 종식시킬 능력이 없다는 이야기밖에 안 된다. 그러나 이것은 완전히 성경을 떠난 견해이다. "악은 하나님의 성품과 영원히 거리가 멀기 때문에 그분은 악이 무한히 존속하도록 허락하지 않으실 것이다"라는 것이 성경 전체의 메시지이다. 때가 찼다고 그분이 판단하실 때 그분은 악을 영원히 제거하실 것이다. 마귀, 지옥, 그리고 사망이 모두 불못에 던져질 것이다(계 20:10,14). 그리스도의 재림은 마치 '가족의 재회'에 비유될 수도 있지만, 사실 그것의 의미를 넘어선다. 왜냐하면 그리스도의 재림은 우주의 구조적 변화, 즉 악이 멸망한 가운데 나타나는 새 하늘과 새 땅을 의미하기 때문이다.

현재 지구상에는 40억 이상의 사람들이 살고 있다. 내가 태어나기 전에 몇십 억의 사람들이 이 땅에서 살아왔으며, 내가 죽기 전까지만 해도 몇십 억의 사람들이 이곳에서 살아갈 것이다. 이렇게 많은 사람들 중에서 하나님이 나를 주목하고 내게 관심을 갖고 계시다는 것이 너무나 놀랍지 않은가? 그분은 악을 근절하면서 나까지도 함께 근절하실 수도 있겠지만, 그렇게 하지 않으신다. 예수님은 자신이 하나님께 돌아갔다가 다시 오실 것이라고 말씀하시면서 왜 자신이 다시 오실 것인지를 설명하셨다. 그것은 바로 그분이 우리와 함께 있기 위함이라고 그분은 말씀하셨다(요 14:1-3).

성경이 그리는 재림은 오랫동안 떨어져 있던 연인들이 다시 만나는 모습이다. 성경에서 그리스도는 신랑으로, 그분의 교회는 신부로 제시된다. 하나님은 구속(救贖) 받은 사람들의 모든 눈물을 씻어주실 것이다. 하나님과 그분의 백성은 서로 얼굴과 얼굴을 대하여 볼 것이다. 그때 우리는, 그분이 우리를 아신 것처럼 그분을 알게 될 것이다. 분명히 말하지만, 나는 예수님이 그분의 약속대로 다시 오실 것임을 믿는다. 그렇기 때문에 또한 나는 고통 없는 세상에서 그분과 영원히 살 것임을 믿는다.

만일 그리스도의 재림이 없다면 기독교의 진리는 크게 약화될 수밖에 없다. 그리스도의 재림이 없다면 나는 역사를 주관하지 않는 하나님, 악을 용납하는 하나님, 악을 막을 능력이 없는 하나님, 자기의 백성에게 관심이 없는 하나님을 섬기는 셈이 된다. 어찌하여 내가 이런 하나님을 섬겨야 하는가? 단지 하나님이 내게 풍성한 삶을 주셨다는 이유만으로 그분을 섬긴다면, 그것은 진리의 절반만을 믿는 셈이다. 바울은 한편으로는 감사와 자족의 삶을 살라고 가르치면서도 또 다른 한편으로는 "만일 그리스도 안에서 우리의 바라는 것이 다만 이생뿐이면 모든 사람 가운데 우리가 더욱 불쌍한 자리라"(고전 15:19)고 말한다.

내가 사람들과 함께 어두운 터널 속을 걸어가고 있다고 가정해보자. 나는 양초에 불을 붙일 것이다. 또한 옆에서 걷는 사람이 넘어지지 않도록 손을 뻗어 잡아줄 것이다. 이런 노력들은 당연히 필요한 것이다. 그러나 언제까지나 이렇게 갈 것인가? 기한은 있는데, 왜냐하면 우리의 목적은 터널을 빠져나오는 것이기 때문이다. 우리가 이런 고생을 마다하지 않는 것은 터널을 빠져나갈 수 있다는 소망 때문이다. 그런데 만일 터널 끝에서 우리를 기다리고 있는 것이 빛이 아니라 어두움이라면 어떻게 하겠는가? 고생스럽게 터널을 통과하는 것이 의미가 있겠는가?

왜 재림이 중요한가? 왜냐하면 역사의 터널 끝에서 영원의 빛이 우리를 기다리고 있기 때문이다. 터널은 어둡지만, 그것은 길지 않다. 예수님의 죽음과 부활은 역사의 터널 끝에서 빛이 기다리고 있음을 증명해준 사건이다. 언젠가 그분의 재림의 빛이 터널 끝에 나타나서 터널의 구석구석을 비출 것이고, 악하고 추한 것들을 쫓아낼 것이고, 그분의 자녀들을 영원한 집으로 인도하여 무한한 기쁨을 허락하실 것이다.

"이것들을 증거하신 이가 가라사대 내가 진실로 속히 오리라 하시거늘 아멘 주 예수여 오시옵소서"(계 22:20).

우리의 소망의 근거이신 예수님 – 조시 맥도웰(Josh McDowell)

"내가 죽은 자들 가운데서 일으킴을 받을 것임을 어떻게 확신할 수 있는가?"
이 질문에 대답하기 위해 우리는 예수 그리스도에게 돌아가지 않을 수 없다.
"진정, 그분은 자신이 주장한 그런 분인가? 그분은 믿을 만한 분인가?"
이런 질문에 긍정적으로 대답할 수 있다면 우리는 아무것도 걱정할 필요가 없다. 왜냐하면 그분이 "내 아버지 집에 거할 곳이 많도다… 내가 너희를 위하여 처소를 예비하러 가노니… 내가 다시 와서 너희를 내게로 영접하여 나 있는 곳에 너희도 있게 하리라"(요 14:2,3)고 약속하셨기 때문이다.
그리스도의 부활을 연구해보라. 부활의 증거들을 보라. 사망의 권세를 이기고 부활하신 그분이 우리를 부활시킬 수 있는 것은 당연하지 않은가? '부활의 장(章)'이라고 불리는 고린도전서 15장을 읽어보라. 거기서 바울은 "그리스도의 부활은 우리도 부활할 것이라는 확신을 우리에게 심어준다"는 취지로 말한다. 예수님이 우리에게 거짓말을 하시겠는가? 그렇지 않다. 그분은 자신의 약속대로 다시 오셔서 그분이 계신 곳에 우리도 있게 하실 것이다.

35 천국의 소망이 있는가?

+ 해롤드 마이러

Harold Myra

'지구'라고 불리는 이 행성에서 우리가 보내는 시간은 지극히 미미한 것이다. 우리가 100세를 넘기며 장수한다 할지라도 그 기간은 영원에 비하여 너무나 짧은 기간이다. 우리는 영원이라는 시간을 천국에서 보낼 것이다.

그러나 오늘날 천국은 사람들의 마음속에서 별로 큰 비중을 차지하는 것 같지 않다. 한 가정에서 절반의 아이들이 질병 등으로 인하여 죽었던 과거의 시대와 비교할 때 현재 우리는 천국에 별로 매력을 느끼지 못하는 것 같다. 과거에 부모는 천국에 간 자녀들을 많이 생각했고, 아이들은 그들보다 먼저 천국에 가 있는 형제와 자매를 생각하곤 했다.

오늘날의 사람들은 단지 현재를 위해 사는 것 같다. 오늘날의 사람들은 자신들이 조상들보다 더 무병장수할 것이라고 예상한다. 그들은 죽음이 아주 멀리 있다고 느끼기 때문에 이 땅에서 영원히 살 것이라는 착각 속에 사는 것 같다. 그 결과 그들의 마음속에서 천국에 대한 생각은 별로 힘을 발휘하지 못한다.

'천국이 어떤 곳일까'라는 상상을 하도록 내게 처음으로 자극을 준 책은 C. S. 루이스(C. S. Lewis, 1898~1963. 영국의 평신도로서 소설가, 시인, 변증가)의 「페렐란드라」(Perelandra)였다. 다른 공상과학서적들, 그리고 이사야서와 요한계시록 같은 성경의 책들에서 제시되는 천국의 모습들은 서로 다르며, 그것들 중 일부는 꽤 인상적이다.

아무튼 나는 "천국의 길들이 금으로 만들어졌느냐 아니냐, 거기서 우리가 자녀를 낳을 것이냐 아니냐, 거기서 우리가 애완동물을 기를 것이냐 아니냐 같은 문제들은 중요하지 않다"고 결론 내렸다. 천국의 문제에서 중요한 것은 "하나님이 어떤 분이시냐"이다.

우리를 위하여 천국을 준비하고 계신 분은 '우리의 상상을 초월하시는 창조

죽음 – 에블린 크리스텐슨(Evelyn Christenson)

> 나는 죽음을 두려워하지 않는다. 왜냐하면 그것이 축복이라는 것을 알기 때문이다. 우리에게 일어날 수 있는 최선의 것이 이 땅에서 일어난다고 믿는 것은 신앙과 관계없는 인간적 희망 사항일 뿐이다. 그것은 사실과 다르다.
>
> 나는 죽음을 일종의 대관식에 비유하고 싶다. 나의 죽음은 승리이다. 나는 내 장례식 때 '할렐루야 합창'이 불려지기를 원한다. 내가 가족들과 헤어지고 싶지 않은 것은 사실이지만, 이 세상을 떠나 저 세상에서 눈을 뜨는 것은 참으로 영광스러운 일이다. 사도 바울이 말했듯이, "내게 사는 것이 그리스도니 죽는 것도 유익하다"(빌 1:21).
>
> 사망의 열쇠는 사탄의 손에 있지 않고 그리스도의 손에 있다(계 1:18). 이 세상을 떠나면 내게는 면류관이 주어질 것이다. 나는 예수님과 함께 살 것이다. 나는 그분의 손을 잡을 수 있을 것이다. 나는 나의 아버지, 나의 시아버지, 그리고 나보다 먼저 세상을 떠난 나의 아이들을 볼 것이다. 죽음이 내게 이런 복들을 가져다줄 것이다.
>
> 미처 생명의 꽃을 피워보지도 못하고 세상을 떠난 사람들이 많다. 내 딸 주디(Judy)가 생후 7개월에 죽었을 때 나는 그 아이가 이 세상에 온 목적이 그 짧은 기간 동안 다 이루어졌다는 결론에 도달했다. 그 아이의 죽음은 나를 변화시켰으며, 그로 인하여 나는 죽음에 대하여 분명한 철학을 갖게 되었다. 우리가 이 세상에 온 목적은 우리의 목적이 아니라, 하나님의 목적을 실현하기 위함이다.
>
> 내가 날마다 하나님의 뜻에 따라 순종하면서 한 걸음 한 걸음 나아간다면, 죽음이 내게 찾아오더라도 그것은 그분의 뜻이 나를 다음 발걸음으로 인도하는 것에 불과하다.

주 하나님'이시다. 동물원이나 자연 속으로 들어가서 하나님의 피조물을 볼 때 또는 과학 잡지에 실린 DNA 분자의 그림을 볼 때 우리는 하나님의 피조물이 얼마나 놀라운가를 새삼 느끼지 않을 수 없다. 그러므로 하나님이 천국에서 준비하고 계신 것이 얼마나 놀라운 일인가?

상상을 초월한 장소

어떤 사람들은 우리가 천국에 가면 모두 둘러앉아 하프를 연주하며 하나님을 찬양할 것이라고 상상한다. 만일 천국이 이런 곳이라면 이런 천국 생활을 좋아하는 사람은 소수일 것이고, 대부분은 그것이 어떤 주일 예배만큼 따분하다고 느낄 것이다. 내 생각에는 천국이 이런 곳은 아닌 것 같다. 그러나 만일 천국에 하프들이 있다면 그것들은 우리의 상상을 초월할 정도로 아름답고 기쁜 소리를 내어 하나님을 찬양할 것이다. 천국이 어떤 곳이든, 천국에 하프가 있든 없든, 그곳은 평안과 기쁨이 넘치는 곳임에 틀림없다.

천국에서 우리는 별들을 다스리고, 이 행성에서 저 행성으로 여행할지도 모른다. 그곳에서 우리가 맺는 서로 간의 관계는 이 땅에서의 부부관계보다 더 친밀하고 깊을 것이다. 현재 우리가 상상할 수 있는 것보다 훨씬 더 가슴 설레는 도전들이 천국에서 펼쳐질 것이다. 거기에서는 창조적 활동이 주는 기쁨이 있을 것이다. 천국이 어떤 곳인지를 우리가 지금 자세히 알 수는 없지만, 하나님이 우리를 위해 준비하고 계신 것은 결코 따분한 것이 아닐 것이다.

예수님이 이 땅에 오시기 전에 어떤 유대인들은 새 예루살렘이 어떤 곳일지에 대해 매우 구체적으로 상상했었다. 그들은 새 예루살렘에 대해 상세한 그림을 그렸으며, 심지어 그것이 현존하는 실제 예루살렘 위의 공중에 떠 있을 것이라고 말하기도 했다. 그러나 예수님이 실제로 오셨을 때 그들의 상상은 허황된 것으로 드러났다. "하나님이 십자가에서 죽으실 것이다"라고 말한 사람이 있었던가? 아무도 그것을 상상조차 하지 못했다. 구약성경을 읽는 사람 중 그 누구도 구약의 예언들이 어떻게 성취될 것인지를 알지 못했지만, 결국 구약의 모든 예언들은 예수님에게서 실현되었다.

천국은 어떤 의미에서 지극히 위대한 문학작품에 비유될 수 있을 것 같다. 우리는 막연한 기대감을 가지고 이 문학작품을 읽기 시작하지만, 그것을 다 읽은 후에는 입을 딱 벌리며 "이 책이 이렇게 훌륭한 것인지를 상상하지 못했다"라고 감탄할 것이다. 천국의 실재(實在)를 체험하면 우리의 입은 다물어지지 않을 것이다. 천국의 실재 앞에 선 모든 사람들은 그것을 설명하기 위해 저마다 그림과 도표를 그리면서 이렇게 소리칠 것이다.

"그렇습니다! 그렇습니다! 드디어 천국이 전모(全貌)를 드러냈습니다. 한 가지 분명한 것은 내가 상상했던 것과는 완전히 다릅니다!"

천국은 우리의 예상을 완전히 뛰어넘을 것이다. 천국에서 우리는 하나님의 역동적 사랑과 창조성의 거대함 속으로 들어갈 것이다. 이 세상 삶의 모든 것들, 즉 우리의 기쁨, 소망, 슬픔, 절망 및 욕망의 의미에 대한 의문이 천국에서는 모두 풀릴 것이다. 그리고 거기에서 수백 만 년 동안, 수십 억 년 동안, 아니 그 이상 영원토록 우리는 구속(救贖) 받은 우주에서 하나님과 함께 살 것이다.

절망을 넘어 소망을 품고

_월남 정글에서 오직 하나님만 의뢰한 베티 미첼(Betty Mitchell) 이야기

_제임스 헤플리 James Hefley

나는 기독교 서적을 집필하기 위해 여러 이야기들을 수집하면서 20년 이상 전 세계를 여행했다. 그러던 중 훌륭한 신앙인들 중의 한 사람인 베티 미첼을 만났다. 그녀는 '기독교 선교 연맹' 소속의 선교사로서 오랜 동안 일한 경험이 있는 사람이었다. 그녀에 대한 이야기를 하기 위해 나는 1945년으로 거슬러 올라가 아치(Archie)라는 사람에 대해 먼저 이야기를 하고자 한다.

아치는 오레곤주(州)에서 목회를 하고 있었다. 어느 날 그는 그의 임신한 아내와 주일학교 어린이 다섯 명을 데리고 산 속으로 소풍을 갔다. 점심 먹을 장소를 찾던 중 한 남자아이가 낙하산처럼 보이는 것을 주먹으로 쳤다. 아치는 "물러서!"라고 소리쳤지만, 너무 늦었다. 그것은 태평양을 가로질러 날아온 일본군의 풍선 폭탄이었으며, 폭탄이 터지자 아치를 제외한 모든 사람들이 죽었다. 아치는 우연히 큰 나무 뒤에 있었기 때문에 목숨을 건질 수 있었다.

아치의 교회 교인인 베티는 이 사고로 두 명의 여동생을 잃었다. 사랑하는 사람들을 잃어버린 아치와 베티는 동병상련(同病相憐)의 심정으로 서로 가까워졌으며, 2년 후 결혼했다. 결혼 후 그들은 '기독교 선교 연맹' 소속 선교사로서 베트남을 향했으며, 베트남어 공부를 위해 1948년 하노이에 도착했다. 1962년 그들은 한센병 환자 병원에서 일했는데, 그 병원은 남베트남 곧 월남의 중부 산악 지대 깊숙한 곳의 정글에 있었다. 아치는 의사로서 병원의 책임자로 일했고, 베티

는 힘이 넘치는 개구쟁이 아이들 네 명을 양육하면서 남편을 도왔다.

당시 월남은 북베트남 곧 월맹의 정규군의 지원을 받는 베트콩 게릴라들과 격렬한 전쟁을 벌이고 있었다. 병원 주변의 정글에는 사람들이 살지 않았다. 왜냐하면 베트콩 게릴라들이 떠돌면서 때때로 주민들을 습격했기 때문이다. 선교를 위해 세워진 그 병원은 정치적 배경에 관계없이 환자들을 돌보아주었기 때문에 선교사들은 자신들이 안전할 것이라고 믿었다. 그러나 1962년 베트콩이 병원을 습격하여 아치와 다른 농사 담당 선교사 한 명을 포로로 잡아갔다.

베트콩의 습격이 있은 다음날 아침, 베티와 그녀의 네 아이들, 그리고 네 명의 선교사 간호사들은 20킬로미터 정도 떨어진 반메투오트(Banmethuot)라는 도시로 도망했다. 그 도시에 있는 월남군 육군부대의 부근에는 '기독교 선교 연맹'에서 운영하는 성경학교가 있었다. 베티는 그 지역에 머물기로 결심했다. 그녀는 그곳 사람들을 섬기는 것이 자신의 사명이라고 믿었고, 아치가 석방될 것에 대비하여 그곳에 머무는 편이 좋을 것이라고 생각했다.

그녀가 그 지역의 한 병원에서 봉사하겠다고 자원했을 때 그녀의 헌신의 열정은 시험대에 올랐다. 왜냐하면 그 병원의 한 간호사가 "여기 병원 사람들 중 일부는 베트콩입니다. 당신은 그들 때문에 고민에 빠질 수도 있습니다. 우리는 당신의 남편이 베트콩에게 포로로 잡혀 있는 것을 잘 압니다"라고 말했기 때문이다. 베티는 성경 한 구절을 떠올렸다.

"오직 여호와를 앙망하는 자는 새 힘을 얻으리니"(사 40:31).

그녀는 "주여, 언제든지 저의 적(敵)으로 변할 수 있는 사람들을 사랑할 수 있는 힘을 주소서"라고 기도했으며, 주님은 그녀의 기도에 응답하셨다.

그녀는 그 병원의 잡역부에게 "저를 병실로 안내해주세요. 그리고 베트콩이 누워 있는 침대 옆을 지나게 되면 헛기침을 하여 저에게 알려주십시오"라고 말했다. 이런 방법을 통하여 그녀는 어느 베트콩 부부를 알게 되었다. 그 부부의 남편은 허리까지 붕대를 감은 채 누워 있었다. 처음에는 냉담한 태도를 보였으나 그녀가 거듭 찾아오자 그들은 호의적인 반응을 보이기 시작했다. 그 후 어느 날, 그 부부는 "그리스도에 대해 우리에게 말해준 사람은 당신이 처음입니다. 이제 그분이 우리의 마음 안에 계십니다"라고 고백했다.

베티와 그녀의 아이들은 5년 동안 더 베트남에 머물다가 휴가를 위해 귀국했다. 그들이 없는 사이 월맹군이 반메투오트 시를 침입하여 다이너마이트로 선교회 건물들을 폭파하여 6명의 선교사들을 죽이고 2명을 포로로 잡아갔다. 선교회 건물들을 재건하기 위해 그곳으로 돌아간 베티는 7년 동안 그곳에 머물렀다. 순교한 선교사들에 대한 이야기를 수집하기 위해 베트남에 갔던 나는 그녀와 대화를 나눌 수 있었다. 그녀는 "이곳이 하나님이 저를 사용하시는 곳입니다. 그분이 다른 곳으로 가라고 명하실 때까지는 이곳에 머물 것입니다"라고 말했다. 그러면서 그녀는 "저의 남편을 보았다고 합니다. 저는 그들의 말을 믿습니다. 아치는 틀림없이 살아 있을 것입니다. 하나님이 좋게 여기시는 때에 석방될 것입니다"라고 덧붙였다.

그 후 1975년 월맹군은 다시 공격을 시작했다. 이번에 베티와 다른 8명의 선교사들은 포로로 잡혀서 월남에서 하노이까지 걸어가도록 강요당했다. 하노이로 가는 길에 그녀는 사람들에게 자기의 남편을 보았느냐고 물었으나 아무도 본 사람이 없었다. 몇 달 후 그녀와 다른 선교사들은 석방되었다. 그러나 월맹이 전국을 다 장악하고 있는 상황에서 선교사들은 고국으로 돌아갈 수 없었다. 그리하여 베티는 말레이시아로 갔다.

내가 그녀에 대하여 마지막으로 소식을 들었을 때 그녀는 여전히 말레이시아에 있었다. 그녀는 20년 이상 실종 상태에 있는 그녀의 남편이 석방되기를 기대하면서 열심히 봉사하고 있었다. 동남아시아의 정글들에서 백인 포로들을 보았다는 이야기가 정글의 소수 부족 사람들에게서 계속 흘러나오고 있다. 베티는 아치도 그 포로들 중에 있을 것이라고 믿는다. 그녀가 좋아하는 성경 말씀은 고린도후서 1장 8-11절이다.

"형제들아 우리가 아시아에서 당한 환난을 너희가 알지 못하기를 원치 아니하노니 힘에 지나도록 심한 고생을 받아 살 소망까지 끊어지고 우리 마음에 사형 선고를 받은 줄 알았으니 이는 우리로 자기를 의뢰하지 말고 오직 죽은 자를 다시 살리시는 하나님만 의뢰하게 하심이라 그가 이같이 큰 사망에서 우리를 건지셨고 또 건지시리라 또한 이후에라도 건지시기를 그를 의지하여 바라노라 너희도 우리를 위하여 간구함으로 도우라 이는 우리가 많은 사람의 기도로 얻은 은사를 인하여 많은 사람도 우리를 위하여 감사하게 하려 함이라."

내가 그리스도와 함께 십자가에 못 박혔나니 그런즉 이제는 내가 산 것이 아니요 오직 내 안에 그리스도께서 사신 것이라
이제 내가 육체 가운데 사는 것은 나를 사랑하사 나를 위하여 자기 몸을 버리신 하나님의 아들을 믿는 믿음 안에서 사는 것이라(갈 2:20).

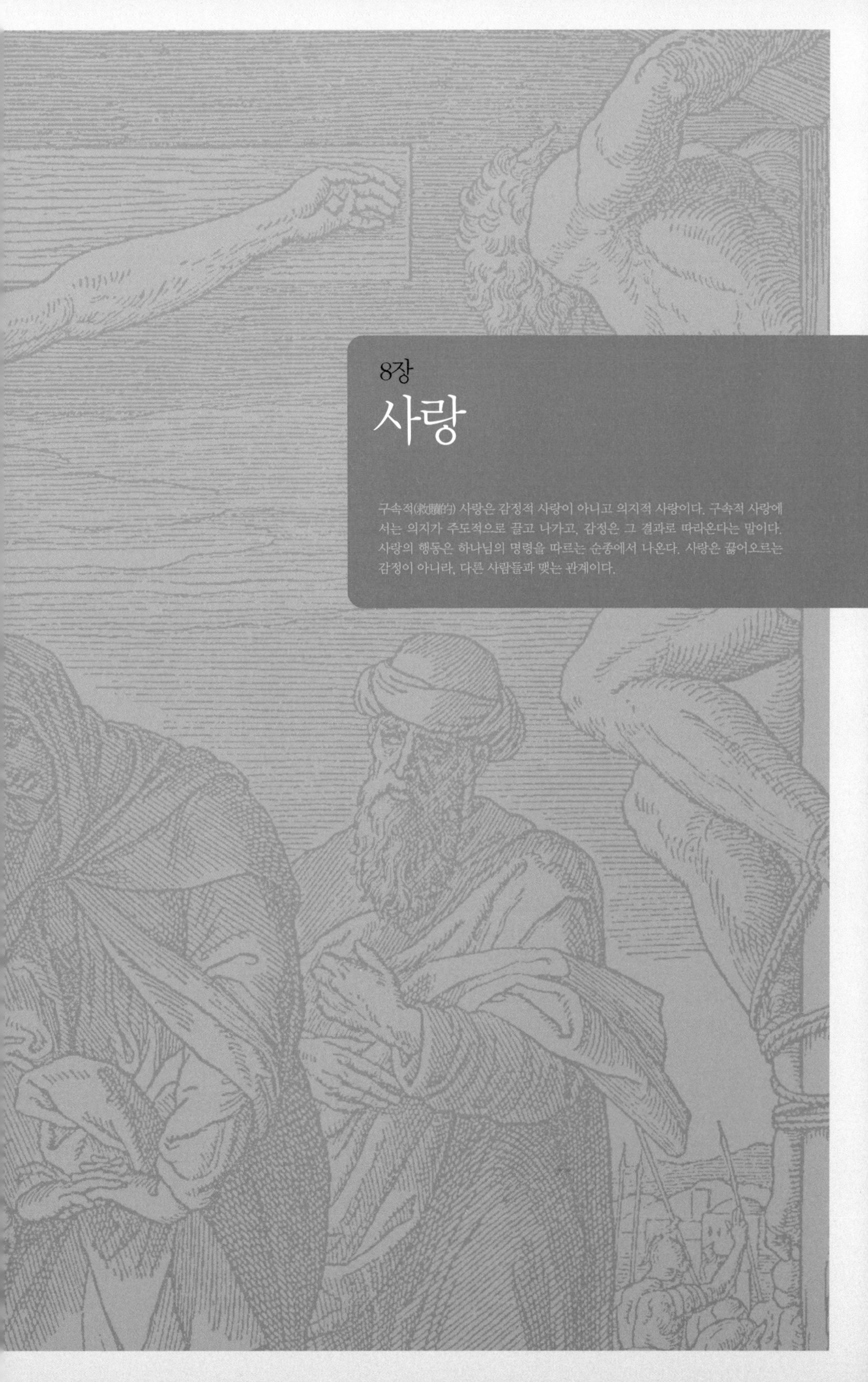

구속적(救贖的) 사랑은 감정적 사랑이 아니고 의지적 사랑이다. 구속적 사랑에
서는 의지가 주도적으로 끌고 나가고, 감정은 그 결과로 따라온다는 말이다.
사랑의 행동은 하나님의 명령을 따르는 순종에서 나온다. 사랑은 끓어오르는
감정이 아니라, 다른 사람들과 맺는 관계이다.

36 사랑은 감정 아닌가?

+ 버논 그라운즈

Vernon Grounds

'사랑'이라는 말은 너무 많이 사용되기 때문에 그것의 참의미를 오히려 놓치기 쉽다. 무엇보다 사랑은 감정이 아니라 행동이다. 성경에서 사랑에 대한 가장 아름다운 표현을 담고 있는 고린도전서 13장은 감정에 대해 말하지 않는다. 그것은 '인내'와 같은 태도에 대해 말하거나, '자랑하지 않는 것'과 같은 행동에 대해 말한다.

내가 누군가를 사랑할 때 나는 그 사람에게 무엇인가를 해주기를 원하게 된다. 예를 들어 내가 나의 아내를 사랑한다면 나는 그녀를 돌보아주고 싶은 마음을 갖게 된다. 그녀를 돌보아주고 싶은 마음이 생기면 나는 그녀를 행복하게 해주기 위해 모든 노력을 다하고 싶은 마음을 갖게 된다. 만일 그녀가 피곤해한다면 내가 저녁 식사를 준비하고 설거지까지 하겠다고 나설 것이다. 그러다보면 나는 TV 뉴스를 보지 못할 수도 있다. 그러나 내가 그녀를 사랑하기 때문에 나는 그녀의 필요를 채워주고 그녀를 행복하게 해주기 위해서 나의 모든 욕구를 희생하며 나의 최선을 다할 것이다.

사랑의 세 가지 형태

사랑은 세 가지 서로 다른 형태로 나타날 수 있다.

첫 번째 형태는 구약의 아가서에서 묘사된 '낭만적' 사랑이다. 낭만적 사랑의 특징은 상대방을 소유하려는 경향이 강하고 매우 열정적이다. 이런 사랑을 표현하기 위해 사용된 헬라어는 '에로스'이다. 이것은 죄가 아니다. 하나님은 이런 사랑을 허락하신다. 상호 독점적이면서 서로에게 충실하다면 이것은 인간이 경험할 수 있는 아름다운 것들 중 하나이다.

두 번째 형태는 '상호적' 사랑이다. 이것이 반드시 50대 50의 정확한 상호 분담을 의미하는 것은 아니지만, 대체로 이런 사랑의 관계 속에 있는 사람들은 서로 '주고받는다.' 다윗과 요나단의 우정의 관계가 여기에 속한다. 그들은 서로 깊은 관계 속에서 서로를 돌보아주었다. 또한 대부분의 부부간의 결혼생활이 여기에 속하는 것 같다.

세 번째 형태는 가장 고귀한 사랑인 '구속적'(救贖的) 사랑이다. 이것은 낭만적 사랑이나 상호적 사랑의 수준을 뛰어넘는 사랑이다. 이것은 상대방의 행복과 평안만을 추구하는 사랑이다. 이런 사랑의 본질이 요한일서 3장 16절에 표현되어 있다.

"그가 우리를 위하여 목숨을 버리셨으니 우리가 이로써 사랑을 알고 우리도 형제들을 위하여 목숨을 버리는 것이 마땅하니라."

만일 우리가 이런 수준에서 사랑할 수 있다면 우리는 우리의 권리, 유익, 그리고 상처에 대해 완전히 잊어버릴 수 있을 것이다. 우리에게 이런 사랑이 있다면 우리는 예수님처럼 상대방을 위해 우리의 모든 것을 희생하려고 할 것이다.

구속적 사랑은 현재 우리 사회에 만연한 자기중심적인 낭만적 사랑의 개념을 완전히 뒤집어엎는다. "나를 기분 좋게 해주는 것이면 최고이다"라고 말하는 것이 오늘날의 세태가 아닌가? 그러나 이런 사고방식은 하나님의 말씀에서 벗어난 것이다. 산상수훈에서 예수님은 우리가 심지어 원수까지도 사랑해야 한다고 가르치신다(마 5:43-48). 원수를 사랑하고 싶지 않은 것이 우리의 본능이고 감정이지만, 주님은 원수를 돌보고 그의 행복을 위해 노력하라고 가르치신다.

감정이 아닌 의지로 사랑한다

구속적 사랑은 감정적 사랑이 아니고 의지적 사랑이다. 자신의 감정에 따르는 사람은 원수를 사랑하는 것이 매우 힘들겠지만, 자신의 의지에 따르는 사람은 그것이 쉬워진다. 그러나 그렇다고 해서 구속적 사랑에서 감정이 완전히 배제된다는 말은 아니다. 다만 구속적 사랑에서는 의지가 주도적으로 끌고 나가고, 감정은 그 결과로 따라온다는 말이다.

예수님은 우리에게 이웃을 사랑하라고 명령하신다. 누가 우리의 이웃인가? 우리의 이웃은 우리가 좋아하는 사람, 우리의 연고자, 우리가 친구로 삼은 사람이 아니다. 우리의 이웃은 우리가 마주친, 어려움에 처한 사람이다. 그 사람이 우리에게 낯선 사람이거나 심지어 우리의 원수일 수도 있다. 하지만 우리는 그를 사랑해야 한다. 우리가 우리의 감정을 마음대로 움직일 수는 없겠지만, 우리의 태도를 바꿀 수는 있다. 그리고 우리의 태도가 바뀌면 우리의 행동도 바뀔 수 있다. 그리하여 결국 우리가 좋아하지 않는 사람도 사랑할 수 있다.

아마도 우리가 사랑하기 가장 힘든 사람은 고의적으로 우리에게 해를 끼친 사람일 것이다. 우리가 도저히 이해할 수 없는 이유로 인하여 고통을 준 사람을 사랑하는 것은 지극히 어렵다. 그러나 우리가 완전히 정당하고 그 사람이 완전히 잘못되었다 할지라도 우리는 그것을 극복할 수 있을 정도로 사랑해야 한다. 구속적 사랑으로 사랑한다는 것은 우리의 원수를 사랑하는 척하거나 그의 잘못을 얼버무려 덮어주는 것이 아니다. 그것은 그를 용서하고 그를 위해 기도하고 기회가 닿는 대로 그를 돕는 것이다.

원수에게 따뜻한 감정을 느끼지 못하면서도 의지적으로 관심을 갖는 것이 위선은 아니다. 사랑을 느끼지 못한다 할지라도 인내심을 갖고 예의를 갖추고 친절하게 대할 수 있다. 하나님의 은혜의 능력에 힘입어 원수의 행복을 위해 노력할 마음을 가질 수 있다. 그러나 우리는 우리의 행동이 따뜻한 감정에서 우러나온 척할 필요는 없다. 사랑의 행동은 하나님의 명령을 따르는 순종에서 나온다. "상대방에 대해 따뜻한 감정을 느끼지 못하면서 그를 사랑할 수 있다"는 우리의 주장이 위선적인 것이라고 누가 비판을 한다면, 우리는 "우리가 사랑하는 모든 사람들에 대해 따뜻한 감정을 느끼는 것은 아니다"라고 솔직히 인정해야 한다.

그러나 그러면서도 동시에 우리는 우리가 그리스도인으로서 의지적으로 사랑을 선택하고 돕기를 원하는 것이라고 말해주어야 한다.

그리스도인으로서 우리는 상대방에 대해 어떤 감정을 느끼든 간에 그를 한결같이 사랑하도록 힘써야 한다. 그러다보면 자연스럽게 애정을 느낄 때가 올 것이다.

37 사랑의 출발점은 어디인가?

+ 노만 가이슬러
Norman Geisler

사랑은 율법을 통하여 우리의 삶을 인도한다. 예수님은 "너희가 나를 사랑하면 나의 계명을 지키리라"(요 14:15)고 말씀하셨다. 율법은 사랑을 이해하기 쉽게 풀어서 설명한 것이다. 예수님은 모든 율법이 두 가지 계명으로 요약될 수 있다고 말씀하셨다. 그분은 "네 마음을 다하고 목숨을 다하고 뜻을 다하여 주 너의 하나님을 사랑하라 하셨으니 이것이 크고 첫째 되는 계명이요 둘째는 그와 같으니 네 이웃을 네 몸과 같이 사랑하라 하셨으니 이 두 계명이 온 율법과 선지자의 강령이니라"(마 22:37-40)고 말씀하셨다. 주님의 말씀 속에는 수직적 사랑과 수평적 사랑이 모두 들어 있다. 하나님을 사랑하는 것은 수직적 의무이며, 이웃을 사랑하는 것은 수평적 의무이다. 하나님의 율법은 우리에게 위를 쳐다볼 것과 옆을 쳐다볼 것을 모두 요구한다.

율법은 사랑하는 법을 자세히 알려준다. 사랑은 끓어오르는 감정이 아니라, 다른 사람들과 맺는 관계이다. 이 관계는 우리가 하나님의 뜻에 따라 이웃에게 반응하는 관계이다. 예수님은 이렇게 말씀하셨다.

"내 계명은 곧 내가 너희를 사랑한 것같이 너희도 서로 사랑하라 하는 이것이니라 사람이 친구를 위하여 자기 목숨을 버리면 이에서 더 큰 사랑이 없다"(요 15:12,13).

감정은 사랑의 결과

사랑은 태도에서 출발한다. 즉, 그것은 다른 사람들에게 가장 유익한 것이 무엇인지를 고려하는 태도에서 출발한다. 이런 태도는 다시 행동으로 발전하게 되고 결국 다른 사람들에게 가장 유익한 것을 행하는 행동으로 나타나게 마련이다. 태도와 행동의 결과로 나타나는 것이 감정이다. 그러므로 감정은 사랑을 만들어내는 동인(動因)이 아니라 사랑의 결과이다. 올바른 순서는 태도, 행동, 그리고 감정이다. 이 순서를 거꾸로 만들려는 것은 잘못이다.

우리의 태도는 하나님이 누구이신가, 인간이 누구인가에 대한 정확한 이해에 근거해야 한다. 하나님은 우주의 절대적 창조주로서 나를 사랑하는 분이시다. 나는 그분에 대해 선한 태도를 가져야 한다. 인간은 하나님의 형상에 따라 만들어진 특별한 피조물이다. 그러므로 나는 나의 이웃을 마치 하나님처럼 대하고 사랑해야 한다. 올바른 지식은 올바른 태도를 낳고, 올바른 태도는 올바른 행동으로 이어진다.

때때로 우리는 우리가 좋아하지 않는 사람들과 마주치게 된다. 이럴 때 그들에 대해 좋은 감정을 갖는 것이 너무 어렵다. 그렇기 때문에 우리는 사랑이 감정이 아니라는 것을 기억해야 한다. 우리는 상대방을 좋아하든 안 하든 간에 그에게 유익한 것을 추구해야 한다. 만일 차를 몰고 가는데 어떤 사람이 우리의 차를 가로막으면 우리는 "너도 한번 당해봐라"는 심정으로 그의 차를 가로막을 수 있다. 그러나 그를 비록 개인적으로 알지 못하지만 그의 입장을 이해해준다면 우리는 그를 용서할 수 있다. 더 나아가 우리는, 우리가 그에게 대접받기를 원하는 대로 그를 대접함으로써 사랑을 베풀 수 있다(마 7:12).

우리가 어떤 사람에 대해 부정적 감정들을 가질 수 있다. 우리는 그것들을 다양한 방법으로 처리할 수 있는데, 예를 들면 그것들을 억압하거나 표현하거나 고백할 수 있다.

억압은 조만간 감정을 폭발시킬 가능성이 높다. 왜냐하면 참을 수 있는 한계가 있기 때문이다. 억압된 감정은 언젠가 어떤 방식으로든 표현되게 마련이다.

분노나 증오 같은 감정들을 표현하는 것은 그것들을 억눌렀을 때 발생할 수 있는 부작용을 피할 수 있다는 장점이 있다. 그렇기 때문에 세상의 심리학자들은 표현 방법을 우리에게 권한다. 그러나 그 표현 방법이 원수에게 보복하는 것이라면, 결국 우리의 문제만 더 커질 뿐이다.

부정적 감정들을 고백하는 것은 성경적 방법이다. 우선 하나님께 고백하고, 필요하다면 상대방에게 고백하라(약 5:16). 요한일서 1장 9절은 "만일 우리가 우리 죄를 자백하면 저는 미쁘시고 의로우사 우리 죄를 사하시며 모든 불의에서 우리를 깨끗케 하실 것이요"라고 가르친다. 부정적 감정들을 처리하는 기독교적 방법은 억압이나 표현이 아니라 고백이다.

수직적 사랑과 수평적 사랑이 충돌할 때

사랑은 수직적이며 동시에 수평적이다. 수직적 사랑은 하나님을 향한 사랑이며, 수평적 사랑은 이웃을 향한 사랑이다. 예수님은 이 두 가지 사랑을 모두 우리에게 요구하신다.

때때로 우리는 이 두 가지 사랑이 서로 충돌하는 것을 발견할 수 있다. 예를 들어보자. 나는 17세에 그리스도인이 되었다. 나의 가족은 그리스도인이 아니었으며, 하나님에 대해서 매우 적대적이었다. 나의 부모님은 내게 "너는 그리스도인이 될 수 없다. 너는 그리스도를 포기해야 한다"고 말했다. 나는 굉장한 갈등을 느꼈다. 나는 부모님을 사랑하였으며, 그 분들께 순종하기를 원했다. 그러나 그 분들께 순종하기 위해 하나님께 불순종할 수는 없었다. 나는 하나님을 거부할 수 없었다. 나는 하나님께 순종하기 위해서 나의 부모님께 불순종해야 했다.

수직적 의무와 수평적 의무 사이에 불가피한 갈등이 있다면 우리는 언제나 수직적 의무를 먼저 선택해야 한다. 예수님은 "무릇 내게 오는 자가 자기 부모와 처자와 형제와 자매와 및 자기 목숨까지 미워하지 아니하면 능히 나의 제자가 되지 못한다"(눅 14:26)고 말씀하셨다. 물론 이 말씀은 가족을 미워하라는 말씀이 아니다. 이 말씀은, 가족을 향한 사랑이 하나님을 향한 사랑과 비교될 때 마치 미움처럼 보일 정도로 하나님을 지극히 사랑하라는 뜻이다.

내가 하나님께 순종하기 위해 내 부모님께 불순종한다고 해서 내가 부모님을 더 이상 공경하지 않는다는 말은 아니다. 나는 부모님께 필요한 도움을 드리고 그들을 위해 기도함으로써 그들을 계속 사랑했다. 그 후 오래 가지 않아서 그들은 그리스도를 향한 나의 헌신이 진실하다는 것을 알게 되었고, 그리하여 내게 식사 기도를 해달라고 부탁했다. 몇 년 후 아버지가 병원에 계실 때 나는 그 분을 그리스도께 인도할 수 있었다. 나는 요한복음 3장 16절을 펼쳐서, 그 구절에 아버지의 이름을 넣어 읽어드렸다. 그 분은 반응하셨다. 우리는 그리스도께 순종하면서 동시에 부모님을 사랑하고 공경할 수 있다.

때때로 사랑은 우리에게 매우 힘든 것을 요구할 수 있다. 예를 들면, 하나님을 향한 사랑 때문에 아브라함은 그의 아들 이삭을 제물로 드리려고 했다(창 22장). 이것은 아브라함에게 지극히 힘든 일이었지만, 히브리서 11장에서 증거하듯이 그는 이것을 믿음으로 행하려고 했다. 하나님이 중간에 개입하셔서 결국 이삭을 제물로 바치지는 않았지만, 그가 하나님께서 다른 제물을 준비하실 것이라고 미리 알 수는 없는 상황이었다.

사드락과 메삭과 아벳느고는 우상에게 절하라는 느부갓네살 왕의 명령을 거역했다(단 3장). 성경은 세상의 국가에 순종하라고 가르치면서도(딛 3:1 ; 롬 13:1 ; 벧전 2:13), 또한 하나님을 향한 충성과 국가를 향한 충성이 충돌할 때에는 하나님께 순종하라고 가르친다(행 5:29). 이런 성경의 교훈을 잘 실천한 사람이 바로 다니엘이다. 그가 섬기던 다리오 왕은 누구든지 왕 외에 어느 신에게나 사람에게 무엇을 구하면 사자굴에 던져 넣겠다는(단 6:7) 명령을 내렸다. 그러나 그는 왕의 명령을 어기고 하나님께 기도했다.

애굽 왕은 두 명의 히브리 산파 십브라와 부아에게 히브리 여인들이 남자 아이를 낳으면 그 아이를 모두 죽이라고 명령했다(출 1:15,16). 그러나 이 두 산파는 하나님을 두려워하여 왕의 명령을 거역하고 하나님께 순종했다. 이렇게 해서 많은 히브리 남자 아이들의 생명을 살릴 수 있었으며, 특히 모세를 살릴 수 있었다.

다시 한 번 말하지만, 수직적 의무와 수평적 의무가 충돌할 때 우리는 수직적 의무를 택해야 한다.

사랑을 실천할수록 사랑에 대한 나의 이해는 깊어진다. 구약의 아가서에는 사랑에 대한 아름다운 묘사가 나온다. 아가서에서 '노래하는 자'는 세 번에 걸쳐 연인들 사이의 관계를 잘 요약하여 표현해준다. 먼저 "나의 사랑하는 자는 내게 속하였고 나는 그에게 속하였구나"(아 2:16)라고 말한다. 다음으로 "나는 나의 사랑하는 자에게 속하였고 나의 사랑하는 자는 내게 속하였다"(아 6:3)고 표현된다. 끝으로 "나는 나의 사랑하는 자에게 속하였구나 그가 나를 사모하는구나"(아 7:10)라고 말한다.

이것은 사랑의 아름다운 성장을 보여준다. 첫째 단계에서 나는 그리스도를 받아들이는데, 이것은 참으로 놀라운 사건이다. 이 단계에서는 '내가 한 것'이 강조된다. 두 번째 단계에서 나는 그분이 나를 받아들이셨다는 것을 깨닫는다. 여기에서는 그리스도가 강조되는데, 이것은 한층 더 높은 수준의 사랑이다. 그렇지만 아직도 나는 "내가 그분을 받아들였다"고 말한다. 세 번째 단계 곧 가장 높은 수준의 사랑의 단계에서 나는, 그리스도가 나를 받아들이고 나를 사모하신다는 것을 알게 된다. 이 단계에서 나는 그분이 나를 간절히 원하신다는 사실을 알고 안식을 누린다.

38 자애(自愛)와 자기중심주의를 구별할 수 있는가?

+ 래리 크레더
Larry Kreider

사랑이 무엇인지를 정확히 규정하는 것은 쉽지 않다. 사랑은 상황과 사람에 따라 서로 다른 것을 의미하기 때문이다. 나는 땅콩, 축구, 따뜻한 날씨, 나의 아내와 아이들, 좋은 책, 즐거운 대화, 그리고 하나님을 사랑한다.

나의 이런 사랑의 대상들에 따라 나의 사랑의 강도와 헌신의 정도가 서로 달라진다. 내가 땅콩을 좋아하는 것은 사실이지만, 한동안 땅콩을 먹지 못한다고 해서 분노하지는 않는다. 주일 오후에 텔레비전의 축구 중계를 규칙적으로 볼 정도로 나는 축구를 사랑한다. 그러나 주일 오후에 가족과 깊은 정을 나눌 수 있는 기회가 찾아온다면 나는 과감하게 축구 시청을 포기한다. 그러나 하나님을 향한 나의 사랑은, 가족과 함께 소풍을 가기 위해 주일 오전 예배를 빼먹는 것을 금한다.

긍정적 의미의 '자애'에 도달하려면

자애 곧 '자기를 사랑하는 것' 역시 다양한 의미를 가질 수 있다. 그 결과, 성경에서 '자기'라는 말이 어떤 의미로 쓰이고 있느냐를 둘러싸고 많은 논란이 생기게 된다. 성경에서 자애와 자기중심주의는 대개 동일한 의미로 사용된다. 바울은 디모데후서에서 말세에 고통하는 때 사람들의 모습이 어떠한지 이야기하는데, 이 모습들은 모두 명백한 자기중심주의이다.

"사람들은 자기를 사랑하며 돈을 사랑하며 자긍하며 교만하며 훼방하며 부모를 거역하며 감사치 아니하며 거룩하지 아니하며 무정하며 원통함을 풀지 아니하며 참소하며 절제하지 못하며 사나우며 선한 것을 좋아 아니하며 배반하며 팔며 조급하며 자고하며 쾌락을 사랑하기를 하나님 사랑하는 것보다 더하며 경건의 모양은 있으나 경건의 능력은 부인하는 자니"(딤후 3:2-5).

그러나 여기서 모든 이야기가 끝나는 것은 아니다. 성경은 다른 종류의 자애를 암시하는데, 이것은 부정적인 것이 아니다. 예를 들어보자. 예수님은 "네 이웃을 네 몸과 같이 사랑하라"(마 22:39)고 가르치셨는데, 이 교훈의 초점은 '이웃 사랑'이지만, 이 말씀 속에는 "자신을 사랑하라"는 뜻도 내포되어 있다. 사도 바울도 "누구든지 언제든지 제 육체를 미워하지 않고 오직 양육하여 보호하기를 그리스도께서 교회를 보양함과 같이 하나니"(엡 5:29)라고 말했다. 이 두 말씀에서 언급하는 자기보존은 당연히 필요한 선한 것이다. 이런 종류의 자애는 방종이나 탐닉이 아니다. 결국 자애에는 긍정적인 것과 부정적인 것이 있다고 말할 수 있다.

긍정적 의미의 '자애'에 도달하려면 우선 자기에 대한 정확한 이해가 선행되어야 한다. 정확한 자기 이해의 출발점은 하나님이시다. 즉, 우리 자신에 대한 정확한 이해에 도달하려면, 하나님의 관점에서 우리 자신을 보아야 한다. 그분은 우리가 우리 자신을 정확히 이해하고 평가하기를 원하신다.

종교개혁가 마르틴 루터는 "당신이 가치 있는 존재이기 때문에 하나님이 당신을 사랑하시는 것이 아니라, 그분이 당신을 사랑하기 때문에 당신이 가치 있는 것이다"라고 말했다. 하나님은 우리를 창조하기를 원하셨고, 처음부터 우리를 사랑하셨다. 다윗은 "주께서 내 장부(臟腑)를 지으시며 나의 모태에서 나를 조직하셨나이다 내가 주께 감사하옴은 나를 지으심이 신묘막측(神妙莫測)하심이라 주의 행사가 기이함을 내 영혼이 잘 아나이다"(시 139:13,14)라고 말했다.

그러나 우리 인간은 본래의 옷을 더럽혔다. 우리는 범죄함으로 말미암아 하나님의 진노를 샀으며, 우리 자신에게 정직하지 못했다. 이것을 깨닫고 두려움에 떨어본 경험이 없는 사람은 자신을 정확히 평가할 수 없다. 성경에는 다양한 인물들이 나오지만, 그들에게 공통된 것은 자기의 본질을 깨닫고 혐오감과 두려움에 떨었다는 것이다. 이사야는 "화로다 나여 망하게 되었도다"(사 6:5)라고, 욥은 "내가 스스로 한하고 티끌과 재 가운데서 회개하나이다"(욥 42:6)라고 말했다. 베드로도 예수님의 기적을 보았을 때 "주여 나를 떠나소서 나는 죄인이로소이다"(눅 5:8)라고 말했다.

죄를 깨닫고 슬퍼하는 것은 지극히 당연한 일이다. 그러나 자신들의 죄에 대해 죄책감과 혐오감을 느끼면서도 "나는 인간이기 때문에 어쩔 수 없습니다"라고 합리화하는 것은 잘못이다. 인간은 무엇인가? 인간은 하나님의 형상을 지닌 존재이다. 당신이 그분의 형상을 지닌 인간이라는 것을 감사하고 즐거워하라. 당신 자신을 육체적으로, 정신적으로, 감정적으로, 그리고 영적으로 돌봐라. 그런 다음 다윗처럼 "하나님이여 나를 살피사 내 마음을 아시며 나를 시험하사 내 뜻을 아옵소서 내게 무슨 악한 행위가 있나 보시고 나를 영원한 길로 인도하소서"(시 139:23,24)라고 기도하라. 이렇게 기도하는 사람과 하나님 사이의 관계는 결코 막히지 않는다. 자신을 살피고 회개하는 사람은, 자신이 하나님의 관점에서 볼 때 얼마나 가치 있는 존재인지를 분명히 깨닫게 될 것이다.

39 사랑하기 힘든 사람을 애써 사랑해야 하는가?

+ 빌 브라이트
Bill Bright

믿음으로 사랑하는 것은 참으로 멋진 삶을 사는 것이다. 성경은 우리가 마음과 뜻과 목숨을 다해 하나님을 사랑하고 이웃을 우리 몸처럼 사랑해야 한다고 가르친다. 우리는 동료 신자들뿐만 아니라 심지어 원수까지도 사랑해야 한다. 이것은 하나님의 명령이다. 우리가 진심으로 그리스도를 위한 삶을 살려고 한다면 우리는 사랑하는 법을 배워야 한다. 사랑은 의지적 행동이다. 그러므로 우리는 성령님의 도우심에 의지해서 믿음으로 사랑해야 한다.

화해의 기적

한 유능한 변호사가 어느 날 나를 찾아왔다. 그는 미국 최고의 명문 법학대학원들 중 한 대학원의 동창회장을 지냈으며, 굴지의 법률회사 사장이었다. 그와 함께 그 법률회사를 경영하는 사람이 있었는데, 그 사람도 매우 유명하고 부유하고 영향력 있는 사람이었다. 이 두 사람은 모두 자아가 너무나 강했기 때문에 서로를 좋아하지 않았다. 그들은 서로 동업자면서도 몇 년 동안 서로를 헐뜯어 왔다. 나를 찾아온 그 변호사의 질문으로 우리의 대화는 이어졌다.

"저는 몇 년 동안 그 사람을 싫어했습니다. 하지만 그리스도인이 된 지금, 그를 미워하면 마음이 편하지 않아요. 이제 제가 어떻게 해야 합니까?"

"당신은 그 사람에게 가서 당신의 이전의 태도에 대해 용서를 구해야 합니다. 그리고 당신이 그를 사랑한다고 말해야 합니다."

"저는 그를 사랑하지 않아요. 물론 이제 더 이상 그를 미워하지도 않지만요."

"하나님은 당신에게 사랑하라고 명령하십니다. 그가 당신의 이웃이라 할지라도 그를 사랑해야 하며, 그가 원수라 할지라도 그를 사랑해야 합니다. 다른 방법이 없습니다. 하나님은 당신에게 그를 사랑하라고 명령하십니다."

“저는 위선자가 되기 싫습니다. 그를 사랑하지도 않으면서 어떻게 사랑한다고 말할 수 있습니까?”

“사랑은 의지의 문제입니다. 당신은 사랑하라는 하나님의 명령에 순종할 것인지 아닌지를 결정해야 합니다. 사랑은 감정이 아닙니다. 단지 사랑의 결과로 감정이 생기는 것뿐입니다. 예수님은 ‘나의 계명을 가지고 지키는 자라야 나를 사랑하는 자니 나를 사랑하는 자는 내 아버지께 사랑을 받을 것이요 나도 그를 사랑하여 그에게 나를 나타내리라’(요 14:21)고 말씀하셨습니다.”

이어서 나는 그에게 고린도전서 13장을 설명해주면서 이렇게 말했다.

“당신에게 감정이 없다고 해서 당신이 위선자가 되는 것은 아닙니다. 하나님이 사랑하라고 당신에게 명령하시는 것이기 때문에 당신이 사랑하는 것뿐입니다. 당신은 믿음으로 사랑하는 것입니다. 고린도전서 13장에 나오는 사랑은 아가페의 사랑 곧 의지적 사랑입니다.”

우리가 함께 기도한 후에 그 변호사는 동업자를 만나러 갔다. 훗날 그는 나에게 이렇게 말했다.

“내가 나의 동업자의 사무실로 들어갔을 때 그가 나를 쳐다보았습니다. 그는 ‘무엇하러 여기에 왔소? 무엇을 원하는 것이오?’ 라고 말하는 듯한 표정을 지었습니다. 나는 그에게 ‘나는 당신께 용서를 빌러 왔습니다. 나는 당신을 사랑합니다. 나는 그리스도인이 되었기 때문에 더 이상 당신을 미워하지 않습니다’ 라고 말했습니다. 내가 그를 안아서 일으켰을 때 그는 ‘어떻게 하면 나도 당신처럼 될 수 있습니까?’ 라고 물었습니다.”

후에 그 두 사람은 그들의 화해의 기적을 함께 나누게 되었다.

사랑하겠다는 의지적 결단

사랑은 오래 참고 온유하고 시기하거나 자랑하지 않는다. 그것은 의지의 표현이다. 나는 내가 사랑할 것인지 아닌지에 대해 의지적 결단을 내려야 한다. 솔직히 말해서 육신적으로, 곧 인간적으로 사랑할 수 있게 되는 것은 아니다. 그러나 우리는 하나님의 명령에 따라 행동해야 하며, 그분의 명령을 따를 수 있는 힘을 달라고 기도할 수 있다. 그러면 성령님이 우리를 충만하게 하셔서 힘을 주실 것이다. 하나님은 우리에게 그분을, 우리의 이웃을, 그리고 우리의 원수를 사랑하라고 명령하신다. 그분은 우리가 그분의 뜻에 따라 무엇을 구하면 주겠다고 약속하셨다. 그분은 우리에게 우리의 시어머니, 장인, 이웃, 형제 및 자매뿐만 아니라 우리를 괴롭힌 사람들까지도 사랑하라고 명령하신다. 왜 우리가 그들을 사랑해야 하는가? 그것은 하나님의 명령 때문이다. 어떻게 사랑하는가? 그분의 약속에 대한 믿음으로 사랑한다. 그러므로 우리는 그분께 이렇게 말씀드릴 수 있을 것이다.

"주님, 주님은 수잔(Susan)을 사랑하라고 제게 명령하셨습니다. 저는 고린도전서 13장에 나오는 사랑으로 그녀를 사랑하려고 합니다. 하지만 저의 인간적인 힘으로는 불가능합니다. 그러나 제가 주님의 이름으로 무엇이든지 구하면 주님이 듣고 응답하실 것을 믿습니다. 그녀를 사랑할 수 있는 힘을 저에게 주십시오. 제가 믿음으로 구합니다."

어떤 목장 주인이 그의 좋은 소들 몇 마리를 잃어버렸다. 이웃의 목장 주인이 그것들을 훔쳤다고 생각한 그는 이웃집에 가서 "내 소들이 어디에 있소?"라고 물었다.

이웃 목장 주인은 "나는 당신의 소들을 훔치지 않았소"라고 대답했다. 두 사람 사이에는 설전(舌戰)이 벌어졌고, 그 이웃의 목장 주인은 "당신이 다시 내 땅에 발을 들여놓는다면 당신을 죽이겠소"라고 소리치면서 설전이 끝났다.

소들을 잃어버린 사람은 그리스도인이었다. 그가 나의 집회에 참석했으며, 나는 그를 포함하여 거기에 모인 모든 사람들에게 원수를 사랑하라고 강조했다. 그는 자기가 그리스도인으로서 이웃 사람에게 전혀 모범이 되지 못한 것에 대해 죄책감을 느꼈다. 그리하여 그는 이웃 사람에게 용서를 구하겠다고 마음먹었다. 그는 자기가 이웃 사람에게 찾아가면 혹시라도 살해될지도 모른다고 생각했다. 그는 두렵고 떨리는 마음으로 이웃 사람의 집으로 차를 몰았다. 두 사람이 현관에서 마주쳤을 때 이웃 사람은 화를 내며 "무엇을 원하시오?"라고 물었다.

"당신에게 용서를 구하려고 찾아왔습니다. 나는 그리스도인입니다. 교회의 집회에 참석했을 때 나는 내가 원수를 용서하고 사랑해야 한다는 말을 들었습니다. 나의 사랑을 보여주기 위해 내가 찾아왔다는 것을 알아주면 좋겠습니다."

이웃 목장 주인은 어떻게 대답해야 좋을지 몰랐다. 그는 그리스도인이 아니었다. 그러나 결국 그는 이렇게 말했다.

"당신은 내가 당신의 소들을 훔쳤다고 비난했습니다. 나는 그것들을 훔치지 않았습니다. 다만, 그것들이 울타리를 부수고 내 땅으로 들어왔습니다. 만일 당신이 나를 비난하지 않았다면 내가 그 사실을 곧장 말해주었을 것입니다. 이렇게 당신이 다시 찾아와서 용서를 구하니 이제라도 말씀드리겠습니다. 당신의 소들이 현재 내 땅 안에 있습니다. 그것들이 새끼를 낳았기 때문에 지금은 숫자가 훨씬 많이 늘었습니다. 그것들은 모두 당신의 것입니다."

사도 바울은 "그리스도의 사랑이 우리를 강권한다"(고후 5:14)고 말했다. 그리스도가 나를 통해 사랑하실 때 나는 다른 사람들을 사랑할 수 있다. 내가 다른 사람들을 사랑하는 것이 불가능하다고 생각했을지라도….

40 미운 사람을 사랑할 수 있는가?

+ 조안 영

Joan Young

인간으로서 우리는 사랑하고 사랑 받기를 원한다. 그리스도인으로서 우리는 다른 사람들에게 사랑을 베풀라는 명령을 받고 있다. 하지만 나를 계속 화나게 만드는 사람을 사랑하는 것은 쉬운 일이 아니다. 때때로 우리는 우리의 인내심을 시험하는 사람들과 함께 살아야 한다. 추수감사절 때만 보게 되는 먼 친척이 매년 당신의 추수감사절을 망칠 수 있다. 골칫덩어리 가족 구성원이 날마다 불화와 좌절의 원인일 수도 있다. 그러므로 이것은 하나님의 사랑이 없다면 실천하기 힘든 일이다.

"하나님이 나를 사랑하신다"는 대전제가 없다면 우리는 누군가 다른 사람을 사랑하기 힘들 것이다. 특히 껄끄러운 사람을 사랑하기는 더욱 힘들다. 우리는 하나님이 불완전한 우리를 받아들이고 사랑하시고 소중히 여기신다는 것을 깨달아야 한다. 대개의 경우, 우리는 사람들이 그들을 향한 우리의 관심에 반응하는 만큼만 그들을 가까이한다. 상대방이 우리의 사랑에 보답하여 우리를 사랑할 때에만 우리는 그들을 사랑한다. 우리는 사람들이 우리를 받아들일 때 그들을 향한 사랑을 느낀다. 하지만 하나님의 사랑은 다르다. 그분의 사랑은 변함이 없기 때문에 언제나 우리를 받아주신다. 그러므로 그분께 받아들여졌다고 느끼는 사람은 비록 사람들에게 사랑을 느끼지 못한다 할지라도 그들을 사랑할 수 있는 힘을 얻게 된다.

사랑 테스트

우리가 하나님의 사랑을 얼마나 실천했는지를 확인할 수 있는 가장 좋은 방법은 우리의 사랑에 반응하지 않는 사람들과 함께 생활해보는 것이다. 빌립보서 4장 4-7절의 교훈들을 살펴보자. 이 교훈들이 제시되는 순서에는 나름대로 의미가 있다. 이 성경구절의 내용을 분석해보면 이렇다.

"우선, 주 안에서 기뻐하라(4절). 그런 다음, 사려 깊은 마음으로 다른 사람들에게 관심을 가져라(5절). 만일 그들과의 관계에서 어려움을 느낀다면 기도하라(6절). 그러면 결국 평안을 맛볼 것이다(7절)."

이 평안은 하나님을 떠난 인간의 마음으로는 이해할 수 없는 평안이다. 끊임없이 우리의 인내심을 시험하는 사람들과 함께 살아야 할 입장에 처한 사람에게는 바로 이 평안이 필요하다. 불쾌한 사람과 함께 사는 방법을 터득하려는 사람들에게는 다음과 같은 실제적 지혜들이 필요할 것이다(물론 우리가 사람들에게 느끼지 못하는 사랑을 하나님이 채워주신다는 것을 먼저 믿지 않는다면 이런 지혜들은 장기적인 효과가 없다).

첫째, 사랑은 감정이 아니라 행위라는 것을 기억하라. 사랑을 정의하는 고린도전서 13장 4-7절은 감정에 대해 말하지 않고 행위에 대해 말한다. 사랑이 의지적 행위라는 것은 우리가 좋아하지 않는 사람과 함께 살아야 할 때 더욱 분명히 드러난다. 사랑을 배운다는 것은 우리의 감정 상태와 관계없이 순간순간 기도하면서 인내와 온유를 훈련하는 법을 배운다는 것이다. 우리가 누군가를 사랑한다면 어떤 희생을 치르더라도 끝까지 그에게 신실해야 한다. 마치 하나님이 그분의 아들을 희생하면서까지 우리에게 신실하셨던 것처럼….

둘째, 우리가 사랑해야 할 사람이 어떤 면들에서 미성숙한 사람일 수도 있다는 것을 기억하라. 우리는 신체적 나이로는 성인이 되었지만 정신적으로는 걸음마도 배우지 못한 사람에게 '정신적 성인'으로 행동할 것을 요구하는 잘못을 범할 수 있다. 때때로 어떤 사람들은 한두 가지 정신적 미성숙 때문에 다른 사람들을 괴롭히기도 하는데, 그렇다고 해서 그들이 건강한 인간관계를 전혀 맺을 수 없는 사람들이라고 낙인찍어서 포기하면 안 된다. 그들의 문제와 약점을 감싸주지 않으면 그들은 발전할 수 없으며, 그들과 우리의 관계도 개선될 수 없다. 그러므로 에베소서 4장 2절은 "오래 참음으로 사랑 가운데서 서로 용납하라"고 가르친다. 다시 말하지만, 우리는 다른 사람들의 정신적 및 감정적 미성숙과 약점을 용납해야 한다.

셋째, 상대방이 적이 아니라는 점을 늘 명심하라. 사탄은 사람들 사이의 관계를 파괴하고 미움과 분노와 이기심을 증폭시키기를 원한다. 그러므로 우리가 사랑으로 행하지 않는다면 사탄은 승자가 되고 우리 모두는 패자가 될 것이다.

다른 사람들과 우리 사이에 긴장 관계가 조성될 때 우리는 어떻게 해야 하는가? 이럴 때, 가장 좋은 방법은 즉각적인 반응을 자제하고 차근차근 문제를 풀어 나가는 것이다. 상대방과의 관계가 급속히 얼어붙을 때 우리는 이런저런 감정들을 경험할 것이다. 아마도 분노하거나 질투하거나 상처를 받을 것이다. 사실 이것은 인간의 자연스러운 반응이다. 그러나 우리는 이런 자연스러운 반응에 따라서 살면 안 된다. 왜냐하면 우리는 그리스도 안에서 성숙한 삶을 살도록 부름 받았기 때문이다. 그러므로 우리는 이런 감정들의 존재를 솔직히 인정하면서 그것들을 하나님께 맡겨드려야 할 것이다.

다루기 힘든 인간관계의 문제로 고민할 때 우리 자신에게 다음과 같은 질문들을 던져보는 것이 도움이 될 것이다.

"지금 내가 온유해지려면 어떻게 해야 하는가? 지금 내 생각을 말하면 상황이 개선될 것인가, 아니면 더 악화될 것인가? 내가 이 사람에 대해 사랑의 감정을 느끼지 못하지만 그럼에도 불구하고 하나님의 사랑을 나타내야 하는가?"

어려운 인간관계의 문제를 푸는 데 가장 중요한 것은 결국 우리의 행동이다. 행동은 우리가 본능적 감정에 따라 사는지 아니면 사랑에 따라 사는지를 보여줄 것이다.

41 사랑한다면 모든 게 허용되는가?

+ 조시 맥도웰
Josh McDowell

어느 날 아침 나는 아홉 살짜리 아들에게 "너는 내가 네 엄마를 사랑한다는 것을 아느냐?"고 물었다.

"알아요."

"어떻게 알지?"

"아빠가 엄마한테 사랑한다고 늘 말씀하시잖아요."

"그렇다면 내가 말을 할 수 없게 되어 네 엄마에게 사랑한다고 표현할 수 없으면 어떻게 되겠니? 그래도 네 엄마는 내가 사랑한다는 것을 알 수 있을까?"

"그럼요. 아빠가 글로 써서 엄마에게 알려주시면 되잖아요."

"좋아. 그러면 내가 두 팔을 잃었는데, 발로도 글을 쓸 수 없다고 가정해보자. 그래도 엄마가 알겠니?"

"물론이죠. 제가 엄마에게 말해드리면 돼요."

"그래? 그렇다면 내가 네 엄마를 사랑한다는 것을 너는 어떻게 알겠니?"

그 애는 한참 대답이 없다가 입을 열었다.

"아빠가 엄마를 대하시는 태도를 보면 알죠."

그 애가 이 대답을 내놓는 데는 약 5분이 걸렸다. 하지만 결국 그 애는, 사랑이 말로는 다 표현할 수 없는 깊은 곳에 자리잡고 있다는 것을 깨달았던 것이다.

진짜 사랑한다면

사랑만 있으면 된다는 말은 사실인가? 여기서 많은 사람들은 착각에 빠져든다. 우리는 사랑이 모든 것들을 정당화한다고 강조하는 문화 속에 살고 있다. 지금은 당신의 행동의 동기가 사랑이라면 모든 것은 허용된다는 세상이다.

상황윤리에 따르면, 어떤 상황이 벌어지기 전에는 선(善)도 없고 악(惡)도 없다고 한다. 일단 상황이 벌어졌을 때 당신의 행동의 동기가 사랑이라면 당신의 행동은 정당화된다. 윤리적 문제에서 당신이 사랑을 베풀면 모든 것이 허용된다는 것이다.

상황윤리를 믿는 사람들은 "피차 사랑의 빚 외에는 아무에게든지 아무 빚도 지지 말라 남을 사랑하는 자는 율법을 다 이루었느니라… 사랑은 이웃에게 악을 행치 아니하나니 그러므로 사랑은 율법의 완성이니라"(롬 13:8,10)는 말씀을 즐겨 인용한다. 그들은 "어떤 상황에서 당신이 사랑의 행동을 한다면 당신은 율법을 성취한 것이다"라고 주장한다.

그러나 그들의 주장에는 문제가 있다. 남녀 간의 데이트를 예로 들어보자. 상황윤리를 받아들인 여성은 "나는 그 남자와 성관계를 갖는 것이 사랑이라고 생각했다. 그는 나를 원했고, 사랑을 원했다. 그는 간절했다. 내가 그를 사랑했기 때문에 우리의 성관계는 옳은 행위였다"라고 말할 것이다.

상황윤리주의자들이 "사랑의 행동을 실천하라"고 말하면서도 그 '사랑의 행동'이 무엇인지를 정의하지 않는 것이 상황윤리의 문제점이다. 그러므로 결국 어떤 상황 속에서 그들은 자기들이 원하는 이기적인 것을 행하면서 그것을 '사랑의 행동'이라고 미화하게 된다.

성경은 "남을 사랑하는 자는 율법을 다 이루었느니라"(롬 13:8)고 말하는 것은 사실이지만, 여기서 끝나는 것은 아니다. 바로 다음 절은 "간음하지 말라, 살인하지 말라, 도적질하지 말라, 탐내지 말라 한 것과 그 외에 다른 계명이 있을지라도 네 이웃을 네 자신과 같이 사랑하라 하신 그 말씀 가운데 다 들었느니라"고 말한다. 정리하여 말하자면, 성경은 어떤 상황에서든 사랑의 행동을 실천하라고 말하면서 그 사랑의 행동이 무엇인지를 밝힌다. 만일 우리가 어떤 사람을 사랑한다면 우리는 그를 죽이거나 그의 물건을 훔치지 않을 것이다. 당신이 누군가를 진정으로 사랑한다면 그 사람과 간음죄를 범하지 않을 것이다.

기독교의 놀라운 점은 사랑하라고 가르치면서 동시에 사랑이 무엇인지를 가르친다는 것이다. 젊은 그리스도인들을 상대로 사역하는 사람들은 그들과 함께 성경을 연구하면서 사랑이 무엇인지를 가르쳐야 한다. 그러면 그들이 유혹의 순간에 처했을 때 그 가르침이 그들을 범죄에 빠지지 않게 붙잡아줄 것이다.

어떤 상황에서 우리는 이성(異性)과 잠자리를 같이하는 것이 사랑의 행동이라고 느낄 수도 있다. 하지만 우리는 우리가 유한한 판단력을 가진 인간임을 명심해야 한다. 우리는 멀리 내다보지 못하고 근시안적으로 판단하기 쉽다. 상대방은 "당신이 나를 사랑한다면 나와 동침할 것이다"라고 말하지만, 성경은 그것이 진정한 사랑의 행동이 아니며 유익하지도 못하다고 말한다. 우리는 누구의 말을 따라야 할 것인가?

우리는 사회적 분위기에 영향을 받아서 사랑의 행동이라고 느껴지는 것을 행하지만, 6개월 후에 우리의 잘못을 깨닫는다. 우리가 사랑의 행동이라고 믿었던 것이 실상 상대방에게 가장 해로운 것으로 드러난 경우들이 종종 있다. 하나님의 말씀은 사랑이 무엇인지를 가르쳐준다. 그 가르침을 따를 때 우리는 나중에 후회하지 않을 것이다.

나는 "내게 필요한 것은 사랑뿐이다"라는 말에 동의한다. 하지만 그 사랑은 올바른 사랑이어야 한다. 올바른 사랑은 참사랑의 행동이 무엇인지를 아는 사랑이며, 정확한 지식에 기초한 사랑이다.

성숙한 사랑의 특징들

나는 다양한 국가들과 다양한 문화권에서 온 많은 사람들을 만나보았다. 그들이 내게 가장 많이 던지는 질문은 "내가 사랑하고 있다는 것을 어떻게 알 수 있습니까?"이다.

우리는 언제나 사랑을 한다. 누군가를 좋아하는 감정이 일시적으로 열병처럼 찾아오는 것도 사랑이다. 하지만 그것이 오래 가지 못한다는 데 문제가 있다. 풋사랑도 사랑이지만, 계속 풋사랑에 집착하면 비참한 삶을 살게 될 것이다.

우리는 "내가 사랑하고 있는가?"라고 묻지 말고 "나의 사랑이 성숙한 사랑인가?"라고 물어야 한다. 예를 들어, 결혼 생활에 갈등을 일으키는 사람은 "내가 평생 성공적인 부부관계를 이끌고 나갈 수 있을 정도로 나의 사랑이 성숙했는 가?"라고 물어야 한다. 성숙한 사랑의 특징들을 다음과 같이 정리할 수 있다.

첫째, 성숙한 사랑은 우리의 존재의 일부분이 아니라 우리의 전인(全人)과 관련을 맺는다. 성숙하지 못한 사랑은 상대방의 유머 감각, 성적(性的) 매력 또는 신앙심 같은 일부분에만 매력을 느낀다.

육체적 매력이나 장점을 사랑의 기초로 삼는 사람들이 많다. 아리조나 주립 대학교에서 실시한 조사에 따르면, 놀랍게도 부부가 육체적 관계에 투자하는 시간은 그들의 전체 시간의 0.1퍼센트밖에 되지 않는다고 한다. 그럼에도 불구하고 사람들은 성적 매력을 모든 부부 관계의 기초로 삼으려고 한다. 그들은 성(sex)이 모든 것들을 해결해주는 만병통치약 같은 것이 아님을 알아야 한다.

또 어떤 사람들은 재미있게 어울리는 것을 사랑으로 착각한다. 그들은 "우리는 서로 함께 있으면 너무 재미있습니다. 그러니 이것이 사랑이 아니겠습니까?"라고 말한다. 그러나 침팬지와 함께 재미있게 놀 수 있지만, 그렇다고 해도 침팬지와 결혼하는 사람은 없지 않은가?

심지어 성숙한 사랑은 영적인 것 하나에만 기초하지 않는다. 어떤 사람들은 "그는 예수님을 사랑하고, 나도 예수님을 사랑한다. 우리는 함께 교회에 가고 기도하는 것을 즐긴다. 이것이 사랑이 아니겠는가?"라고 말할 것이다. 빌리 그래함이 예수님을 사랑하고, 나도 예수님을 사랑한다. 그렇다고 해서 그 분과 내가 결혼해야 한다고 말할 수는 없지 않은가? 다시 말하지만, 성숙한 사랑은 우리의 존재의 일면(一面)에만 매달리지 않는다. 그것은 전인(全人)과 관계된다.

둘째, 성숙한 사랑은 '서로 존경하고 존중해주는 것'이다. 그것은 상대방의 성실성을 믿는 것이다. 그러므로 성숙한 사랑은 "만일 당신이 나를 사랑한다면, 이러이러하게 했을 것이다"라고 말하지 않는다.

성숙한 사랑은 '주는 것'이다. 성경은 이웃을 자신처럼 사랑하라고 가르친다(레 19:18 ; 눅 10:27). 또한 "남편들도 자기 아내 사랑하기를 제 몸같이 하라"(엡 5:28)고 가르친다. 자신의 행복과 안전과 발전을 도모하는 것이 우리 인간의 본능이다. 만일 다른 사람의 행복과 안전과 발전을 자기의 그것들만큼 중요시하는 사람이 있다면, 그는 성숙한 사랑의 소유자이다.

셋째, 성숙한 사랑은 헌신과 책임감에서 나타난다. 어떤 관계를 맺는다는 것은 그 관계 속에서 상대방에 대해 책임을 진다는 것이다. 그러므로 상대방의 책임을 거론하기 전에 먼저 나의 책임을 다하는 것이 성숙한 자세이다. 부부 관계를 맺으려는 사람들은 이런 책임감을 가져야 한다. 만일 결혼 전에 이런 책임감을 갖지 못한다면 결혼 후에도 가질 수 없다.

넷째, 성숙한 사랑은 사랑하는 사람과 함께 있을 때 기쁨을 느낀다. 성숙한 사랑은 상대방과 떨어져 있으면, 함께 있기를 갈망한다. 떨어져 있을 때 사모하고 함께 있으면 기쁨이 배가(倍加)되는 것이 성숙한 사랑이다.

다섯째, 성숙한 사랑에는 역동적 성장과 창조성이 나타난다. 그것은 정체되어 있지 않다. 사랑은 성장하지 않으면 사라지게 마련이다. 사랑이 성숙할 때 우리는 그것을 상대방에게 표현할 방법들을 찾게 된다. 그리고 이런 표현 방법들을 찾을 때 우리는 창조적이 된다. 예를 들면, 나의 아내는 발렌타인데이 카드를 만들 때 매우 창조적인 솜씨를 보여준다.

여섯째, 성숙한 사랑은 상대방을 있는 그대로 본다. 미성숙한 사랑은 맹목적이기 때문에 상대방이 완벽하다고 착각한다. 완벽한 사람은 아무도 없는데, 성숙한 사랑은 이 사실을 알고 인정한다. 성숙한 사랑의 소유자는 상대방의 단점들을 알지만 그럼에도 불구하고 상대방을 받아들인다.

일곱째, 성숙한 사랑의 소유자들은 상처 받는 것을 두려워하지 않고 상대를 향해 마음을 연다. 그렇기 때문에 그들은 서로 신뢰하고 서로 솔직해지며, 마음속의 가장 깊은 비밀이라도 털어놓을 수 있다.

성숙한 사랑에 도달하려면 시간이 걸린다. 그러므로 우리는 사랑의 성숙을 위해 충분한 시간을 가진 후에 결혼해야 한다.

소외된 자들을 위한 개혁의 수레바퀴

_이웃 사랑을 실천한 사회개혁가 도로시아 딕스(Dorothea Dix) 이야기

_제임스 헤플리 James Hefley

도로시아 딕스는 연약한 여성이었다. 그녀가 29세가 되었을 때 의사는 "당신은 폐병 때문에 앞으로 몇 년밖에 더 못 살 것 같습니다. 혹시 더 산다 하더라도 허약한 사람으로 지내게 될 것입니다"라고 말했다. 그러나 의사의 예상은 완전히 빗나갔다. 이 연약한 여성은 19세기 미국의 위대한 사회개혁가들 중의 한 사람이 되었다.

건강 회복을 위해 도로시아는 영국으로 요양을 갔다. 영국에 머물면서 신약성경을 여러 번 읽는 중에 그녀는 "주님은 제가 제 인생을 어떻게 사용하기를 원하십니까?"라는 질문을 하나님께 계속 던졌다. 1841년 고향 매사추세츠주(州)로 돌아오자 그녀는 가까운 곳에 있는 교도소에서 죄수들에게 성경을 가르쳐달라는 부탁을 어떤 목사님에게 받았다. 이것이 그녀가 하나님께 던진 질문에 대한 대답인 셈이었다.

그녀는 성경공부반을 시작했다. 그러나 교도소 뒤에서 들리는 비명 소리 때문에 성경공부가 중단되는 일이 벌어졌다. 그녀가 사연을 묻자 한 죄수가 "선생님, 저들은 정신병자들입니다. 저들에게 재갈을 물려야 합니다"라고 대답했다. 그의 대답을 듣고 놀란 그녀는 간수에게 가서 그 정신병자들을 볼 수 없겠느냐고 물었다. 간수는 "그들을 차마 볼 수 없을 것입니다"라고 말하며 그녀를 만류하였으나, 그녀는 듣지 않았다. 결국 간수는 그녀를 그들에게로 안내했다.

그들을 본 도로시아는 놀라고 두려웠다. 차가운 돌로 만든 감방 안에 두 여인이 누더기 옷을 입고 사슬에 묶여 있었다. 한 명은 75세쯤 되는 늙은 사람이었는데 거의 옷을 벗고 있었다. 18세 정도 되는 다른 여자는 추위 때문에 파랗게 질려서 떨면서 "선생님, 저를 제발 도와주세요"라고 계속 사정했다.

간수에게 달려간 도로시아는 "도대체 저들이 어떻게 했기에 저런 대우를 받는 것입니까?"라고 따지듯 물었다. 간수는 "그들은 아무 짓도 하지 않았습니다. 단지 정신병자들일 뿐입니다"라고 대답했다.

도로시아는 급히 집으로 가서 옷과 담요를 가지고 왔다. 또한 그녀는 간수와 시(市)의 관리들에게 그들의 방을 따뜻하게 할 난로를 구해달라고 부탁했다. 그러나 그들은 "저들은 그런 대접을 받을 자격이 없습니다. 인간 쓰레기일 뿐입니다"라고 대답했다.

그녀는 다른 도시들에서는 정신병자들을 어떻게 대우하는지를 조사하기 시작했다. 실망스럽게도 그녀가 사는 주(州)의 모든 도시들에서도 정신병자들은 그녀가 목격한 상황과 똑같은 대우를 받고 있었다. 아무도 이런 일에 관심을 갖지 않는 것 같았다. 결국 그녀는 정신병자들을 돕기로 결심했다. 그녀는 정신병자들의 실태를 알리기 위해 관계 자료들을 세심하게 수집했다. 그리고 연설문을 준비하여 매사추세츠 주의회로 갔다. 그곳에서 그녀는 이렇게 외쳤다.

"여러분, 저는 우리 매사추세츠주의 정신병자들이 어떤 대우를 받고 있는지에 대해 관심을 가져줄 것을 여러분에게 촉구합니다. 그들은 골방, 지하실, 칸막이 방, 그리고 교도소에 갇혀 있습니다. 그들은 벌거벗겨져 사슬에 묶인 채 몽둥이와 채찍을 맞으며 복종을 강요당하고 있습니다."

그녀의 연설이 널리 보도되자 전 사회가 충격에 휩싸였다. 사람들은 정신병자들이 처한 끔찍한 현실에 눈을 뜨기 시작했다. 사람들의 관심이 집중되자, 개혁이 시작되었다. 관계자들은 정신병자들을 지하 감옥에서 해방시켜 충분한 의식주를 제공했다. 그녀는 다른 주의회들로 향했고, 나아가 캐나다, 스코틀랜드 및 잉글랜드까지 개혁을 확장했다. 그녀는 이탈리아에서 로마 교황청 바로 옆에 정신병자들이 잔뜩 수용된 지하 감옥이 있는 것을 보고는 직접 교황을 만났다. 교황은 개혁을 위한 입법을 명령했다. 개혁의 수레바퀴는 온 세상을 한 바퀴 돌았다. 정신병자들을 위한 병원들이 세워졌고, 그들에게는 좀 더 인간적인 치료와 대우가 제공되었다.

29세 때 의사로부터 앞으로 몇 년밖에 더 못 살 것 같다는 말을 들었던 여성이 80세가 되도록 정신병자들을 위한 개혁의 선봉에 섰다는 것은 참으로 아이러니컬한 일이다. 세상을 바꾸어놓은 이런 놀라운 변화는 한 젊은 여성이 주님께 "주님은 제가 제 인생을 어떻게 사용하기를 원하십니까?"라고 물은 데서 시작되었다.

여호와는 마음이 상한 자에게 가까이 하시고 중심에 통회하는 자를 구원하시는도다(시 34:18).

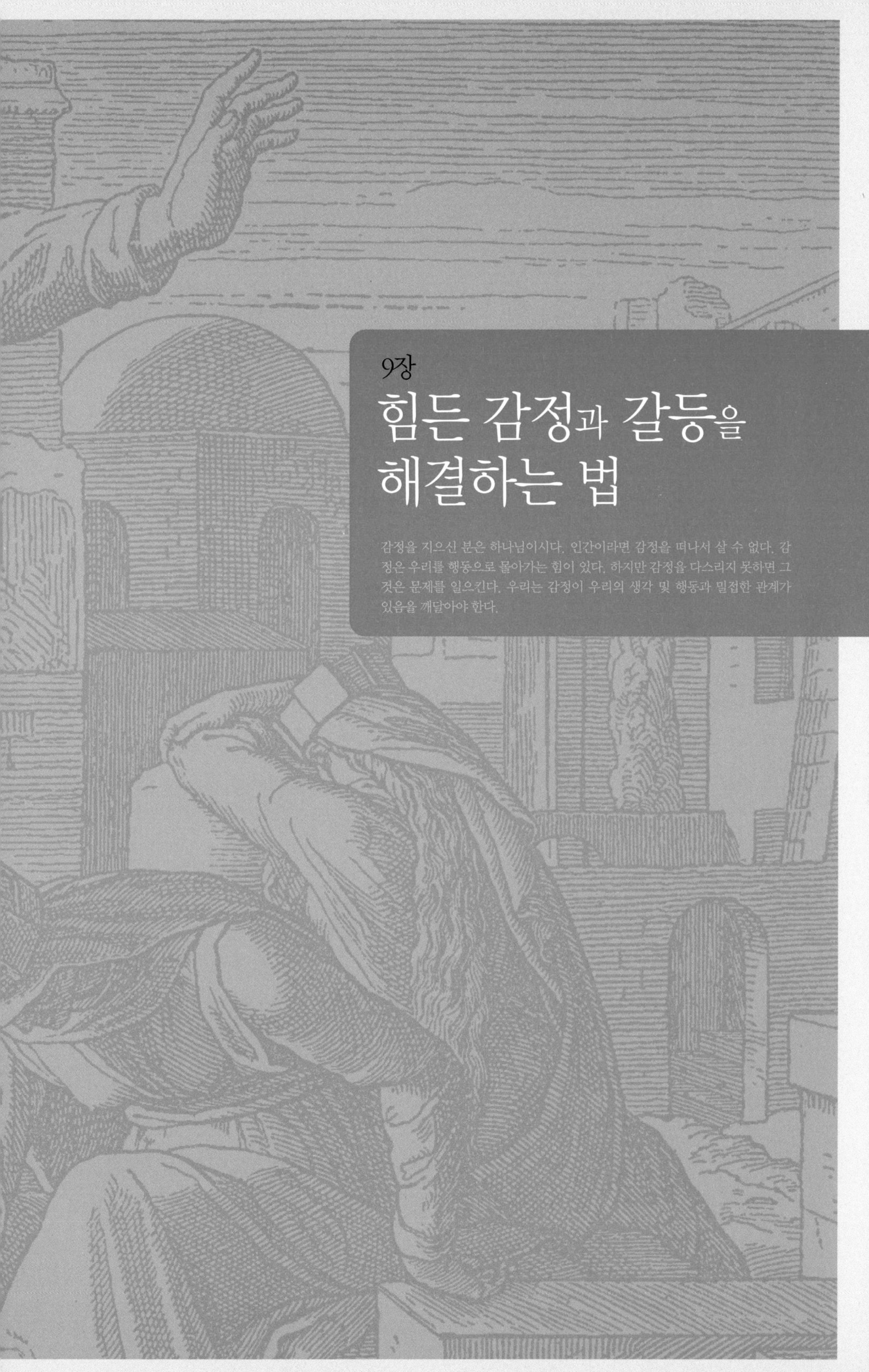

9장
힘든 감정과 갈등을 해결하는 법

감정을 지으신 분은 하나님이시다. 인간이라면 감정을 떠나서 살 수 없다. 감정은 우리를 행동으로 몰아가는 힘이 있다. 하지만 감정을 다스리지 못하면 그것은 문제를 일으킨다. 우리는 감정이 우리의 생각 및 행동과 밀접한 관계가 있음을 깨달아야 한다.

42 감정을 다스리는 효과적인 방법은?

✝ 게리 콜린스
Gary Collins

좌절감이나 분노에 사로잡힐 때 우리는 감정이 나쁜 것이라고 생각하기 쉽다. 하지만 감정이 언제나 나쁜 것은 아니다. 경우에 따라서는 도움이 될 수 있다. 감정을 지으신 분은 하나님이시다. 인간이라면 감정을 떠나서 살 수 없다. 감정은 우리를 행동으로 몰아가는 힘이 있다.

하지만 감정을 다스리지 못하면 그것은 문제를 일으킨다. 감정을 다스리는 데 실패하면 주변에 있는 가까운 사람들에게 화를 낼 수 있다. 통제를 벗어난 감정은 고혈압, 근육의 긴장, 궤양 및 다양한 질병들을 유발할 수 있다. 그런데 이런 부정적 결과들은 감정 그 자체 때문에 생긴다기보다는 감정을 통제하거나 건설적으로 사용할 줄 모르는 무능력 때문에 생긴다.

우리는 감정이 우리의 생각 및 행동과 밀접한 관계가 있음을 깨달아야 한다. 우선, 감정은 생각과 관련이 있다. 바울은 "주 안에서 항상 기뻐하라 내가 다시 말하노니 기뻐하라 … 아무것도 염려하지 말고 오직 모든 일에 기도와 간구로, 너희 구할 것을 감사함으로 하나님께 아뢰라 그리하면 모든 지각에 뛰어난 하나님의 평강이 그리스도 예수 안에서 너희 마음과 생각을 지키시리라"(빌 4:4-7)고 썼다. 그가 어디에서 이 편지를 썼는가? 바로 감옥이 아닌가? 그의 생각이 그의 감정을 통제하고 있었기 때문에 그는 이렇게 말할 수 있었던 것이다.

행동이 필요하다

"걱정하지 말라"는 말은 좋은 말이지만, 사실 자기 자신에게 "염려하지 말라" 또는 "분노하지 말라"고 말하는 것은 쉬운 일이 아니다. 대부분의 경우, 이렇게 말하기는 쉽지만 행하기는 어렵다. 내가 우울할 때 누군가 내게 "우울해하지 말라"고 말하고 나도 그렇게 노력한다 할지라도 내 기분이 좋아지는 것은 쉽지 않다. 우리가 교회에서 "낙심치 말고 기도로 주께 고하라"고 찬송가를 부르지만, 집으로 돌아갈 때는 낙심하는 마음으로 돌아갈 수 있다. 그렇기 때문에 우리에게는 행동이 필요하다.

감정은 행동과 깊은 관련이 있다. 생각과 행동도 서로 밀접한 관계 속에 놓여 있다. 빌립보 교인들에게 염려하지 말고 항상 기뻐하라고 말하면서 바울은 그들이 어떻게 해야 할지를 분명히 밝혔다. 즉, 그는 "너희 관용을 모든 사람에게 알게 하라"(빌 4:5)고 말했다. 기도하고 감사하라. 그러면 평안이 찾아올 것이다.

어떤 경우들에서, 사랑은 감정이라기보다는 행동이다. 사랑의 감정이 사라지고 없을 때가 있다. 이럴 때 사랑의 감정을 되찾기 위해서는 '사랑의 행동'을 해야 한다. 내가 아는 한 어머니가 있는데, 그녀는 자기의 아들에 대해 극도의 혐오감을 느끼게 되었다. 그녀는 언제나 아들에 대해 불평하고 그에게 화를 폭발시켰다. 어느 날 그녀는 마음을 가라앉히고 "주님, 제가 저 아이의 장점을 볼 수 있도록 도우소서. 저 아이에 대해 불평하지 말고 칭찬하게 하소서"라고 기도했다. 이런 기도를 드린 후 그 애를 향한 그녀의 감정이 즉시 변한 것은 아니었지만, 그녀는 자기의 행동을 바꾸기 시작했다. 그녀가 그 애에 대해 긍정적으로 말하기 시작하자 그 아이도 긍정적으로 반응하기 시작했다. 아이의 행동이 점점 변해감에 따라 어머니도 화를 내는 일이 줄어들었다. 그 어머니의 사랑의 행동은 어머니와 아들 사이에 사랑의 감정이 싹트게 했다.

감정을 다스리는 데 도움을 주는 또 다른 행동 방법은 우리의 문제를 올바른 시각에서 제대로 볼 수 있도록 도움을 줄 수 있는 사람과 의논하는 것이다. 우리의 의논 상대로서 가장 훌륭한 분은 주님이시다. 우리의 감정을 다루실 수 있도록 도와달라고 기도드리는 것은 매우 좋은 방법이다. 그리고 이것보다 더 좋은 방법은 우리의 상황에서 긍정적인 면을 찾아내어 감사하는 것이다.

감정을 다스리는 데 유머도 큰 도움이 된다. 당신의 상황에서 유머스러운 면을 찾아내라. 냉소적인 태도는 금물이다. 어떤 연구들에 따르면, 냉소적인 태도는 파괴적 결과를 낳는다고 한다. 부정적인 면을 자꾸 부각시키면 생리적으로 교란(攪亂)이 일어나 육체적 질병이나 심지어 심장마비까지도 발생한다고 한다. 반면, 성경은 "마음의 즐거움은 양약이다"(잠 17:22)라고 가르친다.

우리의 감정을 다스리는 가장 효과적인 열쇠는 생각(사고)과 행동이다. 여기서 생각이란 우리가 하나님으로부터 얼마나 많은 복을 받았는지를 돌아보는 것이며, 행동이란 우리가 받은 복에 대해 감사하는 것이다. 우리는 하나님과 이웃에 대해 감사해야 한다. 감사는 상황을 보는 시각을 변화시키는 힘이 있다. 감사할 때, 우리의 문제만을 바라보는 시각에서 탈피하여 하나님이 주신 복들을 보게 된다. 감사할 때 우리는 감정을 다스릴 수 있다.

두려움 – 한나 허나드(Hannah Hurnard)

내가 두려움에 사로잡힐 때마다 주님은 내게 그것을 그분의 손에 내려놓으라고 말씀하셨다. 나는 "저는 두려움을 떨쳐버릴 수 없습니다"라고 말씀드렸고, 그분은 "한나야, 내가 네게 방법을 가르쳐주마"라고 대답하셨다.

언젠가 나는 기차 여행을 하면서 차창 밖을 내다보았다. 아름다운 과실수들로 덮인 들판이 보였다. 들판의 한복판에 커다란 허수아비가 있었고, 그 허수아비의 팔에 새들이 다섯 마리 앉아 있었다. 그때 주님이 이렇게 말씀하셨다.

"한나야, 어리석은 새들도 있고, 지혜로운 새들도 있다. 어리석은 새들은 허수아비를 두려워하여 도망한다. 하지만 지혜로운 새들은 가장 좋은 딸기와 버찌와 나무딸기가 허수아비 가까이에 있다는 것을 안다. 그들은 허수아비를 보면 낄낄 웃으며 곧장 허수아비 곁으로 달려가서 최고의 과실을 찾아낸다. 너의 두려움도 마찬가지이다. 네가 네 손을 내 손안에 올려놓고 허수아비의 팔 위로 오른다면, 언제나 복을 찾아낼 것이다."

43 내 안에 부정적 감정들이 숨어 있지 않은가?

+ 로버트 슐러
Robert Schuller

감정이 우리의 신앙적 성장을 방해하지 못하도록 다스리는 법은 부정적 생각들을 거부하는 훈련을 하는 것이다. 우리는 '감정 통제 장치'를 우리의 머리와 심장에 달아야 할 것이다. 우선, 우리는 우리의 감정들을 잘 살펴서 정리해야 할 것이다. 즉, 우리는 부정적 감정들을 버리고 긍정적 감정들을 잘 살려야 할 것이다.

모든 감정들은 부정적인 것이 아니면 긍정적인 것이다. 하나님은 부정적 감정들이 아니라 긍정적 감정들을 통해서 우리에게 찾아오신다고 나는 믿는다. 열매를 맺는 그리스도인은 성령님의 영향력 아래에서 사는 그리스도인이다. 갈라디아서 5장 22,23절은 성령의 열매가 사랑과 희락과 화평과 오래 참음과 자비와 양선과 충성과 온유와 절제라고 가르친다. 우리가 긍정적인 생각들에 마음의 문을 연다면, 성령님의 감동에 더욱 민감해질 것이다.

우리의 감정들을 다스리려면 우리의 생각을 다스리는 법을 배워야 한다. 바울은 "너희 안에 이 마음을 품으라 곧 그리스도 예수의 마음이니"(빌 2:5), "마음을 새롭게 함으로 변화를 받으라"(롬 12:2)고 가르친다. 또한 그는 디모데에게 편지를 써서 "네가 진리의 말씀을 옳게 분변하며 부끄러울 것이 없는 일꾼으로 인정된 자로 자신을 하나님 앞에 드리기를 힘쓰라"(딤후 2:15)고 교훈한다. 요컨대 이 구절들에서 바울은 부정적 경험을 긍정적 경험으로 변화시킴으로써 인생의 문제들을 해결하라고 가르치는 것이다. 우리는 그리스도의 마음을 갖기 위한 노력을 다음 다섯 단계로 정리할 수 있다.

그리스도의 마음을 갖는 다섯 단계

첫째, 당신의 사고방식을 분석하라. 당신의 생각들을 차분히 살펴라. 그것들이 부정적인 것인지 아니면 긍정적인 것인지를 구별하라. 즉, 그것들이 당신을

"

밑으로 끌어내리는지, 아니면 당신을 고양(高揚)시키는지를 잘 판단해보라.

둘째, 당신의 사고방식을 위한 보안 시스템을 가동하라. 당신은 공항에서 보안요원들이 금속 탐지기를 사용하는 것을 보았을 것이다. 나는 내 마음속에 일종의 금속 탐지기를 작동시킨다. 나의 탐지기는 바로 '부정적 사고(思考)를 찾아내는 탐지기'이다. 만일 부정적 생각이 나의 마음속으로 파고들려고 한다면 나의 이 탐지기에서 사이렌이 울린다. 그러면 나는 그것을 차단하여 쫓아버린다.

셋째, "할 수 있다"는 말씀 위에 당신의 인생철학을 세워라. 나는 신약에 나오는 예수님의 말씀을 모두 붉은 색으로 인쇄한 성경을 읽으면서 그분의 말씀 중에 "가능하다"는 말씀이 자주 나오는 것을 보고 충격을 받았다. 그리하여 나는 소위 '적극적 사고방식'을 발견하게 되었다. 적극적 사고방식은 '믿음의 또 다른 표현 방식'이다. 우리가 하나님을 믿는다는 것은 우리를 향한 그분의 은혜 안에서 적극적으로 사고할 수 있다는 사실을 받아들이는 것이다.

음악이 '중앙 옥타브의 C음'(middle C)을 기초로 하여 만들어지고, 도시가 '평균 해면'(sea level)을 기준으로 하여 건설되듯이, 그리스도인의 인생 철학은 "할 수 있다"는 말씀 위에 세워져야 한다. 그리스도의 모든 언어는 이 "할 수 있다"의 토대 위에 세워져야 한다. 인생의 모든 흥망성쇠를 관통하여 이길 수 있게 해주는 것이 바로 이 "할 수 있다"는 믿음이다. 이 믿음을 우리의 사고의 뿌리로 삼는다면, 그것은 우리의 영혼에 깃든 부정적 사고들을 몰아낼 것이다.

넷째, 크게 생각하라. 그리스도의 마음을 가질 때 나는 큰 생각들을 품을 수 있다. 우울증이나 실패의 두려움을 가져다주는 문제들을 거의 모두 해결할 수 있는 비결은, 내가 이제까지 해온 어떤 생각보다 더 큰 생각을 하는 것이다. 더 큰 생각을 할 때, 더 많은 열매를 맺는 더 큰 길이 내 눈 앞에 나타날 것이다. 큰 생각들은 성공의 길을 열어줄 것이다. 우리는 성공을 환영해야지 거부하면 안 된다. 하나님의 뜻 안에서 우리의 목표가 세워졌다면 우리가 실패하지 않도록 하나님께 기도하자. 그분은 우리가 성공하기를 원하신다.

다섯째, 행동하라. 다른 말로 하면, 책임성 있게 믿어라. 행동으로 나타나지 않는 믿음은 책임성 없는 믿음이다. 야고보가 말했듯이, "행함이 없는 믿음은 그 자체가 죽은 것이다"(약 2:17). 우리의 생각은 행동으로 표현되어야 한다. 그렇지 않다면 우리의 생각이 무슨 소용이 있는가?

이제까지 말한 다섯 단계를 밟아 그리스도의 마음을 품는다면, 부정적 감정들에게 치명타를 먹일 수 있다. 다시 말하지만, 그리스도의 마음을 따를 때 우리의 행동은 점점 그분을 닮을 것이다. "할 수 있다"는 적극적 사고는 적극적 행동을 낳을 것이고, 우리의 그리스도인의 삶은 다른 사람들을 위해서 열매를 맺을 것이다.

흔들리지 않는 신앙

우리의 감정들은 불안정하기 쉽다. 그리고 불안정한 감정은 기복이 심한 신앙생활을 낳는다. 이런 일을 피하기 위하여 우리는 가장 확실한 것을 붙들어야 한다. 그것은 바로 하나님의 약속과 그분의 경고이다. 주님은 "내가 세상 끝날까지 너희와 항상 함께 있으리라"(마 28:20)고 약속하셨고, 또한 "손에 쟁기를 잡고 뒤를 돌아보는 자는 하나님나라에 합당치 아니하니라"(눅 9:62)고 경고하셨다.

우리에게 또 중요한 것은 신앙의 기복을 막아주는 철학을 갖는 것이다. 나는 나의 철학을 '현실적 사고'라고 부르고 싶다. 어떤 날들은 흐리고 어떤 날들은 맑다는 것을 나는 잘 안다. 그러므로 상황이 어제보다 좋지 못하다 할지라도 나는 우울해하지 않는다.

자연에는 언덕도 있고 골짜기도 있는 법이다. 이와 마찬가지로 우리의 삶에도 올라가는 날이 있고 내려가는 날이 있다. 지금 당신은 우울증에 시달리는가? 만일 그렇다면 "내가 현재 실현되지 못한 어떤 목표에 매달리고 있는가?"라고 스스로에게 물어보라. 당신의 솔직한 대답이 '예스'(Yes)라면, 원점으로 돌아가서 당신의 목표가 현실적인지를 확인해보라.

경미한 우울증은 누구나 겪는 것이다. 이것은 오르막길과 내리막길이 있는 인생의 한 부분이다. 때때로 우리는 피곤 때문에 우울해질 수도 있는데, 이럴 때에는 쉬어야 한다. 나는 약간 우울해질 때 나 자신에게 이렇게 말한다.

"나는 내려가기만 하고 올라가지 않는 롤러코스터(roller coaster)를 본 적이 없다!"

44 염려를 극복하는 지혜는 무엇인가?

+ 허드슨 아머딩

Hudson Armerding

우리 대부분은 두 가지 종류의 염려에 사로잡히기 쉽다. 하나는 우리를 도우시는 하나님의 능력에 대한 의심이고, 또 하나는 우리의 부주의 또는 '사려 깊지 못함'에 대한 염려이다. 우리는 이 두 가지를 분명히 구분해야 한다.

만일 첫 번째 종류의 염려에 시달린다면 우리는 하나님이 전능하시며 우리를 돌보신다는 것을 깨달아야 한다. 사실 이런 염려는 신자에게 적당하지 못하다. 오히려 신자로서 우리가 올바르게 행동하는가를 고민해야 할 것이다.

사도 바울은 "내가 내 몸을 쳐 복종하게 함은 내가 남에게 전파한 후에 자기가 도리어 버림이 될까 두려워함이로라"(고전 9:27)고 말한다. 그는 자신의 연약한 인간성과 죄악된 성향을 적절히 억제하지 못했을 때 하나님의 영광을 가릴지도 모른다고 염려했다. 이것은 신자로서 당연한 염려이다. 한편, "어떠한 형편에든지 내가 자족하기를 배웠노니"(빌 4:11)라고 말한다. 우리는 때때로 "하나님이 나를 건지실 능력이 있으신가? 그분이 나를 잊지 않으셨는가?"라는 의심에 빠질 수 있다. 그러나 바울은 이런 염려에 빠지지 않고 자족할 수 있었다. 왜냐하면 하나님이 그의 형편을 아시고 그에게 관심을 갖고 계시며 모든 것들이 합력하여 선을 이루도록 일하신다는 것을(롬 8:28) 알았기 때문이다. 그는 자기에게 닥치는 일이 선한 것인지 아니면 악한 것인지를 걱정하지 않고 모든 상황을 다 받아들일 수 있었다.

한편 신뢰와 체념은 서로 다르다. 전자는 믿고 맡기는 것이고, 후자는 완전히 수동적인 것이다. 체념한 사람은 굳이 하나님께 매달리는 수고를 하지 않는다. 왜냐하면 미래에 대해 자포자기했기 때문이다. 체념한 사람은 무엇이든 적극적으로 할 필요가 없다고 여긴다. 이와 반대로, 하나님을 신뢰하는 사람은 적극적이다. 주님의 겟세마네 동산의 기도는 하나님을 신뢰하는 것이 무엇인지를 잘 보여준다. 그분은 기도하고, 자신과 자신의 상황을 하나님께 맡기며, 아버지의 뜻을 받아들였다. 이것은 고개를 가로저으며 "될 대로 되라"고 말하는 운명론과 완전히 다른 것이다.

염려를 이기는 다섯 가지 지혜

첫째, 하나님은 우리의 상황을 아신다. 시편 139편 8-10절은 "내가 하늘에 올라갈지라도 거기 계시며 음부에 내 자리를 펼지라도 거기 계시니이다 내가 새벽 날개를 치며 바다 끝에 가서 거할지라도 곧 거기서도 주의 손이 나를 인도하시며 주의 오른손이 나를 붙드시리이다"라고 말한다.

둘째, 우리가 염려한다고 상황이 바뀌는 것이 아니다. 이따금 나는 비행기를 타고 가다가 폭풍우를 만나면, 비행기가 안전하게 목적지에 도착할 수 있을 것인가 하고 걱정한다. 그러나 내가 걱정한다고 해서 폭풍우가 멈추는 것도 아니고, 조종사에게 무슨 도움이 되는 것도 아니다. 우리의 염려가 상황을 조금도 바꿀 수 없다는 것을 깨닫는다면 우리는 염려하고 싶은 생각이 들 때 그것을 일소(一笑)에 부칠 수 있을 것이다.

셋째, 어떤 일의 결과가 우리의 예상만큼 나쁜 경우는 매우 드물다. 때때로 강의에 임할 때 나는 비판적 학자와 저명인사가 청중 속에 끼어 있다는 것을 알게 된다. 이럴 때 내심 걱정이 되기도 하지만, 결국 내가 부질없는 걱정을 했다는 자책으로 끝나고 만다. 왜냐하면 내가 걱정한 것만큼 나쁜 결과가 생기지 않기 때문이다. 우리는 공연히 호들갑을 떤다. 대개의 경우, 우리가 염려에 사로잡혀서 예상했던 것만큼 나쁜 결과가 나오지 않는다.

넷째, 언제나 유쾌한 일만 일어나기를 기대할 수는 없다. 성숙한 신자로서 우리는 우리에게 닥치는 일이 고의적 죄의 결과가 아니라면 그것을 받아들이는 법을 배워야 한다. '내가 거기에 있지 않았더라면…' 또는 '내가 용기를 내어 이러이러하게 행동했더라면…'이라고 자책하지 말라. 우리가 섬기는 하나님은 우리의 유익을 위하여 모든 것이 합력하여 선을 이루도록 섭리하시는 분이다. 이것이 구약의 욥기의 교훈이다. 우리는 욥처럼 자신의 상황을 받아들이는 법을 배워야 한다. 그러므로 '내가 이러이러하게 행동했더라면 내 인생이 달라지지 않았을까?'라는 고민에 빠지지 말라.

다섯째, 걱정이 이루어주는 것은 없다. 성경에 나오는 신앙의 사람들을 깊이 묵상하라. 그들은 낙심하기 쉬운 불가항력적인 상황을 이긴 사람들이다. 하나님께서 아브라함에게 집을 떠나라고 말씀하셨을 때 그는 순종하여 떠났다. 그는 자기의 종착지가 어디일까 하고 걱정할 수도 있었을 것이다. 에스더는 왕의 사전 허락 없이 왕에게 나아갔을 때 혹시 처형될지도 모른다고 걱정할 수도 있었을 것이다. 감옥에서 요셉은 '하나님이 나를 잊어버리신 것이 아닌가? 내가 꾸었던 꿈이 정말로 실현될 것인가?'라고 걱정할 수도 있었을 것이다. 전쟁 결과에 대해 바락과 논쟁하면서 드보라는 '이 사람을 설득하여 전쟁을 치르면 과연 소기의 목적을 달성할 수 있을 것인가?'라고 걱정할 수도 있었을 것이다. 만일 이 사람들이 걱정에 사로잡혀서 아무것도 하지 못했다면, 열매 맺는 지도자가 될 수 있었겠는가?

예수님은 "사람으로는 할 수 없으되 하나님으로서는 다 할 수 있느니라"(마 19:26)고 말씀하셨다. 그러므로 우리는 하나님에 대하여 염려할 필요가 없다. 우리 자신에 대한 염려가 간혹 정당화될 때도 있겠지만, 이것 역시 거의 생산적이지 못하다. 우리 자신에 대해 염려할 시간에 차라리 우리가 할 수 있는 것을 행하고 결과를 하나님의 손에 맡겨드리는 것이 훨씬 더 지혜로운 방법이다.

45 낮은 자긍심을 벗어나려면 어떻게 해야 하는가?

+ 데이빗 씨맨즈
David Seamands

자긍심(自矜心)의 결여는 원죄로 인한 타락의 주요 결과들 중의 하나라고 나는 믿는다. 우리가 어떤 가정교육을 받았든 간에 자긍심의 결여는 우리 모두의 본질적 문제이다. 거의 완벽하게 훌륭한 가정에서 성장한 사람들의 깊은 마음속에도 "나에게는 문제가 있다. 다른 사람들은 문제가 없을지 모르지만, 나에게는 문제가 있다"라는 생각이 도사리고 있다.

이런 '자기 회의'가 어떤 사람들의 경우에는 큰 문제로 발전하지 않지만, 다른 사람들에게는 감당하기 힘든 문제가 될 수도 있다. 특히, 성장기의 인간관계 속에서 상대방에게 받아들여지고 인정받고 사랑 받는 데 실패한 사람들이 '자기 회의' 때문에 큰 고통을 당할 수 있다. 인간으로서 우리는 받아들여지고 인정받고 사랑 받기를 원한다. 만일 우리의 삶에서 중요한 부분을 차지하는 사람들이 우리를 거부하고 인정하지 않고 원하지 않는다면 우리의 기본적 욕구는 충족되지 못하여 우리는 좌절감을 맛본다. 이렇게 될 때 우리의 자긍심은 추락한다. 우리는 그들의 눈에 비친 우리 자신의 모습을 보면서 스스로에게 "나는 가치 없는 존재이다"라고 말하게 된다.

우리가 낮은 자긍심을 갖게 된 또 다른 원인은 잘못된 신학 때문이다. 즉, 교회와 가정에서 신앙에 대해 잘못 가르치기 때문이다. 우리 중 너무나 많은 사람들이 "'자기 비하'는 하나님을 기쁘게 해드리는 겸손이며, 성화(聖化)에 이르는 한 방법이다"라고 믿는 것 같다. 그러나 겸손과 자기 비하를 혼동하면 안 된다. 겸손과 자기 비하를 혼동하는 사람은 다시 자긍심과 교만을 혼동한다. 전자는 좋은 것이지만, 후자는 잘못된 것이다.

자기 비하 벗어나기

성경은 '자기 비하'를 겸손으로 보지 않는다. 사실 그것은 기독교 신앙의 기본적 가르침들과 충돌한다. 예를 들면 예수님은 레위기 19장 18절을 인용하면서, "네 이웃을 '네 몸과 같이' 사랑하라"고 말씀하셨다(눅 10:27). 이 말씀의 강조점이 '이웃 사랑'인 것은 사실이지만, 이 말씀 속에는 또한 '자신에 대한 사랑'도 포함되어 있다. 다시 말해서, 우리는 우리 자신도 사랑해야 한다. 자신을 사랑하는 사람은 당연히 적절한 자긍심을 가질 것이다. 우리는 우리 자신의 가치를 의식해야 하고, 그 가치를 타인을 향한 적절한 사랑의 기초로 삼아야 한다.

사도 바울도 자긍심을 모범적인 결혼 생활의 기초로 삼았다. 그는 "남편들도 자기 아내 사랑하기를 제 몸같이 할지니 자기 아내를 사랑하는 자는 자기를 사랑하는 것이라 누구든지 언제든지 제 육체를 미워하지 않고 오직 양육하여 보호하기를 그리스도께서 교회를 보양함과 같이 한다"(엡 5:28,29)고 가르쳤다. 또한 그는 그리스도와 교회의 관계가 남편과 아내의 관계에 비유된다고 말한다. 그리고 결론적으로 "너희도 각각 자기의 아내 사랑하기를 자기같이 하라"(엡 5:33)고 권면한다.

우리는 우리 자신을 사랑하는 만큼만 다른 사람들을 사랑할 수 있다. 심리학적으로 볼 때도 이것은 참으로 중요한 사실이다. 자긍심이 낮은 사람들은 다른 사람들과 어울려 지내는 것이 매우 힘들다. 자긍심은 당연히 자신의 가치에 대한 인식에서 나오는데, 우리의 가치는 우리를 향한 하나님의 사랑에 뿌리박고 있다. 그러나 우리가 하나님이 보시기에 가치 있는 존재라고 확신할 때 우리는 자유롭게 사랑의 손길을 남들에게 뻗을 수 있다.

그러므로 자기 비하는 겸손도 거룩도 성화(聖化)도 아니다. "자신을 십자가에 못 박으라"(갈 2:20)는 것은 자기 비하를 가르치는 것이 아니다. 예수님은 우리에게 자신을 깎아내리라고 요구하시지 않는다. 낮은 자긍심은 하나님으로부터 오는 마음이 아니다. 그것은 우리의 과거로부터 오는 마음이다.

우리에 대한 다른 사람들의 평가 위에 우리의 자긍심을 세우려 한다면 우리는 우리의 가치의 근원이 무엇인지를 제대로 알지 못하는 것이다. 우리의 자긍심은 우리에 대한 하나님의 평가 위에 세워져야 한다. 그분은 우리를 사랑하시고 존귀히 여기신다. 그분은 우리를 위해 만드신 계획 안에서 우리에게 가치를 부여하신다. 바울은 "그분은 '그의 사랑하시는 자' 안에서 우리를 받아들이셨다"고 말한다(엡 1:6). "하나님이 '그의 사랑하시는 자' 안에서 우리를 받아들이셨다"는 것은, 우리가 그리스도 안에 있으면 하나님이 우리를 그리스도와 똑같이 대우하신다는 뜻이다. 예수님이 세례를 받으실 때 하나님은 "이는 내 사랑하는 아들이요 내 기뻐하는 자라"(마 3:17)고 말씀하셨다. 마찬가지로, 하나님은 우리를 보시고 세례 때에 예수님에 대하여 하신 말씀과 동일한 말씀을 우리에 대해서도 하신다. 우리는 우리의 자긍심을 하나님이 우리를 보시는 눈높이만큼 끌어올리는 방법을 다음 네 가지로 정리할 수 있다.

자긍심 끌어올리기

첫째, 당신이 자신을 어떻게 평가하는지를 잘 살펴보아라. 나는 어떤 사람들에게 "당신이 자기 비하에 빠질 때마다 하나님이 당신의 잘못을 지적해주시도록 기도하십시오"라고 말했었다. 그로부터 한두 주 후에 나를 찾아온 그들은 매우 놀라서 "자기 비하가 이토록 뿌리 깊게 습관화되어 있는 것을 알지 못했습니다. 저는 저 자신을 낮이나 밤이나 항상 깎아내립니다"라고 말했다.

둘째, 칭찬을 과감히 받아들여라. 나는 사람들에게 "남들이 칭찬할 때 가볍게 미소지으며 '감사합니다'라고 말하는 훈련을 하십시오"라고 권한다. 칭찬 받는 것을 무조건 교만이라고 생각하지 말라. 자기 비하를 겸손이라고 착각하는 사람은 하나님께 받은 은사를 소홀히 여기는 잘못을 범할 수도 있다.

셋째, "나는 … 이다"라고 단정적으로 말하지 말라. 낮은 자긍심을 극복하는 또 다른 방법은 "나는 … 이다"라고 말하지 말고 대신 "나는 … 이 되고 있다"고 말하는 것이다. 이것이 무슨 말인가? 우리는 '완성된 존재'가 아니다. 우리는 변하고 있으며, 또한 변해야 하는 존재이다. 오직 예수님만이 "나는 … 이다"라고 말씀하실 수 있다. 실제로 우리는 "나는 … 이다"라고 말할 때 거의 언제나 부정적으로 자신을 묘사한다. "나는 어리석다. 나는 추하다. 나는 사랑 받지 못한다. 나는 서툴다"라고 말하는 것은 불필요하게 우리 자신을 제한하는 것이다. 이런 잘못된 습관에 깊이 빠져 있는 사람일수록 더 많이 깨닫고 더 많이 기도해야 한다. 우리가 자신에 대해 부정적으로 말할 때마다 성령님이 우리의 잘못을 깨닫게 해주시도록 기도해야 한다. 굳이 "나는 … 이다"라고 말하고 싶은 사람은 "나는 하나님의 자녀이다"라고 말하라.

넷째, 도움을 구하라. 하나님이 우리를 평가하시는 것처럼 우리가 우리를 평가할 수 있게 되려면 노력이 필요하다. 거부당한 경험 때문에 큰 상처를 받았다면 더욱 많은 노력이 필요하다. 자아를 멍들게 하는 강한 충격을 겪었다면 그것을 치유해야 한다. 이런 치유는 혼자의 노력으로는 거의 불가능하다. 그러므로 우리는 다른 사람들의 도움을 구해야 한다. 도움을 구하는 데 주저하지 말라.

하나님은 그분의 시간표에 따라서 당신을 치유하실 것이다. 당신이 치유의 단계를 하나씩 올라설 때마다 그분은 매우 기뻐하신다. 당신을 향한 그분의 사랑은 무조건적 사랑이다. 당신이 무엇을 성취했기 때문에, 당신에게 사랑 받을 만한 요소가 있기 때문에 그분이 당신을 사랑하시는 것이 아니다. 그분의 사랑은 거저 주어진다. 당신의 행위 때문에 그분의 사랑이 찾아온 것이 아니다. 마찬가지로 당신의 행위 때문에 그분의 사랑이 사라지는 것도 아니다. 그분이 당신을 이토록 사랑하시는데, 당신이 무슨 권리로 "나는 가치 없는 존재이다"라고 말할 수 있는가?

올바른 죄책감과 잘못된 죄책감 – 해롤드 마이러(Harold Myra)

주님에게서 멀어져 방황할 때, 누군가에게 주먹을 휘두를 때, 유혹에 굴복할 때 죄책감을 느끼는 것은 옳은 일이다. 이것은 올바른 죄책감으로, 우리로 하여금 하나님 앞에 무릎을 꿇게 만든다. 이런 죄책감을 느낄 때 우리는 죄를 고백하게 되고, 하나님은 우리를 용서하고 깨끗하게 하신다. 용서를 받은 후 우리는 더 이상 죄책감을 느낄 필요가 없는데, 왜냐하면 더 이상 우리의 죄가 존재하지 않기 때문이다. 시편 기자는 "(여호와는) 동이 서에서 먼 것같이 우리 죄과를 우리에게서 멀리 옮기셨다"(시 103:12)고 말한다.

반면, 우리는 완전하지 못한 것에 대하여 죄책감을 느낄 필요가 없다. 우리 중 많은 사람들은 불가능한 것들을 자신에게 요구한다. 왠지 우리는 그리스도인으로서 흠 없는 삶을 살아야 한다고 믿는다. 우리는 약한 인간이기 때문에 실패하지 않을 수 없다. 불완전한 것에 대해 죄책감을 갖는 것은 잘못이다. 이런 죄책감은 우리의 신앙을 파괴한다. 사탄은 우리의 잘못된 죄책감을 이용하여 우리로 하여금 패배감에 시달리게 만든다. 사탄은 우리가 버림 받았다고 믿고 실망과 좌절에 빠져 있기를 원한다. 우리는 사탄이 주는 잘못된 죄책감의 올무에 걸려들어서는 안 된다.

좌우로 치우치지 않고 자신을 균형 잡힌 시각으로 볼 줄 아는 그리스도인들은 자신들이 무력한 존재임을 잘 안다. 그들은 비록 자신들이 놀랍게도 그리스도의 형상으로 지음을 받았지만 아직은 타락한 인간으로서 그분 앞에 무력하다는 것을 잘 안다. 그러나 중요한 것은 우리가 혼자 남겨진 것이 아니라는 사실이다. 우리는 죄사함을 받았으며, 예수님이 우리와 함께 계시다. 우리는 잘못된 죄책감의 덫에 걸려들지 말아야 한다. 대신 우리가 실수할 수밖에 없다는 것을 인정하고 적극적으로 삶에 임해야 한다. 실패하고 유혹에 넘어질지라도 다시 일어나 잘못을 고백하고 하나님의 용서와 은혜를 믿고 다시 전진해야 한다.

46 자기 연민을 벗어나는 방법은?

+ 잉그릿 트로비쉬

Ingrid Trobisch

사랑하는 사람이 죽었을 때 상처 받고 고통을 느끼고 슬퍼하는 것은 정상이며, 심지어 필요하기까지 하다. 이것은 비그리스도인들뿐 아니라 그리스도인들에게도 마찬가지이다. 만일 예수님이 우리에게 사랑할 수 있는 능력을 주셨다면 우리는 우리의 사랑이 사라질 때 고통을 느끼는 것이 당연하다. 슬픔은 사랑을 위해 지불해야 하는 대가이다.

내 남편이 죽은 이후로 내 인생에 빈 공간이 생겼다고 나는 종종 말해왔다. 예수님은 내가 그 빈 공간 위로 다리를 놓고 건너가 다른 사람들을 도울 수 있도록 힘을 주셨다. 그러나 분명히 내 인생에는 그 빈 공간이 있다. 최근에 나는 한 그리스도인 여성에게서 편지를 한 통을 받았다. 그녀는 남편이 떠난 자리에 빈 공간이 남아 있다는 것을 받아들일 수 없다고 말했다. 그녀는 우리가 진정으로 예수님을 믿고 그분을 모시면 그 빈 공간이 채워질 것이라고 말했다. 하지만 나는 그녀의 견해에 전적으로 동의하기 힘들다.

40년 전, 그러니까 나의 아버지가 돌아가셨을 즈음에 나는 하늘 아버지와 관계를 맺었다. 그 후 나는 하늘 아버지의 무릎에 오르지 않고는 단 하루의 삶도 시작할 수 없었다. 그분과의 관계가 없었다면 나는 30년 동안 사랑했던 남편을 잃은 슬픔을 이겨낼 수 없었을 것이다. 하지만 그분이 그 슬픔 자체를 제거해주신 것은 아니었다. 다만 그분은 내가 그것을 이길 수 있게 도우셨다.

건강한 슬픔과 건강하지 못한 자기 연민은 다른 것이다. 만일 나의 친구가 사별의 고통 때문에 괴로워한다면 나는 슬픔을 느낀다. 이와 마찬가지로 나는 나 자신의 사별에 대해서도 슬픔을 느낀다. 이럴 때 내가 나 자신에게서 벗어나 나 자신을 객관적으로 보면서 마치 내 친구의 고통을 보면서 슬퍼하듯이 슬픔을 느낀다면, 그것은 건강한 슬픔이다. 반면, 건강하지 못한 슬픔은 슬픔의 웅덩이에서 헤어나지 못하면서 "아무도 나처럼 고통 당하지 않는데, 나만 혼자 이런 고통을 당하는구나!"라고 한탄하는 것이다.

자기 연민을 극복하는 일곱 가지 방법

첫째, 슬픔과 자기 연민을 구별하는 법을 배워라. 큰 상처가 생겼을 때 그것을 붕대로 감아서 감추려고 하지 말라. 약으로써 억지로 병을 이기려다가 오히려 더 큰 해를 부를 수도 있다. 우리의 감정적 고통도 열병과 같다. 고통을 감추지 말고 그저 당하다보면 때가 되어 그것은 사라질 것이고 우리의 감정은 점점 평온을 되찾을 것이다.

둘째, 몸을 돌보아라. 슬플 때일수록 건강을 잃지 않도록 충분히 먹고 마시고 쉬어야 한다. 엘리야가 우울증과 자기 연민에 빠져 로뎀나무 아래 앉아 있을 때 하나님은 그를 꾸짖지 않으셨다. 그가 로뎀나무 아래 누워 잘 때 하나님은 천사를 보내서서 그로 하여금 먹고 마시게 하셨다. 그는 다시 잠들었으며, 천사가 그를 다시 깨워서 먹고 마시게 했다. 이렇게 음식을 취했기 때문에 그는 먼 여행길을 견뎌내고 하나님의 산 호렙에 이를 수 있었다(왕상 19:8).

셋째, 친구에게 도움을 구하라. 우리를 사랑하는 친구들, 즉 우리가 전화를 하면 달려와서 우리를 슬럼프에서 벗어나게 해줄 친구들이 필요하다. 유머도 치유에 많은 도움을 준다. 우리에게 짓궂은 농담도 해줄 사람, 우리가 너무 심각해지지 않도록 웃겨주는 사람, 우리가 자신의 문제를 잊도록 도와줄 사람, 이런 사람들이 필요하다. 우리에게 냉정하게 충고를 해줄 수 있는 사람과 대화를 나누는 것도 자기 연민의 극복에 도움이 된다.

넷째, 하나님께 우리를 도우실 기회를 드려라. 우리에게는 하나님의 말씀이 필요하다. 어떤 사람들은 성경에 나오는 그분의 약속의 말씀들에 밑줄을 그어놓고 필요할 때마다 그 말씀들을 의지한다. 또 어떤 사람들은 우리를 돕겠다는 약속의 말씀들을 담은 보물상자를 만들어놓고 필요에 따라 그 보물을 꺼내어 사용한다.

다섯째, 지혜롭게 스트레스를 푸는 법을 배워라. 절제의 훈련이 아주 잘된 청교도들조차 "네 자신에게 부드럽게 대하는 법을 배우라"고 말했다. 하루의 스케줄을 짤 때 나는 꼭 30분의 자축 시간을 집어넣으려고 애쓴다. 그 시간이 되면 나는 선반에서 가장 좋은 컵을 꺼내고 뜨거운 차를 끓인다. 그리고 나의 일과 관련 없는 책을 읽거나 그림을 감상하거나 나 자신이 직접 스케치를 해본다.

여섯째, 자긍심을 키워라. 집이 엉망이라면 청소를 시작하라. 책상 서랍이든 선반이든 그 무엇이든 간에 하나부터 시작하라. 내 인생의 문제도 마찬가지이다. 한꺼번에 다 해결하려고 하지 말고 한 가지 문제부터 처리하라. 작은 발걸음이라 해도 그것이 내 목적지에 도달하는 데 도움이 된다는 것을 기억하라. 한 걸음 한 걸음 자기 연민을 자긍심으로 바꾸어가라.

일곱째, 지금 이대로 계속 버텨라. 우리는 '왜 내가 따돌림을 당하나?'라고 고민하기 쉽다. 남편과 사별한 여자나 이혼녀는 혼자 힘으로 살아가야 하기 때문에 당연히 공허감이나 좌절감을 느끼게 된다.

때때로 우리는 스스로를 꾸짖어서 자기 연민을 쫓아내야 한다. 우리는 우리의 마음의 보좌에서 종교적 영웅심을 쫓아내고, 하나님께서 그 자리에 앉으시도록 해야 한다. 그렇게 할 때 우리는 가족과 친구들을 더 이상 지치게 하지 않을 것이다. 또한 우리는 감사하는 마음으로 사는 법을 배워야 한다. '인내'가 핀란드 말로는 '시수'(sisu)라고 한다. 이것의 본래 의미는 '다른 대안이 없으므로 지금 이대로 계속 버틴다' 라는 뜻이다. 다시 말해 이것은 '현재 괴롭고 슬퍼도 그 괴로움과 슬픔까지도 받아들인다' 는 의미이다.

47 용서는 진정 분노의 치료제인가?

+ 데이빗 씨맨즈

David Seamands

성경은 인간을 둘러싼 모든 관계에서 용서가 매우 중요하다고 가르친다. 용서는 하나님과의 관계, 다른 사람들과의 관계, 그리고 우리 자신과의 관계에서 필수적이다. 또한 그것은 감정적 및 영적 성장을 위해서도 매우 중요하다.

성경은 은혜와 구원이 무조건적으로 주어진다고 가르친다. 우리가 우리의 공로로 하나님의 은혜와 사랑을 얻을 수 없기 때문에, 이것은 절대적인 진리이다. 그분의 은혜와 사랑을 얻기 위해 우리가 할 수 있는 것은 아무것도 없다. 구원을 얻기 위해 우리가 충족시켜야 할 조건은 전혀 없다. 우리의 구원은 하나님의 사랑의 선물로 우리에게 값없이 주어진다. 그러나 성경을 주의 깊게 읽어보면, 하나님이 우리를 용서하시기 전에 우리가 다른 사람들을 용서하기를 요구하신다는 것을 알 수 있다.

주님은 "용서하라 그리하면 너희가 용서를 받을 것이다"(눅 6:37)라는 원칙을 세워주셨다. 그분은 이 원칙을 계속 강조하신다. 그분이 가르쳐주신 기도에는 "우리가 우리에게 죄지은 자를 사하여 준 것같이 우리 죄를 사하여 주옵소서"(마 6:12)라는 구절이 나온다. 주기도문을 제시하신 후에 그분은 "너희가 사람의 과실을 용서하면 너희 천부께서도 너희 과실을 용서하시려니와 너희가 사람의 과실을 용서하지 아니하면 너희 아버지께서도 너희 과실을 용서하지 아니하시리라"(마 6:14,15)고 가르치신다.

만약 용서하지 않으면

예수님은 '용서하지 않는 종'의 비유를 말씀하신다(마 18:23-35). 그분의 비유에서 결국 이 '용서하지 않는 종'은 간수들에게 넘겨지고, 간수들은 그가 상상을 초월할 정도로 많은 빚을 다 갚기 전에는 그를 풀어주지 않을 것이다. 주님은 이 비유를 이런 엄한 말씀으로 끝맺으신다.

"너희가 각각 중심으로 형제를 용서하지 아니하면 내 천부께서도 너희에게 이와 같이 하시리라"(마 18:35).

또한 그분은 "서서 기도할 때에 아무에게나 혐의가 있거든 용서하라 그리하여야 하늘에 계신 너희 아버지도 너희 허물을 사하여주시리라"(막 11:25)고 가르치신다. 그렇다고 해서 하나님의 은혜가 조건적으로 주어진다는 것은 아니다. 다만 주님의 말씀은 기본적인 성경적·감정적·심리학적·영적 원리를 가르쳐주시는 것이다. 즉, 우리가 다른 사람들을 용서하지 않으면서 하나님께 용서를 구하는 것은, 그분에게 그분 자신의 도덕적 성품에 위배되는 일을 하시도록 구하는 것이라는 뜻이다. 남을 용서하지 않으면서 하나님께 용서를 받겠다는 것은, 그분이 우리에게 심어주신 원리를 어기는 것이다.

하나님이 우리에게 다른 사람들을 용서하라고 요구하신다는 사실이 잘 믿어지지 않는 사람은, 용서하지 않을 때 어떤 결과가 벌어지는지를 상상해보아야 한다. 상대방을 용서하지 않을 때 우리는 그에 대해 분노하게 된다. 이런 분노는 그 사람과의 관계를 파괴하며, 심지어 우리의 건강까지도 해친다. 어떤 의사라도 "분노심은 신체적 질병을 유발할 수 있습니다"라고 대답할 것이다. 용서를 거부함으로써 생기는 분노는 인간관계와 자신의 신체를 모두 망친다.

하나님의 법칙들은 우리의 존재의 법칙들이다. 그것들은 우리의 두뇌, 근육, 인격 및 사회활동에 깊이 뿌리를 내리고 있다. 최고의 법인 사랑 때문에 이 세상이 생겨났으며, 사랑은 용서를 먹고 산다. 사랑의 반대는 미움인데, 미움은 분노를 먹고 산다.

그러므로 감정적·영적·신체적 행복을 찾는 사람은 자기에게 잘못한 사람을 용서해야 한다. 용서의 중요성은 아무리 강조해도 지나치지 않다. 용서를 통해 치유와 성장을 얻을 수 있는 방법들에 대해 살펴보자.

다른 사람이 나에게 가한 상처와 고통의 문제에 맞서야 한다

우리에게 잘못한 사람을 무조건 덮어주고 미화하는 것은 용서가 아니다. 자신이 고통과 피해를 당한 사실을 논의의 대상으로 삼으려는 것을 회피하는 것이 용서는 아니다. "아니, 나는 괜찮아. 내게는 고통이 없어"라고 말하면서 오히려 상대방을 두둔하는 것은 용서가 아니다.

많은 그리스도들이 가해자를 용서하지 못하는 이유는 바로 이 1단계를 건너뛰고 곧바로 2단계, 3단계 또는 4단계로 직행하려고 하기 때문이다. 그들은 사신에게 "내가 이런 식으로 생각하면 안 되지" 또는 "나는 이런 문제를 건너뛸 만큼 신령한 사람이 되어야 해"라고 말한다. 그들은 오히려 가해자의 악행에 대해 변명을 해준다. 아니면 그들은 가해자가 왜 그런 식으로 행동했는지를 알아내기 위해 상담자에게 달려간다. 이렇게 상담자를 찾을 때 그들의 마음속에는 "가해자가 왜 그런 식으로 행동했는지를 알아낸다면 나의 문제는 해결될 것이고, 나는 더 이상 고통을 느끼지 않을 것이다"라는 생각이 밑바닥에 깔려 있다.

그러나 우선 자신의 상처를 똑바로 보면서 적어도 자신에게 "이 가해자는 정말로 나를 아프게 한다"고 말하지 않는다면, 우리는 그를 용서할 수 없다.

내가 가해자에게 분노하고 있다는 것을 깨달아야 한다

분노는 정상적인 감정이다. 하나님은 우리가 상처를 받을 때 분노하도록 만드셨다. 상처를 받을 때 분노하는 것은 자동적인 반응이며, 우리 자신을 보호하기 위한 방법들 중 하나이다. 그러나 만일 분노심을 계속 품게 된다면, 그 분노심을 이길 수 있는 방법은 오직 용서이다.

우리는 자신이 계속 분노심을 품고 있다는 것을 언제나 의식하는 것은 아니다. 내가 가해자를 용서해야 할 필요가 있는지를 확인하는 방법은 자신을 깊이 살피며 자신에게 "아직도 나는 이 사람에게 복수하기를 원하는가? 이 사람을 처벌하기 원하는 마음이 내게 조금이라도 남아 있는가?"라고 묻는 것이다. 이렇게 확인하려면 자신의 마음을 많이 살펴야 한다. 때로는 성령님이 우리의 마음 깊은 곳에 빛을 비추어주시기를 구해야 할 것이다.

분노심이 우리가 알아채기 힘들 정도로 마음속에 교묘한 형태로 자리 잡고 있을 수 있다. 어떤 사람들은 내게 이렇게 말한다.

"아뇨, 아뇨, 아뇨. 나는 전혀 복수하기를 원하지 않습니다. 나는 그 사람이 왜 그렇게 했는지 이해합니다. 나는 다 받아들입니다. 하지만 나는 그가 내게 한 일을 깨닫기를 바랍니다. 그가 내게 어떻게 상처를 주었는지를 그에게 딱 한 번만 말하고 싶습니다. 그러면 그는 나를 이렇게 고통스럽게 했다는 것을 깨달을 것입니다. 내가 그에게 한 번만 말할 수 있다면 나는 만족할 것입니다. 그러면 나는 용서하겠습니다."

만일 당신이 이렇게 생각하고 있다면, 조심하라. 이렇게 말하는 사람은 사실 분노심에서 벗어난 것이 아니다. 당신의 분노가 어떤 모습을 하고 있든 간에 당신이 그것을 인정할 때 비로소 상대방을 용서할 수 있다. 그러므로 당신은 "그렇소. 나는 분노합니다"라고 인정해야 한다.

이렇게 자신의 분노를 인정한 후에 당신은 "하지만 복수하는 것은 내가 할 일이 아닙니다"라고 말해야 한다. 사도 바울은 "내 사랑하는 자들아 너희가 친히 원수를 갚지 말고 진노하심에 맡기라 기록되었으되 원수 갚는 것이 내게 있으니 내가 갚으리라고 주께서 말씀하시니라"(롬 12:19)고 말한다. 나는 이것을 필립스 역본(the Phillips translation. 성경 번역가 J. B. 필립스가 만든 의역 중심의 역본)으로 읽는 것을 좋아한다. 그 번역본에는 "사랑하는 친구들이여, 너희 손으로 복수하지 말라. 한 걸음 뒤로 물러서서 하나님께 맡겨드려라. 그분이 원하시면 너희 원수를 처벌하실 것이다"라고 나와 있다.

우리는 "그 사람을 바로잡기 위해 내가 그의 잘못을 깨우쳐주겠습니다"라고 말하면 안 된다. 이것은 잘못된 생각이다. 하나님은 그분이 가장 좋다고 판단하실 때 그분의 방식으로 행하실 것이다. 우리는 상대방을 책망하겠다는 생각조차 버려야 한다.

남을 탓하지 말고 자신의 행동에 책임을 지는 법을 배워야 한다

나는 무엇이든지 실수할 때마다 거의 자동적으로 다른 사람들을 원망했다. 게임에서 지거나 설교를 잘못하거나 가족과의 관계에서 실수를 할 때마다 나는 다른 사람들에게서 나의 실수의 원인을 찾았다. 예를 들면 나는 "나의 어머니가 어릴 적에 나를 다르게 대하셨다면 내가 이런 실수를 하지 않았을 텐데"라고 말하곤 했다. 나는 나의 잘못을 감추기 위해 어머니를 이용하곤 했던 것이다.

내가 용서하는 법을 배우기 시작했을 때 주님은 "남에게 책임을 전가하는 버릇을 이제 그만두고, 네 행동에 대해서는 네가 책임지라"고 말씀하셨다. 만일 지금 내가 내 책임을 받아들이지 않는다면 나는 나의 어머니를 용서하지 않고 오히려 그 분을 나의 잘못에 대한 희생양으로 만들 것이다. 그녀를 용서했을 때 나는 더 이상 숨을 곳이 없었다. 즉, 나의 책임을 인정할 수밖에 없었다. 다시 말하지만, 용서를 하려면 자기의 책임을 받아들여야 한다.

물론 이렇게 말한다고 해서 다른 사람의 행동에 대해서까지 우리가 책임을 지라는 말은 아니다. 나는 "내가 아주 나쁜 행동을 했기 때문에 어머니에게 그런 대우를 받는 것이 마땅했다"라고 말하는 것이 아니다. 다만 나는 "어머니가 내게 상처를 준 것은 사실이지만, 그것에 대해 지금 내가 지혜롭게 반응해야 한다. 그 분은 그 분의 행동에 책임을 져야 하고, 나는 나의 행동에 책임을 져야 한다"고 말하는 것이다.

용서의 결과에 연연해서는 안 된다

누군가를 용서해야 했을 때 나는 "주님, 좋습니다. 제가 용서하겠습니다. 그러나 저와 이 사람 사이가 이제부터 좋아지도록 주님이 그를 바꾸어주셔야 합니다"라고 말하곤 했다. 그러나 이것은 참용서가 아니다. 내가 이렇게 말했다는 것은 나에게 여전히 분노심이 남아 있다는 증거였다. 나는 상대방을 받아들이기를 원하지 않았고, 오히려 내 생각의 틀에 그가 들어맞도록 그를 바꾸어놓기를 원했던 것이다.

참용서는 용서의 결과에 연연하지 않는다. 내가 진심으로 가해자를 용서했을 때 나와 가해자 사이에 화해가 이루어질 수도 있고, 그렇지 못할 수도 있다. 용서하는 사람은 "주님, 저는 이 사람을 무조건적으로 용서합니다. 저는 결과를 온전히 주님께 맡깁니다. 앞으로 무슨 일이 일어나든지 전부 주님이 책임져주시기 바랍니다"라고 말하게 된다.

깨어진 관계 또는 껄끄러워진 관계는 스트레스를 준다. 그렇기 때문에 가능하면 빨리 그 관계를 바로잡기를 원하는 것은 우리의 자연스러운 반응이다. 어떤 사람들은 용서를 통해서 관계를 정상화시키고 모든 것을 평안한 상태로 만들 수 있을 것이라고 믿는다. 그럴 수도 있을 것이다. 그러나 그렇지 않을 수도 있다.

우리에게 상대방을 용서하라고 말씀하실 때 하나님은 그가 변할 것이라고 약속하지 않으신다. 우리가 용서하면 상대방이 바뀔 것이라는 것을 알고 그를 용서한다면 우리의 용서는 조종에 지나지 않을 것이다. 즉, 그것은 상대방으로 하여금 내가 원하는 방향으로 행동하도록 만들려는 조종에 불과할 것이다. 참용서는 조종이 아니다. 참용서는 결과를 하나님께 맡긴다.

용서가 하나의 과정이라는 것을 알아야 한다

"나는 이 문제에 대한 나의 감정을 바꾸겠다"라고 말한다고 해서 감정이 즉시 바뀌는 것은 아니다. 인간의 감정은 그런 것이 아니다. 우리가 할 수 있는 최선의 것은 하나님께 나아가 이렇게 말하는 것이다.

"주님, 저는 저의 감정을 바꿀 수 없습니다. 하지만 저는 주님이 저의 감정을 바꾸어주시기를 원합니다. 제 마음을 드리오니, 저의 감정을 처리해주옵소서."

상처 받은 일에 대한 불쾌한 기억이 다시 떠오를 때마다 사탄은 당신을 정죄할 것이다. 그는 "봐라. 너는 그 사람을 진정으로 용서한 것이 아니다"라고 말할 것이다. 그러나 이것은 지옥에서 흘러나오는 거짓말이다. 당신은 분명히 용서했다. 다만 인간의 감정은 다시 반복되는 경향이 있다. 때때로 불쾌한 감정이 불쑥불쑥 찾아오는 것은 어쩔 수 없는 일이다. 그러므로 우리는 용서가 의지를 중심으로 이루어지는 하나의 과정이라는 것을 깨달아야 한다. 용서한다는 것은 상대방에 대한 미움과 원망의 감정을 의지적으로 버리는 것이다. 이런 의지적 과정을 반복하는 것에 대해 죄책감을 느낄 필요는 없다.

어떤 안 좋은 기억들이나 분노심은 너무나 고통스럽기 때문에 때로는 상담자의 도움을 받아야 한다. 우리는 주님이 우리의 기억과 아픈 상처를 치유해주시도록 맡겨야 하는데, 이렇게 맡기는 것이 우리 자신의 힘만으로는 힘들기 때문에 종종 우리는 상담자의 도움을 받아야 한다. 자신이 상담자의 도움을 받아야 할 입장에 있다는 것을 인정하고 상담자를 찾아가서 도움을 받는 것은 약함의 표시가 아니라 강함의 표시이다.

상처를 주는 용서

내가 용서해야 할 사람이 있을 때 얼른 달려가서 그에게 "내가 당신을 용서합니다"라고 말하는 것이 언제나 지혜로운 것은 아니다. 우선 그 사람은 나에게 상처를 주었다는 것을 알지 못할 수도 있다. 따라서 그는 내가 그에게 분노하고 있다는 것을 진혀 모를 수 있다. 그러므로 만일 내가 무분별하게 나의 속마음을 털어놓는다면 그는 오히려 내가 그에게 분노하고 있다는 사실을 알고 무척 당황할 것이다.

자녀가 부모에게, 남편이 아내에게, 친구가 친구에게 이런 식으로 속마음을 털어놓는다면 상대방은 그것을 이해하지 못할 수도 있다. 심지어는 그가 상처를 받아서 양쪽의 관계가 다시 깨어질 수도 있다.

우리가 누군가를 용서해야 한다는 깨달음을 성령님이 우리에게 주실 때 우리는 이렇게 기도하는 것이 훨씬 더 좋을 것이다.

"하나님, 저는 그를 용서할 준비가 되었습니다. 저는 하나님이 원하시는 때에 그에게 갈 것입니다. 하나님이 저에게 '말하라'고 말씀하시면 그때 제가 말하겠습니다. 제가 사과해야 한다면 사과하겠습니다. 하지만 저는 이 모든 문제에서 하나님의 지시에 따를 것입니다."

48 사랑의 감정들이 사라질 때 어떻게 해야 하는가?

+ 존 페어렐
John Pearrell

최근에 한 젊은 사람이 나를 찾아와 "나는 이혼을 할까 생각 중입니다"라고 말하면서 그 이유에 대해 이렇게 밝혔다.

"아내에 대한 나의 감정이 전과 다릅니다. 과거의 감정이 사라졌습니다. 나는 그녀를 사랑하지 않습니다."

내가 아는 또 다른 부부가 있었다. 젊은 그리스도인 부부인 그들은 아들이 태어나서 함께 기뻐했다. 그들은 매우 행복해 보였다. 그들은 예수님을 향한 깊은 사랑을 고백했고, 우리 모두가 생각하기에 모범적인 그리스도인의 삶을 살았다. 그러나 아들이 태어난 지 불과 두세 달 후에 남편은 다른 여자와 함께 살기 위해 아내를 떠났다. 그 이유에 대해 그는 "나는 아이를 임신한 아내의 몸매가 너무 싫었습니다"라고 말했다.

그리스도를 위하여 사역하면서 나는 점점 더 많은 사람들이 이렇게 말하는 것을 듣게 되었다.

“저는 더 이상 배우자를 사랑하지 않습니다. 제 말을 이해하지 못하시겠어요? 과거의 감정이 제게 더 이상 남아 있지 않다는 말입니다. 저에게 맞지 않는 상대와 결혼한 것 같습니다.”

그렇다면, 사랑의 감정이 사라졌을 때 우리는 어떻게 해야 하는가?

당신의 감정은 정상이다!

우선 내가 분명히 밝혀두고 싶은 것은, 배우자를 향한 당신의 감정이 과거와 다른 것은 지극히 정상이라는 것이다. 부부 관계에서 또는 다른 모든 인간관계에서 우리의 감정이 변하고 있다는 것을 깨달을 때 우리는 두려움을 느끼는 경향이 있다. 그러나 이럴 때 우리는 두려워하거나 죄책감을 느끼거나 스스로를 비열하다고 생각할 필요는 없다. 우리는 살아서 성장하는 인간이기 때문에 감정이 변하며, 또한 변해야 한다.

현재 나의 아내를 향한 나의 감정은 내가 그녀를 처음 만나서 구애할 때의 그것과 다르다. 내가 한때 품었던 낭만적 감정을 지금도 언제나 느끼는 것은 아니다. 특히, 과거의 미숙한 감정들을 제거할 때에는 더욱 그렇다. 그러나 현재 우리의 사랑은 과거의 첫사랑보다 훨씬 더 크고 깊다.

현대 사회를 살아가는 사람들의 문제들 중 하나는 그들이 오직 한 단어만을 사용하여 ‘사랑’을 표현한다는 것이다. 그 결과, 사랑의 개념이 모호해졌다. ‘사랑’에 대해 말할 때 너무나 자주 우리는 ‘붕 뜬 것 같은 따스한 감정’을 생각하게 된다.

우리는 “나는 아내를 사랑한다”, “나는 내 개를 사랑한다”, “나는 ‘땅콩버터 젤리 샌드위치’를 사랑한다”고 말한다. 이렇게 말할 때 나는 나의 아내를 ‘땅콩버터 젤리 샌드위치’와 동일한 범주 안에 넣는 것인가? 물론 그렇지는 않다. 서로 다른 사랑의 종류를 표현하기 위해 다양한 단어들이 필요함에도 불구하고 영어에는 오직 ‘러브’(love)라는 한 단어만 존재한다.

‘사랑’이라는 말은 또한 성관계를 의미하는 단어로 흔히 쓰인다. 우리 시대의 가장 큰 비극은, 우리가 사람들을 사랑하고 물건들을 이용해야 함에도 불구하고 오히려 사람들을 이용하고 물건들을 사랑한다는 것이다. 우리는 감정적 따스함과 사랑을 육체적 접촉과 정욕으로 바꾸어버렸다. 우리의 문제를 더 정확히 진단하기 위해 우리는 '사랑'의 개념을 정리할 필요가 있다.

사랑의 세 개념

그리스어는 여러 가지 단어들로 사랑을 표현한다. 그것들 중 하나는 '에로스'(eros)이다. '에로틱'(erotic)이라는 영어 단어가 바로 이 그리스어에서 유래하였다. 에로스는 자기중심적인 사랑이며 낭만적 사랑이다. 나는 현대인의 사랑의 개념에 가장 근접하는 표현이 바로 이 '에로스'라고 생각한다. "나는 당신에게서 강한 매력을 느끼며 그것을 소유하기를 원한다"고 말하는 것이 에로스이다.

아내를 처음 만났을 때 그녀의 아름다움은 내게 충격으로 다가왔다. 입이 마르고 손에서 땀이 났다. 나는 그녀와 사랑에 빠졌다. 잠도 오지 않고 먹지도 못했다. 학교운동회 때에 마음이 설레듯이 심장이 뛰었다. 이런 감정이 바로 '낭만적' 사랑이다. 그러나 낭만적 사랑 곧 에로스는 자기중심적인 사랑이다. 이것이 잘못된 것은 아니지만, 결혼을 지속적으로 유지시켜주는 기초가 될 수는 없다. 오직 낭만적 사랑에 기초하여 결혼을 유지시키겠다는 것은 망상이다. 이런 결혼은 오래 갈 수 없다. 아름다움도 사라지고 감정도 식어버린다. 감정에 기초한 사랑만을 고집한다면, 그 감정이 사라진 다음에는 어떻게 하겠는가?

'사랑'을 표현하는 또 다른 헬라어는 '필레오'(phileo)이다. 이것은 '상호적인 가족 간의 사랑'이다. 이 사랑은 "당신에게는 내가 좋아하는 점이 있고, 내게는 당신이 좋아하는 점이 있다. 이런 전제 하에 함께 어울리자"라고 말한다. 그러므로 이것은 '양자 간에 주고받는 사랑'이다. 이 사랑의 소유자는 자기 가족의 구성원에게 크게 분노할 때도 있지만 가족이 아닌 다른 사람들 앞에서는 자기 가족부터 감싸준다.

에로스와 마찬가지로 필레오도 잘못된 형태의 사랑은 아니다. 하지만 에로스와 마찬가지로 이것도 영구적인 사랑의 기초로는 부족하다. 왜냐하면 우리가 변하기 때문이다. 우리가 필레오의 차원에서 사랑할 경우, 서로 간에 얻을 수 있는 유익이 점점 줄어든다면 어떻게 하겠는가? 한쪽은 주기만 하고 다른 쪽은 받기만 한다면 어떻게 하겠는가? 만일 가족끼리 필레오의 차원에서만 서로 사랑한다면 그 가족은 언젠가 붕괴될 것이다.

'사랑'을 뜻하는 또 다른 헬라어는 '아가페'(agape)이다. 우리를 향한 하나님의 사랑이 바로 아가페의 사랑이다. 하나님은 세상이 그분의 아들을 거부하고 죽일 것을 알면서도 아들을 주셨는데, 이것은 바로 아가페의 사랑 때문이었다. 하나님은 죄를 지극히 미워하시는데, 이 미움을 극복하고 죄인들을 용서하시는 것이 바로 아가페의 사랑이다. 다른 종류의 사랑들의 한계를 극복하고 우리의 문제들을 해결해줄 수 있는 사랑이 바로 이 사랑이다. 이것은 받는 사람의 반응과 상관없이 계속 주는 사랑이다. 이것이 바로 고린도전서 13장에서 말하는 사랑이다.

"사랑은 오래 참고 온유하며 투기하는 자가 되지 아니하며 사랑은 자랑하지 아니하며 교만하지 아니하며 무례히 행치 아니하며 자기의 유익을 구치 아니하며 성내지 아니하며 악한 것을 생각지 아니하며 불의를 기뻐하지 아니하며 진리와 함께 기뻐하고 모든 것을 참으며 모든 것을 믿으며 모든 것을 바라며 모든 것을 견디느니라 사랑은 언제까지든지 떨어지지 아니하나 예언도 폐하고 방언도 그치고 지식도 폐하리라"(고전 13:4-8).

이 위대한 사랑의 정의 안에 '설레는 감정'이나 '자아실현'이 언급되는가? 그렇지 않다. 아가페는 수동적 사랑이 아니라 능동적 사랑이다. 이것은 대가를 바라지 않고 오직 상대방의 유익을 위하여 존재하는 사랑이다. 이것은 우리를 향한 하나님의 사랑이다. 우리의 결혼 생활이 무너지지 않고 유지되려면 결국 우리에게는 아가페의 사랑이 요구된다.

어떤 결혼 생활이든 간에 위에서 언급한 세 가지 사랑을 모두 필요로 한다. 이 세 가지 사랑이 동시에 존재하지는 않을 것이다. 상황에 따라 한두 가지 사랑이 나타나고, 다시 상황이 바뀌면 또 다른 사랑이 나타날 것이다. 그러나 언제나 바탕에 깔려야 하는 것은 이타적인 아가페 사랑이다. 아가페 사랑에 도달하는 길은 단 하나뿐이다. 그것은 예수님의 사랑이 우리를 통해서 흘러나올 정도로 그분의 사랑에 잠기는 것이다.

지속적인 사랑을 위한 조언

이제까지 사랑의 개념을 정리해보았지만 아직도 우리에게는 부부 관계에서 "감정들이 사라진 다음에 우리는 어떻게 해야 하는가?"라는 문제가 여전히 남아 있다. 이 문제를 해결하는 데 도움이 될 수 있는 조언을 정리하면 다음과 같다.

- 결혼 생활은 감정이 아니라 약속의 토대 위에 세워져야 한다. 감정은 사라져도 약속은 남는다.
- 당신이 느끼는 감정들을 인정하고 그것들이 어떤 것인지를 살펴보라. 아니면 당신은 아무 감정도 느끼지 못하는가? 어떤 경우든 간에 그 원인들을 찾아보라.
- 당신의 부정적 감정들을 솔직히 말로 표현해보라. 그러나 위협적인 분위기를 만들어서는 안 된다. 예를 들면, "당신이 말을 너무 기분 나쁘게 해서, 나는 정말 당신과 말하기가 싫어져. 얼굴도 보기 싫고!"라고 말하지 말고, "당신의 말투가 나를 비난하는 식으로 들려서 나는 몹시 화가 나!"라고 말하라. 부부는 평생을 함께 살기로 서약한 '불완전한' 사람들이라는 것을 기억하라.
- 언제나 대화를 할 수 있는 분위기를 만들어라.
- 당신의 배우자는 이성(異性)이다. 그러므로 이성에 대한 모든 것을 책과 관찰과 다른 사람들과의 대화를 통하여 배워라.
- 문제가 생길 때마다 그것의 해결을 위해 대화하는 것이 바람직하지만, 때로는 대화를 뒤로 미루는 것도 현명한 방법일 수 있다. 이 경우, 일정 시간 내에 문제를 논의하기로 합의하는 것도 좋은 방법일 수 있다. 예를 들어, 어떤 상담자는 "여보, 당신은 지금 이 문제를 나와 함께 논의할 시간적, 체력적 여유가 있소?"라고 말하면 자연스럽게 문제의 논의를 뒤로 미룰 수 있다고 조언한다. 만일 상대방이 현재 논의를 원하지 않으면 48시간 이내에서 논의 시간을 정하는 것도 좋은 방법이다.
- 상대방을 바꾸려고 애쓰지 말라. 오히려 당신이 상대방에게 반응하는 방식을 개선하라.

- 오직 부부가 단둘이 즐기는 시간을 가져라. 결혼 후에도 계속 연애시절처럼 둘만의 시간을 즐겨라.
- 상대방의 이야기를 듣는 법을 배워라. 상대방이 무엇이라고 말하는가? 만일 이해하기 힘들거든 상세한 설명을 해달라고 부탁하라.
- 결혼 생활이 힘들 정도로 문제가 있다면 부부 문제를 다루는 전문가의 도움을 받아라.
- 가장 중요한 것은 예수 그리스도께서 당신의 날마다의 삶의 주인이 되시도록 하는 것이다.

홀트 아동 복지회의 씨앗

_고아들의 아버지가 된 평범한 농부 해리 홀트(Harry Holt) 이야기

_제임스 헤플리 James Hefley

한국의 고아들에 관한 영화를 본 후 해리 홀트의 삶은 완전히 바뀌었다. 오레 곤주(州)의 중년 농부인 홀트는 한국의 고아들을 돕기 위해 무엇인가를 하지 않으면 안 된다고 느꼈다(그 고아들 중 일부 아이들의 아버지는 한국에서 근무한 미군 병사들이었다). 처음에 그와 그의 아내 버서(Bertha)는 그들 가족의 숫자만큼 고아들을 입양하겠다고 결정했다. 1955년 해리는 비행기를 타고 한국으로 가서 12명의 아이들을 데려왔다. 그들 중 네 명은 다른 가족들이 입양할 예정이었다.

한국에 갔을 때 홀트는 수백 명의 고아들을 보았다. 미국으로 돌아온 그는 한국 고아들의 딱한 사정을 여러 사람들에게 알렸다. 그 결과 1년이 못 되어 600개의 그리스도인 가정들이 한국의 고아들을 입양하기를 자원했다. 의회는 이 대규모 입양을 가능하게 하기 위해서 특별법을 만들기도 했다.

홀트는 고아들을 돌보는 일에 완전히 헌신했다. 언젠가 한국에서 미국으로 고아들을 데려오던 중에 그는 홍역, 폐렴 및 이질에 걸려 신음하는 25명의 아이들을 돌보기 위해 밤을 꼬박 새우기도 했다. 또 다른 경우에 한국에서 고아들을 찾으러 돌아다니는 중 극심한 통증을 느꼈기 때문에 주위 사람들이 그에게 쉬라고 권했지만, 그는 "다른 고아들이 나의 도움의 손길을 기다리고 있습니다"라고 말하며 다른 마을로 여행을 계속했다.

홀트는 고아 입양을 시작한 지 9년 후에 죽었다. 이 9년 동안 이 평범한 농부

는 한국의 고아들을 위해 무엇인가를 하기를 원했고, 3,000명의 고아들의 입양을 도왔다. 그가 설립한 '홀트 아동 복지회'는 그 후 사업을 확장하여 인도, 동남아시아, 그리고 라틴 아메리카 어린이들의 입양 및 가정 위탁의 일을 해오고 있다. 평범한 농부 홀트가 뿌린 작은 사랑의 씨앗은 지금도 많은 결실을 맺어가고 있다.

자기 앞에 영광스러운 교회로 세우사 티나 주름잡힌 것이나 이런 것들이 없이 거룩하고 흠이 없게 하려 하심이니라(엡 5:27).

10장

그리스도인의 교회 생활

만일 당신이 그리스도인이라면, 당신의 인생에서 가장 중요한 것은 당신과 예수 그리스도와의 관계이다. 내가 머리이신 그리스도와 연합되었다면 나는 또한 몸인 교회와 연합된 것이라고 성경은 가르친다. 교회 출석은 단순히 '일요일 아침에 교회에 가는 것'이 아니다.

49 영적 성장을 위한 교회의 역할은?

+ 리처드 러블레이스
Richard Lovelace

많은 사람들은 특별 전도팀이나 각종 선교단체 및 봉사단체를 통해 그리스도를 영접한다. 하지만 그들이 일단 그리스도인이 된 후에는 신앙 성장을 위해 그들에게 교회가 필요하다. 비유적으로 말하자면, 선교단체와 봉사단체는 고래에게 가까이 접근하여 작살을 꽂을 수 있는 작은 보트에 해당된다. 그러나 고래를 잡았다고 해서 그것을 작은 보트에서 처리할 수는 없다. 고래를 처리하려면 필요한 장비를 갖춘 큰 배가 필요하다. 고래를 잡은 작은 보트가 큰 배로 돌아와야 하듯이, 특별 전도팀은 언제나 교회로 돌아와서 새 신자들을 교회에 맡겨야 할 것이다. 이것은 물론 새 신자들이 교회에서 제공하는 여러 가지 프로그램을 이용하여 신앙적으로 성장하도록 하기 위함이다.

개인적으로 전도 활동에 힘쓰는 사람들에게도 그들이 전도한 새 신자들을 영적으로 먹이고 재우기 위한 '집'이 필요하다. 우리가 혼자 개인적으로 그리스도를 영접하는 과정을 통해서 그리스도인이 되지만, 일단 그리스도인이 된 다음에는 '한 몸'의 일원이 되어 성장해야 한다. 영적으로 먹고 잘 수 있는 '피난처'가 없다면, 적의 공격에 취약할 수밖에 없다.

그리스도인의 영적 성장을 위해 교회가 할 수 있는 역할을 정리하면 다음과 같다.

예배

하나님은 우리가 다른 신자들과 교제하는 중에 영적으로 성장하도록 만드셨다. 그분은 신자들을 한 곳으로 모아서 "산 돌같이 신령한 집으로"(벧전 2:5) 만드신 후 그 집에 거하게 하심을 기뻐하신다. 에베소서에서 바울은 우리가 하나님의 집의 식구들로서 거룩한 성전이 된다고 가르친다. 우리가 '한 몸'으로 결합할 때 우리는 "하나님이 그분의 영으로 거하시는" 처소가 된다(엡 2:19-22). 우리가 다른 그리스도인들과 함께 모여서 예배할 때, 그리스도의 몸은 성장하고 우리는 강해진다.

양육

교회는 영적 영양분을 공급해준다. 비유적으로 말하면, 교회는 사람들이 모여서 서로 위로하고 권면하며 자기의 은사로 서로를 돕는 거대한 '중앙역'이다. 우리는 각자가 하나님께만 산소 호스를 연결한 후 깊은 바다로 뛰어드는 영적 다이버(diver)가 아니다. 하나님은 우리가 다른 그리스도인들과 서로 가진 것을 나누고 격려하며 신앙을 성장시키도록 만드셨다. 낙심한 그리스도인이 성경에서 도움을 얻으려면 성경을 읽어야 한다. 다시 말해서, 그가 그것을 읽지 않으면 성경이 그에게 아무 도움이 안 된다. 하지만 동료 그리스도인은 그가 먼저 도움을 요청하지 않더라도 그를 찾아가서 그를 도울 수 있다.

교회가 할 일은 교회 구성원들의 은사들이 무엇인지를 알아내어 그것들을 서로 간에 나누도록 유도하는 것이다. 그렇게 할 때 그들은 남들에게 베풀 수 있는 은사들이 자신에게 있음을 알게 될 것이다. 교회의 전임 사역자들에게만 영적 은사가 있다는 잘못된 편견에 사로잡힌 교역자들과 평신도들이 많다. 이런 편견 때문에 교회는 자기의 기능을 제대로 발휘할 수 없다. 교회는 교인들 모두가 그들의 영적 은사들을 발전시키고 사용하도록 가르치고 인도해야 한다. 그렇게 할 때 온 교회 위에 하나님의 복이 풍성히 임할 것이다.

교제

우리는 혼자 있게 되면, 자기도 모르는 사이에 갑자기 곁길로 빠지기 쉽다. 그러나 다른 사람들과 어울리면, 책임감을 느낄 수도 있고 서로 조언을 해줄 수도 있다.

"철이 철을 날카롭게 하는 것같이 사람이 그 친구의 얼굴을 빛나게 하느니라"(잠 27:17).

숯불에서 숯 한 조각을 꺼내어 따로 놓으면 그것은 곧 화력(火力)을 잃고 만다. 우리도 이와 같다. 숯이 계속 타기 위해서는 서로 모여 있어야 하는 것처럼, 우리도 신앙의 불이 계속 타오르려면 서로 모여 있어야 한다. 그러나 이렇게 하는 것이 쉽지는 않은데, 그 이유는 건강하지 못한 개인주의가 우리의 문화를 지배하기 때문이다. 하지만 그리스도 안에 머문다는 것은 그분의 몸의 다른 지체들과 교제한다는 것을 의미한다. 그들과 교제할 때 우리는 그들에게서 힘을 얻으며, 우리의 삶은 그들의 영적 은사들에 힘입어 풍요롭게 된다.

봉사

교회에서 우리는 서로의 재능과 능력을 모아서 전도에 사용할 수 있다. 우리는 우리나라로 유학 온 외국 학생들, 소년소녀 가장, 노숙자, 해외 선교회 등을 돕기 위해 다른 그리스도인들과 힘을 합할 수 있다. 예를 들어, 한 사람이 20명의 외국인 학생을 돕는 것은 불가능하겠지만, 한 교회의 교인들이 힘을 합하여 계획을 세우고 노력하면 그들을 얼마든지 도울 수 있을 것이다.

이제까지 언급한 네 가지가 없다면 영적 성장이 이루어질 수 없다. 자기중심적인 방법으로 영적 성장을 추구하면 실패하게 된다. 계획을 세워 영적 양식을 먹는 것이 우리를 강하게 만든다. 그리고 그리스도의 몸을 위해 헌신하고 노력하는 것 또한 우리를 강하게 해준다.

50 왜 교회에 가야 하는가?

+ 하워드 스나이더

Howard Snyder

하나님의 백성, 그리스도의 몸, 하나님 사람들의 공동체, 이 모든 것들은 같은 말인데, 그렇다면 이것들은 무슨 의미인가?

만일 당신이 그리스도인이라면, 당신의 인생에서 가장 중요한 것은 당신과 예수 그리스도와의 관계이다. 내가 머리이신 그리스도와 연합되었다면 나는 또한 몸인 교회와 연합된 것이라고 성경은 가르친다. 교회 출석에 대해 생각할 때 나는 "그리스도의 몸의 일원이 된다는 것은 무엇을 의미하는가?"라는 관점에서 그것을 보아야 한다. 교회 출석은 단순히 '일요일 아침에 교회에 가는 것'이 아니다.

기독교 공동체에 몸담아야 하는 이유

첫째, 하나님은 그리스도를 통하여 나를 그분의 백성의 일원으로 만드셨다. 그분이 나를 구원하셨다는 것은 나를 '새로운 공동체의 일원'으로, 즉 '이 땅의 교회의 일원'으로 만드셨다는 것이다. 그리스도인이 되었다는 것은 다른 그리스도인들과 함께 "그리스도 안에서 서로 지체가 되었다"(롬 12:5)는 말이다. 다시 말해서, 그것은 우리가 그리스도 안에서 우리의 형제자매들과 함께 있어야 한다는 뜻이다. 예배는 우리가 하나님의 백성의 연합을 굳게 할 수 있는 한 가지 방법이다.

둘째, 예배는 우리를 바른 길로 이끌어준다. 예배는 마치 나침반과 같다. 그리스도 안에서 우리의 형제자매들과 함께 예배할 때 우리는 모든 것을 하나님의 관점에서 보게 된다. 한 주일 동안 세상에서 살 때 세상은 우리의 눈을 흐리게 만드는 경향이 있다. 두꺼운 베일에 둘러싸여 있는 사람이 아무것도 볼 수 없듯이, 세상에 둘러싸여 있으면 영적인 것을 제대로 분별할 수 없다. 시간과 공간에 갇힌 인간적이고 육신적인 관점에서만 사물을 판단하고 싶은 유혹이 늘 세상에 도사리고 있다. 그러나 예배 시간에 이런 베일은 벗겨진다. 그러면 우리는 "그래, 맞아! 이게 중요한 거야. 내 인생을 이끌어갈 중요한 것은 바로 이거야"라고 말하면서 우리의 삶의 방향을 다시 바로잡는다.

셋째, 그리스도의 몸의 지체들과 어울리는 것은 영적 성장의 수단이요 사역의 수단이다. 그리스도 안에서 우리의 형제자매들과 가깝게 접촉하지 않으면 성장과 활력을 빼앗길 것이다. 뿐만 아니라 우리는 성공적인 사역자가 될 수도 없다. 왜냐하면 믿음 안에서 교제할 때 하나님께서 우리에게 사역의 방법을 가르쳐주시기 때문이다. 교회는 신자들이 그들의 각종 모든 영적 은사들을 사용하여 하나님께 영광을 돌리고 서로에게 유익을 주는 공동체이다(롬 12:4-8 ; 고전 12-14장). 예배할 때 우리는 다양한 은사들을 사용하면서 믿음 안에서 '주는 법'과 '받는 법'을 배우게 된다. 사람들은 성령님이 그리스도의 모든 지체들 안에서 활동하신다는 증거를 보게 될 때 예배로 이끌린다.

넷째, 하나님은 우리에게 그리스도인들의 공동체의 일부가 되라고 명령하셨다. 구약 시대에 날마다, 주마다 또는 1년 중 특정 시기에 다양한 잔치와 기념일과 언약의 절기들이 있었다. 이런 모든 것들에는 "너희는 나의 백성이므로 내게 나와서 나를 경배해야 한다"는 하나님의 뜻이 담겨 있다(레 23장). 우리는 평생 그분의 권세 아래에서 살아간다. 그리고 그분이 창조주이시고 우리는 피조물이기 때문에 우리는 그분께 순종한다. 그분께 순종할 때, 가장 성숙하고 가치 있는 삶을 살게 될 것이다.

다섯째, 예배는 우리 자신을 하나님께 드리는 것이며 서로에게 자신을 주는 것이다. "교회에 가봐야 내가 얻는 것이 별로 없기 때문에 더 이상 교회에 가지 않으려고 한다"고 말하는 사람이 있을지 모르겠다. 그러나 이런 사람의 말에서 그의 문제가 무엇인지가 이미 분명히 드러난다. 성장하는 그리스도인은 단지 받기 위해서가 아니라 주기 위해서 예배에 동참한다. 바로 이 점에서 많은 그리스도인들의 사고방식은 근본적으로 바뀌어야 한다.

우리는 무엇보다도 하나님을 찬양하기 위해서, 즉 '감사 희생'(레 7:12)을 드리기 위해서 예배해야 한다. 우리가 하나님께 드릴 수 있는 최고의 것은 감사와 경배와 숭모(崇慕) 가운데 우리의 삶을 희생으로 드리는 것이다. 우리는 우리 자신, 곧 우리의 은사와 삶을 그분께 드리겠다는 자세로 예배에 동참해야 한다. 바로 이렇게 할 때 그분은 우리에게 말씀하시고 우리는 영적 양식을 받아먹고 성장한다. 성 프랜시스(1181경~1226. 이탈리아의 신비가 및 성인으로 프란체스코 수도회의 창설자)가 말했듯이, "우리는 하나님께 드릴 때 또한 받는다." 그러므로 "교회에 가봐야 내가 얻는 것이 별로 없다"는 말 속에는 "나는 교회에 가서 아무것도 드리지 않았다"는 뜻이 내포되어 있다.

예배를 통해 우리는 하나님께 드릴 뿐만 아니라 사람들에게도 베푼다. 마게도냐 교회들의 활수(滑手)함에 대해 언급하면서 바울은 "저희가 먼저 자신을 주께 드리고 또 하나님 뜻을 좇아 우리에게 주었도다"(고후 8:5)고 말한다. 예배를 통해 그리스도인들은 서로 짐을 지고(갈 6:2), 피차 권면하고(히 3:13 ; 10:25), 서로 존경하고(롬 12:10), 피차 복종한다(엡 5:21). 이렇게 '서로' 또는 '피차'를 강조하는 신약의 구절들은 그리스도인들이 서로 간에 유익을 주고받아야 한다고 가르친다.

여섯째, 교회 활동에 깊이 참여하면 자기중심적인 개인주의를 극복할 수 있다. 개인주의가 고도로 발달한 이 시대에 모든 것은 '나'를 중심으로 돌아간다. 이런 개인주의는 우리가 상상하는 것 이상으로 교회에 침투해 있다. 우리는 기독교 신앙을 오직 나의 필요, 나의 성장, 나의 취향의 관점에서만 해석하려는 유혹에 쉽게 빠진다. 그러나 역동적이고 순수한 예배에 참여하면 이런 유혹에서 벗어날 수 있다.

그러므로 "나는 저 사람들과 어울리고 싶지 않다. 저 밖에 나가서 나무 밑에서 나 혼자 예배하는 것이 좋다"는 말은 성립될 수 없다. 이것은 아주 잘못된 생각이다. 혼자 하나님을 예배하는 것은 다른 사람들과 함께 그분을 예배하는 것보다 못하다. 물론 개인 예배와 공중(公衆) 예배 중에서 택일하라는 뜻은 아니다. 이 두 가지는 서로를 보완하는 기능을 갖는다. 개인적 경건 생활은 집단적 경건 생활을 풍요롭게 만들고, 집단적 경건 생활은 개인적 경건 생활에 큰 힘이 된다. 그러나 믿음의 형제자매들과 어울릴 때 비로소 우리는 "서로에게 복종하고 책임을 지라"는 성경의 교훈의 깊은 뜻을 이해할 수 있다.

일곱째, 기독교 공동체의 생활에 동참한다는 것은 찬양, 교훈 및 회개라는 예배의 세 가지 주요 요소에 참여하는 것을 의미한다. 다시 말해서 예배 공동체에 몸담는다는 것은 형제자매들과 함께 하나님을 찬양하고, 그분의 말씀을 통하여 교훈을 배우며, 죄를 회개한다는 것이다.

예배는 찬양하는 것이다. 하나님은 역사 속에서 일하셨다. 즉, 그분은 신구약 시대와 2,000년의 교회 속에서 일하셨고, 지금도 믿음의 공동체 안에서 일하신다. 예배 중에 우리는 그분이 천지의 주인이신 것에 대해 찬양하고, 그분이 예수 그리스도를 통해 이 땅에 구원의 복음을 주신 것을 감사한다. 또한 예배를 통해 성령님이 우리를 거듭나게 하셔서 하나님의 백성으로 만들어주신 것을 찬양한다.

예배 중에 하나님은 그분의 말씀을 통해 우리를 가르치신다. 그분은 우리가 마땅히 가야 할 길을 보여주신다. 예배 중에 설교자는 하나님의 말씀을 읽고 설교한다. 때로는 그 말씀이 찬송가, 간증 또는 드라마를 통해 우리에게 전달된다. 성령님은 하나님의 말씀을 통해 우리에게 말씀하신다. 예배 중에 우리는 하나님의 말씀을 듣고 그것에 반응한다. 이런 반응은 찬양과 감사의 형태로 나타날 수도 있다. 또 때로는 '회개'라는 형태로 나타날 수도 있다. 여호와를 보았던 이사야처럼(사 6장) 우리의 더러움을 깨닫고 회개하게 된다. 이런 회개를 통해 우리 자신을 그분께 드릴 때 그분은 우리를 깨끗하게 하시고 사명을 주신다.

성경의 심오한 진리들 중 하나는 그리스도인들이 서로에게 속한다는 것이다. 그리스도인 한 사람에게 일어나는 일은 다른 모든 그리스도인들에게 영향을 미친다. 교회를 향한 하나님의 계획은 무엇인가? 그분은 그리스도께서 시작하신 일을 그리스도의 몸인 교회를 통해 계속 이루어나가려는 계획을 갖고 계신다. 이 계획을 이루기 위해 그분은 교회를 믿음의 공동체, 증거하는 공동체, 그리고 화목케 하는 공동체로 만드신다.

이렇게 그분의 계획이 성공적으로 실행될 때 우리는 "하나님의 아들을 믿는 것과 아는 일에 하나가 되어 온전한 사람을 이루어 그리스도의 장성한 분량이 충만한 데까지"(엡 4:13) 이를 것이다. 예배는 우리가 그리스도 안에서 성장할 수 있는 중요한 방법들 중 하나이다.

51 올바른 교회를 선택하는 법은?

+ 스튜어트 브리스코, 질 브리스코
Stuart Briscoe, Jill Briscoe

올바른 교회를 선택하는 법에 대해 생각하는 즉시 내 마음에 떠오르는 것은 한 가지 단순한 진리이다. 그 진리는, 교회에는 오직 죄인들밖에 없기 때문에 '완전한 교회'는 없다는 것이다. 우리는 착각하지 말아야 한다. 우리가 찾는 것은 '완전한 교회'가 아니라 '올바른 교회'이다. '완전한 교회'를 찾는 사람은 조만간 실망할 수밖에 없다.

교회들은 서로 많이 다르다. 당신 앞에 놓인 교회들이 매우 많기 때문에 당신은 아주 신중하게 선택해야 한다. 이때 우선 당신은 "나는 나의 필요를 충족시켜줄 교회를 찾을 것인가, 아니면 내가 봉사할 교회를 찾을 것인가?"라는 질문을 자신에게 던지지 않을 수 없다. 물론 이상적으로 말하자면, 이 두 가지를 모두 충족시켜줄 교회를 찾는 것이 가장 좋을 것이다. 당신이 남들을 도울 수 있고 또한 남들에게 도움을 받을 수 있는 교회를 찾으면 얼마나 좋겠는가!

많은 교파들이 생긴 이유

교회들이 서로 다르다는 것을 알게 될 때 당신은 "왜 이렇게 교파들이 서로 다른 것인가?"라고 묻게 될 것이다. 많은 교파들이 생긴 이유를 몇 가지로 정리하면 다음과 같다.

첫째, 교회들마다 서로 다른 교회 정치 체제를 채택했기 때문에 교파들이 서로 다르다. 교파의 이름을 보면 그 교파의 정치 체제를 짐작할 수 있다. 예를 들면, 감독파(監督派) 교회들은 '감독의 지위'를 강화한 교회이다. 감독파 교회들은 중앙집권적이고 위계적 정치 체제를 갖고 있는데, 여기에 속하는 교파로는 가톨릭교회, 동방 정교회(正敎會), 성공회 및 감리교회가 있다. 장로파 교회들은 교회의 중요한 문제들을 논의하기 위해 모이는 장로들의 모임인 장로회(長老會)를 중심으로 교회 정치가 이루어진다. 여기에 속하는 교파들로는 장로교회와 개혁교회가 있다. 회중(會衆)교회들은 각각의 회중이 자신들의 일을 스스로 결정하는 체제이다. 많은 침례교회들과 성서교회들(Bible Churches), 그리고 연합 그리스도의 교회가 회중교회들이다. 다양한 교회 정치 체제들 중에서 특별히 어떤 것이 옳고 어떤 것이 잘못이라는 분명한 주관이 당신에게 있다면, 그것이 당신의 교회 선택에서 한 가지 판단 기준으로 작용할 수 있을 것이다.

둘째, 교회들마다 성례전(성찬식과 세례)에 대한 견해가 서로 다르기 때문에 교파들이 서로 다르다. 교파들마다 성례전의 의미를 다르게 설명한다. 또한 그들은 서로 다른 방식으로 성례전을 거행한다. 예를 들면 어떤 교회들은 매주 성찬식을 거행하지만, 또 어떤 교회들은 1년에 네 번 거행한다. 어떤 교회들에서는 예배 참석자들이 성찬을 받기 위해 앞으로 나오지만, 또 어떤 교회들에서는 떡과 포도주를 열(列)을 따라 전달한다. 어떤 교회들에서는 유아들에게 세례를 주지만, 또 어떤 교회들에서는 어느 정도 큰 아이들과 성인에게만 세례를 준다. 어떤 교회들에서는 수세자(受洗者)가 물 속에 완전히 잠기지만, 또 어떤 교회들에서는 수세자에게 물을 붓거나 뿌린다. 만일 당신이 성찬식과 세례의 문제에 대해 나름대로 확고한 주관을 가지고 있다면, 당신의 주관에 맞는 교회를 찾아야 할 것이다.

셋째, 교회들마다 성경관이 서로 다르기 때문에 교파들이 다르다. 어떤 교회들은 성경의 권위를 절대적으로 인정한다. 즉, 그들은 성경이 하나님의 감동에 의해 기록된 것이기 때문에 신앙과 생활의 문제들에서 최종적 권위를 가져야 한다고 믿는다. 그러나 또 어떤 교회들은 성경을 좀 더 상징적으로 해석해야 한다고 믿기 때문에 성경을 그렇게 자주 인용하지는 않는다. 만일 당신이 성경을 영감된 말씀으로 믿는다면, 만일 당신이 규칙적으로 양질의 영적 양식을 먹어야 한다고 느낀다면, 당신은 당신의 필요를 충족시켜줄 설교와 성경공부 프로그램이 제공되는 교회를 찾아야 할 것이다.

넷째, 교회들마다 예배의 방식이 서로 다르기 때문에 교파들이 다르다. 어떤 교회들은 예배의 형식을 중요시한다. 이런 교회들은 하나님의 존전으로 나올 때 외경심을 느껴야 한다고 강조하며, 예배 형식의 심미적 요소들을 중요시한다.

그러나 이런 교회들과는 정반대되는 교회들도 있다. 그런 교회들에서는 아주 자유롭고 편안한 분위기 속에서 예배를 드린다. 이런 교회들에서는 예배 시간에 매우 현대적인 음악이 사용된다.

다섯째, 교역자와 평신도의 관계를 어떻게 규정해야 하는지에 대한 견해가 교회들마다 다르기 때문에 교파들이 갈라진다. 어떤 교회들에서는 교역자와 평신도의 구분이 매우 엄격하다. 이런 교회들에서는 성직자들에게 특별한 능력과 권리를 부여한다. 그러나 또 어떤 교회들은 신자들이 똑같이 사역에 동참해야 한다고 믿는다. 그렇기 때문에 이런 교회들은 신자들에게 모든 종류의 사역에 동참하도록 권면한다. 또 다른 교회들에서는 성직자의 일과 평신도의 일을 구분하면서도 두 가지가 다 교회를 위해 필요하다고 말한다.

교회 선택의 변수

교회 선택의 문제에서 방금 언급한 것들 외에도 다른 것들을 고려해야 할지도 모른다. 예를 들면 여성의 지위에 대한 교회의 입장이 무엇인지를 고려해야 할지도 모른다. 어떤 교회들은 여성이 교회에서 적극적으로 나서지 말아야 한다는 교리를 믿는다. 하지만 만일 당신이 여성에게 더 많은 활동을 부여하는 교회를 찾는다면, 만일 여성인 당신이 당신의 영적 은사들을 교회에서 사용하기를 원한다면, 당신은 자신의 입장을 고려하여 교회를 선택해야 할 것이다.

교회를 선택할 때, 각 교회들의 강점이 무엇인지를 따져보는 것도 좋은 방법이다. 예를 들면, 어떤 교회는 교육 시스템에서, 어떤 교회는 개인적 제자 훈련에서, 어떤 교회는 음악에서, 어떤 교회는 전도에서, 어떤 교회는 사회봉사에서 강하다. 이런 여러 분야들 중 어떤 한 가지에 당신의 은사와 열망이 있다면, 바로 그 점을 고려하여 교회를 선택하면 좋을 것이다.

교인들의 특별한 필요를 채워주는 데 있어서 다른 교회들보다 훨씬 더 좋은 서비스를 제공하는 교회들도 있다. 만일 당신에게 어린 자녀가 있다면, 당신은 어린이 사역이 잘 발달한 교회를 찾게 될 것이다. 만일 당신에게 10대 자녀가 있다면, 당신은 청소년 사역의 노하우가 축적된 교회에 관심을 보일 것이다. 만일 가족 중에 장애인이 있다면, 아마 당신은 장애인 사역에 노련한 교회나 장애인을 위한 편의시설이 발달한 교회를 찾게 될지도 모른다.

당신의 집과 교회와의 거리도 고려 사항이 될 수 있다. 집에서 가까운 교회를 선택하는 것도 한 가지 좋은 방법이 될 수 있다. 특히 이웃 사람들을 전도하기를 원한다면, 가까운 교회가 매우 도움이 될 것이다. 왜냐하면 그들을 교회로 인도하기에 매우 편리하기 때문이다.

다시 말하지만, 중요한 것은 '완전한 교회'에 대한 환상을 버리는 것이다. 당신의 필요를 충족시켜줄 뿐만 아니라 당신에게 봉사의 기회를 주고 봉사를 위한 훈련을 제공해주는 교회를 찾는 것이 좋을 것이다.

'불완전한 교회'를 선택하는 지혜 – 베치 엘리엇(Betsy Elliot)

완전한 교회는 없기 때문에 우리는 어차피 불완전한 교회를 선택할 수밖에 없다. 그러나 그럴지라도 아무 생각 없이 교회를 결정하는 것은 지혜롭지 못하다. 교회 선택을 위하여 우리가 고려해야 할 것들은 다음과 같다.

- 하나님을 온전히 예배하고 영혼의 양식을 먹고 신앙의 성장을 도모할 수 있는 교회를 선택하라. 소규모의 성경공부 모임이나 기도 모임이 있는지를 확인하는 것도 좋은 방법이다. 주님이 신자들을 그분께 이끌기 위해 이런 모임들을 사용하셨다는 증거들이 있는지를 살펴라.
- 교회의 목회자들을 만나보라. 그들이 성경에 대하여 또는 평신도 사역에 대하여 어떤 견해를 갖고 있는가? 교리와 신앙생활의 문제에서 당신과 그들 사이에 어느 정도 견해의 차이가 있다 할지라도 당신은 그들의 사역에 협조할 수 있는가? 당신이 하나님의 모든 신비들을 다 이해한 것은 아니라는 사실을 인정할 수 있는가? 당신이 아직도 배워야 할 것들이 있고 미숙한 부분들이 있다는 것을 인정할 수 있는가?
- 당신이 선택하려는 교회가 속한 교파의 신경(信經)과 신앙고백서를 검토하라. 그 교파가 역사적으로 어떤 신학적 입장을 견지했는지를 아는 것은 매우 중요하다. 그 교파와 교회의 역사에 대해 잘 알아보라.
- 당신의 동기를 살펴라. 당신이 출석하려는 교회에서 당신은 신앙 공동체의 일원이 되려고 하는가, 아니면 잠깐 머무는 방문객으로서 그 교회에 대해 이러쿵저러쿵 촌평을 가하려고 하는가? 하나님의 아들은 이 땅에 오셔서 우리 중 한 사람이 되셨다. 그분은 잠시 머무는 방문객으로 오신 것이 아니었다.

52 교회 생활이 따분하다면 무엇이 문제인가?

+ 데이브 비어맨

Dave Veerman

주일이다. 일어나서 씻고 옷을 입고 교회에 갈 시간이다. 식구들은 반쯤 감긴 눈으로 하품을 해대면서 식탁에 둘러앉아 아침을 먹으려고 한다. 그때 막내가 불평스러운 말투로 입을 연다.

"교회에 꼭 가야 하나요? 아, 정말 교회는 재미없어요."

아빠와 엄마는 "교회에 반드시 가야 한다. 논쟁할 시간이 없다. 서둘러야 해"라고 말한다. 하지만 마음속으로 그들은 막내의 말에 동의한다.

이 이야기가 혹시 당신의 이야기가 아닌가? 당신은 분명히 교회에 가야 한다고 믿는다. 하지만 교회에 가야 아무것도 얻는 것이 없고 따분할 때 당신은 어떻게 해야 하는가?

재미있는 게 좋은 것?

교회의 문제점이 무엇인지를 따져보기 전에 우리 자신을 깊이 살피는 것이 중요하다. 우리는 "인생은 재미있고 가슴 설레고 즐거워야 한다"고 말하는 문화 속에 살고 있다. 안타깝게도 우리는 이런 문화에 길들여져 있다. 아이들이 어떤 활동을 끝냈을 때마다 거의 언제나 우리는 "재미있었니?"라고 묻는다. 내 딸이 불과 세 살이었을 때 나는 그 애와 함께 교회에 갔었다. 그때 그 애는 자기 나름대로 주일학교에 대한 평가를 내놓았다. 내가 어떤 것의 좋고 나쁨을 판단할 때 "재미가 있느냐 없느냐?"를 기준으로 판단한다는 것을 알고 있던 그 아이는 "아빠, 오늘 주일학교가 재미있었어"라고 말했다.

종종 우리는 "나를 즐겁게 해주세요. 재미있는 쇼를 보여주세요. 아무튼, 나를 따분하게 만들지 마세요"라는 세상적이고 자기중심적인 태도로 예배에 임하곤 한다. 그러나 예배는 재미있는 것이어야 한다는 말이 성경의 어디에 나오는가? 한번 확인해봐라. 왜 우리는 예배를 따분하게 느끼는가? 그것은 모든 것들이 재미있어야 한다는 가치관이 지배하는 이 세상의 문화가 우리에게 영향을 미쳤기 때문이다.

사람들이 교회의 예배에 대하여 평가를 내리는 말을 들어보면, 그들이 예배에 대해 오해하고 있다는 것이 드러난다. 그들은 "예배에서 얻는 것이 없다"라고 말한다. 이 말은 언뜻 듣기에는 꽤 설득력이 있는 것 같다. 하지만 성경은 우리가 예배에서 무엇을 얻어내라고 가르치지 않는다. 오히려 예배에서 우리는 우리의 것을 드려야 한다. 예배는 우리가 하나님께 찬양을 드리고 기도하는 시간이다. 예배는 우리가 그리스도인으로서 체험하고 깨달은 것을 믿음의 형제자매들에게 나누어주는 시간이다. 교회에서 얻는 것이 없다는 불만을 터뜨리는 것은 예배가 우리 중심으로 돌아가야 한다고 믿는 '자기중심적' 태도이다.

예배에 임해야 하는 자세

우리는 예배를 위해 준비를 하는가? 대개 우리는 교회로 달려가서 숨을 헐떡이며 바람에 흐트러진 머리를 빗질하고 먼저 와서 앉아 있는 사람들 틈으로 비집고 들어가서 자리에 앉는다. 예배 시간에도 시계를 들여다보며, 곧이어 벌어질 축구 경기를 TV로 보지 못할까봐 걱정한다. 이런 자세로 예배에 임한다면 아무리 훌륭한 설교자라 할지라도 우리에게 하나님의 말씀을 효과적으로 전할 수 없을 것이다.

마음의 자세를 바꾸어라. 예배를 위해 준비하는 시간을 가져라. 일찍 일어나서 가족과 함께 혹은 혼자서 기도하면서 하루를 하나님께 맡기고 모든 죄를 고백하는 시간을 가져라. 일찍 교회로 가서 조용히 자리를 잡고 앉아라. "하나님, 오늘 저에게 말씀하십시오. 또한 저를 통해 다른 사람들에게 말씀하십시오"라고 기도하라. 비록 길지 않은 시간이지만 이렇게 시간을 내어 죄를 고백하고 묵상하며 하나님과 교제하면 엄청난 변화가 찾아올 것이다.

여기에 덧붙여 다른 방법들도 사용해볼 만하다. 언젠가 교회의 뒷좌석에 앉아서 예배를 드릴 때 예배에 대한 비판적인 생각들이 내게 떠올랐다. 특히, 성가대에 대한 비판이 많이 생각났다. 그러던 중 내게는 '나도 노래할 수 있지 않은가? 내가 성가대원이 되어 노력하면 문제점이 개선될 것이 아닌가?'라는 생각이 떠올랐다. 교회 입구에서 주보를 나누어주든 예배 안내를 맡든 성가대원이 되든 적극적으로 일을 맡아서 봉사하면 당신의 태도가 바뀔 것이다. 이러쿵저러쿵 비판만 늘어놓는 관찰자에서 적극적인 참여자로 변신하라. 예배 시간을 따분하지 않게 보내는 또 다른 방법은 설교의 개요를 메모하는 것이다. 그런 다음 나중에 다른 사람의 개요 메모와 비교해보라. 당신의 배우자의 것과 비교하는 것도 아주 좋은 방법일 것이다. 설교자가 어떤 점을 강조할 때 '저 말씀이 내게 무엇을 요구하는가? 저 말씀을 내 생활에 어떻게 적용해야 하는가?'라고 묻는 것을 습관화하면 좋을 것이다.

예배 시간에 기도하는 습관을 들여라. 누군가 대표 기도를 할 때 공연히 잡념에 빠지지 말라. 대표 기도에 귀를 기울이면서, 당신의 묵도를 덧붙여라.

함께 성경을 배우고 당신의 생각을 털어놓고 도움을 받을 수 있는 소그룹을 교회 안에서 찾으면, 매우 도움이 될 것이다. 교회는 1주일에 한 번 와서 1시간을 보내는 곳이 아니다. 교회는 배우고 교제를 나눌 수 있는 프로그램들을 많이 제공하므로, 당신은 그것들에 동참해야 한다. 1주일에 한 번, 즉 주일 오전에만 예배를 드리는 사람은 그 한 번의 예배마저 부담스럽게 느끼는 경향이 있다. 하지만 교회의 다양한 프로그램들과 활동들에 동참할 때 주일 오전의 예배는 더 이상 부담스럽게 느껴지지 않을 것이다.

완전한 교회는 없다. 다만 당신이 잘못된 이유 때문에 어떤 교회를 떠난다면, 특히 당신의 필요가 충족되지 못한다는 이유로 어떤 교회를 떠난다면, 다른 교회에 가서도 실망할 가능성이 아주 높다는 것이 내 주장이다.

교회는 하나님의 백성이 기쁜 마음으로 함께 모이는 곳이요, 그리스도께서 우리의 삶에 베푸신 은혜에 대해 찬양하는 곳이요, 신자들이 서로 사랑을 나누는 곳이요, 하나님의 말씀을 배울 수 있는 곳이다. 교회 출석과 교회 생활을 중요하게 여겨라. 그것을 하찮게 여기다가 주일 아침만 되면 "또 지겨운 예배에 가야 하나?"라는 슬픈 노래를 부르지 말라.

+ 리처드 러블레이스
Richard Lovelace

다른 주(州)에 사는 옛 친구들을 통하여 신앙을 갖게 된 존과 메리는 교회를 정하고 출석했다. 그들은 그들의 교회를 좋아했다. 왜냐하면 교회에서 신앙이 자라는 것을 느꼈고, 찬송을 통해서도 많은 은혜를 받았기 때문이다. 존은 재정위원이 되었고, 메리도 집사로서 봉사했다. 하지만 얼마 안 가서 교회에서 벌어진 일들은 그들을 심히 당혹스럽게 만들었다.

집사 회의에 참석한 메리는, 약 15억 원의 신탁 기금을 운용하는 그 교회의 집사들이 어떤 한 극빈자에게 연료비로 9만 원을 주어야 할지 말아야 할지 논쟁을 벌이는 것을 보고 무척 실망했다. 재정위원회에 참석한 존은 교회 사역에 돈을 더 투자해야 한다고 주장하는 소수파와 돈을 절약해야 한다는 다수파 사이에 알력이 있음을 보게 되었다.

존과 메리는 "성령님은 교회의 어디에 계신가? 교회가 우선적으로 해야 할 중요한 일들은 무엇인가?"라는 고민에 빠졌다. 목사님의 설교가 주는 감동이 전보다 약해졌으며, 다른 교인들과의 교제도 줄었다. 그러던 중, 시내에 새 교회가 생겼다는 말을 들었을 때 그들은 그 교회에 몇 번 출석하였다. 결국 얼마 안 되어 그들은 그 새 교회로 옮기고 말았다. 존과 메리의 경우, 그들이 교회를 옮기는 것이 옳았는가, 아니면 처음 교회에 계속 머물러야 했는가?

교회를 옮기고자 한다면

언제 교회를 옮겨야 하고 언제 옮기지 말아야 하느냐는 문제에 대해서는 사람들마다 의견이 다를 수밖에 없을 것이다. "심겨진 곳에서 꽃을 피우라"는 속담이 어떤 사람에게는 딱 들어맞는 조언일 수 있지만, 똑같은 교회를 다니는 다른 사람에게는 전혀 도움이 되지 못할 수도 있다.

건강한 그리스도인들이 문제가 있는 교회를 떠나서 건강한 교회로 옮기는 것은 이미 물이 가득한 주전자에 다시 물 한 컵을 붓는 것과 같다고 말할 수 있다. 그들이 새로워져야 할 필요가 있는 교회에 계속 머무는 편을 택한다면, 하나님은 성령께서 그 교회에서 다시 강력하게 역사하시도록 만드는 데 그들을 사용하실 수 있다.

교회를 옮겨야 하는가를 놓고 고민하는 사람들에게 나는 다음 세 가지 조언을 해주고 싶다.

- 교제를 위하여 다른 교인들과 만나라. 주일이 아닌 다른 날 소그룹으로 모여 기도하고 성경을 공부한다면 당신의 필요가 충족될 것이고, 그렇게 해서 영적으로 강해진 당신은 주일에 역동적으로 봉사할 수 있을 것이다. 만일 청년부가 약하다면, 몇몇 가족이 힘을 합해 청년부를 돕는 것도 아주 좋은 일이다. 이때 비판적인 자세로 임하면 안 되고, 대신 사랑과 용서의 마음으로 섬겨야 한다.
- 교회의 부흥을 위해 날마다 기도하라. 교회를 위해 함께 기도할 수 있는 기도의 동역자를 적어도 한 명을 만들어라. 역사적으로 볼 때, 부흥은 언제나 기도를 통해 일어났다. 폭발적인 복음 전도, 교회 갱신 및 사회 개혁은 개인적 필요보다는 그리스도의 나라에 초점을 맞춘 기도회들을 통하여 이루어진다.
- 하나님의 말씀을 듣고 순종하라. 우리는 그리스도인들의 교제 중에 얻을 수 있는 지혜에 의하여 인도를 받아야 할 뿐만 아니라, 하나님의 말씀을 통하여 말씀하시는 성령님의 인도를 받아야 한다. 오직 성령님만이 우리의 필요를 정확히 아시며, 우리를 올바른 곳으로 인도하실 수 있다. 우리는 습관적으로 이 교회 저 교회로 옮겨다니는 철새 교인이 되어서는 안 된다. 만일 우리가 철새 교인이라면, 우리의 판단력에 문제가 생긴 것이다.

하나님께서 우리가 현재의 교회에 머물도록 인도하시든 아니면 다른 교회로 옮기도록 인도하시든 간에 한 가지 분명한 사실은, 우리가 믿음의 형제자매들과 함께 규칙적으로 예배하기를 그분이 원하신다는 것이다.

신학은 교회에서 대단히 중요한 역할을 한다. 신학은 우리에게 중요한 영원한 진리가 무엇인지를 가르쳐준다. 또한 그것은 세상의 이데올로기들에 현혹되지 않도록 우리를 지켜준다.

반면, 신학 이론들은 위험할 수도 있다. 성경의 계시를 인간의 사고와 언어로 해석하고 다시 정리한 것이 신학이다. 그렇기 때문에 성경을 읽지 않고 신학에만 매달리는 사람은 계시의 말씀을 직접 만날 수 없게 될 것이다. 일단 수립된 신학의 이론 체계는 세월이 흐르면 경직되기 때문에 그때그때의 교회의 필요에 부응하기 힘들다. 교회의 지도자들도 신학의 위험성을 증폭시킬 수 있다. 성경에서 완벽한 신학을 찾겠다고 덤버드는 지도자들, 신학적으로 견해가 다른 사람들을 내쫓는 지도자들, 참된 신자라면 자기가 세운 정통 교회로 옮길 수밖에 없다고 주장하는 지도자들, 이런 지도자들에게서 신학의 부정적 모습이 나타난다.

그러나 신학의 이런 위험한 측면들 때문에 신학을 거부하는 것도 잘못이다. 왜냐하면 이런 자세는 결국 우리의 마음을 닫게 만들고 우리의 영적 성장을 방해하기 때문이다. 우리는 우리의 지성과 의지를 성령님께 맡기고 성경과 신학을 모두 연구해야 한다. 그렇게 할 때 그분이 우리의 마음을 새롭게 하실 것이다.

54 언제 나는 교회를 떠나기로 결정하는가?

✝ 트렌트 부쉬넬
Trent Bushnell

흔히 사람들은 다음과 같은 세 가지 이유 때문에 교회를 떠난다.

먼저 "나는 교회에서 얻는 것이 전혀 없다"는 이유를 대는 사람들이 제일 많다. 이것은 참으로 위험한 현상이다. '교회에서 무엇을 얻겠다'는 생각은 우리가 만들어낸 '건강하지 못한' 개념이다. 많은 그리스도인들은 그들의 지역에서 가장 눈길을 끄는 프로그램을 제공하는 교회를 찾아다니는 '교회 쇼핑객들'로 변하고 말았다.

"그 교회에 유명한 목사가 있느냐? 그 교회의 1년 예산은 얼마냐? 그 교회의 성가대원이 몇 명이냐?"

이런 것들로 우리는 교회들을 판단하는 경향이 있다. 만일 우리가 교회에서 최대한 무엇을 얻어내는 데에만 관심이 있다면, 우리는 교회에서 결코 깊은 만족을 느끼지 못할 것이다. 내 것을 줄 생각은 하지 않고 오직 교회에서 얻을 것만을 생각하는 것은 잘못된 것이다.

그리고 "나는 아무개하고 사이좋게 지내는 것이 너무 힘들다"는 것이 교회를 떠나는 또 다른 이유이다. 그러나 저쪽으로 가면 잔디가 더 푸를 것이라는 착각은 많은 사람들을 속여왔다. 어느 교회를 가든 거기에는 사람들이 있다. 다른 교회에 간다고 해서 거기에 싫은 사람이 없겠는가? 우리는 다른 사람들이 바뀌어야 한다고 강변하면서도, 자신을 바꿀 생각은 하지 않는다.

또한 "새로 온 목회자가 전임자보다 못하다"는 것이 교회를 떠나는 또 다른 이유이다. 하지만 이것은 설득력이 약하다. 교회들이 목회자 중심으로 돌아가는 경향이 점점 강해지고 있다. 우리는 성경 말씀보다는 목회자의 말을 더 많이 인용한다. '목회자 숭배'라고 부를 수도 있는 이런 분위기 때문에 우리는 새로 온 목회자의 작은 단점도 용납하지 못한다. 목회자의 역할이 교회의 부흥에 막강한 영향을 미치는 것은 사실이지만, 다른 요소들도 무시할 수 없다. 교회가 교회답게 제대로 돌아가려면 여러 가지 요소들이 모두 제대로 갖추어져야 한다.

교회에게 기회를 주라

이제까지 나는 사람들이 교회를 옮기는 경향에 대해 내 나름대로 비판했다. 그러나 또 다른 관점에서 생각할 때 경우에 따라서는 교회를 옮길 수밖에 없다는 것을 인정한다. 어떤 경우에 교회를 옮겨야 할 것이냐를 판단하는 것은 결코 쉽지 않다. 교회를 옮기려면 평생 사귀어온 사람들을 떠나야 하고, 낯선 교회에 가서 적응해야 한다. 누구나 '차라리 여기에 남아 최선을 다하면 되는 것이 아닌가?'라는 고민에 빠지지 않을 수 없을 것이다. 그렇다면 과연 무엇이 옳은가? 바울의 말을 들어보자.

"우리 각 사람에게 그리스도의 선물의 분량대로 은혜를 주셨나니…이는 성도를 온전케 하며 봉사의 일을 하게 하며 그리스도의 몸을 세우려 하심이라…그에게서 온 몸이 각 마디를 통하여 도움을 입음으로 연락하고 상합하여 각 지체의 분량대로 역사하여 그 몸을 자라게 하며 사랑 안에서 스스로 세우느니라"(엡 4:7,12,16).

여기서 우리는 그리스도의 몸 안에서 봉사하는 것이 가장 중요하다는 사실을 보게 된다. 만일 주일 아침에 차를 몰고 교회 건물을 향해 황급히 달려가는 것이 단지 '나를 즐겁게 하려는' 동기에서 비롯된 것이라면, 교회를 떠나는 것이 어렵지는 않을 것이다. 그러나 만일 우리가 교회의 본질을 깨닫고 봉사의 책임을 깊이 느낀다면, 교회가 우리를 얼마나 필요로 하는지를 알게 될 것이다. 우리의 것을 베풀 때 비로소 얻을 수 있다. 죽어 있는 교회나 중병에 걸린 교회에서 침체 상태에 있던 몇 명의 교인들의 신앙이 다시 타오른다면, 온 교회에 불이 붙을 것이다. 우리는 진정 우리의 교회에게 기회를 준 적이 있는가?

이런 모든 노력들에도 불구하고 어쩔 수 없는 한계에 부딪힌다면, 교회를 옮길 수밖에 없을 것이다.

이때 교회를 옮길 수 있다

만약 당신이 교회에서 너무 멀리 떨어진 곳으로 이사했다면, 교회를 옮기는 것을 심각하게 고려할 수 있을 것이다. 성장하는 대부분의 교회들을 보면, 먼 곳에서 몇 킬로미터씩 차를 몰고 와서 예배를 드리는 교인들이 눈에 띈다. 그러므로 단지 먼 곳으로 이사를 했다고 해서 교회를 옮기는 것은 바람직스럽지 못한 것 같다. 다만 먼 거리를 차를 몰고 교회에 출석하느라고 몸이 피곤해져서 교회 봉사에 지장이 초래된다면, 더 가까운 교회에 다니면서 전심으로 성실하게 봉사하는 것이 더 나을 것이다. 동일한 교파에 속하는 교회로 옮기면 심리적 충격이 줄어들 것이고, 이전 교회의 친구들과 계속 연락하며 지내는 데에도 훨씬 더 용이할 것이다.

또한 가족에게 발생한 상황 때문에 교회를 옮길 수도 있다. 가족을 위해 성실하게 책임지는 것이 우리의 도리이다. 교회에서 나 혼자 신앙생활을 잘한다고 해서 모든 것이 해결되는 것은 아니다. 그러므로 우리의 교회가 우리의 가족에게 맞는 교회인가를 고민할 필요도 있다. 우리의 자녀가 교회에서 부정적인 경험을 한다면 그들은 신앙으로부터 멀어질 수도 있다. 그들이 신앙을 공허한 것으로 느끼지 않게 하면서 그들을 그리스도께 성공적으로 인도해야 할 책임이 우리에게 있다. 열심히 봉사하려고 애쓰는 우리 성인도 때로는 교회에서 곤란한 입장에 처하여 교회를 위해 봉사하지 못할 수도 있지 않은가? 하물며 성장기의 아이들은 오죽하겠는가? 그들이 어떤 교회 생활에 적응하기 힘들어한다면, 그들에게 그 교회를 계속 강요하는 것은 옳지 못하다. 그들을 위하여 새 교회를 찾아야 할 것이다.

가족을 위하여 교회를 옮겨야 한다는 결론에 도달했다면, 가족이 가장 효과적으로 봉사할 수 있는 교회들의 목록을 만들고, 그 교회들을 직접 방문해봐야 한다. 미리 교회들에 대한 정보를 수집해두는 것도 큰 도움이 된다. 그렇게 할 때 자신에게 가장 적합한 교회를 최대한 빨리 선택할 수 있기 때문이다. 그리고 일단 교회를 선택했으면, 꾸준히 출석하면서 열심히 봉사하는 것이 좋다.

교회를 옮기면 십중팔구 당신에게는 어느 정도 죄의식이 생길 것이다.

'약간의 긴장이 싫어서 내가 도피한 것은 아닌가? 더 성숙한 그리스도인들 같으면 그런 상황에서 인내하며 계속 머물지도 모른다. 가까운 친구들이 아직도 나를 필요로 하는데, 내가 그들을 떠나온 것은 아닌가?'

이런 생각들이 당신의 마음을 불편하게 할 수도 있다. 이 문제에 대해 나는 두 가지를 말하고 싶다. 첫째, 당신이 충분히 기도하고 적절한 과정을 거쳐 교회를 옮겼다면, 죄의식을 떨쳐버려라. 불필요한 죄의식을 없애달라고 하나님께 기도드려라. 둘째, 흔히 사람들은 죄의식이 생길 때 죄의식을 불러일으키는 문제를 회피하거나 과소평가하게 된다. 종종 교회를 옮긴 그리스도인들은 이전의 교회를 비판하고 거기서 사귄 친구들을 피한다. 그러나 이것은 옳지 않다. 과거의 친구들과 계속 가깝게 지내면서 그들의 사역을 위해 기도하고, 그들의 성공을 기뻐해주어라. 무엇보다도 당신이 다녔던 교회에 대해 부정적인 말을 하지 말라.

55 왜 교회에 신령한 은사들이 필요한가?

+ 딘 메릴

Dean Merrill

아무리 생각해도 '교회'라는 집단은 참으로 이해하기 힘든 집단이다. 특히 현대 사회가 고도로 전문화되어 있다는 것을 생각하면 더욱 그렇다. 북아메리카의 사람들은 세부적으로 전문화된 시장들에서 물건을 사고, 동일한 관심사를 매개로 하여 끼리끼리 모인다. 골프를 치는 사람들은 테니스를 치는 사람들과 어울리지 않는다. 클래식 음악 전문 라디오 방송은 로큰롤을 양념으로라도 틀어주지 않는다. 사람들마다 각자 자기의 세계가 있다.

그렇다면 교회는 어떤가? 교회에는 유아부터 노인들에 이르기까지, 생활보호대상자부터 대기업 임원까지, 학교 중퇴자부터 박사학위 소지자까지 모두 모이지 않는가? 성별, 인종, 민족을 초월하여 모든 사람들이 모이는 곳이 교회가 아닌가? 이렇게 다양한 사람들을 한 곳에 모으기 위해서 교회는 무슨 일을 하는가? 이런 사람들이 어떻게 주일 아침마다 한 자리에 모여서 예배를 드리는가?

예수 그리스도는 교회를 "한 몸…성도들과 동일한 시민…하나님의 권속"(엡 2:16,19)으로 만드셨는데 과연 지극히 다양한 그리스도인들이 집단적으로 모여서 마음 편하게 영적인 도움을 받을 수 있는가?

하나님은 이런 어려움들을 이미 예상하셨다. 그리고 거기에 맞는 대책을 세우셨다. 사도들의 설명에 따르면, 그분은 교회의 다양한 필요들이 교회의 다양한 구성원들에 의하여 충족되도록 계획하셨다. 교회는 한 가지 음조로만 말하는 하나의 음성이 아니다. 하나님은 교회가 다양한 색깔을 갖도록 계획하셨다.

다양한 영적 은사

교회의 모든 것이 교역자들을 통해서만 이루어지는 것은 아니다. 안수를 받은 교회 지도자들이 교회 전체를 이끌고 나가는 데 중요한 역할을 감당하는 것은 사실이다. 목회자를 비롯한 교회 지도자들이 진리의 일차적 전달자인 것은 사실이다. 그러나 그들이 교회의 모든 일들을 다 하는 것은 아니다. 교역자의 사명들 중의 하나는, 하나님의 사람들이 봉사의 일을 감당할 수 있도록 준비시켜서 결국 그리스도의 몸을 세우는 것이다(엡 4:12). 그렇다. 교회의 많은 일들은 바로 하나님의 사람들 곧 모든 교인들이 하는 것이다. 교인들이 모여서 무슨 일을 하느냐에 대하여 바울은 더 구체적으로 밝힌다.

"너희가 모일 때에 각각 찬송시도 있으며 가르치는 말씀도 있으며 계시도 있으며 방언도 있으며 통역함도 있나니 모든 것을 덕을 세우기 위하여 하라"(고전 14:26).

하나님의 일은 어떤 한 가지 방법에 의해 획일적으로 이루어지는 것이 아니다. 학교에서 다양한 교수법을 구사하는 교사가 좋은 교사이다. 이와 마찬가지로 하나님도 다양한 방법들을 사용하셔서 우리에게 접근하신다. 그분은 때로는 앞문으로, 때로는 옆문으로, 그리고 때로는 뒷문으로 들어오신다.

하나님은 그리스도의 몸인 교회를 세우기 위하여 영적 은사들을 주신다. 다른 사람들을 섬기는 것, 긍휼을 베푸는 것, 병자들을 고치는 것, 가르치는 것, 기적을 행하는 것, 예언하는 것, 방언을 말하는 것, 방언을 통역하는 것, 다스리는 것, 지혜의 말을 하는 것, 지식의 말을 하는 것, 영들을 분별하는 것, 궁핍한 자들을 돕는 것, 독신으로 사는 것, 심지어 순교하는 것, 이런 것들이 하나님이 교회에게 허락하신 은사들이다. 신약성경은 우리에게 공식적 '은사 목록'을 제공하지는 않는다. 단지 여러 가지 은사의 예들을 제시하는데, 방금 언급한 것들은 그 예들을 모은 것이다(롬 12장 ; 고전 12장 ; 벧전 4장).

하나님이 모든 은사들을 주신 목적은 "교회의 덕을 세우기 위함이다"(고전 14:5). 성령님은 다양한 은사들을 사용하셔서 교회 구성원들의 필요를 채워주신다. 몇 가지 구체적인 예들을 들어보자.

하나님에 대하여 더 많은 것을 알기를 원하는 사람은 가르침을 받을 수 있다. 실직 상태에 있는 사람은 돈과 격려를 얻을 수 있다. 하나님께 무엇을 숨기려는 사람은 자신의 정직하지 못함을 깨달을 수 있다. 병든 사람은 치유를 받을 수 있다. 하나님의 능력에 대해 의심하는 사람은 그의 이해의 범위를 초월하는 능력

곧 기적을 체험할 수 있다. 특정한 진리를 깨달아야 할 사람은 가르침, 예언 및 방언 통역의 은사를 통해 그 진리를 깨달을 수 있다. 적극적인 신앙생활과 봉사를 원하지만 어떻게 해야 좋을지를 모르는 많은 사람들은 지도력의 은사를 가진 사람에 의해 실제적인 행동으로 나아갈 수 있다.

과연 나의 은사는?

때때로 그리스도인들은 그들이 잘 모르는 은사들에 대해 불안감을 갖는다. 그들의 불안감은 성령님이 그들에게 은사를 주셔서 그들을 사용하려고 하신다는 것을 느낄 때 특히 심해진다. 그러나 성령님은 불필요하고 성가신 은사를 주시지 않는다는 것을 우리는 기억해야 한다. 크리스마스 파티가 끝난 후 아무 쓸모없는 물건을 파티장에 그대로 둘 수 없기 때문에 집으로 질질 끌고 가는 경우가 때때로 생긴다. 이런 물건은 버리기도 곤란하고 가지고 있자니 딱히 쓸 데도 없다. 성령님의 은사들은 이런 것이 아니다. 우리는 그분의 은사들을 경시해서는 안 된다. 왜냐하면 그분은 분명한 목적을 가지고 은사를 주시기 때문이다. 교회는 우리의 은사 활용을 통해서 유익을 얻기를 학수고대하고 있다.

나에게 은사가 주어지지 않은 것 같다면 나는 어떻게 해야 하는가? 성령님은 내게 은사를 주기를 원하지 않으시는 것인가? 그렇지 않다. 왜냐하면 성경은 "각 사람에게 성령의 나타남을 주심은 유익하게 하려 하심이라"(고전 12:7), "각각 은사를 받은 대로 하나님의 각양 은혜를 맡은 선한 청지기같이 서로 봉사하라"(벧전 4:10)고 말하기 때문이다.

그러므로 우리는 시험해볼 필요가 있다. 우리에게 다가오는 은사 활용의 기회를 적극적으로 이용하라. 그러면 적어도 하나님이 내게 어떤 은사를 주셨는지를 확인하는 좋은 기회가 될 것이다. 마음의 문을 열어라. 어떤 결과가 생기는지를 지켜보라.

하나님의 레이더로 교회를 꼼꼼히 살펴보면 많은 은사들이 많은 그리스도인들의 삶 속에서 잠자고 있는 것을 발견할 것이다. 반면 교회는 전체적으로 영적 빈곤에 시달리는 모습으로 나타날 것이다.

아주 의미 깊은 한 가지 이야기가 있다. 한 무리의 여행객들이 그림같이 아름다운 마을을 방문했다. 그들은 울타리 옆에 서 있는 한 노인을 보게 되었는데, 그들 중 한 사람이 "이 마을에서 위대한 사람들이 태어났습니까?"라고 물었다. 그 노인은 지팡이에 의지한 채 "아니오. 단지 아기들이 태어났을 뿐입니다"라고 대답했다.

평범한 질문이었으나, 대답은 매우 심오했다. 누구나 처음부터 위대한 것은 아니다. 태어날 때부터 위대한 사람은 없다. 위대한 신앙인은 하루아침에 만들어지지 않는다. 당신이 알고 있는, 재능 있고 은사 활용을 잘하는 그리스도인도 처음에는 시험적 단계를 거쳤다. 그 사람도 조마조마하는 마음으로 주님을 섬기기 시작했을 것이다. 자신이 하나님나라를 위해 큰일을 이룰 것임을 처음부터 알고 봉사를 시작하는 사람은 없다. 누구나 은사 활용을 반복하다보면 더 큰 능력을 얻는 법이다. 하나님의 큰 일꾼들은 성령님의 은사를 적극적으로 환영하여 받아들이고 사용했기 때문에 세상을 변화시킬 수 있었다.

영적 은사 발견을 위한 세 단계 – 켄 스타인켄(Ken Steinken)

당신의 은사를 정확히 발견하고 그것에 어울리는 봉사의 분야를 찾기를 원하는가? 그렇다면 다음의 세 단계를 실천하라.

① 성경 구절(롬 12:3-8 ; 고전 12:1-31 ; 엡 4:1-16)을 연구하면서, 당신의 은사라고 생각되는 것들을 적어보라. 그러나 이 구절들에 언급된 은사들 이외에 다른 은사들도 있다는 것을 잊지 말라.
② 당신이 즐겁게 하는 일 또는 당신이 자신 있게 할 수 있는 일이 무엇인지를 적어보라. 하나님은 우리에게 주신 이런 자연적인 능력과 관심을 사용하여 그분의 목적을 이루기를 기뻐하신다.
③ 당신이 존경하는 그리스도인들과 대화를 나누어보라. 그들은 당신을 잘 알기 때문에 당신의 은사가 무엇인지를 말해줄 수 있다.

56 방언의 은사는 초대교회만을 위한 은사인가?

✝ 래리 크리스텐슨
Larry Christenson

사도 바울은 고린도전서의 세 장을 할애하여 성령의 은사들과 은사 활용의 가장 큰 동기인 사랑에 대해 논한다. 그는 비록 많은 은사들이 있지만 그것들이 전부 한 하나님에게서 나오며, 사랑 안에서 교회의 유익을 위해 사용되어야 한다고 강조한다(고전 12:4-7).

성령의 은사들 중 하나는 각종 방언을 말하는 것이다. '방언을 말한다'는 것은 신약에 등장하는 전문 용어인데, 이것은 학습을 통하여 습득한 외국어를 말하는 것이 아니라, 성령의 말하게 하심을 따라 특수한 언어를 말하는 것이다. 그러므로 방언을 말하는 것은 마음에서 시작하지 않고 영(靈)에서 시작한다(고전 14:14). 그러나 그렇다고 해서 '방언 말하기'가 엑스터시(ecstasy)적인 현상이거나 절제할 수 없는 현상이라는 말은 아니다. 다른 일상적인 언어 사용과 마찬가지로 방언의 경우 말하는 사람의 감정 상태에 따라서 더 감정적일 수도 있고, 덜 감정적일 수도 있다.

방언은 초대 교회에서 흔한 현상이었지만, 때로는 혼란을 불러일으키곤 했다. 바울은 고린도 교회의 교인들이 방언에 대해 균형 잡힌 견해를 갖도록 도와주었다. 방언에 대한 그의 교훈은 오늘날 방언을 둘러싸고 일부의 교회들에서 생기는 혼란을 해결하는 데에도 도움이 된다. 방언을 하지 못하는 사람은 성령을 받지 못한 것인가? 성령 충만하면 반드시 방언을 말해야 하는가? 어떤 성경 해석자들은 방언을 말하는 것이 성령 충만의 증거라고 말한다. 그러나 성경의 증거와 경험에 비추어볼 때, 이런 견해를 지지하기는 힘들다.

성경에 나타난 방언

성령의 감동과 능력에 의해서 행동하지만 방언을 말하지 않는 경우들은 많다. 사도행전의 경우들을 살펴보자. 고넬료의 집에 모인 사람들은 성령으로 충만했을 때 방언을 말하고 하나님을 찬양했으며(행 10:44-46), 에베소의 제자들도 성령님이 그들에게 임하셨을 때 방언을 말하고 예언했다(행 19:1-6). 그러나 모든 사람들이 방언을 했다고 단정지을 수는 없다. 어쩌면 일부의 사람들은 방언을 말하지 않고 대신 기쁨으로 충만하여 그들의 일상적 모국어로 하나님을 찬양하거나 예언을 했을지도 모른다. 방언을 하는 것이 성령 충만을 보여주는 흔한 증거였던 것은 사실이지만, 그것이 유일한 증거는 아니라는 말이다.

그러나 사도행전에 기록된 경우들에서 성령 충만이 눈에 보이는 현상들을 만들어낸 것이 분명하다고 생각된다. 구원을 받을 때 신자는 조용히 성령을 받았지만, 성령님이 신자의 사명 감당을 위해 능력으로 임하실 때에는 가시적 현상들이 나타났다. 사도행전을 보면, 성령님이 처음에 자신의 임재를 알리실 때 가장 흔하게 사용하신 방법은 특수한 언어를 사용하는 것이었다고 생각된다.

오순절에 신자들은 성령이 말하게 하심을 따라 각종 방언을 말하며 하나님의 큰일을 선포했다(행 2:1-13). 그 후 베드로의 설교 역시 성령의 감동에 의해 행하여졌다.

모든 신자들은 방언을 말하기 위해 노력해야 하는가? "너희 천부께서 구하는 자에게 성령을 주시지 않겠느냐"(눅 11:13)는 예수님의 말씀과 "신령한 것(성령의 은사)을 사모하라"(고전 14:1)는 바울의 교훈을 볼 때, 우리는 그리스도의 몸 곧 교회가 모든 성령의 은사들을 추구해야 한다고 말할 수 있다. 성령님이 신자들 각자에게 서로 다른 은사들을 주시는 것은 사실이지만, 교회 전체는 모든 은사들이 교회에서 나타나고 사용되도록 힘써야 한다. 고린도전서 14장에서 바울은 세 가지 은사들이 매우 광범위하게 나타나기 때문에 그것들이 실제에 있어서는 보편적인 은사들이라고 말할 수 있을 정도라고 암시한다(고전 14:5,13,31). 이 세 가지 은사들은 방언, 방언 통역 및 예언의 은사들이다. 만일 신자들의 공동체에서 특정 은사들이 전혀 나타나지 않는다면, 그 공동체는 그 특정 은사들을 받기 위해 집중적으로 기도해야 할 것이다.

방언의 유익

성경에서, 그리고 오늘날 사람들의 삶에서 방언의 주요 기능은 개인의 경건 생활을 도와주는 것이다. 모든 그리스도인들이 기도 생활을 한다고 볼 때, 방언은 그리스도의 지체들 중에서 광범위하게 사용될 수 있는 은사이다.

바울은 "내가 너희 모든 사람보다 방언을 더 말한다"(고전 14:18)고 말했다. 이것을 볼 때 우리는 방언이 고넬료 집안의 사람들 같은 새 신자들뿐만 아니라 성숙한 신자들에게도 유익하다는 것을 알 수 있다. 바울은 또한 "방언을 말하는 자는 자기의 덕을 세운다"(고전 14:4)고 말한다. 그러므로 방언은 방언 말하는 사람의 삶을 그리스도 안에서 세우는 데 크게 유익하다.

그런데 바울은 방언을 우선 개인 경건을 위해 사용한 것으로 보인다. 그는 "교회에서 네가 남을 가르치기 위하여 깨달은 마음으로 다섯 마디 말을 하는 것이 일만 마디 방언으로 말하는 것보다 나으니라"(고전 14:19)고 말한다. 그러나 그의 이 말은 방언을 과소평가하는 것이 아니라, '통역되지 않는 언어'를 공적 모임에서 사용하는 것을 비판하는 것이다. 교회의 덕을 세우기 위하여 방언을 통역하면 그것은 예언만큼의 가치가 있다(고전 14:5). 은사의 가치를 판단하는 가장 좋은 척도는 그것이 그리스도의 지체들을 교화(敎化)하는 데 유익하느냐이다(고전 14:12).

어떤 사람들은 방언이 초대 교회만을 위한 은사라고 주장한다. 그러나 그렇지 않다. 성경은 특정 은사들을 특정한 시대에 국한시키지 않는다. 성령의 은사들은 말세의 교회를 위하여 주어졌다(행 2:17). 고린도전서 13장에서 바울은 온전한 것이 오면, 즉 그리스도께서 다시 오시면 은사들이 사라진다고 말한다. 그러나 그때까지는 은사들이 교회의 교화를 위하여 사용되어야 한다.

방언을 포함하여 모든 은사들은 '사랑'이라는 동기에 의하여 사용되어야 한다. 바울이 강조했듯이, "내가 사람의 방언과 천사의 말을 할지라도 사랑이 없으면 소리나는 구리와 울리는 꽹과리가 된다"(고전 13:1). 성령의 은사들을 사용하는 사람이 하나님과 이웃을 사랑하는 마음 없이 그것들을 사용한다면 그것은 은사 본래의 목적에 어긋나는 것이다.

방언의 은사와 관련된 위험성

방언의 은사는 성경적인 것이고 권장할 만한 것이다. 그러나 거기에는 두 가지 위험성이 따르기 때문에 우리는 경계해야 한다.

첫째, 사람들에게 방언을 해야 한다는 부담감을 준다면 그들은 억지로 꾸며서 방언을 하려고 애쓸 것이다. 다른 사람들에게 외형적·종교적 행위만을 강요해서는 안 되듯이, 방언을 강요해서도 안 된다. 예를 들어보자. 기독교의 진리를 믿지 않는 많은 젊은이들이 부모를 만족시키기 위해 세례를 받는다. 그들은 단지 자기의 상황에 의해 부담감을 가지고 세례를 받는 것이다. 세례든 방언이든 어떤 종교적 분위기에 의해 은근히 강요되는 것은 바람직하지 못하다. 그러므로 우리는 한편으로는 하나님의 진리를 단호히 주장해야 하지만, 또 한편으로는 그분의 역사하심을 믿고 기다릴 줄 알아야 한다. 그렇게 할 때 사람들은 인간적인 부담감 때문이 아니라 성령님의 감동 때문에 종교적 행위로 나아갈 것이다.

둘째, 방언의 은사가 신자의 영적 수준을 판단하는 잣대로 사용되어서는 안 된다. 이것은 다른 은사들의 경우도 마찬가지이다. 은사를 감사함으로 받지 않고 교만한 마음으로 받는다면 그것은 영적 수준을 재는 잣대로 사용될 수 있다. 전도의 사역을 마치고 돌아온 예수님의 제자들은 심지어 귀신들조차 자기들에게 굴복한 것에 대해서 무척 흥분하고 있었다. 그들이 자칫 교만해질 수도 있다고 판단한 예수님은 다음과 같은 취지로 말씀하셨다(눅 10:17-20).

"너희의 말이 맞다. 귀신들조차 너희에게 굴복했다. 내가 너희에게 그런 능력을 주었기 때문이다. 그러나 귀신들이 너희에게 굴복한 것 때문에 기뻐하지 말고, 너희의 이름이 하늘에 기록된 것 때문에 기뻐하라."

자칫 우리는 하나님의 것을 취하여 마치 그것을 우리의 공로로 착각하기 쉽다. 하나님은 사도 바울에게 많은 은사들을 주셨지만, 동시에 '육체의 가시'도 주셨다. 그것은 그가 많은 계시를 받은 것 때문에 교만해지는 일이 없도록 하기 위함이었다.

방언을 포함하여 모든 은사들의 경우, 억지로 은사를 흉내내도록 부담감을 주는 것도 잘못이고, 은사 때문에 교만해지는 것도 잘못이다. 우리는 이 두 가지 위험을 경계해야 한다. 물론, 이런 위험이 있다고 해서 은사 자체를 부정해서도 안 된다.

예배를 통해 회심한 후 급속히 성장한 사람

_술독에 빠졌다가 예수에 빠진 '노숙자 선교회' 책임자 멜 트로터(Mel Trotter) 이야기

_제임스 헤플리 James Hefley

'시카고 퍼시픽 가든 선교회'(the Pacific Garden Mission in Chicago)는 시카고의 가난한 노숙자들을 아주 효과적으로 돌본다는 평을 받는 단체였다. 1897년의 어느 추운 날 밤 이 선교회 건물 안에서 예배가 진행되고 있었다. 찬송가를 인도하는 사람 해리 몬로(Harry Monroe)는 전에 위조 지폐를 만들었으나, 이 선교회에서 회심한 후 그리스도를 위해 일하는 사람이었다. 그들이 찬송가를 부르고 있는 중에 어떤 술 취한 젊은이가 안내를 받아 자리에 앉게 되었다. 몬로는 찬송가 부르기를 잠시 중지시키고, 큰 소리로 "하나님, 이 불쌍한 젊은이를 구하소서"라고 기도했다. 그 후 이 젊은이는 고개를 들고 설교와 간증을 열심히 듣기 시작했다. 그의 이름은 멜 트로터였다.

트로터는 19세부터 술을 마시기 시작했다. 이내 그의 과음은 통제 불능이었으며, 그의 직장 업무에까지 영향을 미치기 시작했다. 그는 가는 직장마다 쫓겨났다. 일찍이 결혼한 그는 아내에게 착실히 살겠다고 여러 번 약속했지만 단 며칠뿐, 다시 술을 입에 대곤 했다. 술을 사기 위해서라면 그는 무엇이든지 닥치는 대로 팔아치웠다. 심지어 그의 말(馬)과 약(藥)까지 팔았다.

그의 아내가 아기를 낳은 후에도 그의 행동은 변하지 않았다. 그는 계속 술을 마셨다. 언젠가 집을 나가서 열흘 동안 술 파티를 벌인 후 집으로 돌아왔다. 그런데 그의 아기가 아내의 품에서 죽어 있는 것을 보게 되었다. 자기의 아기를 방

치하여 죽게 했다는 자책감 때문에 너무나 괴로운 나머지 그는 자살을 결심했다. 그리스도인이던 그의 아내는 아기를 내려놓고 트로터를 끌어안았다. 그리고 무릎을 꿇고 앉아서 기도했다. 그녀의 기도 소리를 들으면서 그는 "다시는 술을 한 방울도 마시지 않겠다"고 결심했다. 그러나 아기의 장례를 치른 후 그는 다시 취해서 비틀거리며 집으로 돌아오곤 했다.

결국 술에서 벗어날 수 없어 절망감에 빠진 트로터는 자기의 목숨을 끊기로 결심했다. 1897년 1월 19일 그는 물에 빠져 죽겠다고 미시간 호수를 향해 걸었다. 그가 반 뷰렌(Van Buren) 거리를 따라서 걷고 있을 때 누군가 말 그대로 팔을 뻗어서 그를 '시카고 퍼시픽 가든 선교회' 건물 안으로 끌어들였다.

그때가 바로 선교회 안에서 해리 몬로가 찬송가 부르기를 인도하는 중이었다. 트로터가 안내를 받아 자리에 앉았을 때 몬로는 찬송가 부르기를 중지시키고, 그를 위해 큰 소리로 기도했던 것이다. 예배가 끝난 후 몬로는 트로터에게 "예수님이 당신을 사랑하십니다. 마음을 열고 그분을 받아들이십시오"라고 말했다. 예배가 진행되는 동안 서서히 술이 깬 트로터는 몬로 앞에 무릎을 꿇고 그의 마음을 그리스도께 드렸다.

그날 이후 트로터는 몰래 술집으로 빠져나가는 대신 시간이 날 때마다 선교회를 찾았다. 그는 기타를 연주하고 찬송가 부르기를 인도하고 심지어 몬로와 함께 그 지역의 교회들을 방문했다.

그의 신앙은 급속히 성장했다. 회심한 지 3년 후 그는 그랜드 래피즈(Grand Rapids, 미국 미시간주 서부 켄트 지역)의 '노숙자 선교회' 책임자로 임명되었다. 그 후 40년 동안 그는 그 선교회를 통하여 많은 열매를 맺었다. 그는 이 선교회를 발판으로 하여 전국에 66개의 다른 노숙자 선교회를 조직하였다. 이것은 예전의 자기 모습처럼 삶의 목적과 희망을 잃은 사람들을 그리스도께 인도하기 위함이었다.

아버지께 참으로 예배하는 자들은 신령과 진정으로 예배할 때가 오나니 곧 이때라 아버지께서는 이렇게 자기에게 예배하는 자들을 찾으시느니라(요 4:23).

11장
그리스도인과 예배

예배의 첫째 목적은 하나님께 영광을 돌리는 것이다. 우리는 그분에 대한 우리의 숭모(崇慕)의 감정을 표현하기 위해 겸손한 마음으로 그분 앞에 나아간다. 그분께 찬양과 존귀와 영광을 돌릴 때 우리의 마음과 영혼은 고양(高揚)된다. 예배는 하나님의 위엄과 영광을 인정하는 것이다.

57 예배의 목적은 무엇인가?

✝ R.C. 스프롤
R . C . S p r o u l

예배의 첫째 목적은 하나님께 영광을 돌리는 것이다. 우리는 그분에 대한 우리의 숭모(崇慕)의 감정을 표현하기 위해 겸손한 마음으로 그분 앞에 나아간다. 예배할 때 우리는 하나님이 어떤 분이신지, 또 우리가 누구인지를 깨닫는다. 그분께 찬양과 존귀와 영광을 돌릴 때 우리의 마음과 영혼은 고양(高揚)된다. 다시 말하지만, 예배는 하나님의 위엄과 영광을 인정하는 것이다.

우리가 예배하는 이유는 크게 두 가지라고 말할 수 있다. 첫째, 창조주이신 하나님이 피조물인 우리에게 예배하라고 명령하셨기 때문이다. 둘째, 하나님은 본질적으로 예배를 받기에 합당한 분이시기 때문이다. 이 진리는 사도 요한이 본 하늘의 환상에서 아주 잘 나타난다.

"내가 또 보고 들으매 보좌와 생물들과 장로들을 둘러선 많은 천사의 음성이 있으니 그 수가 만만이요 천천이라 큰 음성으로 가로되 죽임을 당하신 어린양이 능력과 부와 지혜와 힘과 존귀와 영광과 찬송을 받으시기에 합당하도다 하더라"(계 5:11,12).

하나님이 예배를 받으시는 것은 정당한 일이요 옳은 일이다. 마땅히 존귀를 받아야 할 분께 존귀를 돌리는 것은 당연한 일이다. 우리는 그분께 영광을 돌리지 않으면 안 된다. 그런데 예배는 그분을 영화롭게 하는 데서 끝나는 것이 아니다. 그것은 우리에게도 큰 유익을 준다. 인간이 바칠 수 있는 최고의 헌신과 사랑은 곧 하나님을 향한 그것인데, 바로 이 헌신과 사랑을 그분께 바칠 때 우리는 최고의 만족을 얻게 된다.

왜 우리가 예배해야 하는지를 알았으므로, 이제 어떻게 예배하는지에 대해 생각해보자. 예배의 필수불가결한 요소들은 무엇인가? 우선, 감사와 기도가 있다. 이 외에도 하나님을 향한 숭모의 감정을 표현해주는 다른 요소들이 신구약에서 발견되는데, 특히 찬송의 음악을 들 수 있다. 인간이 말을 할 수 있을 뿐만 아니라 노래할 수 있다는 사실이야말로 인간이 하나님을 높이고 찬양하기 위해 지음 받았음을 말해주는 증거가 아니겠는가?

제대로 된 예배

'예배'는 우리의 전 인격을 바쳐 하나님과 소통하며 헌신하는 것이다. 그런데 예배드리는 방법은 다양하다. 인간은 단순한 피조물이 아니라 고도로 복합적인 피조물이다. 성경에 나오는 예배들을 주의 깊게 연구한 사람은, 우리가 온 마음과 온 몸을 사용하여 예배해야 한다는 것을 알게 될 것이다. 구약의 예배에는 시각적 및 청각적 요소가 내포되었다. 심지어 향을 사용한 것에서도 알 수 있듯이, 후각적 요소도 있었다.

인간은 시각, 청각, 촉각, 미각 및 후각을 통하여 사물을 체험하고 의사소통을 한다. 우리는 정신적 존재이면서 동시에 감각적 존재이다. 그러므로 예배에는 우리의 마음, 의지, 지성 및 몸이 모두 참여해야 한다. 이중에 어느 한 가지라도 빠진다면, 우리의 예배는 그만큼 빈약한 예배가 될 수밖에 없다.

예배를 빈약하게 만드는 또 다른 원인은 예배에 합당한 태도를 갖지 못하는 것이다. 예배에 합당한 태도를 가지려면, 하나님이 어떤 분인지를 깊이 깨달아야 한다. 우리가 제대로 알지 못하는 분을 어떻게 제대로 예배하겠는가? 하나님에 대하여 피상적으로 아는 사람은 피상적인 예배밖에 드리지 못할 것이다.

주일 아침에 교회에 오는 사람들 중에는 사람들끼리 교제를 나누기 위해서

오는 사람들도 있다. 이것이 그들이 교회에 오는 첫째 동기이다. 우리는 다른 사람들과 함께 있기 위해 교회에 온다. 사람들과의 교제를 원하는 것 자체가 잘못은 아니다. 교제도 교회 생활의 중요한 부분이기 때문이다. 그러나 사람들끼리의 교제 자체가 예배는 아니다. 우리는 사람들을 알고 그들을 이해해주고 그들과 교제하지만, 왠지 예배라면 낯설고 어렵게 느낀다. 그 이유는 우리가 성경에서 하나님이 어떤 분인지를 깊이 배우지 못했기 때문이다. 하나님을 깊이 알면 알수록, 그만큼 더 그분의 크심과 위엄을 깨달을 것이다. 그분이 찬양과 영광을 받기에 합당한 분이심을 깊이 깨달을수록, 그만큼 더 그분을 예배하기를 원할 것이다. 이제까지 내가 말한 것들을 명심하라. 우리의 예배를 더욱 아름다운 예배로 만들 수 있는 다른 지름길은 없다. 우리는 하나님이 어떤 분인지를 더 깊이 알수록, 자신에 대해서도 더 깊이 알게 될 것이다. 그리고 그분을 더욱 깊이 알수록, 그분과 더욱 깊은 교제를 나눌 수 있을 것이다.

교회의 양극화

교회의 역사를 살펴보면, 한 가지 경향이 눈에 띈다. 그것은 교회가 1차원적으로 변하려는 경향이 있다는 것이다. 어떤 교회들은 완전히 지적인 분위기로 흐르기 때문에 시각적 측면을 완전히 무시한다. 이런 교회들은 마치 시민회관처럼 변해버린다. 이런 교회들에 들어서면 눈으로 볼 만한 것이 전혀 없다.

이와 전혀 반대적인 경향으로 흐르는 교회들도 있다. 이런 교회들은 시각적인 것에 너무 큰 비중을 둔다. 그들의 예배는 딱딱하고 메마른 의식으로 변해버린다. 이런 일이 고대 이스라엘에서 일어났으며, 이것이 극심해졌을 때에는 우상숭배 현상이 나타났다.

양극화 현상은 음악의 분야에서도 나타난다. 어떤 교회들은 악기 사용 자체를 금한다. 반면, 또 어떤 교회들은 다양한 악기 사용을 권장한다. 이런 것들은 예배의 분위기에 영향을 주지 않을 수 없다.

안타깝게도, 현재 대부분의 예배들은 예배의 한두 가지 요소들을 극단적으로 강조하기 때문에 다른 나머지 요소들을 배제하고 있다. 그러므로 이를 바로잡기 위해 우리는 예배의 모든 요소들을 찾아서 표현해야 할 것이다.

58 예배는 무엇을 기념하는가?

+ 로버트 웨버
Robert Webber

예배는 한 가지 역사적 사건에 뿌리박고 있다. 그것은 예수 그리스도께서 이 땅에서 살다 죽고 다시 부활하신 사건이다. 예배 중에 우리는 이 사건을 전하고 보여준다. 예배 중에 우리는 2,000년 전에 일어난 이 사건을 현재의 사건으로 만든다. 우리가 이 사건을 기념할 때 그리스도의 구원의 능력과 치유의 능력이 우리에게 전달된다.

모든 기념은 실제 사건에 뿌리박고 있다. 예를 들어, 내가 생일 축하 파티를 연다고 가정해보자. 이 파티는 나의 출생이라는 실제 사건이 있었기 때문에 가능한 것이다. 출생이 없는 생일 파티는 무의미한 것이다. 내 생일을 축하하기 위해 모인 모든 사람들은 내 출생 사건의 기쁨에 동참하는 것이다. 생일 축하를 위해 우리는 케이크와 양초를 사용하며, 양초 한 개는 1년을 상징한다. 또한 친구들은 사랑을 표현하기 위해 선물을 준비한다. 우리는 노래를 부르고 이야기를 나누며 함께 음식을 먹는다. 이런 것들은 출생이라는 놀라운 사건을 '다시 창조하는 의미'를 갖는다.

예배는 이런 생일 축하 파티에 비유될 수 있다. 예배는 그리스도의 출생, 삶, 죽음, 장사됨, 부활, 승천 곧 '그리스도의 사건'을 기념한다(뿐만 아니라 그분의 재림을 대망하며 기리는 성격도 있다). 예배는 그리스도의 사건을 다시 창조하면서, 2,000년 전에 그리스도의 사건에 동참했던 자들이 느꼈던 기쁨을 다시 느껴보는 것이다. 또한 이런 재창조를 더욱 완벽한 것으로 만들고 우리의 기쁨을 더욱 온전히 표현하기 위해 우리는 상징들을 사용한다.

모든 예배가 그리스도의 사건의 모든 부분들을 기념하는 것은 사실이지만, 또 한편으로는 절기에 따라 그 사건의 어떤 특정한 부분이 강조될 수도 있다. 예를 들면, 성탄절 때 우리는 주님의 탄생의 기쁨에 초점을 맞출 수 있다. 부활절에는 그분의 죽음과 부활을, 오순절에는 성령 강림을 강조하게 된다. 특별한 절기가 아닌 보통 때에는 그분의 교훈에 집중하게 된다. 그러므로 예배는 세대에서 세대로, 세기에서 세기로 그리스도를 전하는 한 가지 방법이 될 수 있다.

그리스도의 사건을 기록한 성경이 우리에게 주어져 있고, 이 기록이 그분을 전하는 한 가지 중요한 방법인 것은 사실이다. 하지만 우리 인간의 본능은 행동적인 것이나 눈에 보이는 것을 통하여 전달하고 전달 받는 것을 좋아한다.

우리 인간은 자기가 전하고 싶은 것을 말로써 표현하기도 하지만 동시에 행동으로써 표현하기도 한다. 이것은 예배의 경우에도 마찬가지이다. 그리스도의 사건은 인류 역사에서 가장 중요한 사건이다. 우리는 모든 것을 이 사건의 관점에서 판단해야 한다. 그리스도인의 삶의 모든 부분은 바로 이 관점에서 출발해야 한다.

예배에 집중하며 반응하기

예배의 뿌리에는 한 이야기가 놓여 있다. 이 이야기는 무엇인가? 그것은 인간의 창조와 타락, 그리스도의 성육신과 죽음과 부활과 승천, 그리고 그분의 재림을 통한 인류 역사의 완성에 관한 이야기이다. 우리의 삶의 모든 것은 바로 이 이야기에 기초한다. 예배의 목적은 이 이야기를 말과 행동으로써 표현하고 전하는 것이다. 그러므로 예배는 우리의 인생을 의미 있는 인생으로 만든다.

예배가 그리스도의 사건을 말과 행위로써 표현하고 전하는 것이라면, 나는 어떤 자세로 예배에 임해야 하는가? 생일 파티의 비유를 다시 들어보자. 내가 친구의 생일 파티에서 무표정한 얼굴로 혼자 구석에 앉아 있다면 그 친구는 심한 모욕감을 느낄 것이다. 만일 내가 예배 중에 지겨워하면서 수동적으로 앉아 있다면, 그것은 하나님을 모욕하는 것이다. 친구의 생일 파티에서도 그렇게 하면 안 되는데, 하물며 하나님을 예배할 때는 더욱 그렇게 하면 안 될 것이다. 그분은 나를 사랑하사 독생자를 주신 분이 아니신가?

예배는 '우리를 위해, 우리를 향해 이루어지는 어떤 것'이 아니다. 그것은 '우리가 이루는 그 무엇'이다. 우리는 하나님이 예배를 받으시는 분임을 늘 기억해야 한다. 연극에 비유하여 말하자면, 그분은 관중이시다. 우리는 설교자, 성경 낭독자 또는 특송을 부르는 사람이 배우이고 우리는 관중이라는 착각에 빠지기 쉽다. 하나님은 관중이시고, 설교단에 선 사람들은 프롬프터(prompter. 배우에게 대사를 일러주는 사람)이며, 우리는 배우이다.

약 1년 전에 나는 어떤 교회의 예배에 참석했었다. 내 바로 뒤에 앉은 한 여인은 예배의 순서마다, 설교자의 말 한 마디마다 계속 반응을 보였다. 그녀는 나지막한 소리로 "아, 맞아요. 그렇죠. 예, 예, 아멘! 아멘!"이라고 말했다. 그녀가 작은 소리로 말했기 때문에 그 소리를 들은 사람은 많지 않았을 것이다. 처음에 나는 자꾸 신경이 쓰여서 예배에 집중하는 것이 약간 힘들었다. 하지만 그녀가 예배에 너무 열중한 나머지 그렇게 한다는 생각이 들었을 때 나는 그것을 자연스럽게 받아들이게 되었다. 시간이 조금 지나자 그녀가 내는 소리는 오히려 내가 예배에 집중하는 데 도움이 되었다. 결국 나는 소리를 내지는 않았지만 속으로 그녀처럼 '아멘'을 연발하며 예배를 드렸다.

우리는 예배 중에 '아멘'을 연발해야 할 것이다. 성경 낭독자가 성경을 읽을 때 집중해서 듣고, 성가대의 찬양에 집중하고, 찬송가를 열심히 부르고, 설교에 온 정신을 집중하고, 열심히 기도를 해야 한다. 어떤 사람들은 소리를 내어 "아멘, 하나님께 감사합니다"라고 말할 것이고, 또 어떤 사람들은 속으로 그렇게 할 것이다. 어떤 교회들은 예배 시간에 예배 참석자가 개인적으로 혹은 모두 함께 그들의 뜨거운 마음을 표현할 수 있도록 배려하기도 한다. 어떤 형태가 되었든, 우리는 예배에 온전히 집중하며 반응해야 할 것이다.

결론적으로 말해서, 예배에는 신적 요소와 인간적 요소가 있다. 예배에 그리스도가 임재하시고 우리가 그 임재에 전심으로 반응한다면, 교회가 건강하게 세워지고 우리는 영적으로 성숙할 것이다.

평평한 땅

"십자가가 서 있는 땅은 평평하다"라는 금언이 있다. 우리는 십자가가 세워진 땅에서 예배를 드린다. 그러므로 우리가 서 있는 땅은 평평하다. 대통령, 상원의원, 교사, 친구 등 그 누구든 간에 모든 사람은 이 평평한 땅에 서 있다. 그러므로 예배 참석자들은 모두 평등하다. 우리 모두는 '그리스도와의 연합'을 통하여 서로 연합되어 있다. 또한 우리 모두는 동일한 예배에 참석하기 때문에 서로 연합되어 있다. 어떤 예배 참석자가 다른 예배 참석자보다 더 높거나 낮지 않다. 남자와 여자 사이에 차별이 없고, 부유한 자와 가난한 자 사이에 차별이 없다. 예배 참석자는 모두 하나이다.

59 예배의 구체적인 요소들은?

⁺ 마틴 마티
M a r t i n   M a r t y

나의 한 친구는 약간 특이한 프로그램에 관여하여 일한 적이 있었다. 그것은 피서지에서 사람들이 신학에 대해 논의하고 자기들의 신앙을 간증하는 프로그램이었다. 내가 그 친구에게 "어쩐 일로 그런 프로그램에 관여하게 되었느냐?"고 물었을 때, 그는 "아, 나는 단지 세속적인 곳에서 하나님을 높이고 싶었을 뿐이야"라고 대답했다. 나는 그의 말 속에서 예배의 한 요소를 발견했다. 하나님을 높이는 것! 이것이 바로 예배이다. 우리가 예배를 통해 그분을 높이지 않는다면, 사람들은 그분의 메시지에 관심을 갖지 않을 것이다.

예배하는 신자만 할 수 있는 일

예배는 개인의 행위가 아니다. 그것은 다양한 그룹의 사람들이 함께 모여서 나누는 공동의 행위이다. 만일 예배를 위한 시간과 공간을 정해놓지 않으면, 예배가 사라지고 말 것이다. 주일 아침 10시, 수요일 저녁 7시, 매일 3번 식사할 때 등 이런 식으로 정해놓지 않으면 예배가 없어질 것이다. 큰 기쁨이나 큰 슬픔이 닥쳤을 때, 인생의 중요한 순간들이 찾아왔을 때, 우리가 수고롭게 시간을 내어 예배를 통해 하나님의 임재를 더욱 강하게 느끼지 않는다면, 예배는 사라질 것이다. 추수감사절에 '양식'에 대해 감사하는 것은 누구나 할 수 있다. 하지만 그

양식을 '주신 분'에게 감사할 수 있는 사람은 오직 '예배하는 신자' 뿐이다.

예배의 기초석은 '찬양'이다. 찬양이 있기 때문에 교회는 이 세상의 어떤 다른 단체나 조직과 구별되는 것이다. 세상에서 정의를 위해 힘쓰는 것은 그리스도인이 아닌 사람들도 할 수 있는 일이다. 그리스도인이 아니라 할지라도 누구나 세상의 예술과 철학의 발전에 기여할 수 있다. 회보를 발간하고 위원회에 참석하고 운동경기에 출전하는 것은 그리스도인이 아니라도 할 수 있다. 하지만 예수 그리스도를 찬양할 수 있는 사람은 오직 그리스도인뿐이다.

예배의 또 다른 필수적 요소는 '설교'이다. 물론 설교 없이 진행되는 저녁 기도회 같은 것이 있기는 하지만, 일반적으로 예배라 하면 설교가 빠질 수 없다. 설교자가 나와서 성경을 읽고 설교 본문의 의미를 회중에게 설명해주는 설교가 예배의 필수 요소이다.

예배의 또 다른 중요한 요소는 '공동의 식사'이다. 이것을 주(主)의 만찬, 성찬 또는 영성체(領聖體) 중 무엇이라고 부르든 간에 이 공동의 식사는 매우 중요하다. 이 공동의 식사 때에 하나님은 특별한 방법으로 임재하시고, 우리는 그분의 임재에 반응한다. 이것은 우리와 그리스도 사이의 언약의 확증이다.

독일의 저명한 신학자 로마노 과르디니(Romano Guardini, 1885~1968. 가톨릭의 대주교 및 신학자)는 "예배는 어리석은 짓 같지만 사실 중요한 것이다"라고 말했다. 비유를 들어보자. 하루 세 끼 식사에서 취할 수 있는 모든 영양을 알약 한 알로 압축하여 담을 수 있다고 가정해보자. 우리는 이 알약 한 알로써 생존할 수는 있을 것이다. 그러나 세 끼 식사를 차려먹는 것이 귀찮다고 해서 알약 한 알만 먹으면서 사는 사람이 있는가? 쌀, 쇠고기, 연어, 옥수수, 초콜릿 등을 먹고 생존하지 않겠는가? 예배도 마찬가지이다.

맛있는 음식을 준비하여 식욕을 자극하는 식탁을 차리면, 식생활이 향상된다. 이와 마찬가지로 예배를 드리면, 하나님과 우리 사이의 관계가 향상된다. 물론 내가 자전거를 타거나 골프 코스를 돌고 있을 때에도 하나님이 내게 말씀하실 수 있는 것은 사실이다. 내가 일상생활 속에서 그분과 대화를 나누며 동행할 수 있는 것도 사실이다. 하지만 따로 시간을 내어 예배를 드리는 것은 특별한 의미를 갖는다. 예배는 그분이 우리의 일상적 활동과는 비교할 수 없을 정도로 위대한 분이심을 우리의 행동으로써 표현하는 것이다.

예배 시간에는 복사기도 멈추고, 우리의 강박적 축재(蓄財) 본능도 수그러든다. 예배 장소는 "이 우주에는 어리석은 짓 같지만 사실 중요한 것들이 많다. 인간관계를 단지 현실적인 계산으로만 따져서는 안 된다"라는 말이 통하는 장소이다.

일상생활 속에서 우리는 일상적인 시각에서 모든 것들을 바라보고 해석하지만, 예배 중에는 그것에서 벗어나 거룩한 하나님께 집중할 수 있다. 예배 중에 우리는 과거의 신앙의 위인들이 싸워서 이룬 승리에 동참할 수 있다. 예배는 일상적인 관점에서는 무의미해 보이지만, 영원의 관점에서는 궁극적으로 중요한 것이다.

예배의 다양한 모습

예배를 드린다는 것은 속된 세계에서 거룩한 세계로 넘어가는 것이다. 이런 일은 대형 교회, 작은 교회, 우리의 거실 또는 수련회의 캠프파이어 둘레에서 일어날 수 있다. 어디에서 모이든, 어떤 방식으로 예배를 드리든 상관없이 예배는 우리에게 새로운 6일 동안 승리할 수 있는 힘을 준다. 예배 중에 우리는 언제나 하나님께 집중한다. 니카라과(Nicaragua. 중앙 아메리카의 공화국)에서 인디언 모라비아 교도들이 모이든, 아프리카에서 영국성공회 신자들이 예배하든, 미국에서 근본주의자들이 찬양을 하든, 예배의 중심은 '보이지 않는' 하나님이시다.

역사적으로 볼 때, 예배의 강조점이 바뀌어왔다. 2세기부터 16세기까지의 예배의 특징을 표현할 수 있는 단어를 찾으라면 성례전, 성직자 중심주의, 희생, 성물(聖物) 등을 들 수 있을 것이다. 이 시기의 예배를 상상하면, 어두컴컴한 장소에서 성직자들이 보여주는 다양한 손동작과 몸놀림을 떠올릴 수 있다.

지난 몇 세기의 예배는 민주적인 특징을 지닌다고 말할 수 있다. 우선 설교단이 회중의 좌석들로 에워싸인다. 그리고 예배의 진행자들과 회중이 서로 마주보게 된다. 중세에는 오직 성직자들만이 예배의 진행자들이었지만, 종교개혁 이후에는 평신도들의 역할이 커졌다. 중세의 예배에서는 성찬용 떡이 사람들의 종교적 상상력을 자극했고, 거대한 성당의 높은 종탑이 신앙심을 고취시켰다. 하지만 그 후에는 두세 사람이 모인 곳에서도 그리스도의 신비로운 임재를 체험할 수 있다는 인식이 확산되었다.

예배에서 신조(信條)가 중요한 이유 — 리처드 러블레이스(Richard Lovelace)

어떤 사람들은 신조를 암송만 할 뿐 실제로는 믿지 않는다. 어떤 사람들은 신조를 믿기는 하지만 암송은 하지 않는다. 두 가지 잘못을 모두 경계해야 한다.

신조(신앙고백)는 예배에서 절대적으로 중요하다. 왜냐하면 신조는 기독교의 기본 진리를 구현하기 때문이다. 하나님의 백성은 성부 하나님이 누구시며, 그리스도가 누구시며, 성령이 누구신지를 함께 고백하고 확인할 필요가 있다. 니케아 신조(Nicene Creed)나 사도신경을 암송할 때, 우리의 믿음은 견고해질 수 있다. 신앙고백은 찬송과 회중기도와 성경구절에서도 발견된다. 우리는 이러한 것들을 노래하거나 말하거나 들을 때 우리의 믿음을 확인하고 있는 것이다. 그러므로 공식적인 신조를 암송하지 않는 교회들이라도 이런저런 방법으로 신조를 사용하고 있는 것이다.

그러나 기계적으로 신조를 암송하는 것이 공허한 예배 행위가 될 때가 많다. 우리는 신조에 대한 이해를 넓히고 신조를 더욱 잘 이용하기 위해 두 가지를 할 수 있다.

- 신조의 역사를 배운다. 신조에 관한 책이나 교회사를 읽어라. 왜 신조가 만들어졌는지 알면 신조를 깊이 이해할 수 있다. 왜냐하면 각각의 신조는 교회가 당시에 직면했던 특정한 문제를 다루기 위해 만들어졌기 때문이다. 각각의 신조가 강조하는 게 있고, 그 어떤 신조도 그 자체로 완전하지 않다는 사실을 기억하는 것도 중요하다.
- 신조를 암송하고 묵상한다. 무엇인가를 암송하면 거기에 담긴 의미에 더 쉽게 집중할 수 있다. 신조를 암송하면서 각각의 단어를 생각하고 그 의미를 마음 깊이 새겨라. 매일 경건의 시간을 가질 때마다 신조를 묵상하면서 거기에 담긴 진리에 젖어보라.

60 예배 때 행하는 세례와 성찬의 의미는?

+ 로버트 웨버

R o b e r t   W e b b e r

예배는 개인적인 영적 행위가 아니라 철저히 사회적인 의미를 내포한다.

첫째, 설교를 보자. 아모스, 이사야, 미가를 비롯해 여러 선지자의 설교는 현실과 무관하거나 공허하며 추상적인 게 아니다. 이들의 설교는 실제적인 삶의 문제와 관련이 있다. 이들의 설교는 인간의 고통과 아픔을 어루만진다. 이들의 설교는 부자들이 가난한 자들을 어떻게 학대하는지 지적한다. 선지자들을 통해, 하나님은 우리에게 가난한 자들과 학대받는 자들과 고통당하는 자들의 편에 서라고 요구하신다.

둘째, 기도를 보자. 기도는 삶의 모든 문제를 다룬다. 성경은 우리에게 왕과 나라와 정부와 세계의 정황을 위해 기도하라고 가르친다. 우리는 신문을 읽어야 하며 거기 실린 뉴스를 예배의 상황에 적용해야 한다. 헤드라인을 보면서, 세상의 필요를 위해 기도할 때 기도의 방향을 잡아야 한다.

셋째, 세례를 보자. 세례 서약 가운데는 죄악을 버리겠다는 내용이 있다. 물론 이 서약은 자신의 삶에서 죄의 권세를 버리겠다는 개인적인 의미를 갖는다. 뿐만 아니라 이 서약은 놀라운 사회적 의미도 내포한다. 이것은 교회가 연합된 몸으로서 공동의 악, 곧 사회에서 나타나는 악을 버린다는 것을 의미한다.

넷째, 주의 만찬(성찬)을 보자. 주의 만찬에 참여한다는 게 무슨 뜻인지 생각해보라. 역사의 마지막에 펼쳐질 메시아 잔치에서는 모두가 주님의 식탁에 초대될 것이다. 가난한 사람들, 억압받는 사람들, 세상에서 환영받지 못하는 모든 사람들이 그리스도의 잔치에서는 환영받을 것이다. 성만찬은 교회가 이러한 사람들을 바로 지금 그리스도의 이름으로 돌보게 한다. 그리스도께서 우리를 불쌍히 여기시듯이 우리도 세상을 불쌍히 여겨야 한다.

그러므로 예배는 너무나도 실제적이다. 예배는 삶의 전 영역과 관련이 있다. 여기서는 세례와 성찬의 의미를 주의 깊게 살피기로 한다. 세례는 모든 그리스도인이 행하는 두 가지 성례 가운데 하나이다. 교회는 그리스도의 몸에 들어가는 의식인 세례를 통해 사람들을 예배 공동체에 참여한다. 또 하나의 중요한 기독교 성례인 성찬은 그리스도의 가정을 유지하는 식탁이요 양식이며 영양이다. 세례와 성찬은 우리의 신앙생활에서 반드시 필요한 요소이다.

예배와 세례

세례는 통과의례이다. 왜냐하면 세례는 삶의 한 길에서 다른 길로의 전환을 상징하기 때문이다. 사실, 세례는 옛 삶에 대해 죽고 새로운 삶으로 태어나는 것을 상징한다. 신약에는 옛 삶과 새로운 삶을 비교하는 모습이 많이 나타난다. 예를 들면, 갈라디아서 5장에서 바울은 옛 삶의 특징을 열거하면서 이것들을 '육체의 일'이라고 부른다.

"음행과 더러운 것과 호색과 우상 숭배와 술수와 원수를 맺는 것과 분쟁과 시기와 분냄과 당짓는 것과 분리함과 이단과 투기와 술 취함과 방탕함과 또 그와 같은 것들이라"(19-21절).

우리가 세례를 받을 때, 이러한 것들이 더 이상 우리의 삶을 지배하지 못하게 된다. 우리는 통과의례를 치렀다. 그러므로 우리는 이제 "성령으로 행한다"(25절). 바울은 바로 이러한 문맥에서 성령의 열매를 열거한다.

"오직 성령의 열매는 사랑과 희락과 화평과 오래 참음과 자비와 양선과 충성과 온유와 절제니"(22,23절).

세례 때, 우리는 이와 같은 새로운 양식의 삶에 열정을 쏟는다. 이러한 특징들이 우리 안에 거해야 한다. 이것들이 우리를 지배하고, 우리의 모델이 되어야 한다. 그러므로 세례는 육체의 일(죄악된 본성)로 행하던 데서 벗어나 성령으로 행하는 데로 옮겨가는 것이다.

바울은 골로새서 3장 5-14절에서 이러한 전환에 대한 또 다른 그림을 제시한다. 여기서 그는 옛 사람을 벗고 새사람을 입는 것을 말한다. 옛 사람을 벗는다는 것은 죄악된 본성에 속한 모든 것을 벗어버린다는 뜻이다.

"그러므로 땅에 있는 지체를 죽이라 곧 음란과 부정과 사욕과 악한 정욕과 탐심이니 탐심은 우상 숭배니라… 이제는 너희가 이 모든 것을 벗어버리라 곧 분과 악의와 훼방과 너희 입의 부끄러운 말이라"(5-8절).

새사람을 입는다는 것은 그리스도의 성품, 곧 긍휼과 자비와 겸손과 온유와 오래 참음과 용서와 사랑을 입는다는 뜻이다.

세례에는 두 부분이 있다. 하나님의 행위와 인간의 반응이다. 초대교회 수도사 마카리우스(Macarius)는 세례를 가리켜 "영혼의 갈망을 기다리는 하나님의 은혜의 숨겨진 임재"라고 했다. 그는 구체적으로 유아세례를 말하고 있었지만 그의 말은 성인세례에도 적용될 수 있다. 그의 말은 세례에서 두 가지가 일어난다는 사실을 강조한다. 첫째는 하나님의 행위, 즉 "하나님의 은혜의 숨겨진 임재"이며 둘째는 인간의 반응, 곧 "영혼의 갈망"이다.

세례에서 하나님의 행위는 새 마음을 가진 새사람을 창조하는 것이다. 세례에서 물은 중요한 역할을 한다. 왜냐하면 성경에서 물은 창조나 재창조와 관련될 때가 많기 때문이다. 예를 들면, 창세기의 창조기사에서 땅은 물에서부터 형성되었다. 노아의 이야기에서 방주는 물 위에 안전하게 떠 있었다. 여호수아가 이스라엘을 이끌고 요단강을 건너 약속의 땅에 들어갈 때, 물을 건너는 것은 통과의례이다. 이러한 성경의 이미지들은 우리가 물이라는 상징과 관련된 신적인 측면인 하나님의 창조 행위를 볼 수 있게 한다.

하나님의 행위에 대한 인간의 반응은 기꺼이 새로운 생명에 들어가려는 것이다. 우리는 새로운 생명을 선택한다. 우리는 세례라는 씻음의 의식을 통과하기로 선택한다. 마르틴 루터는 그의 성도들에게 "여러분의 세례 가운데 사십시오"라고 쓴 적이 있다.

내가 열세 살 때 침례교회에서 침례를 받았을 때, 목사였던 나의 아버지는 내게 이렇게 물었다.

"로버트, 그대는 마귀와 그의 모든 일을 버리겠느뇨?"

나는 "네"라고 대답했고, 그는 내게 아버지와 아들과 성령의 이름으로 침례를 주었다. 루터의 가르침을 따른다면, 이제 나는 침례(세례)를 통해 그리스도와 하나가 되었으므로 악을 버려야 한다는 것을 깨닫고 매일 나의 침례(세례)를 기억할 것이다. 나의 침례(세례) 가운데 산다는 것, 다시 말해 내가 침례(세례) 서약에서 했던 약속에 지속적으로 충실하며 산다는 것은 결혼생활에 충실하며 사는 것과 비슷하다.

3세기에 터툴리안(Tertullian)이라는 신학자는 한 무리의 이단을 보면서 이렇게 말했다.

"그들은 작은 물고기들을(물고기는 교회의 상징이었다) 죽이는 법을 너무나 잘 알고 있다. 그것은 바로 물고기를 물에서 끌어내는 것이다."

그의 말은 사람들이 세례서약에서 멀어지면, 다시 말해 악을 버리고 그리스도를 따르겠다는 약속을 멀리한다면, 사람들이 또다시 "죄악된 본성의 욕망을 만족시키거나 옛 사람을 입는다면" 이것은 자신이 받은 세례를 폐기하는 것과 같다는 뜻이다.

그러므로 세례는 수년 전에 우리에게 일어났던 흐릿한 사건이 아니다. 세례는 우리가 날마다 그리스도 안에서 성장하도록 돕는 실제적인 의미를 내포하고 있다.

예배와 성찬

주의 식탁(the Lord's table)의 의미를 이해하기 위해서는 신약에서 이 사건을 기술하면서 사용하는 네 가지 용어를 살펴볼 필요가 있다. 각각의 용어는 각기 다른 통찰을 제시한다.

첫째, 사도행전 2장 42절은 주의 만찬을 가리켜 '떡을 떼는 것'이라고 말한다. 학자들은 이 구절을 해석하면서 떡을 떼는 것은 예수님이 부활 후에 세 차례 나타나신 것과 관련이 있다고 이해한다. 예수님은 제자들에게 나타나실 때마다 그들과 함께 드셨다.

이러한 경험 가운데 하나가 누가복음 24장 13-35절에 나온다. 예수님이 두 제자와 함께 엠마오로 가고 계시는데 해가 저물었다. 두 제자가 예수님께 "우리와 함께 유하시이다"라고 말했다. 저녁 식탁에서, 예수님은 "저희와 함께 음식 잡수실 때에 떡을 가지사 축사하시고 떼어 저희에게 주셨다"(30절). 두 제자는 나중에 다른 신자들에게 이야기했으며 그때야 그분이 예수님이었다는 것을 깨달았다(35절). 예수님은 떡을 떼는 행위를 통해 그들에게 특별하게 임재하셨다. 따라서 '떡을 떼다' 라는 용어는 살아계신 그리스도께서 신자들과 함께하시는 임재에 초점을 맞춘다.

둘째, 개신교인들이 가장 일반적으로 사용하는 용어로 '주의 만찬'(the Lord's Supper)이라고 말한다. 이 용어는 고린도전서 11장 17-34절에서 사용되며 그리스도의 십자가 죽음을 강조한다. 마태복음 26장 17-29절에서, 예수님은 최후의 만찬을 위해 제자들과 함께 모인 자리에서 임박한 자신의 죽음을 강조하신다. 따라서 주의 만찬을 말하는 것은 그리스도의 죽음에 초점을 맞추는 것이다. 떡을 뗀다는 개념은 그리스도의 임재가 인식되고 그분의 부활이 확인되기 때문에 기쁨을 주는 반면, 주의 만찬이라는 개념은 우리로 하여금 그분의 죽음을 생각하면서 엄숙해지게 한다.

셋째, 고린도전서 10장 16절에서 나타나며 개신교에서 일반적으로 사용되는 용어는 '성찬'(Communion)이라고 말한다. 이 단어는 때로 '참예함'(participation)이라고 번역된다. 이것은 우리가 떡을 먹고 포도주를 마심으로써 그리스도의 몸에 참여하는 신비를 말한다. 성찬은 지적인 것에 불과한 게 아니다. 우리는 떡을 먹고 포도주를 마심으로써 예수님이 우리의 삶 속으로 들어오시고 우리가 진정으로 그분 안에 들어가며 그분 안에서 우리의 삶의 의미를 찾는다는 것을 상징적으로 나타낸다.

넷째, 고린도전서 14장 6절에 나타나는 '유카리스트'(Eucharist)라는 헬라어로 '감사'(thanksgiving)를 뜻한다. 이것은 우리가 식탁에서 일용할 양식을 주신 하나님께 감사하듯이 주의 식탁에 둘러앉을 때 감사한다는 것을 의미한다. 주의 식탁에서 드리는 감사는 역사적으로 '큰 감사'(the great thanksgiving)로 알려져 있다. 여기에는 창조, 더 나아가 구속에 대한 우리의 감사가 포함된다.

그러므로 우리는 '주의 만찬'(성찬)의 의미를 생각할 때 네 가지를 생각할 필요가 있다. 기쁨을 주는 그리스도의 임재, 엄숙함을 낳는 그분의 죽음, 그리스도와 하나되는 신비에 참여함, 우리가 떡을 먹고 포도주를 마시는 가운데 드리는 감사의 제사가 그것이다.

신약에서 주의 식탁의 의미에 관한 통찰을 제시하는 또 다른 단어로는 '기념'이 있다. 목사가 "이를 행하여 나를 기념하라"고 말할 때 그는 누가복음 22장 19절과 고린도전서 11장 24절에 기록된 예수님의 말씀을 그대로 인용하고 있는 것이다.

'주의 식탁'은 주의 만찬, 성찬, 떡을 뗌, 유카리스트 등 무엇이라고 불리든 간에, 그리스도인의 삶에서 극도로 중요한 부분임을 기억해야 한다. 우리는 가능한 한 주의 식탁을 자주 기념해야 한다. 왜냐하면 특히 여기에서 하나님의 행위가 이루어지기 때문이다. 주의 만찬을 통해, 하나님의 치유와 위로와 공급하심이 이루어진다.

나는 항상 개인적으로 어려울 때나 힘들 때, 절망이나 슬픔을 느낄 때마다 주의 식탁을 통해 그리스도의 보살핌을 받아야 한다는 것을 절실하게 느낀다. 나는 학생들이 찾아와 어려움을 토로할 때마다 이렇게 말한다.

"주의 식탁으로 피하게. 성찬의 자리로 나가 그리스도의 보살핌을 받게."

그러면 학생들은 하나같이 다시 찾아와 이렇게 말한다.

"말씀하신 대로 했어요. 그리스도께서 정말로 우리 가운데 임재하셨어요. 주님이 그분의 식탁에서 우리를 보살펴주셨어요."

61 예배에 임하는 태도는 어떠해야 하는가?

+ 리처드 러블레이스
Richard Lovelace

예배는 회중의 영적 건강을 유지하는 역할을 한다. 교회는 신학적으로 정확한 내용을 담은 감동적인 찬양을 하는 아름다운 찬양대와 웅장한 오르간과 아름다운 예배당을 갖추고 있을 수 있다. 그러나 사람들의 마음이 하나님에게서 멀어져 있고 기도의 기초가 없다면 예배는 이루어지지 않는다. 이것은 공허한 경험일 뿐이다. 건강한 영적 생활은 교인 개개인과 교회의 공동기도 생활, 말뿐 아니라 행동을 통한 복음 제시, 공동체의 존재, 건전한 신학에서 나온다.

예배를 통해 하나님을 경험하느냐는 하나님을 향한 헌신과 태도에 달려 있다. 예배 태도를 기르는 것은 미적인 문제나 전략적인 문제가 아니라 성령의 임재를 인식하는 것이다. 예배의 모든 부분은 사람들이 그리스도와의 연합에 집중하도록 도와야 한다. 사실, 예배의 아름다움은 그 예배가 얼마나 감각적이냐와는 거의 무관할 때가 많다. 형태가 단순하며 미적인 요소가 빠진 예배도 많지만 예배가 이루어지는 것은 하나님이 그곳에 계시기를 기뻐하시기 때문이다.

예배 경험

우리의 개인적인 수용성도 예배 경험에 영향을 미친다. 우리는 주일 아침 예배에 참석하지만 아무것도 얻지 못한 채 돌아올 수 있다. 이것은 예배가 그저 그

가정예배 – 데이빗 매케나(David Mckenna)

다음은 교회 예배가 일상적인 가정 생활에 스며들게 하는 데 도움이 되는 몇 가지 제안들이다.

- 주일 저녁식사 때 목사님의 오전예배 설교와 관련된 질문을 하거나 확인을 하거나 갈등이 되는 부분을 나누는 대화를 하라.
- "목사님의 설교나 주일학교에서 배운 것을 생각해봤는데…"라고 말하면서 그 내용을 뒷받침하며 가정예배 때 읽을 성경구절을 찾아보라.
- 교회예배의 설교나 찬양이나 성경구절이 결단이나 위기나 시련의 순간에 어떻게 되살아났는지를 가족에게 간증하라.
- 텔레비전을 보거나 신문을 읽을 때 예배의 진리를 현재의 사건이나 도덕적 위기와 연결해보라.
- 명함 크기의 메모지에 설교본문이나 주일학교 공과본문을 적어서 식탁 위에 두어 식사기도 때 인용할 수 있게 하거나 교회예배 때 불렀던 찬송의 한 절을 함께 불러보라.
- 가족에게 이렇게 말하라.

"나는 오늘 예배에서, 삶에 적용이 되는 점들을 발견해요. 예를 들면, 이런저런 것이 있어요."

렇기 때문이 아니라 우리가 마음을 열고 하나님의 성령을 받을 준비가 되어 있지 않기 때문이다. 우리가 귀를 기울이고 예배할 준비가 되어 있지 않다면 예배의식이 얼마나 아름다우냐는 중요하지 않다.

우리의 개인적인 배경도 예배 경험에 영향을 미친다. 우리는 늘 똑같은 형태의 예배에 지루함을 느낄 수 있다. 내가 방에 틀어박혀 3년 내내 베토벤 교향곡 9번만 듣는다면 이 음악에 완전히 무감각해질 것이다. 아이들처럼 체계화되지 않은 예배에 참석해왔던 사람들은 의식이 잘 갖춰진 예전적 예배에서 엄청난 자유를 발견할 수 있을 것이다. 반대로 예전적 형태의 예배에 익숙한 사람들은 자유로운 형태의 예배에서 생기를 얻을 수 있을 것이다.

시편기자는 "새 노래로 여호와께 노래하라"고 했다(시 149:1). 하나님은 영원히 새로운 샘이시다. 동일한 곡을 연주하면서도 끝없이 새로운 의미를 찾아내는 관현악단처럼, 하나님은 끝없는 새로움의 근원이시다.

어떤 사람들은 자연에서 하나님을 발견한다고 말한다. 사실이다. 우리는 자연의 일반계시에서 하나님을 발견한다. 그러나 하나님의 임재가 우리의 삶의 변화를 요구하는 곳은 그분의 말씀이다. 하나님의 말씀은 그분의 특별계시이다. 그분의 말씀이 우리를 두르고 우리의 삶에 요구한다. 골프장에서 하나님을 예배하기를 원하는 많은 사람들은 그리스도의 나라를 건설하는 힘들고 위험한 일에서 빠지고 싶어한다. 조직화되어 있지 않은 교회 밖 상황에서 그리스도께 나오는 것도 가능하다. 그러나 구조화된 사역에 뿌리를 내리지 않는다면 그리스도를 닮는 성장을 경험할 수 없다. 예배의 태도를 기르기 위해서는 다음과 같은 것들이 필요하다.

- **겸손과 회개** : 진정한 예배의 태도로 하나님 앞에 나오기 위해서는 우리와 하나님 사이의 간격을 알아야 한다. 그렇지 않으면, 우리는 영적이려고 노력하는 중에 바리새인처럼 될 수 있다. 우리의 의(義)는 자신이 도덕적으로 의로운 사람이라는 확신에 기초하는 게 아니다.
  "저희가 하나님께 열심이 있으나 지식을 좇은 것이 아니라 하나님의 의를 모르고 자기 의를 세우려고 힘써 하나님의 의를 복종치 아니하였느니라"(롬 10:2,3).

- **믿음** : 우리는 죄의 권세와 어둠으로부터 우리를 자유하게 하는 믿음이 필요하다. 우리 속에 있는 중심된 죄는 불신앙이다. 하와는 유혹에 굴복하면서 이러한 불신앙을 보여주었다. 믿음의 조명을 통해, 우리의 중심된 어둠이 치유되고 우리의 영적 우매함이 제거된다. 우리는 빛을 받아 보게 된다. 이러한 믿음의 목적은 영적 성취가 아니라 하나님과의 교제이다.

- **성령** : 성령은 우리의 영적 전진을 가능하게 하는 에너지이다. 성령을 통해 우리는 거룩하게 된다. 성령께서는 죄와 맞서 싸우신다(갈 5:16). 성령께서는 우리 안에서 역사하시면서 우리가 예수님을 닮게 하시고 진리로 우리를 인도하신다. 그리고 우리에게 하나님의 영광을 계시하신다. 성령께서 우리의 삶에 임재하심으로 우리는 영이신 하나님을 예배할 수 있다.
  "보혜사 곧 아버지께서 내 이름으로 보내실 성령 그가 너희에게 모든 것을 가르치시고 내가 너희에게 말한 모든 것을 생각나게 하시리라"(요 14:26).

죽음의 문턱에서 찾은 하나님

_심장병 수술 후 내가 받은 귀한 선물 이야기

_데이빗 애스피 David Aspy

사람들이 하나님의 무한한 자비를 배우는 방법은 매우 다양하다. 나는 '대체 혈관 수술'(인공 혈관이나 신체의 다른 부위의 혈관을 이식하는 수술)을 통해 나를 향한 그분의 사랑을 배웠다. 이 경험을 통해 나는 하나님이 허락하신 인생과 축복들을 더 깊이 느낄 수 있게 되었다. 이런 경험과 하나님의 은혜로 인하여 나는 이제 "나는 그리스도인이다"라고 조용히, 그러나 단호하게 말할 수 있다.

심장병 전문의는 내 병상 옆에 앉아서 "당분간 이 병원에 계셔야 할 것 같습니다"라고 말했다.

잠시 후 심장병 수술 외과의사가 들어왔으며, 그의 손에는 심장을 그린 그림이 들려 있었다. 자신의 수술 계획을 설명하기를 원했던 그는 내가 볼 수 있도록 그 그림을 들어보인 후 그림의 이 부분 저 부분을 가리키며 설명을 시작했다. 그런 자세한 설명이 굳이 필요없다고 느낀 나는 "선생님이 필요하다고 생각하는 것을 시행하십시오"라고 말했다.

수술 당일 마취약이 나의 감각을 무디게 하였다. 그래서 정작 수술에 대한 기억은 없다. 다만 수술 이후에 대한 나의 첫 기억은 내 남동생이 나를 내려다보면서 "형, 다 끝났어. 형이 해냈어!"라고 말한 것이다.

중환자실에 누워 있는 나의 목에는 튜브가, 내 팔에는 정맥 주사가 꽂혀 있었다. 심전도 모니터에서는 "삑삑삑" 소리가 났다. 얼마 후 외과의사는 내 배에서 튜브를 빼냈는데, 그 과정이 너무 고통스러웠다. 그는 내가 일반 병실로 갈 수 있다고 말했다. 그리하여 여러 가지 힘든 단계들을 거친 나는 비로소 비교적 평안한 시간을 갖게 되었다.

병원 침상에 앉아 생각해보니 내가 살아 있다는 것이 신기했다. 가슴에 통증을 느끼고 심한 기침이 괴로웠지만 어쨌든 나는 살아 있었다. 치명적인 심장병 발작을 겪고 큰 수술까지 받은 후에 나는 다시 하나님께 내 정신을 집중할 수 있었다.

나는 우리가 드릴 수 있는 온갖 종류의 기도를 다 드렸다. 나는 내 죄를 용서해달라고 기도했다. 더욱 하나님의 뜻을 따라서 살 수 있는 힘을 달라고 기도했다. 내가 사랑하는 사람들을 위하여 기도했다. 그러나 무엇보다 그분의 뜻을 내게 더욱 분명히 알려달라고 기도했다.

심장병 수술을 받은 후 얼마 동안 나는 죽음의 문턱까지 갔다가 살아났기 때문에 인생의 가장 깊은 교훈을 배웠다는 생각을 하였다. 그러나 그 후 계속 살아가면서 나는 하나님이 내게 가르치시려고 준비해놓으신 교훈들이 많다는 것을 깨닫게 되었다.

내가 심장병 수술을 받았던 도시에 갈 때마다 나는 그 병원의 예배당을 찾아간다. 왜냐하면 그곳은 나의 생명을 살려준 귀중한 곳이기 때문이다. 거기서 나와 아내와 내 아이는 무릎을 꿇고 눈을 감는다. 내 마음의 눈에는 우리가 천국에 있는 것이 그려진다. 또한 거기서 우리가 주님을 늘 사랑했던 모든 사람들과 함께 있는 것이 마음의 눈에 보인다. 또한 우리의 마음속에는 우리 세 사람이 무릎 꿇고 둘러앉아 있는 곳의 중심부에 한 줄기 빛이 비치는 것이 보이며, 우리 모두는 미소 지으며 그 빛을 향하여 눈길을 돌린다. 나는 사랑하고 울고 웃고 노래하고 기뻐한다.

지금 내가 느끼며 표현할 수 있는 기쁨은 심장병 수술 이후 내게 주어진 선물이다. 그렇게 고통스럽고 어려운 사건을 통해서 이런 놀라운 선물이 주어질 수 있다는 것이 잘 이해되지 않는다. 그러나 분명히 그 선물은 나에게 주어졌다. 은혜가 많으신 하나님께 감사한다.

모세가 와서 여호와의 모든 말씀과 그 모든 율례를 백성에게 고하매 그들이 한 소리로 응답하여 가로되
여호와의 명하신 모든 말씀을 우리가 준행하리이다(출 24:3).

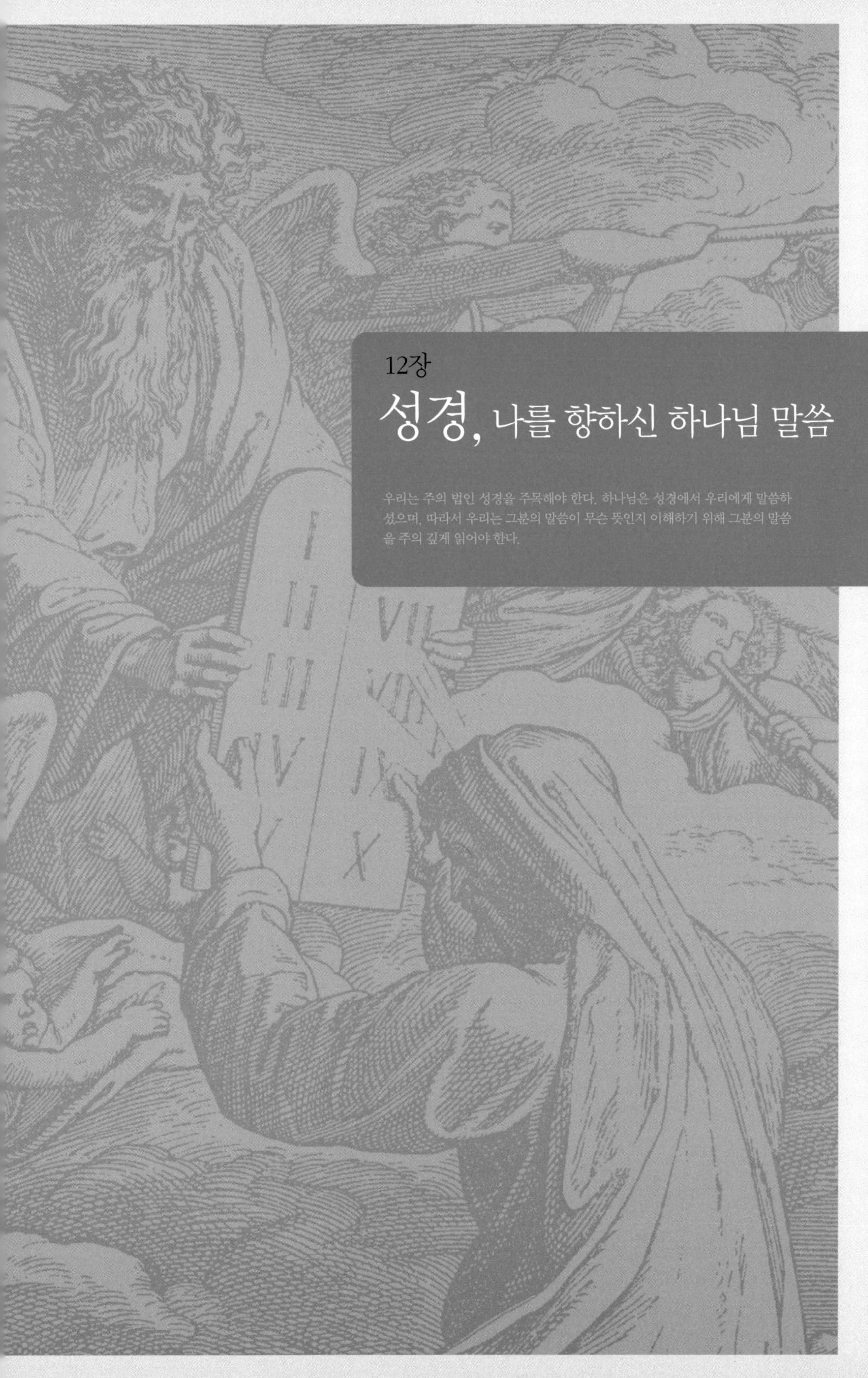

12장
성경, 나를 향하신 하나님 말씀

우리는 주의 법인 성경을 주목해야 한다. 하나님은 성경에서 우리에게 말씀하셨으며, 따라서 우리는 그분의 말씀이 무슨 뜻인지 이해하기 위해 그분의 말씀을 주의 깊게 읽어야 한다.

62 하나님은 왜 우리에게 성경을 주셨는가?

+ 아지스 페르난도

Ajith Fernando

하나님과의 관계로 말하는 게 그리스도인의 삶을 가장 간단하게 묘사하는 방법일 것이다. 사람 사이의 관계에는 반드시 대화가 있어야 한다. 그리스도인의 삶도 마찬가지이다. 우리는 기도를 통해 하나님께 말하며 하나님은 수많은 방법으로 우리에게 말씀하신다. 하나님이 우리에게 말씀하시는 가장 일반적인 방법은 성경을 통하는 것이다.

우리가 성경에 접근할 때마다 우리의 마음에는 "내 눈을 열어서 주의 법의 기이한 것을 보게 하소서"(시 119:18)라는 기도가 있어야 한다. 이 기도는 하나님이 우리에게 기이한 것을 보여주시지만 우리가 그 과정에서 완전히 수동적인 자세를 취하는 게 아니라고 말한다. 우리는 주의 법인 성경을 주목해야 한다. 하나님은 성경에서 우리에게 말씀하셨으며, 따라서 우리는 그분의 말씀이 무슨 뜻인지 이해하기 위해 그분의 말씀을 주의 깊게 읽어야 한다.

하나님이 말씀하시는 방법

하나님은 성경에서 어떤 방법으로 우리에게 말씀하시는가? 다음 세 가지 방법을 하나씩 살펴볼 수 있다.

첫째, 우리가 직면한 상황에 맞는 직접적인 지침을 통해서 말씀하신다. 여기서 하나님은 우리가 무엇을 해야 하는지 지시하는 안내자와 같다. 예를 들면, 우리가 우리를 반대하는 사람 때문에 어려움을 겪고 있다면 그리스도인은 원수를 사랑해야 한다는 구절을 읽을 수 있을 것이다(마 5:43-46). 다음은 성경에서 하나님이 우리에게 주기를 원하시는 지침을 발견하는 데 도움이 되는 질문들이다.

- 내가 요구해야 하는 약속이 있는가?
- 내가 순종해야 하는 명령이 있는가?
- 내가 피해야 하는 죄가 있는가?
- 내가 따라야 하는 본이 있는가?

우리는 성경을 읽을 때마다 이러한 질문을 할 필요가 있다.

자신이 읽은 것을 일반적으로 적용하는 데 만족할 뿐 하나님에게서 분명한 지침을 얻지 못하는 사람들이 많다. 우리는 구체적인 적용을 위해 노력해야 한다. 일반적인 적용은, 예를 들면 이런 것이다.

"그리스도인은 원수를 사랑해야 한다."

동일한 구절에 대한 더 구체적인 적용은 이런 것이다.

"밥이 나를 비방하는 이야기를 퍼트려 내게 상처를 주었다고 하더라도 나는 그를 사랑해야 해."

훨씬 더 구체적인 적용은 이런 것이다.

"밥의 아이가 아픈데 자동차가 고장났대. 밥은 나를 비방하는 이야기를 퍼트려 내게 상처를 주었어. 나는 오늘 아주 바빠. 하지만 밥과 아이를 병원까지 태워주겠다고 얘기해야지."

둘째, 하나님은 성경적 원리를 주심으로써 우리에게 말씀하신다. 이것은 하나님이 어떤 분이시고 어떻게 행동하신다거나 인간이나 세상이나 천국이나 지옥이나 그리스도인의 삶과 같은 주제에 관한 진리이다. 여기서 하나님은 교실에서 중요한 사실을 제시하는 선생님과 같다. 이러한 사실들은 우리의 삶에 곧바로 적용되지 않을 수도 있지만 그래도 우리는 이러한 사실들을 받아들이고 우리 마음에 간직해둔다(시 119:11). 이런 방법으로, 우리는 필요할 때 사용할 수 있도록 우리 마음에 있는 진리의 저수지를 채운다.

우리는 아무런 어려움도 만나지 않는 화창한 날에 창세기 50장 20절을 읽는다. 형들이 요셉을 해치려 했음에도 불구하고 하나님은 이들의 악을 사용하여 도리어 선을 행하셨다. 우리는 자신의 삶에서 이러한 진리를 즉시 적용할 곳을 찾아내지는 못할 것이다. 그러나 중요한 원리 하나가 우리의 '저수지'에 저장된다. 이 원리는 하나님이 다스리시기 때문에 우리가 그분께 충실하면 그분은 사람들이 우리를 해하려고 계획하는 악까지도 놀라운 일을 행하는 데 사용하시리라고 말한다.

우리가 진리의 저수지를 채우는 게 얼마나 중요한지 모른다. 이것이 한 사람을 영적으로 강하게 만든다. 왜냐하면 이것은 도전을 만날 때 그 도전에 적절히 대처할 수 있는 자원을 그에게 제공하기 때문이다. 그러므로 우리는 성경을 읽는 순간에 구체적인 상황을 위한 분명한 적용이 떠오르지 않더라도 실망해서는 안 된다. 성경은 하나님의 말씀이다. 그러므로 우리가 성경을 읽을 때마다 하나님은 즉시 또는 나중에 사용될 수 있는 매우 중요한 것을 가르쳐주실 수 있다.

셋째, 하나님은 우리가 특별한 메시지라고 부를 수 있는 것을 통해 우리에게 말씀하신다. 하나님은 언제나 우리에게 말씀하기를 원하신다. 그러나 우리는 그분에게 주파수를 맞추지 못함으로써 그분의 음성을 듣지 못할 때가 너무나 많다. 우리는 성경을 읽을 때 자동적으로 경청의 태도를 취할 때가 많다. 이때 하나님은 우리가 읽고 있는 문자를 뚫고 우리를 위한 메시지를 전달하실 수 있다.

하나님의 특별한 메시지

한 크리스천 사업가가 있다. 그는 새로운 사업을 과감하게 시작해야 하느냐를 두고 결정을 내려야 한다. 그는 새로운 사업의 가능성을 검토했다. 위험이 따랐으나 성공할 수 있을 것 같았다. 그는 그 사업이 자신의 신앙생활, 곧 자신의 삶에서 가장 중요한 부분에 어떤 영향을 미칠지 살펴본 후 둘 사이에 뚜렷이 배치되는 부분이 전혀 없다는 것을 발견했다. 물론 그는 사업이 성공할 수 있을지 두렵지만 진취적인 사업가가 이러한 두려움에 굴복할 수는 없다. 그러나 그는 새로운 사업이 자신을 향한 하나님의 뜻인지 알고 싶다. 여기에 대한 확신이 없다면, 새로운 사업이 아무리 매력적이더라도 그 사업을 시작하지 않을 것이다.

그러나 성경은 이러한 결정에 관해 그에게 구체적인 지침을 제시할 수 없다. 성경은 그가 결정을 내리도록 돕는 지침을 제시할 수 있을 뿐이다. 이와 같은 때에, 하나님은 각자가 주도적으로 결정을 내리도록 맡겨두실 때가 많다. 그러나 때로 하나님은 그의 결정을 돕는 특별한 메시지를 주시기도 한다.

어느 날, 이 사업가는 여느 때처럼 성경을 읽다가 여호수아서 1장 1-9절을 보게 되었다. 여기서 하나님은 여호수아에게 앞에 있는 위험을 두려워하지 말고 그분을 믿고 전진하라고 촉구하신다. 하나님은 그에게 승리의 확신을 주신다. 이 구절은 그의 상황에 적절해 보인다. 사업가는 하나님께서 자신이 내리려는 결정에 관해 분명한 메시지를 주시려고 자신이 오늘 이 구절을 읽도록 예비해두셨다는 것을 알게 된다. 그는 하나님이 자신을 그 길로 인도하셨다고 믿으면서 새로운 사업을 시작한다.

주권적인 하나님은 우리에게 어떤 구절의 메시지가 가장 필요한 바로 그날에 그 구절을 읽도록 미리 정하실 수 있다. 그러므로 우리가 어떤 날에, 어떤 구절을 읽는다는 사실은 단순한 우연의 일치가 아닐 것이다. 이것은 당연히 하나님의 직접적인 인도일 것이다.

하나님의 특별한 메시지는 지침의 부분에서만 주어지는 게 아니다. 하나님은 위로와 격려와 경고와 책망의 메시지도 보내실 수 있다.

물론, 우리는 이러한 메시지를 받을 때 우리가 듣고 있는 게 하나님의 음성이라고 100퍼센트 확신할 수는 없다. 이러한 메시지는 성경만큼 권위 있는 게 아니다. 성경의 분명한 지침은 오류가 없다. 우리는 이러한 개인적인 메시지에 대해 성경과 동일한 정도로 분명하게 말할 수는 없다.

예를 들면, 우리는 우리가 원하는 것을 말하도록 성경을 왜곡할 수 있다. 이와 비슷하게, 우리는 어떤 메시지를 받을 때 실제로는 하나님이 그 메시지와 아무런 관련이 없는데도 그 메시지가 하나님에게서 왔다고 생각할 수 있다. 우리는 하나님이 성경의 분명한 지침과 모순되는 것을 우리에게 요구하지 않으시리라고 확신할 수 있다. 그러므로 우리는 성경의 원리와 모순되는 메시지는 하나님으로부터 온 게 아니라고 주저 없이 말할 수 있다.

여기에 적용되는 한 가지 좋은 규범은 이러한 특별한 메시지를 일부러 찾아다녀서는 안 된다는 것이다. 하나님은 그분이 원하시면 우리에게 말씀하실 것이다. 우리가 메시지를 찾아다닌다면 우리의 상상과 생각을 하나님의 음성으로 착각하기 쉽다.

하나님은 성경을 통해 말씀하시며, 그런 후에 세 가지 방법으로 말씀하신다. 그분은 우리가 직면한 상황에 맞는 직접적인 지침을 우리에게 주신다. 그분은 지금이나 나중에 우리에게 도움이 되는 성경의 원리들을 알려주신다. 그리고 그분은 특별한 메시지를 통해 우리에게 직접적으로 말씀하신다. 하나님은 우리와 교통하기를 원하신다. 성경과 함께하는 시간을 가지면서 하나님이 말씀하실 기회를 드리느냐는 우리에게 달렸다.

63 성경이 믿을 만하다는 것을 어떻게 알 수 있는가?

+ 노만 가이슬러

Norman Geisler

성경이 믿을 만하다는 것을 알 수 있는 것은 예수님이 성경은 믿을 만하다고 말씀하셨기 때문이다. 그분은 이렇게 말씀하셨다.

"진실로 너희에게 이르노니 천지가 없어지기 전에는 율법의 일점일획이라도 반드시 없어지지 아니하고 다 이루리라"(마 5:18).

예수님은 성경을 가리켜 "하나님의 말씀"이라고 하셨으며 "성경은 폐하지 못하나니"라고 말씀하셨다(요 10:34,35). 예수님은 하나님의 아들이시기 때문에 우리는 그분이 하나님의 말씀에 관해서 하신 말씀을 신뢰할 수 있다.

성경이 믿을 만한 증거

첫째, 많은 선지자들이 성경은 초자연적인 기원을 갖는다는 것을 보여준다. 성경은 수많은 예언을 했으며 때로는 수백 년 전에 예언을 했으나 그 예언들이 문자적으로 정확하게 이루어졌다. 예를 들면, 성경은 예수님이 태어나실 가계(家系)를 예언했다(창 15장 ; 삼하 7장). 성경은 또한 예수님이 태어나실 베들레헴이라는 성의 이름까지 예언했다(미 5:2). 그뿐만 아니라, 이사야 7장 14절에서 성경은 예수님이 어떻게 태어나실 것인가도(동정녀에게서) 예언했다.

둘째, 고고학이 성경을 뒷받침해준다. 말 그대로 수많은 고고학적 발견들이 성경에 제시된 진리를 확인해준다. 성경의 가르침을 뒤집는 발견은 단 하나도 없었다.

셋째, 역사적 문헌이 성경의 기록을 뒷받침해준다. 신약성경의 초기 헬라어 필사본의 수는 고대세계의 다른 어떤 책의 필사본보다 많다. 많은 고전들이 겨우 몇 개의 필사본을 통해 살아 남았을 뿐이며 필사본이 두 개밖에 없는 경우도 있다. 그러나 신약성경의 헬라어 필사본은 5,366개에 달하며, 기록 시기도 원본이 기록된 1세기 말 직후까지 거슬러 올라간다. 사해사본의 발견으로 구약성경 필사본의 정확성이 확인되었다. 최근에 에블라(Ebla)에서 발견된 수천 개의 토판은 창세기 앞부분의 역사성을 뒷받침해준다.

넷째, 성경은 세계에서 영향력이 가장 큰 책이다. 성경은 세계의 어떤 책보다 많은 언어로 번역되었고, 많이 인쇄되었으며, 많은 사람에게 영향을 미쳤다. 성경은 수많은 사람들을 회심시켰고, 나라들을 통째로 변화시켰으며, 문명의 진로를 바꿔놓았다. 히브리서 4장 12절은 이렇게 선포한다.

"하나님의 말씀은 살았고 운동력이 있어 좌우에 날선 어떤 검보다도 예리하여 혼과 영과 및 관절과 골수를 찔러 쪼개기까지 하며 또 마음의 생각과 뜻을 감찰하나니."

다섯째, 성경은 하나님의 행위(이적)를 통해 확증된 하나님의 선지자들에 의해 기록되었다. 진정한 선지자를 가리는 테스트가 있었다(신 13장). 필요할 때마다 하나님은 모세에게 하셨듯이(출 4장) 기적을 통해 그분의 대언자를 확증시켜 주셨다. 하나님은 이들의 설교를 확증하시기 위해 표적을 보이셨으며, 이들의 메시지를 뒷받침하기 위해 이적을 보이셨다. 따라서 성경을 기록한 선지자들은 영감된 하나님의 말씀을 기록하도록(딤후 3:16,17) 하나님의 성령으로 감동되었으며(벧후 1:20,21) 하나님의 행위로 확증되었다(고후 1:22).

성경의 신빙성을 의심할 필요가 없다. 성경의 메시지는 오늘도 동일하며 그것을 읽고 믿는 자들의 삶에 깊은 영향을 미치겠다고 약속한다.

64 왜 나는 성경을 믿는가?

+ 찰스 콜슨
Charles Colson

가장 간단하게 말하자면 이렇다. 하나님이 오류를 범하실 수 없는 분이라면, 성경이 하나님의 말씀이라면, 성경은 무오(無誤)해야 한다. 무오하신 하나님은 오류를 범하실 수 없다. 성경은 하나님에게서 나왔으므로 당연히 무오해야 한다. 어떻게 하나님의 말씀이면서 동시에 오류가 있을 수 있겠는가?

그런데 성경이 하나님의 말씀인 것은 알지만 몇 가지 오류도 발견된다고 말하는 사람들이 있다. 이들은 사실 성경이 하나님의 말씀이라고 온전히 믿지 않고 있는 것이다. 첫 번째 문제는 이것이다. 성경은 정말 하나님의 말씀인가? 나는 여기서부터 연구를 시작했다. 이 질문의 답이 "예"라면 성경은 오류가 없어야 하기 때문이다.

몇 년 전에 한 신문기자가 성경의 정체를 벗기려고 고고학적 증거를 샅샅이 뒤졌다. 그러다가 그는 결국 회심했다. 그는 성경이 자신이 연구한 가장 특별한 문헌이라는 것을 발견했다. 성경에는 다른 역사 기록이 전혀 없는 시대의 역사에 관한 진리를 제시한다. 고고학적 증거는 성경이 절대적으로 정확하며, 가장 세밀한 부분까지도 정확하다는 것을 보여주고 있다.

내가 생각하기에, 성경 전체를 보면서 성경을 성령이 아닌 다른 누구의 작품으로 돌리는 것은 도저히 불가능한 일이다.

도전과 시험을 견뎌온 성경

오랜 세월 동안, 성경은 거룩한 문서로만이 아니라 역사적 기록으로 살아 남았으며 지금까지 장기적인 베스트셀러로 읽히고 있다. 수많은 시대를 거치면서, 성경은 모든 도전이나 시험을 견뎌냈다.

나는 어느 책이 성경이라고 부를 가치가 있는가를 결정했던 정경회의(canonical council)에서 벌어진 논쟁을 연구하면서, 참석자들이 이 과정에서 하나님의 마음을 구했다는 것을 확신하게 되었다. 하나의 저작이 성경이냐 아니냐를 결정하는 데 적용된 검증 기준은 어떤 과학적인 방법보다 엄격했다.

지난 2백 년 동안, 많은 비평가들이 성경에서 구멍을 찾으려 했다. 예를 들면, 이들은 시편이 다윗 시대에는 알려지지 않은 정보를 포함하고 있기 때문에 그리스도보다 천 년이 앞선 다윗 시대에 기록되었다는 증거가 전혀 없다고 주장했다. 비평가들은 시편이 마카비 시대에 기록되었다고 주장했다. 그런데 사해사본이 발견되었다. 지금은 훌륭한 학자라면 시편이 마카비 시대의 저작이라고 주장하지 않을 것이다. 시편 22편은 십자가형을 정확하게 묘사하는데, 십자가형은 그리스도께서 오시기 100년 전에야 나타난 것이었다. 따라서 우리는 시편이 하나님의 영감으로 기록되었다고 결론내리지 않을 수 없다.

히타이트 제국(Hittite Empire, 성경에서는 '헷')의 발견은 성경의 정확성을 확인해주는 또 하나의 증거이다. 비평가들은 성경이 다른 역사 기록에는 전혀 나타나지 않는 나라를 말하는 오류를 범하고 있다고 주장했다. 그러나 지난 50년 사이에, 고고학자들은 히타이트 제국이 실제로 존재했을 뿐 아니라 성경이 말하는 그대로 정교한 언어까지 갖추고 있었다는 사실을 발견했다.

성경에 대한 학자들의 공격은 고고학적 발견과 그 외의 증거로 인해 실패로 돌아갔다. 성경이라는 한 권의 책에 담긴 모든 내용은 역사적으로 사실과 부합하고, 정확하게 수집되었으며, 특별하다. 왜냐하면 성경과 같은 역사를 가진 책은 없기 때문이다. 성경은 어떤 사건들이 일어나기 오래전에 그 사건들을 예언했다. 이러한 예언들이 역사의 사실로 성취되었다. 그럼에도 불구하고 모든 공격과 시험을 견딘 성경이 인간에게서 비롯된 책일 뿐이라고 말하는 것은 미개인의 태도일 뿐이다. 이것은 학자의 시각이 아니다. 이것은 무신론적 전제를 갖고 있으며 따라서 성경을 믿지 않기 위해 그렇게 말할 수밖에 없는 사람의 태도일 뿐이다.

무오한 하나님 말씀

내가 성경은 하나님의 말씀이라고 말할 때 의미하는 것은 성경의 원본(原本)이다. 오랜 세월 원본은 번역과 필사 과정을 거치는 동안 몇몇 부분에서 실수로 바뀌었을 수 있다. 그러나 성경의 원본은 오류가 없어야 한다.

내가 생각하기에, 성경의 정확성을 가장 강하게 뒷받침해주는 것은 그리스도의 부활이다. 그리스도께서 부활하셨다는 증거는 내가 법정에서 했던 그 어떤 주장보다 강력하다. 11명의 목격자가 서로 확인하면서 각자 글을 썼다. 이들은 그리스도께서 죽은 자 가운데서 살아나셨다고 말한다는 이유로 40년 동안 박해를 받았지만 그 누구도 그분을 부인하지 않았다. 나도 예외가 아니지만, 나는 인간이 얼마나 쉽게 넘어지고 자신의 안전을 위해 다른 사람들을 얼마나 쉽고 빠르게 포기하는지 보았다. 누가 뭐라고 하더라도, 나는 그렇게도 연약한 그리스도의 사도들이 40년 동안 거짓말을 계속할 수 있었을 것이라고는 믿을 수 없다. 이들의 이야기는 사실일 수밖에 없다. 이들은 죽은 자 가운데서 부활하신 예수님을 본 게 분명하다.

하나님의 말씀은 무오하다. 그러나 하나님의 백성은 무오하지 않다. 우리는 유오(有誤)하며, 따라서 하나님이 의도하지 않은 방향으로 해석할 때가 있다. 두 사람이 동일한 성경구절을 읽더라도 서로 다른 결론에 이를 수 있다. 이것은 자유의지의 결과이며, 따라서 나는 내 해석만 옳고 다른 사람의 해석은 모두 틀렸다고 오만하게 주장할 수 없다. 그러나 비록 우리가 때로는 틀린 해석을 하기도 하지만 하나님의 말씀을 해석하려고 노력하는 과정에서 진리가 나온다. 이것이 그리스도인의 삶의 긴장이다. 그렇지 않다면, 우리는 로봇에 불과할 것이다. 이러한 긴장의 일부는 건강한 것이며, 하나님이 그분의 형상대로 우리를 지으시면서 우리에게 우리 자신의 마음을 주신 결과이다.

하지만 가장 주목할 만한 것은 성경을 신실하게 따르는 사람들의 삶에서 일어나는 변화이다. 나는 "성경을 공부했고, 오랫동안 성경대로 살았지만 아무 효과도 없었어요"라고 말하는 사람을 본 적이 없다. 내가 만나는 사람들은 감격스럽게 말하곤 한다. 성경에 빠지고 성경의 가르침대로 살려고 노력할수록 하나님이 자신들의 삶을 통해 그분의 놀라운 일들을 성취하셨다는 사실을 더 분명하게 발견하게 되었다고….

65 성령의 영감(靈感)을 얻으려면?

+ 이사벨 앤더스 트룹
I s a b e l   A n d e r s   T h r o o p

성경의 영감에 관해 가장 먼저 알아야 할 사실은 우리에게 성경은 부분적으로 하나의 신비라는 것이다. 우리는 어떻게 위대하신 하나님이 그분의 진리를 인간에게 전하기로 하셨는지 완전히 이해할 수도 없고 설명할 수도 없다. 그러나 이러한 사실이 충분히 강조되지 않을 때가 많다. 오히려 우리는 성경이 하나님의 감동으로 기록되었다는 것을 믿음으로 받아들인다.

하나님이 말씀하기로 선택하셨다. 얼마나 큰 기적인가! 하나님께서 그분의 피조물이 이해하며 행동의 근거로 삼을 수 있는 방식으로 그들과 교통(交通)하셨다. 얼마나 놀라운 일인가! 어떻게 인간의 언어가 궁극적인 진리를 담을 수 있는가? 그리스도인들은 하나님의 성령이 성경 안에서 성경을 통해 호흡하실 때 성경의 언어가 우리에게 진리를 전한다고 믿는다. 성령께서 우리에게 보는 눈과 듣는 귀를 주시면서 하나님의 말씀이 살아 움직이게 하시고 우리를 조명(照明)하신다.

예수님은 제자들에게 하나님이 인간과 교통하시는 과정을 설명해주셨다. 제자들은 "왜 비유로 말씀하십니까?"라고 물었다. 예수님은 영적 귀를 가진 자들은 듣고 이해할 수 있을 것이라고 확실하게 말씀하셨다. 예수님은, 말씀을 받아들이지 못하게 하는 거침돌은 바로 완악한 마음이라고 말씀하셨다(마 13:9-16). 지금도 어떤 사람들은 깨달음을 가로막는 '완악한 마음'으로 성경에 접근하는 경향이 있다.

그런데 성경구절을 읽거나 말하거나 되풀이할 때마다 말씀이 기계적으로 역사하는 것은 아니다. 예수님이 청중에게 직접 말씀하고 계실 때라도 그분의 존재와 권세가 성공을 보장해준 것은 아니었다. 신적인 교통은 두 사람, 곧 말하는 사람과 듣는 사람 사이의 대화이기 때문이다. 듣는 사람은 그리스도의 말씀을 받아들일 것인가 아니면 거부할 것인가를 선택할 수 있다.

하나님과 인간의 기적적인 연합

하나님은 성경기자들의 인간적 능력과 관심을 사용하시면서 이들과 함께 일하시고, 이들을 통해 일하셨으며, 자신의 목적을 이루려 하신다. 성경에서, 하나님과 인간은 기적적인 연합을 통해 하나가 된다. 이것이 큰 신비이다. 우리는 예수 그리스도 안에 있는 놀라운 신비도 인정해야 한다. 그렇지 않다면 하나님과 인간의 하나됨을 상상한다는 것은 거의 불가능할 것이다.

예수님은 완전한 하나님이자 완전한 인간이셨다. 성경은 이렇게 말한다.

"말씀이 육신이 되어 우리 가운데 거하시매 우리가 그 영광을 보니 아버지의 독생자의 영광이요 은혜와 진리가 충만하더라"(요 1:14).

이 구절에서, 예수님은 하나님의 말씀으로 불리신다. 예수님이 하나님이신 동시에 인간이시기에 하나님과 인간 사이의 벽을 허무신 것처럼, 성경은 지상적인 동시에 천상적이어서 거대한 교통의 틈을 잇는 다리를 놓는다. 이것이 우리가 말씀을 우리의 삶에 받아들이기 위해 믿음으로 받아들이는 신비이다.

"성령의 감동하심을 입은 사람들이 하나님께 받아 말할" 때(벧후 1:21), 이들은 천상의 일을 성취하는 능력으로 충만했다. 하나님은 그분의 영원한 목적을 위해 이들의 모든 달란트와 순종을 사용하셨다. 이들은 하나님의 영원한 계획의 일부가 되었다. 이들의 말이 하나님의 목적을 위해 성별될 만큼 이들은 성령이 충만했고, 하나님의 전망이 이들의 저작을 통해 빛날 수 있었다.

그러나 성경을 읽어보면 성경을 기록한 선지자들과 시인들과 역사가들이 평범한 인간 그대로였던 게 분명하다. 이들은 각자의 책과 편지를 쓰면서 회상, 편집, 조사, 세세한 선택, 특정 사실의 포함과 배재와 같은 평범한 기술을 사용했다. 예를 들면, 누가는 자기가 조사를 언급하면서 자신의 복음서를 시작한다.

"우리 중에 이루어진 사실에 대하여 처음부터 말씀의 목격자 되고 일꾼 된 자들의 전하여준 그대로 내력을 저술하려고 붓을 든 사람이 많은지라 그 모든 일을 근원부터 자세히 미루어 살핀 나도 데오빌로 각하에게 차례대로 써 보내는 것이 좋은 줄 알았노니 이는 각하로 그 배운 바의 확실함을 알게 하려 함이로다"(눅 1:1-4).

하나님은 성경기자들의 기술을 취하시고, 그것들을 거룩하게 하시며, 우리를 포함하여 미래 세대에 그분의 말씀을 전하는 가운데 그분의 영광을 나타내기 위해 사용하셨다.

성경에서 어떤 부분이 인간적이고 어떤 부분이 신적인가? 성경은 솔기 없는 옷이다. 말씀에는 이러한 구분을 불가능하게 하는 통일성이 있다. 다시 한 번 우리는 성육신의 신비를, 그리스도께서 완전한 인간이시며 완전한 하나님이시라는 사실을 생각해야 한다. 마찬가지로, 성경은 비록 인간의 언어와 인간의 전달 방법을 사용하고 있다 하더라도 영원한 하나님의 말씀이다. 그러나 이것을 이해한다고 말하는 것은 어리석은 짓이다. 다만 이것을 믿고 영감의 진리 가운데 사는 것이 지혜의 시작이다.

"(내가) 주의 율례를 즐거워하며 주의 말씀을 잊지 아니하리이다"(시 119:16).

우리는 예수 그리스도를 통한 우리의 구속을 믿기 위해 믿음을 훈련하듯이 믿음으로 성경에 접근한다. 베드로가 우리 주님께 말했듯이 우리도 "주여 영생의 말씀이 계시매 우리가 뉘게로 가오리이까"(요 6:68)라고 말해야 한다.

66 성경공부가 꼭 필요한가?

+ 클라크 피녹

C l a r k   P i n n o c k

내가 성경에서 아무것도 얻어내지 못하면 어떻게 되는가? 성경은 따분하고 이해하기 어려울 때가 많다. 그래도 성경을 계속 읽어야 하는가?

이것이 당신의 문제라면 당신은 심각한 상황에 처해 있는 것이다. 당신이 그리스도인으로서 성장하고 하나님이 맡기신 사역을 효과적으로 감당하려면 의미 있는 성경공부에 정기적으로 참석할 필요가 있다. 어쨌든 성경은 하나님께서 우리가 우리의 삶에서 많은 귀중한 역할을 수행하도록 주신 것이다.

성경은 우리에게 하나님의 초상화를 제공하며 그분을 지적으로 예배하도록 이끈다. 성경은 일상의 길을 비춰주며 순종에 박차를 가한다. 우리는 성경이 우리의 일용할 양식이며, 성장을 준비하는 주된 수단이라고 말할 수 있다.

영감을 받은 성경기자가 성경에 어떤 가치를 두었는지 느끼고 싶다면 시편

119편을 읽어보라. 성경은 하나님과 친밀해지는 길이다. 왜냐하면 성경은 어떻게 그분의 임재 안에 들어가며 그분의 뜻 가운데 거하는지를 알려주기 때문이다. 그러므로 성경에 대한 관심이 부족한 게 당신의 문제라면 이 문제를 심각하게 받아들이고 해결하겠다고 결심하라.

성경에 관한 세 가지 중요한 진리를 기억하는 게 도움이 될 것이다.

첫째, 하나님 자신이 성경을 우리에게 주셨다는 사실이다. 성경은 기록된 하나님의 말씀이며, 따라서 주의 깊은 믿음의 반응을 받을 만하다.

둘째, 실제 인간들이 진정한 역사적 정황 속에서 각자의 진정한 목적을 갖고 성경을 썼다는 사실이다. 그러므로 본문이 처음 기록될 때 의미한 게 무엇인지 찾아내려는 노력이 꼭 필요하다. 바로 이 부분에서 문제가 있는 사람들이 있다. 이들은 성경을 주의 깊게 연구하려고 노력하지 않으며, 따라서 이들에게 성경은 대체로 닫힌 책으로 남아 있다. 성경은 급하게 읽는 사람에게 곧장 자신의 보화를 내어주지 않는다는 점을 기억하라.

셋째, 성령께서는 신자들의 삶에서 성경을 은혜의 수단으로 사용하신다. 그러므로 우리는 기도하면서 기대감을 갖고 본문에 접근해야 한다. 우리가 알듯이, 하나님은 그분의 진리를 교만한 자들에게 숨기시고 겸손한 자들과 어린아이 같은 자들에게 나타내신다. 우리는 성경을 읽을 때, 본문이 처음 기록되었을 때 무엇을 의미했느냐를 물을 뿐 아니라 지금 우리에게 무엇을 의미하는지를 물어야 한다. 우리가 성경을 읽는 동기는 언제나 '순종'이어야 하며 주님을 더 충성스럽게 따르는 법을 배우는 것임을 잊지 말라.

말씀을 마음에 간직하려면

성경읽기에는 두 가지 면이 있다. 첫째, 객관적이며 본문적인 면이 있다. 둘째, 주관적이며 성령과 관련된 면이 있다. 본문과 관련된 면에서, 성경은 누구나 이해하도록 기록되었다. 대체로, 누구나 성경을 이해할 수 있다. 효과적인 이해의 열쇠는 분별력을 갖고 읽는 것이다.

• 본문에 귀를 기울여라.

- 본문이 말하게 하라.
- 본문의 문맥을 살피고 궁극적으로는 본문이 성경 전체에서 차지하는 위치를 살펴라.
- 구약성경에서 신약성경으로의 전환에 주목하고, 본문의 문학적 형식을 고려하라.

지혜로운 성경해석자 앞에 앉을 수 있다면 정말 행복한 사람이다. 지교회 강단이 아니더라도 책에서도 지혜로운 성경해석자를 만날 수 있다. 특정한 지점에서 성경 이해를 가로막는 암초를 만날 수 있기 때문에, 이런 경우 신뢰할 수 있는 전문가가 곁에 있으면 도움이 된다. 다행히도 교회에는 이처럼 엄정한 판단과 영적 분별력을 갖춘 사람들이 많다.

성경공부를 할 때, 주관적이고 성령과 관련된 부분에서 하나님의 말씀을 우리의 마음에 간직하는 게 중요하다. 마리아가 예수님이 자신에게 하신 모든 말씀을 어떻게 마음에 두고 깊이 생각했는지를 기억하라(눅 2:51). 우리는 하나님이 성경을 통해 우리를 변화시키시도록 성경을 묵상하고 하나님께 자신을 열어야 한다. 나는 성경을 읽으면서 하나님이 내게 말씀하시는 지점에 주목하기 위해 밑줄을 긋는다. 다음에 그 본문을 볼 때, 아직 밑줄이 그어지지 않은 중요한 진리를 발견하면서 성경의 무한한 보화에 놀라게 된다. 성경을 놀라운 그림이나 교향곡이라고 생각하면서 거기서 느껴지는 감동을 기대해보라.

우리는 많은 생각을 갖고 성경에 접근한다는 것을 기억하라. 우리에게는 하나님의 말씀을 듣는 데 방해될 수 있는 많은 의견과 편견이 있다. 개인적 편견이 부정적 효과를 미치지 못하게 하려면 우리 혼자서는 결코 파악할 수 없을 신선한 진리를 찾아내면서 성경을 읽는 사람들이 본문에서 보는 것에 주목해야 한다. 소그룹 성경공부의 가치가 바로 여기에 있다.

몇 가지 실제적인 제안을 하도록 하겠다. 성경읽기가 기쁨보다는 의무로 느껴지는 시기를 이겨내려면 기본적인 전제가 필요하다.

먼저 좋은 번역 성경을 구하라. 성경책 선택에서 지교회의 목회자에게 조언을 구할 수 있을 것이다.

다음으로 성경을 매일 꾸준히 묵상하라. 기독교 서점에서 쉽게 구할 수 있는 성경읽기표대로 따르면 1년 만에 성경 전체를 읽을 수 있다. 또한 짤막하고 쉬운 본문 해석과 이해를 돕는 문제가 수록된 성경공부 교재를 구입해 혼자 또는 그룹으로 풀어갈 수 있다.

나는 성경 66권 중 한 권을 선택해서 구체적으로 공부한다. 빠르게 전체를 다 읽은 후에 분석을 시작한다. 이렇게 하면서 때로는 주석을 이용한다. 그러면 평소보다 본문에 깊이 들어가게 되고 덤을 얻게 된다. 당신의 교회에 견실한 성경공부에 도움이 되는 도서관이 있다면 당신은 운이 좋은 사람이다. 없다면, 교회 지도자들에게 도서관을 마련해달라고 요청해보라.

내가 말하고 싶은 가장 중요한 것은 효과적인 성경읽기에 대해 진지한 관심을 가지라는 것이다. 그렇지 않으면 영적으로 굶주리게 되고 당신이 증거하는 복음은 힘을 잃기 쉽다. 진지한 관심을 갖는다는 것은 성경읽기를 위한 시간을 따로 정해둔다는 뜻이다. 매일 신문을 읽고 매주 잡지를 몇 권씩 쌓아놓고 읽으며 하루에도 몇 시간씩 텔레비전을 볼 시간은 있으면서 어떻게 절대적으로 필요한 성경읽기를 위한 시간은 없을 수 있는가? 시편기자가 진정한 신자에 관해 쓴 글을 진지하게 묵상해보는 게 좋을 것 같다.

"(복 있는 사람은) 오직 여호와의 율법을 즐거워하여 그 율법을 주야로 묵상

성경을 일상생활에 적용하는 4단계 – 하워드 헨드릭스(Howard Hendricks)

① **알아야 한다.** 성경구절을 적용하기 위해서는 그 구절이 무엇을 말하는지 알아야 한다. 그 구절이 무엇을 말하는지 모른다면 그 구절을 부정확하게 적용할 것이다. 좋은 적용은 항상 좋은 해석을 기초로 한다. 해석이 잘못되면 적용도 잘못된다.

② **연결시켜야 한다.** 성경구절을 당신의 삶과 연결시켜라. 성경구절이 피해야 하는 죄, 요구해야 하는 약속, 암송해야 하는 기도, 순종해야 하는 명령, 충족시켜야 하는 조건, 외워야 하는 구절, 밝혀야 하는 실수, 직면해야 하는 도전을 보여주는가?

③ **생각해야 한다.** 성경구절을 당신의 삶에 적용할 구체적인 방법을 생각하라. 성경구절을 연구하면서 가족이나 직장 동료에게 고마움을 표해야 한다는 것을 깨달았다면, 실제적으로 고맙게 생각해야 할 게 무엇인지 살피는 시간을 가져라. 그런 후에 감사를 표현할 구체적인 방법을 찾아보라.

④ **실천해야 한다.** 내가 하고 싶은 게 무엇인지 아는 것이 적용은 아니다. 이러한 지식을 실제적인 경험으로 바꾸어야 한다. 성경구절이 변화된 행동이나 태도로 나타날 때, 비로소 나는 그 구절을 제대로 적용한 것이다.

하는 자로다 저는 시냇가에 심은 나무가 시절을 좇아 과실을 맺으며 그 잎사귀
가 마르지 아니함 같으니 그 행사가 다 형통하리로다"(시 1:2,3).

67 성경공부의 구체적인 방법은?

+ 제임스 보이스
J a m e s   B o i c e

그리스도인의 삶에서 성경공부는 너무나 중요한 요소이다. 그 어떤 것도 실
제로 기록된 하나님의 말씀을 공부하고 알아가는 것을 대신할 수는 없다. 우리
는 성경을 아는 데 도움이 되는 많은 것을 할 수 있다.

규칙적인 식사는 건강유지와 정신집중에 필수적이다. 우리는 이따금 식사를
거를 수도 있지만 지나치게 자주 거를 수는 없다. 이와 마찬가지로, 영적으로 건
강하려면 하나님의 말씀을 규칙적으로 공부해야 한다. 성경읽기를 소홀히 하면,
하나님께 점점 더 무관심해진다. 그렇게 되면 영적인 것들을 느슨하게 대하게
되며 유혹과 죄의 공격에 노출된다.

물론 우리는 성경을 하루에 한 번 이상 볼 수 있다. 그리고 어떤 날은 사업상
의 압박이나 스케줄상의 혼란 때문에 성경공부 시간을 놓칠 수 있다. 그러나 우
리는 하루에 8시간을 자고 세 끼를 먹는 생활을 하듯이 매일 성경공부 시간을
갖기 위해 훈련해야 한다.

그렇다면 성경공부를 하루에 어느 정도나 해야 하는가? 개인에 따라 다르다.
신앙이 성숙하고 시간이 있는 사람들은 하루에 2,3시간씩 성경을 연구한다.

한편으로, 새내기 그리스도인들은 오랜 시간 성경에 집중하기 어려울 것이
다. 어떤 그리스도인들은 스케줄이 빡빡할 것이다. 이들은 하루에 10~15분 정
도밖에 시간을 낼 수 없을 것이다.

물론, 성경공부 시간이 생산적이고 이 때문에 다른 책임을 소홀히 하지 않는다면 짧은 것보다는 긴 게 더 좋다. 그러나 시간의 길이는 성경을 규칙적으로 연구하는 것만큼 중요하지 않다.

매일 같은 시간에 성경을 연구하면, 이것이 습관이 될 수 있다. 언제 해야 하는가? 아침인가? 밤인가? 다시 말하지만, 개개인에 따라 다르다. 당신이 정신을 집중할 수 있는 시간을 선택하라. 어떤 사람들은 밤에 강하다. 그러나 대부분의 사람들에게는 아침이 가장 좋은 시간이다. 밤에는 길고 힘든 하루를 보낸 후라 피곤하며 따라서 집중하기가 쉽지 않다.

성경공부의 원칙

첫째, 성경을 포괄적으로 공부하라. 성경 가운데 한 권이나 한 단락이 아니라 성경 전체와 친숙해져라. 하루에 3장을 조금 넘게 읽는다면 1년이면 성경 전체를 쉽게 읽을 수 있다. 이것은 손쉽게 따를 수 있는 계획표이며, 이렇게 성경을 읽으면 성경의 모든 부분을 다 접하게 된다. 읽은 내용 가운데 어떤 부분은 당신의 삶과 관련이 없는 것처럼 보일 것이다. 그러나 디모데후서 3장 16절을 기억하라.

"모든 성경은 하나님의 감동으로 된 것으로 교훈과 책망과 바르게 함과 의로 교육하기에 유익하니."

둘째, 성경을 체계적으로 공부하라. 성경 이곳저곳을 손가는 대로 읽는 것은 최선의 방법이 아니다. 흥미를 끄는 부분만 읽으면 균형과 깊이를 잃게 된다. 이렇게 할 경우, 결국 자신이 읽고 싶은 부분만 반복적으로 읽게 된다. 우리는 자신의 흥미를 유발하거나 자신에게 재미있는 부분을 선택하고 자신이 그리스도인으로서 성장하는 데 필수적인 다른 구절들은 무시하게 된다. 한 단락을 선택하여 집중적으로 공부하라. 읽고 내용을 파악하는 데 그치지 말고 적용하라.

셋째, 기도하면서 성경을 공부하라. 이렇게 하면 성경공부 자체가 목적이 되는 것을 막을 수 있다. 그리스도께서 이 땅에 계실 때, 율법 전문가들은 성경 각 권이 몇 페이지로 되어 있으며 각 페이지마다 글자가 몇 자인지도 알고 있었다. 지금 우리에게 정확한 성경 필사본들이 있는 것도 이들 때문이다. 그러나 예수님은 이들이 성경을 그렇게도 많이 연구했음에도 불구하고 전체적인 핵심을 놓쳤다고 말씀하셨다. 이들은 예수님을 믿지 않았다(요 5:39,40).

현대의 그리스도인들도 이러한 함정에 빠질 수 있다. 열두 사도의 이름, 이스라엘 열두 지파, 모든 왕들, 성경 역사의 모든 시대뿐 아니라 그 밖에 성경에 기록된 모든 사실을 다 말할 수 있지만 이러한 지식에서 영적인 유익을 얻지 못할 수 있다. 이러한 함정에서 빠져나오는 길은 기도이다. 시편 119편에서 적절한 태도를 지적해준다.

"주의 종을 후대하여 살게 하소서 그리하시면 주의 말씀을 지키리이다 내 눈을 열어서 주의 법의 기이한 것을 보게 하소서"(17,18절).

내가 성경공부를 시작하면서 이렇게 기도한다면 단순히 지적인 방법으로 성경에 접근하지 않게 될 것이다. 대신에, 하나님이 지금 내게 말씀하실 것이라는 태도를 갖게 될 것이다. 하나님이 어떤 말씀을 하실 것인가? 그 결과로 나는 무엇을 해야 하는가?

넷째, 순종하면서 성경을 공부하라. 성경을 공부할 때는 개인적인 질문을 던질 필요가 있다. 이 말씀이 내게 어떻게 적용되는가? 이 말씀은 내가 해야 하는 것을 말하고 있는가? 아니면 하지 말아야 하는 것을 말하고 있는가? 이 말씀은 내 삶을 향한 하나님의 뜻에 관해 무엇을 말하고 있는가? 이 말씀은 하나님을 기쁘시게 하는 방법에 관해 내게 무엇을 말해주고 있는가? 나는 그분을 기쁘시게 하고 있는가?

야고보서 1장 22절은 순종의 중요성을 말한다.

"너희는 도를 행하는 자가 되고 듣기만 하여 자신을 속이는 자가 되지 말라."

우리는 즉각적으로 반응하고 의심하지 않으며 즐겨하는 순종을 길러야 한다. 우리가 이렇게 할 때, 하나님은 성경을 통해 자신을 우리에게 나타내실 것이다.

성경공부의 다섯 가지 열쇠

성경과 친숙하지 못하다면 복음서 가운데 하나에서 시작하는 게 좋을 것이다. 기독교에서 그리스도의 삶은 다른 모든 것의 기초이며, 복음서는 그분의 삶을 우리에게 열어 보여준다.

복음서 가운데 하나를 공부한 후에는 사도행전을 공부할 수 있을 것이다. 사도행전은 초대교회의 역사, 곧 복음이 예루살렘과 로마제국 전체에 전파되는 역사를 들려준다.

그런 후에는 서신서 가운데 한두 권을 읽을 수 있을 것이다. 바울의 편지들은 그리스도의 죽음과 성령충만의 의미를 숙고하고 설명해준다. 서신서에서, 우리는 선한 행위와 악한 행위의 예가 곁들여진 그리스도인의 삶에 대한 조언들도 볼 수 있다. 에베소서는 좋은 출발점이다. 신약성경 가운데 가장 위대한 교리서인 로마서도 마찬가지이다.

성경을 탐험할 때, 구약을 소홀히 하지 말라. 창세기는 탁월한 출발점이다. 시편도 개인적인 경건의 시간에 항상 활용될 수 있는 귀중한 책이다.

체계적인 성경공부를 위해서는 다섯 가지가 필요하다.

첫째, 처음부터 끝까지 주의 깊게 읽으라. 염두에 두고 있는 책의 전체적인 내용을 파악하기 위해 4~5회 정도 읽어라. 적어도 한 번은 소리 내어 읽어라. 읽을 때마다 새로운 것을 얻게 될 것이다.

둘째, 단락을 나누라. 단락이 반드시 성경의 장(章)과 같을 필요는 없다. 단락을 나눈 후에는 각 단락을 다시 부단락과 소단락으로 나눠보라. 이 단계의 목적은 어떤 구절들이 한데 어울리고, 어떤 주제들이 포함되어 있으며, 각 주제가 어떻게 연결되는지 보는 것이다.

셋째, 각 단락을 서로 연결하라. 이 단계에서는 이런 질문들을 할 수 있을 것이다. 주요 단락이나 주제는 무엇인가? 서론은 어디인가? 본론에서 벗어난 부분은 어디인가? 적용 부분은 어디인가? 적용은 무엇과 관련이 있는가?

이런 방법으로 성경 한 권을 분석했다면 다음과 같은 질문에 답할 수 있어야 한다. 이 책이 전체적으로 말하려는 것은 무엇인가? 이 책이 기록된 이유는 무엇인가? 저자가 이 책을 쓰고 나서 그 결과로 일어나기를 보고 싶어하는 것은 무엇인가? 그러나, 그리고, 왜냐하면(때문에), 그러므로 등과 같은 단어들을 연구하라. 이런 단어들은 본문의 흐름에 실마리가 되기 때문이다.

넷째, 요약하라. 요약에는 각 단락이 무엇을 말하며, 왜 그것을 말하며, 누구를 대상으로 기록되었으며, 우리의 삶에서 어떤 변화를 요구하는지가 포함될 수 있다. 예를 들어, 로마서를 공부하고 있다면 이렇게 말할 수 있어야 한다. 이 책은 로마에 있는 교회에게 쓴 편지이며 다른 곳에 있는 교회들에게도 적용된다. 로마서는 기독교 교리에 대한 전반적인 진술이다. 로마서는 인간이 죄 가운데서 잃어버린 바 되었다고 말한다. 이러한 곤경에 대한 해결책은 예수 그리스도를 통한 하나님의 의(義)이다. 로마서는 복음을 설명할 뿐 아니라 그리스도인들이 어떻게 살아야 하는가를 보여주기 위해 교리를 적용한다.

다섯째, 핵심 단어를 공부하라. 여기에 너무 깊이 빠져들지 말라. 전체적인 사고(思考)의 흐름이 모든 단어를 분석하는 것보다 중요하다. 그러나 사고는 단어에서 나오기에, 핵심용어를 이해하지 않고는 본문이 말하려는 바를 제대로 이해할 수 없다. 예를 들면, 로마서에서 '의'(義)라는 단어가 35회 사용되는데, 그 단어가 무엇을 말하는지 이해하지 않고는 로마서를 이해할 수 없다.

성경공부를 위한 도구와 질문 – 하워드 헨드릭스(Howard Hendricks)

많은 면에서, 성경을 공부하는 것은 역사나 문학이나 언어나 과학을 공부하는 것과 비슷하다. 우리는 동일한 정신 훈련을 적용한다. 그러나 한 가지 중요한 면에서, 성경공부는 전혀 다르다. 예를 들면, 우리는 수학이 특별히 우리의 삶을 바꿔놓게 하지 않으면서도 수학을 공부할 수 있다. 그러나 성경을 공부할 때는 도덕적인 질문에 직면한다. 우리의 삶은 성경공부를 통해 변화될 수 있으며, 성경공부가 특별한 것도 바로 이 때문이다.

성경을 공부하기 위해서는 다섯 가지 기본적인 도구가 필요하다. 번역이 정확하고 단락이 잘 나눠진 스터디 바이블, 풍부한 용어 색인집, 배경자료를 찾아볼 수 있는 성경사전, 사건들이 일어난 장소를 확인할 수 있는 성경지도, 특정한 단락에 대해 다른 사람이 어떻게 말했는지를 확인할 수 있는 한 권짜리 주석 등이다. 또한 나는 성경을 공부할 때 세 가지 기본적인 질문을 던진다.

- **관찰** : 내가 보고 있는 게 무엇인가? 이 단락에서 무슨 일이 일어나고 있는가? 기적인가, 아니면 비유인가? 언제, 어디에서 일어나고 있는가? 등장인물은 누구인가?
- **해석** : 이 단락이 의미하는 것은 무엇인가? 이 단락은 성경의 전체적인 가르침에서 어떤 위치를 차지하는가?
- **적용** : 이 단락은 내 삶에서 어떻게 작용하는가? 이 단락이 내게서 어떤 변화를 일으키는가? 나는 가정에서, 사무실에서, 학교에서 이 단락을 어떻게 적용할 수 있는가?

68 왜 구약성경을 읽어야 하는가?

+ 존 퍼킨스
John Perkins

성경은 하나님의 계획을 전개하고 있는 책이다. 성경은 자신과 자신의 성품에 대한 하나님의 증언이다. 때로 그리스도인들은 구약성경을 읽지 않은 채 급하게 신약성경으로 달려가고 싶어한다. 그러나 이것은 바람직한 태도가 아니다.

구약성경은 창조(창조세계)와 창조자의 존재 증거에 관해 말한다. 우리는 해와 달과 별을 볼 때 하나님이 그 손으로 하신 일을 보고 있는 것이다. 신약성경에서, 창조는 매우 중요한 역할을 한다. 태초에, 하나님이 천지를 창조하셨다(창 1:1). 복음서에서, 만물이 그분으로 말미암아 지은 바 되었다(요 1:3). 서신서에서, 믿음으로 우리는 모든 세계가 하나님의 말씀으로 지어진 줄을 안다(히 11:3). 창조는 우리가 하나님을 이해하는 데 결정적인 역할을 한다. 우리는 창조에서 하나님의 능력을 본다.

구약성경은 또한 공의(公義)에 관해 말한다. 교만한 사람들이 하나님의 창조세계를 오용했을 때 공의가 필요했다. 구약의 선지자들이 이스라엘에게 창조세계를 올바르게 사용하고 서로를 향한 사랑의 관계를 회복하라고 외쳤던 소리에 귀를 기울이지 않고는 공의의 중요성을 이해할 수 없다. 우리는 공의에서 하나님의 사랑을 본다. 구약성경의 이야기들은 인간에게 하나님의 사랑을 보여준다. 하나님은 대홍수에서 인간을 향한 그분의 사랑을 보여주셨다. 하나님은 아브라함을 부르시고 그를 통해 하나의 민족을 이루실 때 그분의 사랑을 보여주셨다. 하나님은 그분의 백성을 애굽의 노예 상태에서 구원해내실 때 그분의 사랑을 보여주셨다. 하나님은 이스라엘을 택하시고 그들의 반역에도 불구하고 그들을 기르시고 돌보실 때 그분의 사랑을 보여주셨다. 구약성경은 하나님이 우리 한 사람 한 사람을 어떻게 사랑하시는지 깨닫도록 도와준다. 그분은 우리의 반역(거역)에도 불구하고 우리를 돌보신다.

구약성경은 실재 인물들이 실재적인 유혹과 죄를 다룬 예를 담고 있기 때문에 중요하다. 왜냐하면 우리가 이들의 예를 통해 배운다면 이들의 실수를 피할 수 있기 때문이다. 구약성경은 인간의 연약한 모습을 분명하게 보여준다. 구약성경은 또한 개개인의 인격을 집중적으로 조명하며 그들의 죄를 숨기지 않는다. 구약성경은 다윗이 하나님의 마음에 합한 사람이었다는 사실을 보여주지만(삼상 13:14) 그가 성범죄와 살인죄를 범했다는 것도 보여준다(삼하 11:2-17). 우리는 모든 유혹의 나쁜 결과들을 볼 수 있으며, 이러한 결과들을 우리의 삶을 향한 경고로 활용할 수 있다. 구약성경은 하나님이 지금 어떻게 일하고 계시는지 알 수 있도록 그분이 과거에 사람들과 어떻게 일하셨는지 가르쳐준다.

구약성경은 신약성경의 활동들을 위한 기초를 세운다. 바울은 그 씨, 예수 그리스도, 약속된 분이 오실 수 있도록 하나님이 율법을 통해 어떻게 일하셨는지 들려준다(갈 3:19). 예수님이 오셨을 때, 그분은 하나님의 완벽한 계시이셨고 십자가는 하나님의 가장 위대한 행위였다. 그러나 구약성경의 역사와 선지자들이라는 배경이 없다면 예수님의 삶과 죽음은 의미가 없을 것이다. 구약성경은 예수님의 초림의 영광을 예시하지만 더 큰 영광을 고대한다. 어린양과 사자가 함께 누울 것이다(사 11:6 ; 65:25). 하나님이 영원히 망하지 않을 한 나라를 세우실 것이다(단 2:44). 구약성경은 아직 계시되지 않은 환상적인 영광을 예시한다.

69 말씀에 귀를 기울이는 법은?

+ 유진 피터슨

E u g e n e   P e t e r s o n

우리는 말씀을 삶에 적용하는 것을 말하면서 부주의로 인해 많은 해를 일으킨다. 성경은 우리가 하나님 앞에서 자신을 개선하기 위해 꺼내 먹도록 준비된

약상자가 아니다. '적용'이라는 단어를 사용할 때, 우리는 우리의 일은 하나님의 말씀에서 집어내고 선택하는 것이라고, 그 말씀과 관련해서 일어나는 일이 우리의 주도하에 있다고 생각하게 된다. 그러나 실제로는 말씀이 우리에게 말하고 있으며, 우리를 빚고, 창조하며, 구속하고 있다.

성경을 영적 도구상자로 보는 것은 잘못이다. 우리는 성경에서 무엇인가를 집어내고 그것이 우리를 위해 일하게 할 수는 없다. 영적인 삶의 전 과정이 살아 계시고, 그분의 말씀으로 우리에게 임재하시며, 그 말씀을 통해 창조하시고 구속하시는 하나님 앞에 나오는 것이어야 한다. 우리가 성경을 이용하는 게 아니라 하나님이 우리 안에서 그분의 뜻을 이루시기 위해 성경을 이용하신다.

성경은 하나님의 말씀, 곧 하나님이 우리에게 하고 계시는 말씀일 뿐 우리의 소유는 아니다. 우리는 바로 이러한 이유 때문에 존중과 복종과 집중의 태도로 성경에 다가간다. 우리는 성경을 눈으로 보는 대신에 눈을 귀로 바꾸고 성경에 귀를 기울여야 한다.

메시지를 듣는가?

기록된 하나님의 말씀이 있어서 그 말씀을 언제든지 읽을 수 있다는 것은 참으로 큰 축복이다. 그러나 말씀이 기록되었다는 사실은 우리에게 어려움을 주기도 한다. 하지만 우리는 여기에 충분히 주목하지 못할 때가 많다. 이러한 어려움은 영적 생활의 중심에 자리잡고 있다. 이러한 어려움은 소유의식에서 비롯된다. 다시 말해, 말씀이 우리를 소유하게 하는 게 아니라 우리가 말씀을 소유하고 있다고 생각하는 데서 비롯된다. 성경책을 사는 단순한 행위 하나에도 우리가 해결해야 하는 미묘한 부작용이 있다. 우리는 우리가 성경책을 샀기 때문에 성경은 우리의 소유이며 따라서 우리는 자신이 원하는 방식으로 성경을 사용할 수 있다고 생각하기 쉽다.

대부분의 그리스도인이 문맹(文盲)이었을 때는 이러한 위험이 그렇게 크지 않았다. 왜냐하면 대부분의 그리스도인들이 성경을 전혀 읽지 않았기 때문이다. 이들은 성경을 들을 뿐이었다. 무엇보다도, 누군가 성경 말씀을 암송했고 다른 사람들은 귀를 기울였다. 대부분의 성경 말씀은 기록되기 전에 구전(口傳)의 형태로 존재했다. 처음부터 기록된 형태로 출발했던 서신서의 경우에도, 수신 교회에서 한 사람이 낭독하고 다른 사람들은 듣는 식이었다. 하나의 단어를 듣는 것과 읽는 것은 다르다. 들을 때, 우리는 반응의 자세를 취한다. 무슨 일이 일어나고 있다. 듣는 사람은 하나의 단어나 구를 취하고 분석하지 않는다. 이렇게 하면, 메시지를 놓쳐버릴 것이다. 말하는 사람은 전체적인 메시지를 우리에게 제시하며, 우리는 전인(全人)으로서 반응한다. 그러나 메시지가 기록되는 순간, 우리는 원하지 않으면 듣지 않을 수 있다.

우리의 전체적인 교육시스템은 성경을 잘못된 방식으로 읽도록 훈련시킨다. 우리의 교육시스템은 정보를 위해, 하나의 교리를 끌어내기 위해, 자신의 주장을 뒷받침하기 위해 성경을 읽도록 가르친다. 성경은 항상 우리에게 말하고 있으며, 우리를 사랑과 믿음의 관계로 이끌고 있다. 그러나 우리는 한 절 한 절을 붙잡고 연구하면서 그 의미를 찾아내느라 바쁘다. 이것은 무례한 짓이다. 만약 우리 아이들이 이렇게 한다면 우리는 참지 않을 것이다. 그러나 우리는 교회에서 이런 일을 적극적으로 장려하고 있다. 우리는 분석적, 형식적인 성경공부를 지금보다 많이 줄이고 우리 각자가 성경 앞에서 더 많이 기도할 필요가 있다. 말씀을 분석하는 대신 말씀이 우리에게 말하게 할 필요가 있다.

귀를 열라!

그리스도인의 삶에서 큰 과제 가운데 하나는 성경 앞에 귀를 여는 것이다. 중심 되는 방법이 바로 예배이다. 예배는 근본적으로 하나님의 말씀에 귀를 기울이고 응답하는 행위이다. 그리스도인을 위한 기본적인 모임 장소는 스터디룸이나 강의실이 아니다.

신자들이 듣는 훈련을 할 수 있는 또 다른 방법은 성경이 우리에게 하나의 이야기로 다가온다는 사실에 주목하는 것이다. 성경은 조직적인 교리나 도덕적인 교훈으로 우리에게 다가오는 게 아니다. 성경은 하나의 이야기이다. 그리고 이야기의 양식은 그 이야기가 말하는 진리만큼이나 중요하다. 이러한 내러티브 스타일은 우리가 읽는 방식을 구체화하려는 의도가 있다. 왜냐하면 우리가 역사를 통해, 시작과 끝과 줄거리가 있는 하나의 이야기를 통해 하나님의 행위에 이끌리지 않는다면 우리의 영적인 삶이 번성하지 못할 것이기 때문이다.

이야기의 형태로 성경에 귀를 기울일 때, 우리는 하나님을 향한 여정을 계속하고 그분께로 이끌리면서 자신도 이야기의 한 부분이라는 것을 알게 된다. 우리는 여정과 훈련이라는 의식을 갖게 된다. 우리가 이러한 "이야기에 대한 감각"(story sense)을 기르지 못한다면 필연적으로 성경을 '적용하기' 시작할 것이다. 다시 말해, 하나의 구절이나 교리나 도덕을 취하여 우리의 한 부분을 고치려 할 것이다. 이것은 훌륭한 바리새인, 곧 성경을 읽는 데는 대가이지만 하나님께 귀를 기울이는 데는 형편없는 사람을 만들어내는 탁월한 방법이다.

성경의 이중적 정황에 귀를 기울이는 것도 중요하다. 다시 말해, 성경의 말씀이 선포되고 이스라엘과 그리스도께서 그 말씀을 들었던 정황과 우리가 그 말씀을 듣고 있는 정황에 귀를 기울이는 것이 중요하다. 하나님은 동일한 문장을 사용하여 각기 다른 사람들에게 각기 다른 것을 말씀하신다. 우리의 성장 정도가 다른 것도 이 때문이다. 우리는 이것이 가정에서 어떻게 작용하는지 알고 있다. 아버지가 이야기를 하나 들려주면, 두 살 난 아이와 열다섯 살 난 아이와 아내가 각기 다르게 듣는다. 이들은 모두 정확하게 듣는다. 이들은 모두 다르게 반응하지만 또한 적절하게 반응한다. 우리의 정황은 날마다 변하기 때문에 우리는 매일 꾸준하게 성경에 귀를 기울여야 한다.

우리의 신앙 선배들은 이 부분에서 우리보다 뛰어났다. 그들은 학문의 방법보다는 들음의 방법으로 성경 앞에 나왔다. 성경 앞에서 공손하게 듣는 데 친숙했던 그들의 모습을 볼 때면 시험을 준비하는 학생처럼 성경을 대하는 우리의 태도가 얼마나 빈약한지 알게 된다. 우리는 성경에 복종하고 하나님께 우리가 알지 못하는 것들을 가르쳐달라고 내맡기는 대신에 성경을 '이용하고' '적용하려는' 유혹으로부터 결코 자유롭지 못하다. 우리는 한 순간이라도 경계를 늦추지 말아야 한다. 우리는 성경에 다가갈 때 듣기의 태도를 가져야 하며, 의도는 좋지만 스스로 정한 우리의 목적을 위해 말씀을 사용하는 게 아니라 말씀이 우리를 사용하게 해야 한다.

왜 어떤 사람들은 성경에 귀를 기울이지 않는가? 아마도 이들은 하나님이 자신들에게 말씀하시기를 원하지 않을 것이다. 대신에, 이들은 하나님이 하셔야 할 일을 그분에게 말하고 싶어하며, 따라서 자신의 목적을 위해 성경을 이용한다. 이러한 고집이 우리 속에 매우 깊이 박혀 있으나 우리가 깨닫지 못하는 것은 종교적 동기로 이것을 가장하기 때문이다. 우리는 사실 자신이 위선적인 죄인이면서 선한 그리스도인이라고 생각할 때가 적지 않다.

철학자에서 순교자로 이름을 남긴 사람

_진리를 찾아 방황하다가 그리스도를 만난 철학자 저스틴(Justin) 이야기

_제임스 헤플리 James Hefley

죽음 후에 비로소 '순교자 저스틴'이라고 불리게 된 저스틴은 본래 젊은 이교도(異敎徒) 철학자였다. 그는 주님이 십자가에서 돌아가신 지 약 1세기 후에 살았던 사람이다.

그가 살았던 시대는 로마 제국에 의한 기독교 박해가 극심했던 시대였다. 그 당시 기독교는 두 가지 이유 때문에 불법적인 종교로 간주되었다. 첫째, 로마의 법은 황제 숭배를 요구하였으나, 그리스도인들은 황제의 상(像) 앞에서 소량의 향을 태우기를 거부했다. 둘째, 그리스도인들은 그리스도의 나라가 곧 세워질 것이라고 전파하였다. 이것은 로마 사람들을 매우 놀라게 했다. 그들은 혹시 그리스도인들이 세울 나라가 로마 제국을 위협하는 것이 아닌가 하고 두려워했다.

저스틴은 "시저(Caesar)는 주님이시다"라고 말하기를 거부했다는 이유 때문에 그리스도인들이 참수형을 당하거나 끓는 기름 가마에 던져진다는 것을 알았다. 저스틴 자신은 아직 그리스도인이 아니었지만, 이런 잔혹한 박해의 소식을 들으면 마음이 몹시 착잡했다.

나름대로 꽤 많은 유산을 물려받았기 때문에 그는 진리를 찾아서 로마 제국의 이곳저곳을 여행할 수 있었다. 자신이 철학자임을 말해주는 누더기 옷을 걸치고 다니면서 그는 사람들에게 "우리가 하나님을 알 수 있는가? 우리는 진정으로 우리 영혼의 만족을 얻을 수 있는가?"라는 질문을 던지곤 했다.

그가 만난 사람들 중에는 덕(德)이 가장 중요하다고 믿는 스토아(Stoa. 고통이나 쾌락에 영향을 받지 않고 사는 것이 지혜롭고 훌륭한 삶이라고 믿었던 고대 그리스의 철학) 철학자가 있었다. 이 스토아 철학자는 저스틴에게 "신(神)을 찾지 말고 덕(德)을 찾으시오"라고 말했다. 저스틴이 만난 또 다른 선생은 "내가 당신에게 진리를 가르쳐줄 테니 돈을 내시오"라고 말했다. 또 어떤 선생은 그가 가르침을 받으려면 우선 천문학과 기하학을 알아야 한다고 말했다. 저스틴은 '내가 하나님을 알기 위해서 덕, 돈, 지식 같은 것들을 먼저 얻어야 한다면 나의 영혼의 갈증은 결코 해소되지 못할 것이다'라고 생각했다.

이렇게 진리를 찾아 방황하는 중에도 줄곧 저스틴은 자신들의 신앙 때문에 죽어가는 그리스도인들을 관찰했다. 그가 볼 때 그들은 하나님에게 접근하는 그들의 방식이 옳다고 굳게 믿고 있었다. 그는 호기심이 생겼다. 하지만 그는 십자가에 못 박힌 구주를 믿는다는 것이 도저히 이해되지 않았다.

어느 날 그는 지중해에서 가까운 들판에 산책을 나갔다. 그곳은 에베소에 있는 그의 집에서 멀지 않은 곳이었다. 그곳에서 그는 턱수염이 길게 난 한 노인을 보게 되었다. 인적이 드문 곳에서 사람을 만날 것이라고 전혀 예상하지 못했다. 그를 본 노인이 물었다.

"왜 당신은 여기서 거닐고 있습니까?"

"저는 철학자입니다. 영혼의 만족을 찾고자 사색하려고 여기에 왔습니다."

저스틴의 말이 끝나자마자 노인은 "당신은 철학이 행복을 준다고 생각하십니까?"라고 물었다. 저스틴은 "그렇습니다"라고 대답했다.

저스틴은 일반적인 철학의 정의를 인용하여 "철학은 어떤 일을 경험하지 않고도 그것을 아는 것이고, 진리를 분명하게 지각하는 것입니다. 행복은 이런 지식과 지혜의 결과로서 따라오는 것입니다"라고 말했다.

"젊은 양반, 나는 당신이 철학자들보다 더 오래된 선생들에게서 지혜를 배우면 좋을 것 같소. 그들은 하나님의 영(靈)으로 말했으며, 자신들의 예언과 기적들을 통해 자신들의 정당성을 입증했소. 당신의 이해력으로는 진리를 알 수 없소. 하나님의 지혜를 소유하신 분, 즉 메시아를 통해서만 진리를 알 수 있소."

노인은 이 말을 남기고 사라졌다. 그 후 그는 그 노인을 다시 보지 못했지만,

그 대화가 자꾸 생각났다. 그는 구약 성경을 연구하기 시작했고, 당시 로마 제국에서 구할 수 있는 복음서들과 사도들의 서신들을 읽기 시작했다. 그런 다음 그리스도인들을 만나서 그들의 신앙에 대해 이야기를 나누었다. 결국 그는 그리스도인이 되었다. 그리고 그리스도인 철학자로서 온 로마 제국을 돌아다니며 사람들에게 진리를 전하는 일에 일생을 바쳤다.

그의 시대에 그리스도인들은 무신론자들로 간주되었는데, 그 이유는 그들이 황제 숭배를 거부했기 때문이었다. 로마 황제에게 보낸 그의 책 「제1 변증서」(First Apology)에서 저스틴은 이렇게 말했다.

"그리스도인들은 무신론자들이 아닙니다. 그들은 성부, 성자, 성령의 삼위일체 하나님을 경배합니다. 국가는 그들을 두려워할 이유가 없습니다. 그리스도의 나라는 이 세상에 속하지 않습니다. 사실, 로마제국에서 가장 충성스러운 신민(臣民)은 그리스도인들입니다. 그들이 귀신들을 섬기는 행위를 버린 이후 그들의 인격과 삶에서 어떤 변화들이 일어났는지를 보십시오. 그들은 조공(朝貢)을 바치고, 가난한 자들을 돕고, 불경스러운 말을 삼가며, 모든 사람들을 사랑합니다."

결국 저스틴은 체포되었으며, 로마의 대재판관 앞에 서게 되었다. 그의 재판 기록에 의하면, 재판관은 그에게 "로마 제국의 신들에게 순종하고 시저에게 복종하라. 그러면 석방될 것이다"라고 말했다고 한다. 저스틴은 재판관에게 "내가 그리스도께 순종한 것은 전혀 잘못된 일이 아닙니다"라고 대답했다. 그리고 "나는 한 하나님과 그분의 아들 예수 그리스도를 믿습니다"라고 말했다.

그의 말을 들은 재판관은 "나는 로마 제국의 신들에게 머리를 조아릴 것을 네게 명한다. 네가 거부하면 죽임을 당할 것이다"라고 말했다. 그러나 저스틴은 "원하는 대로 하십시오. 나는 그리스도인이기 때문에 우상들을 섬길 까닭이 없습니다"라고 대답했다. 그리하여 그는 그 자리에서 죽임을 당했다.

오늘날 '순교자 저스틴'은 기독교 초기 역사의 위대한 변증가들 중의 한 사람으로 기억된다. 기독교의 진리를 변호하기 위해 그가 쓴 두 권의 변증서들과 한 권의 대화집은 기독교 문헌의 고전으로 남아 있다.

한나가 마음이 괴로와서 여호와께 기도하고 통곡하며(삼상 1:10).

13장

기도, 하나님을 향한 나의 반응

기도는 우리가 하나님께 말하는 방식이다. 기도는 하나님이 우리의 영적 성장을 촉진시키시고, 우리의 일에 힘을 주시고, 사람들이 그리스도를 믿도록 인도하시며, 그리스도의 교회에 다른 모든 축복을 주시는 수단이다.

70 반드시 기도해야 할 이유는 무엇인가?

+ 제임스 보이스
James Boice

그리스도인의 삶에서 성장하기 위해서는 두 가지가 필요하다. 하나는 성경공부이다. 성경공부는 하나님이 우리에게 말씀하시는 방식이다. 다른 하나는 기도이다. 기도는 우리가 하나님께 말하는 방식이다. 성경을 공부할 때, 우리는 기도로 하나님께 반응하도록 이끌린다. 그리고 기도할 때, 우리가 정말로 성령께서 우리 안에서 그분의 길을 여시도록 허락하고 있다면 필여적으로 성령으로 다시 이끌릴 것이다. R. A. 토레이는 「이렇게 기도하자」(How to Pray, 생명의 말씀사 역간)라는 책에서 기도가 중요한 이유들을 열거한다.

- 기도는 하나님이 정하신 수단이기 때문이다(엡 6:12,13).
- 기도는 우리가 하나님에게서 필요로 하는 것을 얻는 하나님의 방법이기 때문이다(약 4:2).
- 기도는 우리 주님의 삶에서 매우 두드러진 위치를 차지했기 때문이다(막 1:35 ; 눅 6:12).
- 기도는 지금 우리를 위해 중보하고 계시는 우리 주님의 현재적 사역이기

때문이다(롬 8:34 ; 히 7:25).

- 기도는 우리가 하나님의 긍휼하심을 입고 "때를 따라 돕는 은혜"를 발견하도록 이끌기 때문이다(히 4:16).
- 기도는 근심으로부터의 자유를 얻으며, 근심 중에도 "모든 지각에 뛰어난 하나님의 평강"을 얻는 방법이기 때문이다(빌 4:6,7).
- 기도는 하나님의 성령을 충만히 받는 방법이기 때문이다(눅 11:13).
- 기도는 그리스도께서 다시 오실 때 우리가 깨어 있게 하는 방법이기 때문이다(눅 21:24-26).
- 기도는 하나님이 우리의 영적 성장을 촉진시키시고, 우리의 일에 힘을 주시고, 사람들이 그리스도를 믿도록 인도하시며, 그리스도의 교회에 다른 모든 축복을 주시는 수단이기 때문이다(시 139:23,24 ; 마 7:7,8).

기도에 관한 모든 것을 모른다 해도

우리가 기도의 중요성을 인식했다는 것이 기도에 관한 모든 것을 이해했다는 뜻은 아니다. 내가 좋아하는 기도에 관한 예화 가운데 하나는 위대한 두 전도자의 기도 이야기이다.

칼빈주의자인 조지 휫필드는 예정론을 강조했고, 알미니안주의자인 존 웨슬리는 자유의지를 강조했다. 두 사람은 함께 사역할 때가 많았다. 어느 날이었다. 두 사람이 아침 일찍 들판에서 설교를 시작했으며, 설교를 마친 후에는 하루 종일 사람들을 찾아다녔다. 그리고 밤에 또다시 함께 설교를 했다. 그런 후에 지칠 대로 지친 채 숙소로 돌아와 잠자리에 들 준비를 했다.

두 사람 모두 침대 옆에 무릎을 꿇었다. 휫필드는 이렇게 기도했다.

"주님, 오늘 일어난 모든 일로 인해 당신께 감사드립니다. 이 모든 것이 당신의 손에 있으며, 우리는 당신께서 또다시 당신의 완전한 뜻에 따라 이 모든 것을 이루시리라 믿습니다."

그는 이렇게 기도한 후 일어나 침대로 올라갔다.

한편, 웨슬리는 도저히 그 정도 길이로는 기도를 끝낼 수 없었다. 그는 침대를 올려다보며 말했다.

"휫필드 목사님, 목사님의 칼빈주의는 이렇게 기도하라고 가르치나요?"

그러더니 그는 다시 머리를 숙이고 계속 기도했다.

휫필드는 이불을 덮고 잠이 들었다. 2시간쯤 지난 후 깨어보니 웨슬리는 그때까지도 침대 곁에 가만히 무릎을 꿇고 있었다. 휫필드는 믿을 수 없었다. 침대에서 나와 웨슬리가 무릎을 꿇고 있는 곳으로 가서 그를 툭 건드렸다. 웨슬리는 기도하는 자세로 깊이 잠들어 있었다. 휫필드가 무릎을 꿇은 채 자고 있던 웨슬리를 깨우며 말했다.

"웨슬리 목사님, 목사님의 알미니안주의는 이렇게 기도하라고 가르치나요?"

웨슬리와 휫필드는 기도에 관한 모든 해답을 갖고 있지 못했다. 그렇다면 우리가 기도에 관한 모든 것을 이해하지 못한다고 해서 놀랄 일은 아니다. 다만 우리는 주님께 맡기면서 계속해서 기도해야 한다. 그러면 주님께서 그분의 뜻을 행할 힘을 우리에게 주신다.

분명 기도에는 힘이 있다. 야고보서 5장 16절은 이렇게 말한다.

"의인의 간구는 역사하는 힘이 많으니라."

같은 편지의 조금 앞부분에서, 야고보는 이렇게 말했다.

"너희가 얻지 못함은 구하지 아니함이요"(약 4:2).

예수님은 여러 차례, 특히 요한복음에서 이렇게 말씀하셨다.

"구하라 그리하면 받으리니 너희 기쁨이 충만하리라"(요 16:24).

담대한 기도

우리는 "하나님의 뜻이라면"이라고 말하면서 사실은 하나님께 면책조항을 제시할 때가 많다. 우리는 종종 믿음의 확신 없는 모습으로 이렇게 말한다.

"저는 이 일이 정말 이루어지리라고 생각하지 않습니다. 저는 솔직히 하나님도 이 일을 이루시지 못할 거라고 생각해요. 다만 저는 '하나님의 뜻이라면' 이라고 기도할 겁니다. 그래야 이 일이 이루어지지 않았을 때, '하나님의 뜻이 아니었던 게 분명해' 라고 말할 수 있을 테니까요."

이런 태도는 옳지 않다. 우리는 마르틴 루터에게서 담대하게 기도한다는 게 무슨 뜻인지 배울 수 있다. 1540년 루터가 늙었을 때, 그의 친구이자 조력자인

미코니우스(Myconius)가 병이 들었다. 그는 자신이 곧 죽을 거라고 생각하고 루터에게 이별의 편지를 보냈다. 편지를 받은 루터는 이렇게 답장을 썼다.

"하나님의 이름으로 명하노니 죽지 말고 사시오. 교회 개혁을 위해서 내게는 아직도 그대의 힘이 필요하기 때문이오. 결코 주님은 내게 그대가 죽었다고 말씀하지 않으실 것이며, 그대가 나보다 오래 살게 하실 것이오. 나는 이를 위해 기도하고 있소. 이것이 내 뜻이며, 이러한 내 뜻은 이루어질 것이오. 왜냐하면 나는 오직 하나님의 이름을 영화롭게 하기를 원하기 때문이오."

우리는 이런 글을 읽을 때 충격을 받는다. 왠지 "내 뜻이 이루어질 것이오"라고 말하는 것은 잘못된 것 같다. 그러나 루터는 이렇게 덧붙였다.

"왜냐하면 나는 오직 하나님의 이름을 영화롭게 하기를 원하기 때문이오."

그는 담대하게, 그리고 적절하게 기도하고 있었다.

루터의 답장을 받을 무렵, 미코니우스는 이미 말하는 능력을 상실했다. 그러나 그는 곧 생기를 찾았고 완전히 회복되었다. 그는 6년을 더 살았으며, 루터보다 2개월을 더 살았다.

물론, 우리는 기도할 때 교만하지 않도록 조심해야 한다. 우리는 우리의 모습이 언제나 하나님의 뜻에 합당하다고 생각해서는 안 된다. 끊임없이 자기의 뜻을 내려놓고 하나님과 친밀한 교제를 유지하는 한, 우리는 기도할 때 아무리 담대해도 괜찮다. 우리는 하나님의 얼굴을 보면서 이렇게 말할 수 있다.

"아버지, 저를 위해 기도하는 게 아닙니다. 저의 이기적인 뜻이 이루어지기를 원하는 게 아닙니다. 오직 아버지의 뜻이 이루어지기를 원합니다. 제가 이것을 구하는 것은 아버지의 뜻이 이루어지기를 원하기 때문입니다. 이제 이것을 구하오니 모두가 아버지께 영광을 돌리게 될 방법으로 이루어주십시오."

더 많은 그리스도인들이 이렇게 기도한다면 우리는 우리의 삶과 세상에서 놀랄 만한 변화를 보게 될 것이다.

71 기도의 결과는 무엇인가?

+ 빌 브라이트

B i l l　 B r i g h t

우리가 기도하는 것은 기도하라는 명령을 받았기 때문이다. 우리가 기도하는 것은 우리 주님께서 기도의 본을 보이셨기 때문이다. 그리스도께서는 이 땅에 계실 때 기도에 많은 시간을 쓰셨을 뿐 아니라 아버지 우편에 앉아 계시는 지금도 우리를 위해 기도하는 데 시간을 쓰고 계신다. 또한 우리는 기도가 하나님이 우리에게 필요한 것을 공급해주시는 방법 가운데 하나이기 때문에 기도한다. 성경은 이렇게 말한다.

"너희가 얻지 못함은 구하지 아니함이요"(약 4:2).

많은 사람들이 기도하지만 아무 일도 일어나지 않는 것은 그들의 삶에 죄가 있기 때문이다. 성경은 성령께서 말할 수 없는 탄식으로 우리를 위해 간구(중보)하신다고 말한다(롬 8:26). 사람들은 성령이 충만할 때만 실제로 기도할 수 있다.

기도의 결과는 무엇인가? 우리가 그리스도께 더 가까이 이끌린다. 우리가 그분을 더 닮게 된다. 그리고 우리는 영적 유익을 얻는다. 우리는 더욱 거룩한 삶, 열매가 풍성한 삶을 살며, 하나님을 더 높이고 그분께 더 큰 영광을 돌리는 삶을 산다. 예수님은 제자들에게 이렇게 교훈하셨다.

"그러므로 추수하는 주인에게 청하여 추수할 일꾼들을 보내어 주소서 하라"
(마 9:38).

풍부하고 활기차며 모험 가득한 삶

내가 믿기로, 하나님이 CCC에 1만 6천 명의 전임간사와 협력간사를 보내신
방법 가운데 하나는 기도를 통해서였다. 우리는 기도하며, 하나님은 그들을 보
내신다. 놀라운 일이다.

내가 보았던 극적인 기도응답 가운데 하나는 아버지의 회심이었다. 나의 어
머니는 경건한 여인이셨고, 내가 태어나기도 전에 나를 주님께 드렸으며 평생
나를 위해 기도하셨다. 그러나 나의 아버지는 비록 착하고 도덕적이며 내가 진
심으로 사랑하는 멋진 분이셨으나 그리스도인은 아니셨다. 나는 어머니와 아버
지를 보고 자라면서, 여자들은 영적이어야 하며 남자들은 "일을 성취하는" 사람
들이어야 한다고 생각했다.

이런저런 과정을 거치면서, 어머니의 기도와 교회의 사역을 통해, 나는 그리
스도인이 되었다. 나는 너무나 흥분해서 즉시 아버지를 생각했다. 어머니는 내
기도가 필요 없으셨다. 어머니는 이미 기도의 거장이셨다. 그러나 아버지는 그
리스도가 필요하셨다. 여섯 달 후, 하나님은 기적적으로 일하셨으며, 우리 동네
의 춥고 작은 감리교회에서 전도집회가 열리게까지 하셨다. 어머니는 오래전부
터 그 교회에 다니고 계셨으나 아버지는 교인이 아니셨다. 집회가 시작되는 바
로 그 주, 나는 캘리포니아에서 집으로 돌아올 수 있었다. 그 주 아버지는 어머
니와 나와 함께 집회에 참석하셨다. 나는 아버지에게 그리스도를 전했으며, 하
나님은 아버지와 우리 가족의 삶을 극적으로 바꿔놓으셨다.

내게 있어 기도는 하나님께 말하는 것이다. 나는 주님을 예배하고 찬양하며
송축할 때처럼 성경을 통해 기도할 때 이렇게 묻는다.

"주님, 제가 다가가 말을 걸기를 원하는 사람이 있으세요? 제가 위하여 기도
하기를 원하는 사람이 누군가요?"

그러면 어떤 사람들과 환경이 떠오른다. 나는 가족과 간사들의 영적 행복을

자주 구한다. 나는 이렇게 묻는다.

"제가 알아야 할 게 있습니까? 제가 그들을 위해 할 수 있는 게 있습니까?"

그러면 주님은 내가 해야 할 일을 말씀해주신다. 우주의 법칙을 주관하시며 사람과 나라의 일들 가운데 역사하시는 하나님께서 내가 무엇을 하기를 원하시는지 말씀해주신다. 나는 하나님이 성경 시대처럼 지금 내게 말씀하신다는 것을 믿지 않는 사람들이 있다는 것을 안다. 그러나 나는 이것을 40년 동안 믿었다. 그 결과, 그리스도인의 삶은 큰 기쁨이었으며 우리 주님과 함께하는 엄청난 모험이었다. 나는 이것이 모든 신자의 큰 특권이라고 믿는다.

나는 성경이 성령을 통해 하나님의 감동으로 되었으며, 성령께서 거룩한 사람들에게 기름을 부으사 거룩한 진리를 기록하게 하셨다고 믿는다. 그러므로 나는 성경을 읽을 때 하나님께 내게 말씀해달라고 기도한다. 내가 하나님의 말씀을 읽을 때 성령께서 내게 원하시는 반응이 있을 것이다. 나는 그것들을 보여달라고 성령께 간구한다. 나는 성경을 읽으면서 기도한다.

시편 1편은, 어떤 것들을 행하는 사람은 "시냇가에 심은 나무가 시절을 좇아 과실을 맺으며 그 잎사귀가 마르지 아니함 같으니 그 행사가 다 형통하리로다"라고 말한다(시 1:3). 즐겁고 열매가 있으며 형통한 삶을 보장해주는 것은 무엇인가? 무엇보다도, 그는 하나님의 말씀을 주야로 묵상한다. 그는 하나님이 원하시는 것은 무엇이든 기쁘게 행한다. 그리고 그는 항상 하나님을 좀 더 가까이에서 따르려 한다. 나는 이렇게 기도한다.

"주님, 당신을 사랑하며, 당신의 말씀을 날마다 기뻐하며, 당신이 원하는 것은 무엇이든 기쁘게 행하는 사람이 되고 싶습니다. 당신을 더 가까이서 따르고 싶습니다. 이기적인 이유 때문이 아니라 당신을 사랑하며 당신을 기쁘게 하고 싶기 때문입니다."

그 결과는 풍부하고, 활기차며, 모험 가득한 삶이다. 성경은 말한다.

"여호와를 기뻐하라 저가 네 마음의 소원을 이루어 주시리로다"(시 37:4).

우리는 누구에게 기도해야 하는가? — 래리 크리스텐슨(Larry Christenson)

성경에는 우리가 삼위일체 가운데 어느 분에게든지 기도할 수 있다는 증거가 많다. 하나님과 예수님 모두 신약에서 예배를 받으시며, 예수님은 이후 오실 보혜사를 성부와 성자와 성령의 연합이라는 견지에서 말씀하셨다(요 14:15-16:16). 하나님은 삼위(三位)로 자신을 계시하셨기에, 우리는 자신이 어디에 있으며 어떤 기도를 하고 있느냐에 따라 성부나 성자나 성령께 기도할 수 있다. 물론, 우리가 어느 분께 기도하든 우리의 기도는 온전한 삼위일체를 포함한다.

우리는 삼위일체의 각기 다른 위(位)에게 기도할 수 있을 뿐 아니라 하나님의 여러 이름으로 기도할 수 있다. 성경에서 하나님은 많은 이름으로 불리신다. 각각의 이름은 하나님에 대한 우리의 이해와 우리와 그분과의 관계의 지평을 여는 창문과 같다. 우리는 시편에서처럼 성경에 나와 있는 하나님의 이름들을 하나의 전체적인 스펙트럼으로 사용할 수 있다. 그러면 이러한 이름들이 우리 기도의 안내자가 된다. 내가 하나님을 선하신 목자라고 부른다면, 나는 그분을 대제사장이라고 부를 때와는 다른 곳에 초점을 맞추는 것이다. '스스로 있는 자'와 '우리 아버지'는 초점이 다르다. 둘 다 진리이지만 각각은 하나님의 서로 다른 면에 초점을 맞춘 것이다.

하나님은 삼위(三位)와 많은 이름을 통해 자신을 계시하셨기 때문에, 우리는 자신의 다양한 필요와 부르심에 응답하면서 여러 길을 통해 그분께 다가갈 수 있다.

72 어떻게 기도해야 하는가?

+ 버논 그라운즈

V e r n o n   G r o u n d s

우리는 어떻게 기도할 것인가를 생각하면서 자연스럽고 자발적인 행위를 지나치게 분석하지 않도록 주의해야 한다. 우리는 어느 발을 먼저 내디뎌야 하는지 어떻게 아느냐는 질문을 받기 전까지는 잘 가고 있던 지네처럼 되기가 쉽다. 그는 걸음을 멈추고 생각에 잠겼으며 그 후로는 너무나 당황한 나머지 다시 걸음을 떼어놓을 수 없었다.

이와 마찬가지로, 우리는 어떻게 기도해야 하느냐에 너무 집중한 나머지 하늘에 계신 우리 아버지와 단순하게 대화하지 못하는 일이 없도록 해야 한다. 하지만 기도에 관한 성경의 지침을 살펴봄으로써 우리의 기도의 삶을 개선할 수 있다.

규칙적으로, 정직하게, 그리고 확신을 갖고 기도하라

이것은 기도를 막 시작하는 사람에게 특히 중요하다. 어떤 틀이나 훈련은 필수적이다. 오랫동안 기도생활을 해온 사람들이라도 습관이 중요하다는 것뿐 아니라 습관이 율법주의로 전락할 위험이 있다는 것을 명심해야 한다. 여러 해 전, 나는 내게 매우 유익한 말을 들은 적이 있다.

"판에 박힌 길이 은혜의 문지방이 될 수 있다."

기도의 훈련이 실제로 판에 박힌 길로 전락할 수 있다. 그러나 내가 적어도 이따금 은혜의 문지방을 넘는 축복을 경험할 수 있는 것은 이러한 판에 박힌 길을 고집할 때뿐이다.

그러므로 나는 기도가 땅을 뒤흔드는 경험이든 아니든 간에 규칙적으로 기도한다. 나는 하늘이 내려오고 영광이 내 영혼을 채우는 일이 일어나든 일어나지 않든 간에 기도한다. 내가 기도하는 이유는, 하나님은 성실하시며 성령께서 내 느낌에 관계없이 일하고 계신다는 것을 믿기 때문이다. 기도의 습관을 기르는 것은 이따금씩 기도할 동기를 부여하는 자극을 기다리는 것보다 결국에는 나의 영적인 삶에 더 큰 유익이 된다.

성경은 우리에게 쉬지 말고 기도하라고 교훈한다. "항상 기도하고 낙망치 말라"(눅 18:1)고 말하며, "쉬지 말고 기도하라"(살전 5:17)고 말한다. 우리는 이러한 구절을 읽으면서 어떻게 그렇게 할 수 있는지 의아해할 수 있다. 이들 본문은 우리가 순간순간 하나님의 인도하심을 의지해야 한다는 것을 암시한다. 이들 본문은 또한 우리의 모든 호흡이 하나님의 선물임을 인식해야 한다는 뜻이기도 하다. 쉬지 않고 기도하는 게 반드시 우리와 하나님 사이의 의식적인 대화를 암시하는 것은 아니다. 대신 이것은 기도가 훈련이자 습관이며, 우리가 삶의 규범과 버릇으로 만드는 것임을 암시한다.

우리는 하늘에 계신 아버지께, 곧 우리를 사랑하시기에 우리가 어떤 내용을 아뢰더라도 우리를 탓하거나 멀리하지 않으시는 분께 나아온다. 우리가 하나님게 말하지 말아야 할 것이라고는 없다. 우리 마음에 있는 것들 가운데 그분이 모르고 계시는 것은 없다. 그러므로 우리는 말이든 말이 아닌 다른 방법으로든 간에 마음에 있는 모든 것을 그분께 아뢰어야 한다. 우리는 자신의 모든 생각을 그분께 자유롭게 표현할 수 있다.

"하나님이여 나를 살피사 내 마음을 아시며 나를 시험하사 내 뜻을 아옵소서 내게 무슨 악한 행위가 있나 보시고 나를 영원한 길로 인도하소서"(시 139:23,24).

히브리서 4장 16절은 지시보다는 간절한 부탁에 가깝다.

"그러므로 우리가 긍휼하심을 받고 때를 따라 돕는 은혜를 얻기 위하여 은혜의 보좌 앞에 담대히 나아갈 것이니라."

어떤 번역은 "담대히"라는 단어 대신에 "확신을 갖고"라는 표현을 사용한다. 헬라어에서, 이 단어는 "전혀 솔직한 말로"라는 뜻이다. 이것은 우리의 느낌과 삶의 상황을 정확히 그대로 하나님께 아뢰는 것을 의미한다. 우리는 솔직함과 자유와 확신의 태도를 갖고 기도해야 한다.

기도는 쌍방향 커뮤니케이션

나는 매일 기도하려고 노력한다. 물론 이러한 노력이 방해받을 때도 있다. 그러나 나는 거의 매일 빠짐없이 주님과 대화할 시간을 찾는다. 콜로라도의 집에 있을 때는 저녁 무렵 서재에 들어가 대개는 클래식 음악을 틀어놓는다. 내게는 잔잔한 음악이 기도에 도움이 된다.

나는 대개 서재에서 왔다갔다하거나 앉아서 창문으로 로키산맥을 바라보면서 적어도 30분에서 1시간 정도 주님과 대화한다. 이 시간에는 내 마음에 있는 것, 내가 느끼고 생각하는 것을 정직하게 그분께 아뢴다. 그런 후에는 내게 관계된 것들을 구한다. 단지 나를 위해서만 기도하는 게 아니라 내 가족을 위해, 정부 지도자들을 위해, 교회를 위해, 내가 가르치는 신학교를 위해, 선교사들을 위해 기도한다.

기도는 한 방향으로만 이루어지는 커뮤니케이션이 아니다. 기도에는 말하기 뿐 아니라 듣기도 포함된다. 우리는 하나님이 그분의 말씀을 통해 우리에게 말씀하신다고 믿는다. 우리는 성경을 읽으면서 성경을 통해 말씀하시는 하나님께 귀를 기울인다. 우리는 읽고 기도하며, 그런 후에 다시 읽고 더 많이 기도한다. 하나님께 주의를 집중하려 하면서 기도 후에 묵상하는 사람들이 있다. 이들은 귀로 어떤 메시지를 들었다고 말하지는 않지만 자연과 하나님의 뜻에 대해 분명한 통찰을 얻었다고 말한다. 하나님은 책이나 간증이나 설교나 찬양과 같은 그 밖의 방법들을 통해서도 우리에게 말씀하신다. 우리는 말을 너무 많이 하고 듣기는 너무 적게 하지 않도록 조심해야 한다.

기도를 항상 말로만 하는 것은 아니다. 우리는 말을 전혀 하지 않고 생각만 하면서도 우리의 영혼을 하나님께 올려드리거나 우리의 마음을 그분께 쏟아부을 수 있다. 우리의 영혼에서 솟구쳐 오르는 것을 말을 통해 의식적으로 표현할 수 없을 때가 있다. 이러한 때, 우리는 로마서 8장 26절로 돌아간다.

"우리가 마땅히 빌 바를 알지 못하나 오직 성령이 말할 수 없는 탄식으로 우리를 위하여 친히 간구하시느니라."

때로는 기록하는 기도(written prayer)가 도움이 될 수 있다. 존 베일리(John Bailie)의 「나의 기도」(Diary of Private Prayer, 바울서신사 역간)처럼, 내 마음 깊은 곳에서 솟아나는 느낌과 소원을 나보다 더 잘 표현할 때가 많은 기도집이 있다. 나는 이러한 몇몇 기도를 읽을 수 있다. 또는 이것들을 소리 내어 읽은 후 "아멘"을 덧붙일 수 있다. 나는 정확히 내가 말하고 싶지만 말로 표현할 능력이 없는 것을 읽

예수님의 이름으로 기도하기 – 래리 크리스텐슨(Larry Christenson)

예수님은 그분이 우리에게 명하신 것을 하는 데 필요한 모든 것을 우리에게 공급해주시겠다고 약속하셨다. 우리의 요구가 그분의 목적과 일치한다는 것을 알 때, 우리는 그분의 이름으로 자신 있게 기도할 수 있다.

어느 회사의 부장이 자기 부서에 백만 달러짜리 장비가 필요해서 주문할 때 회사의 이름으로 주문한다. 그는 주문자가 견실하고 평판이 좋은 회사이기 때문에 공급자가 주문자의 이름을 알아보리라는 것을 알고 있다. 그는 또한 처음에 그 장비를 구입하도록 요구한 것은 회사이기 때문에 회사가 대금을 지불하리라는 것도 알고 있다. 일을 처리하는 데는 회사의 이름이 필요하다.

예수님의 이름으로 기도할 때, 우리는 예수님의 권세로 그분의 의를 입고 우리 삶에 대한 그분의 요구를 갖고 하나님 앞에 나온다. 우리는 예수님이 특별한 상황에서 우리에게 명하시는 것을 하는 데 필요한 것을 하나님께 아뢴다. 우리는 우리의 소명을 행하기 위해 하늘의 자원을 의지하는데, 예수님은 이미 우리가 그 자원을 이용할 수 있게 해놓으셨다. 우리는 하나님이 우리에게 정말 필요한 것은 무엇이든 공급하시리라고 믿는다.

고 있다. 나는 내 마음에 있는 것을 말로 표현한 형제나 자매들에게 감사한다.

그러나 우리가 어떤 훈련을 따르든 간에, 어떤 방법을 사용하든 간에, 가장 중요한 것은 기도하는 것이며, 규칙적으로 정직하게 확신을 갖고 기도하는 것이다.

73 죄가 기도에 어떤 영향을 미치는가?

＋ 에블린 크리스텐슨
Evelyn Christenson

예수님은 요한복음 15장 7절에서 이렇게 약속하셨다.

"너희가 내 안에 거하고 내 말이 너희 안에 거하면 무엇이든지 원하는 대로 구하라 그리하면 이루리라."

그러나 그분은 여기서 두 가지 조건을 제시하신다. 우리가 그분 안에 거하고 그분 말씀을 순종하는 일이다. 우리가 그분 안에 거하지 않고 그분께 순종하지 않는다면 이러한 능력을 갖지 못할 것이다. 죄는 우리가 기도의 능력을 갖지 못하도록 막는다.

"주의 눈은 의인을 향하시고 그의 귀는 저의 간구에 기울이시되 주의 낯은 악행하는 자들을 향하시느니라"(벧전 3:12).

두 종류의 죄

두 종류의 죄가 있는데, 첫째는 총체적인 죄이다. 이것은 단수인 '죄'로 언급된다. 아담과 하와 이후, 모든 인간은 죄의 상태에서 태어난다.

예수님은 제자들에게 자신은 그들과 함께하시지 않겠지만 성령을 보내실 것이며 성령께서 세상으로 죄를 깨닫게 하리라고 말씀하신다(요 16:5-11). 예수님은 이보다 앞서 이렇게 말씀하셨다.

“믿지 아니하는 자는 하나님의 독생자의 이름을 믿지 아니하므로 벌써 심판을 받은 것이니라”(요 3:18).

이것이 총체적인 죄이며, 우리 모두는 이러한 죄 가운데서 태어났다. 우리는 예수 그리스도를 영접하는 순간 이러한 죄의 상태를 벗어난다. 그 순간 우리는 의롭다 함을 얻으며 예수 그리스도 안에서 새로운 피조물이 된다. 하나님은 마치 우리가 전혀 죄를 짓지 않은 것처럼 우리를 보시며(요일 1:9) 우리는 정죄(심판)를 받지 않는다(롬 8:1).

둘째는 구체적인 범죄와 관련이 있다. 이것은 복수인 ‘죄들’로 언급되며 주님이 가르쳐주신 기도에서도 언급된다.

“우리가 우리에게 죄 지은 자를 사하여준 것같이 우리 죄를 사하여주옵시고”(마 6:12).

이 구절에서 ‘죄’는 우리가 그리스도인이 된 후에 범하는 죄이다.

나는 기도 세미나를 인도할 때, 처음 한 시간은 참석자들에게 기도의 능력과 가능한 기도의 응답에 관해 이야기한다. 그런 후에 죄에 관한 23개의 성경구절을 읽어준다. 그러면 죄에 대해 우리의 마음이 열린다. 우리의 단점이나 개성이 아니라 우리의 죄에 대해 마음이 열린다. 이때 처음으로 참석자들에게 소리 내어 기도하라고 요구하는데, 이 시간은 능력의 시간이 된다. 그 후에는 이렇게 말한다.

“여러분에게 한 가지 기도를 더 할 수 있는 기회를 드리고 싶습니다. 혹시라도 여러분 중에 예수 그리스도가 자신의 구원자요 주님이라고 확신하지 못하는 분이 있다면 지금 자신의 죄를 고백하면서 기도하시기 바랍니다.”

이때 나는 마가복음 1장 15절을 인용한다.

“회개하고 복음을 믿으라!”

믿고 회개하라는 게 아니라, 회개하고 믿으라는 것이다. 기도 세미나에 모인 이들은 이미 회개했으며 자신의 죄를 자백했다. 이제 남은 것이라고는 믿고 예수 그리스도께서 구원자요 주님이 되시도록 요구하는 것뿐이다. 우리가 일단 자신의 죄를 회개하고 그 죄에 대해 용서를 구했다면 기도 가운데 하나님의 능력을 체험할 준비가 된 것이다.

거만한 기도

최근에 국제기도모임에 참석한 적이 있었다. 우리의 목적 가운데 하나는 전 세계를 향해 기도를 요청하는 것이었다. 우리는 세계에서 어떤 사람들을 초청하여 함께 기도할 것인가를 의논하면서 어려움에 부딪혔다.

누군가 초청할 사람들에 대한 의견을 내놓자, 어떤 대표가 말했다.

"그런 사람들은 포함시킬 수 없어요!"

그러자 다른 대표가 "그런 사람들이라면 괜찮습니다"라고 이의를 제기했다.

세 번째 대표가 말했다.

"제가 돌아가서 우리가 그런 사람들과 함께 기도하기로 했다면 아무도 우리와 함께하지 않을 것입니다."

모임의 서기인 나는 이 모든 발언들을 기록하고 있었다. 마침내 내가 한마디 했다.

"도대체 어떻게 기록해야 할지 모르겠습니다. 우리가 (천국에서) 영원히 함께할 모든 사람들과 더불어 기도할 거라고 기록해야 하나요? 아니면…"

내가 말을 끝내기도 전에 모두들 멋쩍게 웃기 시작했다. 이들은 기도할 권리가 누구에게 있는지를 결정한다는 게 얼마나 어리석은 짓인지 깨달았다.

만약 우리가 어떤 사람들의 기도는 다른 사람들의 기도보다 가치 있다고 생각하는 영적 우월감을 갖고 있다면 주님께 용서받아야 한다.

74 하나님께 귀를 기울인다는 게 무슨 뜻인가?

✢ 베키 티라배시

Becky Tirabassi

어느 날이었다. 나는 친구들과 함께 여성 세미나에 참석하기 전에 하나님과 교제하는 시간을 가지려고 새벽 5시에 일어났다. 경건의 시간에 말씀을 적용하면서 나는 '운전 조심'이라고 썼다. 이상하다는 생각이 들었다. 특별히 영적이거나 심오한 말도 아니었다. 그러나 충분한 시간을 둔 채 차를 몰고 약속 장소로 향했기 때문에 과속의 유혹은 없을 거라고 생각했다. 그럼에도 불구하고, 친구들과 만나기로 약속한 시간이 되었는데도 약속 장소까지는 아직도 15분을 더 달려야 했다. 나는 '시험'이 시작되었다는 것을 알았다. 계속해서 빨간 신호등에 걸리는 것 같았으며, 시간이 흐를수록 점점 더 초조해지고 조급해졌다. 1마일을 더 가자 긴 내리막길이 나타났고 나의 방어벽은 무너졌다. 두 개의 빨간 신호등을 그냥 지나쳤을 때 경찰이 나를 불러 세웠다. 60달러짜리 딱지를 끊었고 시간도 더 지체되었다. 그뿐 아니라 내가 하나님이 미리 경고하셨는데도 그분께 귀를 기울이지 못했다는 생각에 너무나 마음이 아팠다. 눈물을 글썽이며 레스토랑 주차장에 들어가보니 친구들은 아직도 도착하지 않은 상태였다. 그날 나는 주의 깊게 귀를 기울이는 것에 관해 큰 교훈을 얻었다.

듣기 위한 노력

'귀를 기울인다'(listen to)는 게 무슨 뜻인가? 사전은 귀를 기울인다는 말을 세 가지로 정의한다.

"들으려고 의식적으로 노력한다. 주의를 기울인다. 조언을 받아들인다."

하나님께 귀를 기울일 때도 이와 같은 개념이 적용된다. 하나님께 귀를 기울인다는 말에는 수용적이고 주목하며 듣고 조언을 받아들이거나 들은 바에 순종한다는 의미가 포함될 것이다.

대부분의 사람들이 듣는다. 그러나 귀를 기울이는 사람은 많지 않다. 적극적으로 귀를 기울이기 위해서는 의식적인 노력이 필요하다. 한 사람에게서 이런저런 질문을 받으면서 다른 사람과 전화 통화를 해본 적이 있는가? 정말 혼란스럽다. 뿐만 아니라 대개는 어느 쪽의 이야기도 제대로 파악하지 못한다. 삶은 방해물과 소음과 대화해야 할 사람들로 가득하다. 이런 상황은 결코 변하지 않을 것이다. 하나님께 귀를 기울이려고 노력할 때 최우선순위를 두어야 하는 일 가운데 하나는 비교적 방해로부터 자유롭고 그분의 음성을 들을 수 있는 조용한 곳을 찾는 것이다. 편안한 의자나 책상이 있고 전화기가 없는 방이 이런 곳일 수 있을 것이다. 이른 아침의 한적한 레스토랑도 이런 곳일 수 있을 것이다. 어느 곳이든 간에, 그곳은 주의를 집중해서 하나님께 '귀 기울일' 수 있는 곳이어야 한다.

하나님께 지속적으로 귀를 기울이려 할 때 따르는 또 다른 문제는 '시간'이다. 상호적이며 성장하는 모든 관계에서 가장 큰 우선순위를 차지하는 것은 시간이다. 하나님과의 관계도 마찬가지이다. 개인적으로, 나는 매일 아침 구체적인 양의 시간을 따로 떼어두며, 이 시간을 나와 하나님간의 개인적인 '약속'이라고 생각한다. 사실, 나는 전날 밤 하루일정표에 이 시간을 집어넣고 다음날 이 시간을 어떻게 가질 것인지 계획하며, 그런 후에 내가 정기적으로 만나는 다른 사람을 위해서 하듯이 하나님과의 약속 시간을 따로 떼어두었다는 것을 자신에게 확인시킨다. 이 시간에, 나는 나의 생각과 기도의 제목들을 자세히 기록한 후 시편을 네다섯 편 읽는다. 그리고는 내가 주님과 나누는 것에 대해 내게 위로나 확신을 주는 구절도 기록한다. 나는 그분이 내게 반응하고 계시며 내가 그분의 조언에 귀를 기울이고 있다고 느낀다.

규칙적인 공부와 묵상과 암송을 통해 하나님의 말씀과 친숙해지는 것이야말로 하나님께 귀를 기울이려는 의식적인 노력의 전부이다.

귀를 기울인다는 말의 두 번째 정의, 곧 주의를 기울인다는 말은 당신이 들은 것을 곰곰이 생각한다는 뜻을 내포한다. 그리스도인에게 있어, 우리가 말씀을 읽을 때, 말씀은 생각을 일으킴으로써 우리의 주의를 사로잡거나 우리의 생활방식이나 행동에 관해 구체적인 인도나 깨달음을 준다. 이때 우리는 들은 바에 반응할 것인지, 한다면 언제 할 것인지를 결정해야 한다.

우리 각자가 그분의 음성을 알고, 그 음성을 가까운 친구의 음성처럼 인식해야 한다. 하나님의 말씀을 읽고 암송하고 묵상할 때, 당신은 그분이 당신에게 직접 말씀하시는 음성을 '듣기' 시작할 것이다. 더 나아가, 당신은 당신의 일상적인 생각 속에서 역사하시며 하나님의 진리를 당신에게 일깨우고 가르치시는 그분의 성령을 분별하는 데까지 자랄 것이다(요 16:13). 당신은 하나님이 다른 사람들의 말을 통해 당신의 주의를 그분의 가르침으로 돌리려고 당신의 가족이나 목회자나 가까운 크리스천 친구들이나 심지어 어린아이들까지 정기적으로 사용하시는 것을 느낄 것이다. 당신이 하나님의 음성을 들으려고 귀를 기울일 때, 신앙서적이 힘이 되고 방향을 제시해줄 때가 많을 것이다.

마지막으로, 하나님께 귀를 기울이는 데는 유순한 태도, 곧 주어진 조언을 받아들이려는 의지도 포함된다. 일단 당신이 하나님으로부터 들었다면 기꺼이 순종하겠는가? 당신은 하나님이 당신에게 하셔야 하는 말씀을 듣기를 두려워하는가? 그렇다면 당신은 그분의 음성을 피하려 할 것이다. 하나님이 당신에게 말씀하고 계시는지 또는 당신이 그분의 음성을 들었는지 확신할 수 없다면 스스로에게 몇 가지 질문을 던지고 솔직하게 답해보라.

- 나는 그분의 음성을 아는가? 예수님은, 양은 목자의 음성을 알고 따른다고 말씀하셨다(요 10:2-5). 목자와의 개인적인 관계가 귀를 기울이는 첫 단계이다.
- 나의 귀는 듣지 못하도록 방해하는 것들로부터 자유로운가? 내 삶에서 하나님께 고백하지 않았거나 인정하지 않은 죄가 있는가? 내가 용서하지 않은 사람이 있는가?
- 그분이 내게 말씀하실 때 나는 기꺼이 순종하겠는가?

하나님께 귀를 기울이기 위해, 매일 조용한 장소와 일정한 시간을 따로 정해둠으로써 하나님께서 당신을 사용하실 수 있게 하라. 그곳에 있을 때뿐 아니라 하루 종일 주의를 집중하라. 그리고 정기적으로 "태도를 점검하라."

하나님의 말씀을 보는 것이 문제의 해답을 찾는 가장 좋은 방법이다. 그분이 정말로 귀를 기울이고 계시는가? 구약성경과 신약성경은 귀를 기울이시는 하나님의 성품을 보여준다.

구약성경에서, 이사야는 하나님에 관해 이렇게 기록했다.

"그들이 부르기 전에 내가 응답하겠고 그들이 말을 마치기 전에 내가 들을 것이며"(사 65:24).

시편에서 성경기자는 하나님을 향해 자신에게 귀를 기울여달라고 말하는 지속적인 간구와 요청을 담고 있다. 시편 전체에서, 성경기자는 하나님의 응답이야말로 그분이 우리에게 귀를 기울이고 계신다는 증거라고 거듭 말한다(시 10:17 ; 18:6 ; 23편 ; 86편).

신약성경에서, 예수님은 마태복음 7장에서 구하고, 찾고, 두드리면 응답하시 겠다고 말씀하셨다. 야고보는 우리가 하나님께 지혜를 구하면 주실 것이라고 말 한다(약 1:5). 요한은 우리가 우리의 죄를 하나님께 들고 나와 자백하면 하나님이 우리를 용서하시고 그 모든 죄에서 깨끗하게 하시리라고 말한다(요일 1:9). 신약 성경의 수많은 책들이 우리에게 "참마음과 온전한 믿음으로 하나님께 나아가 자"고 촉구한다(히 10:22).

수많은 세월 동안 사람들은 하나님께 구하고 그분의 음성을 듣는 중에 일어 난 많은 기적을 기록으로 남겼다. 나는 이들이 반드시 특별하거나 다른 사람들 을 제치고 선택받은 것은 아니지만 우리의 역할 모델이라고 확신한다. 하나님은 소수에게만 접근을 허용하시는 분이 아니다. 그분은 우리 모두와 교제하기를 원 하신다. 그분은 이렇게 말씀하신다.

"볼지어다 내가 문 밖에 서서 두드리노니 누구든지 내 음성을 듣고 문을 열면 내가 그에게로 들어가 그로 더불어 먹고 그는 나로 더불어 먹으리라"(계 3:20).

당신의 필요와 소원을 하나님께 아뢸 뿐 아니라 그분의 말씀과 성령과 다른 사람들을 통해 당신에게 말씀하시는 하나님께 적극적으로 귀를 기울이는 대화 방법을 스스로 찾아내라. 시간을 따로 떼어두고, 기꺼이 배우려는 유순한 태도 를 취하며, 그분의 응답을 기다려라!

중보기도─조안 영(Joan Young)

성경은 우리가 하나님의 거룩한 제사장이라고 말한다(벧전 2:5). 제사장은 무슨 일을 하는가?

"대제사장마다 사람 가운데서 취한 자이므로 하나님께 속한 일에 사람을 위하여 예물과 속죄하는 제사 를 드리게 하나니"(히 5:1).

우리가 그리스도인으로서 감당해야 하는 주요 역할 가운데 하나는 하나님이 지구에 사는 사람들의 삶 에서 일하시도록 기도하는 것이다. 에베소서 6장 18절은 "여러 성도를 위하여 구하고"라고 구체적으로 말한다.

우리는 곧바로 하나님 앞에 나아가 그분의 백성을 도와달라고 요구할 수 있는 특권이 있다. 앤드류 머 레이(Andrew Murray)는 이것을 이렇게 표현했다.

"땅 위에 있는 하나님의 대리자로서, 구속받은 인간은 기도를 통해 이 땅의 역사를 결정할 힘이 있다."

놀라운 일은 우리가 더 이상 그렇게 하지 않는다는 것이다.

75 나의 기도가 세상의 지도자들에게 영향을 미칠 수 있는가?

+ 버논 그라운즈
Vernon Grounds

　　우리는 정치 지도자들과 정부 지도자들을 위해 기도할 때 해결할 수 없는 역설에 직면한다. 이것은 하나님의 주권이 인간의 자유와 어떻게 조화를 이루는가에 대한 해묵은 딜레마이다. 모든 것을 아시며 전능하신 하나님이 일어나는 모든 일을 주관하신다면 기도는 도대체 뭐란 말인가? 사건들이 한 치의 오차 없이 예정대로 전개되는데 기도가 무슨 차이를 낳겠는가?

　　이 문제를 이론적으로 어떻게 해결하려 하든 간에, 성경이 기도가 차이를 낳는다고 본다는 것을 깨달을 필요가 있다. 옛말에 있듯이 "기도는 능력이거나 우스운 짓이거나 둘 중 하나이다." 성경은 기도를 우스운 짓으로 보지 않는다. 성경은 오히려 기도를 의가 승리하며 하나님의 뜻이 이루어지게 하는 강력한 힘이요 없어서는 안 될 요소로 본다.

　　기도는 세상의 지도자들에게 영향을 미칠 수 있다. 기도하라. 그러면 기도하지 않았다면 결코 일어나지 않을 일들이 일어날 것이다. 이것은 우리의 기도가 일어날 일을 바꿔놓기 때문이 아니라 역사를 미리 내다보시는 하나님께서 우리의 기도를, 사건들이 일어나는 데 한 부분을 담당하는 요소가 되게 하시기 때문이다. 우리는 하나님의 마음과 생각할 수 없을 정도로 복잡한 컴퓨터를 비교할 수 있다. 성경에 따르면, 하나님은 일어날 일들을 영원 전부터 알고 계신다. 하나님은 우리가 언제 기도하고 언제 기도하지 않을지 알고 계신다. 모든 것을 아시는 하나님은 시간과 공간 속에서 일어나는 사건들을 계획하시면서 이러한 정보를 고려하셨다. 하나님은 이어지는 일련의 사건들이 우리의 중보사역과 조화를 이루도록 계획해놓으셨다.

　　그러므로 우리는 기도의 의무를 인식해야 한다. 사도 바울은 성경에서 중보

기도에 관한 중요한 구절인 디모데전서 2장 1,2절에서 뜨겁게 권면한다.

"그러므로 내가 첫째로 권하노니 모든 사람을 위하여 간구와 기도와 도고와 감사를 하되 임금들과 높은 지위에 있는 모든 사람을 위하여 하라 이는 우리가 모든 경건과 단정한 중에 고요하고 평안한 생활을 하려 함이니라."

그러므로 우리는 우리의 지도자들을 위해 기도해야 한다. 왜냐하면 이들은 자신도 모르게 하나님의 손에 잡힌 도구이기 때문이다. 다니엘서에 나오는 느부갓네살왕은 이러한 사실을 보여주는 좋은 예이다. 다니엘서 4장은 느부갓네살이 어떻게 병이 들었고, 하나님의 간섭으로 놀라운 믿음의 고백을 하고 제국의 정책을 바꾸게 되었는지 보여준다. 가이사 아구스도는 자신도 모르게 하나님의 도구 역할을 한 또 다른 지도자이다. 그는 제국의 모든 사람들에게 호적을 명하는 칙령을 내렸다(눅 2장). 이러한 칙령은 메시아가 예루살렘에서 태어날 수 있도록 로마제국이라는 거대한 기계를 움직였다. 우리는 하나님의 주권적인 역사에 관한 이런저런 예를 보면서 사람들이 지금 우리처럼 배후에서 통치자들과 왕들과 모든 권세자를 위해 기도하고 있었다고 생각할 수 있다. 그리고 하나님은 이들의 기도에 응답하셨다.

하나님의 목적을 이루는 도구

우리가 지도자들을 위해 기도하는 것은 이들이 자신도 모르게 하나님의 목적을 이루는 도구가 되었기 때문일 뿐만 아니라 이들을 위한 기도가 우리에게 유익이 되기 때문이다. 바울이 디모데전서에서 말하듯이, 우리가 이들을 위해 기도하는 이유 가운데 하나는 우리가 조용하고 평화로운 삶을 살기 위해서이다. 예레미야 선지자는 바벨론에서 포로 생활을 하는 사람들에게 한 통의 편지를 보낸다. 선지자는 이들에게 이방국가의 평화와 번영을 위해 기도하라고 말한다. 왜냐하면 그 나라가 안녕을 누릴 때 이들의 안녕도 보장되기 때문이다.

"너희는 내가 사로잡혀 가게 한 그 성읍의 평안하기를 힘쓰고 위하여 여호와께 기도하라 이는 그 성이 평안함으로 너희도 평안할 것임이니라"(렘 29:7).

지도자들과 다양한 정치 문제를 위해 기도할 때, 우리는 다른 그리스도인들이 우리 계획과 반대되는 것들을 하나님께 구하고 있다는 것을 분명히 깨닫게 될 것이다. 하나님은 이러한 모순된 기도들을 조율하여 그분의 뜻과 조화되게 하신다. 우리의 책임은 최고의 분별력을 갖추고 가장 정직하고 겸손하게 기도하는 것이다. 우리는 하나님께 명령하는 게 아니라 자신이 어떤 문제에 대해 느끼는 바를 솔직하게 아뢰고 하나님이 그분의 지혜와 사랑에 맞게 응답해주시도록 구해야 한다. 이것은 겟세마네 원리를 따른다는 뜻이다. 우리는 모든 기도에 절대적인 추신을 덧붙인다.

"나의 원대로 마옵시고 아버지의 원대로 하옵소서"(마 26:39).

예수님은 십자가에 달리시기 전날 밤 겟세마네 동산에서 고난의 잔이 자신을 비껴가기를 간절히 바라셨다. 그러나 마지막에, 예수님은 자신을 하나님의 손에 믿고 맡기셨다. 이러한 최종적인 믿음의 행위는 하나님의 지혜와 사랑과 선하심을 우리의 분별력보다 신뢰하는 것이었다. 심지어 그것이 우리 자신의 바람과 모순되더라도….

하나님께 간구할 때, 내가 지성을 가능한 최대로 사용하더라도 실수할 수 있다. 어떤 문제에서 나와는 반대쪽에 있는 사람들이 하나님의 뜻에 대해 더 예리한 통찰력을 갖고 있을 수 있다. 그래서 나는 이렇게 기도한다.

"하나님 아버지, 당신을 신뢰합니다. 당신이 행하실 일이 내가 구하는 것과 모순된다 하더라도 그 일이 마땅히 일어나야 하리라는 것을 믿습니다. 내 뜻이 아니라 당신의 뜻을 이루어주십시오."

바울은 로마서 14장에서 이 문제를 다루었다. 하나님은 복음 시대에 고기를 먹는 것이나 안식일을 지키는 문제에 관해 분명하게 말씀하지 않으셨다. 따라서 이런 문제들이 1세기 로마 제국의 그리스도인들 사이에서 논쟁의 대상이 되었다. 바울은 하나님이 명확히 말씀하지 않으신 문제들에 대해서는 각자가 마음의 확신을 가져야 한다고 가르쳤다. 그러나 그는 또한 우리와는 다른 확신을 가진 그리스도인들을 사랑과 존경과 정중함과 무엇보다도 겸손으로 대해야 한다고 가르쳤다. 우리는 어떤 문제에 관해 자신이 어떤 자세를 취하는지 알아야 하며 거기에 맞게 기도해야 한다. 그러나 우리는 또한 자신과 견해가 다른 사람들에게 정중해야 한다. 마지막으로, 우리는 잠언 21장 1절을 기억해야 한다.

"왕의 마음이 여호와의 손에 있음이 마치 보(洑)의 물과 같아서 그가 임의로 인도하시느니라."

우리는 하나님이 우리의 기도에 어떻게 응답하시는지 모른다. 그러나 우리는 기도가 우리에게 주어진 명령이라는 것은 안다. 이론적인 퍼즐을 맞추는 것은 하나님께 맡겨라. 우리로서는 우리의 기도가 차이를 낳는다는 것을 아는 것으로 충분하다.

76 하나님이 모든 것을 아신다면 내가 왜 기도해야 하는가?

+ 조안 영
Joan Young

무소부재(無所不在), 전능(全能), 전지(全知), 이 세 단어는 너무나 큰 경외감을 불러일으키기 때문에 하나의 신(神)에게 모두 적용할 수는 없을 것 같다. 그러나 이것들은 우리의 놀라운 하나님에게는 엄연한 사실이다. 그분이 무소부재하시다(동시에 모든 곳에 있다)는 사실은 우리를 안전하게 하거나 우리가 죄를 숨길 수 없다는 사실을 상기시켜준다. 하나님의 전능하심은 하나님께는 불가능한 일이라고는 없다는 것을 확인시켜준다. 우리는 때로 왜 하나님이 이 세상의 불의에 대해 즉시 그 능력을 사용하지 않으시는지 의아해하기도 하지만 대개는 그분이 세상의 이런저런 부분에 대해 자신의 능력을 제한하기로 하셨다는 것을 믿을 수 있다(완전히 이해하지는 못한다 하더라도).

그러나 우리 가운데 주님을 사랑하는 사람들이라도 전지하신(모든 것을 다 아시는) 하나님이 기도를 통해 요구를 받아야 할 필요가 있다는 생각에 대해서는 이해하기 힘들 때가 있다. 이상하게 보이지만, 하나님은 그분의 능력에서 이러한 부분도 제한하기로 하셨다. 그러므로 대부분의 경우, 사람들이 축복과 도움을 받기 위해서는 이것들을 구하지 않으면 안 된다.

예수님의 기도

예수님이 기도하셨다는 사실은 하나님이 우리의 필요를 알고 계시더라도 우리가 기도해야 하는 가장 큰 이유일 것이다. 예수님은 언제나 우리의 최고 모범이시다(히 12:2). 이 땅에 계실 때, 예수님은 자신을 위해 기도하셨다. 그 가운데 가장 두드러진 예는 겟세마네 동산에서 기도하신 것이다. 요한복음 17장 1-5절에서, 예수님은 아버지 하나님께서 자신의 삶을 통해 영광을 받으시도록 기도하셨다. 요한복음 17장 나머지 부분에는 제자들을 위한, 더 나아가 우리를 위한 예수님의 기도가 기록되어 있다.

예수님은 나사로가 죽은 자 가운데서 일어나도록 기도하실 때 의미 있는 말씀을 하셨다.

"예수께서 눈을 들어 우러러 보시고 가라사대 아버지여 내 말을 들으신 것을 감사하나이다 항상 내 말을 들으시는 줄을 내가 알았나이다 그러나 이 말씀 하옵는 것은 둘러선 무리를 위함이니 곧 아버지께서 나를 보내신 것을 저희로 믿게 하려 함이니이다"(요 11:41,42).

예수님의 마음에는 자신이 구해야 한다는 데는 아무런 의문도 없었던 것 같다. 오히려 예수님은 아버지께서 자신의 간구를 들으셨음을 증명하기 위해 기도를 본보기로 삼으셨다. 아버지께서는 언제나 우리를 들으시지만 우리는 구할 책임이 있다. 예수님도 이러한 법칙을 따르셨다.

예수님은 지금도 살아계셔서 천국에서 우리를 위해 기도하고 계신다. 히브리서 7장 25절은 이렇게 말한다.

"그가 항상 살아서 저희를 위하여 간구하심이니라."

하나님과의 대화

기도는 하나님의 존재 자체에 중요한 부분이다. 성자 하나님이 성부 하나님께 이런저런 것들을 구하시며 그것들이 이루어진다. 히브리서 4장 13-16절은 우리가 묻고 있는 바로 그 질문을 다룬다.

"지으신 것이 하나라도 그 앞에 나타나지 않음이 없고 오직 만물이 우리를 상관하시는 자의 눈앞에 벌거벗은 것같이 드러나느니라 그러므로 우리에게 큰 대제사장이 있으니 승천하신 자 곧 하나님 아들 예수시라… 그러므로 우리가 긍휼하심을 받고 때를 따라 돕는 은혜를 얻기 위하여 은혜의 보좌 앞에 담대히 나아갈 것이니라."

매우 실제적인 의미에서, 이것은 하나님이 우리를 통해 일하기로 선택하신다는 개념과 관련이 있다. 인간은 하나님의 형상으로 창조되었으며 이 땅의 지배권을 받았다. 인간은 이 땅의 운명을 주관할 힘을 받았다. 이 땅을 향한 하나님의 본래 목적이자 변함없는 목적은 인간이 그분의 뜻을 이루는 것이었다. 아담과 하와는 에덴동산에서 하나님과 대화했다. 이것이 너무나 요원해 보이며, 죄가 없는 상태의 창조가 지금 우리가 알고 있는 것과 너무나 달라 보이기 때문에, 우리는 이들의 대화를 기도라고 생각하지 않는 것 같다. 그러나 그것은 기도였다. 하나님과 아담은 이 세상의 운명에 관해 대화를 나누셨다. 하나님은 친히 동물들을 아담에게 데려와 그가 이름을 짓게 하셨다.

우리는 세상에 대한 권세를 사탄에게 넘겨줌으로써(죄 때문에) 하나님이 그분의 뜻을 이루시는 것을 훨씬 더 어렵게 만들었다. 물론 우리는 하나님이 우리를 구속하시려고 그분의 아들을 보내셨다는 것을 안다. 그러나 기도할 때, 우리는 하나님이 이 땅에서, 우리의 삶에서 그분의 뜻을 이루시는 것을 볼 수 있을 뿐 아니라 하나님이 그분의 뜻을 이루시게 할 수 있다. '모범 기도', 예수님이 가르쳐주신 "(아버지의) 뜻이 하늘에서 이루어진 것같이 땅에서도 이루어지이다"라는 기도가 이 점을 지적한다. 물론 우리는 예수님이 가르쳐주신 이러한 개괄적인 기도에 구체적인 간구를 덧붙일 수 있다.

값없는 하나님의 은혜를 전하는 탁월한 설교가

_거듭남이 가져온 놀라운 부흥의 산 중인 조지 휫필드(George Whitefield) 이야기

_존 폴록 John Pollock

옥스퍼드 대학의 고미다락은 생기가 없어 보였다. 그 방에 거주하는 사람도 역시 생기가 없어 보였다. 그는 영적인 진리를 찾느라고 지친 나머지 침대 위에서 신음하고 있었다. 조지 휫필드는 20세의 대학 1학년생이었다. 그는 결이 거친 가운을 입고 펨브룩(Pembroke. 영국 웨일즈의 도시)의 귀족이나 부자들을 시중드는 천한 일을 했다.

깊이 울리는 종소리처럼 굵고 낮은 그의 음성은 1735년 이른 봄의 지난 몇 주 동안 거의 들리지 않았다. 그의 모든 관심은 오직 거듭나려는 몸부림에 집중되었다.

그는 영국 국교회의 성직자가 되기 위한 공부를 하기 위해 옥스퍼드에 왔다. 그러나 존 웨슬리와 그의 동생 찰스 웨슬리가 그를 발견하여 그들의 '거룩한 모임'에 가입시켰다. 그때는 존 웨슬리가 그의 마음이 "이상하게 뜨거워지는" 체험을 하기 3년 전이었다. 그 모임의 회원들은 자신들을 천국 일꾼으로 만들겠다는 일념(一念)에서 선행과 경건을 열심히 추구하였다. 그들에게 적대적인 옥스퍼드 대학교는 그들이 사용하는 철저히 조직적인 방법을 보고는 그들에게 '방법에 철저히 의지하는 사람들'(Methodist)이라는 별명을 붙였고 이 말은 훗날 감리교도를 뜻하는 말이 되었다.

찰스 웨슬리는 조지 횟필드에게 매우 많은 책들을 빌려주었다. 그 책들 중에는 그 전 세기(世紀)에 살았던 어떤 스코틀랜드 사람이 쓴 책이 포함되어 있었다. 그 책을 읽은 조지는 천국에 들어가기 위해서는 거듭나야 한다는 사실을 깨닫게 되었다. 그리하여 즉시 그는 거듭나기 위해 몸부림치기 시작했다.

횟필드는 자기의 죄를 없애고 그리스도께 인정받을 수 있을 정도로 선해지기 위하여 몇 배로 노력을 했다. 그는 자신의 노력에 대한 상으로 '거듭남'의 선물이 주어질 것이라고 믿었다. 그는 신약 성경을 열심히 읽고 금식하고 기도했으며, 자신이 좋아하는 것들을 끊었다. 그러나 그는 거듭나지 않았고, 그의 힘은 고갈되어 이제 바닥을 드러내려고 했다. 창문 밖에서 지저귀는 새들의 소리가 그의 귀에 들리지 않았고, 나무에서 피는 꽃이 그의 눈에 들어오지 않았다.

어느 날 아침 그는 쓰러지듯 침대에 엎드려 부르짖었다. 그것은 그가 자기의 무력함을 쏟아놓는 최초의 기도였다. 그 이전까지 그의 모든 기도는 하나님께 인정을 받으려는 의식적인 노력이었다.

갑자기 그는 자기의 마음이 매우 편하다는 것을 깨달았다. 그는 그 이유를 알았다. 그는 자신을 온전히 하나님의 전능하신 손에 맡겼으며, 보이지 않는 손이 그의 짐을 벗겨주고 대신 하나님의 임재의 기쁨으로 그에게 충만하게 한 것이었다. 그는 하나님의 은혜를 얻는 것이 이렇게 간단하다는 것을 깨닫자 웃음이 터져나왔다. 이후 성경을 읽으면서 성경이 보석 같은 깊은 진리를 드러낼 때 그에게는 '선술집에서 자란 초라한 평신도인 내가 오직 값없는 하나님의 은혜로, 오직 믿음으로 의롭게 된다는 진리를 알게 되었구나'라는 깨달음이 찾아왔다. 이 때를 시작으로 그의 신앙이 놀랄 만큼 성장하였다.

1736년 6월 20일 영국 국교회 감독은 조지 횟필드가 비록 적정 연령이 되지 않았지만 그의 신앙과 인격을 높이 사서 그를 영국 국교회의 부제(副祭)로 임명했다. 부제로 임명된 그 다음 주에 횟필드는 첫 설교를 했다. 그는 세심하게 준비된 설교 원고를 읽었다. 하나님의 값없는 은혜를 전하는 그의 굵고 낮은 음성은 교회를 가득 채웠다. 그는 예식(禮式)에 의해 정해진 기도문만을 사용하여 공중(公衆) 기도를 드리는 관습을 철폐하였다. 심지어 그는 원고를 준비하지 않고 즉석에서 설교하기도 했는데, 이것은 당시의 교구 목사로서는 혁명적인 행동이었다. 부제로 임명 받은 후 6개월을 조금 넘겼을 때, 불과 23세의 횟필드는 브리스톨(영국 서부의 항구)에서 놀라운 부흥을 일으켰다. 이때 그는 그의 한 친구에게 이런 편지를 보냈다.

"평일에도 주일만큼 많은 사람들이 교회에 몰려듭니다. 주일에는 사람들이 너무 많이 몰려와서 많은 사람들이 집으로 되돌아가기도 합니다. 내가 교만하지 않도록 하나님이 언제나 나를 지켜주시도록 기도해주십시오. 그분이 없으면 내가 아무것도 아님을 늘 명심하게 해달라고 하나님께 기도해주십시오."

이렇게 활동하는 동안 횟필드의 마음속에는 해외 선교사로서 미국의 조지아 주(州)로 가라는 세미한 음성이 들리곤 했다. 사람들은 그에게 영국에 계속 머물라고 졸랐지만, "하나님이 영국을 위해서는 다른 계획들을 가지고 계신 것이 틀림없다"는 음성이 그의 마음속에서 계속 메아리쳤다.

그 후 조지아주에 도착한 그는 이곳 사람들에게 필요한 것은 바로 하나님의 값없는 은혜에 대한 메시지라는 것을 간파했다. 조지아주에서 네 달 동안 머물면서 그는 매우 행복했다. 그렇지만 그는 목사 안수를 받기 위해, 그리고 당시에 긴급히 필요한 고아원 건축을 위한 돈을 모금하기 위해 영국으로 서둘러 돌아갔다. 조지아 사람들은 그가 떠나는 것을 눈물로 지켜보았다.

영국으로 돌아온 그는 웨슬리 형제가 회심하여 복음을 전하고 있기 때문에 영국에서 급속히 부흥의 불길이 번지고 있다는 소식을 들었다. 1739년 1월 1일 밤 런던에서 횟필드와 웨슬리 형제는 회심자들의 집회에서 기도와 찬양을 인도하기도 하였다.

한편, 횟필드는 1년 전 브리스톨의 시장(市長)이 자신에게 "당신이 인디언들에게 설교하기를 원한다면 가까운 곳에 인디언들이 많이 있소. 바로 야만적이고 글을 모르는 탄광의 광부들이요. 그들의 마음은 그들의 검은 얼굴만큼이나 검습니다"라고 말한 것을 떠올렸다.

횟필드는 광부들이 퇴근할 때 그들에게 설교하겠다고 결심했다. 그러나 야외에서 설교하는 것이 영국의 법을 어기는 일이 될 수도 있었기 때문에 일부 사람들은 그것이 '정신 나간 행동'이라고 경고했다. 그런 말에 아랑곳없이 1739년 2월 17일 횟필드는 성직자의 옷을 입은 채 언덕 위에 서서 그를 향해 다가오는 광부들의 무리를 향해 목소리를 높여 외쳤다.

"심령이 가난한 자는 복이 있습니다. 왜냐하면 천국이 그들의 것이기 때문입니다."

광부들은 발걸음을 멈추고 그를 쳐다보았다. 그들은 천천히 다가왔다. 그리고 다른 무리의 사람들도 점점 더 모여들었다. 그의 발아래 빽빽이 몰려든 사람들은 소동을 부리지 않고 오히려 차분하게 그의 설교를 들었다.

그는 죄인들의 친구인 예수님에 대해, 탄갱(炭坑)처럼 어두운 곳인 지옥에 대해, 심판, 십자가, 그리고 하나님의 사랑에 대해 설교했다. 설교에 열중한 나머지 그는 시간 가는 줄 몰랐다. 그러던 중 문득 그들의 얼굴을 쳐다보았을 때 놀라운 광경이 목격되었다. 탄가루로 검게 된 광부들의 뺨에 굵은 눈물이 흘러내려서 희고 선명한 눈물 자국들이 생겨난 것이었다.

바다에 큰 놀이 일어나 물결이 배에 덮이게 되었으되 예수는 주무시는지라 그 제자들이 나아와 깨우며 가로되
주여 구원하소서 우리가 죽겠나이다(마 8:24,25).

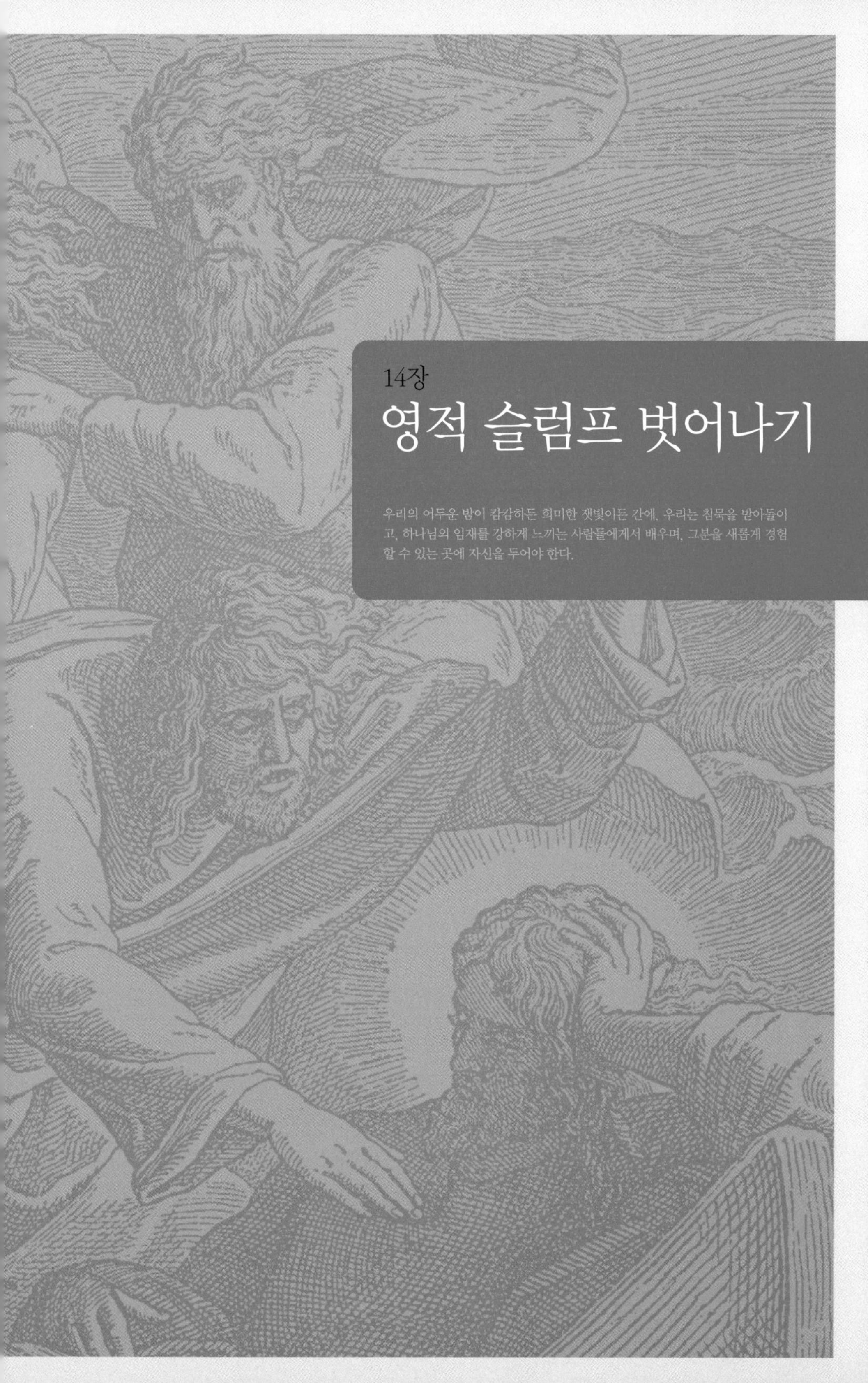

영적 슬럼프 벗어나기

우리의 어두운 밤이 캄캄하든 희미한 잿빛이든 간에, 우리는 침묵을 받아들이고, 하나님의 임재를 강하게 느끼는 사람들에게서 배우며, 그분을 새롭게 경험할 수 있는 곳에 자신을 두어야 한다.

77 역동적인 그리스도인의 삶을 살 수 있는 방법은?

+ 빌 브라이트
Bill Bright

나의 삶에서 일어난 가장 중요한 일은 거룩함, 사랑, 주권, 지혜, 은혜 및 능력 같은 하나님의 속성들을 알게 된 것이다. 왜냐하면 하나님이 어떤 분이신지를 알 때 역동적인 그리스도인의 삶이 시작되기 때문이다. 나는 세계를 두루 다니면서 많은 나라들을 방문하고 많은 종교들을 보았다. 그 결과, 나는 개인과 사회와 국가의 신관(神觀)이 그들의 삶에 지대한 영향을 끼치는 것을 보았다. 내가 하나님의 절대 주권을 믿는다면 나는 일들이 잘못되어간다 할지라도 슬퍼하거나 분노하지 않을 것이다. 하나님이 전 세계의 국가들의 일에 간섭하신다고 내가 믿는다면, 그분이 개인들을 위한 계획을 가지고 계시다고 내가 믿는다면, 나는 슬픔과 역경과 비극을 이겨낼 수 있을 것이다. 왜냐하면 나는 나의 삶을 지배하시는 하나님이 그분의 약속에 따라 나의 필요를 다 채워주실 것임을 알기 때문이다. 내가 다른 신자에게 줄 수 있는 최고의 선물은 하나님의 신실하심을 알게 해주는 것이다. 그러나 만일 우리가 그분이 어떤 분이신지를 알지 못한다면 우리는 그분을 믿을 수 없다.

"오직 의인은 믿음으로 말미암아 살리라"(롬 1:17).

"믿음으로 좇아 하지 아니하는 모든 것이 죄니라"(롬 14:23).

"믿음이 없이는 기쁘시게 못하나니"(히 11:6).

만일 내 신앙의 대상, 즉 하나님과 그분의 거룩한 말씀을 알지 못한다면 나는 믿음의 선한 행실을 보여줄 수 없다. 그러므로 역동적인 그리스도인의 삶을 살려면 하나님이 어떤 분이신지를 알고 그분의 말씀을 깊이 연구해야 한다. 하나님을 아는 지식이 피상적 지식이나 율법주의적 지식이 되어서는 안 된다. 사실, '해야 할 것들'과 '하지 말아야 할 것들'을 적은 목록을 건네받은 많은 사람들은 "나는 그리스도인의 삶을 살아갈 수 없다"고 말한다. 역동적인 그리스도인의 삶을 살 수 있는 비결을 이해하기 위해서 우리는 그리스도인의 삶이 '관계의 삶'이라는 것을 이해해야 한다. 또한 성경이 증거하는 그리스도께서 우리 안에 살아 계시다는 것을 아는 것이다. '관계의 삶'은 바로 하나님과의 관계 속에서 살아가는 삶이다. 인간은 혼자서 그리스도인의 삶을 살아갈 수 없다.

예수 그리스도는 육신으로 오신 하나님이요, 완전한 하나님이요, 완전한 인간이요, 눈에 보이지 않는 하나님이 눈에 보이게 오신 분이요, 신성(神性)이 충만히 거하는 분이요, "하늘과 땅의 모든 권세를 내게 주셨다"(마 28:18)고 말씀하신 분이시다. 그러면서도 그분은 부활의 능력을 통해서 우리에게 가까이 계신 분이시다. 그분은 우리의 손과 발과 호흡보다 우리에게 더 가까이 계신 분이시다.

하나님의 독생자 예수님과의 관계를 떠나서는 그리스도인의 삶을 말할 수 없다. 매일 아침 내가 제일 먼저 하는 것은 무릎을 꿇고 내 안의 그리스도의 임재와 그분의 주인 되심을 인정하는 것이다. 나는 그분이 오늘 하루도 내 안에 계셔서 나와 동행하시도록 초대한다. 그분이 내 머리를 사용하여 생각하시고, 나의 마음을 통하여 사랑하시고, 나의 입술로 말씀하시며, 나를 통하여 잃어버린 자들을 찾아 구원하시도록 기도한다.

기도의 특권을 누리라

그리스도와 역동적인 관계를 지속하려면 기도가 필수적이다. 기도를 통하여 우리는 무한한 능력을 얻을 수 있다. 예수님은 "너희가 내 이름으로 무엇을 구하든지 내가 시행할 것이다"(요 14:13)라고 말씀하셨다. 기도의 특권을 모른다면,

기도의 능력을 사용하지 않는다면, 역동적 그리스도인의 삶을 누릴 수 없다.

기도는 단지 '하나님께 말씀드리는 것' 뿐만 아니라, '친밀하게 교제하는 것'이요, '듣는 것'이다. 사실, 나는 하나님께 말씀드리면서 시간을 보내는 것보다 그분께 질문을 하고 그분과 교제하고 그분의 말씀을 묵상하면서 더 많은 시간을 보내는 것 같다. 그런데 우리는 하나님의 말씀을 들을 때 조심해야 한다. 왜냐하면 하나님께서 비정상적이고 이상한 일들을 행하라고 말씀하시는 것을 들었다고 말하는 사람들이 너무 많기 때문이다. 하나님이 우리의 가장 깊은 내면에서 우리에게 말씀하실 때 그분의 말씀은 성경의 교훈과 모순되지 않는다. 성경은 "너희 안에서 행하시는 이는 하나님이시니 자기의 기쁘신 뜻을 위하여 너희로 소원을 두고 행하게 하시나니"(빌 2:13)라고 가르친다. 하나님은 그분이 성경에서 하신 말씀과 모순되는 음성을 들려주지 않으신다.

우리가 하나님을 알고 그분과 관계를 맺고 기도의 특권을 누릴지라도 종종 우리는 그리스도인의 삶을 사는 데 실패한다. 이것은 슬픈 사실이다. 전 세계의 그리스도인들을 대상으로 조사해본다면, 자신들이 옳다고 믿는 대로 살지 못한다고 대답하는 그리스도인들이 95퍼센트가 될 것이다. 고린도전서 3장에서 바울은 세 부류의 사람들이 있다고 말한다. 그들은 자연인, 신령한 그리스도인, 그리고 육적(肉的)인 그리스도인이다. 육적인 그리스도인은 신생(新生)을 체험했으나, 지금은 (바울이 표현하듯이) 어린애 같은 그리스도인으로서 살아가는 사람이다. 때때로 육적인 그리스도인은 심지어 예수 그리스도를 전혀 알지 못하는 것처럼 행동한다.

왜 갈등을 겪는가?

왜 그리스도인은 이런 갈등을 겪는가? 왜 우리는 옳다고 믿는 대로 살지 못하는가? 거기에는 세 가지 이유가 있다고 생각된다. 그것들은 세상, 육신, 그리고 사탄이다. 요한일서 2장은 우리에게 세상과 세상에 있는 것들을 사랑하지 말라고 가르친다. 나는 요한일서 2장 15-17절을 다음과 같이 리빙 바이블(Living Bible. 성경 원문에 사용된 단어들이 아닌 다른 단어들을 많이 사용하여 성경 원문을 쉽게 풀어 번역한 영어 역본)의 번역으로 읽는 것을 좋아한다.

"이 악한 세상과 그것이 제공하는 모든 것을 사랑하지 말라. 그것들을 사랑하는 자는 하나님을 사랑하지 않는다는 것을 스스로 드러낼 뿐이다. 섹스에 대한 갈망, 갖고 싶은 모든 것을 사고 싶은 강한 욕구, 부(富)와 지위 때문에 생기는 교만과 같은 이 모든 세상적인 것들, 즉 이 모든 악한 욕망들은 하나님께로서 온 것이 아니다. 그것들은 바로 이 악한 세상에서 온 것이다. 이 세상은 사라지고 있다. 그리고 우리에게 금지된 이 악한 것들도 세상과 함께 사라질 것이다. 그러나 하나님의 뜻을 계속 행하는 사람은 누구나 영원히 살 것이다."

우리의 생명이 지속되는 한, 우리의 육신과의 싸움은 계속될 것이다.

"내가 이르노니 너희는 성령을 좇아 행하라 그리하면 육체의 욕심을 이루지 아니하리라 육체의 소욕은 성령을 거스리고 성령의 소욕은 육체를 거스리나니 이 둘이 서로 대적함으로 너희의 원하는 것을 하지 못하게 하려 함이니라"(갈 5:16,17).

이것에 대해 바울은 "내가 원하는 바 선은 하지 아니하고 도리어 원치 아니하는 바 악은 행하는도다 … 오호라 나는 곤고한 사람이로다 이 사망의 몸에서 누가 나를 건져내랴"(롬 7:19,24)고 탄식한다.

육신과 더불어 우리를 위협하는 적이 또 있는데, 바로 사탄이다. 성경은 "우리의 씨름은 혈과 육에 대한 것이 아니요 정사와 권세와 이 어두움의 세상 주관자들과 하늘에 있는 악의 영들에게 대함이라"(엡 6:12)고 말한다. 이 세상에는 귀신들의 세력이 존재한다. 성령님을 통해서 우리 안에 거하시는 우리 주님께서 힘을 주시지 않으면 우리는 사탄의 공격과 유혹을 도저히 이겨낼 수 없다. 그는 지극히 위협적인 적(敵)이다. 성령님의 도우심이 없으면, 역동적인 삶을 사는 승리의 그리스도인이 될 수 없다. 예수님은 "성령이 임하시면 너희가 권능을 받을 것이다"(행 1:8)라고 말씀하셨다. 성령님의 도우심 없이 하나님을 섬기려고 애쓰는 사람은 실패할 수밖에 없다.

성경 말씀에 순종하는 그리스도인의 삶을 살도록 도와줄 수 있는 분은, 성령님을 통해서 도우시는 예수님뿐이다. 예수님이 십자가에 못 박혀 돌아가시기 전날 밤에 제자들에게 하신 말씀이 요한복음 16장에 기록되어 있다.

"그러하나 내가 너희에게 실상을 말하노니 내가 떠나가는 것이 너희에게 유익이라 내가 떠나가지 아니하면 보혜사가 너희에게 오시지 아니할 것이요 가면 내가 그를 너희에게로 보내리니 그가 와서 죄에 대하여, 의에 대하여, 심판에 대하여 세상을 책망하시리라 … 진리의 성령이 오시면 그가 너희를 모든 진리 가운데로 인도하시리니 그가 자의로 말하지 않고 오직 듣는 것을 말하시며 장래 일을 너희에게 알리시리라 그가 내 영광을 나타내리니 내 것을 가지고 너희에게 알리겠음이니라"(요 16:7,8,13,14).

성령님이 우리 안에 거하신다는 것을 알고 믿음으로 그분께 능력을 받아 사용한다면, 역동적인 승리의 삶을 살 수 있다. 그러나 그렇지 않은 사람은 이 사실을 이해하지 못한다. 우리가 조사한 바에 따르면, 기독교에 몸담고 있는 사람들의 적어도 95퍼센트가 그들의 삶 속에서 성령님의 역할을 알지 못한다고 한다.

평생 동안 우리의 옛 육신은 우리의 새 본성을 대적한다. 우리는 어떤 것을 따를지를 결정해야 한다. 사탄이 우리의 옛 본성을 통해 우리의 삶에 영향을 끼치도록 허락할 것인가? 아니면 우리의 새 본성을 따라 하나님의 말씀대로 살기 위해 하나님의 능력에 의지할 것인가? 우리의 결정은 우리의 운명에 영향을 미칠 것이다.

78 상황이 잘못되어갈 때 하나님은 어디 계시는가?

+ 제이 케슬러
Jay Kesler

"하나님은 날 사랑하시지 않는 게 분명해. 그분이 날 사랑하신다면 이런 끔찍한 일은 일어나지 않았을 거야."

당신이 이렇게 말했거나 생각한 적이 있다면 큰 오해를 떨쳐버려야 한다. 하나님이 그분의 창조세계에서 일어나는 모든 일에 직접적으로 관여하신다고 생각하는 것은 오해이다. 물론 당신은 하나님이 모든 것을 지으셨고 세상의 그 무엇도 그분 없이 된 게 없다는 것을 알고 있다(요 1:3). 그러나 당신이 명심해야 할 몇 가지 진리가 있다.

하나님이 작동해놓으신 법칙의 지배

이 세상의 일상적인 운행 중에서 많은 부분은 하나님의 직접적인 간섭을 받는 게 아니라 하나님이 작동해놓으신 법칙의 지배를 받는다.

예를 들면, 움직이는 물체에 일어나는 일은 물리학 법칙의 지배를 받는다. 그리스도인들이 움직이는 물체와 충돌한다고 해서 움직이는 물체가 갑자기 멈추는 것은 아니다. 그리스도인이 빙판길에서 시속 130킬로미터로 운전한다면, 그 자동차는 비그리스도인이 같은 상황에서 운전할 때와 똑같이 작동할 것이다. 자동차가 중심을 잃고 다른 차와 충돌할 때, 그리스도인은 하나님이 개입하셔서 물리학 법칙이 작용하지 않게 해주실 거라고 기대할 수 없다. 그리스도인의 자동차도 비그리스도인의 자동차와 똑같이 파손될 것이며, 무고한 상대편 자동차의 운전자도 비그리스도인의 차에 받힐 때와 똑같이 다치게 될 것이다.

하나님이 우리가 취하는 행동의 물리적인 결과를 막으려고 개입하시는 일은 거의 없다. 뿐만 아니라 하나님은 나쁜 일이 일어나도록 개입하지도 않으신다. 하나님은 고속도로에서 한쪽 자동차를 들어 다른 자동차와 충돌하게 하지 않으신다. 이런 일이 일어난다면, 이것은 개개인이 취한 독립된 행동의 결과이며, 서로의 행동이 두 물체가 동시에 동일한 장소를 점할 수 없다는 물리학 법칙을 어겼기 때문이다. 두 물체가 동시에 동일한 장소를 점하려 할 때, 충돌이 일어나며 참사로 발생할 때가 많다.

자신이 하나님의 원리를 무시했든 아니면 다른 사람이 무시했기 때문에 무고한 희생자가 되었든 간에, 그리스도인에게 재난이 닥치는 것은 하나님이 그 사람을 사랑하지 않으신다는 뜻이 아니다. 오히려 이것은 세상이 어떻게 돌아가도록 창조되었는지 보여준다. 일단 이 사실을 이해하면, 재난이 닥칠 때 대개는 하나님께 화를 낼 가능성이 줄어든다.

재난의 유익

지금은 재난처럼 보이는 것이 결국에는 우리에게 유익이 될 수 있다. 하나님은 '부모와 자녀'라는 관계 속에서 자신을 우리에게 계시하셨다. 우리가 하나님을 아버지로 생각한다면 그분의 방법을 더 잘 이해할 수 있을 것이다.

우리의 아버지로서, 하나님은 우리에게는 없는 정보를 갖고 계신다. 다시 말해, 그분은 더 큰 그림을 보신다. 그분이 우리에게 시련을 허락하신다면 그분이 상황을 더 넓은 각도에서 보고 계시기 때문일 것이다. 이런 일은 우리가 우리의 자녀를 대할 때 자주 일어난다. 어린 아이가 "예쁘고 멋지고 번쩍이고 길쭉한 저 고기칼을 갖고 싶어요"라고 말할 때 부모가 "안 돼! 저건 네가 갖고 놀 수 있는 게 아냐"라고 말한다면, 부모는 아이를 부당하게 대하고 있는 게 아니라 아이를 위험으로부터 보호하고 있는 것이다. 우리가 하나님의 관점에서 볼 수 있다면, 왜 우리의 많은 바람과 요구가 이루어지지 않는지 이해할 것이다.

내 생각에는 이 주제와 관련해서 가장 깊고 가장 잘 전개된 이야기 가운데 하나는 쉘던 베너컨의 「잔인한 자비」(A Severe Mercy, 복있는사람 역간)에 나오는 이야기일 것이다. 저자의 아내가 죽었고, C. S. 루이스가 한 가지 설명을 한다. 루이스는 그들의 사랑이 너무나 자기중심적이었고, 두 사람이 서로에게 너무나 매여 있어서, 하나님이 그녀를 두 사람이 자신들만의 이기심 때문에 주변 세상에 거의 쓸모가 없게 되어버린 세상에 남겨두는 대신에, 그분과 함께 있도록 즉시 하늘나라로 데려가셨을 수 있으며 이것은 정말 잔인하다고 말한다. 그러나 우리가 하나님의 관점에서 볼 수 있다면 이것은 결국 그렇게 잔인해 보이시 않을 것이다.

우리가 그림 전체를 볼 수 있다면 우리의 많은 어려움이, 특히 우리 자신이 학대받고 있다고 느낄 때, 이해될 수 있을 것이다. 멀리 서서 본다면, 하나님이 우리를 그렇게 다루신 이유가 어렴풋이 보이기 시작할 것이다. 흥미롭게도, 나는 사람들이 정상의 경험 때문에 하나님께 감사한다고 말하는 것을 거의 듣지 못했다. 거의 언제나, 사람들은 어떤 골짜기나 당시에는 정말 마음 조리게 했던 큰 어려움 때문에 하나님께 감사한다. 이들은 이러한 어려움을 헤쳐나가는 동안에는 자신들이 무너질 것이라고 생각했을 것이다. 그러나 나중에 뒤를 돌아볼 때는 하나님이 그분의 영광을 위해 그 어려움을 어떻게 사용하셨으며 그 어려움 때문에 자신들을 어떻게 더 나은 사람으로 빚으셨는지 알게 된다. 세계적인 위대한 문학과 철학 가운데 많은 것이 이러한 깨달음에서 나왔다.

부모가 자녀를 바라보듯이

하나님은 한 발 물러나 자연이 자기 길을 가도록 허락하심으로써 우리에게 귀중한 교훈을 주고 계실 것이다. 이러한 진리는 하나님이 우리와 갖기를 원하시는 부모와 자녀 관계와도 밀접한 관련이 있다. 우리가 어떤 일에 대해서는 관여하지 않고 그 일이 우리의 자녀들에게 일어나도록 허용하듯이, 하나님도 우리에게 그렇게 하신다. 부모가 자녀의 주변에 안전그물을 지나치게 많이 치면 자녀는 스스로 역할을 할 수 없게 될 것이다.

예를 들면, 부모가 펑크 난 곳을 계속해서 메워주면 자녀는 경제적으로 무책임해질 것이다. 부모는 자녀가 혼자서 살 수 있는 능력을 기르도록 돕기 위해 때로 자녀가 자신의 경제적인 문제들과 씨름하고 스스로 어려움을 헤쳐나가는 것을 곁에서 지켜보아야 한다.

자녀는 이러한 경험을 하는 동안 부모가 공정하지 못하거나 독단적이거나 심지어 잔인하다고 느낄 수 있다. 자녀는 그저 간단하게 부모가 개입해서 펑크 난 곳을 메워주기를 바란다. 그러나 사실 부모로서는 뒤로 물러나 자녀가 자기 행동의 자연스러운 결과를 경험하도록 놓아두는 게 더 지혜롭다. 부모가 보이는 이러한 절제는 결국 자녀에게 유익하다. 부모가 뒤로 물러서는 것은 자녀를 괴롭히기 위해서가 아니라 자녀의 성장을 돕기 위해서이다.

자연의 법칙은 그리스도인과 비그리스도인에게 똑같이 작용한다. 우리의 시각은 제한되어 있다. 자연스러운 결과가 우리의 성장에 도움이 될 수 있다. 이러한 세 가지 진리를 이해한다면 하나님의 사랑과 일상의 고통스러운 경험을 연결하는 데 도움이 될 것이다. 하나님은 부모로서 자신을 우리에게 계시하셨다. 그러므로 나는 하나님을 좋지 않은 부모로 만드는 모든 개념을 거부한다. 하늘에 계신 우리 아버지이신 하나님은 땅 위의 어떤 부모보다 무한히 더 좋은 분이다. 너무나 더 좋으시기 때문에 이 땅에서 알려진 최고의 부모와 자녀 관계도 우리가 하나님과 가질 수 있는 관계에 비하면 '새 발의 피'라고 표현할 수조차 없다. 나로서는 내가 이런저런 시련을 겪는 이유를 항상 알 수 있는 것은 아니다. 그러나 나는 하늘에 계신 나의 아버지께서 결국에는 내게 가장 좋은 것을 주신다고 믿는다.

79 하나님이 멀리 계시는 것 같을 때는 없는가?

+ 마틴 마티
Martin Marty

나는 일상적인 일을 하면서 하나님을 내 마음의 한 구석으로 밀쳐놓을 때가 있다. 그곳에서 하나님은 점점 더 희미해져간다. 하나님이 계시지 않는다고 느껴질 때 당황할 필요가 없다. 내가 할 수 있는 일들이 몇 가지 있다.

첫째, 나는 하나님이 계시지 않는다는 느낌에 주목할 수 있다. 나는 하나님이 너무나 멀어 보이는 영혼의 어두운 밤이 내게만 찾아오는 게 아니라는 것을 기억할 수 있다. 신약시대부터 지금까지 많은 그리스도인들이 비슷한 경험을 했다. 이런 경험은 결코 새로운 게 아니다.

둘째, 나는 하나님을 경험하기 쉬운 곳에 나를 둘 수 있다. 아무 일도 일어나지 않은 곳에서는 하품만 나올 뿐이라고 하더라도, 나는 계속 교회에 출석하고 성경도 읽어야 한다. 내가 하나님을 만나기 위해 적어도 하루 한 시간씩 따로 떼어놓지 않은 채 일주일의 168시간을 미친 듯이 뛰어다닌다면, 내가 하나님의 임재를 생생하게 느끼는 사람들과 전혀 함께하지 않는다면, 내가 침묵을 위한 자리를 전혀 허락하지 않는다면, 내가 하나님의 말씀이 내게 다가오도록 전혀 허락하지 않는다면, 나는 한 주 한 주 지날수록 조금씩 메말라가게 될 것이다. 하나님에 대한 나의 인식에 불을 지피기 위해, 내게는 올바른 책을 읽고, 적절한 음악을 들으며, 다른 사람에게서 하나님의 말씀을 받는 것과 같은 영적 자극이 필요하다.

셋째, 나는 위대한 사람들과 자연에서 배울 수 있다. 나는 다른 것은 거의 하지 않은 채 가벼운 운동을 하면서 혼자 숲속을 걷곤 한다. 그러면서 쌀먹이새의 노래를 들으며, 클로버의 냄새를 맡으며, 기온이 2도 내려간 것을 느끼며, 인디언페인트브러쉬 꽃이 새롭게 핀 것을 본다. 위대한 영적 거장들의 글을 읽는 것도 이와 같다. 이들은 하나님의 임재의 길에 주의를 집중했으며 내가 놓쳤던 것들을 지적해줄 수 있다.

넷째, 나는 인내할 수 있다. 나는 하나님의 존재가 생생하지 않은 길고 험한 인생길을 갈 수도 있다. 그러나 하나님은 부재(不在) 가운데서도 말씀하실 수 있다. 하나님은 단지 뜨거움과 황홀함과 위로와 기쁨 가운데서만 자신을 나타내시는 분이 아니다. 하나님은 슬픔과 의심과 근심 가운데도 계신다. 나는 그분의 신호에 집중할 수 있도록 인내하는 법을 배워야 한다.

다섯째, 나는 신호가 올 때 반응할 수 있다. 나는 불신앙을 잠시 접어야 한다. 하나님의 임재가 이루어지도록 그분의 부재에 대한 느낌을 잠시 접어야 한다. 작고 사소한 모든 "예"(yes)는, 내가 거부하지 않는다면, 큰 "예"(Yes)가 될 수 있다. 마침내, 확신은 점점 더 커진다.

여섯째, 나는 예배를 통해 하나님께 나를 열 수 있다. 나는 혼자보다는 다른 그리스도들과 함께 있을 때 이것을 가장 잘한다. 그러나 어떤 사람들은 사막이나 산이나 자신의 방에 들어간다. 내가 어떻게 하든, 내게는 의식(儀式)이 필요하다. 굳이 형식을 갖춘 예전(禮典)일 필요는 없으며 기초가 되는 틀이면 된다. 나는 일단 효과가 있는 것을 발견하면 그것으로 더 많은 것을 할 수 있다.

우리의 어두운 밤이 캄캄하든 희미한 잿빛이든 간에, 우리는 침묵을 받아들이고, 하나님의 임재를 강하게 느끼는 사람들에게서 배우며, 그분을 새롭게 경험할 수 있는 곳에 자신을 두어야 한다.

우리 가운데 비극적인 삶의 순간들을 당할 때 마치 하나님이 우리를 버리셨다고 느끼는 사람들이 많다. 이 세상에 혼자이며, 자신이 하늘에 계신 아버지의 사랑에 속았다고 느끼는 것이다.

하나님이 우리를 떠나신 것처럼 보일 때 우리는 어떻게 해야 하는가?

첫째, 기다려야 한다. 그런 후에는 좀 더 기다려야 한다. 당신이 고통의 광풍 가운데 겨우 손가락 끝으로 댕그라니 매달려 있는 것 같을 때가 있다. 때로 하나님은 휴가 중이신 것처럼 보이며 당신이 할 수 있는 일이라고는 기다리는 것뿐이다. 그분은 돌아오실 것이다. 이것이 성경이 처음부터 끝까지 말하는 것이다. 이스라엘 백성과 선지자들과 시인들이 울면서 외쳤다.

"우리에게 하나님이 필요할 때 하나님은 어디 계시는가?"

이들은 기다려야 했다. 우리도 기다려야 한다.

둘째, 인간은 고통과 아픔을 당할 수밖에 없다는 것을 기억하라. 인간이고 싶고 인간관계를 누리고 싶다면 거절당하고 사랑 받지 못하는 위험도 감수해야 한다. 아픔이 없는 삶은 인간의 삶이 아니다. 고통은 우리가 풍성한 삶을 위해 지불해야 할 대가일 때가 많다.

셋째, 당신이 엄청난 고통 가운데 있더라도 항상 거기 있는 삶의 아름다움에 눈을 돌려라. 삶의 아름다움으로 인해 하나님을 찬양하라. 나는 나쁜 것들로 인해 하나님을 찬양하는 것은 이단이라고 믿는다. 그러나 좋은 것들로 인해 하나님을 찬양하기 시작하라. 그러면 좋은 것들을 느끼기 시작할 것이다. 당신은 그분이 결코 당신을 버리지 않으셨다는 것을 깨닫게 될 것이다.

80 그리스도인에게 행복이란?

+ 데이빗 매케나

David McKenna

기쁨은 특별하고 진정한 성경 용어이다. 많은 사람들이 기쁨과 행복을 혼동하지만 둘은 크게 다르다. 행복은 환경에 달려 있지만 기쁨은 환경과는 무관하다. 행복은 좋은 것에 대한 표면적인 반응이지만 기쁨은 사람들 주변에서 일어나는 일이 좋든 나쁘든 간에 그것을 견디는 깊이 있는 반응이다.

세상은 행복을 볼 때 최고를 찾으며 자신이 하는 모든 일에서 개인적인 유익을 추구한다. 가장 큰 유익이 가장 큰 행복이다. 아이러니컬하게도, 이러한 태도가 자신이 약속한 것을 주는 경우는 거의 없다.

그리스도인은 행복을 전혀 다르게 본다. 당신의 마음에 그리스도가 계시면, 당신은 자신을 행복하게 하기 위해서가 아니라 자신을 내어주기 위해 다른 사람과 관계를 갖는다. 이러한 희생적 사랑은 그리스도를 닮은 아가페 사랑에서 나오는데, 이러한 사랑은 그리스도가 없는 사람들은 행할 수 없을 뿐 아니라 상상조차 할 수 없는 것이다. 당신이 자신의 행동을 판단하는 기준은 자신의 행복이 아니라 다른 사람들의 유익이다. 당신은 자신을 내어줄 때 그리스도께서 당신에게 주기를 그렇게도 바라시는 기쁨을 얻는다. 따라서 행복과 기쁨은 전혀 다르다.

C. S. 루이스는 「예기치 못한 기쁨」(홍성사 역간)이라는 자서전에서 자신이 기쁨을 어떻게 추구하는지 보여준다. 그는 휴머니즘과 공산주의와 에로티시즘과 그 밖의 인간적인 철학과 연구에서 행복을 찾으려 했다. 그러나 이것들은 그에게 기쁨의 흔적만 보여줄 뿐이었다. 그는 기쁨이란 자신의 삶에서 그리스도를 첫 번째 자리에 두는 결과로만 얻어질 수 있다는 것을 깨닫기 전까지 혼자 힘으로 기쁨을 찾을 수 없었다.

기쁨은 결코 그 자체가 목적이 아니다. 기쁨이 거의 무의식적으로 찾아오는 것은 당신이 그리스도께 절대적인 최우선 순위를 둘 때뿐이다. 당신이 기쁨을 추구하면 기쁨을 잃을 것이다. 기쁨은 잡을 수 있는 게 아니다.

세속주의자는 기쁨을 구하고 있는 게 아니다. 그는 행복을 구하고 있다. 기쁨은 그리스도께서 주시는 것이다.

"믿음의 주요 또 온전케 하시는 이인 예수를 바라보자 저는 그 앞에 있는 즐거움을 위하여 십자가를 참으사 부끄러움을 개의치 아니하시더니 하나님 보좌 우편에 앉으셨느니라"(히 12:2).

예수님이 고통과 아픔을 참으신 것은 마지막을 보고 계셨기 때문이다. 그분은 세상의 구속이라는 자신의 목적을 확인하고 계셨으며, 그러므로 자신 앞에 있는 기쁨에서 결코 눈을 떼지 않으셨다. 고난이 그분께 기쁨을 준 것은 그분이 인류의 구속을 위해 자신을 내어주셨기 때문이었다.

예수님은 제자들이 그분의 기쁨을 갖도록 기도하셨다.

"내가 세상에서 이 말을 하옵는 것은 저희(제자들)로 내 기쁨을 저희 안에 충만히 가지게 하려 함이니이다"(요 17:13).

우리가 그리스도를 세상에 전할 때 그리스도의 기쁨이 우리에게로 옮겨진다.

우리는 전혀 아무런 기쁨도 느끼지 못할 때가 있다. 우리가 스스로에게 혹시 내가 그리스도인의 삶이 주는 기쁨을 잃은 게 아닌가 하고 묻기 시작한다면, 자신이 수단과 목적을 혼동하고 있는 게 아닌지 물어보아야 한다. 기쁨 그 자체를 목적으로 추구한다면 기쁨을 잃을 것이다. 우리가 그리스도인의 삶이 주는 기쁨을 잃었다면 하나님이 우리에게 하라고 명하시는 게 무엇인지 되돌아보고 그리스도께서 지금도 우리의 삶에서 진정으로 첫 번째 자리에 계시는지 생각해보아야 한다. 기쁨은 "잃는" 게 아니다. 우리의 다른 우선순위들이 튀어나오면 기쁨은 "엉뚱한 곳에 놓일" 수 있다.

기쁨은 노력해서 얻어야 할 게 아니며, 이루어야 할 목표가 아니며, 그 자체가 목적도 아니다. 대신에, 기쁨은 우리와 그리스도의 관계에서 저절로 생기는 결과이다.

하나님의 첫 번째 선택 — 래리 워드(Larry Ward)

하나님이 주신 한 번의 큰 기회를 놓쳤다는 생각에 부정적인 태도로 살아간다면, 이것이야말로 얼마나 큰 실수인가! 그러면 큰 죄책감에 짓눌려 하나님께 반응하시 못하게 된다. 부정적인 생각에 사로잡힌 이들은 한 걸음씩 하나님을 신뢰하고 그분께 순종하지 못한다. 왜냐하면 이들은 자신이 바른 길을 가고 있다고 생각하지 못하기 때문이다.

우리를 위한 하나님의 첫 번째 선택에서 안전을 느끼는 게 가장 좋은 것은 분명하다. 우리가 진정으로 그분의 뜻을 행하겠다고 결심한다면 하나님은 그분의 뜻을 우리에게 분명하게 보여주실 것이다. 우리는 이것을 확신할 수 있다. 나는 하나님이 실제로 나를 위한 그분의 뜻을 강조하시려고 공중에 불로 글씨를 쓰셨을 수도 있었던 순간들을 회상할 수 있다.

"그래! 이것이 바른 선택이다. 이것이 나의 뜻이다. 그래! 이것이 네가 가야 하는 길이다."

그러나 우리가 우리를 위한 그분의 첫 번째 선택을 놓쳐버렸다는 생각이 든다면, 우리가 물어야 할 질문은 하나뿐이다.

"주님, 지금 나를 위한 당신의 첫 번째 선택은 무엇입니까?"

내가 지금 하나님께 나아온다면 그분은 나를 도우실 준비가 되어 있다. 내가 그분의 뜻을 행하기 위해 그분의 뜻을 알려고 할 때, 그분은 언제나 나를 인도하실 준비가 되어 있다.

81 내 안에 기쁨이 없는 이유는 무엇인가?

+ 아드리안 로저스

Adrian Rodgers

사람들이 예수님을 자신의 삶에 초대할 때 처음에는 그분이 가깝게 느껴질 때가 많다. 그러나 어느 정도 시간이 지나고 나면 더 이상 그분의 존재가 느껴지지 않으며 혹시 그분을 '잃어버린' 게 아닌가 하는 생각이 들기 시작한다. 그러므로 우리가 알아야 할 중요한 사실이 있다. 우리가 일단 진정으로 주 예수 그리스도를 자신의 구주로 알고 있다면 신의 성품에 참여하는 자가 되며 결코 다시는 잃어버린 영혼이 될 수 없다는 것이다.

"내 양은 내 음성을 들으며 나는 저희를 알며 저희는 나를 따르느니라 내가 저희에게 영생을 주노니 영원히 멸망치 아니할 터이요 또 저희를 내 손에서 빼앗을 자가 없느니라 저희를 주신 내 아버지는 만유보다 크시매 아무도 아버지 손에서 빼앗을 수 없느니라"(요 10:27-29).

나는 하나님의 존재에 대해 어려움을 느끼는 사람에게 느낌일랑 선반에 올려놓고 잠시 잊으라고 말한다. 누구든지 느낌에 매여 사는 사람은 영적인 영역에서 이따금 어려움을 겪을 것이다. 왜냐하면 구원은 하나님의 가장 깊은 역사이며 우리의 감정은 우리의 본성에서 가장 얕은 부분이기 때문이다. 하나님은 그분의 가장 깊은 역사를 가장 얕은 곳에서 이루지 않으신다.

사람은 몸과 혼과 영으로 이루어져 있다. 혼은 주로 우리의 느낌을 다루지만 진실은 영의 문제이다. 우리가 진정으로 하나님을 아는 것은 우리의 영과 관련이 있다. 그러므로 당신의 느낌에 대해서는 잠시 잊고 곧바로 사실, 곧 하나님의 말씀으로 향하라.

"너희가 진리를 알지니 진리가 너희를 자유케 하리라"(요 8:32).

진리란 하나님이 말씀하시는 모든 것이며, 우리는 그 진리를 알 때 자유하게 된다. 아주 이상하게도, 자신과 예수 그리스도의 관계를 제대로 아는 사람들, 은혜의 교리를 이해하는 사람들, 더 이상 '느낌'이라는 얕은 물에서 살지 않는 사람들은 자신에게 필요한 모든 느낌을 가질 가능성이 아주 높다.

나는 내가 구원 받았다는 것을 안다. 그러나 이것은 내가 그렇게 느끼기 때문이 아니다. 나는 행복을 느끼며 기쁨이 충만하다. 왜냐하면 내가 구원 받았다는 것을 알기 때문이다. 나의 확신이 느낌에서 나오는 게 아니라 나의 느낌이 확신에서 나온다. 물론, 고백되지 않고 용서받지 않은 죄가 내 기쁨을 앗아갈 수 있다. 기쁨은 감정적인 황홀 상태가 아니다. 성경이 말하는 참된 기쁨은 내가 하나

영적 롤러코스터에서 벗어나려면? – 게리 콜린스(Gary Collins)

조심하지 않으면, 우리의 영적 생활이 롤러코스터가 될 수 있다. 다시 말해, 절정의 경험과 무미건조한 순간이 반복될 수 있다. 당신의 영적 생활에 관해 물어야 할 열 가지 질문이 있다. 이것들은 모든 영적 문제를 치료해주는 만병통치약이 아니며, 다만 우리의 영적 생활이 건조해지기 시작할 때 우리로 하여금 생각하게 만들고 본궤도로 돌아오도록 돕는 좋은 질문들이다.

① 나는 신자인가? 내가 거듭나지도 않았다면 영적으로 어떻게 성숙할 수 있겠는가?

② 나는 죄를 짓고 있는가? 누구나 때로 죄를 짓는다. 그러나 우리는 이 말씀을 알고 있다.
  "만일 우리가 우리 죄를 자백하면 저는 미쁘시고 의로우사 우리 죄를 사하시며 모든 불의에서 우리를 깨끗게 하실 것이요"(요일 1:9).

③ 나는 몸을 혹사시키고 있지 않은가? 우리의 몸이 나태하도록 내버려둔다면, 우리는 분명하게 생각할 수 없고 효과적으로 일할 수도 없다.

④ 나는 영적으로 영양 부족 상태에 있지 않은가? 나는 바쁘다는 핑계로 교회에 빠지고 있지 않은가?

⑤ 나는 영적으로 과식하고 있지 않은가? 기독교 리디오 방송과 텔레비전 방송을 쉴 새 없이 듣고 보며, 세미나에 수없이 참여하고, 신앙서적에서 손을 떼지 않음으로써 배가 부를 대로 부른 사람들이 있다. 우리는 영적인 영양을 섭취하는 데 그쳐서는 안 된다. 다른 사람들에게 다가가기도 해야 한다.

⑥ 나는 율법주의적이며 위선적이지 않은가? 우리는 "나는 너보다 거룩하다"는 태도를 취하기가 매우 쉽다.

⑦ 나는 분명하게 생각하고 있는가? 잘못된 시각을 갖기 쉬우며, 세상의 가치관에 사로잡혀 있을 때는 특히 더 그렇다.

⑧ 나의 삶은 균형을 이루고 있는가? 누구나 자신의 일이나 운동이나 심지어 교회활동 같은 한 분야에 지나치게 초점을 맞춤으로써 똑같이 중요한 다른 분야에 소홀할 위험이 있다.

⑨ 나는 영적으로 능력이 있는가? 우리는 프로그램에 매여 자신의 능력이 하나님에게서 온다는 사실을 잊어버릴 때가 있다.

⑩ 나는 하나님이 정말 어떤 분이신가를 보지 못하고 있지 않은가? 우리가 하나님을 너무 작게 만들어 버릴 때가 있다.

님의 것이라는 조용한 확신이다.

또한 기쁨과 행복은 동의어가 아니다. 행복은 일어나는 ‘일’에 달려 있지만 기쁨의 기초는 우리의 삶 속에 계시는 ‘예수 그리스도의 존재’이다. 기쁨을 앗아 갈 수 있는 것은 죄뿐이다. 다른 사람이 우리에게 범하는 죄가 아니라 우리의 죄뿐이다.

내 삶에서 예수 그리스도의 존재가 느껴지지 않을 때, 나는 스스로에게 묻는다. 내가 일시적인 감정, 육적인 만족을 구하고 있는 게 아닌가? 정말 그렇다면, 기쁨은 예수 그리스도 없이 얻을 수 없다는 것을 나 자신에게 상기시킨다. 내 마음에서 평안이 느껴지지 않는다면, 내 안에 변함없는 깊은 기쁨이 없다면, 나는 스스로에게 묻는다. 혹시 내 삶에서 내가 고백하지 않고 용서받지 못한 죄가 있지 않은가? 그런 후에 그 죄를 고백하고 믿음으로 용서를 구한다. 그 순간, 하나님은 그분의 기쁨을 내 삶에 회복시키신다.

82 의심을 어떻게 다룰 것인가?

+ 제이 케슬러
Jay Kesler

히브리서 11장은 사자의 입을 봉하고 불의 세력을 멸할 수 있었던 믿음의 사람들을 말한다. 그런가 하면 우리는 사자의 밥이 되고 산 채로 화형을 당한 사람들의 이야기도 듣는다. 이들 모두가 믿음의 영웅이다. 그러므로 우리는 믿음이 모든 패를 다 이길 수 있는 최고의 패가 아니라는 것을 보게 된다. 대신에, 믿음은 환경에도 불구하고 하나님을 신뢰하는 문제이다.

우리는 의심의 문제를 논의하면서 야고보서 1장 6,7절을 인용할 때가 많다.

“오직 믿음으로 구하고 조금도 의심하지 말라 의심하는 자는 마치 바람에 밀려

요동하는 바다 물결 같으니 이런 사람은 무엇이든지 주께 얻기를 생각하지 말라.”

이 문맥에서 의심이 무엇을 의미하는지 분명하게 알지 못하면 이 구절을 오해할 수 있다. 성경에서, 믿음이란 지배적인 환경에도 불구하고 하나님께 순종하고 그분을 신뢰하는 것을 의미한다. 믿음의 위인들은 주변 환경으로 볼 때 모든 게 불안한 상황에서도 하나님이 자신을 버리지 않으셨다는 것을 믿었다. 구약의 어떤 족장들은 자신의 믿음이 결실을 맺기까지 백 년을 넘게 기다려야 했다. 또 어떤 사람들은 자신이 원하는 것과는 정반대되는 경험을 했다. 그러나 이들은 자신의 세상이 무너짐에도 불구하고 하나님에 대한 믿음을 잃지 않았다.

야고보가 말하는 의심은 이러한 종류의 믿음과 정반대되는 것이다. 이것은 우리로 하여금 하나님께 불순종하거나 그분에 대한 확신을 잃게 하는 의심이다. 이러한 종류의 의심은 죄이다.

다른 한편으로, 성경은 질문을 포함하는 의심을 금하지 않는다. 사실, 성경은 이러한 의심을 장려한다. 예를 들면, 성경은 우리에게 “영(靈)들이 하나님께 속하였나 시험하라”고 독려한다. 다시 말해, 영들을 의심하고 시험하며, 그런 후에 열매가 없는 것으로 드러나는 영들을 거부하라고 명령한다. 이것은 우리가 가설을 테스트하는 과정과 같다. 가설은 체계적인 의심 위에 세워진다.

이런 의미에서, 믿음은 의심 위에 세워진다. 다시 말해, 의심은 우리가 한쪽 끝에서 투입하는 재료이다. 그런 후에 우리는 하나님께 순종하고 그분의 말씀을 신뢰함으로써 우리의 의심을 시험하며, 갑자기 우리의 의심이 하나님께 대한 확신으로 바뀌고 우리는 믿음이 충만해진다.

이것은 우리가 살아 있는 동안에는 항상 필요한 과정이다. 주변 세상이 우리에게 하라고 부추기는 것들이 있다. 그럼에도 불구하고 우리는 날마다 하나님께 순종하며 그분의 명령을 행한다. 이렇게 할 때, 우리는 하나님이 결코 우리를 버리지 않으셨다는 것을 깨달으며 그분을 더욱 신뢰하게 된다. 나는 골리앗 앞에 서 있는 다윗을 자주 생각한다. 다윗은 자신보다 훨씬 더 크고, 훨씬 더 강하며, 상식적으로는 피해 도망쳐야 마땅한 용사 앞에 서 있었다. 그러나 다윗은 다른 상황들에서 하나님을 시험했었고, 따라서 이렇게 말했다.

“여호와께서 나를 사자의 발톱과 곰의 발톱에서 건져내셨은즉 나를 이 블레셋 사람의 손에서도 건져내시리이다"(삼상 17:37).

우리는 하나님과 동행하며 그분을 신뢰하고 그분께 순종한다. 그리고 어려움에 처할 때는 과거에 우리를 돌보신 하나님이 현재에도 우리를 돌보고 계시며 미래에도 우리를 돌보시리라는 것을 스스로에게 상기시킨다.

믿음이 단순한 지적 신념을 넘어 우리를 당혹하게 하는 환경과 어려움 가운데서도 하나님께 순종하는 게 될 때, 믿음은 의심을 삼켜버린다. 욥기를 읽으면 욥이 의심을 어떻게 보았는지 알 수 있다. 욥은 자신이 일관되게 하나님께 충실했으며 자신의 삶에 닥친 재난은 불순종 때문이 아니라고 주장했다. 외부 관찰자, 곧 욥의 친구들과 아내가 보기에는 마치 하나님이 욥을 버리신 것 같았다. 그러나 욥은 자신의 확신을 버리지 않았으며 계속해서 하나님을 신뢰했다. 마침내 하나님은 모든 것을 욥에게 회복시키셨으며, 욥이 사랑의 하나님에 대한 그의 믿음을 논박하는 모든 환경에도 불구하고 자신의 믿음을 부인하지 않은 데 대한 보답을 하셨다.

그러므로 의심을 다루는 가장 좋은 방법은 의심을 부인하는 게 아니라 믿음을 세우는 방식으로 사는 것이다.

진정한 의심–R. C. 스프롤(R. C. Sproul)

의심이 일어날 때(우리 자신과 다른 사람들 속에서), 우리는 그 의심을 심각하게 받아들여야 한다. 하나님은 사람들이 정직하고 진정한 의심을 갖는다는 사실을 존중하시며, 사람들이 자기 경험의 특정한 부분들과 하나님의 개념을 조화시키는 데 어려움을 겪을 때 특히 더 존중하신다.

예를 들면, 내가 하나님은 사랑 그 자체라고 배웠는데, 내 삶에 비극이 찾아올 때, '정말로 하나님은 내게 관심이 있고 나를 사랑하는 분이시기는 한가'라는 생각이 들 수 있다. 내가 하나님의 성품을, 그분이 고난과 비극에 어떻게 관여하시는지 깊이 이해하지 못한다면 내게 믿음의 위기가 찾아올 것이다.

유일한 해결책은 하나님에 대한, 사람들에 대한, 하나님과 사람이 어떻게 서로 관계를 갖는가에 대한 이해를 넓히는 것이다. 성경 외에는 이러한 이해를 얻는 다른 지름길은 없다.

83 영적 메마름에 대한 처방전은?

+ 월터 트로비쉬
Walter Trobisch

기쁨은 살아계신 하나님과 친밀한 교제를 나누는 삶의 가장 자연스러운 표현이다. 시편 84편 2절에서, 시인은 기쁨으로 노래한다.

"내 마음과 육체가 생존하시는 하나님께 부르짖나이다."

그러나 우리가 시편기자처럼 노래할 수 없는 날과 주와 달이 있다는 것은 누구나 안다. 우리의 육체는 고사하고 마음마저 기뻐 노래하지 못한다. 사실, 모든 즐거운 느낌이 멀어 보이며, 즐거운 느낌을 가지려는 모든 노력이 수포로 돌아간다.

살아계신 하나님이 죽은 것처럼 보인다. 성경을 읽지만, 성경 말씀이 귀에 들어오지 않는다. 신앙생활은 공허한 습관이 되어버린다. 기도에 대한 열정이 없다. 성례에도 무관심해진다. 그리스도인의 덕목들이 따분하고 마음에 끌리지도 않는다. 양심은 무감각해지고 무디어진다.

이처럼 영적으로 메마른 순간이 찾아올 때, 그리스도인은 엄청난 고통을 느낀다. 그는 이런 시기에 침묵할 수 있다. 그러나 주변 세계는 그의 사랑이 필요하며 그의 사랑을 기대한다. 병든 자들과 죽어가는 자들은 위로받기를 원한다. 상처 입은 자들과 외로운 자들은 이해받기를 원한다. 다른 사람늘이 내게 노움을 간절히 바라지만 정작 내 안에는 철저한 공허와 메마름만 느껴질 때 절망감에 사로잡히게 된다. 우리는 이러한 상태를 극복하려고 노력해야 한다. 그전에 영적 메마름을 느끼는 원인들을 살펴보기로 한다. 우리는 이런 메마음의 상태를 오래 지속시켜서는 안 된다.

영적 메마름의 원인

첫째, 죄 때문이다. 하나님의 계명을 분명히 어기고도 인정하기를 거부하는 태도가 영적 메마름을 초래할 때가 있다. 그러나 나의 상담 경험에 비춰볼 때,

영적 메마름으로 고통당하는 사람들은 주님을 가까이하기를 갈망하며 그분의 뜻을 따르려고 온 신경을 집중하는 매우 양심적이고 진지한 그리스도인일 때가 많다. 이들의 문제는 이런 태도에도 불구하고 하나님이 멀리 계시며 자신들을 도우실 수 없다고 느낀다는 것이다.

둘째, 영적 영양 결핍과 활동 부족 때문이다. 그리스도인이 특별한 목적만을 위해, 예를 들면 설교를 준비하거나 성경공부를 준비하거나 특별한 행사의 메시지를 준비하기 위해 성경을 공부하는 것으로는 부족하다. 하늘에 계신 아버지께서 그에게 개인적으로 말씀하실 수 있도록 매일 경건의 시간을 갖는 것은 육신의 건강을 위해 매일 식사를 하는 것만큼이나 그의 영적 건강에 중요하다. 받는 게 없이 계속 주기만 한다면 결국은 메마르고 말 것이다. 영적 메마름은 다른 사람들을 먹이지 않는 데서도 올 수 있다. 활동을 하지 않기 때문에 영적으로 메마른 게 아니라 영적으로 메마르기 때문에 활동을 하지 않는 그리스도인들이 많다.

셋째, 과식과 과로 때문이다. 우리는 최고의 종교적 체험을 한 후에 영적 메마름으로 고통당할 때가 많다. 우리는 하나님의 풍성한 말씀으로 축복을 받는 수련회나 성경캠프가 끝난 후, 성탄절이나 부활절이나 오순절이 지난 후 갑자기 극한 가난에 빠질 수 있다. 또 영적 과로 때문에 고통당할 수 있다. 크리스천 지도자들이 기독교에 관한 여러 과정을 가르치고, 몇 번의 성경공부를 인도하며, 몇 번의 설교를 하면서 힘겹게 한 주를 보냈다면 주말이면 마음이 무감각해지는 것을 느낄 것이다. 이러한 영적 과로는 한 사람에게 오랫동안 영향을 미칠 수 있다. 형식적이고 틀에 박힌 가정예배를 드리면서 예배 자체에 감동이 없어지는 것처럼, 어린 시절에 강요된 종교교육을 받을 경우, 어른이 된 후 영적인 문제들에 무관심해질 수 있다.

넷째, 자신의 몸을 돌보지 않기 때문이다. 몸과 영은 단일체이다. 따라서 마음의 병이 몸의 병의 원인일 수 있다. 물론 그 반대일 수도 있다. 몸을 돌보지 않으면 심리적 건강이 영향을 받고 영적 '가뭄'이 일어날 수 있다. 그리스도인들은 영적인 부분을 지나치게 강조하는 반면에 인체화학, 기압, 날씨, 물과 대기오염 같은 생물학적 사실의 중요성을 과소평가하는 경향이 있다. 훌륭한 피아니스트는 낡은 피아노로도 연주할 수 있다. 그러나 피아노의 음이 맞지 않는다면, 최고의 피아니스트라도 자신이 연주하고 싶은 음악을 제대로 표현할 수 없다.

다섯째, 균형 상실 때문이다. 우리가 예수 그리스도를 영접했다고 해서 우리가 한 부분을 이루는 창조의 질서를 지키지 않아도 되는 것은 아니다. 하나님의 창조는 일과 휴식 사이의 균형 위에 세워져 있다.

"하나님이 일곱째 날을 복 주사 거룩하게 하셨으니 이는 하나님이 그 창조하시며 만드시던 모든 일을 마치시고 이날에 안식하셨음이더라"(창 2:3).

이런 면에서, 절망적이게도 우리의 삶은 균형을 잃을 때가 많다. 우리는 지나치게 일을 많이 하며 이것을 자랑스러워한다. 그러나 하나님이 그분이 창조하신 세계에 두신 이러한 리듬을 무시한다면, 우리는 창의적인 영적 능력을 잃을 것이다. 그 결과로 영적 메마름이 일어날 것이다. 우리는 이런 메마름의 상태를 오래 지속해서는 안 된다.

영적 메마름의 극복

첫째, 용서가 필요하다. 분명한 죄를 범했으며 죄가 그 원인으로 밝혀졌다면 고백과 용서에 대한 새로운 확신만이 유일한 해결책이다. 그러나 상담자는, 욥이 당하는 고통의 원인은 죄에 있는 게 틀림없다고 주장했던 친구들의 실수를 반복하지 말아야 한다.

둘째, 훈련과 책임이 필요하다. 영양 부족이 원인이라면, 개인의 경건 생활에 대한 새로운 훈련이 절대적으로 필요하다. 우리는 간접적인 설교와 경건에 지나치게 의존한다. 다른 사람들로부터 배우는 것도 좋으며 필수적이다. 그러나 우리는 직접 경험을 통해 사는 법, 다시 말해, 개인적인 성경공부를 통해 영적 양식을 스스로 파내는 법을 더 많이 배울 필요가 있다. 하루 중 경건의 시간에 가장 적합한 때를 결정하는 것은 좋은 일이다. 우리에게는 성경읽기를 위한 지침과 기도에 관한 가르침이 필요할 것이다. 우리는 또한 하나님나라에서 특정한 임무를 맡을 필요가 있다. 작은 것이라도 하나의 과제를 성취하는 것은 무기력증에서 비롯된 영적 메마름을 치료하는 데 도움이 될 것이다.

셋째, 금식이 필요하다. 영적 메마름이 과식 때문이라면, 기도를 더 많이 하고, 성경을 더 오래 연구하며, 교회 모임에 더 많이 참석하라고 말하는 것은 당뇨병 환자에게 설탕을 더 많이 먹으라고 충고하는 것과 같을 것이다. 이런 사람에게는 일정 기간의 영적 금식을 처방하는 게 훨씬 더 도움이 될 것이다. 이런 사람은 한동안 자신의 경건 생활을 최소한으로 제한하고, 짧게 기도하고, 경건 서적을 읽는 것을 삼가고, 교회 활동에서 한 걸음 물러서야 한다. 영적 양식에 대한 식욕이 다시 살아날 때까지….

넷째, 식사 조절과 운동이 필요하다. 신체적인 면을 소홀히 한 경우, 수면과 휴식이 첫 번째 해답이다. 식사도 중요하다. 식사는 비타민을 충분히 포함하고 있는가? 과일과 채소를 더 많이 먹고 하이킹과 수영을 하라고 권하고 싶다. 신선한 공기를 마시고, 소화를 잘 시키며, 햇볕을 쬐는 게 우리의 영적 건강에 설교보다 더 큰 도움이 될 것이다.

다섯째, 즐거운 여유가 필요하다. 생활의 새로운 균형을 찾기란 쉬운 일이 아닐 것이다. 자신의 일뿐 아니라 스케줄까지 완전히 다시 짜야 할 것이며 생활방식도 바꿔야 할 것이다. 나는 피로를 풀고, 여가를 즐기며, 게임을 할 시간을 내고 있는가? 나는 때로 목적 없이 무엇인가를 하면서 취미에 흠뻑 빠지기도 하는가? 이러한 즐거운 여유가 우리 주님에게는 경건한 심각함보다 더 큰 증거일 것이다. 뿐만 아니라 이것은 우리 안에서 새로운 창의력이 되살아나게 하며, 새로운 영적 깊이로 들어가는 문을 열어줄 것이다.

루터나 파스칼이나 키에르케고르처럼 철저한 종교 생활을 했던 사람들은 누구나 영적 메마름의 시기를 헤쳐나가야 했으며, 때로는 절망에 이르기도 했다. 산이 높아야 골짜기가 깊듯이, 이러한 고통의 강도는 하나님과 함께하는 삶의 강도와 직접 관련이 있었을 것이다. 그러므로 우리는 메마름을 부끄러워할 필요가 없다. 우리는 실제로는 즐겁지 않은데 즐거운 척하면서 영적 메마름을 숨기려 할 필요가 없다.

나는 하나님이 멀리 계시는 것처럼 보이기 때문에 고통을 경험할 수 있는 단 한 가지 이유는 다른 때에 그분이 가까이 계심을 경험했기 때문이라고 생각하면서 늘 큰 위로를 받는다. 우리가 이것을 이렇게 본다면, 영적 메마름 때문에 겪는 고통은 성령께서 우리 안에 계시다는 표시일 것이다. 여기에는 새로운 영적 건강에 대한 약속이 포함되어 있을 것이다. 모든 사막에는 새로운 모험에 대한 약속이 포함되어 있다.

"또 광야를 변하여 못이 되게 하시며 마른 땅으로 샘물이 되게 하시고 주린 자로 거기 거하게 하사 저희로 거할 성을 예비케 하시고 밭에 파종하며 포도원을 재배하여 소산을 취케 하시며"(시 107:35-37).

84 완벽주의 때문에 하나님이 멀게 느껴진 적은 없는가?

✝ 데이빗 씨맨즈
David Seamands

완벽주의란 하나님이 나를 사랑하고 받아들이고 인정하시는 것은 나의 완벽한 행위 때문이라고 생각하는 것이다. '내가 완벽하게 행동하지 못하면 하나님은 나를 사랑하지 않으실 것이다. 나는 무가치하고 사랑 받을 만한 가치가 없게 되고 하나님은 내게 진노하실 것이다' 라고 생각하는 것이다.

완벽주의는 하나님을 아이들의 노래에 등장하는 산타클로스와 같은 존재로 본다. 하나님은 그분의 목록을 만드시고, 그 목록을 두 번 확인하시며, 당신이 나쁜 사람인지 착한 사람인지 아신다. 그분이 마을에 오시기 때문에 당신은 착해야 하고 조심해야 한다. '하나님의 죽음'을 말하는 신학자 한 사람이 하나님에 대해 이런 시각을 갖고 있었다. 누군가 그에게 "당신은 하나님을 어떻게 정의하십니까?"라고 물었다. 그는 콧방귀를 뀌더니 이렇게 말했다.

"하나님은 내 속에서 늘 '그 정도로는 부족해!' 라고 말하는 작은 음성입니다."

완벽주의자가 말하는 하나님의 사랑은 조건적이다. 그분의 은혜는 인간의 행위에 달려 있다. 나는 결코 그분의 조건을 만족시키지 못하며, 따라서 그분이 나를 도와주실 것이라는 기대를 거의 할 수 없다. 내가 성취하고, 행동을 깔끔하게 마무리하며, 사다리의 꼭대기에 오르기 전까지는 그분이 나를 받아들이실 것이라고 기대할 수 없다.

이러한 생각을 가지면 하나님이 아주 멀게 보인다. 여기에는 그럴 만한 이유가 있다. 우리는 마음 깊은 곳에서 하나님과 같은 분을 참고 견딜 수 없다. 그분은 우리를 화나게 하신다. 우리는 그분이 너무 가까이 오시는 것을 원하지 않는다. 그분이 우리를 불편하게 하기 때문이다. 그러므로 "우리가 그를 힘입어 살며 기동하며 있다" 하더라도(행 17:28), 우리는 그분을 안전거리 밖에 세워둔다. 그분을 기쁘시게 한다는 것 자체가 불가능하기 때문에, 그분은 또한 근접할 수 없는 분으로 보인다.

이러한 악순환은 계속된다. 하나님은 멀게 보이며 그래서 나는 그분께 다가가려고 열심히 노력한다. 그러나 나는 실패하기 때문에 죄책감을 느낀다. 이러한 죄책감은 나로 하여금 하나님이 나를 받아들이지 않으신다고 확신하게 하며 그분이 훨씬 더 멀리 보이게 한다. 어떻게 이러한 불가능한 기대와 무거운 죄책감이라는 쳇바퀴에서 벗어날 수 있는가?

유일한 해답은 은혜이다

첫째, 내가 두려워하는 하나님은 진정한 하나님이 전혀 아니며 오히려 내가 만들어낸 그분의 이미지라는 것을 깨달아야 한다. 내가 그리는 하나님의 모습은 부모님이나 선생님이나 목사님이나 공동체를 토대로 한 것일 수 있다. 내가 하나님을 냉정하고 사랑할 줄 모르는 엄한 주인으로 본다면 예수 그리스도께서 계시하신 하나님을 보고 있는 게 아니다.

내가 불쾌함을 느끼게 만들고 있는 것은 하나님이 아니다. 하나님이나 나의 양심이 나에게 말하고 있는 것처럼 느껴질 것이다. 성경에서 나의 생각을 강화해주는 정죄와 죄책감과 심판에 관한 구절을 찾을 수 있을 것이다. 완벽주의자들은 이런 데는 놀라운 달란트를 갖고 있다. 그러나 이들은 거친 경고로 급하게 달려감으로써 사랑으로 가득한 모든 구절을 놓쳐버린다.

문제는 그 누구도 엄하고 받아들일 줄 모르는 하나님과는 결코 오랫동안 동거할 수 없다는 것이다. 그분이 나를 내쫓으려 하시거나 내가 그분을 내쫓으려 할 것이다. 나는 신경쇠약에 걸리거나 믿음에서 떠날 것이다.

둘째, 내 스스로 정한 기준이 하나님께서 내게 정하신 기준보다 높지 않다는 확신을 가져야 한다. 내가 완벽주의자들과 함께 일할 때, 이들은 내가 하나님의 은혜로운 사랑에 관해 무슨 말을 하든 받아들이려 하지 않는다. 이들은 이렇게 말한다.

"그분은 완벽하세요. 그러므로 죄가 있는 우리는 그분을 편안하게 해드릴 수 없어요."

나는 이들에게 이렇게 말한다.

"문제는 여러분이 하나님의 기준보다 더 높은 기준을 스스로 세웠다는 것입니다."

하나님이 나를 기꺼이 용서하시고 나를 안아 먼지를 털고 나의 발을 견고하게 세우기를 원하신다면 나로서는 그분이 그렇게 하시도록 기꺼이 허락해야 한다. 하나님은 우리에게 사랑하는 자녀로서 그분께 다가오라고 요구하신다. 그분은 우리에게 죄가 없고 실수도 하지 않으며 살라고 요구하시는 게 아니다.

셋째, 심각한 완벽주의자들은 다른 사람의 도움이 필요하다. 도움을 주는 사람이 친구일 수도 있고, 목사님일 수도 있고, 심리학자일 수도 있지만 당신은 그를 상담자라고 부르고 싶을 것이다(나의 정의로, 상담자는 성령의 일시적인 도움이 된다).

완벽주의자들은 자신들의 문제를 직접 하나님과 함께, 그분의 말씀을 통해 스스로 해결할 수 있다고 생각하는 경향이 있다. 이들은 자신들이 더 많이 기도하고, 더 많이 읽고, 옳은 것들을 생각하면 자신들의 염려가 눈 녹듯이 해결될 것이라고 생각한다. 이것은 그럴듯하게 들린다. 그러나 사실은 그렇지 않다.

완벽주의자가 정말 어려운 문제에 빠졌을 때, 말씀을 읽는 것은 그의 불행을 가중시킬 뿐이다. 이것은 그에게 도움이 되지 않는다. 왜냐하면 그가 읽는 모든 것이 "나는 이 기준에 이를 수 없어. 이건 내가 결코 할 수 있는 게 아니야"라고 말하는 부정적인 필터를 통과하기 때문이다. 다른 사람들에게는 은혜롭게 보이는 말씀이 그에게는 마치 자신을 정죄하는 것처럼 보인다. 그가 사랑을 받아들이는 부분이 고장 났다. 그의 수용 장치는 너무나 심하게 뒤틀리고 손상되어 있다. 그래서 밖에서 아름다운 그림을 보내주고 아름다운 음악을 들려주어도 정작 그에게 닿을 때는 눈처럼 보이고 침묵처럼 들린다.

하나님에 대한 잘못된 개념은 초기 성장단계의 잘못된 관계에 그 뿌리가 있다. 이러한 사고와 행동의 패턴들이 우리 속에 프로그램되어 있다. 완벽주의자의 패턴에서 벗어나는 유일한 방법은 다른 사람과 관계를 갖는(신뢰와 무조건적 사랑으로) 새로운 방법을 배우는 것이다. 이 부분에서 상담자가 필요하다. 처음에 손상을 가한 것은 사람들이었다. 그러므로 사랑과 은혜가 넘치는 사람들만이 이러한 손상을 되돌릴 수 있다.

오래된 완벽주의의 습관을 극복하는 데는 오랜 시간이 걸릴 수 있다. 그러나 하나님의 은혜로 완벽주의는 극복될 수 있다. 은혜롭고 사랑으로 가득한 하나님의 본성을 이해하게 되면, 우리를 향한 그분의 은혜를 기꺼이 받아들일 것이다. 그리고 우리는 다른 사람들이 우리를 위해 이러한 은혜의 통로가 되도록 허락할 수 있을 때 다시 하나님께로 돌아갈 것이다.

하나님 사랑이 끝나는 곳은 없다!

_지평선 너머 하나님 사랑을 전하는 로청가 퍼다이트(Rochunga Pudaite) 이야기

_제임스 헤플리 James Hefley

로청가 퍼다이트는 인도 북동부 지방의 흐마르(Hmar) 부족 출신이다. 한때 흐마르 부족은 사람들을 죽여서 머리를 수집하는 부족으로 악명이 높았다. 로청가는 아홉 살 때 인생의 전기(轉機)를 맞게 되었다.

그의 아버지는 설교자였으나, 그의 모국어로 된 성경이 없었기 때문에 단지 듣고 기억한 것에 의존하여 설교를 했다. 자신들의 언어로 성경을 읽기를 간절히 원했던 흐마르족의 장로들은 기도하는 중에 로청가가 성경 번역의 일을 하는 것이 좋겠다고 결정했다. 그리하여 그들은 로청가가 그 일에 헌신하도록 구별한 후, 그를 가장 가까운 침례교 미션 스쿨로 보낼 준비를 했다. 아홉 살짜리 어린이는 이제 큰 모험을 눈앞에 두고 있었다. 왜냐하면 150킬로미터나 떨어진 그 학교까지 가려면 숲이 무성한 정글을 통과해야 했기 때문이다.

로청가가 학교를 향해 떠나기 전 그의 아버지는 그에게 산꼭대기까지 함께 걸어가자고 말했다. 산꼭대기에 도착했을 때 그들은 다시 어떤 나무의 꼭대기로 올라갔다. 그의 아버지는 아래쪽으로 보이는 골짜기를 가리켜 보이며 "저곳이 보이느냐? 저곳이 바로 카차르(Cachar) 계곡이란다. 네가 그 학교까지 가려면 저 계곡을 지나 여러 날을 여행해야 한다. 이제, 저 계곡 너머에 있는 긴 산맥이 보이느냐? 그리고 하늘과 땅이 맞닿는 산꼭대기가 보이느냐?"라고 물었다.

로청가는 "예, 보입니다"라고 대답했다.

그러자 그의 아버지는 웃으면서 이렇게 말했다.

"만일 네가 여러 주 동안 여행하여 저 산꼭대기에 도달한다고 가정해보자. 네가 그 봉우리에 도달하면 네 눈앞에는 그 꼭대기와 똑같은 봉우리가 또 나타날 것이다. 그리고 다시 네가 여러 날을 여행하여 그 봉우리에 도달하면 세 번째 봉우리가 보일 것이다. 아들아, 지평선은 결코 끝나지 않는다. 이 세상에서 하나님의 사랑이 끝나는 곳은 없단다. 네가 어디를 가든지 그분의 사랑이 너를 따라다닐 것이다. 네가 학교에 다닐 때 네가 산에 있든 골짜기에 있든 그분의 사랑이 언제나 너를 둘러쌀 것이다. 그분이 너를 지켜주실 것이다."

로청가 퍼다이트는 그 말을 어른이 되어서도 잊지 않았다. 그는 오늘날 우편을 통해 수백만 권의 성경을 수십 개 나라들로 보내는 귀한 사역을 감당해온 단체인 '성경을 온 세계로'(Bibles for the World)의 회장을 맡고 있다.

대저 하나님께로서 난 자마다 세상을 이기느니라 세상을 이긴 이김은 이것이니 우리의 믿음이니라(요일 5:4).

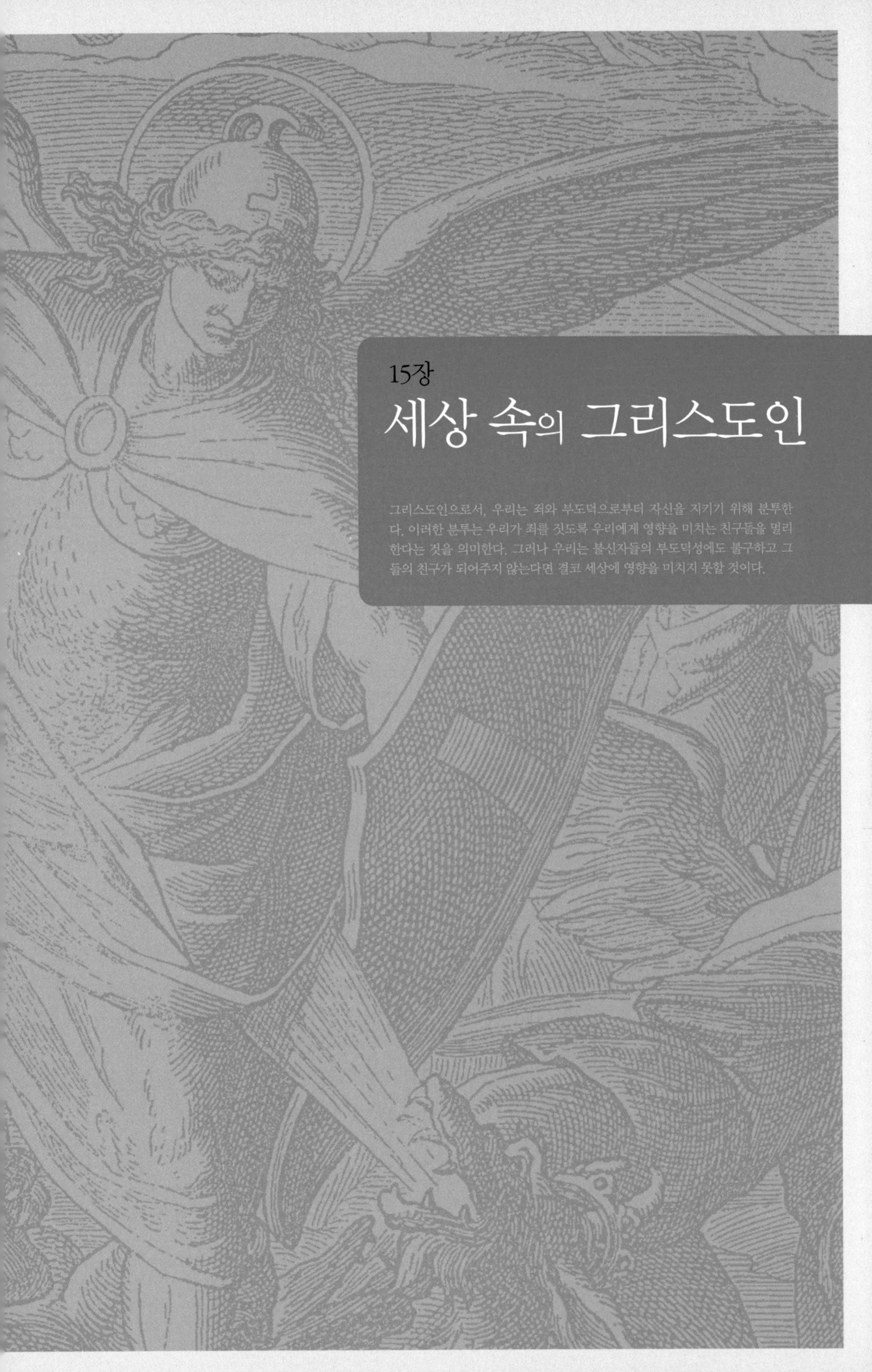

15장

세상 속의 그리스도인

그리스도인으로서, 우리는 죄와 부도덕으로부터 자신을 지키기 위해 분투한다. 이러한 분투는 우리가 죄를 짓도록 우리에게 영향을 미치는 친구들을 밀리한다는 것을 의미한다. 그러나 우리는 불신자들의 부도덕성에도 불구하고 그들의 친구가 되어주지 않는다면 결코 세상에 영향을 미치지 못할 것이다.

85 거룩한 삶을 산다는 게 무슨 뜻인가?

✝ 찰스 콜슨
C h a r l e s   C o l s o n

그리스도인들은 '거룩'이란 담배를 피우지 않거나, 술을 마시지 않거나, 도박을 하지 않거나, 심야영화관에 가지 않거나 이런 것들을 하는 사람들과 어울리지 않는 것이라고 한정하여 생각하는 경향이 있다. 이것은 '거룩'을 잘못된 시각에서 보는 것이다. 하나님이 이러한 것들을 피하도록 우리를 이끄신다면 거룩은 이러한 것들을 피하는 것을 포함할 수 있다. 그러나 이러한 부정적인 시각으로 거룩을 본다면 결국에는 규범을 만드신 분이 아니라 규범 자체를 예배하게 될 때가 너무나 많다. 우리는 모든 규범을 지킬 때 자신이 영적 아름다움을 겨루는 대회에서 우승했다고 생각한다. 이때 우리는 오만해지고 독선적이 되어버린다. 그리고 우리 스스로 증거한 것을 무너뜨려버린다. 우리가 율법의 정신을 놓치고 문자에 집착할 때 더 큰 그림을 놓치게 된다.

규범은 우리에게 하나님의 온전한 성품을 본받아 거룩한 백성이 되라고 재촉하기보다는 우리를 개인적인 경건에 가두어버릴 때가 많다. 만족스럽게 규범을 잘 지킨다고 해서 그리스도께 대한 우리의 의무를 다하는 것은 아니다.

내가 어느 교도소에 갔을 때 어떤 자원봉사자가 이렇게 말했다.

"이 재소자는 담배를 피웁니다. 이 사람은 그리스도인일 수 없습니다."

그러나 나는 그 재소자가 다른 사람들을 그리스도께로 인도하는 데 자신의 목숨을 걸었다는 것을 알고 있었다. 나는 그가 거실에 앉아 하나님나라를 위해 결코 아무것도 하지 않은 채 "나는 담배를 안 피우고 술도 안 마시며 맹세도 안 해요"라고 말할 뿐인 사람보다 더 큰 거룩을 보여주고 있다고 생각한다. 이렇게 말하는 사람은 매우 경건하며 하늘나라에서 면류관을 기대할 수 있을지 모르지만 하나님이 명하신 것을 행하고 있지는 않다.

거룩한 백성답게

구약성경에서, 하나님은 유대인들에게 자신이 그들 가운데 장막을 치고 거하시겠다고 말씀하셨다. 이것이 하나님과 그분의 백성 간의 기본적인 언약이다. 신약성경에서, 하나님은 예수 그리스도를 통해 그분의 백성 가운데 거하셨다. 요한복음 1장 14절이 말하듯이 "말씀이 육신이 되어 우리 가운데 거하셨다." 헬라어에서 문자 그대로 번역하면, 하나님이 우리 가운데 장막을 치고 사셨다는 뜻이다.

하나님이 우리 안에 거하시려면, 우리는 거룩하신 하나님이 거하실 수 있는 거룩한 백성이어야 한다. 우리는 하나님이 그분과 관계 있는 일들을 우리의 삶을 통해 빠짐없이 하실 수 있도록 허락해야 한다. 여기에는 고통당하는 자들과 주린 자들과 가난한 자들과 집 없는 자들과 갇힌 자들의 필요처럼 사회에서는 관심 밖에 있는 것들이 포함된다. 하나님은 사람들 사이에 정의롭고 바른 관계가 형성되며, 우리가 서로 사랑하고 서로를 불쌍히 여기는 데 관심이 있으시다.

우리는 구약성경과 신약성경에 계시된 대로 하나님의 성품을 제대로 이해할 때 "하나님의 형상을 닮고 싶어요"라고 말하기 시작한다. 우리는 단순히 얼굴을 씻고 좋은 옷을 입은 채 예배당 의자에 편안하게 앉아 있지 않는다. 우리는 나가서 주변의 상처 입은 사람들의 필요를 채워주며 사회 속에서 의의 도구가 된다. 우리는 전도하며 자신이 사는 도시와 동네의 환경에 관심을 갖는다. 우리 가운데 상처입고 고통스러워하는 자들 때문에 우리의 마음이 찢어진다. 거룩이란 보이지 않는 하나님나라가 우리의 삶을 통해 보이게 하면서 하나님의 성품을 보여주는 백성으로 사는 것을 의미한다.

내가 지금 세상에서 볼 수 있는 거룩에 관한 가장 최고의 예는 마더 테레사이다. 그녀는 자신을 희생하며, 자신을 내어주며, 그 누구도 가고 싶어하지 않은 곳에 가며, 집도 없고 희망도 없는 사람들을 보살핌으로써 진정한 기독교가 무엇인지 보여주었다. 나는 그리스도인이 되기 전까지 늘 "하늘은 스스로 돕는 자를 돕는다"는 말이 성경에 있다고 생각했다. 그러나 성경을 읽으면서 오히려 그 반대가 진리라는 것을 발견했다. 하나님은 스스로를 도울 수 없는 자들을 도우신다. 마더 테레사는 스스로를 도울 수 없는 사람들, 세상의 눈으로 보면 하나님의 피조물이라는 것 외에는 오직 다른 사람들의 도움을 받아서 삶을 유지해가는 사람들을 섬기는 데 자신의 삶을 바쳤다.

나는 「러빙 갓」(Loving God, 홍성사 역간)이라는 책에서 평범하지만 거룩한 사람들을 소개했었다. 그 가운데 하나는 매일 점심시간을 교도소에서 보내는 여인이었다. 그녀는 점심시간이면 사무실을 나와 운전대를 잡은 채 샌드위치를 먹는다. 그리고는 자신의 시간을 외로운 재소자들에게 준다. 그들을 방문하고, 그들의 말에 귀를 기울이며, 그들이 그녀에게서 볼 수 있는 그리스도를 전한다. 또한 사람은 너무나 바쁜 중에도 그렇게 해야 한다는 느낌 때문에 죽어가는 친구의 침상을 열흘이나 지켰던 미국상원이었다. 세 번째는 하이티의 가난한 사람들에게 연민을 느낀 은퇴한 사업가였다. 그는 오래된 기계들을 가져가 카펫 공장을 시작함으로써 사람들이 일자리뿐 아니라 그리스도를 찾도록 도와주었다.

마더 테레사는 매우 철저한 경건의 삶을 살았다. 거룩은 여기서 시작된다. 우리는 성경이 우리의 삶을 적시게 하고 그런 후에 순종의 삶을 실천함으로써 거룩해진다. 마더 테레사는 또한 자신이 하는 모든 일을 통해 그리스도를 어김없이 전했다. 그러나 그녀는 여기서 그치지 않았다. 그녀는 기독교에 관해 말했을 뿐 아니라 기독교를 삶으로 보여주었다. 정작 착한 일을 하지만 예수님을 전혀 말하지 않는 사람들이 많다. 거룩하다는 것은 선포하는 것이자 보여주는 것이다. 마더 테레사가 정의했듯이 '거룩'이란 하나님의 모든 뜻을 받아들이고 이러한 수용을 통해 우리의 삶을 철저히 변화되게 하는 것이다.

86 겸손은 오늘날 고리타분한 덕목인가?

✝ 아지스 페르난도

Ajith Fernando

1세기에 겸손을 의미하는 헬라어 단어는 경멸의 의미로만 사용되었다. 겸손은 약함과 비열함의 상징으로 여겨졌다. 예수님, 곧 종이신 주님(Servant Lord)의 제자들은 신약성경에서 동일한 헬라어 단어를 최고의 덕목을 가리키는 말로 사용했다. 사실, 신약성경은 겸손을 진정한 위인의 두드러진 특징으로 제시한다.

오늘날 대부분의 사람들은 겸손에 그다지 관심이 없다. 겸손은 많은 사람들을 지배하고 있는 자기이익의 기질과 낮은 자존감을 극복하려는 대중적 시도와 배치되는 것 같다. 많은 사람들이 자기주장(독단)이 낮은 자존감을 극복하는 방법이라고 느끼며, 겸손을 자기주장의 장애물로 본다.

실제로, 오늘 우리는 겸손이라고 불리며 거의 흥미를 끌지 못하는 몇몇 모델을 본다. 몇몇 '겸손한' 사람들의 행동은 매우 거슬린다. 이들의 삶에서 밝은 구석이라고는 찾아볼 수 없다. 이들은 자신의 '겸손'을 자랑하며, 겸손을 자신들과 자신들이 겸손하지 않다고 생각하는 사람들의 관계를 판단하는 도구로 사용한다. 그러므로 이들의 겸손은 이들을 다른 사람들에게서 멀어지게 하는 역할을 할 뿐이다.

자신이 겸손하다고 생각하는 사람들 가운데는 정말 활기 없는 사람들이 있다. 소위 스스로 겸손하다고 말하는 이러한 사람들은 중요하거나 특별한 일을 꺼린다. 이들은 누군가에 대해 또는 어떤 상황에 대해 자신의 뜻을 주장하는 것은 잘못이라고 생각한다. 이들은 결국 고통당하는 세상의 아픔을 줄이려고 손가락도 까딱하려 하지 않는다.

예수님은 전혀 반대되는 모습을 보여주셨다. 그분의 겸손에서 배어나는 자연스러움과 매력은 가장 강퍅한 죄인들도 녹였으며 이들이 그분과 함께 있고 싶어 하게 만들었다. 예수님의 겸손은 활기가 넘쳤다. 그런 점에서 그분의 겸손은 충격적이었다. 베드로와 그 외의 제자들은 예수님이 겸손하게 자신들의 발을 씻으실 때 충격을 받았다. 이들은 예수님이 예루살렘 성전에서 환전상들을 대담하게 내쫓으실 때도 똑같은 충격을 받았다.

실제로, 무활력(無活力)은 교만에서 비롯될 때가 많다. 겸손으로 통하는 것이 실제로 알고 보면 실수에 대한 두려움일 뿐이다. 이러한 두려움 때문에, 소위 겸손하다는 사람들은 어떤 일에도 앞장서기를 싫어한다. 그러나 이러한 두려움은 교만의 한 형태이다.

어떻게 하면 성경이 말하는 겸손을 기를 수 있는가? 내가 여기에 관해 가장 먼저 말해야 할 것은 우리에게 겸손의 문제가 있다면 낮은 자존감 때문일 수 있다는 것이다. 강한 열등감과 불안감은 우리가 자신에게 취하는 태도에 영향을 미칠 것이며 우리로 하여금 자존감을 회복하기 위해 수단과 방법을 가리지 않게 만들 수 있다. 그러므로 겸손에 관한 우리의 문제를 해결하는 방법은 자존감에 대한 우리의 문제를 해결하는 방법과 밀접하게 연결되지 않으면 안 된다.

겸손과 자존감

J. C. 라일(Ryle)이라는 19세기의 위대한 그리스도인이 겸손에 관해 했던 말이 내게 큰 도움이 되었다. 그는 잔칫상의 상석에 관한 예수님의 비유(눅 14:7-11)를 설명하면서 겸손의 뿌리와 샘은 하나님에 관한, 우리 자신에 관한, 그리스도의 사랑에 관한 바른 지식이라고 했다.

우리가 하나님의 위엄과 거룩을 발견하고 그분과의 비교를 통해 우리가 얼마나 죄악된지 깨닫는다면 우리의 교만은 오래갈 수 없다. 그리고 또한 그리스도께서 우리를 위해 죽기까지 우리를 사랑하셨다는 것을 이해하게 된다면 우리는 즐거운 겸손으로 가득할 것이다. 우리가 즐거워하는 것은 그리스도의 사랑이 우리의 삶을 바꿔놓았기 때문이다. 우리가 겸손한 것은 우리에게는 그런 사랑을 받을 자격이 없다는 것을 깨닫기 때문이다. 그러므로 교만에 대한 하나님의 치료약은 곧 복음이다. 복음은, 하나님은 거룩하시고 인간은 죄악되며 그리스도의 은혜가 인간의 죄보다 크다고 말한다.

죄인을 용서하시는 그리스도의 사랑으로 변화된 사람의 마음은 하나님이 그를 위해 하신 일 때문에 그분에 대한 감사로 가득하다. 진정으로 하나님께 감사한다면 결코 교만할 수 없다. 왜냐하면 당신의 모든 선과 가치가 하나님에게서 나온다는 것을 깨닫기 때문이다. 당신은 이런 것을 받을 자격이 없었다. 당신은 또한 하나님이 당신을 그분의 가족으로 받아들이셨고, 당신이 만왕의 왕이요 만주의 주이신 분의 자녀이며 영원한 나라의 백성이라는 것을 깨닫는다.

낮은 자존감의 문제에 대한 해답은 이것이다. 하나님은 우리를 사랑하신다. 그분은 우리를 받아들이신다. 그분은 그분의 나라에서 우리에게 자리를 주신다. 그분은 우리에게 중요한 일을 맡기신다. 우리는 그분 안에서 안전하다. 우리는 중요한 사람들이다. 그러나 우리는 이러한 축복에 대해 하나님께 감사한다. 그러므로 우리는 우리의 중요성에 대해 교만할 수 없다. 그리고 우리의 자존감 문제가 해결되었기 때문에 우리는 낮은 자존감을 보충하기 위해 겸손과는 거리가 먼 수단들을 사용하지 않을 것이다.

감사는 또한 겸손과 함께할 때가 많은 자기주장(독선)을 제거한다. 우리의 삶에 흘러넘치는 하나님의 은혜가 우리를 은혜롭게 한다. 우리는 영원한 사랑으로 사랑 받았기 때문에 다른 사람들을 사랑의 관심으로 대할 수 있다(요일 4:19). 우리는 자신을 앞세우는 데 정열을 쏟는 게 아니라 그리스도의 사랑이 우리에게서 다른 사람들에게로 흘러가게 하는 데 정열을 쏟는다. 우리의 주님처럼, 우리는 종이 된다. 그리스도인의 가치관에 따르면, 세상에서 종이 되는 것보다 더 큰 영광은 없다. 이렇게 감사와 겸손이 함께할 때, 우리는 성경이 제시하는 겸손의 몇 가지 의무를 수행할 수 있는 힘을 얻는다. 빌립보서 2장 3절은 이렇게 말한다.

"오직 겸손한 마음으로 각각 자기보다 남을 낫게 여기라."

우리가 몸담고 있는 경쟁사회에서, 이러한 행동은 우리의 안전을 위협하는 것 같다. 그러나 삶이 하나님께 대한 감사로 넘치는 그리스도인은 하나님에게서 자신의 안전을 발견하며 따라서 자신의 안전을 위해 다른 사람들을 이길 필요가 없다. 그에게는 다른 사람들을 앞세우는 데 집중하는 내적인 힘이 있다.

겸손의 문제에 대한 해답이 복음의 큰 진리를 아는 데 있다면, 왜 복음을 받아들인 대부분의 사람들이 아직도 교만과 낮은 자존감 때문에 고민하고 있는가? 이것은 기독교의 지식이 경험에 근거하기 때문이다. 복음은 우리가 하나님에게 중요하다고 말한다. 그러나 우리가 이 말의 의미를 파악하지 못했다면 이 말은 우리의 경험에 영향을 미칠 수 없다. 그러므로 우리는 열등감의 문제와 계속 씨름한다. 하나님에 대한 우리의 경험적 지식이 깊어지면서, 하나님의 자녀라는 사실에서 점점 강한 전율을 느끼면서, 겸손과 자존감은 우리가 깨닫지 못한 사이에 부산물로 나타날 것이다.

예수님처럼

우리는 겸손하려고 노력하는 데 먼저 초점을 맞춰서는 안 된다. 참으로, 성경은 우리에게 겸손하라고 촉구하며(엡 4:2) 우리가 따라야 할 겸손의 모델들을 제시한다(요 13:1-17 ; 빌 2:1-11). 우리가 겸손에 이르기까지 성장하기 위해서는 겸손에 관한 이러한 말씀에 주목하는 것이 반드시 필요하다. 그러나 예수님이 우리 삶의 초점이 아니라면 이러한 모델들을 따르는 것은 무익하다.

우리의 동기는 겸손하게 되는 게 아니라 예수님처럼 되는 것이다. 우리는 그분께 초점을 맞춰야 한다. 다시 말해, 그분의 온유하심에 대해 그분께 감사하고, 그분을 기뻐하고, 그분을 사랑하며, 그분께 순종하며, 그분을 높이는 데 초점을 맞춰야 한다. 이러한 환경이라면 교만이 살아남기 힘들 것이다. 우리가 우리 삶의 초점이신 예수님, 종이신 주님(Servant Lord)을 점점 닮아갈 때, 우리도 거의 알지 못하는 사이에 겸손이 우리 삶의 일부가 될 것이다.

그리스도를 향한 열정으로 불타는 겸손한 사람은 하나님을 높이는 것이라면 대담한 모험을 두려워할 필요가 없다. 때로 이러한 모험은 그를 돋보이게 할 것이다. 돋보임이 하나님을 더욱 높이는 데 도움이 된다면 이러한 돋보임을 피할 필요가 없다. 그러나 이러한 길을 갈 때, 그는 겸손의 선을 넘고 교만해질 위험에 직면한다. 하나님은 우리가 이러한 유혹에 굴복하는 것을 보시면 우리를 겸손의 길로 돌이키시려고 '징계'를 내리실 때가 많다(히 12:4-11). 이러한 징계는 하나님이 우리가 겸손을 유지하도록 도우시는 중요한 방법이다.

열심히 공부하는 유능하고 젊은 크리스천 학생이 있었다. 그런데 무슨 이유 때문인지 마지막 시험을 잘 치지 못했다. 졸업할 때, 그는 마땅히 받아야 하는 우등상을 받지 못했다. 이 때문에 그는 많은 찬사와 칭찬을 잃었으며 많이 비참해졌다. 후에, 그는 하나님이 이런 일을 허락하신 것은 자신이 자신의 능력과 성취에 대해 지나치게 교만해졌기 때문이라는 것을 깨달았다. 모든 게 자신의 생각대로 되었다면, 그는 졸업식에서 자신의 성공을 하나님의 영광을 빼앗는 데 사용했을 것이다. 하나님은 그가 겸손해지도록 도우려고 그에게 실패를 주셨다. 하나님은 그에게는 성공이 가져다주었을 영예보다 겸손이 훨씬 더 큰 가치가 있으리라는 것을 알고 계셨다.

하나님은 우리의 마음에서 일어나고 있을 교만을 꺾으시려고 실패와 그 밖의 겸손하게 하는 경험들을 주실 때가 많다. 우리는 이러한 경험에 감사할 수 있다. 또는 화를 내거나 비통해 함으로써 하나님이 이러한 '징계'를 통해 얻기를 원하시는 선한 목적을 방해할 수도 있다. 하나님께 복종할 때, 우리는 그분이 우리를 훈련시키게 해야 한다. 히브리서 12장 11절은 이렇게 말한다.

"무릇 징계가 당시에는 즐거워 보이지 않고 슬퍼 보이나 후에 그로 말미암아 연단한 자에게는 의의 평강한 열매를 맺나니."

87 우리는 타인에게 어떻게 보이는가?

+ 루이스 스머즈
Lewis Smedes

인격이란 우리가 어떻게 보이느냐와 비교해서 우리가 정말 어떤 사람이냐를 말한다. 사람은 마음으로는 인색해도 겉으로는 후해 보일 수 있다.

인격과 경건은 다르다. 내가 경건이라고 할 때 의미하는 것은 하나님과의 개인적인 관계이다. 반면에, 내가 인격이라고 할 때 의미하는 것은 한 사람의 품성이다. 그렇다고 하더라도, 이 둘은 떼어놓을 수 없는 게 분명하다. 하나님은 인격에 관심이 꽤 많으시며, 경건한 사람이 좋은 도덕적 인격을 갖고 있지 못하다면 뭔가 잘못된 것이다. 이와 비슷하게, 인격을 갖는 것과 선한 일을 하는 것은 관계가 있다. 사실, 이 둘은 너무나 밀접한 관련이 있기 때문에 내가 보기에 이런 말은 넌센스이다.

"그 사람은 착한 일은 전혀 하지 않지만 마음은 착한 사람이야!"

우리는 기념비에 이름을 올리기 위해 박애주의자처럼 행동할 수 있다. 우리는 선행으로 구원 받기 위해 선을 행할 수 있다. 따라서 선을 행하는 게 선한 사람이라는 확실한 증거는 아니다. 우리는 또한 선한 인격을 갖고도 때로는 나쁜 일을 할 수 있다. 그러므로 선한 인격이 완벽한 인격은 아니다.

선한 인격자는 정기적으로 선한 일을 하는 사람이다. 왜냐하면 그의 속에는 선한 일을 하려는 경향이 있기 때문이다. 그는 단순히 이따금 운이 좋아서 선한 일을 하는 게 아니다. 그는 선한 일을 할 준비가 되어 있다. 그는 다양한 상황에서 선을 행한다. 예수님이 말씀하셨듯이 "그의 열매로 그들을 알리라"(마 7:20 ; 12:33-37).

선한 도덕적 인격이 무엇인가를 생각할 때 '덕'(德)이라는 단어가 떠오른다. 고대 헬라인들은 이 단어를 '탁월함'(excellence)이라는 의미로 사용했다. 나는 덕에 대한 고전적인 정의를 우리가 말하는 인격의 한 부분으로 생각하고 싶다.

그리스도인의 주요 덕목

첫 번째 덕목은 분별력(discernment)이다. 우리는 어떤 상황에서 실제로 어떤 일이 벌어지고 있으며, 사람들이 어떻게 느끼고 있으며, 무엇이 중요한지를 분별할 줄 알아야 한다. 그렇지 못하면 항상 잘못된 결정을 내릴 것이다. 어느 시대든 간에 최대의 도덕적 논쟁은 도덕적 이론의 차이가 아니라 분별력의 차이라는 것이 나의 지론이다. 분별력이라는 덕목은 바울의 권면의 본질이다.

"너희는 이 세대를 본받지 말고 오직 마음을 새롭게 함으로 변화를 받아 하나님의 선하시고 기뻐하시고 온전하신 뜻이 무엇인지 분별하도록 하라"(롬 12:2).

두 번째 덕목은 용기(courage)이다. 용기란 분위기가 거칠고 상황이 힘들어질 때 잘해낼 수 있는 힘이다. 용기란 유혹이 오고 고통이 찾아올 때 잘해내는 인격을 갖는 것이다. 아기가 우유를 먹으면서 깔깔거리고 좋아할 때는 어머니가 되는 게 쉽다. 그러나 아이가 치료할 수 없는 심한 장애로 고통당할 때 어머니가 되기 위해서는 용기가 필요하다. 용기란 당신의 생명, 당신의 안전, 당신의 미래가, 당신이 귀하게 여기는 것들이 위협당할 때 잘해내는 힘이다. 구약성경은 '용기'라는 주제를 다양하게 다루는 하나의 교향곡이다.

세 번째 덕목은 절제(temperance)이다. 절제란 자신의 삶을 관리하는 것을 의미한다. 자신 속에서 일어나고 있는 모든 것을 관리하고 제어하며 조율할 수 있는 것을 의미한다. 물론 자신의 삶을 제어한다는 말은 그리스도인이 그리스도의 주되심을 무시하고 자기 마음대로 한다는 뜻이 아니다. 절제하는 사람은 하나님께 통제권을 맡기며, 그 대신에 진정한 책임을 하나님이 주시는 도전으로 받아들인다. 절제하는 사람은 환경이나 물질이나 다른 사람들이 자신을 제어하게 하지 않는다. 성경의 다른 은사들의 경우처럼, 우리가 절제를 잃지 않기 위해서는 절제를 실천해야 한다.

네 번째 덕목은 정의(justice)이다. 정의로운 사람은 언제나 공정하기로 결심하여 사람을 차별하지 않는다. 선지자들은 이스라엘에 대한 하나님의 주장을 말하면서 정의를 요구했다.

"사람아 주께서 선한 것이 무엇임을 네게 보이셨나니 여호와께서 네게 구하시는 것이 오직 공의를 행하며 인자를 사랑하며 겸손히 네 하나님과 함께 행하는 것이 아니냐"(미 6:8).

이 외에도 하나님이 우리 안에서 기르기를 원하시는 성품들이 많이 있다. 두 개만 간단하게 짚고 넘어가겠다. 정직과 약속을 하고 그 약속을 지키려는 의지이다. 나는 이것들을 성령의 버터빵이라고 부른다. 왜냐하면 이것들은 성령의 열매보다 덜 매력적이기 때문이다. 마지막에, 하나님은 당신이 얼마나 행복했느냐고 묻는 대신에, 당신이 어떤 종류의 사람이었느냐고 물으실 것이다.

88 거부당할까 두려워하는 마음을 극복하는 방법은?

+ 베키 티라배시
Becky Tirabassi

당신은 비그리스도인 친구들의 감정을 상하게 할지도 모를 명확한 태도를 취하기를 두려워하는가? 구체적인 두려움을 규명하는 한 가지 좋은 방법은 몇몇 두려움을 기록하고 그것들이 실제로 존재하는 것인지 아니면 개연성 있는 것인지를 결정하는 것이다. 종이의 한쪽에는 두려움들을 기록하고 다른 쪽에는 당신이 취할 수 있는 가능한 자세들을 자세히 기록하라. 더 나아가, 당신이 어떤 문제에 대해 명확한 태도를 취할 때와 침묵할 때 나올 수 있는 가능한 반응을 평가해볼 수 있을 것이다.

이렇게 하면 당신의 두려움을 정확히 파악할 수 있을 것이다. 당신은 어떤 친구들과 당신 사이에 형성된 긴밀한 관계를 잃을까봐 두려워하고 있을 수 있다. 당신의 친구 '집단'은 당신에게 당신의 정체성이나 이미지나 평판을 주었을 것이다. 당신은 항상 당신 곁에 있을 것이며 당신을 안 지 오래된 사람이 주는 안전을 잃을까봐 두려워하고 있을 수 있다. 당신은 자신의 기독교 원리들을 대화 중에 옮기면 상대방에게 거부당할까봐 두려워하고 있을 수 있다.

본질적으로, 모든 그리스도인들은 자신이 믿는 바를 변호해야 할 때 이러한 순간을 만나게 된다. 오랫동안, 나는 많은 사람들이 자신의 믿음을 전하기를 두려워하면서 힘들어하는 것을 보았다. 이러한 두려움을 극복하기 위해서는 자신의 성격과 자신이 일반적으로 사람들과 어떤 식으로 관계를 갖는지 자세히 살펴보는 게 아주 중요하다. 당신은 일반적으로 부끄러워하고 조용한 성격인가, 아니면 고집이 세고 논쟁을 좋아하는 성격인가?

당신이 어떤 그리스도인이든 간에 가장 가까운 친구들이 비그리스도인이라면, 당신은 이들과는 다른 자신의 가치관과 도덕에 대해 정기적으로 명확한 태도를 취해야 한다는 것을 알게 될 것이다. 이것은 당신이 이들과의 관계를 지속할 수 없다는 뜻이 아니라 그리스도 안에서 성장하게 되면 그리스도인 친구들을 가장 가까운 동료이자 막역한 친구로 삼으려 해야 한다는 뜻이다. 다른 그리스도인들의 영향이 없이 견고한 그리스도인의 삶을 지속하기란 지극히 어렵다. 아마도 이때는 당신의 생활방식과 친구들을 평가하는 시간이 될 것이다. 당신의 신념을 확인시켜주는 게 당신의 친구들인가, 아니면 하나님의 말씀과 당신 속에 계신 그분의 성령이신가(시 118:6,8)?

자신의 믿음을 변호할 능력이 없다면

당신이 비그리스도인 친구에게 무엇을 어떻게 말해야 할지 모르고 있다면 성경공부를 시작하라. 몇몇 그리스도인들이(목사님, 부모님, 성경공부 인도자, 나이든 그리스도인을 포함해서) 하나님의 말씀에 근거하여 당신의 믿음에 확신을 주는 워크북과 스터디가이드로 당신을 인도할 수 있다. 당신이 어떤 것의 진리를 확신하지 못한다면 그것을 변호하기란 힘든 일이다. 기본적으로, 자신이 믿고 있는 게 무엇인지 알아야 한다.

이러한 두려움을 극복하는 또 다른 방법은 다른 사람들이 구체적인 상황에서 사용했던 반응의 유형들에 대한 조언을 구하는 것이다. 예를 들면, 당신이 이미 비그리스도인 친구와 대면했다면 다른 사람과 함께 그 상황을 놓고 역할극을 해보면서 해야 할 말에 관해 도움을 얻어라. 당신은 이러한 연습을 통해 자신의 믿음을 변호하고 사랑으로 진리를 말하며(엡 4:15) 흔들리지 않지만 위압적이지 않는 태도를 경험할 수 있을 것이다. 자신이 비그리스도인 친구의 입장이 되어보라. 당신이 비그리스도인으로서 가졌던 느낌과 의심을 자신에게 상기시켜라. 당신의 생각과 믿음을 강압적이지 않는 태도로 나누어라. 적절한 때에 유머를 사용하며 당신과 상대방 모두를 편안하게 해줄 말을 함으로써 긴장이 고조되는 것을 막아라. 논쟁을 통해 변호하려 하지 말고, 경청하는 사람이 되어야 한다는 것을 기억하라. 절대로 잊지 말라. 당신의 행동이 당신의 말보다 더 크게 울린다. '말의 실천' 은 당신의 태도가 확고하다는 증거가 될 것이다.

당신의 확신과 믿음이 자라감에 따라 성경을 규칙적으로 읽고 그리스도인으로서 당신을 향한 하나님의 바람을 자신에게 새롭게 상기시켜라. 더 나아가, 충실하고 성숙한 그리스도인 친구들을 곁에 둠으로써 이들이 가장 가까운 동료로서 당신에게 영향을 미치게 하라. 그러면 머지않아 당신의 믿음이 견고해지고 당신의 두려움이 사라질 것이다. 당신은 비그리스도인 친구들이 당신을 따르는 것을 보게 될 것이다.

마지막으로, 하나님과 나누는 대화의 기도를 당신의 두려움을 해소하고 당신의 가장 깊은 근심과 필요를 표현하며 그분의 도움과 인도를 구하는 지속적인 자원으로 활용하라.

"너희 마음에 그리스도를 주로 삼아 거룩하게 하고 너희 속에 있는 소망에 관한 이유를 묻는 자에게는 대답할 것을 항상 예비하되 온유와 두려움으로 하고 선한 양심을 가지라 이는 그리스도 안에 있는 너희의 선행을 욕하는 자들로 그 비방하는 일에 부끄러움을 당하게 하려 함이라"(벧전 3:15,16).

89 도덕성의 혼란이 밀려올 때 어떻게 해야 하는가?

✝ 데이브 비어맨
Dave Veerman

내가 어릴 때 다녔던 교회는 세속성을 강조했다. 다시 말해, 세상을 피하라고 말했다. 사람들은 우리 청소년들에게 "그들에게서 빠져나와 그들을 멀리하라" 고 촉구했다(고후 6:17). '멀리한다'는 말은 '하지 말라'고 목록에 규정된 것들을 피한다는 뜻으로 정의되었다. 1950년대, 이러한 목록에는 음주, 흡연, 춤, 영화, 카드 등이 포함되었다. 그러므로 '선한' 십대들은 이러한 도덕 기준을 따라야 했다. 지난 몇십 년 사이에 목록은 바뀌었으나 상황은 거의 그대로이다.

이것은 20세기에 처음 나타난 현상이 아니다. 예수님이 바리새인들에게 시비를 당하시고(마 12:9-14) 바울이 유대주의자들에게 억압을 받을 때부터(행

15:1-5), 교회사는 도덕적 갈등과 다른 사람들이 자신들의 특별한 행동 기준을 따르기를 기대하는 사람들로 넘쳐난다.

물론, 이러한 모든 노력이 다 부정적인 것은 아니다. 도덕은 중요하며 그리스도인들은 높은 성경적 기준을 가져야 한다. 사실, 바울은 고린도의 그리스도인에게 그들의 도덕의식이 부끄러운 수준에까지 떨어졌다고 말했다(고전 5:6-8).

그렇다면 우리는 어디에 선을 그어야 하는가? 우리는 어느 정도까지 다른 교인들이 제시하는 도덕 기준에 따라 살아야 하는가?

이 질문에 대답하면서, 우리는 무엇보다 먼저 이것이 '내부적' 갈등이라는 것을 이해해야 한다. 바꾸어 말하자면, 이것은 신자들과 불신자들 사이의 논의가 아니다. 우리가 우리의 비기독교 문화와 어떤 관계를 갖느냐는 또 다른 문제이다. 우리가 여기서 논의하려는 것은 그리스도인들 사이의 의견 차이로 성경 원리의 적용, 성경의 '애매한' 부분, 구체적인 구절의 해석에 관한 것이다.

그리스도인의 도덕 원칙

첫째, 모든 사람은 자신의 행동에 책임이 있다(롬 14:12). 당신의 잘못에 대해 다른 누구도 비난할 수 없을 뿐 아니라 다른 사람들의 믿음에 의존하며 살아서도 안 된다. 당신은 하나님의 말씀과 다른 사람들의 조언과 성령의 인도하심을 기초로 도덕에 관해 스스로 결정해야 한다.

둘째, 그리스도인들은 서로를 사랑해야 한다(요 13:35). 당신과 다른 신자 간의 의견이 아무리 다르더라도, 당신은 그를 사랑으로 대해야 한다.

셋째, 그리스도인들은 서로에게서 배워야 한다(롬 12:3-5,10). 각각의 신자는 교회를 세우는 데 도움이 되는 특별한 영적 은사를 갖고 있다. 다시 말해, 그리스도인에게는 서로가 필요하다. 그리스도 안에 있는 한 형제나 자매가 성경적 통찰력을 보여준다면 그의 말에 마음을 열고 그 말을 성경에 비추어 평가해보라.

넷째, "더 강한" 그리스도인에게는 "더 약한" 그리스도인에 대한 책임이 있다(고전 8:9). 그 자체로는 잘못된 게 아니지만, 다시 말해, 성경이 금하지 않으면 당신으로서는 죄책감을 느끼지 않지만 그 부분에 매우 민감한 사람에게는 큰 문제를 일으킬 수 있는 행동이 있다. 당신이 이런 사람을 알고 있다면 그 사람 주변에서는 행동을 조심해야 한다. 바꾸어 말하자면, 당신의 자유를 과시하지 말라(고전 6:12).

다섯째, 지교회는 겸손과 하나됨의 본을 보여야 한다(엡 4:1-6). 교만은 그 무엇보다도 많은 교회를 분열시킨다. 교회 안에서 갈등이 일어날 때, 당신은 하나됨을 지키려하면서 겸손하고도 조심스럽게 접근해야 한다.

여섯째, 대면해야 할 때가 있다(고전 5:11). 상황이 극단적일 때(예를 들면, 극악한 죄나 지속적인 죄가 있을 때), 그리스도인들은 자신의 죄에 대해 대면을 받아야 한다. 그러나 이것 또한 사랑으로 이루어져야 한다.

누군가의 도덕 기준에 대해 그 사람을 대면해야 한다는 중압감을 느낀다면 그의 관점을 주의 깊게 분석하고, 열린 마음으로 귀를 기울여라. 그가 하는 말과 성경을 비교해보고, 성숙한 다른 그리스도인들과 의논해보라. 그러나 해결이 불가능하다면, 다른 교회를 찾아봐야 할 것이다. 그러나 이런 상황이 되면, 겸손과 사랑으로 신속하게 떠나라.

90 가치관이 서로 충돌할 때 어떻게 해야 하는가?

+ 캐시 칼라한 - 하웰

Kathy Callahan-Howell

그리스도인으로서, 우리는 죄와 부도덕으로부터 자신을 지키기 위해 분투한다. 때로, 특히 새로운 회심자들에게, 이것은 우리가 죄를 짓도록 우리에게 영향을 미치는 친구들을 멀리한다는 것을 의미한다. 그러나 우리는 불신자들의 부도덕성에도 불구하고 그들의 친구가 되어주지 않는다면 결코 세상에 영향을 미치지 못할 것이다. 바울은 고린도 교인들에게 편지하면서 이 문제를 다루었다.

"내가 너희에게 쓴 것에 음행하는 자들을 사귀지 말라 하였거니와 이 말은 이 세상의 음행하는 자들이나 탐하는 자들과 토색하는 자들이나 우상 숭배하는 자들을 도무지 사귀지 말라 하는 것이 아니니 만일 그리하려면 세상 밖으로 나가야 할 것이라 이제 내가 너희에게 쓴 것은 만일 어떤 형제라 일컫는 자가 음행하거나 탐람하거나 우상 숭배를 하거나 후욕하거나 술 취하거나 토색하거든 사귀지도 말고 그런 자와는 함께 먹지도 말라 함이라 외인들을 판단하는데 내게 무슨 상관이 있으리요마는 교중 사람들이야 너희가 판단치 아니하랴 외인들은 하나님이 판단하시려니와 이 악한 사람은 너희 중에서 내어쫓으라"(고전 5:9-13).

바울은 교회 안의 부도덕한 사람들에 대한 우리의 행동과 교회 밖의 그러한 사람들에 대한 우리의 행동을 분명하게 구분했다. 우리는 교회 밖의 사람들과 사귀지 않으면 안 된다. 그리스도께서는 우리에게 죄인들을 판단하는 게 아니라 사랑하라고 명하셨다.

교회 밖에서

나의 부모님이 이혼하고 여러 해가 지난 후, 한 여자가 아버지 집에 들어와 함께 살았다. 나는 아버지와 가깝던 관계를 그대로 유지했으며 아버지의 새로운 동거인에게 친구가 되어주기 시작했다. 나의 어머니는 "아버지 집에 가는 것 자체가 두 사람의 관계를 인정하는 게 아니냐?"며 불평했다. 그러나 나는 내가 아버지의 죄를 용납하지 않는다는 것을 아버지가 매우 잘 알고 있다고 설명했다. 그러나 아버지를 사랑하기를 그친다면 내가 그에게 좋은 영향을 미칠 거라고 기대할 수 없었다. 관계를 끊어버린다면, 나는 그리스도의 사랑을 보여줄 기회를 갖지 못할 것이다.

당신이 그리스도를 믿기 전에 어떤 상태였는지 생각해보라. 아마도 당신은 엄청나게 부도덕한 짓을 한 적은 없을 것이다. 그러나 당신에게 허물이 있다고 해서 그 어떤 그리스도인도 당신에게 관심을 보이지 않았다면 어떻게 됐겠는가? 당신이 어떻게 그리스도에 관해 들을 수 있었겠는가?

우리는 그리스도가 없는 사람들이 성경적 도덕에 따라 살 것이라고 기대할 수 없다. 많은 사람들이 노력하는 것 같다. 그러나 성령이 없으면 성경의 원리를 따르기 어렵다는 게 증명된다. 우리의 관심은 믿지 않는 친구들이 그리스도를 발견하는 것이어야 한다. 도덕은 그 다음 문제이다. 한 사람이 동성애나 마약이나 음주 습관이나 그 밖의 부분에서 과감한 변화를 이루기 위해서는 그리스도의 구속의 행위가 필요할 때가 많다. 회심 이전에 변화가 일어날 것이라고 기대하지 말라.

바울은 고린도 교인들에게 세상의 부도덕한 사람들과 계속 교제하라고 말했다. 예수님은 세리와 창기처럼 당시에 평판이 좋지 않았던 사람들과 어울리시면서 여기에 대한 본을 보여주셨다. 우리는 아직 그리스도를 알지 못하는 주변 사람들의 친구가 되어야 한다. 당신이 함께 일하고, 곁에 살며, 교제하는 많은 사람들이 당신이 그리스도인으로 강력하게 반대하는 활동에 참여하고 있을 수 있다. 당신은 음주나 도박이나 속이는 행위를 거부하기 때문에 이러한 이들의 모습이 당신의 교제 범위를 축소시킬 수 있다. 분명한 것은 관계를 위해 당신의 가치관을 타협해서는 안 된다는 것이다.

당신의 관계를 이러한 긍정적인 경험들 위에 세워라. 이러한 순간에 당신은 자신의 신념을 논의할 기회를 찾을 수 있을 것이다. 이슈가 생기지 않는다면, 친구를 정죄하지 않으면서 당신의 견해를 표현하라. 당신이 성경에 따라 옳다고 믿는 게 무엇인지 간단하게 말하라. 당신이 아니라 성경이 권위를 갖게 하라.

무엇보다도, 그리스도를 믿는 당신의 믿음을 나눌 기회를 위해 기도하라. 기억하라. 그리스도를 나누는 게 가치관을 나누는 것보다 당신의 친구에게 더 큰 유익이 된다. 그리스도를 전하면 가치관도 따라올 것이다. 스스로에게 물어보라. 내가 관계를 발전시키고 있는 비그리스도인 친구들이 있는가? 나는 내 믿음을 나눌 기회를 잘 활용하는가? 나는 상대방이 요구할 때 나의 가치관을 나누는가?

교회 안에서

다른 한편으로, 바울은 교회 안의 사람들에 관해서는 전혀 다르게 가르쳤다. 그리스도를 믿는다고 하는 사람들은 부도덕을 삼가야 한다. 바울은 고린도 교인들에게 죄악된 행동에 관해 앞서 경고를 받은 적이 있는 형제를 내어쫓으라고 요구했다. 나중에 바울은 같은 교회에서 회개하는 형제를 다시 받아들이라고 지시했다.

그리스도인들은 고결함을 보여주어야 한다. 우리는 우리가 말하는 신앙에 따라 행동해야 한다. 교회 구성원으로서, 우리는 서로에게 책임이 있다. 한 지체가 죄 가운데 살 때, 교회는 그 사람을 대면해야(잘못을 지적하고 고치도록) 한다. 예수님은 누가복음 17장 3절에서 이것을 가르치셨다.

"너희는 스스로 조심하라 만일 네 형제가 죄를 범하거든 경계하고 회개하거든 용서하라."

대면과 용서는 모두 우리를 힘들게 한다. 우리는 다른 누군가에게 말하고, 불평하며, 수군거리기를 더 좋아한다. 예수님은 마태복음 18장 15-17절에서 우리가 처음에는 혼자서, 그런 후에는 다른 사람들과 함께 그 사람을 대면해야 한다고 설명하셨다. 우리가 동료 그리스도인들을 사랑한다면, 특히 우리가 직접적인 영향을 받는다면, 그들을 대면할 것이다.

그러므로 교회의 한 지체가 여자 친구를 불러들여 동거한다면 우리는 이러한 행동의 부도덕성을 그에게 상기시켜줄 책임이 있다. 어떤 여자가 남편을 속인다면, 우리는 그 여자에게 말해야 한다. 희망적이게도, 사랑의 말은 회개를 낳을 것이다.

슬프게도, 일단 그 사람이 회개하면 우리 앞에는 훨씬 더 어려운 용서가 기다리고 있을 때가 많다. 우리는 누군가 간음했다는 사실이나 헌금함에 손을 댔다는 사실을 잊어버리지 못하는 것 같다. 우리가 뭐라고 말하더라도, 우리의 마음에는 아직도 이들의 죄가 남아 있다. 어느 새내기 그리스도인이 동성애로 고민하고 있다는 사실을 털어놓으면 우리는 다시는 그를 신뢰하지 않는다.

기독교의 본질은 자비이다. 하나님은 용서하시며, 잊으시며, 모든 것을 새롭게 하신다. 회심 후에 범한 죄도 용서받을 수 있으며, 다른 어떤 죄보다 더 나쁜 죄란 없다. 하나님이 나의 이기심을 용서하실 수 있다면, 그분은 내 친구의 잘못역시 잊으실 수 있다. 우리는 죄를 발견할 때 반드시 대면해야 하지만 회개한 후에는 반드시 용서하고 새롭게 해야 한다.

당신이 어떻게 용서의 사역을 할 수 있을지 생각해보라. 교회 주변을 둘러보라. 동성애나 간음 때문에 또는 사람들의 외면으로 교회를 떠난 사람들이 있는가? 이러한 사람들을 당신의 삶에 포함시키고 이들이 교회가 자신들을 받아들인다는 것을 느끼도록 도울 방법들을 생각해보라.

교회 밖 사람들과 교회 안 사람들 사이에는 제3의 그룹이 있다. 그리스도를 찾고 있는 사람들이다. 이들은 영적 각성의 시작과 그리스도께 대한 공개적인 완전한 고백 사이에 있다. 이러한 과정에 있는 사람들에게는 많은 인내가 필요하다.

어떤 사람들은 즉각적인 회심을 경험한다. 어떤 사람들은 서서히 그리스도인으로 바뀐다. 곧바로 삶이 완전히 바뀌고, 모든 부도덕한 행위를 버리며, 새로운 그리스도인의 습관을 갖기 시작하는 사람들이 두 그룹 모두에 있다. 그러나 어떤 사람들은 변화와 고침의 문제를 놓고 씨름한다.

사람마다 여정의 방향이 각기 다르다. 모든 사람이 즉시 변화될 거라고 기대할 수는 없다. 우리는 인내하고, 하나님이 그 사람을 이끌어 필요한 변화를 일으키시도록 기도해야 한다.

내가 인도하는 성경공부 모임에 동거하는 커플이 있었다. 이들은 서로 떼어놓을 수 없는 사이였다. 사실, 남자는 여자가 멀리 직장을 옮기게 되자 자신의 직장을 그만두고 여자를 따라갈 정도였다. 둘 모두 결혼한 적이 있었으며 재혼할 생각은 없었다.

이들이 성경공부 모임에 계속 참석하면서 하나님은 이들의 삶을 바꾸기 시작하셨다. 나는 하나님이 이들이 결혼하도록 인도해달라고 기도했으며, 얼마 후 이들은 결혼 계획을 발표했다. 하나님께서 이들로 하여금 죄를 깨닫게 하셨다. 나는 한 마디도 하지 않았다.

우리는 그저 인내하면서 성령께서 사람들을 변화시키시게 해드려야 할 때가 많다. 그러나 때로 사람들은 다른 그리스도인들의 인도를 요구한다. 사람들이 지교회에 등록하기로 선택할 때 탁월한 기회가 생긴다. 대부분의 교회에는 일종의 가르침과 평가의 과정이 있다. 이러한 시간을 통해 목사는 이들의 삶에서 고쳐야 할 부분들에 관해 물을 수 있다.

사람들이 일정 기간이 지난 후에도 같은 죄를 계속 짓는다면, 이들은 '교회 안'의 범주에 속하며 따라서 거기에 맞게 대면되어야 할 것이다. 그러나 우리는 새신자들에게는 인내심을 가져야 한다는 것을 기억해야 한다. 하나님은 이들이 한 번에 얼마나 바뀔 수 있는지를 우리보다 더 잘 아신다. 이들이 하나님의 성령에 열려 있다면 성령께서 이들을 가르치실 것이다. 우리는 이들이 마음을 열고 순종하도록 기도해야 한다.

가치관 충돌의 무게

마지막으로, 때로 우리의 가치관이 서로 충돌할 때 우리는 가치관이란 과연 무엇인지 생각해야 한다. 성경은 부도덕에 대해 분명하게 말한다. 그러나 옷 입는 습관이나 여가를 즐기는 방법처럼, 어떤 가치관은 덜 중요하다. 어떤 사람들은 텔레비전을 멀리하는 반면에 어떤 사람들은 텔레비전에 찬사를 보낸다. 어떤 사람들은 직업상 최신 유행에 맞는 옷을 입는 반면에 어떤 사람들은 단순함을 원하기 때문에 이런 옷을 피한다.

어떤 가치관은 개인적일 뿐 성경이 분명하게 말하고 있는 게 아니다. 이러한 문제는 공개적으로 논의될 수 있지만 그로 인해 교회 안팎에서 개인들 간의 마찰을 일으켜서는 안 된다.

우리의 가치관이 다른 사람의 가치관과 충돌할 때, 충돌의 무게를 생각해봐야 한다. 문제가 정말 중요한 것이라면 상대방의 영적 상태를 기억할 필요가 있다. 우리는 다른 모든 요소에도 불구하고 상대방을 계속 사랑해야 한다. 우리가 불평하는 대신에 서로를 위해 기도한다면, 우리 가운데서라도, 해결책을 찾을 수 있을 것이다.

415

세속주의의 바다 – 오스왈드 호프만(Oswald Hoffman)

문화적 태도는 우리의 삶을 침투하며, 그것도 너무나 천천히 침투하기 때문에 맞서 싸우는 게 쉽지 않다. 사도 시대 사람들은 자신들이 살고 있는 이교문화의 공격을 받았다. 비록 다른 형태로 다가온다고 하더라도, 오늘 우리에게도 동일한 이교사상이 있다. 세속주의는 우리를 둘러싸고 있는 바다이다.

교회조차 세속주의의 영향을 받는다. 예를 들면, 우리는 크기에 대한 세속적인 가치관을 받아들였다. 우리는 한 해 동안 늘어난 교인의 수로 우리의 성공과 실패를 판단한다. 그러나 측량할 수는 없지만 사람들의 삶에서 일어난 일들이 있을 것이다. 아마도 이들의 영적인 삶이 깊어졌을 것이다. 이러한 종류의 성장은 측정이 불가능하기 때문에 간과되는 경향이 있다. 이것은 우리의 지위에 보탬이 되지 않는다. 우리는 세상이 보기에 성공하기를 절실히 원한다.

91 상반된 가치관에 직면할 때 우리의 대응은?

+ 루이스 스머즈

Lewis Smedes

그리스도인들의 가치관과 비그리스도인들의 가치관이 반드시 대립할 필요는 없다. 예를 들면, 비그리스도인들과 그리스도인들은 핵전쟁이 부도덕하다는 데 동의할 수 있다. 인종차별이나 환경오염이 부도덕하다는 데 동의할 수 있다. 이들 모두 낙태나 정직한 비즈니스와 개인적인 문제와 같은 구체적인 문제나 그 밖의 많은 도덕적인 문제에 대해 동의할 수도 있고 반대할 수도 있다. 우리가 하나님께 감사해야 할 공통된 기반이 많다. 그리스도인이 아닌 사람들에게도 양심이 있으며, 바울이 로마서 2장 14,15절에서 말하듯이 하나님이 요구하시는 것에 대해 어느 정도 의식이 있다.

"율법 없는 이방인이 본성으로 율법의 일을 행할 때는 이 사람은 율법이 없어도 자기가 자기에게 율법이 되나니 이런 이들은 그 양심이 증거가 되어 그 생각들이 서로 혹은 송사하며 혹은 변명하여 그 마음에 새긴 율법의 행위를 나타내느니라."

그러나 '세상적인'(worldly)이라는 단어는 "너희는 이 세대(world)를 본받지 말고"라는 명령에서처럼(롬 12:2) 기독교에 대한 반대를 암시한다. 요한은 이것을 훨씬 더 강하게 표현했다.

"이 세상이나 세상에 있는 것들을 사랑치 말라 누구든지 세상을 사랑하면 아버지의 사랑이 그 속에 있지 아니하니"(요일 2:15).

세상은 기독교에 매우 적대적이다. 그러나 우리는 단순히 '기독교적인' 이란 말을 일반적인 의미의 '세상적인' 이란 말과 대조시키는 게 아니라 특정한 장소와 문화의 '세속성'(worldliness)과 대조시켜야 한다. 왜냐하면 세상의 가치관은 바뀌기 때문이다. 예를 들면, 경제의 세속성은 개인주의를 우상화하는 때가 있다. 그런가 하면 다른 시대, 다른 곳에서, 세속성은 전체주의를 우상화한다.

오늘날의 가장 심한 마찰 가운데 하나는 개인의 행복의 궁극적 가치와 헌신의 가치 사이에서 일어나는 마찰이다. 세상은 내 자신을, 다시 말해, 즐거움과 행복과 평안과 사랑에 대한 나의 필요를 충족시키고 극대화할 최고의 권리가 내게 있다고 말한다. 기독교의 가치관은 행복에 대한 나의 권리보다 중요한 것은 사람들에게, 나의 공동체에, 나의 교회에 헌신해야 하는 나의 의무라고 말한다. 가장 근본적인 도덕적 대립은 개인의 권리에 대한 절대화와 하나님이 주신 헌신의 책임간의 대립이다.

내가 언제 성경을 따르고 있고 언제 세상이 강조하는 바를 따르고 있는지 어떻게 알 수 있는가? 한 가지 방법은 성경을 계속 읽는 것이다. 그러나 성경이 우리에게 직접적으로 말하지 않는 삶의 문제들이 있다. 윤리학이 우리에게 중요한 지침을 줄 수 있는 문제들이 있다. 성경은 남아프리카의 크루거랜드(Krugerrand, 순도 22K의 금화)를 사야 하는지, 에이즈에 걸린 아이가 당신의 자녀가 다니는 학교에 오는 것을 막는 게 정당하거나 옳거나 선한지 말해주지 않는다.

윤리학은 당신이 마음을 정하고 어떤 종류의 결정이 성경에 가장 일치하는지를 알아보는 데 도움이 될 수 있다. 그렇다고 해서 성경을 따르는 것과 윤리를 따르는 것을 이분법적으로 나눌 생각은 없다. 그러나 한 손에 성경을 들고 다른 한 손에는 훌륭한 윤리 교과서를 드는 게 유익할 때가 있다.

오늘날 우리 사회에서 일어나는 갈등과 모호한 문제들에 대해 윤리학적 토론을 할 때, 우리는 하나님이 정말로 원하시는 것에 토대를 두기 위해 성경을 읽을 필요가 있다. 우리는 또한 구체적인 상황에서 하나님의 뜻을 분별할 수 있도록 무엇이 문제인지 알기 위해 윤리학을 참고할 필요가 있다. 모든 윤리학자들이 세상적인 것은 아니며 하나님은 이들의 지혜를 통해 그분의 뜻을 전하실 수 있다.

궁극적인 해답은 성경을 계속 읽고, 성경을 연구하는 사람들에게 계속 질문을 하는 것이다. 기꺼이 배우려는 자세를 취하라.

신앙의 위기를 극복한 과학자

_신앙의 위기를 벗어나 더 강해진 믿음의 용사 하워드 켈리(Howard Kelly) 이야기

_제임스 헤플리 James Hefley

1930년대 외과의사 하워드 켈리 박사는 존즈 홉킨스 대학교의 외과학 교수였다. 당시 그는 미국에서 유명한 복음주의적 과학자들 중의 한 사람이었을 것이다. 종종 그는 평신도 설교자로서 설교를 했고, 활발하게 선교회들을 후원했다. 때때로 그는 자신을 신앙적으로 더욱 잘 훈련하기 위해서 선교지를 여행하기도 했다.

그러나 매우 보수적인 신앙인이었던 켈리 박사는 성경 본문을 연구하는 가운데 성경 본문들의 문학 형식, 저작 연대, 저자의 문제, 저술 목적 등을 연구하는 소위 '고등비평'을 접하면서 신앙의 위기에 처했다. 19세기 후반에 독일에서 수입된 고등비평은 우리에게 현재 주어진 성경을 그대로 받아들일 수 없다고 가르쳤다. 고등비평학자들의 주장에 따르면 성경은 순전히 인간의 책일 뿐이라는 것이었다. 성경의 예언들은 예언이 성취된 후에 기록되었으며, 성경의 기적들은 히브리 민족의 민간전승을 좀 더 재미있게 꾸미려는 저자들에 의해 첨가된 이야기일 뿐이라고 고등비평학자들은 주장했다.

이런 모든 주장들은 켈리의 신앙을 흔들어놓았다. 그가 아는 사람들 중에는 고등비평의 주장들을 믿는 사람들이 있었다. 그들 중 일부는 신앙을 완전히 버렸으며, 또 어떤 사람들은 성경이 완전히 믿을 만한 것은 아니지만 그래도 하나님의 말씀이라고 믿는 어중간한 입장을 취했다. 켈리는 성경에 대해서 그의 친

구들과 이야기를 나누기를 원했지만, 그렇게 하기에는 자신에게 부족함이 있다고 느꼈다. 그는 고고학과 고대 언어들에 밝은 전문가들의 주장에 어떻게 대답해야 좋을지 몰랐다.

그리하여 그는 성경 자체를 직접 상대하기로 결심했다. 그는 성경이 스스로에 대해 무엇이라고 말하는지를 알아내기를 원했다.

연구를 거듭함에 따라 그는, 창세기부터 요한계시록까지 성경은 스스로 인간에게 주어진 하나님의 계시라고 주장한다는 것을 발견하게 되었다. 그런 다음 그는 과학 서적들을 의학 교과서로 받아들이듯이 성경을 기독교 신앙의 교과서로 받아들였다. 결국 그는 "사람이 하나님의 뜻을 행하려 하면 이 교훈이 하나님께로서 왔는지 내가 스스로 말함인지 알리라"(요 7:17)는 성경 말씀에 순종했다. 그리하여 그는 "우리는 성경이 어떤 인간의 책과는 다른 하나님의 영감(靈感)된 말씀이라는 것을 믿음으로 받아들여야 한다"고 결론지었다.

그 후 켈리 박사는 성경을 충실히 믿고 따르는 사람으로 명성을 얻게 되었으며, 과학자들 사이에서 복음을 열심히 전하는 사람이 되었다. 신앙의 위기에 처했을 때 그는 자기의 믿음을 주의 깊게 살핀 후, 전보다 더 강해진 믿음의 용사가 되었다.

그런즉 한 범죄로 많은 사람이 정죄에 이른 것같이 의의 한 행동으로 말미암아 많은 사람이 의롭다 하심을 받아 생명에 이르렀느니라(롬 5:18).

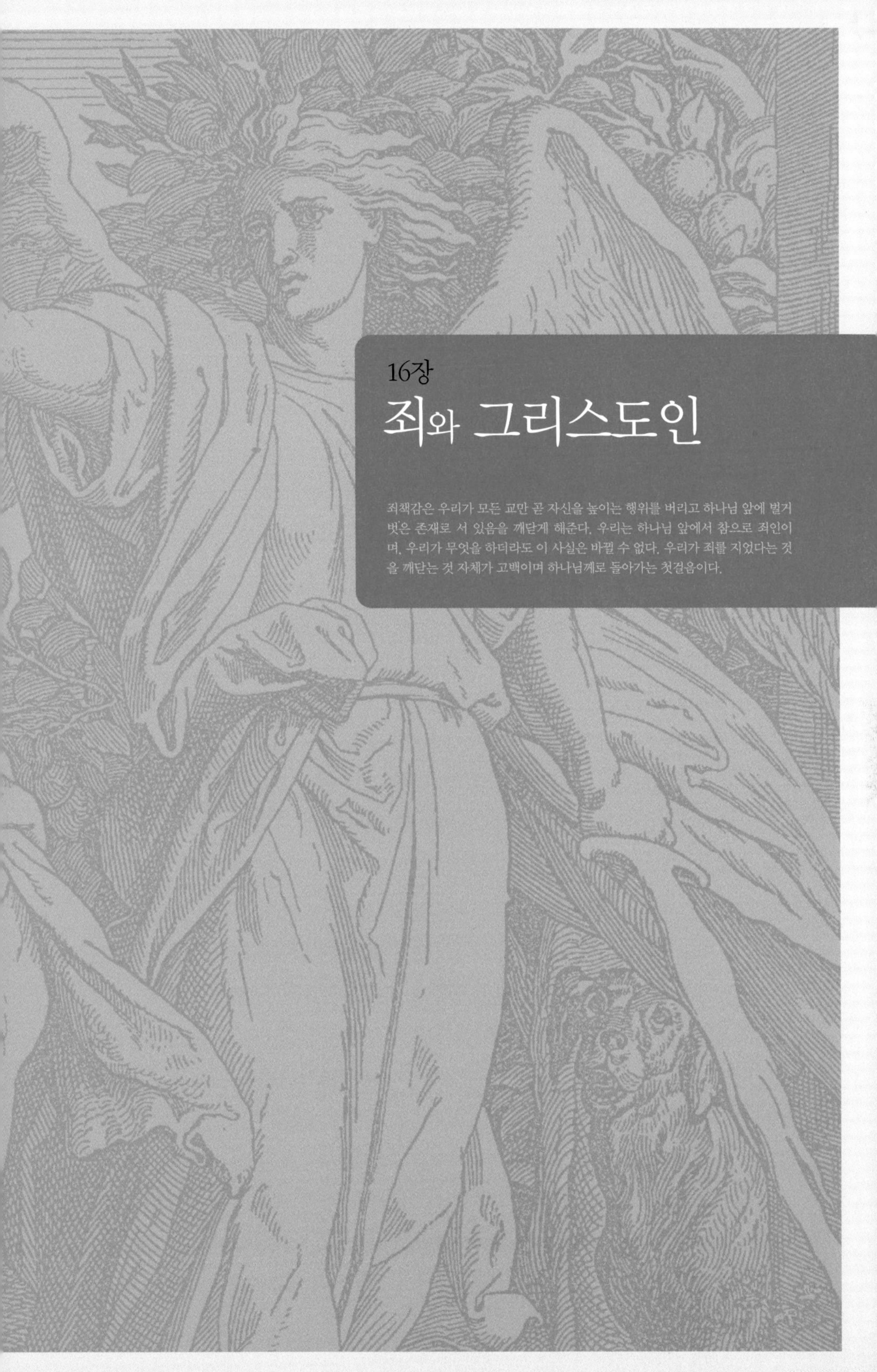

죄와 그리스도인

죄책감은 우리가 모든 교만 곧 자신을 높이는 행위를 버리고 하나님 앞에 벌거 벗은 존재로 서 있음을 깨닫게 해준다. 우리는 하나님 앞에서 참으로 죄인이 며, 우리가 무엇을 하더라도 이 사실은 바뀔 수 없다. 우리가 죄를 지었다는 것 을 깨닫는 것 자체가 고백이며 하나님께로 돌아가는 첫걸음이다.

92 '죄'란 무엇인가?

✝ 데이빗 매케나
David McKenna

하나님은 인간에게 큰 잠재력을 주셨다. 태초의 에덴동산에서부터, 하나님은 그분의 피조물에 대한 계획을 갖고 계셨다. 인간은 하나님과 친밀한 관계를 가지며 다른 인간들을 사랑할 기회를 갖게 되어 있었다. 그러나 이러한 완벽한 그림에 추한 요소가 하나 들어왔다. 죄였다.

죄란 과녁을 벗어가는 것을 의미하며, 따라서 우리의 삶을 향한 하나님의 계획하심을 벗어나는 것이다. 우리가 죄를 지을 때, 우리의 삶, 곧 우리의 모든 결정과 행동은 하나님이 우리에게 원하시는 과녁을 벗어난다. 죄는 우리와 하나님을 단절시키며 우리가 그분의 뜻을 행할 수 없게 한다.

하나님과의 단절은 사탄이 하와를 유혹할 때 시작되었다. 그는 "하나님이 참으로 너희더러 동산 모든 나무의 실과를 먹지 말라 하시더냐"(창 3:1)라고 의문을 제기했다.

그는 하와의 생각을 교묘하게 돌렸으며, 하와로 하여금 하나님이 무엇인가를 숨기고 계실 거라고 생각하게 만들었다. 선과 악을 아는 것이 뭐가 그렇게 나쁘단 말인가? 그러나 아담과 하와는 뱀의 유혹에 넘어가 선악과를 먹음으로써, 하나님을 거역했고 자신들을 하나님과 경쟁하는 위치에 올려놓았다. 그리고 이들은 하나님과 단절되었고, 이러한 단절은 하나님이 그분께로 돌아오는 방법을 이들에게 주실 때까지 계속되었다.

에덴동산의 이러한 운명의 날 이후로, 우리 모두는 죄악된 본성을 갖고 태어났다. 우리는 본성적으로 자신을 높이고 하나님과 경쟁하며 자신이 원하는 것을 아무런 제약 없이 하고 싶어한다. 우리는 모두 죄인이며 하나님과 단절되었다.

오늘날의 세계는 죄책감을 경시한다. 물론 어떤 죄책감은 건전하지 못하다. 우리는 자신이 제어할 수 없는 것들에 대해서는 죄책감을 가져서는 안 된다. 뿐만 아니라 용서받은 죄에 대해서도 계속해서 죄책감을 갖는 일이 없어야 한다. 그러나 죄책감은 건전할 때가 많은데, 그것은 우리로 하여금 우리의 죄를 의식하게 하기 때문이다. 죄책감은 우리가 모든 교만 곧 자신을 높이는 행위를 버리고 하나님 앞에 벌거벗은 존재로 서 있음을 깨닫게 해준다. 우리는 하나님 앞에서 참으로 죄인이며, 우리가 무엇을 하더라도 이 사실은 바뀔 수 없다.

죄책감을 느낀다면

그렇다면 우리는 자신이 죄인이라는 것을 깨달았을 때, 죄책감을 느낄 때 어떻게 해야 하는가? 우리와 하나님의 관계를 회복하려면 어떻게 해야 하는가?

무엇보다도 먼저, 우리는 우리가 느끼는 죄책감으로 인해 기뻐해야 한다. 성경은 성령께서 우리가 우리의 죄를 깨닫게 하신다고 말한다. 우리가 죄를 지었다는 것을 깨닫는 것 자체가 고백이며 하나님께로 돌아가는 첫걸음이다.

그 다음으로, 우리는 하나님의 약속을 바라보아야 한다.

"만일 우리가 우리 죄를 자백하면 저는 미쁘시고 의로우사 우리 죄를 사하시며 모든 불의에서 우리를 깨끗게 하실 것이요"(요일 1:9).

이 구절은 우리가 범죄했을 때 어떻게 해야 하는지 말해준다. 우리는 자신이 범죄했으며 용서가 필요하다는 것을 고백해야 한다.

우리가 고백하고 나면, 하나님은 용서를 약속하신다. 그분은 우리의 죄를 단번에 영원히 해결하신다. 그분은 우리와 그분의 관계를 회복시키신다. 이것은 우리가 다시는 결코 죄를 짓지 않으리라는 말이 아니라 우리가 우리의 삶 속에서 성령의 역사를 의지하면서 이렇게 기도한다는 뜻이다.

"하나님, 눈 깜짝할 사이에 제 양심을 깨우소서! 죄가 가까이 올 때 제 영혼을 깨우시고 늘 깨어 있게 하소서."

오늘날 그리스도인들 사이에서 용서를 다시 강조할 필요가 있다. 그동안 죄의 심각성을 이해하지 못하는 사람들이 용서를 평가절하했다. 용서의 중심에는 언제나 그리스도의 십자가가 있다. 그리스도께서 십자가에 달리지 않으셨다면 용서는 불가능할 것이다. 눈물이 없는 용서란 없고, 지불해야 할 대가가 없는 용서란 없으며, 그리스도의 희생이 없는 용서란 없다.

그리스도의 희생 때문에, 우리는 죄에게 지지 않아도 된다. 죄는 성장의 기회일 수 있다. 예를 들어, 베드로를 보라. 그는 분명히 죄를 지었다. 그러나 훨씬 더 중요한 것은 그가 고백하고, 용서받고, 그 후로 변화된 삶을 살았다는 사실이다. 우리가 우리의 죄로부터 기꺼이 돌이키기를 원한다면 성령께서 우리 속에 들어와 우리를 가르치실 것이다. 그분은 우리가 죄로 인해 진리를 보게 되는 보다 큰 시각을 갖도록 되게 하실 것이며, 죄가 내포하는 의미를 보는 통찰력을 우리에게 주실 것이다.

우리가 똑같은 죄의 유혹을 받는다면 성령께서는 우리의 양심을 자극하시고 우리가 동일한 죄를 반복하지 않도록 도우신다. 같은 죄를 거듭 짓는 그리스도인들은 영적 성장의 방해를 받는다. 하나님은 우리가 은혜 가운데 자라기를 원하신다.

우리는 죄에 대한 유혹을 제거할 수 없다. 이때 하나님이 우리 편이시고 예수님이 우리를 변호하시며 성령님이 우리의 선생과 안내자가 되사 우리가 우리의 연약함을 깨닫게 하신다. 그러므로 우리는 먼저 우리의 필요를 기꺼이 인정하고 그런 후에 매일 우리와 하나님의 관계를 새롭게 해야 한다. 그렇게 될 때 우리는 참으로 승리와 의의 삶을 살 수 있다.

93 시험이나 유혹을 만날 때 어떻게 대처해야 하는가?

+ 아드리안 로저스
Adrian Rogers

유혹받는다는 게 어떤 것인지는 누구나 알고 있다. 유혹은 모든 신자들이 다 경험하는 것이다. 고린도전서 10장 13절에서, 바울은 이렇게 말했다.

"사람이 감당할 시험(유혹) 밖에는 너희에게 당한 것이 없나니".

유혹받는 것은 죄가 아니다. 예수님도 유혹을 받으셨다. 히브리서 4장 15절은 이렇게 말한다.

"우리에게 있는 대제사장은 우리 연약함을 체휼하지 아니하는 자가 아니요 모든 일에 우리와 한결같이 시험을 받은 자로되 죄는 없으시니라."

누구도 유혹으로부터 자유로울 수 없기에, 유혹을 어떻게 피할 것인가를 묻는 것은 의미가 없다. 더 나은 질문이 있다. 어떻게 유혹을 이길 수 있는가?

유혹을 다루는 방법

대부분의 사람들은 유혹을 다룰 때 세 가지 방법 가운데 하나를 사용한다. 어떤 사람들은 그저 유혹에 쉽게 굴복한다. 이들은 "유혹과 싸울 이유가 어디 있어?"라는 태도를 취한다. 이들은 "나는 유혹만 빼고는 뭐든 이길 수 있어요"라고 말하는 사람과 같다. 이들은 "좋다고 느끼면 그렇게 해!"라고 말하는 가치관을 선택했다. 이들은 이러한 생각을 좀 더 세련화하면서 이렇게 말할 것이다.

"자연스러운 것은 아름답고 아름다운 것은 무엇이든 옳다."

이들은 오직 자기만족과 자기보존과 자기선전에만 신경 쓴다.

사람들이 유혹을 다루는 두 번째 방법은 자신의 힘으로 유혹을 이기려 하는 것이다. 이것은 첫 번째 방법만큼 잘못되고 쓸데없는 것이다. 어느 농부의 사과나무 밑에 앉아 있는 소년의 이야기가 생각난다. 농부가 지나가다가 소년에게 말했다.

"여기서 뭐하고 있는 거냐? 사과를 훔치려는 거구나!"

소년이 대답했다.

"아니에요. 아저씨, 훔치지 않으려고 노력하는 중이에요."

우리는 유혹에 빠지지 않으려고 노력하지만 결국은 빠져버릴 때가 너무나 많다. 왜냐하면 우리 자신의 힘으로는 유혹의 맹공을 당해낼 수 없기 때문이다.

사람들이 유혹을 다루는 세 번째 방법은 주 예수 그리스도를 통해 유혹을 이기는 것이다. 고린도전서 10장 13절에서, 바울은 우리가 받는 유혹은 누구나 다 받는 것이라고 말한 후에 이렇게 말한다.

"오직 하나님은 미쁘사 너희가 감당치 못할 시험(유혹) 당함을 허락지 아니하시고 시험 당할 즈음에 또한 피할 길을 내사 너희로 능히 감당하게 하시느니라."

맞서지 말고 피하라

유혹은 세 부분, 곧 몸(body)이나 혼(soul)이나 영(spirit) 가운데 하나를 공격한다. 몸 자체가 악하거나 죄악된 것은 아니지만 몸은 유혹의 자리가 될 수 있다. 우리는 또한 혼으로 죄를 지을 수 있다. 다시 말해, 우리의 생각이나 감정이나 태도로 죄를 지을 수 있다. 영은 우리의 삶에서 우리가 하나님을 아는 부분인데, 우리는 영으로도 죄를 지을 수 있다. 왜냐하면 하나님은 영이시므로 예배하는 자가 영과 진리로(신령과 진정으로) 예배해야 하기 때문이다(요 4:24).

우리는 이러한 세 부분에서 유혹을 받을 때 어떤 충동이나 자극을 통해 유혹을 받는다. 예를 들면, 술취함, 무자비, 폭력, 성적 부도덕과 같은 것들은 육신의 죄이다. 이것들은 몸을 통해 표현된다.

영(靈)은 세상의 유혹을 받는다. 세상은 영, 곧 우리 본성의 정서적, 의지적, 지적인 부분이 하나님의 가치 체계와는 반대되는 세상의 가치 체계를 따르게 하려 한다. 그러므로 세상적인 그리스도인들은 바울이 로마서 12장 1,2절에서 말한 대로 이 세상에 붙잡혀 있고 "이 세대(world)를 본받는" 자들이다.

사탄은 우리의 영과 전쟁을 벌인다. 사탄은 실제로 우리가 간음과 같은 짓을 하게 하는 데는 그다지 관심이 없다. 그가 실제로 원하는 것은 한 사람이 술에 취해 하수구에 빠지게 하는 게 아니라 명예롭고 즐겁고 생산적이면서도 경건하지 못한(하나님 없는) 삶을 살게 하는 것이다. 사탄이 하려는 일은 우리와 하나님을 갈라놓고, 우리의 영과 하나님의 영을 갈라놓는 것이다. 그는 주로 우리의 영적 관계를 대상으로 싸움을 벌인다.

우리가 당하는 유혹의 자리와 출처를 안다면 유혹을 극복하는 데 도움이 될 수 있을 것이다. 우리는 유혹을 당할 때 그 유혹이 어떤 것인지 분석해야 하고, 스스로에게 물어야 한다.

"내가 당하는 유혹은 어디서 온 것인가?"

성경은 우리에게 유혹을 만나면 붙잡고 맞서 싸우려 하지 말고 도망치라고 말한다. 하나님이 우리에게 제공하시는 "피할 길"은 왕의 대로이다. 피하는 게 상책이다. 디모데후서 2장 22절은 이렇게 말한다.

"또한 네가 청년의 정욕을 피하고 주를 깨끗한 마음으로 부르는 자들과 함께 의와 믿음과 사랑과 화평을 좇으라."

고린도전서 6장 18절은 "음행을 피하라"고 말한다. 우리가 특히 유혹적인 상황에 있다면 그 자리를 피하는 길뿐이다. 보디발의 아내가 요셉을 유혹하려 했을 때, 요셉은 도망쳤다. 이러한 종류의 유혹이 찾아올 때, 우리는 최고의 겁쟁이가 되어야 한다. 대학시절, 내 책상에는 이런 글귀가 붙어 있었다.

"넘어지고 싶지 않으면 미끄러운 곳에 가지 말라."

유혹하는 사람들을 피하고, 유혹하는 분위기를 피하며, 모든 종류의 육적 유혹을 피하라. 성경은 결코 우리에게 이것들과 맞서 싸우라고 말하지 않는다. 피해 도망하라고 말한다.

예수님과 깊은 사랑에 빠지라

다른 한편으로, 유혹이 우리의 영과 맞서 싸우는 세상이라면 우리는 피할 수 없다. 왜냐하면 우리는 세상 속에 있기 때문이다. 세상적인 그리스도인은 예수님을 바라보지 않는 사람이며, 예수님으로 충만하지 못한 사람이다. 이러한 종류의 유혹을 이기는 길은 다시 예수님과 깊은 사랑에 빠지는 것이다. 예수님이 있으며 아버지의 사랑이 정말로 그 안에 있는 사람은 세상이 필요 없다.

사탄은 내 믿음을 공격하고 나와 하나님의 관계를 공격할 때가 많다. 이러한 유혹과 싸우기 위해, "능히 악한 자의 모든 화전을 소멸하는" 믿음의 방패가 필요하다(엡 6:16).

"사탄아 내 뒤로 물러가라 너는 나를 넘어지게 하는 자로다 네가 하나님의 일을 생각지 아니하고 도리어 사람의 일을 생각하는도다"(마 16:23).

사탄이 내 믿음을 공격하거나 내 앞에서 주 예수님을 비난하려 하거나 내가 의심하게 만들려고 할 때, 예수님이 그렇게 하셨듯이 나는 그를 제어하는 권세를 가질 수 있다. 나는 이렇게 말할 수 있다.

"사탄아, 나는 예수님의 이름으로 너를 대적한다. 나는 너를 거부하고, 꾸짖으며, 받아들이지 않는다. 너는 내 삶에서 아무런 권리도 없고 아무런 권세도 없다. 내 몸은 성령이 거하시는 전이다. 너는 내 아버지의 소유지를 침범하고 있다. 예수님의 이름으로 명하노니 물러가라."

내가 이렇게 하면, 사탄은 내게서 도망칠 것이다. 그러므로 유혹에 굴복하지 말고, 자신의 힘으로 유혹을 이기려 하지도 말라. 예수님을 통해 이겨라. 유혹을 받을 때, 당신이 몸과 혼과 영 가운데 어느 부분에서 유혹받고 있는지 살펴라. 그런 후에 거기에 맞게 유혹에 대처하라.

94 유혹을 이겨내기 위한 방법은?

+ 루이스 팔라우

L u i s   P a l a u

유혹은 정의하거나 이해하기 어려운 미스테리이다. 우리 각자의 마음에는 나쁜 짓을 하려는 경향이 있다. 왜냐하면 우리는 타락한 족속이기 때문이다.

자주는 알면서도, 때로는 자신도 모르게, 우리는 내적인 충동에 밀려 나쁜 짓을 하는 경향이 있다. 성경은 이러한 충동의 근원을 가리켜 육(肉) 또는 옛 사람이라고 부른다. 우리의 한평생은 싸움의 연속이다. 그러나 하나님은 우리가 겪고 있는 일을 아신다. 야고보서 1장 12-15절은 이렇게 말한다.

"시험을 참는 자는 복이 있도다 이것에 옳다 인정하심을 받은 후에 주께서 자기를 사랑하는 자들에게 약속하신 생명의 면류관을 얻을 것임이니라."

이 구절은 이렇게 이어진다.

"사람이 시험을 받을 때에 내가 하나님께 시험을 받는다 하지 말지니 하나님은 악에게 시험을 받지도 아니하시고 친히 아무도 시험(유혹)하지 아니하시느니라 오직 각 사람이 시험을 받는 것은 자기 욕심에 끌려 미혹됨이니 욕심이 잉태한즉 죄를 낳고 죄가 장성한즉 사망을 낳느니라"(13-15절).

그러므로 하나님은 사람들을 유혹하지 않으신다. 유혹은 인간의 마음에서 생겨난다. 그러나 유혹은 그 자체로 죄가 아니며 오히려 우리가 죄에 대해 느끼는 매력과 끌림이다. 우리가 악에게 끌려 악에 굴복할 때, 우리가 악의 매력에 빠질 때, 유혹은 죄가 된다. 결과적으로 유혹은 우리를 시험하기 때문에 인격을 세워 줄 수 있다. 하나님이 금하시는 것을 하라는 유혹을 물리칠 때, 우리는 하나님께 이렇게 말하고 있는 것이다.

"정말 이것을 하고 싶습니다. 이것은 아주 매력적이며 저를 강하게 끌지만 하나님은 안 된다고 하셨습니다. 그래서 이것을 하지 않겠습니다. 하나님을 사랑하니까요."

하나님은 이러한 반응을 기뻐하신다. 유혹을 이길 때, 우리는 주님의 사랑으로 빛 가운데서 그 빛을 온전히 의식하며 살 수 있는 것이다.

시편 32편은 숨겨진 죄가 사람에게 어떤 영향을 미칠 수 있는지 보여준다. 다윗은 자신이 죄를 고백하기 전에 얼마나 고통스러웠는지 말한다.

"내가 토설치 아니할 때에 종일 신음하므로 내 뼈가 쇠하였도다 주의 손이 주야로 나를 누르시오니 내 진액이 화하여 여름 가물에 마름같이 되었나이다 내가 이르기를 내 허물을 여호와께 자복하리라 하고 주께 내 죄를 아뢰고 내 죄악을 숨기지 아니하였더니 곧 주께서 내 죄의 악을 사하셨나이다"(3-5절).

죄인들에게는 이러한 소망이 있기 때문에 우리도 기뻐할 수 있다.

"허물의 사함을 얻고 그 죄의 가리움을 받은 자는 복이 있도다 마음에 간사가 없고 여호와께 정죄를 당치 않은 자는 복이 있도다"(1,2절).

그리스도인이 이러한 영을 갖는 것은 가치 있는 목표이다. 죄에 관하여 자신과 하나님을 속이려는 것은 어리석은 짓이기 때문이다.

넘어가기 쉬운 유혹에 맞서

많은 신자들이 특히 세 가지 유혹에 쉽게 넘어간다. 첫째는 교만의 한 형태인 독선(자기 의)이다. 독선은 우리가 다른 사람들보다, 비록 우리가 의식하지 못하더라도, 주님보다도 우월하다고 느낀다는 것을 뜻한다. 다른 사람들을 비판하고 다른 사람들의 죄에 대해 무섭게 행동할 때 우리는 독선을 행하고 있는 것이다.

둘째, 그리스도인들이 희생적인 삶을 거부하는 경향이 있다. 그러나 예수님은 우리에게 다른 사람들을 섬기라고, 우리의 십자가를 지고 그분을 따름으로써 죽기까지 다른 사람들을 섬기라고 요구하셨다(막 10:38).

셋째, 그리스도인들은 하나님이 금하시는 도덕적 행위를 정당화하거나 변호하려는 유혹을 받는다. 너무나 많은 사람들이 "완벽한 사람은 없어요"라고 말하면서 죄를 합리화한다. 죄에 대한 분별력을 잃을 만큼 죄에 빠지는 것은 위험하다.

어떻게 그리스도인이 이런저런 유혹을 이길 수 있는가? 모든 유형의 어두움에 아주 민감할 수 있도록 하나님의 말씀의 빛 가운데 행하라. 너무 늦지 않도록 필요를 느낄 때뿐 아니라 날마다 성경을 읽어라.

작게나마 유혹에 굴복했다면, 즉시 하나님께 고백하라. 고백은 당신의 일상적인 삶의 한 부분이 되어야 한다. 당신이 성령을 근심하시게 했다는 것을 깨달았다면 그 순간 곧바로 고백하라. 하나님께 인정하라. 숨긴 채 제단에 모든 것을 쏟아놓아야 할 큰 날을 기다리지 말라. 고백이 빠를수록 다음에 유혹이 찾아올 때 더 강해질 것이다.

마지막으로, 사도 바울의 좋은 충고를 받아들여라.

"또한 네가 청년의 정욕을 피하고 주를 깨끗한 마음으로 부르는 자들과 함께 의와 믿음과 사랑과 화평을 좇으라"(딤후 2:22).

유혹을 피하는 것밖에는 유혹을 극복하는 길이 없을 때가 있다. 당신의 가치관을 굽히기 쉬운 상황이나 장소나 사람을 피하라. 알코올 중독이나 마약 중독에서 회복되기 위해서는 예전에 늘 가던 곳을 멀리하는 게 가장 현명하고 가장 용기 있는 행동일 수 있다.

우리 각자에게는 못된 성질, 더러운 말, 성적인 죄처럼 평생 씨름해야 하는 약점이 있다. 과거 세대들은 좀 더 쉽게 극복할 수 있는 다른 유혹들과 비교해서 이것들을 "끈질긴 죄"라고 불렀다.

"누구든지 진 자는 이긴 자의 종이 됨이니라"(벧후 2:19).

우리는 정복자를 선택할 수 있다. 예수님은 이것을 이렇게 표현하셨다.

"진실로 진실로 너희에게 이르노니 죄를 범하는 자마다 죄의 종이라 종은 영원히 집에 거하지 못하되 아들은 영원히 거하나니 그러므로 아들이 너희를 자유케 하면 너희가 참으로 자유하리라"(요 8:34-36).

죄의 결과 – 하워드 헨드릭스(Howard Hendricks)

'죄'라는 단어는 신약성경에서 "과녁을 빗나가다"라는 뜻으로 사용된다. 여기서 과녁은 하나님이다. 우리의 죄에는 다른 사람들이 포함될 수 있다. 그러나 우리의 진짜 죄는 하나님에 대한 것이다.

내가 죄를 지을 때, 나와 하늘 아버지 사이의 교제가 깨진다. 이때 교제가 깨지는 것과 관계가 깨지는 것은 다르다.

우리가 범죄할 때, 우리에게는 두 가지 선택뿐이다. 우리는 죄를 감추거나 죄를 고백하거나 둘 중 하나를 선택할 수 있다. 우리의 죄를 고백하기 위해서는 ABC를 따라야 한다. 첫째는 인정(admission)이다. 우리가 범죄했음을 인정해야 한다. 둘째는 마음을 찢는 것(brokenness)이다. 우리는 자신의 죄에 대해 하나님께 동의해야 한다. 셋째는 변화(change)이다. 우리는 회개하면서 자신의 죄에서 돌이켜야 한다.

"아들이 너희를 자유케 하면 너희가 참으로 자유하리라"(요 8:36).

죄로부터의 자유는 두 가지의 결과이다. 하나는 (하나님이 우리에게 원하시는 게 무엇인지 배우면서) 빛 가운데 행하는 것이며, 다른 하나는 하나님의 계명에 순종하는 것이다.

⁺ R. C. 스프롤
R . C . S p r o u l

"왜 나는 내가 원하지 않는 것들은 하면서 해야 하는 것들을 하지 않는가?"

누구나 한 번쯤 자신에게 이런 질문을 던져보았을 것이다. 사도 바울은 로마서 7,8장에서 자신의 딜레마를 표현했다. 간단히 말해, 우리가 자신이 원하지 않는 것들을 하는 이유는 우리가 실상 그것들을 하기를 더 원하기 때문이다.

우리 모두는 어느 순간이든 언제나 자신의 가장 큰 욕구에 따라 선택한다. 그러나 우리의 욕구는 변화의 수준을 결정한다. 배가 부를 때는 다이어트를 하기가 쉽다. 다이어트가 어려워지는 것은 배고플 때이다. 음식에 대한 욕구가 갑자기 증가하기 때문이다. 음식에 대한 욕구가 다이어트에 대한 욕구를 이겨버린다.

각자의 마음에서는 욕구들이 서로 충돌한다. 아직도 우리 속에는 태어날 때부터 있었던 타락한 본성의 한 부분인 악한 욕구들이 있다. 그러나 거듭난 사람들에게는 새로운 욕구, 그리스도의 것들을 지향하는 새로운 경향이 있다. 많은 면에서, 우리가 그리스도인이 되고 나면 삶이 복잡해진다. 이때 우리는 하나님을 기쁘시게 하는 것을 하려는 욕구와 우리를 유혹하는 것을 하려는 욕구 사이에서 갈등을 느낀다.

그러므로 그리스도인의 성장에 관한 모든 문제는 하나로 귀결된다. 어떻게 하면 나의 새로운 본성을 강화하고 옛 본성을 죽일 수 있는가? 이 싸움은 평생 계속되며, 이것은 우리가 선한 욕구를 먹이고 길러야 한다는 뜻이다.

다이어트 성공을 위한 모임에 참석하면서 실제로 살을 뺀 비만자들이 많다. 이들은 식습관에 대한 전혀 새로운 이해를 토대로 교육과 지도를 받는데, 이러한 이해는 자신의 목표를 달성하고 함정을 피하려는 이들의 욕구에 영향을 미칠 수 있다.

영적 성장도 마찬가지이다. 우리는 새로운 본성을 끊임없이 먹이고 키워야 한다. 이것이 성경이 우리에게 요구하는 것이다. 우리는 하나님의 것들로 마음을 채우고 성실하게 교회에 출석하며 은혜의 방편에 깊이 뿌리를 내림으로써 새로운 본성을 먹이고 키운다.

이것은 우리가 천국의 이편에서 완벽을 기대한다는 뜻이 아니다. 인간이 이 세상에서 완벽할 수 있다고 가르치는 사람들이 있다. 이것은 매우 심각한 오류이다. 자신이 완벽에 이르렀다고 믿기 위해서는 자신의 행위에 관해 스스로에게 거짓말을 하거나 하나님의 법을 하향 수정해야 한다. 그리스도인의 성품이 거듭난 날부터 영광에 들어가는 날까지 나아지는 것은 분명하다. 그러나 완벽해지는 것은 아니다.

실제로 죄를 범할 때 그 책임은 100퍼센트 인간에게 있다. 사탄은 유혹할 수는 있지만 신자에게 죄를 짓도록 강요할 수는 없다. 사탄이 그렇게 할 수 있는 방법은 그리스도인을 자신의 소유로 만드는 것뿐이다. 그러나 이런 경우, 성령께서는 이러한 그리스도인 속에 도저히 거하실 수 없을 것이다. 성경은 우리에게 이렇게 가르친다.

"너희 안에 계신 이가 세상에 있는 이보다 크심이라"(요일 4:4).

성령이 우리 안에 거하시기 때문에, 사탄은 밖에서 우리를 유혹할 수는 있지만 우리를 자신의 소유로 만들거나 우리에게 죄를 짓도록 강요할 수는 없다. 사탄은 우리를 꾀고 설득하려고 적극적으로 노력하고 있을 것이다. 왜냐하면 그는 실제로 우리를 유혹하고 참소하기 때문이다.

은혜 가운데 자라기

확실한 그리스도인들은 뭐가 다른가? 이들이 하나님과 동행하는 데는 뭔가 특별한 게 있는가? 교회의 훌륭한 성도들의 표시 가운데 하나는 은혜 가운데 자란다는 것이다. 이들은 경건에서 자랄수록 자신이 계속 자라야 한다는 것을 더 절실히 깨닫는다. 그럼에도 불구하고, 하나님은 이들의 죄악을 한꺼번에 모두 드러내지는 않으셨다. 하나님이 그렇게 하셨다면, 이들은 감당하지 못하고 쓰러졌을 것이다. 우리도 마찬가지이다. 성령 하나님께서도 우리를 부드럽게 대하시면서 우리가 조금씩 자라도록 도우신다.

죄의 종 – 딘 메릴(Dean Merrill)

리처드 훼플러(Richard Hoefler)는 「아침이 밝을 것인가?」(Will Daylight Come?)라는 책에서 할아버지의 농장을 찾은 남매의 이야기를 들려준다.

조니는 새총을 하나 얻었으며 작은 돌멩이를 장전해서 나무를 겨냥하며 연습을 하기 시작했다. 솜씨는 점점 좋아졌다. 그러던 어느 날, 그는 헛간 앞마당에서 할머니가 아끼는 오리를 보았다. 그는 충동적으로 오리를 겨냥해서 새총을 쐈다. 돌멩이는 오리를 정통으로 맞췄고 오리는 죽고 말았다.

조니는 덜컥 겁이 났다. '이제 어떻게 하지?' 다급해진 그는 죽은 오리를 장작더미에 숨기고 일어났다. 그런데 동생 샐리가 이 모습을 지켜보고 있었다. 샐리는 모든 것을 다 봤지만 아무 말도 하지 않았다.

그날 이후 집안의 심부름은 모두 조니의 몫이 되었다. 할머니가 샐리에게 무슨 일을 시킬 때마다 샐리는 "오늘은 오빠가 도와드리고 싶대요. 오빠, 그렇지?" 하고 말하면서 조니의 귀에 대고 속삭였다.

"오리 알지?"

그 말에 조니는 며칠 동안 자신과 샐리의 일까지 두 몫을 했던 것이다. 그러나 더 이상은 견딜 수 없었다. 조니는 오리 일을 할머니에게 사실대로 말씀드리고 용서를 구했다.

"다 알고 있단다!"

할머니가 조니를 품에 안으면서 말씀하셨다.

"창문으로 다 보고 있었단다. 널 사랑하기 때문에 용서하마! 할머니는 네가 언제까지 샐리의 종노릇을 할지가 궁금했단다."

후회는 우리의 잘못을 책잡아 우리를 끝없이 괴롭히려는 샐리와 같다. 마침내 우리는 잘못을 털어놓는 것밖에는 다른 선택이 없다는 것을 깨닫는다.

96 '회개' 란 무엇인가?

+ 찰스 콜슨
Charles Colson

평생을 살면서 나는 내가 꽤 선한 사람이라고 믿었다. 나는 선한 사람이라면 이래야 한다고 내가 믿은 것들을 모두 행했다. 구제를 위해 돈을 내놓았으며, 도움이 필요한 가난한 사람들을 돌보았다. 언제나 나는 어릴 적 아버지의 가르침대로 늘 진실을 말하려고 노력했다. 정계에 있으면서 나는 정말 열심히 뛰었다.

그러면서 나는 내가 비열한 행동을 하지 않는다고 스스로 위로하기를 즐겼다. 백악관에서 보좌관 생활을 할 때 위스키부터 과일 바구니까지 내게 들어오는 선물들은 다양했지만, 나는 단 하나도 쓰지 않았다. 부패해지기를 원하지 않았던 나는 그것들을 리무진 운전사, 전화교환실 안내원 및 다른 백악관 직원들에게 보냈다. 나는 백악관 근무를 위해 상당한 액수의 연간 수입이 보장된 변호사 일을 그만두어야 했다. 또한 공직자의 부패 방지를 위해 시행하는 소위 '백지 위임'(고위 공직자의 재산을 그의 재임 기간 동안 본인이 모르게 관리하고 투자해주는 제도)에 나의 전 재산을 맡겼다.

이렇게 나름대로 깨끗하게 산다고 믿었던 나는 "내가 특별히 악하게 산 것이 없기 때문에, 만일 신(神)이 존재한다면 내가 죽어서 그렇게 나쁜 점수를 받지는 않을 것이다"라고 생각했다(당시 나는 신이 존재한다고 확신하지는 않았지만, 어쩌면 존재할지도 모른다고 믿고 있었다). 나는 하나님이 계시다면 그분은 마치 대학교수처럼 상대평가를 하실 것이라고 생각했다.

그러던 중 나는 탐 필립스(Tom Phillips)라는 옛 친구를 만났다. 그는 예전과 달리 확실히 변해 있었다. 그는 예수 그리스도가 그의 삶을 바꾸어놓았다고 말했다. 그의 이야기를 듣고 나는 내가 그렇게 선한 존재가 아님을 깨닫게 되었다. 나는 교만하고 추한 정치적 술수를 몇 번 사용하고 사람들에게 상처를 주었으면서도 뉘우치지 않았던 나 자신을 발견했다. 나는 내가 차갑고 완고하며 엄한 사람임을 알게 되었다. 내가 남들보다 특별히 나쁘게 살지 않는다는 자기위안이 더 이상 통하지 않았다. 진실로 나는 정결한 마음을 갖는 것이 어떤 것인지를 알기를 원했다. 나는 용서받고 깨끗해져서 새로운 출발을 하기를 갈망했다. 그전까지 나는 "주(主) 안에서 거듭난다"는 말을 들어보지 못했다. 그러나 탐을 만났을 때 나는 내가 하나님께 용서를 받아야 할 죄인임을 확신하게 되었다. 난생 처음 나는 내가 죄인임을 통감했다.

도덕적 인간이 죽을 때

성령님이 우리에게 우리의 죄를 분명히 깨닫게 해주셔야 비로소 우리가 거듭날 수 있다고 나는 믿는다. 인간은 자기 스스로의 힘으로 도덕적 존재가 될 수 없다. 선악의 선택의 기로에 섰을 때 인간은 언제나 악한 길을 선택한다. 나는 이전까지 내가 도덕적인 사람이라고 믿었다. 그러나 이런 잘못된 믿음을 버렸을 때 비로소 하나님의 영이 오셔서 내 안에서 일하기 시작하셨다. 나는 "도덕적 인간이 죽는 날이 그의 영적인 생일이다"라는 윌리엄 제임스(William James, 1842~1910. 미국의 철학자, 심리학자, 의학자)의 말을 좋아한다.

오늘날 교회는 이 진리를 제대로 전하지 못한다. 우리는 옛 자아의 죽음에 대해 언급하지 않고 곧장 신생(新生)에 대해 설교한다. 옛 자아의 죽음은 '죄의 깨달음'을 통해서 가능하다. 성령께서 죄를 깨닫게 해주시는 것이 곧 시작이다. 이 시작이 없다면 우리는, 왜 우리에게 하나님과 그분의 은혜가 필요한지를 깨달을 수 없다. 이 진리를 전하지 않으면서 설교하고 가르치고 기독교를 이해하려는 것은 잘못이다. 이 진리를 말하지 않는다면 그리스도의 십자가의 공로는 그 의미가 크게 퇴색한다. 죄의 깨달음은 우리를 회개로 이끈다. 그러나 오늘날 가장 인기 없는 설교 주제를 말하라면 나는 '회개'라고 말하고 싶다. 회개는 변화를 의미하는데, 우리는 사람들에게 변화를 요구하는 도전장을 던지기를 좋아하지 않는다.

'회개'가 무엇이냐고 물을 때 사람들은 흔히 '가슴을 치는 것'이라고 대답한다. 하지만 그것은 전혀 회개가 아니다. 신약성경에서 '회개'를 표현하기 위해 사용된 용어는 '메타노에오'(metanoeo)인데, 이것은 '마음의 변화'를 의미한다. 하나님께 나아가면 우리의 마음이 변하게 된다. 즉, 우리의 마음이 '우리를 높이는 것'에서 '그리스도를 높이는 것'으로 변하게 된다. 회개는 인간의 방법을 버리고 하나님의 방법을 받아들이는 것이다. 그리스도께 속하여 그분의 명령에 따라 사는 것을 의미한다. 동전에 비유하여 설명하자면, '죄의 깨달음'이 동전의 앞면이라면, 회개는 동전의 뒷면이다. 회개는 옛 자아를 버리고 그리스도 안에서 새 삶을 사는 것이다.

나의 경우를 말하자면, 회개는 내가 새로운 가치관을 받아들이는 것을 의미했다. 회개할 때 나는 그때까지의 죄들을 용서받고 다시는 그런 일들을 하지 않기를 원했다. 그리고 나는 성령님의 인도를 따라 하나님이 기뻐하시는 일들을 하기를 원했다.

회개에는 슬픔이 동반한다. 회개할 때 우리는 자신의 죄를 슬퍼하고, 자신이 과거에 끼친 피해를 원상 복구하기를 원하게 된다. 회개할 때 내가 했던 일들 중의 하나는, 정치를 하면서 내가 상처를 준 사람들에게 사과하는 것이었다. 하나님이 나를 용서하셨기 때문에 나도 내가 상처를 준 사람들과의 관계를 회복해야 한다고 믿었기 때문에 나는 용서를 구하기 위해 그들을 만났다. 그중 일부는 나에게 여전히 냉소적으로 대했다. 정치적으로 나의 적이었던 그들은 나의 사죄가 정치적 술수라고 생각하는 듯했다. 어떤 사람들은 나의 행동을 이해하지 못했지만 어떤 사람들은 깊이 감동했다. 또 어떤 사람들은 나의 회개를 받아들이는 데 어려움을 느꼈다. 그들은 "물론 나는 당신을 용서합니다"라고 말했지만, 그들도 마음에 찔리는 것이 있었는지 매우 불편해했다.

'죄의 깨달음'이 우리를 회개로 이끌 때 바로 이런 일이 일어나는 것이다. 회개하는 사람은 하나님의 용서를 너무나 갈망하게 된다. 그가 마음을 바꾸고 주님과 함께 새 생명 가운데 행할 때 비로소 마음의 평안을 얻을 수 있다.

회심은 얼마나 오랫동안 일어나는가?

중생(重生)은 순간적으로 일어난다. 하지만 그리스도인이 되는 과정은 오랫동안 진행될 수 있다. 나는 교도소에서 많은 사람들을 상대로 사역하는데, 그들은 그리스도를 믿는다고 고백한 사람들이다. 나는 하나님께서 그들을 거듭나게 하셨다는 것을 안다. 하지만 그들은 온갖 종류의 압박과 유혹에 시달리며 고뇌 속에 살아간다. 그들은 몸부림치며 갈등하며, 죄에 빠졌다가 다시 일어나서 믿음의 길을 간다. 다른 사람들이 그들을 위해 기도하고, 그들 자신도 기도한다. 그들의 회심은 오랜 기간 진행된다. 그 과정에서 많은 고통과 갈등이 생긴다.

또 어떤 다른 회심들은 현대판 다메섹 도상에서 일어난다. 바울이 다메섹 도상에서 하나님의 강력한 개입에 의하여 갑작스럽게 변한 것처럼 변하는 사람들이 있다는 말이다. 여기에서 우리는 바울이 다메섹 도상에서 주님을 만난 후 3년 동안 신앙 훈련을 받았다는 것을 기억해야 한다. 바울이 다메섹 도상에서 '번쩍' 하는 불을 보는 순간 그의 회심이 이루어졌다고 믿는 사람들이 많은데, 그것은 회심이 아니고 중생이다. 그의 경우 회심은 여러 해에 걸쳐서 일어났다.

우리를 거듭나게 하시는 하나님의 영이 우리의 삶에 들어오실 때 우리는 그리스도인이 된다. 그러나 회심은 우리가 변화하는 것인데, 이 변화 과정이 일순간에 이루어지는 것은 아니다. 성화(聖化)는 우리의 평생에 걸쳐서 진행된다. 자신이 완전히 성화되었다고 믿는 사람들을 만난다면 당신은 그들을 멀리하는 것이 좋다. 왜냐하면 그들은 매우 위험한 사람들이기 때문이다. 한편으로 어떤 사람들은 기독교 가정에서 신앙 안에서 성장한다. 이런 사람들은 특별한 체험 없이 회심의 과정을 겪기도 한다. 하나님은 그들을 거듭나게 하시고, 그들의 회심은 고통 없이 일어난다. 그러나 또 어떤 사람들은 매우 힘들고 고통스러운 과정을 겪는다. 어떤 체험이 다른 체험보다 더 좋은 것이라고 말하는 것은 무익하다.

다만 나의 회심은 비교적 극적이었다. 그것이 나에게는 유익이었는데, 왜냐하면 어떤 의미에서 나는 두 가지 삶을 모두 겪어보았기 때문이다. 세속적 삶을 살면서 나는 그리스도 없이 사는 것이 어떤 것인지를 느꼈다. 나는 성공과 권력이 부패와 타락으로 이어지는 것을 보았다. 이제 나는 내가 한때 몸담았던 속세를 바라보며, 그리스도인의 입장에서 세상적 가치관을 비판할 수 있다. 한편 상대적으로 기독교에 늦게 들어온 사람으로서 나는 어떤 믿음의 형제들과 자매들이 알지 못하는 것을 볼 수 있는 눈을 가지고 있다고 생각한다. 왜냐하면 처음부터 하나님 품 안에 있던 그들과 달리 나는 하나님을 떠나 있다가 하나님께 온전히 복종하는 삶이 무엇인지를 잘 알기 때문이다. 하나님이 이런 두 가지 삶의 체험을 가진 나를 통해서 어떤 신자들에게는 도전을 주시고, 불신자들에게는 그리스도 없는 삶의 절망을 깨닫는 지혜를 주시기를 나는 기도한다.

97 교만과 긍지를 구별할 수 있는가?

+ 제이 케슬러
Jay Kesler

'프라이드'(pride)라는 단어에는 두 가지 뜻이 있다. 하나는 겸손과 반대되는 교만이고, 다른 하나는 수치와 반대되는 긍지이다.

교만은 우리의 성공에서 하나님과 다른 환경들을 배제시켜 버린다. 교만은 우리가 무엇을 성취했던 간에 자신의 힘으로 성취했다고 주장한다. 교만의 본질은 자기중심적인 태도와 이기심이며, 성경은 이것을 정죄한다. 그렇다고 성경이 자아를 적대시한다는 뜻은 아니다. 자아는 하나님의 선한 피조물 가운데 하나이다. 그러나 이기심은 창조주보다 피조물을 더 섬기는 것이다.

교만은 항상 무대 중앙에 서고 싶어하며, 모든 공로를 혼자 차지하며, 하나님을 빼버리며, 다른 사람들에게 감사하지 않으며, 독불장군식의 이기심을 갖는 것을 의미한다. 이것은 하나님이 우리에게 바라시는 것과 반대된다.

요한일서 1장 3절은 이렇게 말한다.

"우리가 보고 들은 바를 너희에게도 전함은 너희로 우리와 사귐이 있게 하려 함이니 우리의 사귐은 아버지와 그 아들 예수 그리스도와 함께함이라."

경건의 목적은 하나님과의 교제와 다른 사람들과의 교제이다. 경건한 사람은 자신의 모든 활동에 하나님과 다른 사람들이 참여하기를 원한다. 그는 인간은 그 누구도 고립될 수 없다는 것을 알고 있다.

이와는 대조적으로, 긍지는 일을 잘 처리하며, 탁월하며, 최고를 위해 노력하며, 평범함을 초월하는 것과 관련이 있다. 그리스도인에게 있어, 이러한 긍지는 자신의 가장 좋은 것을 주인께 드리려 한다.

교만과 긍지의 차이를 이해하지 못하는 사람들은 그리스도인의 믿음에 대해서도 잘못된 인상을 갖고 있을 수 있다. 기독교는 탁월함을 반대하지 않는다. 기독교는 최선의 노력을 다하고 탁월하며 성취하는 것을 반대하지 않는다. 다만

"

기독교는 하나님의 도움 없이도 탁월할 수 있다는 생각을 반대할 뿐이다.

이기적인 교만은 감사와 반대된다. 교만은 건강한 몸, 건강한 마음, 좋은 부모, 좋은 나라, 좋은 식사, 그 외 사람들의 통제 밖에 있는 수많은 축복에 대해 하나님께 전혀 감사하지 않는다. 이기적인 교만으로 가득한 사람은 스스로의 노력으로 자신을 만들어냈다고 생각한다.

이러한 교만은 근시안적이다. 교만은 하나님의 축복이 떠나가면 인간은 전혀 아무것도 아니며 자신이나 다른 사람들을 위해 아무것도 이룰 수 없다는 것을 알지 못한다. 교만은 "패망의 선봉"이다(잠 16:18). 우리는 하나님이 우리에게서 교만을 벗겨내신 후에야 자신이 하나님께 의지할 수밖에 없는 존재라는 것을 깨닫고 도무지 아무것도 할 수 없는 처지에서 그분의 힘을 구하게 된다.

긍지는 감사할 대상에게 감사하다고 표현하며 공로를 합당한 데 돌릴 수 있다. 긍지는 하나님의 선물에 감사할 수 있으며, 동시에 잘한 일을 인정할 수 있다. 칭찬을 받아들일 수 있는 사람은 오만하지 않다. 그는 자신의 능란한 손가락이 어디서 왔으며 누가 자신의 마음과 리듬감을 주었는지 알고 있다.

우리는 그리스도인들에게 독립적이며 자기중심적이지 말라고 독려해야 하는 것과 마찬가지로 하나님의 영광을 위해 탁월함과 성취를 추구하라고 독려해야 한다. 큰일을 이룰 수 있는 재능 있는 그리스도인은 자신의 성공이 얼마나 허물어지기 쉬운 것인지를 항상 인식해야 한다. 그는 자신에게 주어지는 놀랍고도 과분한 은혜로 인해 항상 하나님을 예배해야 한다. 그는 자신의 탁월한 일을 통해 지속적으로 하나님께 영광을 돌리려 해야 한다.

미켈란젤로는 시스틴 성당에서 걸어나오면서 자신이 정말 아름다운 작품을 완성했다는 것을 알고 긍지를 느꼈다. 그러나 사람들은 성당의 천장을 바라보면서 언제나 하나님께로 이끌린다. 사람들은 미켈란젤로가 아니라 하나님을 예배하고 싶은 마음을 느낀다. 예술은 위대하다. 그러나 예술의 목적은 하늘에 계신 하나님을 영화롭게 하는 것이기 때문에 관람객은 예배하고 싶은 감동을 느낀다.

우리의 일에 긍지를 느끼는 것은 좋은 일이다. 그러나 자신이 대단하다는 생각에 한껏 부풀어 오르는 것은 위험한 일이다. 하나님은 우리가 훌륭한 일을 하게 하셨으나 그 목적은 우리의 자랑이 아니라 그분께 영광을 돌리는 것이다(마 5:16).

죄책감과 은혜

나는 확고한 율법주의자였다. 나는 죄를 몇 가지 범주로 나누었다. 그리고 나는 내가 강단에서 가장 자주 언급되는 8~10가지 죄를 짓지 않기 때문에 하나님과 바른 관계에 있는 게 틀림없다고 생각했다. 나는 천국을 슈퍼마켓처럼 보았다. 나는 내가 천국에 가면 다른 사람들은 자신들의 죄로 가득한 카트와 함께 줄을 서서 계산을 하고 하나님의 은혜를 받아야 하지만 나는 "많아야 일곱 개"만 찍고 계산대를 쉽게 통과할 것이라고 생각했다.

성숙하면서, 나는 내가 죄와 인간의 상태와 그리스도께서 십자가에서 죽으셔야 했던 이유에 대한 피상적인 이해를 해왔음을 깨닫기 시작했다. 나는 내가 실제로 죄를 지었다는 것을, 단지 다른 사람들과 하나 되려고 기도회에서 고백하는 의식적인 죄를 지은 게 아니라 심각하게 죄를 지었다는 것을 깨닫기 시작했다. 나는 죄인이었으며 심판받아 마땅했다.

나는 내 죄의 깊이를 내가 거의 맛볼 수 있는 수준까지 이해하기 시작했을 때 비로소 그리스도께서 나를 위해 하신 일이 무엇인가를 깨닫기 시작했다.

우리의 죄에 대해 죄책감을 느끼는 것은 좋은 일이다. 죄는 하나님이 우리가 누리기를 원하시는 기쁨을 우리에게서 빼앗아버린다. 죄는 행복을 찾을 수 없는 곳에서 행복을 찾으려 한다. 죄는 사람들, 특히 우리가 가장 사랑하는 사람들을 해친다. 일단 우리 죄의 심각성을 이해하기 시작하면, 우리는 우리의 관심을 죄로부터 예수 그리스도께서 십자가에서 이루신 놀라운 일로 옮길 수 있다.

나는 "나 같은 죄인 살리신"(찬송가 405장)과 같은 찬송을 이해하기 시작했다. 나는 내가 어떤 죄인인지 알았으며, 하나님의 용서가 얼마나 놀라운지 알았다. "주의 귀한 은혜 받고 일생 빚진 자 되네"(찬송가 28장)라는 가사도 마찬가지였다.

죄책감과 은혜의 관계를 이해하기 시작할 때 그리스도인의 성장이 시작된다. 다시 말해, "죄가 더한 곳에 은혜가 넘친다"(롬 5:20). 죄를 깨닫고 그 죄에 대해 정직한 죄책감을 느끼는 사람은 그 죄에서 돌이킬 준비가 되어 있는 것이다. 그는 자신이 파멸에 이르렀다는 것을 안다. 그는 자신을 구하기 위해 자신이 할 수 있는 게 아무것도 없다는 것을 안다. 그는 오직 은혜, 과분한 은혜를 통해서만, 그가 행한 의로운 행위를 통해서가 아니라 구원하시는 하나님의 자비를 통해서만 자신이 하나님께 나아갈 수 있다는 것을 안다.

죄는 단지 하나님의 규범을 위반하는 것에 불과한 게 아니다. 죄는 인간의 마음 상태이다. 그러나 우리는 우리의 마음 상태가 어떻든 간에 그리스도께서 우리를 있는 그대로 받아들이시리라는 것을 알기에 그리스도께 나아갈 수 있다. 사실, 하나님은 우리가 돌아서서 더 많은 죄를 지으리라는 것을 알면서도 우리를 받아들이시고 구원하신다.

자책과 회개

바울은 고린도후서 7장 8-11절에서 죄책감에 대해 생생하게 말한다. 그는 사망에 이르게 하는 "세상 근심"(worldly sorrow)과 회개에 이르게 하는 "하나님의 뜻대로 하는 근심"(Godly sorrow, 경건한 근심)을 대비시킨다. 세상 근심은 자의적인 죄책감으로 이어지는데, 이것은 자신에게 가하는 지속적인 형벌이며, 자신의 죄에 대해 인간적인 수준에서 대가를 지불하려는 시도이다. 자의적인 죄책감은 마침내 부정(否定)과 심지어 자멸로 이어진다. 가룟 유다는 이러한 죄책감을 느꼈을 때 자살을 선택했다.

이와는 대조적으로, 하나님의 뜻대로 하는 근심은 회개로 이어진다. 이것은 유다가 깨달았듯이 죄의 무서움을 깨닫는 것을 의미한다. 회개하는 죄인은 자신을 자멸로 몰고 가는 대신에 하나님은 은혜로운 용서의 제안으로 눈을 돌린다. 그는 "수고하고 무거운 짐진 자들아 다 내게로 오라 내가 너희를 쉬게 하리라"는 예수님의 말씀을 듣는다(마 11:28). 그는 "너희 죄가 주홍 같을지라도 눈과 같이 희어질 것이요"라는 하나님의 말씀을 듣는다(사 1:18).

시몬 베드로는 주님을 세 번이나 부인했으나 유다처럼 동산으로 가서 스스로 목을 매지는 않았다. 대신에 그는 회개하며 하나님께 나아갔고 초대교회의 지도자가 되었다.

자책과 회개의 본질적인 차이는 인간 중심적인 죄책감이냐 하나님 중심적인 죄책감이냐는 것이다. 때로 우리는 우리의 죄 가운데 하나가 낙타를 쓰러뜨리는 지푸라기가 될 것이라고 생각한다(이것은 "한도를 넘으면 지푸라기 하나 더 얹어도 낙타의 등골이 부러진다"는 속담을 이용한 말이다). 우리는 하나님이 감당하지 못하실 것이라고 생각한다. 이것은 하나님을 인간의 수준으로 끌어내리는 것이다. 인간에게는 극단적인 죄를 용서한다는 게 불가능해 보일 수 있다. 그러나 하나님의 은혜는 우리의 가장 악한 죄, 곧 우리를 너무나 당혹스럽게 하며 너무나 큰 죄책감을 안겨주는 특별한 죄까지도 충분히 용서할 수 있다. 그리스도께서 우리의 죄를 씻기 위해 필요한 것이라고는 우리가 그 죄를 하나님께 내어놓고 그분의 용서를 구하며 그 죄에서 돌이키기를 원하는 것뿐이다. 우리는 우리의 공로와 성실함이 아니라 하나님의 능력과 은혜로 구원 받는다.

"너희가 그 은혜를 인하여 믿음으로 말미암아 구원을 얻었나니 이것이 너희에게서 난 것이 아니요 하나님의 선물이라 행위에서 난 것이 아니니 이는 누구든지 자랑치 못하게 함이니라"(엡 2:8,9).

믿음까지도 행위로 바꾸려는 사람들이 있다. 하나님이 이 구절을 우리에게 주신 것도 바로 이 때문이다. 이 구절은 믿음 자체가 하나님이 주신 것이며 구원은 전적으로 예수 그리스도께서 이루신 것이라는 사실을 상기시켜준다.

그리스도께서는 우리의 공로가 아니라 그분의 공로로 우리의 죄책감을 제거하신다. 우리의 근심과 믿음 모두 우리의 구원에 전혀 영향을 미칠 수 없다. 우리는 오직 십자가에서 우리의 죄를 사하신 그리스도의 대속을 통해서만 구원 받는다.

왜 예수님이 죽으셨는가?

수년 전이었다. 나는 남아프리카에 있는 선교사 친구를 찾아가 내가 마음을 다해 주님을 사랑할 뿐 아니라 완전한 헌신으로 그분을 섬기기를 원하지만 여전히 죄책감을 느낀다고 고백한 적이 있다. 그때 친구는 나를 쳐다보면서 이렇게 말했다.

"자네가 죄 없이 살 수 있다면 하나님이 자네에게 그렇게 하라고 말씀하셨을 걸세. 예수님이 십자가에서 죽으신 것은 바로 자네가 죄 없이 살 수 없다는 사실 때문이지. 자네의 죄가 그리스도께서 하신 일에 흠집을 내는 게 아니야. 그리스도께서 하신 일은 바로 자네의 죄 때문이니까."

그때 나는 비로소 예수님이 나를 위해 하신 일을 깨닫기 시작했다.

전도하려면 먼저 사랑하라!

_하나님의 사랑을 전하는 통로가 된 프랭크 로버치(Frank Laubach) 이야기

_제임스 헤플리 James Hefley

프랭크 로버치 박사는 그가 필리핀의 모로족(Moro tribes. 남부 필리핀의 회교 말레이족)과 함께 일할 때 인생의 전기(轉機)를 맞았던 일에 대하여 이야기했다.

모로족 사람들은 모슬렘 신자들로서 외부인들과 선교사들에게 적대적이었다. 사실 그들은 칼을 휘두르는 그리스도인들에게 쫓겨서 필리핀의 산지(山地)에서 사는 것이었다. 로버치는 젊을 때 하나님이 자기를 도우셔서 모로족을 그리스도께 돌아오게 하실 것이라는 믿음을 가지고 이 반기독교적 부족의 땅으로 들어갔다.

그러나 그들을 위해 헌신하며 일할 때 그의 노력은 아무런 결실을 맺지 못하는 것 같았다. 그들은 그를 적으로 간주했다. 여러 달이 지난 후 그는 낙심하여 포기하고 싶었다. 그러던 어느 날 저녁 그는 모로족이 사는 마을들을 내려다볼 수 있는 시그널산으로 올라갔다. 그는 모로족을 전도해야 하는 그의 부담에 대해 하나님께 털어놓았다.

"하나님, 늘 벽에 부딪히는 제 자신을 보면서 좌절감을 느낍니다. 제가 어떻게 이 사람들을 도울 수 있습니까? 그들 중 어떤 사람들은 살인자들입니다. 제가 열심히 노력했지만, 그들은 저에 대해 적대적입니다. 제가 더 이상 어떻게 해야 합니까?"

주님이 그의 귀에 이런 말씀을 들려주시는 것 같았다.

"내 아들아, 네 문제는 네가 이 모로족 사람들을 사랑하지 않는다는 것이란
다. 너는 백인이기 때문에 그들보다 우월하다고 생각하고 있다. 물론 그 마음을
드러내지는 않지만 그들은 네 감정을 느낀다. 네가 백인이고 미국인이란 것을
잊으려고 노력해라. 내가 그들을 얼마나 사랑하는지를 생각하려고 애써라."

로버치의 뺨에는 눈물이 흘러내렸다. 그는 "하나님, 모로족을 향한 하나님의
사랑을 저를 통해 나타내십시오"라고 기도했다.

산에서 내려온 그는 모슬렘 지도자들을 찾아가 그들에게 그들의 종교에 대
해 가르쳐달라고 부탁했다. 그들은 몇 시간 동안 이슬람교의 교리들에 대해 그
에게 설명했다. 그런 다음 그들은 "이제 당신의 종교에 대해 가르쳐주시오"라고
말했다.

로버치가 모로족 사람들의 말을 듣고 그들을 존경하고 사랑하기 시작했을 때
그들은 복음에 반응을 보였다. 그리하여 그들 중 일부의 사람들이 그리스도인이
되었다.

가라사대 가서 네 남편을 불러오라 여자가 대답하여 가로되 나는 남편이 없나이다
예수께서 가라사대 네가 남편이 없다 하는 말이 옳도다
네가 남편 다섯이 있었으나 지금 있는 자는 네 남편이 아니니 네 말이 참되도다(요 4:16-18).

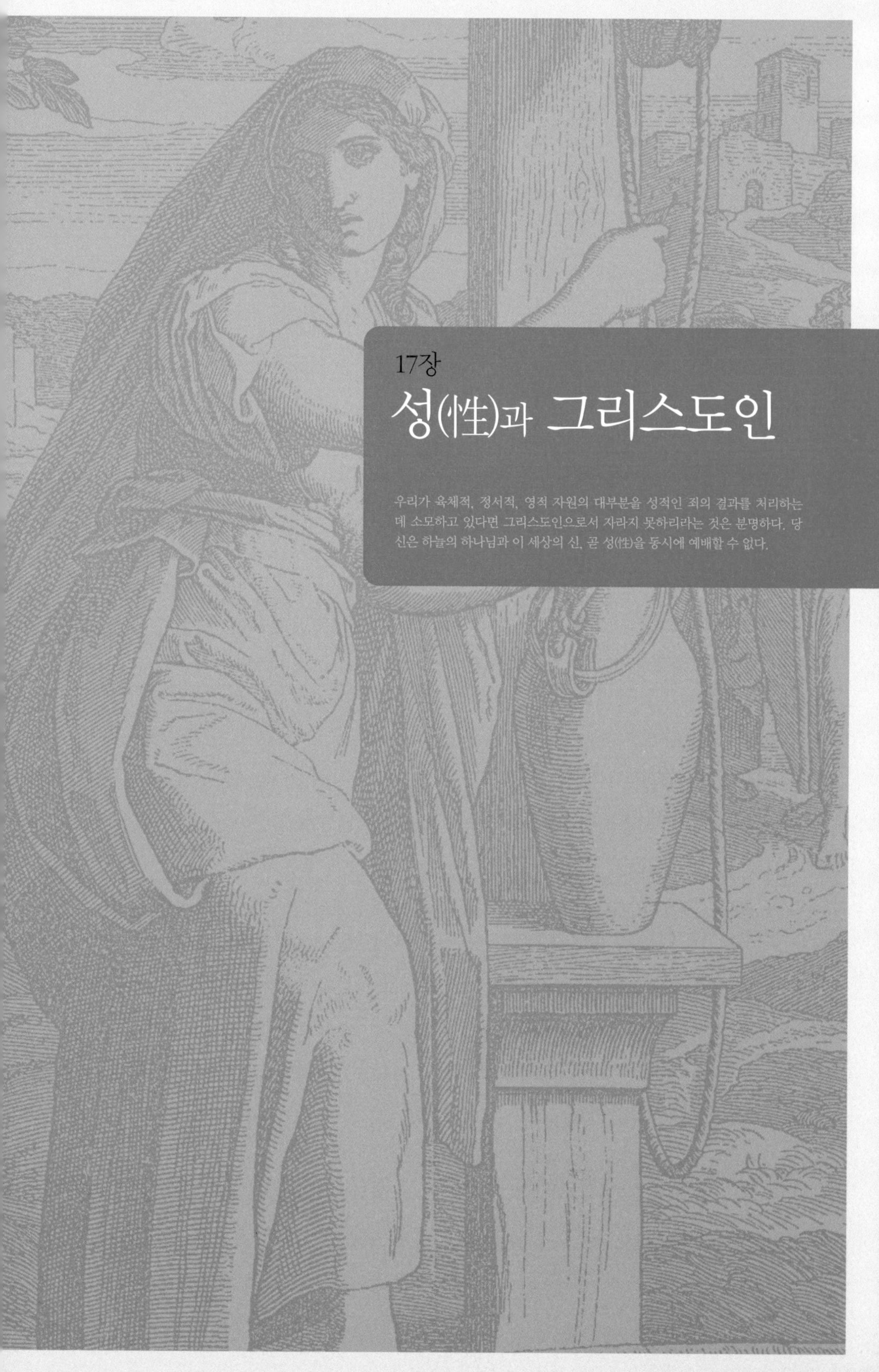

17장

성(性)과 그리스도인

우리가 육체적, 정서적, 영적 자원의 대부분을 성적인 죄의 결과를 처리하는 데 소모하고 있다면 그리스도인으로서 자라지 못하리라는 것은 분명하다. 당신은 하늘의 하나님과 이 세상의 신, 곧 성(性)을 동시에 예배할 수 없다.

98 성적인 죄가 우리 앞을 가로막는다면?

✝ 얼 윌슨
Earl Wilson

성경의 가장 놀라운 진술 가운데 하나는 성적인 죄와 직접적인 관련이 있다. 바울은 우리에게 "음행을 피하라"고 경고한 후 "음행하는 자는 자기 몸에게 죄를 범하느니라"고 결론을 내린다(고전 6:18). 바꾸어 말하자면, 음행하는 사람은 다른 사람들뿐 아니라 자신까지 해친다.

나는 이 말씀이 '성'이라는 하나님의 선물을 부적절하게 사용하면 사회적으로 퍼지는 병과 같은 육체적인 질병, 원하지 않는 임신과 같은 사회 문제, 죄책감과 성도착증과 같은 정신적인 문제를 초래할 수 있음을 의미한다는 것을 안다. 이러한 문제들은 매우 실재적이며, 하나님이 우리에게 이런 것들에 대해 경고하시는 것은 우리를 사랑하시기 때문이다.

우리가 육체적, 정서적, 영적 자원의 대부분을 성적인 죄의 결과를 처리하는 데 소모하고 있다면 그리스도인으로서 자라지 못하리라는 것은 분명하다. 이것이 우리의 상황이라면, 사탄은 우리의 신경을 다른 데로 돌리려고 애쓸 필요가 없다. 우리 스스로 다른 데 신경을 쓰고 있기 때문이다.

성적인 죄가 그리스도인의 성장을 어떻게 가로막는지 구체적으로 살펴보자.

무엇보다도 먼저, 당신이 성에 온 관심을 집중할 때 당신에게는 하나님을 예배할 에너지나 의향이 없다. 당신은 하늘의 하나님과 이 세상의 신, 곧 성(性)을 동시에 예배할 수 없다. 어느 대학생에게 하나님과 마지막으로 대화해본 게 언제냐고 물었다. 그는 대수롭지 않은 듯 웃으면서 말했다.

"연애하기도 바쁜데 예배할 시간이 어디 있어요?"

그러나 하나님이 우리에게 주신 가장 고귀한 계명은 그분을 예배하라는 것이다. 예배하지 않으면 자라지 않는다.

죄책감에 갇히고 육체적 존재로 격하한다

성적인 죄는 우리를 죄책감에 가둠으로써 우리의 성장을 가로막는다. 줄리는 이렇게 말했다.

"저는 그리스도인으로서 성장할 수 없는 것 같아요. 항상 죄책감에 짓눌려 있거든요. 저는 하나님이 원하시는 것보다 더 멀리 가고, 그때마다 제 자신이 너무나 싫어져요. 저는 사랑을 원해요. 그리고 제 자신에 대해 좋게 느끼고 싶어요. 성을 통해 이것들을 얻으려 했지만 결과는 참담했어요."

밥도 자위로 인한 죄책감에 대해 줄리와 비슷한 느낌을 말했다. 그의 결론은 간단했다.

"몇 분간의 덧없는 쾌락에 비하면 그 뒤에 몰려오는 몇 시간의 아픔은 너무나 컸어요."

죄책감은 가지고 놀아야 할 대상이 아니다. 죄책감은 심각한 정신건강의 문제이다. 따라서 성적인 죄를 피하는 것이 죄책감을 피하는 확실한 방법이다. 죄책감에서 자유로울수록 성장할 준비가 더 잘 되어 있는 것이다.

또한 성적인 죄는 우리를 단순한 육체적 존재로 격하시키는 경향이 있다. 피트는 이렇게 말했다.

"제가 늘 제 몸만 생각할 때는 제 자신을 몸과 혼과 영으로 생각하는 게 아주 힘들어요. 제 자신을 속물로 격하시켜버린 게 아닌지 두려워요."

나는 피트에게 자신의 문제와 싸워보라고 했다.

"온전한 네 자신에 미치지 못하는 것이라면 무엇에든 안주하지 말아라. 네 마음 때문에 널 사랑하게 될 똑똑한 여자가 있을지 누가 알겠니?”

그에게는 새로운 생각이었다. 그러나 그는 그리스도인으로서 성장하기 시작하면서 이런 생각을 좋아하기 시작했다.

세상 것에 가치를 두게 된다

성에 몰두하면 모든 가치 있는 것은 성적이거나 에로틱해야 한다고 믿게 되며 따라서 영적 성장이 방해를 받는다. 우리는 육적인 감각과 무관하고 이 세상의 것이 아니면 무엇이든 가치가 없다고 믿게 된다. 이보다 진리에서 벗어난 것은 없다. 사실, 성경은 육체적 쾌락은 한순간이라고 말한다. 이와는 대조적으로, 하나님이 주시는 기쁨은 영원하다(히 11:24-28).

베티는 좋은 시간을 가지려 하고 있었다. 그러나 불행히도 이것은 대개 성적 쾌락을 찾는다는 뜻이었다.

“남자애들이 따라오면 정말 짜릿해요.”

그녀는 환호성을 질렀다.

“하지만 그 애들이 나를 잡았을 때 나는 잘못된 결정을 내렸어요. 그 후로는 다른 것은 하나도 중요하지 않아 보였어요. 현실로 돌아오는 데는 몇 년이 걸렸지요. 하나님은 그때의 짜릿한 스릴과는 비교도 되지 않는다고 생각했어요. 이제는 스릴이 전부가 아니라는 것을 깨닫기 시작했어요.”

베티는 다시 마음껏 자라고 있다.

한편 마크는 이렇게 말했다.

“교제할 시간이 없었어요. 제가 자라지 못한 것은 전혀 이상한 일이 아니에요. 저는 몇 시간씩 파티를 즐기고 더 많은 시간을 섹스와 관련된 것에 빠져서 보냈어요. 하지만 그 어느 것도 제가 성장하는 데 도움이 되지 않았어요.”

마크가 마침내 제 자리로 돌아온 것은 ‘보니’라는 자매를 만나고 한 사람의 인간과 한 사람의 신자로서 그녀의 신앙적 깊이에 도전을 받은 후였다. 마크는 이렇게 말했다.

“보니와의 우정이 저를 그리스도께로 더 가까이 인도했어요. 섹스를 위해 살 때는 성장을 독려하는 사람들을 만나지 못했어요.”

마크의 성관계는 그의 영적 성장뿐 아니라 다른 관계에도 악영향을 미쳤다. 사람들이 교제를 육체적인 것으로 제한할 때 관계는 성장을 멈춘다. 교제의 성장을 위해서는 모든 부분에서, 육체적인 부분뿐 아니라 지적인 부분과 영적인 부분에서까지 서로 함께해야 한다. 이것은 단순한 성관계보다 더 많은 시간을 요구하지만 그 결실은 훨씬 풍성하다.

하나님을 향한 갈망이 사라진다

성적인 죄는 하나님을 향한 갈망이 사라지게 하기 때문에 영적 성장에 방해가 된다. 하나님과 돈을 겸하여 섬길 수 없다. 왜냐하면 돈을 버는 데 모든 에너지를 소모할 때 하나님을 향한 에너지나 갈망이 전혀 남아 있지 않기 때문이다 (마 6:24). 이와 비슷하게, 하나님과 성적인 죄를 겸하여 섬길 수 없다. 둘은 목적이 전혀 다르다.

짐에게 그와 그리스도의 관계를 물었다. 나는 그의 대답에 깜짝 놀랐다. 그는 더 이상 그리스도를 믿지 않는다고 했다. 우리는 몇 시간의 대화를 나눈 후에야 문제의 뿌리를 찾을 수 있었다. 짐은 이렇게 말했다.

"저는 요즘 다른 일들에 온통 시간을 다 뺏기고 있어요."

"어떤 일인데?"

내가 물었다. 짐은 얼굴을 붉히더니 자신이 '성'에 적극적이 되었으며 '작업'에 모든 시간을 쓰고 있다고 했다.

"솔직히, 이제는 하나님을 거의 생각하지 않아요."

나는 짐에게 그가 하나님을 옆으로 밀어내고 있다는 것을 솔직하게 인정하라고 했다. 일단 그가 이 점을 분명히 하자 자신의 새로운 성장 가능성을 생각할 수 있었다. 그 후 짐은 하나님을 향한 자신의 갈망이 비록 느리기는 하지만 회복되고 있음을 보았다.

짐은 다시 올바른 선택을 하기 시작했다. 내가 언급한 다른 사람들처럼, 그는 자신이 성적인 죄 때문에 한동안 성장을 멈추는 것을 경험했다. 다행스럽게도, 그는 가장 형편없는 선택, 자신의 성적인 죄를 추구하기 위해 하나님과의 관계에 계속해서 소홀하겠다는 선택을 하지 않았다.

성이 생명을 낳을 때가 많다. 그러나 성적인 죄는 언제나 성장의 침체와 정지와 영적 죽음을 낳는다.

99 심각한 성적 유혹에 빠지지 않으려면?

+ 켄 스타인켄
Ken Steinken

어떤 유혹이 오든 간에 가장 먼저 눈을 돌려야 할 대상은 하나님이라는 말을 많이 들었을 것이다. 여기가 출발점인 게 분명하다. 기도는 하나님의 성령의 역사에 우리의 마음을 여는 데 중요하다. 그러나 추측컨대, 당신이 성적 유혹들과 싸우고 있다면 당신은 이미 기도했을 것이다. 당신은 실망했다. 문제를 하나님께 내놓고 기도했지만 아무런 효과도 없는 것 같다. 상황은 더 나빠진 것 같다. 그렇다면 이제 당신은 어디로 향해야 하는가? 대답은 자신을 뛰어넘어야 한다는 것이다. 당신은 하나님이 다른 사람들을 통해 일하시도록 허락해야 한다. 그 이유는 이렇다.

당신이 성적 유혹에 몇 번이나 넘어갔는가? 어쩌면 한 번도 없을 것이다. 여러 차례 유혹을 피할 수 있었을 것이다. 심지어 자신이 성적 유혹을 정복했다고 생각할지도 모른다. 그러나 갑자기 유혹의 한가운데 있는 자신을 발견한다. 아마도 당신은 지루했거나 스트레스를 받았거나 외로움을 느끼고 있었을 것이다. 무엇인가가 당신을 폭발시킨다. 그러자 익숙한 일련의 사건들이 눈사태처럼 걷잡을 수 없이 일어난다. 일들이 일어나는 게 빤히 보이는데도 당신으로서는 막을 방법이 없다. 그리고 끝이다. 당신은 죄책감에 짓눌린다. 그렇지 않을지도 모른다. 어느 쪽이든, 당신은 새로운 힘을 쌓는다. 다시 말해, 다시는 이러한 유혹에 굴복하지 않겠다고 더 굳게 결심한다.

상담가들은 당신이 방금 경험한 것을 가리켜 '강압적 행동패턴'이라고 부른다. 이것은 알코올 중독이나 마약 중독처럼 중독의 한 형태이다. 위험한 것은 이러한 행동 속에 어느 정도 만족을 줄 수 있는 요소들이 있다는 것이다. 당신을 혼자 두면, 이러한 만족에 대한 욕구가 어느 시점에서 당신을 제압한다. 그러면 당신은 다시 넘어진다.

끝없는 악순환에서 탈출하는 단계

첫번째로 당신의 행동이 강압적이며 당신은 그것을 바꿀 힘이 없다는 것을 인정한다.

두 번째로 위험을 생각한다. 당신의 행동은 당신에게 해로우며 다른 사람들에게 해로울 수 있거나 사회가 인정하지 않는 것이며 따라서 법적인 문제를 일으킬 수 있다.

세 번째로 유혹이 사라지지 않으리라는 것을 깨닫는다. 당신은 유혹을 다루는 다른 방법을 찾아봐야 한다. 당신은 항상 유혹과 싸우게 될 것이다.

마지막으로 심각한 문제는 심각하게 다루어야 한다. 도움을 구하라. 당신 혼자 해결할 수는 없다.

심리학자 그레그 스웬슨(Greg Swenson)은 이렇게 말한다.

"핵심 단계는 누군가에게 말하는 것이다. 그러면 그것은 더 이상 '나의 작은 비밀' 이 아니다. 당신이 누군가에게 인정할 때 당신은 책임감을 더 느낀다."

책임감은 중요하다. 어떤 상담가는 내게 정기적으로 '훔쳐보기'를 하는 어떤 남성 그리스도인의 이야기를 들려주었다. 상담자는 그가 성경공부 모임에 참석한다는 것을 알고 그에게, 모임의 사람들에게 자신의 이야기를 하라고 했다. 그 후로 그 남자는 더 이상 '훔쳐보기'를 하지 않게 되었다.

상담가 짐 가디너(Jim Gardiner)는 이렇게 말했다.

"성적인 습관들은 다른 습관들보다 더 끈질기게 들러붙어 우리를 놓아주지 않는다. 이놈들은 스스로를 강화한다. 이놈들이 주는 일시적인 느낌은 황홀하다. 죄책감이 뒤따르며 정신적 고통이 있지만 이것도 이러한 행동을 그만둘 동기로는 부족하다."

당신은 성적 유혹에 관한 비밀을 누구와 나눌 수 있는가? 심리학자이며 「성의 선물」(Gifts of Sex)의 저자인 클리프 페너(Cliff Penner)는 이렇게 말한다.

"당신은 자유롭게 말하고 편안함을 느끼는 곳에 갈 필요가 있다."

그는 당신이 이런 사람을 찾도록 돕기 위해 몇 가지 지침을 제시한다.

- 당신이 확고한 관계를 갖고 있는 사람이어야 한다.
- 당신이 과거에 은밀한 문제를 나눈 적이 있으며 당신의 비밀을 지켜준 사람이거나 당신이 다른 사람을 통해 믿을 만하다고 알고 있는 사람이어야 한다.
- 당신에게 다른 사람들의 은밀한 것을 말한 적이 없는 사람이어야 한다.
- 당신이 전에 다른 문제로 대화를 나누었을 때 당신을 판단하고 있다는 느낌이 들지 않았던 사람이어야 한다.

당신이 아는 사람들 가운데 이러한 조건에 맞는 사람이 없다면 목회자를 찾아가는 게 어떨지 생각해보라. 목회자들은 비밀을 지키는 데 익숙하며, 대부분은 당신의 비밀에 당혹해하지 않을 것이다. 그들이 목회생활을 오래 했다면 다른 사람에게서 같은 문제를 들어보았을 가능성이 크다. 직접 들어보지 못했더라도, 이런저런 경험을 통해 알고 있을 것이다. 특별한 이유 때문에 목회자를 찾아갈 수 없다면 전문 상담자를 찾아가야 한다. 사실, 친구나 목회자와의 대화가 만족스럽지 못하다면 상담자를 찾아가는 게 좋을 것이다.

짐 가디너는 이렇게 말한다.

"당신의 행동은 당신이 다루고 있지 않은 문제와 관련이 있을 때가 많다. 상담은 당신이 그 문제를 더 철저히 극복하도록 도울 수 있다."

닥터 스웬슨은 이렇게 지적한다.

"당신이 자신의 행동을 삼갈 수 있더라도 그것만으로는 부족하다. 당신의 행동은 당신의 성적 발전에 뭔가 잘못된 게 있다는 것을 보여준다. 치료는 더 바람직한 성을 형성하는 데 도움이 될 수 있으며 당신이 다른 사람들과 인격적으로뿐 아니라 성적으로 관계를 갖는 데 도움이 될 수 있다."

닥터 스웬슨은 찾아갈 만한 상담자가 없다면 여러 명에게 전화를 걸어 익명으로 상담을 해보라고 권한다. 상담자들에게 당신의 문제가 무엇인지 말하고 그 문제를 어떻게 다루어야 하는지 물어보라. 그들에게 당신이 어떻게 해야 하는지 조언해달라고 하라. 이렇게 하고 나면 어느 상담자와 직접 만나 상담하는 게 편할지 판단이 설 것이다. 믿을 만한 사람을 찾아 당신의 비밀을 나누어라.

"이러므로 너희 죄를 서로 고하며 병 낫기를 위하여 서로 기도하라 의인의 간구는 역사하는 힘이 많으니라"(약 5:16).

결혼 밖의 성 – 존 크로스비(John Crosby)

결혼 밖의 성은 단지 육체적 단계뿐 아니라 모든 단계에서 두 사람을 하나로 결합하시려는 하나님의 계획과는 거리가 멀다. 하나님은 성관계가 육체적인 결합에 그치는 게 아니라고 말씀하신다.
하나님은 당신이 성적으로 오직 한 사람에게만 충실해야 하는 데는 실제적인 이유도 있다는 것을 보여주신다.

- 최선의 경우, 성은 두 사람 사이의 신뢰 관계를 형성하는 엄청난 자기개방과 친밀감을 포함한다. 그러나 결혼 밖에서 이루어지는 성적 경험은 이러한 신뢰를 약화시킨다. 자신의 파트너가 성을 다른 사람들과 나눌 수 있는 것으로 보며 이런 사실을 안다면 둘 사이의 신뢰는 흔들린다. 성적 경험이 결혼 전에 이루어질 때도 불신의 씨앗이 뿌려진다. 전에 바람을 피운 사람이 또 다시 바람을 피우지 않으리라는 것을 어떻게 알겠는가?
- 결혼 밖의 성은 두 파트너를 비교하는 위험을 초래한다. 과거의 성적 경험에 대한 기억들이 현재의 즐거움에 온전히 만족하는 것을 더 어렵게 할 수 있다. 충실한 파트너는 '이 사람이 나를 누구와 비교하지는 않을까' 라는 생각을 하거나 '이 사람은 온전히 만족을 느낄까' 라는 생각을 하게 된다.
- 결혼 밖의 성은 성 자체에 대한 우리의 시각을 왜곡시킨다. 우리는 성을 사랑 자체의 표현으로 보는 대신에 성이 곧 사랑이라고 보기 시작한다. 성을 순전히 감각적인 것으로 제한한다면 감각적인 흥분 없이는 관계를 온전히 누릴 수 없게 된다.

결국 성을 부부관계에 제한하라는 하나님의 계명은 우리 자신의 유익을 위한 것이다(그분의 모든 계명이 그렇듯이).

100 결혼을 위한 특별한 지침은?

+ 잉그릿 트로비쉬

Ingrid Trobisch

내가 어린 소녀였을 때, 아버지는 아기가 어디서 나오는지 매우 자연스럽게 설명해주셨다. 그때 아버지는 이렇게 말씀하셨다.

"애야, 너도 이제는 언젠가 네 남편이 될 남자를 위해 기도할 때가 되었구나!"

나는 아버지의 조언을 진지하게 받아들였다. 나는 고등학생 때와 대학생 때 데이트를 하면서 주님과 조금씩 대화를 나누곤 했다.

"이 사람인가요?"

내가 이렇게 물으면, 주님은 이렇게 대답하곤 하셨다.

"아니다. 아직은 때가 아니다. 기다려라."

얼마 후, 기다림이 전혀 의미가 없는 것 같았다. 나는 내가 아프리카로 첫 선교를 떠날 때까지는 틀림없이 결혼을 할 거라고 생각했다. 그러나 아니었다. 그런데 어느 날 저녁, 독일의 어느 작은 도시에서, 월터(「나는 너와 결혼하였다」의 저자)가 일어나 말했다. 마치 주님이 "이 사람이 바로 네가 기도하며 기다렸던 사람이다"라고 말씀하시는 것 같았다.

주님이 항상 이처럼 구체적으로 배필을 정해주지는 않으실 것이다. 그러나 나는 주님께서 그분이 우리를 위해 마음에 두고 계시는 배필에게로 우리를 인도하신다고 생각하고 싶다. 나의 옛 남자친구들은 매우 멋지고 집안도 좋았던 것 같다. 그러나 월터가 아닌 다른 어떤 남자와 지난 27년을 함께하고 지금까지 하나님의 뜻의 한가운데 있을 수 있다는 것은 상상하기조차 힘들다.

우리는 이따금 남자가 여자에게 또는 여자가 남자에게 이렇게 말하는 것을 듣는다.

"주님께서 내게 우리 두 사람이 결혼해야 한다고 하셨어요."

나는 이런 말이라면 두 사람 모두가 들어야 한다고 믿는다. 주님이 한 사람에게 말씀하신다면 다른 한 사람에게도 말씀하실 것이다. 그때는 몰랐지만, 주님은 내게 월터를 찍어주시기 1년여 전에 나를 월터에게 찍어주셨다. 누군가 주님이 자신에게 내가 그와 결혼해야 한다고 말씀하셨다고 말하지만 주님이 내게 동일한 메시지를 주지 않으셨다면 나는 이렇게 말할 것이다.

"글쎄요, 그분이 제게는 말씀하지 않으셨거든요."

물론, 하나님이 어떤 사람을 찍으셨지만 그 사람이 메시지를 받지 못했을 수도 있다. 예를 들면, 글래디스 앨리워드(Gladys Alyward)는 기도했으며, 자신이 중국에 가기 전에 하나님이 자신을 위해 선택해두신 사람을 보내주실 거라고 굳게 믿었다. 그러나 그 남자는 나타나지 않았다. 그 남자는 하나님의 부르심에 불순종했던 게 틀림없었다.

어떤 사람과의 결혼에 대해 의심이 든다면 그 사람과 결혼하지 말라. 확신이 들 때까지 기다려라. 결혼하지 않는 것보다 못한 경우가 많다. 그 가운데 하나는 엉뚱한 남자와 결혼하는 것이다. 또 하나는 너무 어린 나이에 결혼하는 것이다. 우리가 결혼했을 때 나는 스물여섯이고 월터는 스물여덟이었는데, 이것이 내게 큰 보탬이 된 것 같다. 두 사람 모두 충분한 사회적 경력이 있었다. 나는 2년간 카메룬에서 가르쳤으며, 월터는 큰 교회의 목사였다. 안정된 상태에서 결혼하는 게 유익하다. 그렇지 않으면 두 사람이 함께 자라야 한다. 이것도 멋질 수 있다. 그러나 어느 한쪽이 아직 학생일 때 결혼생활을 시작한다면, 이것은 두 사람 앞에 어려움이 더 많이 닥칠 거라는 뜻이다.

다른 한편으로, 실험결혼(trial marriage)을 통해 동거하는 것보다 정식으로 결혼하고 합법적인 부부가 되는 게 틀림없이 더 낫다. 때로 월터는 "저희는 세간이 갖춰지지 않아서 결혼할 수 없어요"라고 말하는 커플을 만나곤 한다. 이들이 다른 부분에서는 결혼할 준비가 되어 있다면, 월터는 이렇게 말한다.

"세간은 신경 쓰지 마세요. 두 사람이 같이 살아야 한다면 텐트에서도 살 수 있어요."

대부분의 사람들이 하나님보다 서두르는 경향이 있지만, 어떤 사람들은 좀처럼 결정을 내리지 못하는 것 같다. 이들은 하나님의 뜻에 대한 절대적인 확신이 없기 때문에 끝없이 기다린다. 그러나 당신은 이쪽이든 저쪽이든 선택을 해야 하며, 때로는 첫 걸음만 내딛으면 된다. 당신이 하나님께 불손종하고 있지 않는 한, 하나님은 계속해서 당신을 인도하실 것이다. 하나님께서 당신이 다른 방향으로 가기를 원하신다면 당신의 방향을 틀어주실 것이다.

배필을 알아보기 위해

다음 몇 가지는 하나님이 당신의 배필이 되기를 원하시는 사람을 알아보는데 도움이 될 것이다.

- 완전히 자랄 때까지는 결혼을 생각하지 말라. 사회적인 결혼 적령기를 의미하는 게 아니다. 스스로 책임질 성숙한 나이를 의미한다. 자신이 누구인지 알고 혼자 사는 법도 배웠을 때 결혼을 생각할 수 있다.
- 사랑하는 사람과 결혼하라. 함께 있는 게 즐겁지도 않은 사람과 영원히 연합하는 것은 하나님의 뜻이 아니다. 두 사람은 몇 시간을 함께하고 이야기를 나누면서도 지루해하지 않을 수 있어야 한다.
- 당신과 시간 감각이 맞는 사람과 결혼하라. 어떤 사람들은 6시에 집에 오겠다고 말하면 5시 45분에 온다. 어떤 사람들은 그렇게 말해놓고 자정에 들어온다. 두 사람의 시간 감각이 정확히 일치할 필요는 없다. 그러나 두 사람이 서로의 시간 감각을 받아들이지 못한다면 결혼생활은 파국에 이를 것이다.
- 배우자 될 사람의 부모를 주의 깊게 살펴라. 아동학대자는 아동학대자를 낳는다. 여자는 남자의 아버지가 어머니를 어떻게 대하는지 관찰해야 한다. 아내에 대한 학대는 아버지에게서 아들에게로 대물림된다. 물론, 하나님은 비극적인 가정에서 자란 사람들을 치유하실 수 있다. 당신이 사랑하는 사람은 그리스도인이 된 지 얼마나 되었는가? 상대방은 어떻게 살아왔는가? 상대방의 할아버지, 할머니는 어떤 분이신가? 나는 아이들이 좋은 할머니, 할아버지 때문에 구원 받을 때가 있다고 확신한다.
- 배우자 될 사람이 일반적인 상황에서 어떤지 알아보라. 빨래, 쇼핑, 독거노인을 위한 집안 청소, 벽지 바르기 등 일상적인 일을 함께 해보라. 한 가지

일을 함께 해보면 상대방이 어떤 사람인지 정확히 알게 될 것이다.

• 제3자에게 상담을 받아라. 목회자나 믿을 만한 선생님과 상담하거나 약혼한 커플들을 위한 수련회에 참석해보라. 서로를 이해하고 있는지 알아보기 위해 인성 검사를 해보라. 우리는 젊은이들이 약혼을 파기하게 한 적이 있었다. 이들은 자신들이 실제로 서로를 알지 못한다는 사실을 발견했기 때문이었다. 이들은 단지 자신의 이미지를 상대방에게 투영하고 있을 뿐이었지만 상대방은 전혀 그런 사람이 아니었다.

• 약혼이 영원히 계속되게 하지 말라. 두 사람이 대부분의 시간을 함께한다면 서로가 서로에게 맞는지를 알아보는 데 6개월이면 충분하다. 두 사람이 떨어져 있고 자주 만날 수 없다면 1년 정도 기다릴 수 있을 것이다. 그 후에도 여전히 의심이 든다면 상대방은 하나님이 당신을 위해 마음에 두신 결혼 파트너가 아닐 것이다.

사랑을 확인하는 여섯 가지 테스트 – 월터 트로비쉬(Walter Trobisch)

① **나눔의 테스트** : 우리는 함께 나눌 수 있는가? 나는 행복해지기를 원하는가, 아니면 행복하게 해주기를 원하는가?

② **힘의 테스트** : 우리의 사랑은 우리에게 새로운 힘을 주며 창의적인 에너지로 우리를 채우는가, 아니면 우리의 힘과 에너지를 빼앗아버리는가?

③ **존중의 테스트** : 우리는 서로를 존중하는가? 나는 파트너를 자랑스러워하는가? 나는 그가(그녀가) 내 아이들의 아버지(어머니)가 되기를 원하는가?

④ **습관의 테스트** : 우리는 서로를 사랑할 뿐인가, 아니면 서로를 좋아하기도 하는가? 나는 상대방을, 상대방의 습관과 단점과 모든 것을 기꺼이 받아들이겠는가?

⑤ **다툼의 테스트** : 우리는 서로를 용서하고 서로에게 양보할 수 있는가?

⑥ **시간의 테스트** : 우리의 사랑은 여름을 나고 겨울을 났는가? 우리가 서로를 알고 지낸 시간이 충분한가?

101 부부간의 순결한 성은 어떠해야 하는가?

+ 데이브 비어맨

Dave Veerman

시추에이션 코미디에서 심각한 드라마와 문학과 영화에 이르기까지, 남자와 여자들은 성적 경험을 좇는다. 우리의 스크린과 마음은 부부관계 밖에서 이루어지는 상상 가능한 모든 결합으로 넘쳐난다.

성과 결혼에 대한 성경의 기준은 이것과는 날카롭게 대조되고 모순된다. 한 명의 배우자, 혼전순결, 충실과 같은 것들과 그 밖의 성경의 계명들이 자유와 쾌락과 "스스로 판단하고 행동하기"에 물든 현대인들에게는 이상하고 고리타분하며 적절치 못해 보인다. 그러므로 그리스도인들이 불분명한 가치관과 얼룩진 원칙으로 가득한 세상에서 억눌림과 혼란을 느낄 수 있다는 것은 이상한 게 아니다. 하나님의 말씀에 계시된 하나님의 규범과 지침을 따르려는 사람들조차 성의 의미와 행위에 의문을 가질 수 있다. 그리스도인들은 부부관계(결혼) 안에서 성을 어떻게 보아야 하는가?

첫째, 우리는 성이 선하다는 것을 깨달아야 한다. 하나님은 남자와 여자를 완벽하게 창조하셨으며 이들이 타락하기 전에 이렇게 선언하셨다.

"이러므로 남자가 부모를 떠나 그 아내와 연합하여 둘이 한 몸을 이룰지로다"(창 2:24).

하나님이 성을 만드셨고 의도적으로 인간을 성적 존재로 지으셨다.

둘째, 성을 완전히 즐기고 이용하기 위해서는 하나님이 주신 규범과 지침 안에서 성을 행해야 한다는 것이다. 하나님은 우리가 생명을 누리며 서로를 누리기를 원하신다. 이것은 우리가 그분의 '성 매뉴얼'을 따를 때만 이루어질 수 있다. 물론, 이것은 단지 성뿐 아니라 모든 삶에 적용된다.

셋째, 우리는 우리 문화에서 성이 과대평가 혹은 과소평가되고 있음을 알아야 한다. 성(sex)은 이 단어가 갖고 있는 그 어떤 의미로도 '궁극적인' 게 아니다.

혼전순결을 지키지만 성에 대해 지나치게 많은 것을 기대하는 젊은 그리스도인들이 많다. 이들에게 결혼은 실망스러운 게 되어버리며, 이들은 자신과 배우자에 대해 의심을 갖게 된다. 비록 이렇게 말했지만 성은 결혼생활의 중요한 부분이라는 사실을 덧붙이는 게 중요하다. 이러한 육체적 결합을 통해, 남편과 아내는 온전한 의미에서 서로를 발견하고 탐구하며 알 수 있다. 성은 자발적으로 배우자에게 순복하고 서로의 필요를 채우려 노력하면서 사랑을 표현하는 아름다운 방법이다. 그리고 우리는 성의 가장 기본적인 목적을 잊어서는 안 된다. 성의 가장 기본적인 목적은 종족을 번식하며, 인간의 생명 곧 하나님의 형상을 지닌 새로운 존재를 만들어내는 것이다. 이것을 잊거나 무시하고 쾌락에만 관심을 가질 때, 아기는 자기중심적인 생활방식의 방해로 여겨지게 된다.

바울은 고린도교인들의 성적 행위를 꾸짖고 교훈했다(고전 6,7장). 그의 논의의 핵심은 6장 13절이다.

"식물은 배를 위하고 배는 식물을 위하나 하나님이 이것저것 다 폐하시리라 몸은 음란을 위하지 않고 오직 주를 위하며 주는 몸을 위하시느니라."

그리고 18,19절은 이렇게 말한다.

"음행을 피하라 사람이 범하는 죄마다 몸 밖에 있거니와 음행하는 자는 자기 몸에게 죄를 범하느니라 너희 몸은 너희가 하나님께로부터 받은바 너희 가운데 계신 성령의 전인 줄을 알지 못하느냐 너희는 너희의 것이 아니라."

그러므로 우리는 부부관계 안에서 성을 즐거운 것으로, 사랑을 표현하는 한 방법으로, 아이들이 세상에 태어나게 하는 방법으로 누려야 한다.

부부관계 안에서의 성

"모든 사람은 혼인을 귀히 여기고 침소를 더럽히지 않게 하라"(히 13:4).

이것은 부부관계 안에서의 성은 선하다는 것을 의미한다. 그러나 이 말씀은 "뭐든지 괜찮다"고 가르치지 않는다. 우리의 성적 욕구가 세상의 자극을 받으며 우리가 온갖 새로운 자세나 경험을 모방하려 할 때가 너무나 많다. 기억하라. 성은 그 자체가 목적이 아니다. 성은 목적을 위한 수단이다. 성적 기교에 대한 떠도는 소문을 따르지 말라. 우리가 하는 모든 것은 사랑에서 비롯되어야 한다.

"사랑은 오래 참고, 사랑은 온유하며…자기의 유익을 구치 아니하며"(고전 13:4,5).

사랑은 우리가 누군가로 하여금 우리에게 즐거움을 주게 "만듦으로써" 우리가 "만들어내는" 그 무엇이 아니다. 사랑은 누군가의 가장 큰 유익을 마음에 두고 그에게 행하는 것이다.

성을 무기로 사용해서는 안 된다. 한 사람이 무엇인가를 원할 때 상대방은 그게 무엇이든 간에 그를 벌하기 위해 그것을 움켜쥐고 주지 않을 수 있다. 성이 이러한 징벌이나 보복의 태도에 이용될 때가 많다. 사랑과 성을 결코 이런 목적으로 사용해서는 안 된다. 고린도전서 13장과 예수님이 주는 것과 섬기는 것에 관해서 하신 모든 말씀을 다시 한 번 생각해보라. 그러나 그와 동시에 이것은 우리가 서로간의 미움과 관계없이 상대에게 굴복하고 자신의 몸을 주어야 한다는 뜻은 아니다. 이것은 먼저 이러한 문제를 해결하고 서로를 갈라놓는 장애물을 제거해야 한다는 뜻이다. 바울에 따르면, 성은 오직 기도와 금식의 목적을 위해서만 억제될 수 있으며 그때도 상호간의 동의를 통해서만 가능하다(고전 7:5).

성은 요구할 수 있는 '권리'가 아니다. 당신은 배우자가 어떻게 행동하거나 반응하느냐에 대해서는 책임을 질 수 없다. 당신은 자신을 다스릴 수 있을 뿐이며 자신과 하나님의 관계를 다스릴 수 있을 뿐이다. 그러므로 배우자에게 당신의 육체적, 정서적 욕구에 따르라고(또는 성경구절들을 인용해가면서) 강요하지 말라. 다시 말하지만, 사랑이 열쇠이다. 성적 전희는 침실에 들어가기 오래전에 시작된다. 두 사람이 낮 동안에 서로를 어떻게 대하느냐는 밤에 서로를 어떻게 대하느냐에 큰 영향을 미칠 것이다. 배우자가 이 부분에서 정말 문제가 있다면 서로 합심하여 기도하라. 당신은 이 분야에서 훈련받은 크리스천 치료사와 상담할 수 있다.

성이란 우리가 부부관계 안에서 하나님이 의도하시는 방향으로, 그분의 인도 아래 즐겨야 하는 것이다. 이러한 원칙들을 기억하라.

102 동성애는 잘못된 것인가?

+ 얼 윌슨

Earl Wilson

오늘날 적지 않은 사람들이 자신이 동성애자라고 밝힌다. 이들 가운데 예수 그리스도를 믿는 사람들도 있다. 이들은 거듭난 그리스도인 또는 복음적인 그리스도인이다. 이러한 사람들은 성경이 정죄하는 것으로 보이는 생활 방식으로 기울면서 딜레마에 빠져 있다. 이들이 이렇게 묻는 것도 이상한 일이 아니다.

"동성애가 잘못인가요? 하나님이 나를 이렇게 만들지 않으셨나요? 그렇지 않다면, 어떻게 내가 이렇게 되었나요? 내가 여기에 대해 할 수 있는 게 무엇인가요?"

정욕을 피하라

동성애가 잘못인가? 동정적인 신자로서, 나는 동성애에 동의하려는 방식으로 성경을 읽은 적이 있다. 그런데 솔직히, 그럴 수 없었다. 성경은 동성애의 정욕을 계속해서 '죄'라고 말하며 우리에게 이성애(異性愛)의 정욕을 피하듯이 동성애의 정욕을 피하라고 말한다. 동성애의 죄는 이성애의 죄보다 더 나쁘지도 더 낫지도 않다. 성경은 둘을 똑같이 정죄한다.

동성애가 잘못인 것은 자연스럽지 못한 성적 행위를 포함하기 때문이다. 이러한 행위의 유일한 목적은 쾌락이며, 따라서 쾌락 자체가 목적이 된다. 동성애자들은 가족을 양육하지 않으며, 서로에게 충실한 경우도 극히, 지극히 드물다. 사실, 대부분의 동성애는 익명으로 이루어진다. 다시 말해, 동성애는 낯선 사람으로 남기를 원하고 기대하는 낯선 사람과의 성행위이다. 그러므로 동성애자들 간의 관계가 유지될 가능성은 지극히 제한적이다.

그리고 동성애가 잘못인 것은 성경이 잘못이라고 말하기 때문이다. 또한 동성애가 잘못인 것은 건강한 관계보다는 건강하지 못한 관계로 이어지기 때문이다. 동성애에는 유쾌한 즐거움이란 없다. 내 친구들 가운데 동성애자들은 대부분 슬퍼하며 환멸을 느끼는 사람들이다. 이들은 자신의 운명을 좋아하지 않는다. 이들은 자신의 운명을 이해하지 못하며, 거기에 대해 어떻게 해야 할지 모르고 있다. 이들이 씨름하는 문제가 있다.

"하나님이 나를 이렇게 만들지 않으셨는가?"

성경은 하나님이 그 누구도 동성애자로 만들지 않으셨다는 것을 분명히 한다. 그분은 남자와 여자를 창조하시고, 이들에게 한 몸이 되라고 명령하셨다. 동성애는 암처럼 세상의 죄가 빚어낸 결과이다. 하나님은 탐심과 질병을 허용하시듯이 동성애를 허용하셨다.

하나님은 결코 탐심이나 동성애가 활동하거나 암이 억제되지 않은 채 퍼지도록 의도하지 않으셨다. 우리가 동성애에 대해 하나님을 탓하며 여기에서 동성애를 해도 괜찮다는 이유를 찾는다면, 자신을 속이고 있는 것이다. 결코 하나님이 이 문제를 만드신 게 아니다. 하나님은 결코 동성애에 동의하지 않으신다. 인간이 그렇게 할 뿐이다.

동성애적 편향에 대하여

나는 동성애적 편향을 가진 사람들을 대상으로 일하면서 동성애자들은 매우 이질적인 집단이라는 것을 발견했다. 모든 동성애자들이 다 같은 것은 아니다. 나는 모든 사람이 동일한 형태의 동성애적 편향을 갖고 있다고 믿지 않는다.

나는 동성애적 편향을 가진 두 유형의 사람들을 구분하는 게 도움이 된다는 것을 발견했다. 나는 첫 번째 부류의 사람들을 '진짜 동성애자들'이라고 부른다. 이들은 이성에게 한 번도 끌린 적이 없으며, 실제로 생물학적으로 동성애적 편향의 소인(素因)을 가진 사람들로 보인다. 이러한 유형의 성적 편향을 바꾸기란 매우 어려운 일이다. 그러나 다행스럽게도 이러한 성적 편향은 대부분의 사람들이 믿는 것보다 훨씬 덜 일반적이다. 내가 믿기로 내가 알고 있는 모든 동성애자 가운데 진짜 동성애자는 10~20퍼센트에 불과하다. 그렇다면 나머지 80~90퍼센트는 어떤 사람인가?

나는 이러한 큰 집단을 동성애의 쾌락을 좇는 사람들이라고 부른다. 이들은

양성애자들이거나 다시 말해, 동성과 이성 양쪽 모두와 성관계를 갖지만 대부분
은 동성과 성관계를 갖는 사람들이거나 동성에게서만 성적 쾌락을 추구하는 사
람들일 것이다. 내가 이들을 쾌락을 좇는 사람들이라고 부르는 것은 이들이 쾌
락에 집착하며 쾌락을 얻기 위해 엄청난 위험을 감수하기 때문이다. 많은 사람
들에게 있어 에이즈는 전혀 아무런 위협도 못하는 것 같다.

나는 동성애의 쾌락을 좇는 사람들이 성적 편향을 바꾸고 정상적인 삶을 살
수 있다고 믿는다. 그 비결은 성적 집착을 깨는 것이다.

동성애자 인권운동과 그 밖의 인권 단체들은 본업에서 벗어나 동성애적 편향
을 가진 사람들을 옹호하면서 그들은 그렇게 태어났으며 따라서 바뀔 수 없다고
주장한다. 나는 이것은 반드시 짚고 넘어가야 할 거짓말이라고 믿는다.

당신에게 동성애적 편향이 있다면 이러한 거짓말을 그대로 믿기 전에 먼저
당신에게 희망을 줄 수 있는 상담자를 만나 당신의 상황을 충분히 탐구해보라.
다른 가능성을 찾아보지도 않은 채 자동적으로 자신을 익명의 성생활과 자기증
오로 몰아넣지 말라. 어떤 사람들에게는 동성애적 편향의 소인이 있다. 그렇다
하더라도 다수의 경우, 이러한 편향은 학습된 것이며 따라서 재학습될 수 있다.
당신이 구하는 삶은 당신 자신의 삶이다.

"도대체 내가 나의 동성애에 대해 할 수 있는 게 무엇이지요?"

당신이 아무것도 할 수 없다는 거짓말을 믿지 말라. 당신의 편향이 이제는 바
뀔 수 없다고 단정하지 말라. 당신이 삶에서 더 많은 것을 원한다면 당신은 반드
시 당신 자신의 삶을 찾아낼 것이다.

딕은 이렇게 말했다.

"변화가 가능하다는 것을 깨닫게 되자 삶을 전혀 다르게 보게 되었어요."

재학습은 쉽지 않았다. 여러 달 동안 나와 만나야 했다. 그러나 변화는 놀라
웠다. 딕은 우울하고 절망적인 사람에서 희망과 미래가 있는 사람으로 바뀌었
다. 그는 자신을 한 남자로 받아들이기 시작했으며, 여자들의 아름다움도 즐기
기 시작했다. 그는 이제 결혼을 하고 가정을 꾸리며, 성적으로 난잡하고 위험한
세상이 아니라 안정된 결혼생활이 주는 기쁨을 찾기를 고대하고 있다.

상담자가 필요하다면, 변화를 믿으며 사람들의 변화를 돕는 데 성공한 상담

자를 찾아보라. 시간과 돈이 많이 들겠지만 당신에게는 그만한 가치가 있는 일이다.

당신과 상담자가 당신에게 변화가 불가능할 거라는 결정을 내렸다면 독신생활을 고려해보기 바란다. 성적인 죄는 당신을 무너뜨릴 뿐이다. 그러나 당신은 서서히 무너지기에는 하나님과 사람들에게 너무나 소중한 존재이다. 결론적으로 동성애가 옳지 않은 것은 파멸을 초래하기 때문이다. 생명을 선택하라!

103 왜곡된 성에서 자유로워지는 법은?

+ 데이브 비어맨

Dave Veerman

성욕은 하나님의 선물이다. 그러므로 우리는 성을 선하고 가치 있는 것으로 보아야 하며, 우리가 하나님의 형상으로 지음 받은 온전한 인간이라는 사실을 의미하는 한 부분으로 보아야 한다. 그러나 우리 문화는 성을 왜곡하고 격하시켰다. 정욕은 사랑을 대신하면서 사람들이 서로를 이용할 만큼 이용하고는 버리게 만든다.

그리스도인들이라고 해서 이러한 감각적 공세로부터 자유로운 것은 아니다. "우리는 은혜로 구원 받은 죄인이지만" 여전히 죄인이다. 우리가 보통 사람이라면 호르몬은 정욕을 불러일으키는 전형적인 상황에서 우리의 성욕을 최대치까지 자극한다. 사회의 성적 집착에 영향 받지 않으려면 거세를 하거나 고립된 삶을 선택해야 할 것이다. 성령의 능력을 통해 "깨끗하고 거룩한 삶"을 살려는 진지한 그리스도인들은 어떻게 반응해야 할지 알고 싶어한다. 우리는 은둔하거나 눈가리개를 하지 않고서도 개인적인 정욕의 물결을 막는 행동을 취할 수 있다.

정욕이 앞을 가로막을 때

첫째, 우리의 연약함을 인정하라. 우리가 저항할 수 있을 만큼 강한 체하는 것은 어리석은 짓이다. 성적인 문제는 끔찍한 사람들이나 성도착자들에게만 해당되는 게 아니다. 정상적인 사람들은 성적인 생각을 하며 성적 충동을 느낀다. 여기에 죄악된 본성과 사회의 성적 집착이 더해지면 혼합물은 폭발할 수 있다. 사탄은 우리가 가장 약한 부분을 공격할 것이다.

둘째, 정욕을 일으키는 상황을 피하라. 알코올 중독자는 자신이 술의 유혹을 이길 수 있다고 증명하려고 술집 근처를 서성거려서는 안 된다. 마찬가지로 우리는 자신의 힘을 증명하겠다고 정욕과 정면으로 맞서서는 안 된다. 우리는 약하다. 그러므로 우리는 어려운 상황이 다가올 때 피해야 한다. 이것은 특히 우리가 읽고 보는 습관과 관련이 있다. 우리는 미성년자 관람불가 영화들이 문제를 일으키리라는 것을 알고 있다.

셋째, 성령의 능력을 의지하라. 오직 하나님만이 죄를 이기실 수 있다. 그러므로 우리는 유혹을 만나면 그분께 물리칠 힘을 구해야 한다.

"모든 기도와 간구로 하되 무시로 성령 안에서 기도하고"(엡 6:18).

넷째, 대중 매체를 제어하라. 텔레비전과 라디오는 우리 삶에서 거의 떼어놓을 수 없는 것들이다. 그러나 우리는 보고 듣는 것을 상당 부분 제어할 수 있다. 예를 들면, 집에서 은밀하게 미성년자 관람불가 영화를 보고 싶은 유혹이 견딜 수 없을 만큼 커질 거라고 생각되면 영화 채널을 신청하지 말라. 그리고 어떤 프로그램들이 "불결하다"는 것을 안다면 텔레비전을 끄거나 채널을 돌려라.

우리는 이러한 단계들을 밟음으로써 우리의 삶에 몰려드는 죄악의 욕망을 먹이고 키우지 않으면서 빌립보서 4장 8절의 원리를 실천할 수 있을 것이다.

"무엇에든지 참되며 무엇에든지 경건하며 무엇에든지 옳으며 무엇에든지 정결하며 무엇에든지 사랑할 만하며 무엇에든지 칭찬할 만하며 무슨 덕이 있든지 무슨 기림이 있든지 이것들을 생각하라."

우리는 우리가 생각하는 것을 하고 우리가 생각하는 대로 된다. 그러므로 당신의 생각을 지켜라!

그러나 우리를 찾아내는 포르노에 반응하는 것과 포르노를 찾으려고 애쓰는 것은 전혀 다르다. 그리스도인들조차 왜곡의 먹이가 되고 성에 집착할 수 있다. 이러한 사람들이 진정으로 변화를 원한다면 앞에서 제시한 단계들을 따르는 것 외에 훈련된 전문가를 찾아야 한다. 행동에는 깊은 정서적 이유가 있을 때가 많으며, 성에 대한 집착이 그 징후이다. 이러한 사람들은 섬세하고 그리스도 중심적인 상담을 통해 도움을 받을 수 있다.

정욕이 우리의 생각을 침입하고 우리의 행동을 다스리게 할 필요는 없다. 우리는 그리스도께 초점을 맞추고, 하나님의 힘을 구하며, 문제를 최소화하기 위한 실제적 단계를 취하기로 선택할 수 있다. 기억하라.

"사람이 감당할 시험 밖에는 너희에게 당한 것이 없나니 오직 하나님은 미쁘사 너희가 감당치 못할 시험 당함을 허락지 아니하시고 시험 당할 즈음에 또한 피할 길을 내사 너희로 능히 감당하게 하시느니라"(고전 10:13).

하나님의 사랑을 전하는 사도

_백만장자의 꿈을 접고 복음전도자로 나선 D.L.무디(D.L.Moody) 이야기

_존 폴록 John Pollock

1855년 봄의 어느 토요일, 그러니까 미국의 남북전쟁이 일어나기 6년 전에 18세의 젊은이가 보스톤에 있는 그의 삼촌의 가게 뒤쪽에서 신발들을 포장지에 쌌다.

드와잇 무디는 매사추세츠주(州)의 시골 마을 노스필드에서 올라왔다. 엄격한 과부인 어머니 밑에서 자란 그는 가족의 농장에서 일하는 것에 싫증이 나서 1년 전에 기차를 타고 보스톤으로 왔다. 보스톤에 사는 그의 삼촌들은 비록 그렇게 뜨거운 신앙의 소유자들은 아니었지만 그래도 성경을 그대로 믿는 그리스도인들이었다. 그들은 무디가 악한 영향에 물들지 않기 위해서는 교회에 출석하며 정기적으로 주일학교에 가야 한다고 주장했다. 그리하여 1년 동안 꼬박 그는 교회의 설교와 성경공부를 통해 예수 그리스도가 단지 위대한 선생과 성인(聖人)이 아니라 하나님의 아들로서 죽은 자들 가운데 부활하여 성령님을 통해서 역사하는 분이시라는 것을 배웠다.

1855년 봄 교회는 8일 간의 부흥회를 개최하였다. 토요일이 되었다. 신발들을 포장하고 쌓아올리는 일을 하면서 무디는 그리스도께 헌신해야 한다는 하나님의 부르심을 마음속 깊이 느끼고 있었다. 하지만 그를 가로막는 생각들도 있었다.

"내가 그리스도께 헌신하면 점원들이 나를 비웃을 거야. 내가 그리스도의 제

자가 되려면 생활 속에서 고쳐야 할 것들이 많은데….″

이런 생각을 하는 중에 갑자기 그의 어깨를 누르는 손이 느껴졌다. 위를 쳐다보았을 때 그의 주일학교 선생님 에드워드 킴볼(Edward Kimball)이 서 있었다. 무디는 주일학교에 처음 갔던 날부터 킴볼 선생을 좋아했다. 왜냐하면 그가 요한복음을 신약이 아닌 구약에서 찾고 있을 때 킴볼 선생이 요한복음이 펼쳐진 성경을 조용히 그에게 건네줌으로써 당황한 그의 마음을 진정시켜 주었기 때문이다. 이제 그를 찾아온 킴볼은 진지하게 말했다.

″무디 형제, 이제 그리스도의 품에 안기십시오. 그분은 당신을 사랑하십니다. 그분은 당신의 사랑을 원하십니다. 형제여, 그분은 당신의 사랑을 간절히 원하십니다.″

무디의 눈에는 킴볼의 눈에 눈물이 맺혀 있는 것이 보였다. 무디에게는 더 이상 설득의 말이 필요 없었다. 그로부터 여러 해가 지난 후 무디가 유명한 복음 전도자가 되었을 때 킴볼은 이렇게 썼다.

″그 젊은이는 그에게 쏟아지는 빛을 받아들일 준비가 되어 있었습니다. 그 보스톤의 신발 가게의 뒤쪽에서 나의 권면을 들은 그는 즉시 자신을 그리스도께 드렸으니까요.″

무디의 신앙은 성장하기 시작했다. 신발 가게에서 킴볼 선생에게 도움을 받은 사건이 있은 지 5년 후, 무디는 시카고에 있었다. 1860년 그는 신발업계에서는 성공적인 세일즈맨이 되어 있었다. 이곳저곳을 다니면서 영업을 했던 그는 학벌이 딸렸지만 그 대신 성실한 인품과 지칠 줄 모르는 열정이라는 장점을 갖고 있었다. 한편으로는 시카고의 가장 험한 지역에서 기독교 사역에 많은 시간을 투자하면서도 그는 여전히 백만장자의 꿈을 버리지 않고 있었다. 처음에 그는 설교자가 될 것이라는 생각을 조금도 하지 않았었다. 다만 그는 남녀 아이들을 데려다가 예수님에 대한 이야기를 들려주는 일에 열심이었다. 그의 큰 음성은 소리지르기를 좋아하는 빈민가 아이들을 제압하는 데 안성맞춤이었다. 얼마 안 가서 그의 주일학교는 빈민가에서 가장 크고 활발한 주일학교가 되었으며, 거기에는 많은 성실한 선생들이 봉사했다.

이 선생들 중의 한 사람이 더운 6월의 어느 날 무디의 사무실로 비틀거리며 들어왔다. 창백하고 허약한 이 선생은 사무실로 들어오더니 가까스로 의자에 몸을 맡겼다.

그가 폐결핵으로 고통받고 있다는 것을 알고 있던 무디는 의사들이 그를 포기했다는 것을 알고는 마음이 아팠다. 그는 시카고를 떠나 고향에 가서 임종을 맞을 예정이었다. 무디는 그가 죽음을 각오하고 있기 때문에 두려워하지 않는다는 것을 알고 있었다. 그런데 그가 매우 괴로워하는 모습을 본 무디는 그 이유를 묻지 않을 수 없었다. 그는 대답했다.

"우리 주일학교 아이들이 걱정입니다. 저는 실패했습니다. 우리 반 여자아이들 중 한 명도 그리스도께 인도하지 못했습니다."

무디의 머릿속에는 주일학교에서 가장 말을 안 듣는 경박한 아이들이 떠올랐다. 그는 택시를 불러서 그들의 집을 방문하자고 그 선생에게 제안했다.

그들이 탄 택시가 빈민가에 도착했다. 그들이 방문한 첫 아파트에 사는 여자아이는, 그녀의 선생이 자신의 임박한 죽음을 알리면서 예수님을 영접하라고 간청할 때 눈이 휘둥그레져서 그의 말을 들었다. 그 선생은 전에는 볼 수 없었던 간절함으로 그 아이를 위해 기도했고, 그 아이는 예수님을 영접하겠다고 약속했다. 무디와 그 선생은 그 선생의 기력이 떨어질 때까지 다른 아이들을 세 명 더 방문했다.

그 후 열흘이 지나서 그 선생은 다시 무디의 사무실을 찾았다. 그는 기쁨이 넘쳤다.

"우리 반 아이들 중 마지막 아이도 결국 예수님을 영접했습니다. 이제 그 아이들의 인생 최대의 문제가 해결되었습니다. 그들이 주님을 영접하게 만들었으니 이제 제 일은 다 끝났습니다. 저는 고향으로 가려고 합니다."

그날 밤 무디는 다과를 준비하고 여자아이들을 불러서 그 선생의 송별회를 개최하였다. 송별회가 끝날 무렵 마지막 찬송가를 부르고 무디와 그 선생이 큰 소리로 기도했다. 무디가 자리에서 막 일어서려고 하는데 한 아이가 그녀의 죽어가는 선생님을 위해서 기도하기 시작했다. 전에는 신앙에 대해 냉소적이었던 아이가 즉흥적으로 더듬거리며 기도하는 소리를 듣고 무디는 놀랐다. 나머지 아이들도 차례로 기도했다. 그들의 꾸밈없는 뜨거운 기도를 듣는 중에 무디는 백만장자가 되겠다는 그의 야심이 올바른 것인가 하는 의문을 품게 되었다. '저 선생님처럼 나도 용기와 신앙으로 복음을 전하며 남은 인생을 보내야 하는 것이 아닌가?' 라는 생각이 그를 사로잡았다.

그의 갈등은 석 달 동안 지속되었다. 그러나 그로부터 몇 년 후 그는 "참으로 그것은 무서운 투쟁이었습니다. 하지만 그 후 나는 나를 복음전도자로 사용하시려는 하나님의 뜻에 대해 수없이 감사했습니다"라고 회상했다.

이후 무디는 영국 태생의 엠마 레블(Emma Revell)과 행복한 가정을 이루었다. 그리고 비록 31세에 불과했지만 미국의 중서부 지역에서는 상당히 영향력 있는 기독교 사역자가 되어 있었다. 사실, 이미 그전에 그는 남북전쟁(1861~1865) 기간 중 평신도 군목으로 전선과 시카고의 야영지들에서 일했었다. 전선의 부상자들과 죽어가는 자들을 위한 그의 사역을 통해 그는 사람이 일순간에 그리스도께 돌아올 수 있다는 확신을 갖게 되었다. 또한 그는 비록 안수를 받은 목사는 아니었지만, 일리노이 스트리트(Illinois Street)에 초교파 교회를 세웠었다. 그는 시카고 YMCA의 회장으로서 주일학교 운동의 지도자였다. 또한 그는 비록 소박하기는 했지만 강력한 설교자요 전도 집회 강사였다. 언제나 그는 죄와 죄인을 향한 하나님의 진노를 강조했다. 그는 사랑이 많은 성품의 소유자였지만, 그의 메시지는 사랑만을 강조하지는 않았다.

1868년에 무디의 삶에는 또 다른 전환점이 찾아왔다. 그는 전혀 예상하지 못했던 사람에게서 큰 영향을 받게 되었다. 무디의 가족이 영국을 방문했을 때 브레드런 홀(Brethren Hall)이라는 곳에서 예배를 드리게 되었는데, 예배가 끝날 즈음 누군가 무디에게 이렇게 말을 걸었다.

"나는 해리 무어하우스(Harry Moorhouse)입니다. 나는 미국에 가서 당신들을 위해 설교할 것입니다."

무디는 무어하우스의 소문을 들어서 알고 있었다. 그는 소매치기였으나 회심한 후 설교자가 되었는데, 이상할 정도로 어려 보였기 때문에 '소년 설교자'라고 불렸다. 무디는 몸을 돌려 수염이 없는 이 작은 사람에게 몇 마디 인사말을 건넸다.

미국으로 돌아온 무디는 1868년 1월 말에 무어하우스에게서 편지를 받았다.

그 편지에는 무어하우스가 곧 시카고로 와서 설교할 것이라는 내용이 적혀 있었다. 무디는 전도 집회에 참석하고 있는 그의 아내 엠마에게 달려가서 "무어하우스가 시카고에 올 것이오. 그가 묵을 방을 준비합시다. 그리고 그가 오면 지하실 집회에서 설교를 하게 합시다"라고 말했다.

무어하우스가 와서 지하실 집회에서 설교를 했다. 당시 무디는 출타 중이라 그의 설교를 들을 수 없었다. 그런데 무디가 월요일에 집으로 돌아왔을 때 그의 아내가 "사람들이 무어하우스를 참 좋아해요. 그는 당신과는 좀 다르게 설교를 하지요. 그는 하나님이 죄인들을 사랑하신다고 설교합니다"라고 말했다.

그 말에 "그가 잘못됐소"라고 무디가 반박했다. 그러자 아내는 "당신이 그의 설교를 들으면 그의 견해에 동의하게 될 거예요. 왜냐하면 그는 그가 말하는 모든 것을 입증하기 위해 성경을 인용하니까요"라고 말했다.

다음 주일 아침에 무디는 그의 회중이 모두 성경을 가져온 것을 보았다. 그는 그들에게 성경을 가져오라고 시킨 적이 없었다. 무어하우스는 그의 설교 본문이 요한복음 3장 16절이라고 알렸다.

"하나님이 세상을 이처럼 사랑하사 독생자를 주셨으니 이는 저를 믿는 자마다 멸망치 않고 영생을 얻게 하려 하심이니라."

무디는 그의 설교를 끝까지 들었다. 훗날 무디는 이렇게 회상했다.

"무어하우스는 하나님이 죄인들을 사랑하신다는 것을 증명하기 위해서 창세기에서 요한계시록까지의 성경 구절들을 인용했습니다. 그의 설교가 다 끝나기 전에 나는 그때까지 나의 몇몇 설교들이 잘못되었다는 것을 깨달았습니다. 그때까지 나는 하나님이 우리를 그토록 사랑하신다는 것을 미처 알지 못했습니다. 나의 마음이 녹아내리기 시작했습니다. 눈물을 억제할 수 없었습니다."

그날 이후 무디는 하나님의 사랑의 사도가 되었다.

훗날 출판업자가 된 무디의 처남 플레밍 레블(Fleming Revell)은 "설교단에서 무어하우스가 어색하게 몸의 무게 중심을 한쪽 다리에서 다른 쪽 다리로 옮기면서 설교할 때 청중은 숨소리 하나 내지 않고 그에게 집중했습니다. 하나님의 사랑을 증명하는 성경 구절들이 계속 쏟아져 나올 때 무디는 흐르는 눈물을 삼키기에 바빴습니다"라고 회상했다.

여호와께서 그를 돌아보아 가라사대 너는 이 네 힘을 의지하고 가서 이스라엘을 미디안의 손에서 구원하라 내가 너를 보낸 것이 아니냐(삿 6:14).

18장

일과 그리스도인

우리가 자신의 소명이 무엇인지 발견하지 못하고 있다고 해서 불순종하고 있는 것은 아니다. 우리는 하나님을 신뢰하면서 기다려야 한다. 하나님이 보시기에 중요한 것은, 드러나지 않는 자리든 잘 드러나는 자리든 간에 그분의 부르심을 따르는 것이다.

104 그리스도인이 스트레스를 느끼는 게 정상인가?

+ 존 트룹
John Troop

그리스도인이 스트레스를 느끼는 게 정상인가? 아니면 스트레스는 우리가 살아가면서 하나님의 능력을 부인하고 그분을 신뢰하지 않는다는 표시인가?

성경은 스트레스가 하나님의 뜻에 일치하지 않는 삶을 보여주는 증거라고 말하는 것 같다. 예수님은 그분을 따르는 자들에게 수준 높은 신뢰감을 분명히 기대하셨다. 그분은 이렇게 말씀하셨다.

"그러므로 내가 너희에게 이르노니 목숨을 위하여 무엇을 먹을까 무엇을 마실까 몸을 위하여 무엇을 입을까 염려하지 말라 목숨이 음식보다 중하지 아니하며 몸이 의복보다 중하지 아니하냐 공중의 새를 보라 심지도 않고 거두지도 않고 창고에 모아들이지도 아니하되 너희 천부께서 기르시나니 너희는 이것들보다 귀하지 아니하냐…그러므로 염려하여 이르기를 무엇을 먹을까 무엇을 마실까 무엇을 입을까 하지 말라 이는 다 이방인들이 구하는 것이라 너희 천부께서 이 모든 것이 너희에게 있어야 할 줄을 아시느니라 너희는 먼저 그의 나라와 그의 의를 구하라 그리하면 이 모든 것을 너희에게 더하시리라 그러므로 내일 일을 위하여 염려하지 말라 내일 일은 내일 염려할 것이요 한 날 괴로움은 그날에

족하니라”(마 6:25,26,31-34).

예수님은 그분을 따르는 자들에게 삶을 걱정하지 말라고 요구하신다. 바울도 그리스도인이 되려는 자들에게 자신의 본을 따르라고 권했다.

“아무것도 염려하지 말고 오직 모든 일에 기도와 간구로, 너희 구할 것을 감사함으로 하나님께 아뢰라 그리하면 모든 지각에 뛰어난 하나님의 평강이 그리스도 예수 안에서 너희 마음과 생각을 지키시리라”(빌 4:6,7).

근심과 스트레스의 삶은 하나님이 우리에게 기대하시는 것과는 반대되는 것 같다. 그러나 우리는 누구나 살아가면서 근심이나 스트레스를 자주 경험한다. 가끔씩 어려울 때, 예를 들면, 사랑하는 사람이 죽거나 직장을 잃을 때 스트레스가 일어난다. 그런가 하면 좋기는 하지만 근심을 동반하는 사건도 스트레스와 관련이 있다. 예를 들면, 대학 졸업이나 결혼이나 첫 직장 생활이 스트레스를 일으킬 수 있다. 아침에 눈을 뜰 때부터 저녁에 잠자리에 들 때까지, 성숙한 그리스도인이라도 스트레스와 근심의 순간들을 비켜갈 수는 없다.

스트레스는 삶의 일부

근심이나 스트레스에 직면하는 것은 인간 상태의 일부, 곧 우리가 타락했다는 사실의 한 부분인 것 같다. 살아가다보면 모든 게 확실한 것은 아니며, 사람들은 자신이 실제로 행사하는 것보다 큰 통제력을 갖고 싶어할 때가 많다. 그러므로 “그리스도인들이 스트레스를 느끼는 게 정상인가?”라는 것은 잘못된 질문이다. 중요한 질문은 이것이다.

“스트레스로 가득한 세상에서 그리스도인은 어떤 태도를 가져야 하는가?”

스트레스는 삶의 일부이다. 스트레스는 살아 있다는 사실이 일으키는 긴장이다. 다시 말해, 스트레스는 우리를 둘러싼 세상, 곧 하나님이 우리에게 주신 창조 세계에 대한 인간의 반응이다. 그러나 스트레스는 받아들일 수 없는 수준까지 쌓일 수 있으며, 마침내 우리를 죽일 수도 있다. 우리는 스트레스를 인간의 삶의 일부로 받아들여야 한다. 그러나 우리가 스트레스를 어떻게 대하느냐에 따라 스트레스가 우리의 삶에서 어떤 역할을 하느냐가 결정된다.

스트레스는 생리학적인 동시에 심리학적인 반응이다. 어떤 상황이 주어진다.

그리고 스트레스는 우리가 그 상황에 반응하기 위해 하는 준비이다. 스트레스는 우리 몸의 모든 자원이 결정을 위해 한 지점으로 모이게 만든다.

고대인들은 야생 동물을 만날 때 스트레스에 직면했다. 이들이 동물(스트레스를 주는 것)을 보는 순간 이들의 아드레날린 분비샘이 활성화되었으며 이들은 싸울 것인지 아니면 피할 것인지를 결정했다. 이들의 몸과 마음은 어느 한쪽의 행동을 위해 준비했다.

오늘날 우리는 야생 동물과 마주치지 않는다. 그러나 옛날과 동일한 "싸울 것이냐 아니면 피할 것이냐"의 반응을 유발하는 스트레스에 직면하기는 마찬가지다. 우리가 옛날의 사냥꾼들과 다른 점이 있다면 옛날 사람들만큼 자신이 원하는 대로 반응할 수 없다는 것이다. 사장이 토요일 오후 늦게 당신이 일하는 사무실에 들어와 이렇게 말한다고 생각해보자.

"존스 씨, 월요일 아침 8시 30분까지 재정 보고서를 완성해놓으세요."

당신은 가족과 함께하는 멋진 주말 계획을 세워놓았고 주일 아침에는 교회에서 중요한 모임이 있다. 회사일은 당신에게 정말이지 너무나 버거운 것이다. 그러나 당신은 승진을 바라기 때문에 사장을 기쁘게 해주고 싶어한다.

누구나 위험하거나 어려운 상황에 처할 때 "싸울 것이냐 아니면 피할 것이냐"라는 선택에 직면한다. 당신과 나는 옛날의 사냥꾼들보다 더 신중하게 선택한다. 우리의 본능은 사장과 싸우고 싶고, 얼굴이라도 한 대 갈겨주고 싶을 것이다. 그러나 우리는 그렇게 하는 대신에 피하는 쪽을 선택한다. 왜냐하면 싸움에 따르는 위험이 두렵기 때문이다. 존스는 땀이 나기 시작했을 것이다. 그는 얼굴이 상기되고, 두 주먹을 불끈 쥐며, 턱을 당기고, 등을 꼿꼿이 세웠을 것이다. 그러나 그는 사장에게 이렇게 말한다.

"알겠습니다."

존스는 스트레스를 가득 안고 집으로 돌아온다. 지금쯤 그의 위장은 분노로 들끓고 있을 것이다. 그는 이해심이 있고 사려 깊은 아내에게 자신의 문제를 내려놓을 수 있기를 바라면서 문을 연다. 그러나 아내는 그를 맞으면서 이렇게 말한다.

"오늘 트레시가 무슨 짓을 했는지 아세요?"

그는 집에 돌아온 지 3분도 채 못 되어 그의 딸 트레시가 자전거를 타다 넘어져 열 바늘을 꿰맸다는 사실을 알게 된다. 게다가 그의 아들 드류가 이웃집 아이와 싸웠으니 이제 곧 그 아이 아버지에게서 전화가 올 게 분명했다.

존스가 편한 옷으로 갈아입고 있을 때 전화벨이 울린다. 목사님이었다. 그는 존스에게 내일 아침에 교회에서 매우 특별하고 중요한 모임이 있는데 참석할 수 있겠느냐고 물었다. 존스는 마땅히 참석해야 한다고 느꼈기에, 그렇게 하면 가족과 회사일을 위한 시간을 빼앗기게 된다는 것을 알면서도 "예"라고 대답한다. 지금쯤 존스가 어떤 기분일지 상상할 수 있을 것이다. 그의 삶은 통제 불능 상태이며, 그는 자신의 몸에서 마지막 한 방울의 에너지까지 다 빠져나가는 기분이었다.

스트레스 점검

우리는 부정적인 형태의 스트레스, 곧 디스트레스(distress, 심통, 비탄, 고민)로 고통당하기도 한다. 이러한 스트레스가 건강을 망치고 있다. 이러한 스트레스는 편두통이나 위궤양이나 만성 질환을 악화시킨다. 또한 노화를 촉진하며 신체의 면역 체계를 약화시킨다. 나는 1년 사이에 세 번 이사를 하고, 결혼을 했으며, 활동이 많은 교회의 부목사로서 과중한 업무를 감당했으며, 처음으로 전임으로 청빙 받았으며, 이제 곧 아버지가 된다는 것을 알게 되었다. 게다가 아내와 나는 우리의 결혼과 이사 문제와 관련해서 몇 가지 중요한 경제적 결정을 내려야 했다.

우리 부부는 우리의 스트레스 가운데 많은 부분을 1년 동안에 겪었기 때문에 앞으로는 조용하고 정상적인 삶을 살 수 있을 거라고 늘 농담처럼 말했다. 물론, 사실은 그렇지 않다. 우리는 극복하는 데만 1년이 넘게 걸렸으며 날마다 스트레스가 더했던 그 힘든 한 해를 보낸 후 피곤하다는 게 어떤 것인지 깊이 경험했다. 당신의 스트레스 정도를 점검해보라. 그러면 당신이 왜 지금처럼 느끼는지 알 수 있을 것이다.

모든 스트레스가 디스트레스는 아니다. 결혼, 아이를 원하고 갖는 것, 새로운 직장과 같은 것들은 좋은 스트레스이다. 그럼에도 불구하고 우리는 신체적으로, 심리적으로 반응한다. 유명한 스트레스 연구자인 한스 셀리(Hans Selye)는 유익을 낳는 이러한 자극들을 묘사하기 위해 유스트레스(eustress), 즉 좋은 스트레스라는 용어를 만들어냈다.

인간은 자극 없이는 살 수 없다. 어느 정도의 디스트레스조차 우리에게 유익할 수 있다. 왜냐하면 우리는 이러한 스트레스를 통해 상황의 심각성을 인식하고 따라서 자신의 반응 정도를 결정하기 때문이다. 그러나 그리스도인의 방법으로 스트레스에 대응하는 게 어떻게 가능한가? 어떻게 스트레스 상황에서 충실할 수 있는가? 어떻게 "모든 지각에 뛰어난" 평강을 찾을 수 있는가?

삶의 많은 부분은 우리의 통제를 벗어나 있다

우리의 디스트레스와 염려 가운데 많은 부분이 우리가 자신의 운명에 대해 실제보다 더 많은 통제권을 갖고 있다는 잘못된 생각에서 비롯된다. 우리는 마치 자신이 하나님인 것처럼 행동하며, 자신의 삶에서 그분의 주권을 분명히 확인할 때조차 그렇게 행동한다. 우리는 자신이 하나님 아래서 그분의 뜻의 지배를 받으며 살고 있다는 사실을 잊어버린다.

그렇다. 우리는 자신의 헌신에 책임이 있지만 자신이 하나님 아래 있으며 따라서 자신의 삶을 자기 마음대로 할 수 없다는 사실을 항상 명심해야 한다. 우리는 그분께 주의 깊게 귀를 기울여야 하며, 우리 주변에서 그리고 우리를 통해 일어나는 일들이 단지 우리 자신의 삶이 전개되는 것에 불과한 게 아니라는 점을 깨달아야 한다. 이것들은 하나님이 하고 계시는 더 큰일의 한 부분이다. 스트레스의 순간에, 우리는 자신이나 다른 사람들이 그 상황에서 하는 일에 초점을 맞추는 게 아니라 하나님이 그 순간에 하실 수 있는 일에 마음을 열기 위해 주의를 기울여야 한다.

우리가 하나님처럼 될 필요가 없으며 그분 아래서 그분의 인도를 받으면 된다는 사실은 우리를 크게 안심시킨다. 우리가 자신에게 일어나는 일을 통제하려는 힘든 노력을 포기할 때, 그리고 우리가 자신의 한계, 즉 자신이 모든 것을 하거나 모든 것일 수는 없다는 한계를 받아들일 때, 우리의 삶에서 스트레스가 쌓이는 일은 없어지기 시작한다. 그 결과는 "모든 지각에 뛰어난 평강"인데, 익명의 알코올 중독자 모임은 이것을 가리켜 '평온함'이라고 부른다. 사실, 이들은 평온의 기도문(Serenity Prayer)을 사용하는데, 이것은 그리스도인이 스트레스를 효과적으로 다룰 수 있는 방법을 잘 요약해준다.

"하나님! 제가 바꿀 수 없는 것들을 받아들이는 평온함을 주시고, 제가 바꿀 수 있는 것들을 바꾸는 용기를 주시며, 이 둘을 구별할 수 있는 지혜를 주소서."

디스트레스든 유스트레스든 간에, 스트레스는 우리의 성장과 발전에 도움이 될 수도 있고 우리를 무너뜨릴 수도 있다. 스트레스는 인간이 지닌 한계와 인간은 늘 하나님의 뜻을 구해야 한다는 점을 상기시킴으로써 그리스도인의 성장을 도울 수 있다. 기독교 신앙은 우리가 이 세상에서 일어나는 일이 우리가 보거나 느끼거나 만지거나 냄새 맡을 수 있는 것보다 훨씬 더 크며, 우리의 삶에서 너무나 크고 유력해 보이는 사건들보다 훨씬 더 크다는 것을 인식하는 데 도움이 된다. 우리의 믿음은 우리에게 영향을 미치는 사건들 가운데서 하나님이 일하고 계신다는 것을 우리에게 보여준다. 우리의 믿음은 우리가 하나님을 모든 선한 것의 공급자로 온전히 신뢰하면서 바울처럼 인정하도록 도와준다.

"하나님을 사랑하는 자 곧 그 뜻대로 부르심을 입은 자들에게는 모든 것이 합력하여 선을 이루느니라"(롬 8:28).

지나치게 많은 스트레스는 우리에게 인간은 유한한 존재이며 피조물이라는 사실을 상기시켜준다. 이것은 또한 균형 있는 삶은 하나님이 우리에게 바라시는 삶, 즉, 영적으로, 정신적으로, 육체적으로 건강하고 기쁜 삶이라는 것도 상기시켜준다. 하나님은 우리의 몸을 빌려주셨다. 우리는 우리의 몸을 돌보며, 우리의 몸을 통해 하나님께 영광을 돌려야 한다. 그분은 스트레스가 우리를 약하게 하는 게 아니라 그분이 맡기신 일을 할 수 있는 힘을 우리에게 주면서 긍정적인 영향을 미치기를 원하신다.

지혜로운 생활 방식

우리는 스트레스가 우리의 삶에서 파괴적인 힘으로 작용하지 않도록 조치를 취할 수 있다. 우리는 균형 있는 삶을 살기 위해서 무엇보다 하나님을 예배해야 한다는 것을 알아야 한다. 그러므로 경건의 시간은 스트레스 관리에서 필수적인 요소이다. 성경을 연구하고 묵상하며 조용히 기도하기 위해 매일 일정한 시간을 떼어놓으라. 적어도 30분을 떼어놓으라. 필요하다면 아침과 저녁으로 나누어도 좋다. 이것을 바쁜 일과 중에 하고 넘어가야 하는 또 하나의 일로 생각하는 게 아니라 하루 일과의 시작과 끝으로 생각하라. 기도와 묵상은 삶을 적절한 시각으로 보는 데 도움이 되며, 스트레스와 싸워 이기는 데 큰 역할을 한다.

자신을 돌보는 것도 중요하다. 매일 운동 시간을 가져라. 신체 활동은 스트레스 축적을 막는 훌륭한 방법이다. 운동은 갇힌 에너지의 물꼬를 신체적으로 터주는 것이다. 나는 매일 달리며, 다른 일 때문에 밀려나지 않도록 일정표에 달리는 시간을 미리 적어둔다. 운동에는 다양한 방법이 있을 것이다. 그러나 당신에게는 자기 삶의 균형을 유지하는 시간이 필요하다.

경쟁적이지 않고 직장이나 가족에 대한 책임과는 무관한 취미를 계발하는 게 좋다. 어떤 사람들은 그림을 그리고, 어떤 사람들은 낚시를 즐기며, 어떤 사람들은 정원을 가꾸며, 어떤 사람들은 비행기나 배의 모델을 만든다. 나는 글자 맞추기를 하면서 긴장을 푼다. 그렇다고 십자로 된 빈 칸을 다 채워야 한다고 생각하지는 않는다. 나로서는 단지 단어 맞추기를 하는 그 자체가 즐겁다.

균형 있는 삶을 유지하는 데는 우정(친구 관계)도 꼭 필요하다. 깊은 우정은 삶에서 정말 중요한 것을 서로 나누고 서로 친밀할 수 있게 해준다. 우정은 하나님이 일하시는 것을 보는 정말 중요한 시각을 제공한다. 우정을 쌓는 데는 시간이 필요하다. 그러므로 자신의 일을 내려놓고 친구와 함께하는 시간을 정기적으로 가질 필요가 있다. 이것은 당신이 정기적인 만남을 통해 유지할 수 있는 우정이지만 당신이 가져야 하는 유일한 우정이서는 안 된다.

그러므로 스트레스는 인간의 삶에서 항상 존재하는 것이다. 그리스도인이 예수 그리스도를 믿는다는 이유 때문에 스트레스로부터 자유로운 것은 아니다. 모든 인간은 디스트레스와 유스트레스를 경험한다. 우리가 스트레스를 어떻게 대하느냐에 따라 결과가 달라진다.

그리스도인에게 있어, 스트레스에 대한 적절한 반응은 예수 그리스도가 정말 중요한 모든 것의 공급자라는 사실을 깨닫는 것이다. 그런 후, 우리는 하나님이 그분의 백성 각자에게 균형 있고 건강한 삶을 원하신다는 것을 이해할 필요가 있다. 하나님은 능력과 다스림의 하나님이시기 때문에 우리가 자기 삶의 모든 부분을 다스리려 할 필요는 없다. 우리는 사랑이 많으신 우리의 하나님을 신뢰하면서 자신의 삶을 균형 있고 조화로우며 건강하게 만드는 데 필요한 것을 할 시간을 가질 수 있다.

105 그리스도인의 직업관은 어떠해야 하는가?

+ 허드슨 아머딩

Hudson Armerding

우리가 자신의 소명이 무엇인지 발견하지 못하더라도 하나님께 그분의 지혜를 구하고 있으며(약 1:5) 가장 좋은 은사를 간절히 바라고 있다면(고전 12:31) 하나님은 우리를 벌하지 않으실 것이다. 잠언 3장 5,6절은 이렇게 말한다.

"너는 마음을 다하여 여호와를 의뢰하고 네 명철을 의지하지 말라 너는 범사에 그를 인정하라 그리하면 네 길을 지도하시리라."

형벌은 주목하기를 거부하거나 의도적으로 불순종한 데 대한 결과일 것이다. 우리가 분명한 부르심을 듣고도 "죄송해요. 하지만 그 일은 별로 끌리지 않아요"라거나 "그 일은 보수가 너무 적어요"라고 말한다면, 내 생각에 하나님은 우리를 꾸짖으실 것이다.

우리가 자신의 소명이 무엇인지 발견하지 못하고 있다고 해서 불순종하고 있는 것은 아니다. 우리는 하나님을 신뢰하면서 기다려야 한다.

"여호와 앞에 잠잠하고 참아 기다리라"(시 37:7).

부르심

성경은 부르심(소명)의 두 면을 말한다. 첫째는 로마서 8장이 말하는 것으로 구원과 칭의로의 부르심이다. 둘째는 고린도전서 7장이 말하는 것으로 특정한 직업이나 생활 방식으로의 부르심이다. 후자의 부르심, 곧 하나님의 가정에서 담당해야 하는 활동으로의 부르심이라는 범주에는 초점의 대상이 되는 ‘교회’와 ‘사회’라는 두 영역이 있다. 바울은 고린도전서 12장 4-6절에서 이렇게 말했다.

“은사는 여러 가지나 성령은 같고 직임은 여러 가지나 주는 같으며 또 역사는 여러 가지나 모든 것을 모든 사람 가운데서 역사하시는 하나님은 같으니.”

바꾸어 말하자면, 하나님은 우리 각자를 준비시키시고 몸(교회) 안에서 우리가 특별한 역할을 할 수 있는 곳에 우리를 두신다. 이것이 그리스도의 몸을 섬기기 위해 그리스도의 몸 안에서 우리에게 주어지는 부르심이다.

사회 안에서의 부르심은 창세기 1장에 나오는 창조의 명령과 관련된다. 우리는 땅을 정복하고 다스리며 감독해야 한다. 신약성경에서 예수님은 우리가 사회의 빛과 소금으로 부르심을 받았음을 분명히 하신다.

많은 사람들이 이렇게 묻는다.

“내가 특별한 일을 하도록 부르심을 받았다는 것을 어떻게 아나요?”

우리는 무엇보다도 하나님이 우리에게 원하시는 것이면 무엇이든 하겠다고 주님께 약속할 필요가 있다. 이것은 단순히 매력적으로 보이는 일이나 봉급을 많이 받는 일이나 퇴직금이 많은 일에 반응하는 문제가 아니다. 이것은 “저는 당신의 주권 아래 있으며 당신이 원하신다면 무엇이든 하기를 원합니다”라고 말하면서 우리 자신을 의도적으로 주님께 복종시키는 문제이다.

이렇게 한 후, 우리는 자신의 능력을 분석할 필요가 있다. 우리는 하나님이 우리에게 일하라고 부르시지 않을 게 분명한 영역을 가려낼 수 있다. 예를 들면, 기계를 다루는 기술은 탁월하지만 추상적인 사고에는 약한 사람이 철학 교수로 부르심을 받지는 않을 것이다. 그 반대의 경우도 마찬가지이다. 철학 교수가 기계에 대해 타고난 재능이 없다면 그런 분야에서 일하도록 부르심을 받지는 않을 것이다.

이러한 분석이 끝나면, 하나님은 우리가 믿음으로 받아들여야 할 매력적인 기회가 나타나도록 우리의 환경을 다스리신다.

우리는 하나님이 항상 우리 삶의 궁극적인 소명으로 즉시 우리를 인도하시는 게 아니라는 사실을 깨달아야 한다. 우리를 향한 하나님의 중요한 부르심을 준비해주는 일시적이고 짧은 부르심이 있다. 이것은 성경의 인물들을 연구해보면 분명해진다.

모세를 보라. 그는 애굽에서 화려하게 준비했으나 하나님의 백성을, 그것도 나이 80에 인도할 만큼 균형이 잡히기 위해서는 40년간 광야에서 살면서 충동적인 성질을 죽여야 했다.

요셉을 보라. 그는 노예로서, 죄수로서 수련을 쌓은 후에야 애굽의 조정에서 바로를 도우라는 부르심을 받을 수 있었다.

모세와 요셉의 경험은 하나님이 우리를 부르실 뿐 아니라 우리의 부르심과 우리의 능력이 일치할 때까지 때로는 어려운 환경을 통해 우리를 준비시키기도 하신다는 것을 보여준다. 지나치게 서두르거나 압박할 때, 우리는 하나님의 섭리 가운데서 이루어지는 절묘한 초자연적인 타이밍을 망칠 수 있다. 일시적인 부르심이 최종적인 섬김의 자리라고 믿지 않으며, 하나님이 이러한 준비를 토대로 기회를 주실 것을 믿으면서 일시적인 부르심을 받아들이는 게 더 낫다.

갖가지 직업

신자는 성경이 명확히 금하는 게 아니라면 어떤 직업이라도 선택할 수 있다.

하나님은 모든 일을 귀하게 여기신다. 그러므로 자신이 하는 일이 빌리 그래함이나 마더 테레사의 일에 비해 하찮다고 느끼는 것은 옳지 않다. 하나님이 보시기에 중요한 것은, 드러나지 않는 자리든 잘 드러나는 자리든 간에 그분의 부르심을 따르는 것이다.

고린도전서 12장에서, 바울은 몸 전체가 제 기능을 하기 위해 "더 약한" 지체들이 얼마나 필요한가를 이야기했다. 이 말씀에서 우리는, 특히 우리가 대단한 일을 하도록 부르심을 받지 못했다면 자신의 일이 하나님이 보시기에 중요하며 하나님의 전체적 계획이 세상에서 온전히 이루어지는 데 반드시 필요하다는 확신을 가져야 한다.

106 일상적인 일에 대한 그리스도인의 시각은?

✝ 아드리안 로저스
Adrian Rogers

일상적인 일 모두가 거룩할 수 있다. 성경은 잠언 14장 23절에서 "모든 수고에는 이익이 있어도"라고 말한다. 우리의 일은 지루한 게 아니라 복이어야 하고, 고된 게 아니라 자랑스러운 것이어야 하며, 단조로운 게 아니라 의미 있는 것이어야 한다.

우리는 지금까지 세속적인 것과 거룩한 것을 인위적으로 나누었다. 그러나 성경은 이 둘을 나누지 않는다. 우리의 직장은 우리가 사역하는 자리가 되어야 하며, 우리가 주 예수 그리스도를 섬기는 자리가 되어야 한다. 우리가 일하는 곳이 우리의 헌신의 성전이어야 하며 우리의 등잔이 빛을 발하는 곳이어야 한다.

바울은 에베소 교인들에게 일에 관해 쓰면서 이렇게 말했다.

"종들아 두려워하고 떨며 성실한 마음으로 육체의 상전에게 순종하기를 그리스도께 하듯 하여"(엡 6:5).

이것은 모든 그리스도인들이 자신의 일을 거룩하게 여겨야 한다는 뜻이다. 우리는 출근할 때 자신이 단지 고용주를 위해서만이 아니라 예수님을 위해서 일하고 있다는 것을 깨달아야 한다.

목회자로서, 나는 '전임 사역자'가 되려고 직장을 그만두고 싶어하는 사람들을 많이 보았다. 이들의 마음에서, 이것은 목사가 되거나 선교사가 되거나 기독교 단체의 간사가 되는 것을 의미한다. 하나님은 사람들을 불러 이러한 형태의 일을 맡기시며, 이런 일은 훌륭한 것이다. 그렇다고 해서 이러한 일이 다른 일보다 더 거룩한 것은 아니다.

신약성경은 우리가 성령 안에서 살고 행할 때, 매일이 거룩한 날이며, 모든 곳이 거룩하며, 모든 행위가 영적인 섬김이라고 말한다. 이것을 이해하지 못한다면, 우리는 "예수님을 섬길" 수 있도록 자신의 일터를 떠나기를 원할 것이며 따라서 우리에게 일터는 비참한 게 되어버릴 것이다. 우리는 주님이 원하시는 것은 우리가 있는 그 자리에서 그분을 섬기는 것임을 깨닫지 못할 것이다. 우리의 일터는 예수님을 증거하고 섬기기에 가장 좋은 곳이다.

일터에 임하는 우리의 자세

첫째, 자랑하지 말라. 예수님은 우리에게 이렇게 말씀하신다.

"이같이 너희 빛을 사람 앞에 비취게 하여 저희로 너희 착한 행실을 보고 하늘에 계신 너희 아버지께 영광을 돌리게 하라"(마 5:16).

직업은 멋진 등잔이지만 우리의 빛은 번쩍이는 게 아니라 타올라야 한다. 다른 사람들이 당신에게서 초를 보는 게 아니라 빛을 보아야 한다. 독선적인 사람들은 어디서나, 특히 일터에서 미움을 받는다.

둘째, 잔소리를 하지 말라. 주변의 믿지 않는 사람들을 헐뜯지 말라. 그러면 그들은 당신이 곁에 오는 것을 싫어할 것이다.

"외인을 향하여서는 지혜로 행하여 세월을 아끼라 너희 말을 항상 은혜 가운데서 소금으로 고루게 함같이 하라 그리하면 각 사람에게 마땅히 대답할 것을 알리라"(골 4:5,6).

설교하러 직장에 오는 사람들은 설교를 위한 자리는 강단이라는 것을 알아야 할 필요가 있다. 잔소리를 듣고 예수님께로 인도된 사람은 없었다.

셋째, 꾸물거리지 말라. 일터의 그리스도인들은 자신에게 주어진 몫보다 훨씬 더 많이 해야 한다. 신자들이 최선을 다하지 않는 것은 틀림없이 죄이다.

"눈가림만 하여 사람을 기쁘게 하는 자처럼 하지 말고 그리스도의 종들처럼 마음으로 하나님의 뜻을 행하여"(엡 6:6).

바꾸어 말하자면, 우리는 시계만 쳐다보는 사람이 되어서는 안 되며 마음으로 하나님의 뜻을 행하는 그리스도의 종이 되어야 한다. 고용주가 고용센터에 가서 직원을 구할 때 "그리스도인이 있다면 저희 회사에 보내주십시오"라고 말할 정도로, 우리는 자신의 일에 대해 좋은 평판을 얻어야 한다.

"무슨 일을 하든지 마음을 다하여 주께 하듯 하고 사람에게 하듯 하지 말라"(골 3:23).

넷째, 늘어지지 말라. 결코 그리스도인으로서 당신의 삶이 늘어지게 하거나 타협하지 말라. 늘 기쁨으로 충만하라. 하나님의 기쁨이 당신의 힘이기 때문이다. 당신은 아침에 출근하기 전에 이러한 기쁨으로 충만해야 한다. 당신은 일터에서 승리하는 삶을 살아야 한다. 왜냐하면 주님을 알지 못하는 사람들이 당신을 지켜보고 있기 때문이다. 나는 대부분의 직장인들이 천국이나 지옥에 그다지 관심이 없다는 것을 발견했다. 그들이 정말 알고 싶은 것은 월요일을 어떻게 잘 이기느냐는 것이다. 이들은 당신의 삶에서 승리를 발견할 때 그 이유를 알고 싶어할 것이다.

베드로는 이렇게 말했다.

"너희 마음에 그리스도를 주로 삼아 거룩하게 하고 너희 속에 있는 소망에 관한 이유를 묻는 자에게는 대답할 것을 항상 예비하되"(벧전 3:15).

그리고 우리는 이것을 온유와 두려움으로 해야 한다. 다른 사람들이 우리가 일터에서 승리하는 삶을 사는 것을 볼 때 복음을 전할 효과적인 기회가 찾아올 것이다. 그리스도인으로서, 우리는 자신이 매일 하는 일이 영원한 의미를 갖는다는 것을 알아야 한다. 왜냐하면 우리는 일하는 동안 예수님을 섬기고 있기 때문이다.

107 우리는 어떻게 일해야 하는가?

+ 데이브 비어맨
Dave Veerman

한 크리스천 연예인이 왼손으로 마이크를 가볍게 잡은 채 진지한 미소를 지으며 꼼꼼하게 화장한 눈을 깜빡거리더니 카메라를 향해 부드럽게 말하기 시작했다.

“저는 명예와 부를 얻으려고 노력하면서 제 자신의 영광을 위해 공연했었습니다.”

그녀는 잠시 말을 멈추더니 오른손을 하늘을 향해 들고 이렇게 말했다.

“그러나 이제는 예수님을 위해 노래합니다. 라스베가스든지 교회든지 그 어디서나 모든 영광을 그분께 돌립니다.”

크리스천 연예인뿐 아니라 크리스천 레슬러, 크리스천 댄서, 크리스천 골퍼, 크리스천 의사, 크리스천 교수, 크리스천 화가 등 하나님의 영광을 위해 일한다고 말하는 모든 사람들을 보라. 곤충학자에서 기업가와 전업주부에 이르기까지, 모든 직업이 ‘기독교적’일 수 있는 것 같다.

기본적으로 우리가 하는 모든 것은 하나님의 영광을 위한 것이어야 한다(골 3:17). 그러나 이것이 우리가 모든 것을 할 수 있다는 뜻은 아니다. 우리가 생계를 위해 무엇을 하느냐를 포함해서 우리가 어떻게 사느냐를 결정하는 매우 분명한 성경적 원칙들이 있다.

하나님의 명령에 순종해야 한다

성경은 어디서나 순종을 강하게 요구한다. 다시 말해, 모든 상황에서 하나님이 우리에게 명하신 일을 하라고 요구한다(삼상 15:22 ; 행 5:29). 이 원칙은 우리의 직업에 여러 가지로 적용된다.

하나님은 스스로 모순되지 않으시며 따라서 앞서 주신 명령과 모순되는 것을 하라고 요구하지 않으실 것이다. 하나님은 우리에게 죄를 지으라고 ‘요구하지’ 않으실 것이다. 그러므로 크리스천 매춘부나 크리스천 은행 강도나 크리스천 마약상이 되는 것은 불가능하다.

결과가 수단을 정당화해주지 않는다. 바꾸어 말하자면, ‘좋은’ 이유에서나 ‘의로운’ 목적을 위해 죄를 짓는 것은 결코 옳지 않다. 그러므로 가난한 자들에게 주기 위해 돈을 훔치는 것은 잘못이다. 크리스천 은행 강도는 모순된 말이다. 우리는 자신의 ‘작은’ 부분이 큰 죄를 일으키지 않도록 조심해야 한다. 특정한 직업을 합리화하면서 이렇게 말하기 쉽다.

“나는 상사의 명령을 따랐을 뿐이에요”(히틀러의 부하들이 스스로를 변호하면서 이렇게 말했다).

"나는 내 일을 할 뿐이에요"(범죄 집단에 정치자금을 전달하는 사람이 이런 변명을 한다).

어떤 일이 더 큰 불순종의 한 부분이라면, 그 일은 옳지 않은 것이다.

우선순위를 생각하며 선한 청지기가 되어야 한다

예수님은 먼저 하나님나라와 의를 구하라고 말씀하셨다(마 6:33). 바울은 가족관계(부모, 자녀, 배우자)의 중요성을 말한다(딤전 5:8).

그러므로 우리는 하나의 직업을 평가할 때 그것이 우리를 하나님께로 향하게 하는지를 살펴볼 뿐 아니라 우리의 가정에 어떤 영향을 미치는지도 살펴보아야 한다. 그 직장이 생활을 꾸릴 수 있을 만큼의 급여를 제공하는가? 이러한 승진이 나를 가족으로부터 멀어지게 하지는 않는가? 이 자리는 내가 하나님이 원하시는 그런 사람이 되는 데 도움이 되는가?

그리스도인으로서, 우리는 하나님이 맡기신 것을 잘 사용할 책임이 있다(마 25:14-30). 돈이나 다른 어떤 보수를 위해 우리의 시간을 직업에 투자하는 것으로는 충분치 못하다. 인생은 의미 없는 일에 허비하기에는 너무나 짧고 귀하다. 우리는 직장이나 직업을 선택할 때 우리의 삶을 잘 투자하는 것인지 물어야 한다. 최선의 질문은 이것일 것이다.

"우리가 하는 일 때문에 세상이 더 나은 곳이 되겠는가?"

그러므로 크리스천에게 맞는 직업은 하나님의 말씀을 범하지 않고, 하나님의 우선순위와 일치하며, 사회에 귀중하고 필요한 서비스를 제공하는 것이다. 그러나 직업 선택은 시작일 뿐이다. 선택한 일을 그리스도인의 방식으로 하는 것도 중요하다. 예를 들면, 성심으로 그리스도를 높이는 서비스를 제공하는 의사들이 있다. 그런가 하면 자신의 영광과 돈만 밝히는 의사들도 있다. 이들에게 '치료'는 급여만큼 중요하지 않다.

골로새서 3장 23절은 단지 인간을 위해서가 아니라 하나님을 위해 일하는 것처럼 직장 생활을 열심히 하라고 가르친다. 우리가 자신의 일을 하는 방식은 하나님을 높이는 것이어야 한다.

청지기 정신 – 오스왈드 호프만(Oswald Hoffman)

'청지기 정신'이라는 개념은 오랜 세월에 걸쳐 교회에서 발전되어왔는데, 사람들에 따라 다양한 의미를 가질 수 있다. 때때로 교회의 관리자들은 헌금을 걷는 것이 청지기의 유일한 목적인 것처럼 행동하기도 한다. 그러나 청지기 정신은 삶에 임하는 정신 자세이며, 일을 할 때 필요한 동기 부여이다. 예수님도 "사람의 생명이 그 소유의 넉넉한 데 있지 아니하니라"(눅 12:15)고 말씀하셨다.

청지기 정신은 우리의 재능, 시간, 물질이 모두 하나님께 속한다고 믿는 정신이다. 그분이 이런 것들을 우리에게 맡기신 목적은 그분을 섬기고 다른 사람들을 위해 봉사하기 위함이다. 중요한 것은 얼마나 가지고 있느냐가 아니라, 얼마나 베푸느냐이다. 얼마나 챙겨두느냐가 아니라, 얼마나 사용하느냐이다.

청지기 정신은 단지 돈을 주는 것과 관계된 것은 아니다. 우리의 재능 및 우리의 애착의 대상과도 관계가 있다. 선한 청지기 정신에는 하나님을 향한 사랑이 담겨 있다. 마르틴 루터는 "사랑의 표현은 이웃에게서부터 시작된다"고 말했다. 사도 요한도 "누구든지 하나님을 사랑하노라 하고 그 형제를 미워하면 이는 거짓말하는 자이다"(요일 4:20)라고 말했다.

내가 깨달은 바에 따르면, 마음속에 그리스도의 사랑을 품은 사람은 청지기직을 감당해야 하는 것을 억울하다고 생각하지 않는다. 오히려 그는 자신의 유익을 구하지 않고 청지기직을 통하여 사랑을 베풀 수 있는 기회를 즐거워한다. 우리 자신이 쌓아올린 어둡고 작은 '나만의 성(城)'을 박차고 나와서 하늘과 땅의 주인이신 부활의 주(主)를 의지하는 것이 청지기 정신의 본질이다.

직장에서 최고의 도덕적 기준을 나타내는 것도 중요하다. 직원들이 시간과 자재를 훔치는 것은 흔한 일이다. 그러나 그리스도인은 달라야 한다. 하루 품삯을 받는 만큼 하루를 정직하게 일해야 한다.

대인 관계의 질을 통해 하나님을 높여야 한다

하나님은 사랑이시다(요일 4:8). 그러므로 우리는 모든 관계에서 그분의 사랑을 나타내야 한다. 일터에서 그렇게 해야 하며, 여기에는 고용주, 감독, 동료 직원, 고객이 포함된다.

한 대학생이 내게 자신은 함께 일하는 동료들에게 끊임없이 복음을 전했다고 말한 적이 있었다. 그는 이것이 자신의 일을 '기독교적'인 것으로 만드는 방법이라고 생각했다. 그는 해고되었고 나는 놀라지 않았다. 그의 고용주는(아마도 그리스도인이었을 것이다) 이 친구가 일하는 시간을 늘리고 이야기하는 시간을 줄여야 한다고 생각했던 게 분명하다. 그렇다. 그리스도인으로서, 우리는 자신의 믿음을 다른 사람들과 나누어야 한다. 그러나 일터에서 그리스도인으로 존재하며

(being) 하나님의 일을 하는(doing) 데는 다음과 같은 것들이 포함된다.

- 일의 형태 – 의미 있고 하나님을 높이는 것이어야 한다.
- 일하는 방식 – 힘을 다하고 정직하게 일해야 한다.
- 관계의 방식 – 그리스도의 사랑을 나타내야 한다.

108 그리스도인들은 일하는 게 다른 사람들과 다른가?

† 톰 배스포드
Tom Bassford

그리스도인의 노동윤리라는 게 있는가? 그리스도인들은 다른 사람들과 다르게 일하거나 일을 더 잘하는가? 하나님은 우리 그리스도인들이 어떻게 일해야 하는가에 관한 지침을 주시는가? 모든 그리스도인들이 지켜야 하고 삶에 적용해야 하는 노동윤리가 있다. 그러나 그리스도인들만이 이 노동윤리를 이용할 수 있는 것은 아니다. 잠언은 누구나 쉽게 이해할 수 있기 때문에 많은 비그리스도인들도 적용할 수 있는 무수한 노동원리로 가득하다.

노동윤리를 말할 때, 우리는 노동과 관련된 가치체계를 말하고 있는 것이다. 우리가 노동과 관련된 문제와 결정에서 적절하고 중요하며 올바르다고 생각하는 것은 무엇인가? 우리의 노동윤리는 우리가 노동(일)과 고용주와 다른 동료들과 고객들을 어떻게 보느냐에 영향을 미친다. 우리의 노동윤리는 또한 돈과 책임과 정직과 그 밖의 인격적 특성에 관한 우리의 태도를 반영한다.

우리는 자신이 하는 일의 양과 질에 관해 하루 종일 이런저런 결정을 내린다. 어떤 결정은 쉽고 어떤 결정은 가치관을 양보하라고 우리를 유혹한다. 우리가 적절하고 중요하며 올바르다고 느끼는 것들이 우리의 노동윤리를 구성할 것이며, 이러한 노동윤리는 다시 우리가 자신의 일에 관해 내리는 결정의 기초가 될 것이다. 아무리 작고 사소해 보이는 일이라도 정직과 다른 사람들에 대한 배려와 같은 것에 대한 한 사람의 태도를 반영한다. 결정을 내릴 때마다, 무엇인가가 우리에게 가장 중요한 것으로 등장한다. 이러한 가장 중요한 것이 궁극적으로 우리의 결정에 영향을 미칠 것이다.

그리스도인으로서, 우리의 비교 대상은 그리스도인이든 비그리스도인이든 간에 다른 사람들이 아니라 하나님이어야 한다. 그렇다면 노동윤리에서 가장 중요하거나 가장 올바른 것은 무엇인가? 하나님이 지침을 주셨다. 성경은 이 주제에 관한 많은 예와 지침을 담고 있다.

우리와 하나님의 관계가 우리의 삶에 완전히 스며드는 게 하나님의 의도이다. 바꾸어 말하자면, 기독교는 하나의 생활방식이다. 기독교는 삶의 모든 부분과 모든 단계에서 하나님의 가치체계와 우선순위에 헌신하는 것이다. 그러므로 우리는 "도적질하지 말라"는 말씀을 들을 때, 이 말씀이 우리가 가게에서 사탕을 훔치고 싶을 때나 가정에서 소득세를 속이고 싶을 때나 직장에서 연장을 영구적으로 "빌려오고" 싶을 때나 똑같이 적용된다는 것을 안다. 그러므로 우리가 그리스도인의 삶에 관해 진리라고 배워서 알고 있는 모든 것이 우리의 노동윤리에 적용될 수 있다. 원수를 사랑하며, 다른 쪽 뺨을 돌려대며, 남에게 대접받고 싶은 대로 남을 대접하며, 나누며, 돌보며, 손님을 대접하며, 오 리를 함께 가고자 하는 자와 십 리를 함께 가며, 다른 사람을 판단하거나 뒤에서 비방하지 않는 것이 주일 아침예배 때와 다름없이 시장에서도 중요하다.

우리가 훌륭한 노동윤리를 세우려고 할 때 가장 먼저 지침으로 삼는 것은 성경의 일반적인 진리와 성경이 관계와 가치관과 우선순위와 개인의 인격에 관해 말하는 것이다.

훌륭한 일꾼의 태도

훌륭한 일꾼의 다음과 같은 특징들은 특별히 그리스도인을 위한 것이다. 이것들을 실천하는 그리스도인들이 다른 어떤 사람들보다 자신의 일을 더 잘하리라고 보장해주는 것은 아니다. 대신에 이러한 특징들은 개인이 하는 일의 질보다는 그 일을 하는 사람에게 더 많은 영향을 미친다.

첫째, 시간을 잘 활용한다. 일꾼들이 시간을 낭비하는 모습을 보기를 좋아하는 고용주는 없다. 좋은 일꾼은 자신이 대가를 받고 하는 일에 시간을 쏟으려 한다. 일을 할 때 시간을 가장 잘 활용하는 것이 좋은 일꾼의 한 가지 특징이다.

둘째, 부지런하다. 사전은 부지런함을 끈질기고 주의 깊으며 한 가지 일에 정열을 다하는 것으로 정의한다. 부지런한 일꾼은 주어진 일을 제대로 끝마칠 때까지 그 일을 손에서 놓으려 하지 않는다. 그는 주어진 일이 지루하다고 포기하거나 반 정도만 하지는 않는다. 부지런하다는 것은 일을 완벽하게 한다는 뜻이 아니다. 부지런하다는 것은 철저하게, 양심적으로 일한다는 뜻이다.

"부지런한 자의 손은 사람을 다스리게 되어도 게으른 자는 부림을 받느니라"(잠 12:24).

셋째, 고결하다. 고결함이란 우리 가운데서 문제 자체뿐 아니라 문제의 원칙을 믿는 부분을 말한다. 고결함이란 '하얀 거짓말'과 '까만 거짓말'의 차이와 관련된 게 아니다. 고결함은 둘 모두를 거짓말로 보며, 거짓말하는 것은 옳지 않다는 원칙에서 둘 모두를 피한다. 고결함은 상황이 아무리 작고 사소해 보이더라도 덕목을 타협하지 않는다.

넷째, 권위를 존중한다. 에덴동산에서부터 현재에 이르기까지, 인간에게는 무엇을 하라는 말을 듣는 게 꽤 어렵고 힘든 일이었다. 좋은 일꾼의 자질 가운데 하나는 가르침을 잘 받을 수 있으며 때로는 무엇을 하라는 말을 잘 듣는 것이다. 이것은 그가 항상 그 일을 좋아해야 하거나 그 일에 동의하기까지 해야 한다는 뜻이 아니다. 이런 일이 있을 때, 그에게는 두 가지 선택이 있다. 그는 윗자리에 있는 사람들의 바람에 순복할 수 있다. 또는 유쾌하게 반대할 수 있다.

우리가 직장의 결정과 정책에 동의하지 않을 때, 우리에게는 불만을 표현할 권리가 있다. 그러나 우리의 불만은 적절한 때에, 적절한 태도로, 적절한 곳에서, 적절한 사람에게 표현되어야 한다. 우리의 좌절과 생각을 나눌 때, 귀담아 듣는 것이 말하는 것만큼이나 중요하다. 다시 말해, 닫힌 마음은 고용주만큼이나 일꾼들에게도 큰 문제이다. 결국 우리는 고용주의 입장을 조금 더 이해하게 될 것이다. 결과가 어떻든 간에, 유쾌한 반대는 찬성할 만하다.

하나님을 영화롭게 하기를 갈망한다

"또 무엇을 하든지 말에나 일에나 다 주 예수의 이름으로 하고 그를 힘입어 하나님 아버지께 감사하라"(골 3:17).

사랑과 존경이 두려움보다 더 좋은 관계의 기초이다. 이와 마찬가지로, 이 원리는 하나님께 대한 우리의 순종에 있어 앞의 원리보다 더 나은 기초이다. 우리가 하나님의 원리들을 중심에 두고 노동윤리를 발전시킬 때 우리는 그분을 기쁘시게 하며, 이것이 그리스도인의 주된 목적이어야 한다. 이러한 태도는 또한 우리가 자신의 성취를 바로 보는 데도 도움이 된다. 중요한 질문은 "이것이 내게 얼마나 큰 영광을 가져다줄 것인가?"라는 게 아니라 "이것이 하나님을 어떻게 높이고 영화롭게 할 것인가?"이다.

십계명 가운데 하나는 "안식일을 기억하여 거룩히 지키라"는 것이다(출 20:8). 예수님은 마가복음 2장 27절에서 이렇게 말씀하셨다.

"안식일은 사람을 위하여 있는 것이요 사람이 안식일을 위하여 있는 것이 아니니."

그렇다고 하더라도, 이 말씀이 안식일을 거룩하게 지키라는 계명이 우리와는 무관하다는 것을 의미하지는 않는다. 하나님은 지금도 우리가 안식일을 거룩하게 지키기를 기대하신다. 우리와 하나님의 관계를 생각하며 우리의 생계를 놓고 쉬는 시간을 가능한 한 많이 가짐으로써 안식일을 기억하라.

우리가 깨어 있는 시간 가운데 절반가량을 직장에서 보낸다고 생각할 때, 그 시간에 하는 일에 관해 건강한 태도를 길러야 한다는 말은 일리가 있다. 자신이 하는 일에 믿음을 가지며 능력을 다해 그 일을 하는 것은 중요하다. 그리스도인으로서, 우리는 자신이 일터에서 취한 행동과 태도가 자신이 주님이라고 부르는 분을 직접적으로 반영한다는 것을 결코 잊지 말아야 한다.

"이같이 너희 빛을 사람 앞에 비취게 하여 저희로 너희 착한 행실을 보고 하늘에 계신 너희 아버지께 영광을 돌리게 하라"(마 5:16).

+ 스페셜 칼럼

여가는 필수품! - 하워드 헨드릭스(Howard Hendricks)

여가는 우리의 감성적이며, 개인적이며, 사적인 삶에 시간을 투자하는 것을 말한다. 예수님은 복음서에서 열두 번이나 먼저 나서서 제자들에게 여가 시간을 주셨다. 마가복음 6장이 좋은 예이다. 제자들이 너무 바빠 식사조차 못하고 있을 때 예수님은 이렇게 말씀하셨다.

"너희는 따로 한적한 곳에 와서 잠깐 쉬어라"(막 6:31).

여가는 사치품이 아니라 필수품이다. 우리는 힘과 에너지를 재충전할 시간이 필요하다. 우리는 자신의 시각을 회복하고 속도의 변화를 경험할 시간이 필요하다. 삶은 바이올린과 상당히 비슷하다. 이따금 줄을 풀어주어야 한다. 그렇지 않으면 끊어진다.

여가는 모두에게 동일한 게 아니다. 어떤 사람은 스키를 타고 빠른 속도로 슬로프를 내려오면서 긴장을 푼다. 어떤 사람은 뒤뜰에 나가 손에 흙을 묻히면서 긴장을 푼다.

그리스도인으로서, 우리는 자신에게 긴장을 풀어야 할 시간이 필요하다는 것을 부인할 때 자신이 인간이라는 사실을 부인하는 위험에 빠진다. 몸은 성령이 거하시는 전(展)이기 때문에, 우리는 담배를 피우지 않거나 과음하지 않거나 마약에 손을 대지 않는다. 그러나 그 대신에 우리는 과식하면서 운동은 거의 하지 않음으로써 자신의 몸을 학대한다. 육체적인 건강은 우리의 영적 생활에 필수적이다.

우리는 '너 성결키 위해'(찬송가 212장)를 부른다. 서두른다고 거룩해질 수 있는 것은 아니다. 그러나 우리는 항상 서두른다. 서두르는 데서 벗어나 홀로 있는 시간이 필요하다. 우리는 자신의 영혼과 감성과 몸을 살찌우기 위해 혼자 있을 필요가 있다.

109 그리스도인은 '돈'을 어떻게 봐야 하는가?

+ 허드슨 아머딩
H u d s o n   A r m e r d i n g

그리스도인의 금전관(金錢觀)은 세상의 시각과는 전혀 다르다. 세상은 돈이란 우리의 노력이나 행운으로 얻어지는 것이라고 본다. 그래서 돈은 우리의 만족과 소비를 위한 것이며 그 자체가 목적일 때가 아주 많다. 많은 사람들이 돈을 쓰는 기쁨만큼이나 많은 즐거움을 돈을 버는 데서 얻는다.

세상은 나의 돈이 내 노력의 산물이라고 본다. 그것은 나의 것이다. 어떤 경제 이론가들은 세금으로 나가는 돈은 실제로 개인의 것이므로 징세는 강도짓이라고 말하기까지 한다.

그리스도인은 돈이 우리에게 주어진 것은 우리가 하나님께 영광을 돌리는 방법으로 그 돈을 사용할 수 있게 하기 위해서라고 본다. 우리가 돈에 대한 최종적인 관할권을 갖는 게 아니다. 우리는 하나님의 재산을 관리하는 청지기일 뿐이다. 이러한 원칙을 멋지게 설명하는 것이 달란트의 비유인데, 이 비유는 우리가 일해서 번 돈이 우리의 것인 이유도 하나님이 우리에게 기회를 주시기 때문이라는 것을 보여준다.

신자로서, 우리는 돈을 쓰는 방법에 대해 언제나 책임이 있다. 사도행전 5장에 나오는 아나니아와 삽비라의 이야기는 매우 강한 메시지를 던져준다. 베드로는 아나니아에게 "땅이 그대로 있을 때에는 네 땅이 아니며 판 후에도 네 임의로 할 수가 없더냐"라고 말했다. 바꾸어 말하자면, 아나니아는 자신이 그 돈을 쓰는 방법에 대해 책임이 있었다. 그가 판단을 받은 것은 거짓말을 하고 자신의 자원을 잘못 사용했기 때문이었다.

하나님이 주신 좋은 선물을 책임 있게 사용하며 그것을 잃어버리면 자신이 참담해질 거라는 태도에 얽매이지 않는다면, 하나님이 주신 좋은 선물들을 기쁘게 누릴 수 있다. 나는 무엇이든 소유하는 것은 잘못이라고 믿는 사람들의 생각에 동의하지 않는다. 나는 하나님이 좋은 선물을 풍성히 주시는 것은 우리로 하여금 누리게 하기 위해서라고 생각한다. 성경의 부자들은 이러한 원칙을 뒷받침해주는 좋은 예이다. 나는 부자들이 세상의 요구와 필요를 분명히 보고 반응하려고 노력해야 한다고 생각한다. 그리스도인들은 세상의 필요에 책임이 있다.

"도적질하는 자는 다시 도적질하지 말고 돌이켜 빈궁한 자에게 구제할 것이 있기 위하여 제 손으로 수고하여 선한 일을 하라"(엡 4:28).

하나님이 내 경제적 자원을 가져가신다면

우리는 하나님의 좋은 선물을 누리는 기쁨을 절제하고, 그렇게 절제한 것으로 필요를, 특히 믿음의 가정의 필요를 채워주어야 한다. 누가복음 12, 16, 18장은 돈에 대해 경고한다. 12장에 나오는 어리석은 부자의 이야기는 그리스도인이 결코 돈에서 안전을 구해서는 안 된다는 것을 보여준다. 16장에 나오는 부자와 나사로의 이야기는 하나님의 백성조차 성경을 무시할 만큼 돈에 마음을 빼앗길 수 있다는 것을 보여준다. 18장에 나오는 예수님과 젊은 부자 관원의 대화는 돈이 우리가 주님께 드려야 하는 완전한 헌신에 어떻게 장애가 될 수 있는지 보여준다. 그리스도인들은 스스로에게 물어보아야 한다.

"하나님이 나의 모든 경제적 자원을 빼앗아가셔도 나는 여전히 그분을 사랑하며 그분을 신뢰하겠는가? 아니면 나의 복을 빼앗으신 그분을 저주하겠는가?"

"나의 경제적 자원이 너무나 중요하기 때문에 주님이 이것을 빼앗아가신다면 나로서는 더 이상 그분을 신뢰하지 않거나 그분을 섬기려 하지 않겠는가?"

욥은 돈의 부족이 하나님을 향한 자신의 사랑을 가로막지 못하게 하는 신자의 모습을 아주 잘 보여준다. 아내가 그에게 "하나님을 욕하고 죽으라"고 말하자 그는 이렇게 대답했다.

"그대의 말이 어리석은 여자 중 하나의 말 같도다. 우리가 하나님께 복을 받았은즉 재앙도 받지 아니하겠느뇨"(욥 2:10).

이 구절은 "내가 모태에서 적신(赤身)이 나왔사온즉 또한 적신이 그리로 돌아가올지라 주신 자도 여호와시요 취하신 자도 여호와시오니 여호와의 이름이 찬송을 받으실지니이다"(욥 1:21)라는 말씀과 연관된다.

그리스도인들 중에는 우리에게 순종하고 충분한 믿음이 있으면 하나님이 우리 모두를 부자로 만들어주실 거라고 말하는 사람들이 있다. 이것은 성경이 가르치거나 보여주는 게 아니다.

예를 들면, 히브리서 11장에 열거된 충성된 그리스도인들은 자신의 모든 소유를 잃었다. 그러나 이들이 모든 것을 잃었고 핍박을 받았기 때문에 하나님의 은혜를 입지 못했다는 주장은 분명히 잘못된 것이다. 그리고 지금도 독재국가에서 살고 있는 신실한 사람들이나 과거에 하나님을 위해 모든 것을 잃은 사람들을 생각한다면, 이들이 믿음의 사람이 아니었다거나 하나님의 축복을 받을 만큼 그분을 신뢰하지 않았다는 주장은 생각조차 할 수 없을 것이다.

나는 우리가 충분한 믿음을 갖고 그분을 신뢰하기만 한다면 하나님이 우리를 부유하고 건강하게 하실 거라는 주장을 받아들일 수 없다. 오히려, 하나님은 우리가 청지기 역할을 올바르게 수행하고 우리의 소유를 성경에 맞게 사용하려 할 때 우리에게 물질적인 자원을 주실 것이다.

설교자들이 하나님은 드려진 헌금의 열 배를 돌려주실 거라고 주장하면서 헌금을 독려할 때가 많다. 그러면서 이들은 말라기 3장 10절을 근거로 제시한다.

"너희의 온전한 십일조를 창고에 들여 나의 집에 양식이 있게 하고 그것으로 나를 시험하여 내가 하늘 문을 열고 너희에게 복을 쌓을 곳이 없도록 붓지 아니하나 보라."

나는 우리가 청지기 역할을 충실하게 감당할 때 하나님이 우리의 필요를 채워주실 거라고 굳게 믿는다. 우리는 이런 경험을 한 적이 있다. 우리는 헌금을 했다. 그런데 다음날, 전혀 뜻밖에도 다른 곳에서 그 돈이 되돌아왔다. 그러나 헌금을 했지만 그 돈이 되돌아오지 않은 때도 있었다. 여기에 확실한 인과 관계가 있는 것은 아니다. 하나님은 그분의 섭리로 어떤 것들을 우리에게 주기를 미루시거나 다른 방법으로 우리에게 복을 주기를 원하신다. 그분은 우리에게 돈 대신에 영적 축복을 느끼는 감각을 주실 수도 있다.

마게도냐의 그리스도인들은 "극한 가난" 가운데서 헌금했다(고후 8:2). 이들이 자신들이 헌금한 것을 물질로 되돌려 받았다는 암시는 없다. 다만 하나님은 이들의 충성을 보시고 이들에게 복을 주셨다. 돈은 복일 수 있지만 그리스도인에게 그것은 궁극적인 복이 아니다.

종의 마음을 가진 위대한 사람

_기꺼이 자신을 낮출 줄 아는 선교회 대표 카메론 타운센드(Cameron Townsend) 이야기

_제임스 헤플리 James Hefley

'위클리프 성경번역선교회'(Wycliff Bible Translators)를 창설한 카메론 타운센드는 그 선교회의 대표를 맡고 있었다. 현재 이 선교회에서는 5,000명 이상의 사람들이 600개 이상의 언어를 다루면서 사역하고 있다. 이 선교회는 성경을 소수 민족 언어로 번역하는 일을 담당하는 선교회들 중에서 언제나 주도적인 역할을 해왔다. 그런데 내가 그 선교회의 대표인 타운센드에게 배운 것은 '종의 정신'이다.

그는 편지에 서명을 할 때 언제나 그의 손으로 작고 구불구불하게 '예수님을 위한 당신의 종'이라고 썼다. 그러나 아마도 이 '그리스도를 위한 종'은 20년 이상 남미(南美)에서, 특히 콜럼비아, 페루, 멕시코 및 과테말라에서 가장 영향력 있는 미국 시민이었을 것이다. 심지어 그가 어느 나라를 방문할 때 종종 그 나라의 대통령이 그를 위해 파티를 베풀기도 했다. 그렇지만 그는 매우 겸손했다. 아마도 내가 아는 사람들 중에서 가장 겸손한 사람이 아닌가 싶다.

그의 전기를 쓰면서 나와 내 아내는 그를 알았던 수십 명의 사람들을 만나보았다. 그들 중에는 나의 친구 휴 스티븐(Hugh Steven)도 끼어 있었다.

스티븐과 그의 아내 노마(Norma)가 '위클리프 성경번역선교회'에 왔을 때 그들은 이미 타운센드에 대하여 이야기를 들었지만, 개인적으로 그를 아는 사이는 아니었다고 한다.

어느 날 저녁 그들이 식사를 하고 있는데 그 위대한 사람이 불쑥 그들의 집에 찾아왔다. 그들은 기뻐하면서 그를 들어오게 한 후 함께 식사를 마쳤다. 당신은, 예상치 못하게 찾아온 손님을 접대하기 위해 노마가 분주하게 집안을 종종 걸음으로 왔다갔다 했을 것이라고 쉽게 짐작할 수 있을 것이다.

스티븐 부부는 그와 이야기를 나누느라고 시간 가는 줄 몰랐다. 그러다가 그들은 그날 밤에 참석하기로 되어 있던 성경공부 모임에 늦을 것이라는 생각이 떠올랐다. 설거지를 할 시간이 없기 때문에 접시들을 식탁 위에 그대로 놓아두어야 할 판이었다. 그들은 난감했다. 그때 타운센드가 "염려하지 마십시오. 제가 설거지를 하겠습니다. 부담 갖지 마십시오"라고 즉시 말했다.

스티븐 부부는 깜짝 놀랐다.

"아니요. 아닙니다. 우리가 하겠습니다. 성경공부 모임에는 조금 늦을 수밖에 없지요."

하지만 타운센드는 "어서 성경공부 모임에 가십시오. 설거지는 제가 하겠습니다"라고 주장했다. 그를 말리는 것은 불가능해 보였다. 결국 그 선교회 소속의 젊은 부부는 외출했고, 그 선교회의 대표는 집에 남아서 설거지를 했다.

훗날 스티븐은 이렇게 회상했다.

"나는 유능하고 훌륭하다는 인상을 풍기는 사람들을 많이 만나보았습니다. 그러나 그날, 우리 집에서 설거지를 하는 그를 뒤로하고 성경공부 모임으로 달려가면서 나는, 내가 진정으로 겸손한 사람, 즉 예수님의 진정한 제자와 함께 저녁 시간을 보냈다는 것을 깨달았습니다."

내가 주와 또는 선생이 되어 너희 발을 씻겼으니 너희도 서로 발을 씻기는 것이 옳으니라(요 13:14).

19장

섬김과 나눔

그리스도인의 섬김은 섬김을 받는 사람들에게 그리스도를, 그분의 아름다움
과 온기를 전해준다. 또한 섬기는 사람들에게는 그리스도의 선물을 가져다준
다. 하나님을 섬기고 다른 사람들을 섬기는 일은 잔치에 참석하는 것과 같다.

110 섬김은 필수인가, 선택인가?

+ 길버트 비어스
Gilbert Beers

작년 겨울, 눈이 오는 어느 날 밤이었다. 나는 장작 몇 개를 난로에 넣었다. 그날 밤은 추웠다. 그러나 내가 장작을 넣고 불을 피우자 방은 온기로 가득 찼다. 장작은 울퉁불퉁하고 회색빛이었으며 바깥에 몇 해 동안 쌓인 채 비바람을 맞은 것이었다. 거기에는 아름답거나 따뜻한 게 전혀 없었다. 그러나 일단 사용되자 우리 가정과 가족에 따뜻함을 주었고, 우리는 꽤 오랜 시간 동안 타오르는 장작불을 보며 기뻐했다.

우리는 다른 사람들을 섬길 때 타오르는 장작처럼 된다. 우리 자체는 매력이 없다. 그러나 우리는 하나님을 위해 사용될 때 그분의 영광을 나타낸다.

지난 가을에, 아내와 나는 튤립과 나팔수선화 알뿌리를 심었다. 이것들을 심어본 적이 있다면 이런 알뿌리가 얼마나 볼품없는지 알 것이다. 그러나 봄이 되면, 이 볼품없는 덩어리들이 아름다움을 나타내며 다채로운 광경으로 사람들을 놀랜다. 다른 사람들을 섬길 때, 우리는 이러한 꽃의 알뿌리처럼 된다. 우리 자체로는 매력이 없다. 그러나 예수님을 위해 사용될 때, 우리는 그분의 아름다움을 드러낸다.

이러한 두 예는 평범한 것들이 사용될 때 어떻게 따뜻함과 아름다움이 나타나는지 보여준다. 그러나 두 설명은 불완전하다. 섬기는 그리스도인들은 장작이나 알뿌리보다 더 복이 있다. 그리스도인들은 더 매력적이 된다.

섬김을 통해 성장한다

그리스도인의 섬김은 섬김을 받는 사람들에게 그리스도를, 그분의 아름다움과 온기를 전해준다. 또한 섬기는 사람에게는 그리스도의 선물을 가져다준다. 하나님을 섬기고 다른 사람들을 섬기는 일은 잔치에 참석하는 것과 같다. 우리는 잔치의 기쁨 속에서 활력과 힘을 얻는다.

우리 자녀들은 모두 크리스천 캠프의 상담자나 스테프로 섬긴 적이 있다. 몇 년 동안, 나는 우리 자녀들과 그 친구들이 섬김을 통해 성장하는 것을 보았다. 나는 캠프에 참여하는 사람들도 캠프를 통해 많은 도움을 받지만 캠프의 상담자들과 스테프들이 이들보다 훨씬 더 많은 것을 받는다고 믿는다. 성장은 섬김 받는 것을 통해서가 아니라 섬기는 것을 통해 이루어진다. 운동을 하면 몸에 힘이 붙듯이 우리가 섬길 때 믿음이 성장한다.

그러나 섬김을 통해 얻을 수 있는 것이 결코 하나님을 섬기고 다른 사람들을 섬기는 동기가 되어서는 안 된다. 이런 것이 우리의 동기가 된다면, 우리는 깨끗한 마음으로 주고 있는 게 아니며 하나님은 그분의 충만한 복으로 우리에게 보답하지 않으실 것이다. 그러나 우리가 주기를 원하기 때문에 섬긴다면, 주는 것보다 훨씬 많이 받게 될 것이다. 우리는 그리스도 안에서 자라며, 우리의 섬김의 능력도 훨씬 더 효과적으로 자랄 것이다.

달란트의 비유는 효과적인 섬김의 상급에 대해 많은 것을 말해준다(마 25:14-30). 게으른 종은 상급을 받지 못했다. 그는 사용하지 않은 달란트를 빼앗겼으며 주인 앞에서 쫓겨났다. 그러나 충성스러운 종들은 상급을 받았다. 그 상급은 자신들을 위한 큰 부가 아니라 섬김을 위한 더 큰 기회였다.

섬김의 마음을 가진 사람은 이러한 상급에 감사한다. 그는 우리의 주님이자 주인이신 예수 그리스도를 섬기는 데 따른 최고의 상급은 섬김을 위한 더 큰 기회임을 깨닫는다. 이것은 우리가 섬김을 통해 영적으로 성장하며 그분의 생명의 말씀이 필요한 사람들에게 그 말씀을 전하는 보다 큰 그릇이 되기 때문이다.

우리가 상급을 위해 섬긴다면 더 큰 섬김을 상급으로 받지 못할 것이다. 왜냐하면 우리는 빈약한 동기에서 섬길 것이기 때문이다. 그러나 우리가 그리스도를 기쁘게 해드리기를 원하기 때문에 그분을 섬긴다면 그리스도께서는 우리에게 가장 큰 상급, 곧 그분을 훨씬 더 효과적으로 섬길 수 있는 기회를 주실 것이다. 우리는 그분을 섬기는 과정에서 영적으로 성장할 것이다. 우리는 그분이 우리에게 주실 더 큰 섬김에 준비된 보다 훌륭한 종이 될 것이다. 영적 성장은 더 많은 경건이 아니라 예수님을 섬기는 더 큰 능력이다. 우리는 섬길 때 그분을 더 닮아가며, 그분의 지상명령을 수행할 준비를 더 잘 갖추게 된다.

우리가 주님의 축복을 다른 사람들에게 전하는 보다 효과적인 그릇이 될 때 아름다운 일이 일어난다. 그분의 형상으로 창조된 우리는 그분의 일을 할 때 그분을 더 닮게 된다. 영적으로 성숙한 사람은 매력적이며, 그리스도의 흔적을 지니고 있다. 사실 이보다 더 큰 상급은 없다.

111 내가 속한 교회를 섬기는 방법은?

+ 하워드 헨드릭스
Howard Hendricks

교회는 사람들이 섬기도록 하는 데 어려움을 겪고 있다. 이것은 교회가 교회의 '일'과 '사명'을 한 번도 구분한 적이 없기 때문이다. 두 개의 교회가 있다. 하나는 모이는 교회이며 다른 하나는 흩어지는 교회이다. 교회의 일은 10~20퍼센트의 교인들이 참여하는 가운데 교회에서 이루어진다.

누군가 내게 우리 교회가 어디에 있느냐고 묻는다면 우리는 주일 아침 11시에 4번가와 메인가가 만나는 지점에 있다고 말한다. 그러나 월요일 아침 11시에는 우리 교회가 사무실, 학교, 공장 등 지역사회 전체에 흩어져 있다. 교회의 사명은 100퍼센트의 신자들을 위한 것이며 100퍼센트의 시간을 위한 것이다. 사람들은 하나님을 섬기는 일이 교회에서 이루어져야 한다고 생각한다. 그러나 우리는 가정과 일터에서도 하나님을 섬길 수 있다. 교회에서 봉사자를 모집할 때, 우리는 세 가지를 일시적으로 중지할 필요가 있다.

첫째, 참여를 구걸하는 광고를 중단해야 한다.

"다음 주 화요일에 와주시겠습니까? 심방을 하려고요. 지난 화요일에는 아무도 오지 않았거든요. 그러니 저희를 좀 도와주시겠습니까?"

우리가 이렇게 한다면, 다음 주 화요일에는 우리가 절대로 심방을 보내서는 안 되는 두 사람 외에는 아무도 나타나지 않을 것이다. 우리가 공개적으로 간청할 때, 사람들은 하나님이 곤경에 처하셨다는 인상을 받는다.

둘째, 막판 지명을 금해야 한다. 주일학교 부장이 장년부에 살금살금 들어가 맨 뒷줄에 앉아 있는 사람의 어깨를 톡톡 치면서 아동부에서 평생 섬기라고 명한다. 이런 경우, 교인들이 배우는 것은 주일학교 교사가 되고 싶지 않다면 장년부에서 맨 뒷줄에 앉지 말라는 것이다.

셋째, 팔을 비트는 기술을 버려야 한다. 우리는 한 사람에게 이렇게 말한다.

"교회를 다 뒤졌지만 고등부에 적합한 사람을 찾지 못했습니다. 저희는 지난 여덟 달 동안 선생님을 일곱 명이나 잃었고 절망에 빠져 있습니다. 그리고 마침내 당신의 이름을 알게 되었습니다. 맡아주시지 않겠습니까?"

그 사람은 이렇게 말한다.

"글쎄요. 바빠서요."

그러면 우리는 이렇게 말한다.

"많은 시간이 필요하지는 않을 겁니다. 맡아주시면 저희에게 큰 도움이 될 겁니다."

우리가 한 사람을 어떻게 모집하느냐에 따라 그 사람이 어떻게 섬기느냐가 결정된다. 우리는 사람을 적재적소에 배치하는 것을 주로 담당하는 배치위원회를 둘 필요가 있다.

배치위원회는 후보자와 면담 약속을 하고 그에게 맡기고 싶은 일이 어떤 것이며 교회가 어떤 훈련과 자원을 제공하는지 정확히 설명해준다. 그런 후, 배치위원회는 후보자에게 이 문제를 놓고 기도해보라고 요구한다. 후보자에게 기도해보라고 요구하는 것은 단순한 영적 장치가 아니다. 후보자는 하나님께 "예"라고 대답하기 전에 교회에 "예"라고 대답해서는 안 된다. 그러나 후보자는 하나님께 "아니오"라고 대답하기 전에 교회에 "아니오"라고 대답해서도 안 된다.

우리 교회에는 이런 모토가 있다.

"우리는 당신에게 많은 것을 기대하며, 당신은 우리에게 많은 것을 기대할 수 있습니다."

바꾸어 말하자면, 교사들이나 심방하는 사람들이나 집사들을 위한 특별한 기준이 있다. 우리는 결코 적절한 훈련도 제공하지 않은 채 교회를 섬기라고 요구하지는 않는다. 그 결과, 우리 교회의 봉사자들은 일을 잘하며 자신의 시간과 달란트를 교회에 드리면서 행복해한다.

복음의 능력을 회복하라

복음은 20세기 말에도 그 능력을 잃지 않았다. 그러나 요즘 너무나 많은 교회에서, 복음은 청중을 잃어버렸다. 그 한 가지 이유는 건물 중심과 프로그램 중심으로 복음에 접근하기 때문이다.

우리는 우리의 인간 관계망에서, 우리의 공동체에서, 우리의 사무실에서, 우리의 테니스 클럽에서 잃어버린 사람들과 관계를 형성하는 생활 속의 전도에 초점을 맞춰야 한다. 우리는 자주 보는 사람들을 알게 됨으로써 그들에게 복음을 전할 권리를 얻는다. 우리는 사회적 행사와 체육대회와 콘서트에 함께 참여하고 사무실 정수기를 함께 사용하며, 이러한 공동의 기반을 기초로 이들을 그리스도께 인도한다.

교회에는 가장 어린 아이들에서부터 나이든 노인에 이르기까지 모든 연령층의 필요를 충족시키는 프로그램이 있어야 한다. 우리는 편부모 가정에, 의붓부모와 의붓자녀로 이루어진 가정에, 그리고 독신자들에게 초점을 맞추고 있는가? 미국 인구 가운데 가장 급속하게 늘어나고 있는 노년층의 관심사를 다루어

라. 사업가들과 전문직 종사자들을 통해 세속 문화 속에서 섬기며, 장애인과 재소자와 같은 계층을 섬겨라.

간단히 말해, 교회는 지역사회에 민감해야 한다. 교회는 지역사회에서 무슨 일이 일어나고 있으며, 어떤 사람들이 상처를 받고 있으며, 이들의 필요를 채워 주기 위해 무엇을 할 수 있는지 알기 위해 안테나를 세워야 한다.

112 우리는 모든 사람들에게 복종해야 하는가?

+ 자넷 오크
Janette Oke

복종! 정말로 무서운 단어이며, 현재 우리 사회에서 전혀 인기 없는 단어이다. 어느 사전은 복종이란 "타인의 권위에 굴복하는 것, 항복하거나, 단념하거나, 판단이나 결정을 맡기거나, 순응하거나, 종속되거나, 따르는 것"이라고 말한다. 예수님은 모세를 인용하시면서 '복종'을 훨씬 더 잘 말씀하셨다.

"네 이웃을 네 몸과 같이 사랑하라"(레 19:18 ; 눅 10:27).

누가 우리의 이웃인가? 우리가 접촉하는 모든 사람들이다. 이것은 우리가 모두에게 복종해야 한다는 뜻인가? 이것이 성경이 말하고 있는 것인가?

복종의 대상

우리는 개인으로서의 다른 사람들에게 복종하는 것과 그들의 신념이나 생각이나 특성에 복종하는 것을 주의 깊게 구분해야 한다. 우리가 비진리나 거짓 교리나 부패 등에 대해 단호한 자세를 취해야 한다는 데는 의심의 여지가 없다.

그러나 우리는 잘못된 사상에 반대할 때도 그 사상을 주장하는 개인에게 복종해야 한다. 복종하면서도 "믿음의 선한 싸움을 싸우며"(딤전 6:12), "굳게 서며"(엡 6:13), "할 말을 담대히 하며"(엡 6:20), "성도에게 단번에 주신 믿음의 도를 위하여 힘써 싸우는" 게 가능하다(유 3절).

성경은 "존경하기를 서로 먼저 하라"고 말한다(롬 12:10). 우리는 먼저 자신을 하나님께 복종시켜야 한다. 우리는 우리를 창조하시고 구속하신 하나님이 우리에게 가장 좋은 게 무엇인지 아신다는 확신 속에서 이렇게 할 수 있다.

우리의 뜻을 다른 사람들에게 심지어 하나님께 복종시키는 것은 우리에게 요구되는 가장 어려운 일일 것이다. 나는 신약성경에서 예수님에 관한 이야기를 보면서 영광의 왕이신 분이 자신의 뜻을 완전히 포기하실 수 있었다는 사실에 깜짝 놀란다.

"내 원대로 마옵시고 아버지의 원대로 되기를 원하나이다"(눅 22:42).

하나님은 우리도 이와 똑같이 하기를 원하신다. 그분은 우리가 가진 모든 것과 우리의 존재 전부를 원하신다.

우리가 자신을 위해 움켜잡고 싶은 작은 부분은 언제나 있게 마련이다. 우리는 갑자기 이 부분과 마주치기 전까지는 이 부분을 의식하지 못할 때가 많다. 이때 우리는 자신이 복종함으로 십자가 앞에 나아가야 한다는 것을 다시 한 번 깨닫는다. 우리가 복종한 후에야 하나님은 우리를 제대로 사용하실 수 있으며 우리에게 복을 주시고 우리를 사역의 도구로 사용하실 수 있다.

하나님께 복종한 후, 우리는 서로에게 복종해야 한다. 성경은 이웃을 자신처럼 사랑하라고 말한다. 이것은 내 이웃을 적어도 나와 동등한 위치에 두어야 한다는 뜻이다. 성경은 심지어 원수를 사랑하라고 말한다. 우리 대부분에게는 철천지 원수가 많지 않다. 그러나 우리를 깎아내리고, 조롱하며, 작은 부분에서 우리에게 해를 끼치는 사람들은 우리 주변에 언제나 있다. 우리는 사랑으로 반응하는 법을 배우면서 주님 안에서 이러한 사람들에게 복종해야 한다.

우리가 주변 사람들 하나하나를 하나님의 사랑을 받을 가치가 있는 존재로 본다면 그 사람에게 복종하기가 더 쉬울 것이다. 지구상에 살고 있는 한 사람 한 사람은 하나님이 창조하신 존재이다. 아담과 하와는 하나님의 형상으로 창조되었으며, 우리가 죄를 통해 그분의 창조를 훼손했다 하더라도 우리가 만나는 가장 고상한 사람들부터 가장 비천한 사람들에 이르기까지 우리의 친구들과 우리의 이웃들과 우리 가운데 서 있는 낯선 사람들 속에는 아직도 하나님의 형상이 어느 정도 남아 있다.

다른 사람들에게 어떻게 복종하는가?

성경은 다른 쪽 뺨도 돌려대라고 말한다(마 5:39). 이것은 모든 초점이 내게 맞춰진 사회, 내 자신의 일을 하며 최고가 되라고 말하는 사회에서는 옳은 행동으로 들리지 않는다. 다른 쪽 뺨을 돌려대며, 존경하기를 서로 먼저 하는 것(자신보다 남을 더 존경하는 것)은 자연스러운 게 아니다. 다른 사람들이 다 이렇게 한다면 나도 이렇게 하기가 쉬울 것이다. 그런데 문제는 복종하는 사람들이 우리뿐일 수 있다는 것이다.

복종하거나 포기하는 게 너무나 어렵기 때문에, 그리스도인들 가운데도 이것을 배우지 못한 사람들이 있다. 우리가 이러한 사람들을 먼저 존중하더라도 이들이 우리를 똑같은 수준으로 존중하지는 않을 것이다. 우리는 이런 결과에 대비해야 한다. 복종은 일방통행이어서는 안 된다(에베소서 5장 21절은 "그리스도를 경외함으로 피차 복종하라"고 말한다). 그러나 복종은 때로 일방통행이어야 한다. 그리고 우리는 여전히 기꺼이 복종해야 한다.

복종이 어려운 것은 우리가 자유 의지를 가진, 선택의 능력을 가진 존재로 창조되었기 때문이다. 자유 의지를 포기하는 것은 우리의 본성에 맞지 않는다. 물론, 죄가 세상에 들어온 후 복종은 훨씬 더 어려워졌다. 우리의 육신은 복종을 거부한다. 우리는 자기 자신이기를 원하며, 자신의 일을 하기를 원하며, 자신이라는 배의 선장이기를 원하며, 스스로 자신의 항로를 결정하기를 원한다. 우리는 통제권을 갖기를 원한다.

사탄은 우리가 복종하기를 원하지 않는다. 우리가 복종하기를 계속 거부하고 우리와 하나님의 관계나 우리와 다른 사람들과의 관계에서 자신의 길을 고집한다면, 끊임없는 동요와 불일치 가운데서 살게 될 것이다. 사탄은 우리에게 저항하라고 촉구한다. 왜냐하면 저항이 우리의 파멸을 초래하리라는 것을 알기 때문이다.

복종의 참의미

복종은 우리 자신이 짓밟히도록 허락한다는 뜻이 아니다. 복종은 우리 자신의 의견을 포기한다는 뜻이 아니다. 나는 하나님이 우리에게 물에 물탄 듯 술에 술탄 듯 하기를 요구하신다고 생각하지 않는다. 사실, 우리 그리스도인들에게는 세상 그 누구보다 확고한 진실함과 개성과 고결함이 있어야 한다. 주변 모든 사람들이 우리가 무엇을 주장하는지 알 수 있어야 한다. 우리는 기독교 신앙 위에 서지만 그리기 위해 사람들과 싸우지는 않는다. 우리는 다른 사람들이 우리의 믿음이나 생활 방식을 지배하도록 허락함으로써가 아니라 그들에 대한 깊은 보살핌과 관심을 보여줌으로써 그들에게 복종한다.

우리가 다른 사람들에게 복종하는 것은 그들을 주님께로 인도하거나 그들을 믿음 위에 세우기 위해서이다. 우리가 다른 사람들이 하나님을 향해 자라도록 도우려면 우리 자신이 스스로 균형을 잃지 않고 그들에게 다가갈 수 있을 만큼 강해야 한다. 우리는 자신이 어디에 서 있는지 확실히 알아야 한다. 우리는 성경이 반대하는 세상의 철학들을 가려내야 한다. 그리고 우리는 왜 우리가 지금처럼 믿는지 알아야 한다. 우리 자신이 강할수록 우리는 진정한 사랑 가운데 다른 사람들에게 더 잘 복종할 수 있다.

미숙한 그리스도인에게는 복종이 매우 어렵다. 사람이 자신의 길을 고집하는 것은 자연스러운 모습이다. 하나님의 명령을 확신하지 못할 때 사람의 '생각'에 복종하는 것도 위험하다. 그러나 자신이 일단 말씀 안에 굳게 뿌리를 내리고 있으며 자신이 어디에 서 있는지 안다면, 당신은 굳게 서면서도 "자신보다 남을 더 존경할" 수 있다.

2차 세계대전 중에 겪은 일 때문에 나치 수용소를 온 몸으로 증오했던 코리 텐 붐(Corrie ten Boom)은 강한 크리스천 여성이었다. 어느 날 강연을 끝낸 후, 그녀는 자신이 수용소에 있을 때 감시병 가운데 하나였으며 자신을 학대했던 남자를 보게 되었다. 이제 그는 그리스도인이 되어 있었다.

코리 텐 붐이 이 남자에게 복종의 태도를 취하기란 쉽지 않았다. 그러나 하나님은 그녀가 그 남자와 그의 행동을 분리하도록 도와주셨다. 그녀는 그 남자가 수용소에서 했던 일들이 그리스도인이 다른 사람들을 어떻게 대해야 하는가에 대한 하나님의 가르침에 어긋난다는 것을 알았다. 그러나 하나님은 그녀에게 그를 한 사람의 개인으로 사랑할 수 있는 힘을 주셨다. 믿음이 강했기 때문에, 그녀는 손을 내밀어 그 남자와 악수를 할 수 있었다. 이것이 복종이다.

113 누구에게 말씀을 나누어야 하는가?

+ 캘빈 밀러
C a l v i n   M i l l e r

우리는 어두운 방에 촛불을 켜면서 "방의 한 부분만 밝힐까요?"라고 묻지 않는다. 아무리 먼 곳이라도 촛불이 원하는 곳이면 어디든 비추도록 놓아둔다. 마찬가지로, 우리의 증거를 전할 사람들을 제한해서는 안 된다. 우리는 하나님이 우리의 증거 대상을 선택하시게 해야 한다.

하나님은 그 누구도 멸망하기를 원하지 않으신다(벧후 3:9). 다시 말해, 하나님은 버스 기사, 아이스크림을 파는 아가씨, 우리가 일상에서 마주치는 그 누구도 멸망하기를 원하지 않으신다. 다른 사람들에게 관심을 가질 틈은 언제나 있으며, 때로는 증거하기에 적절한 순간이 있다.

나는 수영장이나 극장에 서서 전하는 것을 절대로 믿지 않는다. 예수님은 사람들에게 다가갈 때 "뱀같이 지혜롭고 비둘기같이 순결하라"고 말씀하셨다(마 10:16). 우리는 증거의 순간을 주의 깊게 선택할 필요가 있다. 그러면 우리가 전하는 말이 더 효과적일 것이다.

마음을 열고 복음을 들으려는 사람이 있다면 그에게 어떻게 말해야 하는가? 성령이 조명자라는 사실을 기억하라. 성령께서는 "죄와 의와 심판에 대하여 세상의 잘못을 깨우치실 것이다"(요 16:8). 우리가 사람을 깨우치려 해서는 안 된다. 성령께서 깨우치실 것이다.

항상 상대방의 표정을 살피면서 복음을 제시하면 문제가 없을 거라고 말할 수는 없다. 때로 사람들은 우리가 그리스도를 전할 때 정중하게 듣기는 하지만 마지못해 듣는 것일 수 있다. 상대방이 복음을 들을 준비가 되어 있는지를 알아보려면 눈을 살피면 된다. 눈을 가리켜 영혼의 거울이라고 한다. 상대방의 눈이 반짝인다면, 눈이 "예"라고 말한다면, 우리는 그에게 그리스도를 전해야 한다.

반대로, 상대방에게서 적대감이 느껴진다면 계속 밀어붙이며 증거해서는 안 된다. 정중하게 대화에서 물러나거나 상대방 앞에서까지 물러날 방법을 찾아야 한다. 사람들이 우리와의 대화를 원하지 않는다면, 그것은 틀림없는 그들의 권리이다. 그들이 대화하기를 싫어하는 내용이 복음뿐이라면, 그들의 대화가 우리의 제자도를 해치지 않는 한 그들이 대화하기를 원하는 부분으로 진입할 수 있는 다리를 찾아보아야 한다.

우리는 복음 제시에 적합한 때를 기다려야 한다. 사람들의 귀가 준비될 때가 올 것이다. 사람들은 가슴 아픈 일이나 큰 축복을, 사랑하는 사람을 잃는 슬픔이나 기쁜 일을 겪게 될 것이다. 이들은 어떤 것에 주의를 빼앗기게 되고 복음을 들을 준비를 갖추게 될 것이다.

나는 하나님이 들을 준비가 된 사람들을 주변에 아주 자주 두시는 것을 보면서 늘 놀란다. 최근에 비행기를 타고 가는데 바로 옆에 어떤 청년이 앉아 있었다. 그러나 나는 대화하고 싶은 생각이 전혀 없었다. 그 청년 잘못이 아니었다. 나는 먼 도시에서 긴 모임에 참석하고 돌아오는 중이라 너무 피곤했고 누구와도 이야기하고 싶지 않았다. 나는 책 한 권을 꺼내 얼굴을 덮고 세상과 나를 차단하려 했다. 그때 청년이 울고 있는 게 보였다. 이런 상황에서 내가 무엇을 할 수 있 겠는가?

나는 청년과 대화하는 중에 바로 전날 자동차 사고로 청년의 온 가족 곧 어머 니와 아버지와 누이가 죽었다는 사실을 알게 되었다. 청년의 말에 따르면, 그는 하나님을 위해 많은 시간을 가져본 적이 전혀 없었다. 그러나 이제 그는 들을 준 비가 되어 있었다. 나는 청년에게 누군가 그에게 관심을 갖고 있다고 말해주었 다. 예수 그리스도였다. 3만 피트 상공에서, 나는 성경을 펴서 그리스도의 위로 와 보살핌에 관한 놀라운 구절을 그와 나누었다. 그리고 청년은 예수님을 자신 의 구주로 영접했다.

하나님은 적절한 순간에 사람들을 우리에게 보내신다. 우리가 그 순간에 집 중할 수 있다면, 하나님은 우리를 놀랍게 사용하실 수 있다.

어디서부터 복음을 전해야 하는가?

온 세상에 복음을 전한다는 게 무슨 뜻인가? 나는 이것이 가까운 세상, 자신 이 사는 동네에서 시작된다고 믿는다. 이것은 복음을 제한하는 게 아니다. 우리 가 자신이 사는 곳에서 접촉하는 사람들이 이웃동네 사람들과 접촉하며, 그들이 다시 다른 사람들과 접촉하는 식으로 인간관계의 사슬이 이어져 복음이 온 세상 을 덮게 된다. 우리는 세상의 어느 작은 귀퉁이에 살고 있다. 그러나 우리가 이 귀퉁이에서 정말로 충성을 다한다면, 우리의 충성은 온 세상에 영향을 미칠 것 이다.

예수님은 제자들에게 마지막 인사를 하실 때 먼저 그들이 살고 있는 도시 예 루살렘에서, 다음에는 이웃나라인 사마리아에, 마지막으로 '땅 끝까지' 이르러 그분의 증인이 되라고 말씀하셨다(행 1:8). 이들은 집에서부터 시작해야 했다. 내 가 늘 좋아하는 말이 있다.

"집에서 안 켜지는 등잔이라면 인도네시아에 가져가도 쓸 데가 없다."

우리가 자신의 삶이 완벽해질 때까지 기다렸다가 그리스도를 전할 수는 없 다. 그때까지 기다렸다가는 그분을 전혀 전할 수 없을 것이다. 우리가 그리스도 를 전하는 것은 그렇게 하는 게 옳기 때문이다. 우리는 주님을 모르는 사람을 만날 때, 그 사람이 지금 많은 문제를 겪고 있으며 영원에서 문제를 겪게 되리라는 것을 안다. 우리가 그에게 그리스도를 전하는 것은 우리가 대단한 영적 승리를 거두었거나 우리와 주님 사이가 더할 나위 없이 좋기 때문이 아니라 그 사람이 그리스도를 발견할 필요가 있기 때문이다.

114 말씀을 널리 나누는 다양한 방법들은?

+ 빌 브라이트
Bill Bright

말씀을 널리 나누는 것, 곧 증거란 그리스도 안에 있는 사람의 삶이 밖으로 넘쳐흐르는 것이다. 사도 바울은 "그리스도의 사랑이 우리를 강권하시는도다"라고 했다(고후 5:14). 그러므로 가서 모든 족속으로 제자를 삼으라는 지상명령을 수행할 수 있으려면 먼저 큰 계명, 곧 사랑하라는 계명을 지켜야 한다. 우리는 마음을 다하고, 목숨을 다하고, 힘을 다하고, 뜻을 다하여 하나님을 사랑한다. 그런 후에, 그 사랑이 우리를 강권하기 때문에 이웃을 사랑하고 원수를 사랑하며 이들에게 예수님을 전한다. 우리는 의지의 한 표현으로써, 믿음으로 이렇게 한다.

"우리가 그(그리스도)를 전파하여 각 사람을 권하고 모든 지혜로 각 사람을 가르침은 각 사람을 그리스도 안에서 완전한 자로 세우려 함이니, 이를 위하여 나도 내 속에서 능력으로 역사하시는 이의 역사를 따라 힘을 다하여 수고하노라"(골 1:28,29).

우리는 어디를 가든 듣겠다고 하면 누구에게나 그리스도를 전한다. 성령 충만한 사람은 예수 그리스도께서 자기 안에 살아계시며 자신의 몸 안에서 행하신다는 것을 안다. 그러므로 우리는 매일 아침 무릎을 꿇고 그리스도의 주되심을 인정할 때, 그분이 우리를 통해 잃은 자들을 찾아 구원하시도록 구해야 한다.

어디를 가든, 누구를 만나든지

나는 어디를 가든, 몇 분 동안 누군가와 단둘이 있을 때마다 예수님을 전하기 시작한다. 내 눈에는 도처에 "에티오피아(구스) 내시"가 많이 보인다. 얼마 전, 뉴저지로 가는 비행기에서 옥스퍼드 출신의 젊은 엔지니어의 옆자리에 앉은 적이 있다. 대화를 나누는 동안, 그는 그리스도인이 되고 싶다고 했다. 그는 작은 소리로 기도했고, 나도 그와 함께 기도했다. 그는 너무나 흥분했다. 하나님은 우리가 하나 되게 하셨다.

나는 뉴저지에서 내렸다. 짐꾼이 내 짐을 옮기려고 기다리고 있었다. 나는 그에게 '사영리'를 하나 건네주면서 그리스도인이냐고 물었다. 그는 아니라고 했다. 그에게 그리스도인이 되고 싶으냐고 물었다. 그는 "네!"라고 대답했다. 그는 잠시 사영리를 읽었고 거기에 소개된 짧은 기도와 기도하는 법에 대한 설명을 보게 되었다. 그 기도는 이런 것이었다.

"주 예수님, 나는 주님을 믿고 싶습니다. 십자가에서 죽으심으로 내 죄값을 담당하시니 감사합니다. 지금 나는 내 마음의 문을 열고 예수님을 나의 구주, 나의 하나님으로 영접합니다. 나의 죄를 용서하시고 영생을 주심을 감사합니다. 나를 다스려주시고, 나를 주님이 원하시는 사람으로 만들어주소서."

내가 물었다.

"이 기도가 당신의 바람을 표현하고 있나요?"

"물론이죠."

"그렇다면 함께 기도합시다."

우리는 기도했다. 다시 한 번, 그는 내가 그를 그가 오랫동안 알고 싶어했던 그 주님께 소개해준 것에 크게 감사했다.

나는 워싱턴으로 날아갔다. 호텔로 가는 택시에서, 기사에게 그리스도인이냐고 물었다. 택시 기사는 에티오피아 유학생이었다. 그는 교회에 다니지만 그리스도는 모른다고 했다. 나는 그에게 예수님이 하나님의 아들이라는 것을 믿느냐고 물었다. 그는 믿는다고 했다.

“그분이 당신의 죄를 위해 죽으신 것을 믿으세요?”

그는 또 다시 믿는다고 대답했다.

“그분을 어떻게 영접하는지 아세요?”

내가 물었다. 그는 모른다고 했다. 그래서 다시 물었다.

“그분을 영접하기를 원하세요?”

그는 그렇다고 했다. 그래서 우리는 길가에 차를 세웠고, 거기서 그는 예수 그리스도를 영접하는 기도를 했다. 나는 그리스도를 영접하는 단계를 하나씩 밟아나갔고 그를 위해 기도했다. 그리고 우리는 가던 길을 계속 갔다. 그때 사도행전에서 빌립이 에티오피아 내시에게 그리스도를 전한 이야기가 생각났다. 나는 택시기사에게 그 이야기를 들려주면서 말했다.

“당신은 20세기의 에티오피아 내시군요.”

“저는 오랫동안 하나님을 찾고 있었습니다.”

기사가 대답했다.

“하지만 어떻게 그분을 찾아야 하는지 몰랐습니다.”

며칠 후, 나는 캘리포니아에 있었다. 두 남자가 집수리를 위해 우리 집에 왔다. 한 사람은 체코슬로바키아 출신이었다. 그와 대화를 나누는 동안, 그가 하나님께 매우 관심이 많다는 것을 알았다. 우리가 대화를 나누는 동안, 다른 한 남자는 내 아내에게 우리가 어떤 일을 하느냐고 물었다. 아내는 우리가 기독교 사역에 종사하고 있다고 했다. 30분 후, 그는 이렇게 물었다.

“하나님을 알려면 어떻게 해야 합니까? 하나님을 알고 싶습니다. 지금까지 하나님을 찾았지만 찾을 수가 없습니다.”

아내는 내게 그 남자의 궁금증을 이야기해주었다. 그래서 우리는 성경을 들고 함께 앉았다. 나는 그에게 ‘사영리’를 설명해주었다. 그는 그리스도를 영접하고 싶다고 했다. 그래서 우리는 무릎을 꿇고 함께 기도했다. 우리가 다시 일어났을 때, 그는 이렇게 말했다.

“제 아내도 하나님을 알고 싶어할 겁니다.”

나는 그에게 이렇게 말했다.

“제가 얘기한 그대로 얘기해주세요. 부인에게 제가 당신에게 말한 그대로 말해주세요. 그러면 부인을 그리스도께로 인도하실 수 있을 겁니다.”

나는 이런 일이 있을 때마다 그리스도를 영접한 사람들의 이름과 주소를 적어두고 편지와 책자를 보내준다. 나는 어디를 가든 하나님이 빛 가운데 계시듯이 내가 빛 가운데 행하면 성령께서 그분이 준비해두신 사람들에게로 나를 인도하신다는 것을 발견했다. 나는 논쟁을 하거나 조르거나 위협하거나 고압적인 자세를 취할 필요가 없다. 잃어버린 자들을 찾아 구원하러 오신 분이 내 안에 살아계신다. 내가 그리스도를 영화롭게 하러 오신 성령으로 충만하면, 그분은 사랑 가운데서 다른 사람들에게 다가가기 위해 그분이 하셔야 하는 일을 하시는 데 나의 입술과 나의 가슴과 나의 손과 나의 발을, 내가 허락하면, 사용하실 것이다.

삶을 통한 증거

우리는 증거가 일련의 말이나 계획이라는 생각을 극복해야 한다. 최고의 증거는 삶을 통한 증거이다. 물론, 모든 증거는 언어적 측면이 있다. 당신이 모범적인 삶을 살고 있다면, 다른 사람들이 정말 감동을 받고 당신을 찾아와 이렇게 말할 것이다.

“저도 당신처럼 살고 싶어요. 당신이 왜 그렇게 사는지 알고 싶어요.”

“그리스도를 영접하고 싶어요.”

그러면 당신은 뭔가 말할 게 있어야 한다. 그러나 그리스도인의 삶이 먼저이다.

이것은 계획을 세우거나 사용할 일련의 말을 준비해두는 게 잘못이기 때문이 아니다. 사실, 나는 우리 교인들에게 증거(전도) 계획을 가르친다. 그러나 증인은 그 말이 중요한 사람일 뿐 아니라 중요한 사건을 목격한 사람이기도 하다는 사실을 기억하라. 대부분의 사람들은 그리스도를 통해 삶을 바꿔놓는 경험을 했음에도 불구하고 계획 없이 그리스도를 전하는 것을 불편하게 느낀다. 그래서 우리는 이들을 좀 더 편안하게 해주려고 작은 개요를 제시한다. 그러나 사람들이 이러한 복음 제시에 반응할 때, 대개는 이미 누군가의 삶에서 기독교의 영향을 보았기 때문이다.

증거가 가장 효과적인 것은 우리가 그리스도 안에서 누리는 기쁨의 자연스러운 결과로 나타나는 경우이다. 내가 알고 있는 최고의 증인들은 계획이 필요 없었다. 이들 가운데 몇몇은 완전 새내기 그리스도인이었으므로 전도에 대해 배울 시간이 없었다. 그러나 이들은 방금 약혼한 처녀처럼 가슴이 벅차오르고 있었다. 약혼한 처녀는 자신의 좋은 소식을 전하는 방법이나 자신의 약혼반지를 다른 사람들에게 보여주는 방법을 따로 배울 필요가 없다. 그녀는 기쁨으로 가득하기 때문에 다이아 반지를 번쩍이며 신이 나서 약혼자를 자랑한다. 그녀는 사랑에 빠졌다. 우리가 그리스도와 사랑에 빠질 때도 똑같은 일이 일어난다.

115 그리스도를 전한 확실한 증거는 무엇인가?

⁺ 리처드 오웬 로버츠
Richard Owen Roberts

우리의 삶에서 이루어지는 진정한 하나님의 일은 매우 강력한 효과를 갖는다. 그 효과가 없다면, 하나님이 정말로 우리 가운데서 일하셨는지 의심해볼 수 있을 것이다.

때로 우리는 사람들이 필수적인 헌신을 하기도 전에 서둘러 결론을 내리고 그들이 하나님나라에 있다고 생각한다. 예를 들어, 니고데모가 기적을 보고 믿었으며 따라서 이제 그가 그리스도인이라는 말을 들었다고 생각해보자. 그는 "좋았어! 난 이제 하나님나라에 들어왔어"라고 말할 수 있었을 테지만 정작 그의 삶에서는 의미 있는 변화가 전혀 일어나지 않았을 것이다. 하지만 예수님은 그에게 다급하게 다가가지 않으셨다. 예수님은 너무나 불쌍히 여기는 마음과 사랑과 온유함으로 그를 대하셨고, 그가 실제로 이러한 엄청난 목표에 이르기도 전에 그 자신이 스스로 이르렀다고 생각하도록 두지 않으셨다.

나처럼 전도에 참여하는 모든 그리스도인들은 절대로 회심자들의 머릿수를 성급하게 세는 일이 없도록 주의해야 한다. 왜냐하면 회심자들에게는 개인적인 확인이 필요하기 때문이다. 우리는 "내가 한 사람을 더 회심시켰어요"라고 말하려고 준비되지도 않은 사람들에게 결정을 재촉할 수 있다. 우리는 인정받고 싶은 욕망에서 자유해야 한다. 이러한 욕망이 하나님의 은혜를 방해하기 때문이다. 예수님이 놀라운 신적인 은혜의 통로가 되게 한 그분의 특징 가운데 하나는 사람들의 인정을 요구하는 교만으로부터 자유하셨다는 것이다.

어떤 사람이 진정한 은혜의 역사가 일어나기도 전에 믿도록 인도되었다면 여기에는 지속적인 효과가 전혀 없을 것이다. 이것이 오늘날의 교회가 직면하는 거대한 문제의 일부이다. 생각이 깊은 몇몇 당사자들은 스스로 거듭났다고 주장하는 사람들 가운데 절반 이상이 거듭나지 못한 것으로 추정한다. 모든 교단들이 이 문제를 인정하고 있다. 많은 교인들이 그리스도께서 지금 자신의 삶에서 하고 계시는 일을 증거해보라고 요구하면 "글쎄요, 모르겠는데요"라고 대답할 것이다. 이것은 이들이 사실은 이제 막 출발했을 뿐인데 이미 목적지에 이르렀다고 믿도록 재촉 받았기 때문이다.

하나님의 성령에 진정으로 감동된 사람들은 일깨움을 받고 거듭난다. 이들은 말씀을 들으며, 믿음이 뿌리를 내린다. 이들은 자신의 죄를 깨달으며, 회개하고, 진정으로 그 죄에서 돌이킨다. 이들은 절대적인 믿음 가운데서 그리스도께로 돌아선다. 그래서 바울은 이렇게 말했다.

"그런즉 누구든지 그리스도 안에 있으면 새로운 피조물이라 이전 것은 지나갔으니 보라 새것이 되었도다"(고후 5:17).

거듭남에 대한 확실한 증거

어느 날 어떤 남자가 내게 전화를 해서 우리 교회에 등록하고 싶다고 했다. 나는 이렇게 말했다.

"이름이 생각나지 않는데, 혹시 우리가 만난 적이 있었던가요?"

그는 이렇게 대답했다.

"아뇨. 목사님 교회에는 한 번도 가본 적이 없습니다."

나는 한 번도 가본 적이 없는 교회에 등록하고 싶다는 말을 들으니 꽤 놀랍다고 했다. 그는 내게 자기 집에 와서 자신과 아내와 이야기를 나눌 수 있겠느냐고 물었다. 나는 곧바로 그의 집으로 갔다. 그에게 왜 교회에 등록하고 싶은지 물었다. 그는 이렇게 말했다.

"아주 감동적인 일이 있었습니다. 지난 주일에 우리 아이들을 데리고 목사님 교회 주일학교에 갔었습니다. 그런데 아동부 부장이 피아노 반주자가 갑자기 아파서 못 온다고 했다면서 당황스러워했습니다. 그녀는 피아노 반주자도 없이 무엇을 어떻게 해야 할지 모르겠다고 했습니다. 그래서 제가 그 분에게 이렇게 말했습니다. '제가 피아노를 조금 칠 줄 압니다. 제가 좀 도와드릴까요?' 저는 피아노 앞에 앉아 최선을 다해 아이들의 노래를 반주했습니다. 그리고 사람들이 저를 제 아이들에게 데려다주었습니다. 저는 집에 돌아와 아내에게 이렇게 말했습니다. '여보, 우리 뭔가 놓치고 사는 것 같아요. 교회에 등록해야겠어요.' 그래서 저희는 목사님 교회에 등록하고 싶습니다."

나는 이 말을 듣고 이렇게 말했다.

"그랬었군요. 그런데 선생님이 이상하다고 생각할지도 모르지만, 저희 교회에는 규칙이 하나 있습니다. 거듭남에 대한 확실한 증거를 제시할 수 있는 사람만이 저희 교회에 등록할 수 있습니다. 거듭남에 대한 확실한 증거를 제시하실 수 있겠습니까?"

그는 나를 쳐다보더니 이렇게 말했다.

"솔직히, 그 말이 무슨 뜻인지도 모르겠습니다. 저는 변호사입니다. '확실한'이라는 말이 무슨 뜻인지 알고, '증거'가 무슨 뜻인지도 압니다. '거듭남'이 무슨 뜻인지도 알 것 같습니다. 하지만 이 모두를 합친 거듭남에 대한 확실한 증거라는 말은 무슨 뜻인지 모르겠습니다."

그래서 나는 그가 아직 교회에 등록할 준비가 되지 않은 게 분명하다고 말해주었다. 그는 잠시 화를 내더니 이렇게 말했다.

"교회들이 교인을 찾고 있는 줄 알았는데요!"

나는 그를 진지하게 쳐다보았다. 그리고는 이렇게 말했다.

"제 느낌으로는 교회에 등록하려는 생각이 선생님 마음에 그냥 스쳐 지나가는 생각은 아닌 것 같습니다. 이런 생각은 짧은 시간에 떠올랐지만 매우 실제적이며 진심에서 나온 것 같습니다."

그도 내 말에 동의한다는 표시로 고개를 끄덕였다. 그를 바라보며 내가 말했다. "제 주머니에 작은 책자가 하나 있네요. 이 책을 읽어오시면 좋겠습니다."

나는 요한복음을 그에게 건넸고 다 읽은 후에 전화를 하라고 말했다. 그는 흔쾌히 그것을 받고 돌아갔다.

3주 정도 지난 후, 전화벨이 울렸다. 그 변호사였다. 그는 내게 즉시 자기 집으로 와줄 수 있느냐고 물었다. 무슨 일이 일어난 게 분명했다. 나는 그의 집으로 달려갔다. 놀랍게도 그와 그의 아내가 멋지게 회심해 있었다. 그들은 이제 교회에 등록할 준비가 되어 있었다.

그로부터 몇 주 후, 그는 내가 "누구든지 그리스도 안에 있으면 새로운 피조물이라"는 본문으로(고후 5:17) 설교하는 것을 들었다. 예배가 끝난 후, 그는 저녁 식사를 하자면서 나를 집으로 초대했다. 내가 그의 집에 도착하자 그는 집을 안내해주었다. 오레곤주 포틀랜트 근처에 있으며, 윌라메트강이 내려다보이는 언덕에 위치한 정말 아름다운 집이었다. 우리는 창문마다 걸음을 멈췄다. 그는 내게 이런저런 관목과 꽃과 나무들에 대해 설명해주었다. 강을 내려다보면서, 그는 건너편의 광경을 묘사했다. 그런 후에 우리는 거실로 들어가 자리에 앉았다.

"오늘 아침 예배 때 목사님의 설교가 참 좋았습니다. 하지만 불완전했습니다. 목사님은 한 사람이 그리스도인이 될 때 새로워지는 많은 것을 말씀하셨지만 새로운 눈에 대해서는 전혀 언급하지 않으셨습니다."

"그게 무슨 뜻입니까?"

내가 물었다. 그러자 그는 이렇게 말했다.

"저는 올해 쉰 살입니다. 평생 돈과 여자를 위해 살았습니다. 그게 제가 지금까지 보았던 전부입니다. 하지만 그리스도인이 된 후에는 나무도 보고, 꽃도 보고, 석양도 봅니다. 전에는 전혀 보지 못했던 것들이지요."

이것이 진정한 하나님의 역사가 우리 삶에서 낳은 결과이다. 우리는 새로운 눈으로 삶을 본다. 우리의 목표가 달라졌고 동기가 달라졌으며 목적이 달라졌다. 이전과는 비교조차 할 수 없는 멋진 경험이다.

내 마음에 씨를 뿌린 두 여인

_소박하지만 충성스러운 하나님의 사람들로 인해 회심한 나의 이야기

_제임스 헤플리 James Hefley

나는 오자크(Ozark. 미국의 미주리주, 아칸소주 및 오클라호마주에 걸쳐 있는 산지)에서 성장했다. 통나무 오두막에서 부모님 및 일곱 남매와 함께 생활했으며, 교실이 하나인 작은 학교에서 공부했다. 아홉 살에 고등학교에 들어갔고, 열세 살에 졸업했으며, 이어서 아칸소 공과대학에 들어갔다. 당시 나는 그리스도인이 아니었으며, 기독교에 대해서 별로 아는 것이 없었다. 성경은 말도 안 되는 책이라고 여겨졌기 때문에 내게 아무런 인상도 심어주지 못했다.

대학에서 나는 문제아였다. 도박을 너무 많이 했기 때문에 '블랙잭' (Blackjack. 카드들의 숫자를 모두 합한 것이 21이 되면 이기는 카드놀이)이라는 별명을 얻기도 했다. 심지어 14세에 나는 도박장을 차렸다. 당시 그것은 불법이었기 때문에 보안관이 도박장을 폐쇄시켰다. 학장은 대학의 관계자들을 모두 모아놓고 회의를 했으며, 내게 "너는 캠퍼스에서 학생들에게 가장 나쁜 영향을 끼친다"고 말했다. 그리하여 나는 고향으로 돌아왔다.

고향에서 어느 날 나는 부모님의 가게의 현관에 몇몇 다른 친구들과 앉아 있었다. 그런데 구식 차 한 대가 오더니 거기서 예쁘게 옷을 차려 입은 여자 두 명이 내렸다. 그중의 한 명이 자기를 소개했다.

"안녕하세요. 내 이름은 플로렌스 핸디사이드(Florence Handyside)입니다. 이쪽은 내 파트너인 헬렌 리비(Helen Lievie)이고요. 우리는 '북(北)아칸소 복음 선교회'에서 온 선교사들입니다. 우리는 월요일 저녁마다 교사(校舍)에서 청년 집

회를 열려고 왔습니다. 하지만 먼저 우리는 교육위원회의 회장님에게서 허락을 받아야 합니다. 그 분이 사는 곳을 알려주실 수 있습니까?"

나와 내 친구들은 낄낄거리며 웃었다. 그리고 나는 우리 동네에 하나밖에 없는 도로의 위쪽에 있는 우체국을 손가락으로 가리켰다. 우체국의 현관에서는 빌(Bill) 아저씨가 앉아서 졸고 있었다. 그 두 여인은 빌 아저씨에게 가더니 조금 후에 다시 돌아왔다. 그들은 빌 아저씨가 허락을 했다고 전하면서 "여러분도 우리의 집회에 오세요"라고 말했다. 친구 녀석들 중 하나가 나를 쿡쿡 찌르면서 "예, 가겠습니다"라고 말했다. 그들이 차를 몰고 사라졌을 때 우리는 '앞으로 재미있는 일이 벌어지겠구나' 하고 생각하면서 히죽 웃었다.

우리는 그 집회를 찾았다. 그러나 우리의 목적은 말썽을 일으키는 것이었다. 우리는 온갖 수단을 다 동원하여 소동을 일으켰다. 하지만 주최측의 여성들은 인내심을 잃지 않았다. 그들은 월요일마다 계속 찾아왔다. 하지만 우리는 그들을 방해할 목적으로 계속 그 집회에 참석했다.

결국 우리의 장난거리도 바닥이 났다. 그들을 못살게 구는 것이 재미있기도 했지만, 한편으로는 내 마음속에서 그들, 특히 플로렌스의 인내심과 사랑에 대한 존경심이 싹트기 시작했다. 그녀는 결코 미소를 잃지 않았다. 어느 날 밤 나는 조용히 앉아서 그녀가 말하는 것을 들었다. 그것은 내가 처음으로 그녀의 말에 집중해서 들은 것이었다. 거기에 모인 사람들에게 성경에 대해 이야기하면서 그녀는 "여러분은, 하나님이 우리와 같은 인간이 되시고 종이 되셔서 우리의 죄를 위한 희생이 되셨다는 것을 상상할 수 있겠습니까?"라고 말했다.

나는 속으로 '저것은 내가 다 들어본 이야기야' 라고 생각했다. 그녀는 계속 말을 이었다.

"여러분 중 어떤 사람들은 자신이 너무 선하고 똑똑해서 예수님을 믿을 필요가 없다고 생각할지도 모릅니다."

그녀는 마치 내 마음속을 들여다보고 말하는 것 같았다. 당시 내 문제는 내가 이미 모든 것을 안다고 착각하는 것이었다. 그녀는 말을 이었다.

"그런데 진짜 문제는 자신이 선하다는 착각에 빠져 있다는 것을 인정할 용기가 없는 것입니다."

나는 왠지 흥미를 느꼈다. 하지만 어디서부터 시작해야 좋을지 몰랐다. 플로렌스의 말은 계속 이어졌다.

"당신은 어디서부터 시작해야 좋을지 알고 싶습니까? 교리에 대해 논쟁을 하는 것은 좋은 시작 방법이 못 됩니다. 여러분은 예수님이 정말 그분의 주장대로 하나님의 아들이신지를 알게 해달라고 하나님께 부탁해야 합니다."

어느 날 저녁 예수님을 영접하도록 초대하는 노래가 울려 퍼지는 가운데 나는 그분을 영접하기를 원했다. 나는 내 친구들 중 한 사람이라도 예수님을 영접하겠다고 먼저 나서기를 바라면서 그들을 쳐다보았다. 만일 한 명이라도 먼저 나섰다면 나는 그를 뒤따랐을 것이다. 그러나 아무도 나서지 않았다.

그 다음 해 봄, 어느 주일 밤에 어떤 순회 전도자가 우리 마을에 왔다. 그는 우리 집의 거실에서 설교를 하기로 되어 있었다. 어머니는 사람들을 초대하셨다. 당시 나는 주말을 맞아 집에서 쉬고 있었는데, 어머니는 내가 그 전도자의 설교를 듣기를 원하셨다. 나는 설교를 듣기를 원하지 않았지만 어머니를 기쁘게 해드려야 한다는 생각 때문에 예배가 시작된 후에 살금살금 거실로 가서 계단 꼭대기의 어두운 곳에 앉았다. 그러나 그곳에 앉아 있으면서 나도 모르게 설교에 귀를 기울이게 되었다. 그 전도자는 플로렌스가 말한 것과 똑같은 말을 했다. 다른 점은 그가 더욱 강조해서 크게 외쳤다는 것이다.

"예수 그리스도를 영접하지 않은 사람은 지옥으로 가고 있는 것입니다."

그때까지만 해도 나는 '비록 법을 어겨서 말썽을 일으킨 적이 있었지만 나는 그래도 꽤 의로운 사람이다. 지옥은 나 같은 사람이 아니라 악인들을 위한 곳이다'라고 생각하고 있었다. 이런 나의 생각과 그 설교자의 말은 서로 너무 달랐다. 그러나 결국, 그가 "예수님을 영접할 사람은 앞으로 나오십시오"라고 말할 때 나는 앞으로 나갔다.

그로부터 며칠 후 그는 다시 찾아와서 내게 말했다.

"주님이 당신을 특별히 사용하시려고 부르신다고 나는 믿습니다. 아마도 설교자로 사용하실 것 같습니다."

순간 내 입에서는 "예, 저도 그렇게 생각합니다"라는 말이 튀어나왔다. 그 설교자는 내가 설교할 수 있는 자리를 알아봐주었으며, 나는 그 해 여름이 다 가도록 이 교회 저 교회를 다니면서 설교를 했다.

내가 신앙을 가질 수 있었던 것은 내 마음에 씨를 뿌린 충성스러운 두 여인과 열매를 거둔 순회 전도자 때문이다(요 4:34-38).

그로부터 몇 년 후에 알게 된 사실이었지만, 플로렌스와 헬렌은 원래 오자크 산지에 머물 계획이 없었다. 헬렌의 마음은 인도에 가 있었다(나중에 그녀는 결국 선교사로 인도에 갔다). 플로렌스는 한국에 가기를 원했었는데, 한국전쟁이 일어나는 바람에 오자크 산지로 오게 된 것이었다(나중에 그녀는 결국 주한미군의 사무원 자격으로 한국에 갔다. 그녀는 평일에는 군대에서 근무하고 주말에는 선교사로서 일했다. 그렇게 8개월을 일한 후에 그녀는 일주일 내내 선교의 일만 하는 전임 선교사로 머물도록 허락을 받았다. 그러나 한 달 후 곧 병에 걸려 세상을 떠났다).

그들은 미국에 있든지, 인도에 있든지, 아니면 한국에 있든지 간에 선교사였다. 그들은 오자크 산지에서의 자신들의 사역을 최악의 실패작으로 여겼을지 모르지만, 사실 성공한 선교사들이었다. 왜냐하면 내 마음에 생명의 복음의 씨를 뿌렸기 때문이다.

무릇 내가 사랑하는 자를 책망하여 징계하노니 그러므로 내가 열심을 내라 회개하라(계 3:19).

20장

변화, 더 멋지게 변해가는 삶

우리가 영적 성장의 단계를 정할 때 기억해야 하는 게 있다면, 우리는 그리스도 안에서 성장할 때 걸음마를 배우는 아기와 같다는 것이다. 첫 걸음은 달리는 것과는 거리가 멀다. 우리는 하룻밤 사이에 자라지 않는다. 우리는 한 번에 한 단계씩 자란다.

116 변화를 이루는 실제적인 방법은?

+ 에블린 크리스텐슨

Evelyn Christenson

그리스도인에게 있어 변화는 하나의 생활 방식이다. 우리가 그리스도를 영접할 때, 그리스도께서는 우리를 받아들이시고 의롭다고 인정하신다. 그러나 우리는 곧바로 그분처럼 되는 게 아니다. 우리가 하나님이 원하시는 사람이 되기 위해서는 변화의 과정을 거쳐야 한다.

하나님의 말씀을 읽을 때 내가 변한다

성경은 내가 읽을 때 저자가 항상 곁에 있는 유일한 책이다. 내가 매일 성경을 읽을 때, 하나님이 나를 바꾸신다. 하나님이 내게 말씀하실 때까지, 나는 기도하는 마음으로 성경을 읽는다. 이러한 기다림은 중요하다. 나는 하나님이 내게 말씀하실 기회를 드려야 한다. 그러나 듣는 것만으로는 부족하다. 하나님이 내게 무엇인가를 지적하실 때, 나는 그분과 교류한다. 나는 그분께 묻는다.

"그게 무슨 뜻인가요? 제가 그것을 어떻게 적용할 수 있나요? 왜 제가 그것을 적용해야 하나요?"

그래서 나는 하나님이 멈추라고 하실 때까지 성경을 읽는다. 하나님이 "(헤롯

이) 여러 말로 물으나 (예수께서) 아무 말도 대답지 아니하시니"라는 누가복음 23장 9절에서 멈추라고 하실 때, 나는 이렇게 기도한다.

"하나님, 제가 언제 방어적인 태도를 취했는지 가르쳐주십시오. 제가 제 권리를 원했던 순간들을 보여주십시오."

나는 기다리며, 내가 부족했던 곳으로 하나님이 나를 인도하시게 한다. 그런 후, 내가 배운 것을 삶에 적용하도록 도와달라고 기도한다. 또한 내가 배운 것과 내가 기도한 것과 하나님의 응답을 기록한다.

내가 혼자 성경을 읽고 그런 후에 소그룹을 통해 나눌 때 나의 배움은 폭이 넓어진다. 나는 다른 사람들이 성경을 읽을 때 하나님이 어디서 왜 멈추게 하셨는지 보게 된다. 우리는 함께 나누면서 서로를 돕는다. 그룹으로 성경을 읽는 것은 주일학교 수업이나 성경공부 모임이나 기도 모임이나 다른 그리스도인들과 모이는 곳이면 어디서나 가능하다.

또한 단순한 읽기를 넘어 하나님의 말씀을 깊이 파고들고 연구할 때, 나는 변한다. 내가 하나님의 말씀을 읽기만 하고 연구하지 않는다면 곁길로 샐 위험이 있다. 하나님의 말씀을 연구할 때, 나는 내가 주워 들은 비진리로 성경을 보지 않도록 나의 선입견을 제거해달라고 기도한다.

정확한 연구를 위해 주석과 지도를 사용하라. 연구에는 관찰과 해석과 적용이 포함된다는 것을 기억하라. 성경이 실제로 말하는 것을 관찰하는 시간을 생략한 채 곧바로 해석하려 들지 말라. 관찰하고 해석한 후에는 성경에서 배운 것을 적용하라. 당신이 배운 진리가 삶의 한 부분이 되게 할 방법을 찾아보라. 변화는 적용에서부터 시작된다.

성령께서 성경이 생각나게 하실 때 하나님이 나를 바꾸신다

내게 성경이 없을 때, 성령께서는 내가 읽기와 다른 사람들과의 나눔과 연구를 통해 챙겨둔 성경이 생각나게 하신다.

"보혜사 곧 아버지께서 내 이름으로 보내실 성령 그가 너희에게 모든 것을 가르치시고 내가 너희에게 말한 모든 것을 생각나게 하시리라"(요 14:26).

이것이 성령의 역할이다.

우리는 단순히 성경을 읽거나 연구하거나 암송하는 데 그쳐서는 안 된다. 시편기자는 "주의 말씀을 내 마음에 두었나이다"라고 말한다(시 119:11). 하나님의 말씀을 깊이 간직할 때, 우리는 그 말씀이 자신의 일부가 될 때까지 그 말씀을 적용한다. 하루 종일 성령께서는 우리를 바꾸려고, 우리가 챙겨둔 성경을 이용하실 수 있다. 성령께서는 우리가 특별한 순간에 필요한 바로 그 말씀이 생각나게 하신다. 마치 우리의 마음이 하나의 컴퓨터이고 성령님이 초자연적인 사용자이신 것 같다. 그분이 오셔서 '되살림' 버튼을 누르시고 우리가 알아야 할 구절이 생각나게 하신다.

내가 하나님께 나를 바꿔달라고 기도할 때 하나님이 나를 바꾸신다고 믿기에, 나는 자주 이렇게 기도한다.

"주님, 저는 약합니다. 저는 죄인입니다. 저는 주님처럼 되려는 목표에 한참 미치지 못하고 있습니다. 저를 바꿔주세요."

그러면 하나님이 손을 내밀어 그리스도를 닮지 않은 나의 태도를 거두어가시고 그리스도를 닮은 태도를 내게 주신다. 내가 기꺼이 변하려 해야 한다. 때로 나는 이렇게 기도해야 한다.

"주님, 제가 기꺼이 변하기를 원하도록 해주세요."

나는 나를 바꿔달라고 기도할 때 하나님이 나를 바꾸시리라는 것을 믿는다.

서로를 위해 기도할 때 하나님이 나를 바꾸신다

"너희가 짐을 서로 지라"(갈 6:2).

다른 사람들이 나를 위해 기도할 때, 나는 내 삶에서 힘을 느낄 수 있다. 그들의 기도가 나를 바꾼다. 때로 나는 그들이 기도하고 있다는 사실조차 모른다. 나는 사람들로부터 이런 메모를 받기를 좋아한다.

"1월 1일에 무슨 일이 있었나요? 하나님이 제게 당신을 위해 기도하라고 하셨거든요."

나는 뒤돌아보면서 하나님이 그 사람에게 기도하라고 하신 데는 이유가 있었다는 것을 발견한다. 그러나 사람들이 나를 위해 기도하는 것은 내가 나의 필요를 그들과 나누었기 때문일 때가 더 많다. 내가 나의 필요를 인정하지 않는 것은 놀라운 기도의 후원을 포기하는 것이다.

내가 다른 사람들을 위해 기도할 때 하나님이 나를 바꾸신다. 내가 누군가를 위해 기도하면서 동시에 그 사람에게 화를 낼 수는 없다. 내가 누군가를 헐뜯으면서 동시에 그 사람을 위해 기도할 수는 없다. 기도할 때, 나는 다른 종류의 사람이다. 나는 다른 사람들의 필요를 보며, 나 자신을 생각하지 않는다. 다른 사람들을 위해 기도할 때, 나는 예수님과 성령께서도 하시는 일에 참여하고 있는 것이다.

한 번에 한 단계씩

이러한 변화의 방법들은 나를 다른 사람으로 만들어놓는다. 나는 뒤를 돌아보고 내가 이제 얼마나 달라졌는지를 확인하면서 내가 얼마나 성장했는지를 가늠할 수 있다. 내가 1년 전보다 예수님과 더 비슷해졌는가? 올해의 나의 반응이 작년이나 5년 전에 비해 예수님의 반응과 더 비슷해졌는가? 사람들이 내 모습에서 예수님을 더 많이 보고 있는가?

우리가 단계를 정할 때 기억해야 하는 게 있다면, 우리는 그리스도 안에서 성장할 때 걸음마를 배우는 아기와 같다는 것이다. 첫 걸음은 달리는 것과는 거리가 멀다. 우리는 하룻밤 사이에 자라지 않는다. 우리는 한 번에 한 단계씩 자란다.

117 지속적인 영적 변화를 일으키려면?

+ 허드슨 아머딩

Hudson Armerding

대개 영적 변화는 그것이 정말로 필요하기 전에는 일어나지 않는다. 사람들은 죄를 느끼고 용서의 필요성을 인식하기 전에는 제 발로 그리스도께 나오지 않는다. 사람들은 자신의 부족과 절망을 느낌으로써 주님을 더 많이 알기를 원하기 전에는 그리스도 안에서 자라지 못한다.

때로는 주관적인 감정이 영적 변화를 일으킨다. 사람들은 자신과 주님의 관계, 자신의 열매, 그리고 자신의 영적 자질에 만족하지 못한다.

때로는 환경이 영적 변화를 유발한다. 언젠가 사무실에 있는데 할 일이 밀려서 심하게 짜증이 난 적이 있었다. 비서가 들어와 손님들이 왔는데 만날 수 있겠느냐고 물었다. 나는 그들을 만났지만 마지못해 만났다. 내 일에 방해를 받고 싶지 않았기 때문이었다. 손님들이 돌아간 후, 나는 내 사무실로 들어갔다. 갑자기 내가 사람들에 대해 너무나 무감각해지고 있다는 것을 깨달았다. 나는 주님께 계속해서 지금처럼 사람들을 대할 수는 없다고 말씀드렸다. 나는 몇 가지 기본적인 변화를 일으켜야 했다. 그렇지 않으면 이번과 같은 위기가 다시 찾아와 우정을 파괴할 수 있었다.

하나님은 우리가 자신의 궁핍한 삶을 보고 새로운 생활 방식을 개발하든 아니면 주님께 더 가까이 자라가든 간에, 변화를 일으키기를 원하시기에 우리가 어리석은 짓을 하도록 기꺼이 허락하신다.

영적 변화를 위한 자기 점검

영적 변화를 일으키기 위해서는 먼저 자신을 세밀하게 분석해야 한다. 건강 습관처럼 세속적인 것들을 살펴보라. 어떤 사람들에게는 이것이 이상하게 보일 것이다. 그러나 나는 내가 적절한 휴식과 식사와 운동의 문제를 다루어야 한다는 것을 발견했다. 나는 커피의 양을 줄일 필요가 있었고, 나의 건강이 좋아지고 육체적 행동과 지적인 행동이 균형을 이루게 하는 다른 방법들도 스스로 훈련할 필요가 있었다. 이것은 그다지 영적으로 들리지 않을 것이다. 그러나 우리의 몸과 감정은 우리가 하나님의 복을 받는 데 영향을 미친다.

다음으로, 당신의 스케줄과 약속을 살펴보라. 성경에서, 하나님은 우리가 엿새를 일하고 하루를 쉬기를 기대하신다. 그렇게 하지 않을 때, 우리는 초조해지고 욕구불만이 되며 신경질적으로 변하는 경향이 있다. 당신의 스케줄을 살펴보고, 적절한 휴식과 회복의 시간을 가져라.

또한 우선순위를 정하라. 가장 중요한 것들이 뒤로 밀려날 때가 너무나 많다. 당신이 바쁜 경영자든 아이들을 살펴야 하는 부모든 간에, 환경을 지배하기보다는 환경의 지배를 받는다는 느낌을 받기 쉽다.

나는 내가 몇 가지 변화를 일으켜야 할 필요가 있다는 것을 알았을 때 일과 관련된 몇 가지 무거운 책임을 내려놓기로 결정했다. 예를 들면, 나는 한 달에 두 번 이상은 주말에 집을 비우지 않기로 결정했으며, 일주일에 사흘 이상은 야간 모임에 가지 않기로 결정했다. 게다가, 매주 한 번씩 반나절 동안은 집중적으로 외근을 하기로 했다. 그리고 적어도 세 달에 한 번은 사흘 동안 아내와 단 둘만의 주말여행을 즐기면서 좋은 시간을 갖기로 했다.

집에서, 우리는 전화나 이런저런 약속으로 방해받지 않는 시간에 가정예배를 드리기로 결정했다. 예배시간은 아침에 아이들이 일어난 직후로 정해졌다. 우리가 함께할 수 있는 시간이었고 다른 것들이 비집고 들어오기 전에 하나님과 함께 하루를 시작하기에 좋은 시간이었다.

가정에서, 우리는 어떤 것에 대해서는 "예"라고 말하고 어떤 것에 대해서는 "아니오"라고 말하는 법을 배웠다. 이렇게 되자 우리가 정말 중요하다고 느끼는 것을 할 시간이 생겼다. 자신 있게 말하건대, 몇 해 전에 이러한 몇몇 결정을 내리기 시작한 이후로 나의 삶의 질이 몰라보게 높아졌다.

당신이 전략적인 결정을 내리고 있다면 당신을 도와줄 사람들을 구하는 게 중요하다. 나는 집에서는 아내와 아이들의 도움을 구하려고 노력했으며 사무실에서는 보조 스태프의 도움을 받았다. 나는 사람들은 자신이 도움을 준 결정에 대해 더 열심히 후원한다는 사실을 알았다. 나와 가족은 시간 관리와 관련된 이러한 결정을 자주 공유했기 때문에 모두가 이런 결정을 자신의 것으로 느꼈다.

나는 또한 후원그룹을 갖는 게 매우 중요하다는 것을 배웠다. 후원그룹이란 당신이 함께 일하며 당신이 책임을 지는 사람들로 이루어진 그룹을 말한다. 익명의 알코올 중독자 모임은 이런 원리로 움직인다. 알코올 중독에서 회복된 사람들이 새로운 사람을 둘러싸고 적절한 때에 그에게 전화를 한다. 이보다는 훨씬 덜 극적이지만, 자신의 영적인 삶에서 변화를 일으키는 신자들에게는 가족에게서든 친구들에게서든 간에 후원이 필요하다. 우리는 연구와 기도를 위해 만날 수 있는 사람들이 필요하며, 우리를 받쳐주고 우리가 실현 가능한 기대를 갖도록 도와줄 사람들이 필요하다. 우리는 또한 우리가 잘못할 때 사랑으로 지적해줄 친구들이 필요하다. 바울은 갈라디아서에서 자신이 베드로에게 이런 역할을 했다고 말한다.

마지막으로, 가장 중요한 것이 있다. 우리는 우리의 변화와 성장에 대해 우리보다 하나님이 더 관심이 많으시다는 사실을 깨달아야 한다. 우리가 하나님께 간구할 때마다, 우리가 노력할 때마다, 우리는 그분이 축복으로 응답하시리라고 확신할 수 있다.

우리는 자신의 힘으로 싸우면서 천국에 이르려고 애쓸 필요가 없다. 우리가 비틀거리며 걸음을 내딛을 때마다, 하나님은 우리를 격려하시고 응원하시며 우리의 노력에 힘을 실어주신다. 성령께서 우리가 그분이 원하시는 성품을 갖도록 우리 안에서 일하신다. 하나님은 우리가 단련(정제) 과정을 위해 그분께 복종할 때 이런 일을 하신다.

하나님의 뜻을 이루는 단계 – 데이빗 애스피, 셰릴 애스피(David Aspy, Cheryl Aspy)

중요한 것은 내가 나의 달란트를 늘리는 데 나의 달란트를 사용하고 있다는 사실이다. 나는 예수님이 달란트 비유에서 가르쳐주신 교훈을 따르고 있다. 우리가 자신의 삶을 향한 하나님의 뜻을 이루기 위해 밟을 수 있는 단계를 요약해보자.

- 하나님의 복을 구하며 기도한다.
- 자신의 현재 상황을 진단한다.
- 목표를 정한다.
- 현재 자신이 있는 곳에서 자신이 이르기를 원하는 곳으로 자신을 인도해줄 단계적 계획을 세운다.
- 자신이 계속 진행하는 데 필요하다면 계획을 수정한다.

기독교의 모든 프로그램은 우리가 그분의 일을 하도록 허락하신 하나님께 영광을 돌리는 것이어야 한다. 우리는 삶의 다른 부분에서의 성장 계획을 세우듯이 자신의 영적 성장을 위한 계획을 세움으로써 하나님이 원하시는 종의 모습에 좀 더 가까워질 수 있다.

118 시간을 대하는 우리의 현명한 자세는?

+ 데이브 비어맨

Dave Veerman

우리가 아무리 오래 살더라도 인생은 짧고 예수님은 곧 오신다. 그러므로 우리는 책임 있는 그리스도인으로서 그분을 위해 모든 순간을 활용해야 한다. 그러나 한 가지 문제가 있다. "세월을 아끼라"거나 "매 순간을 소중히 하라"는 게 무슨 뜻인가? 이것은 그리스도인이라면 절대로 긴장을 풀거나 쉬거나 사람들과 어울리지 말아야 한다는 뜻인가? 그렇지 않다.

시간에 관한 성경적 원칙

첫째 원칙은 긴급함이다. 우리의 삶은 "잠깐 보이다가 없어지는 안개"와 같다(약 4:14). 사실, 우리가 그리스도를 위해 살 수 있는 시간은 많지 않다. 그리고 그리스도를 알지 못하는 사람들에게는 삶이 아주 짧다. 우리가 하나님의 복음의 메신저로서 해야 할 일은 긴급을 요하는 것이다. 그리스도 없이 죽는 사람들은 지옥에 간다. 이들은 우리가 전하지 않으면 듣지 못할 것이다(롬 10:14). 우리는 하나님이 주신 모든 기회를 그리스도를 전하는 데 활용해야 한다.

둘째 원칙은 사랑이다. 그리스도인의 삶은 사랑으로 표현되어야 한다. 바울은 사랑이 가장 큰 은사라고 했으며(고전 13:13), 요한은 우리에게 서로 사랑하라고 했다(요일 3:11). 사랑은 그리스도께서 우리의 삶 속에 계신다는 증거이고(요 13:35), 다른 사람들을 위한 이타적 섬김의 동기이며(마 25:34-40), 복음을 효과적으로 전하게 해주는 다리이다(약 2:14-18). 우리는 전도를 포함하여 모든 일은 사랑으로 해야 한다.

셋째 원칙은 청지기의 삶이다. 청지기는 남의 소유를 관리하는 책임을 맡은 사람이다. 그리스도인들을 가리켜 청지기라고 부르는 것은 하나님이 주신 모든 것을 관리하는 책임을 맡았기 때문이다(마 25:14-30). 여기에는 달란트, 능력, 은사, 소유, 관계, 돈, 시간 등이 포함된다. 우리가 그리스도인으로서 하는 모든 것은 하나님을 영화롭게 해야 한다(골 3:17). 청지기의 삶에는 우리의 몸도 포함된다. 우리는 그분을 섬길 수 있도록 '성전'(聖殿)인 우리의 몸을 보살펴야 한다(고전 6:19). 우리가 자신의 몸을 소홀히 하거나 학대함으로써 아프거나 움직일 수 없다면 복음을 잘 전할 수 없게 되는 것은 분명한 사실이다. 수면, 휴식, 운동, 식사, 긴장 풀기, 웃음 등은 몸을 잘 돌보는 데 도움이 되는 요소들이다.

넷째 원칙은 우선순위이다. 성경은 하나님의 "나라와 그 의"가 우리 삶의 중요한 중심이어야 한다는 점을 분명히 한다(마 6:33). 그러므로 우리가 하는 모든 일은 이러한 최고의 우선순위 밑에 있어야 한다. 성경은 우리가 단순히 '영'(靈)이나 '육체적 존재'가 아니라 전인(全人)이라는 것을 분명히 한다. 우리의 믿음은 우리 삶의 모든 부분, 곧 육체적, 사회적, 정신적, 영적 부분에 적용되어야 한다. 여기에는 우리의 마음(롬 12:1,2), 우리의 관계(빌 2:4 ; 살전 4:9), 우리의 몸이 포함된다(고전 6:19).

예수님은 완벽한 본을 보여주신다.

"예수는 그 지혜와 그 키가 자라가며 하나님과 사람에게 더 사랑스러워 가시더라"(눅 2:52).

당신의 시각을 넓히고 당신의 삶을 한 순간이나 한 해로 생각하는 게 아니라 전체적으로 생각하라. 이제 이러한 성경적 원리들을 음미하고 자신의 것으로 만들어라. 당신은 귀중한 시간을 허비하고 있는가? 당신의 일은 긴급을 요하는 것이다. 당신은 자신의 믿음을 쪼개고 있지 않은가? 하나님은 당신의 전부를 원하신다. 당신은 하나님이 맡기신 것을 잘못 사용하고 있는가? 당신의 마음과 당신의 몸과 당신의 관계를 발전시켜라. 당신은 근심과 스트레스에 사로잡혀 있는가? 긴장을 풀고 쉬어라.

"그런즉 너희가 어떻게 행할 것을 자세히 주의하여 지혜 없는 자같이 말고 오직 지혜 있는 자같이 하여 세월을 아끼라 때가 악하니라 그러므로 어리석은 자가 되지 말고 오직 주의 뜻이 무엇인가 이해하라"(엡 5:15-17).

119 시간관리를 위한 실천 지침은?

+ 하워드 헨드릭스
Howard Hendricks

한 사람의 성숙을 보여주는 표시 가운데 하나는 시간관리 능력이다. 시간은 누구나 똑같이 갖고 있는 것이다. 우리는 저마다 지능지수가 다르고, 영적 은사가 다르며, 성격도 다르다. 그러나 우리 모두는 매일 자기 마음대로 사용할 수 있는 24시간을 똑같이 갖고 있다. 우리를 남들과 다르게 만드는 것은 우리가 얼마나 많은 시간을 가졌느냐가 아니라 우리가 그 시간을 어떻게 사용하느냐이다.

훌륭한 시간관리를 위해서는 여섯 가지 실천 지침이 필요하다.

첫째, 분명한 목표를 갖는다. 우리는 자신이 목표한 것을 이룬다. 우리의 목표가 우리의 결과를 결정한다. 가장 큰 시간낭비는 명확하지 않은 목표를 갖거나 전혀 목표를 갖지 않는 것이다. 자신이 이루고 싶은 게 무엇인지 분명히 모르면 해야 할 필요가 없는 일들을 하게 될 때가 많다.

둘째, 세밀한 계획을 세운다. 우리가 20명을 초대하여 디너파티를 열 계획이라면 어떤 음식을 대접하고, 어떤 재료를 사야 하며, 언제 요리를 하고, 식탁은 어디에 차릴지 알아야 한다. 이와 마찬가지로 우리는 자신이 어디에 이르기를 원하며 그곳에 정확히 어떻게 이를 것인가를 처음부터 이해할 필요가 있다.

셋째, 매일 해야 할 일의 목록을 작성한다. 이것은 우리가 기록할 때 가장 큰 효과를 발휘한다. 왜냐하면 종이에 기록된 것을 보면 어떤 행동이 처음에 생각했던 것만큼 중요하지 않다는 것을 발견할 때가 있기 때문이다. 게다가, 해야 할 일의 목록을 작성하면 목록에 없는 일을 거절하기가 더 쉽다. 좋은 목록은 긴급한 것과 중요한 것을 구분하는 데 도움이 된다.

목록 작성이 성령께서 우리의 삶에서 일하지 못하시게 할 만큼 그 목록에 심하게 얽매인다는 뜻은 아니다. 유연할 필요가 있다. 스케줄은 우리가 우리의 목표를 이루도록 돕는 도구이다. 우리는 하나님의 성령께서 우리 삶에 개입하시도록 허용할 만큼 유연한 태도를 취할 필요가 있다. 그렇지 않다면 스케줄은 도구가 아니라 우리의 주인이 되어버린다.

넷째, 우선순위를 정하라. 어떤 사업가가 내게 80 대 20의 원리를 들려준 적이 있다. 그는 어떤 일이든 전체 가치의 80퍼센트가 20퍼센트의 활동에 포함되어 있다고 했다. 따라서 전체 가치의 80퍼센트를 차지하는 20퍼센트의 일에 집중한다면 더 많은 것을 성취할 것이다. 나는 스스로에게 이렇게 물을 때가 많다. 바로 지금 내 시간을 가장 가치 있게 사용하려면 어떻게 해야 하는가? 그리고 나 자신에게 이런 말을 상기시킨다.

"모든 것을 다할 시간은 없다. 그러나 중요한 것을 할 시간은 언제나 있다."

다섯째, 한 번에 하나씩 한다. 한 번에 한 가지에 집중하면서 그 일을 끝낸다면 더 많은 것을 이룰 수 있다. 그렇지 않으면, 결국 서류를 뒤적거리고 뒤로 돌아가 잡다한 일을 하다가 끝나고 말 것이다.

여섯째, 자신의 일과 관련해서 우선순위에 관한 의식을 기른다. 꾸물거림은 큰 시간낭비 가운데 하나이다. 우리는 "지금 하라"는 모토를 따를 필요가 있다.

하나님의 시각을 갖는 것은 시간을 효율적으로 사용하는 데도 도움이 될 수 있다. 시편 90편에서, 모세는 말년에 뒤를 돌아보면서 이렇게 말했다.

"우리에게 우리 날 계수함을 가르치사 지혜의 마음을 얻게 하소서."

모세는 자신이 이 땅에서 영원히 일할 수 있는 게 아니라는 것을 깨달았을 때 새로운 시각으로 삶을 보게 되었다. 이러한 시각을 길렀을 때, 모세는 시간을 유익하게 사용하는 지혜가 필요하다는 것을 깨달았다.

시간 없어서 못한다?

사람들은 하나님을 섬기지 못하는 것에 대해 "시간이 없어서"라는 핑계를 댈 때가 많다. 그러나 우리가 그리스도 안에서 지음받은 것은 선한 일을 하기 위해서이다(엡 2:10). 우리에게 시간이 없다면, 우리는 하나님이 애초에 결코 우리에게 의도하지 않으신 일들을 하고 있거나 그 일들을 잘못된 방법으로 하고 있거나 둘 중의 하나이다.

우리는 우리의 필요를 채우기에 필요한 만큼만 조직적일 필요가 있다. 조직은 목적이 아니라 목적을 위한 수단이다. 우리는 지나치게 조직적이고 강제적일 수도 있고 반대로 지나치게 느슨하고 안이할 수도 있다. 우리는 자신을 가장 잘 조직하는 법을 배우기 위해 자신을 연구할 필요가 있다. 사람들은 자신과 남을 비교하면서 낙담하는 경향이 있다. 비교는 죄이다. 우리는 하나하나가 특별한 존재이기에, 스스로에게 이렇게 물어야 한다. 내게 가장 좋은 게 무엇인가? 내 역할을 가장 잘하려면 어떻게 해야 하는가? 내게 가장 효율적인 시간은 언제인가? 내게 가장 효율적이지 못한 시간은 언제인가? 내가 한 번에 가장 효과적으로 일할 수 있는 시간은 얼마 정도 되는가?

개인적으로, 나는 한 번에 1시간 30분을 일할 때 가장 큰 효과를 낼 수 있다. 그 후에는 시간만 때울 뿐 하는 게 없다. 나는 1시간 30분 이상을 책상에 붙어 있어 보았다. 그렇게 해야 한다고 생각했기 때문이었다. 그러나 효율적이지 못했다. 나는 비서에게 가서 말을 걸거나 전화를 했지만 일은 하지 않았다. 마침내 나는 휴식을 취한 후에 다시 일을 시작하는 게 더 효율적이라는 것을 발견했다.

우리는 성급함의 태도를 피해야 한다. 침착함에 관한 확실한 모범을 예수 그리스도에게서 찾아볼 수 있다. 그분이 이 땅에서 사역하신 기간은 3년 정도에 불과했지만 그분은 결코 서두르지 않으셨다. 그분은 언제나 아버지의 뜻을 행하실 시간이 있었다. 왜냐하면 그분은 목표가 분명했기 때문이었다. 그분은 이 땅에 자신이 왜 왔으며, 무엇을 하러 왔는지 알고 계셨다.

이와는 대조적으로, 대부분의 사람들은 중요한 일보다 당장에 급한 일을 한다. 어떤 일을 당장 하라는 압력이 끊임없이 들어온다. 예를 들면, 3시에 병원에 가기로 한 약속은 긴급한 것이다. 아이들과 놀아주는 것은 중요한 일이다. 우리는 우리를 압박하는 일들을 하며 대신에 배우자나 자녀들과 함께할 시간이나 경건의 시간과 같은 중요한 것들은 뒤로 미룬다. 우리가 무엇이 중요한지 보지 못하는 것은 초점을 맞추고 있는 목적이 없기 때문이다.

그러나 우리가 우리의 삶을 계획하지 않는다면 다른 누군가가 우리의 삶을 계획할 것이다. 대부분의 사람들은 실패하려고 계획하는 게 아니라 계획하는 데 실패한다. 우리의 목표를 놓칠 때, 우리는 무엇인가를 하는 데만 집중한다. 그러나 이러한 행동은 아무런 의미가 없다. 중요함을 간과하고 긴급함에 휩쓸리는 모습을 극복하는 열쇠는 "아니오"라고 말하는 법을 배우는 것이다. 습관이 될 정도로 매일 무엇인가에 대해 "아니오"라고 말하라. 우리는 중요한 것들에 "예"라고 말할 수 있기 위해 많은 것들에 "아니오"라고 말해야 한다.

기본적인 확인 질문

당신의 삶을 조직화하려면 스스로에게 네 가지 기본적인 질문을 해야 한다.

첫째, 내가 원하는 것은 무엇인가? 자신의 대답을 깊이 생각해보면서 바로 지금뿐 아니라 당신의 영원한 삶도 고려하라. 성공했다는 사람들 가운데 자신이 원하는 것을 이루는 데 온 생애를 바치고 마침내 자신의 목표를 이루었지만 결국 그것이 자신이 원하던 게 아니었음을 깨닫는 사람들이 많다. 우리가 정말로 물어야 할 질문은 이것이다. 내 인생이 끝날 때, 내가 원하는 게 무엇인가? 나는 어디에서 궁극적인 성취감을 느낄 것인가?

둘째, 내가 기꺼이 지불하려는 대가는 무엇인가? 나는 콘서트를 갖는 피아니스트가 되고 싶었으나 밴 클리번(Van Cliburn)이 이렇게 말하는 것을 들었다.

"저는 하루에 8시간을 연습합니다. 그중 2시간은 손가락 연습만 합니다."

갑자기 내가 피아노를 그렇게 대단하게 치고 싶어하지는 않는다는 것을 깨달았다. 성취에는 높은 가격표가 붙어 있다.

셋째, 내가 원하는 목표를 어떻게 이룰 것인가? 사람마다 다른 길을 선택할 것이다. 어떤 사람들은 조직에 능한 반면에 어떤 사람들은 그렇지 못하다. 어떤 사람들은 주어진 하나하나에 집중한다. 반면에 어떤 사람들은 목록을 만들고 우선순위를 정한다. 서로 다른 유형의 사람이라도 여행 계획을 세울 때 자신의 개성을 고려한다면 자신이 선택한 목적지에 이를 수 있다.

넷째, 내 힘의 근원은 어디인가? 우리가 자신의 목표를 성취하기 위해서는 그 목표에 자신을 헌신할 필요가 있다. 우리에게는 절제와 훌륭한 시간 관리와 열심히 일하려는 의지가 필요하다. 엄청난 능력을 갖고 있으면서도 그냥 놀리는 사람들이 있다. 이들은 수력 발전소가 없는 나이아가라 폭포와 같다. 우리의 에너지를 이용하기 위해서는 끊임없는 훈련이 필요하다.

120 나를 변화시킨 고마운 책들을 돌아본다면?

+ 해롤드 마이러

Harold Myra

오늘날의 문화는 우리를 끊임없이 절망에 빠뜨린다. 텔레비전, 책, 잡지, 영화, 그리고 그 밖의 어떤 것을 보더라도 희망이 보이지 않는다. 그러나 이런 중에도 우리가 사는 세계를 제대로 이해하고 헤쳐나가는 데 도움을 주는 저술가들이 있는 것은 다행한 일이다. 이런 사람들에게 나는 고마운 마음을 갖고 있다. 기독교인으로서 성장하는 단계들을 거치면서 나는 여러 책들로부터 많은 도움을 받았다. 판타지 소설들(fantasy novels), 즉 공상적 소설들이 영적 생활에 별로 도움을 주지 못한다고 믿는 사람들이 있을 것이다. 하지만 내가 어릴 적에 읽었던 그런 책들은 하나님의 우주에 대한 나의 이해의 폭을 크게 넓혀주었다. 10대 소년이었을 때 나는 C. S. 루이스의 책들을 읽었으며, 지적(知的)으로 믿을 만한 기독교 작가를 만났다는 기쁨을 맛보았다. 그 후 주립대학교에 들어간 나는 인생관을 형성하는 시기에 루이스 같은 작가의 책을 읽는 것이 사고의 폭을 넓히는 데 매우 유용하다는 것을 깨달았다. 그의 「페렐란드라」(Perelandra)는 선과 악이 서로 대립하는 세계를 그리고 있다. 매우 독창적인 이 책은 루이스가 하나님을 우주의 창조주로 묘사하는 삼부작(三部作)의 제2권이다. 하나님을 보는 그의 시각은 내가 가졌던 하나님에 대한 시각보다 훨씬 넓었다.

심리학이 우리의 문화 속에 도입되어 극적인 영향을 미쳤던 1960년대 초에 나는 폴 투르니에(Paul Tournier, 1899~1986. 스위스의 내과의사로서 현대 심리학과 기독교를 통합하는 데 기여했다)의 책을 읽기 시작했다. 그는 철학자들과 의사들의 글을 광범위하게 인용하면서, 그들의 사상을 통합하여 하나의 기독교적 사상 체계를 만들어냈다. 그의 관점은 내게 엄청난 긍정적 영향을 미쳤다. 특히 그의 「사람들의 의미」(The Meaning of Persons)는 나에게 큰 도움을 주었다. 나 자신과 다른 사람들을 심리학적으로 이해하는 문제에 있어서 그 어떤 작가보다도 탁월한 사람이 바로 폴 투르니에였다.

나는 1970년대에 우리의 문화에 파고드는 실존적 절망의 문제들을 가지고 개인적으로 고뇌하며 씨름했다. 그때 나는 헬무트 틸리케(Helmut Thielicke, 1906~1986. 독일의 신학자. 신학교육, 저술 및 선교 활동에 헌신했다)의 책들을 읽었다. 그는 당시의 문제들에 대한 대답들을 신앙에서 찾았으며, 그 대답들은 내게 큰 영향을 끼쳤다. 그가 쓴 「하늘에 계신 우리 아버지」(Our Heavenly Father)와 「기다리는 아버지」(The Waiting Father)는 탁월한 설교집으로, 전자는 주기도문에, 후자는 예수님의 비유에 초점을 맞춘 것이다. 2차 대전이 끝난 후에 환멸과 냉소주의에 빠져 있던 독일 사람들에게 설교했던 그는 실존적 절망이 어떤 것인지를 누구보다 잘 알았기 때문에 현대인의 실존적 절망의 문제를 깊이 있게 다룰 수 있었다.

아이디어와 통찰을 얻을 수 있는 책들

J. R. R. 톨킨(J. R. R. Tolkien, 1892~1973. 영국의 판타지 소설 작가)의 「반지의 제왕」은 나의 사고의 폭을 더욱 넓혀주었다. 비록 노골적으로 기독교적인 색깔을 드러내지는 않지만 이 걸작은 철저히 기독교적인 저자의 사상을 담고 있다. 종종 나는 "맞아, 그래. 여러 면에서 인생은 호빗(hobbit. 톨킨의 작품에 나오는 가공의 난쟁이로서 성격이 토끼와 비슷하고, 사교적이고 가정적이며 평화를 사랑한다)들이 이해한 것과 다르지 않아"라고 중얼거리게 된다.

헨리 나우웬(Henri Nouwen, 1932~1996. 예수회의 사제이며 심리학자)의 작품 「숲 속의 영성」(Genesee Diary)은 트래피스트(Trappist) 수도회(세상과 담을 쌓고 농업과 목축을 바탕으로 공동생활을 하며 기도생활에 전념하는 수도회) 계통의 한 수도원에서 겪은 일들을 발생 순서대로 기록한 재미있는 책이다. 자신을 있는 그대로 냉정하게 관찰하면서, 저자는 그리스도인의 삶을 살기 위해 애쓰면서 느낀 점들을 잘 그려준다. 자신의 약점과 실패를 숨기지 않는 저자의 정직함이 아주 인상적이다.

E. G. 카레(E. G. Carre)가 편집한 「기도하는 하이드」(Praying Hyde)라는 책은 19세기 말과 20세기 초에 활동한 하이드 선교사의 이야기를 담고 있다. 기도에 열정을 쏟았던 이 선교사의 삶은 나에게 깊은 영향을 끼쳤다.

A. W. 토저(A. W. Tozer, 1897~1963. 시카고의 '사우스사이드 얼라이언스 교회'에서 사역한 목회자이며 저술가. 심지어 생전에도 '20세기의 선지자'라고 불렸다)가 쓴 책들은 기독교회의 역사 속에 나타난 위대한 저서들이다. 그의 책들은 오늘날 우리가 사는 세계에서 일어나는 일들을 새로운 관점에서 볼 수 있는 힘을 길러준다. 그의 주장은 설득력 있고 감동적이다.

노르웨이의 한 신학교의 교수이며 복음주의 운동의 지도자인 O. 할레스비(O. Hallesby)의 책 「기도」(Prayer)는 내가 가장 좋아하는 책이라고 말할 수 있다. 이 책은 기도 생활의 기본적 원리들을 잘 설명해준다. 예를 들면 이 책은 왜 우리가 우리의 무력함을 처절히 깨닫는 가운데 하나님께 나아가야 하는지를 설명해주기 때문에 우리의 기도 생활을 풍성하고 깊이 있게 해준다.

로렌스 형제(Brother Lawrence, 1611~1691. 본명은 '로렌의 니콜라스 헤르만'. 파리의 갈멜회에 평수사로 가입하여 식당 일을 하였으며, 하나님과 동행하는 사람이라는 평을 받았다)의 「하나님의 임재연습」(좋은씨앗 역간)이라는 책은 기도하는 법을 가르쳐주는 고전적인 명작들 중의 하나이다. 블랙록(Blaiklock)이라는 사람이 이 책을 현대 영어로 새롭게 번역하였는데, 그의 번역본에는 훌륭한 서론이 들어 있다.

토마스 아 켐피스(Thomas a Kempis, 1380~1471. 독일의 신비주의자. 영적 생활의 지도자로서 큰 명성을 얻었다)의 「그리스도를 본받아」(The Imitation of Christ)는 신앙 훈련에 대해서 아주 깊은 통찰을 보여준다. 뿐만 아니라 그의 책은 다른 사람들의 비판을 받아들이는 법이나 탐욕을 극복하는 법 등의 주제들에 대해 날카로운 심리적 통찰들을 제시한다. 인간 내면의 심리적 현상들을 깊이 있게 들여다본 그의 통찰에 매료되어 나는 이 책을 종종 반복하여 읽곤 한다. 나는 이 책의 서로 다른 네 개 내지 다섯 개의 판(版)들을 모두 읽었으며, 그것들을 읽을 때마다 전부 밑줄을 그었다.

오스왈드 챔버스(Oswald Chambers, 1874~1917. 영국의 성경 교사이며 복음주의적 신비주의자)의 「최고의 하나님을 위한 나의 최선」(My Utmost for His Highest)은 깊은 지혜의 샘 같은 그의 많은 책들 중의 하나이다. 그의 다른 책을 하나 더 추천하라면 나는 「제자들을 위한 날마다의 묵상」(Daily Thoughts for Disciples)을 꼽겠다. 이 두 권의 책은 그의 설교들을 바탕으로 하여 만들어진 책으로서, 역동적인 표현과 깊은 통찰이 아주 돋보인다.

이제까지 언급한 책들은 모두 기독교의 고전이다. 이 책들 중 어떤 책들은 수백 년 전에 쓰여졌고, 또 어떤 책들은 비교적 최근에 쓰여졌다. 이것들은 모두 좋은 서점들의 서가(書架)에서 쉽게 찾거나, 아니면 특별 주문을 통해 구할 수 있을 것이다. 또는 공공 도서관에서도 찾을 수 있을 것이다. 교회 도서관이나 당신의 개인 서재에 비치하기 위해 이 책들을 주문한다 해도 전혀 금전적 낭비가 아닐 것이다.

나에게 영향을 준 책들 — 버논 그라운즈(Vernon Grounds)

나의 영적 성장에 영향을 준 책들이 몇 권 있다. 특히, 비교적 잘 알려지지 않은 키에르케고르(Kierkegaard, 1813~1855. 덴마크의 철학자. 덴마크 루터교회의 목사가 될 준비를 했지만, 목사 안수를 받지는 않았다. 그는 넓은 의미의 실존주의 철학의 선구자로 간주된다)의 「사랑의 말」(Words of Love)이 내게 심원한 영향을 끼쳤다. 이 책에서 그는 신약성경이 가르치는 사랑의 의미가 무엇인지, 왜 그런 사랑이 요구되는지를 아주 잘 설명해준다. 여러 해 전에 이 책을 읽은 나는 '사랑'을 내 삶의 중심에 놓을 수 있었다. 「하나님의 명령」(The Divine Imperative)이라는 에밀 브루너(Emil Brunner, 1889~1966. 스위스의 신학자로 순회강연과 저술로써 국제적인 영향력을 끼쳤다)의 책도 내게 큰 영향을 주었다. 이 책에서 그는 사랑의 명령이 무엇인지를 깊은 신학적 사색을 통해 예리하게 파헤치고 있다.

시련이 축복으로

_다운증후군 아이를 하나님의 복으로 받아들인 어느 목사님 이야기

_제임스 헤플리 James Hefley

종종, 우리가 어려운 상황에서 하나님의 뜻을 받아들이는 것이 다른 사람들에게 복음을 증거하는 행위가 될 수 있다. 그러면서도 우리는 그들에게 그런 영향력을 끼쳤다는 것을 의식하지 못할 수도 있다.

도날드 반하우스(Donald Barnhouse) 박사는 어떤 교회의 특별 예배에서 설교를 했다. 그 교회 목사님의 부인은 만삭(滿朔)의 몸이어서 언제라도 아기가 태어날 상황이었다. 어느 날 그 교회 목사님이 나타나지 않자 반하우스 박사는 그 분이 '가슴 설레는 일' 때문에 병원에 갔을 것이라고 추측했다.

그날 밤 그 목사님이 반하우스를 찾아와 이야기를 나누게 되었다. 그는 담담한 표정으로 "태어난 아기가 다운증후군이라고 합니다. 아내는 아직 모르는데, 그녀에게 이야기를 해야 할 것 같습니다"라고 말했다.

반하우스는 잠시 동안 침묵한 후에 조용한 어조로 말했다.

"목사님, 일이 이렇게 된 것은 하나님이 목사님과 사모님에게 어떤 목적을 갖고 계시기 때문인 것 같습니다. 그 아이를 특별하게 사랑하라고 주신 것이라고 믿습니다. 사모님께 말씀하실 때 '하나님이 우리에게 다운증후군에 걸린 아이를 주심으로써 우리에게 복을 주셨습니다. 우리를 사랑하는 하나님이 우리의 삶을 위한 목적을 갖고 계심을 잊지 맙시다' 라고 말씀하십시오."

반하우스의 말을 듣고 공감과 평안의 마음을 가진 그 목사님은 아내에게 전

화를 해서 반하우스가 일러준 대로 말했다.

그런데 그들의 전화 통화를, 그 목사님 부부는 의식하지 못했지만 전화 교환 안내원이 엿듣게 되었다. 이 안내원은 기독교에 대해서 매우 회의적이었던 사람인데, 이 부부의 감동적인 대화를 듣고 그들의 믿음에 놀랐다. 다운증후군 아이를 갖게 된 것이 축복이라는 그들의 대화가 큰 감동을 주었기 때문이다.

다음날 이 안내원은 이 이야기를 병원의 많은 직원들에게 말했다. 그 다음 주일에 70명의 간호사들이 그 목사님의 교회에 참석했다. 목사님이 그들에게 예수님을 영접할 사람은 앞으로 나오라고 권했을 때, 20명 이상의 사람들이 앞으로 나왔다.

기독교 교양

초판 1쇄 발행	2007년 1월 2일
초판 22쇄 발행	2025년 12월 1일

지은이	J. I. 패커, 유진 피터슨, 리처드 포스터 외
옮긴이	이용복, 전의우

펴낸이	여진구		
편집	이영주 진효지 최현수 구주은 김도연 김아진 김아진 배예담		
책임디자인	마영애 노지현 조은혜 정은혜 남은진		
마케팅	김상순 강성민	마케팅지원	최영배 정나영
제작	조영석 허병용	경영지원	김혜경 김경희 김영하

303비전성경암송학교 유니게 과정
이슬비전도학교 / 303비전성경암송학교 / 303비전꿈나무장학회

펴낸곳	규장

주소 06770 서울시 서초구 매헌로 16길 20(양재2동) 규장선교센터
전화 02)578-0003　팩스 02)578-7332
이메일 kyujang0691@gmail.com　　홈페이지 www.kyujang.com
페이스북 facebook.com/kyujangbook　　인스타그램 instagram.com/kyujang_com
카카오스토리 story.kakao.com/kyujangbook
등록번호 1922-2461
since 1978.08.14

ⓒ 한국어 판권은 규장에 있습니다.
이 출판물은 저작권법에 의해 보호를 받는 저작물이므로 무단 전재와 무단 복제를 할 수 없습니다.

책값 뒤표지에 있습니다.
ISBN 89-7046-776-9　03230
　　　978-89-7046-776-4　03230

규 | 장 | 수 | 칙

1. 기도로 기획하고 기도로 제작한다.
2. 오직 그리스도의 성품을 사모하는 독자가 원하고 필요로 하는 책만을 출판한다.
3. 한 활자 한 문장에 온 정성을 쏟는다.
4. 성실과 정확을 생명으로 삼고 일한다.
5. 긍정적이며 적극적인 신앙과 신행일치에의 안내자의 사명을 다한다.
6. 충고와 조언을 항상 감사로 경청한다.
7. 지상목표는 문서선교에 있다.

하나님을 사랑하는 자 곧 그의 뜻대로 부르심을 입은 자들에게는 모든 것이 合力하여 善을 이루느니라(롬 8:28)

규장은 문서를 통해 복음전파와 신앙교육에 주력하는 국제적 출판사들의 협의체인 복음주의출판협회(E.C.P.A:Evangelical Christian Publishers Association)의 출판정신에 동참하는 회원(Associate Member)입니다.